인문지리학의 새로운 지평

이 도서의 국립중앙도서관 출판예정도서목록(CIP)은 서지정보유통지원시스템 홈페이지(http://seoji.nl.go.kr)와 국가자료종합목록시스템(http://www.nl.go.kr/kolisnet)에서 이용하실 수 있습니다.
CIP제어번호: CIP2018038541(양장), CIP2018038529(반양장)

최병두 · 지음

인문지리학의

새로운
지평

한울
아카데미

형제들이여, 너희들이 지니는 덕의 힘으로 이 땅에 충실하라. 너희들이 베푸는 사랑과 지식이 이 땅의 의미에 이바지하도록 하라! 나는 이렇게 너희에게 당부하며 간청하노라 ……

여전히 가보지 아니한 수천의 길, 생활의 건강하고 숨겨진 수천의 섬들이 있다. 인간과 인간의 땅은 아직 고갈되지 아니했으며, 아직 발견되지 않고 있다.

_ 니체, 『짜라투스트라는 이렇게 말했다』

책을 펴내면서

지리학이란 무엇인가? 1972년 의도하지 않게 지리학과 인연을 맺은 나는 지금도 '지리학'의 굴레 속에서 살아간다. 앞으로도 그러할 것이다. 그럼에도 이 물음에 답하기가 무척 어렵다. 아마 불가능할지 모른다. 물론 고대 동양이나 그리스·로마 시대부터 오랜 역사를 지닌 지리학이 그동안 어떻게 정의되어왔는가를 말할 수는 있다. 또한 최근 지리학의 연구 동향을 종합해 지리학의 개념을 규정할 수도 있다. 그러나 지리학은 단지 과거의 지식들이 화석화된 어떤 기준 틀이나 한 시대에 고착된 어떤 인식소(episteme)에 따라 규정될 수는 없다. 오히려 지리학은 앞으로 그 전망을 어떻게 열어갈 것인가에 따라 정의되어야 할 것이다. 달리 말해 지리학은 과거에는 어떠했는가 또는 현재 어떠한가라는 점보다는 앞으로 어떻게 되어갈 것인가, 즉 지리학의 지평을 어떻게 열어갈 것인가라는 점에서 규정되어야 한다.

지리학의 지평을 새롭게 열어가기 위해 지리학자는 자신의 눈을 크게 뜨고 깨어 있는 의식으로 앞을 내다보아야 한다. 그리고 자신의 정신과 신체에 내재된 혼신의 힘으로 자신의 학문적 지평을 확인하고 그 지평을 넓혀나가야 한다. 사실 이 땅에서 살아가는 우리 모두는 지리학자이지 않겠는가? 이 땅에 태어난 모든 사람들은 이 땅에 관한 지식 없이 살아갈 수 없고, 지리학은 바로 이 땅에 대한 지식이기 때문이다. 우리는 이 땅에서 겪는 경험과 얻은 지식으로 신체적·정신적 삶의 지평을 열어나간다. 때로 이 땅에서의 삶이 고단하고 고통스럽기도 하지만, 우리는 이 땅에서 살아가기 위해 그 원인을 밝히고 해소하려는 노력을 통해 새로운 희망을 만들어간다. 하지만 우리는 흔히 이 땅의 의미를 잊어버리고 자신이 지리학자인 것을 모른 채 살아간다. 다시 지리학자가 된다는 것은 이 땅의 의미를 자각하고, 이를 연구하며 실천하는 사람이 되는 것이라고 하겠다.

이 책은 1987년 완성한 박사학위 논문에서부터 최근 집필·출간한 논문이나 저서들에 이르기까지 지난 30여 년의 학문적 생애 동안 발표했던 글들 가운데 나름대로 의미 있는 것들을 선정해서 편집한 것이다. 이 기간 동안 나는 지리학의 새로운 지평을 열어가기 위해 노력했다는 점에서 이 책의 제목을 『인문지리학의 새로운 지평』으로 정했다. 나는 1988년 이 책의 제2장으로 실린 「인문지리학 방법론의 새로운 지평」이라는 논문을 발표한 후, 인문지리학의 새로운 방법론에 근거를 두고 새로운 주제들을 찾아 연구함으로써 지리학의 지평을 열어가는 데 기여하고자 했다. 그 당시만 해도 내가 하고자 했던 지리학은 '지리학자들'의 지평 바깥에 있는 것처럼 보였지만, 지금은 아무도 그렇게 생각하지 않을 것이다. 지리학의 지평이 그만큼 넓어졌고, 내가 지나온 길이 이제 많은 지리학자들과 관련 학문 분야의 연구자들이 함께 지나다니는 길이 된 것 같다.

나는 이 기간 동안 16권의 저서를 출판했는데, 이 가운데 여덟 권의 전문 학술 저서들에서 각 한 편씩, 그리고 그 외 여섯 편의 논문들을 선정해 이 책을 편집했다. 이렇게 해서 이 책에 모인 글들은 나름대로 '지리학의 새로운 지평을 열어가는 데' 좀 더 많이 기여한 것으로 평가되었다. 그러나 이처럼 미래지향적 의도를 담고 쓴 글이라고 할지라도, 선정된 글들을 다시 읽는 과정은 이들을 집필하고 발표했던 과거 상황들을 회고하도록 했다. 나는 이러한 회고를 글로 적어서 각 장의 '후기'로 첨부했다. 후기에는 해당 글의 내용을 간단히 요약하거나 의의를 재서술한 부분도 있지만, 그 글이 집필될 당시의 시대적 배경 또는 내가 처해 있던 개인적 상황이나 다른 사람들과의 관계 등을 기억나는 대로 서술하고자 했다. 이러한 후기는 나에게 주마등처럼 스쳐 지나간 과거의 각 시점에 좀 더 오래 머물면서 그 당시 상황과 뒤얽혀 있던 경험들을 풀어헤쳐서 되새김할 수 있도록 했다.

이 책의 후기가 저자에게 과거를 회상하는 기억의 매듭이라고 한다면, 독자들에게는 또 다른 의미를 가질 것이다. 독자들은 각 장의 후기를 통해 저자가 어떤 상황에서 이런 글을 쓰게 되었는가를 이해할 수 있을 것이다. 이러한 점에서 나는 선정된 글들을 세부 주제별 묶음이 아니라 집필된 시기순으로 열거했다. 사실 그동안 내가 연구한 주제들은 크게 서너 가지 범주로 구분될 수 있고, 처음에는 이 책의 체계를 그렇게 부(part)로 나누는 것으로 구상했다. 한 주제는 지리학에서 나아가 사회이론 및 인문학 전반에서 관련 이론들을 검토·재구성하는 것이고, 다른 세 가지 주제는 경험적 연구 주제들로, 국토 불균등 발전과 토지·주거 등 국토 및 도시공간 문제, 인간사회와 자연환경 간 관계에서 발생하는 생태환경 문제, 그리고 비교적 최근 주요 논제로 떠오른 초국적 이주와 다문화사회(공간) 문제에 관한 것이다. 그러나 이 책을 이렇게 부로 나누어 편집할 경우, 나는 독자들이 이 책보다는 각 주제별로 출간된 기존 저서들을 읽는 것이 더 유익할 것이라고 생각했다.

이러한 점에서, 나는 이 책의 글들을 본래 집필한 순서에 따라 시계열별로 배열함으로써 나의 기존 저서들과 차별화하고자 했다. 즉 이 책을 편집·출간한 주요 목적들 가운데 하나는 독자들로 하여금 한 지식인의 생애사적 연구의 진행 과정이 어떠한 사회적 및 개인적 상황 속에서 전개되어왔는가에 관심을 가지도록 하기 위한 것이라고 하겠다. 따라서 독자들은 이 책의 각 장을 독립된 글로 읽을 수도 있고, 주제별로 구분해 같은 범주의 장들을 함께 읽을 수도 있을 것이며, 필자의 연구에 다소간 익숙한 독자들은 그냥 시계열로 나열된 순으로 읽을 수도 있을 것이다. 책 전체를 조망해보면 첫 장에서부터 마지막 장까지 30년의 세월이 지나가지만 사실 어떤 면에서 그렇게 큰 차이나 변화가 없는 것처럼 느껴지기도 한다. 사실 우리는 여전히 자본주의 경제정치 체제하에서 살아가고 있고, 이를 분석하기 위한 이론은 크게 달라지지 않았으며, 경험적 연구 주제들도 자본주의 경제정치 체제를 배경으로 고찰되었다는 공통점을 가지기 때문이다.

인류 전체의 역사에서 30년은 상당히 짧겠지만, 한 인간에게 30년, 그것도 30대 중반에서 60대 중반 사이의 30년은 생애의 대부분이라고 할 수 있다. 물론 나는 앞으로도 상황이 허락한다면 연구 활동을 계속할 생각이다. 그러나 정년을 맞아 교수 생활을 마무리한다는 것은 삶에 있어 어떤 주요한 계기가 될 것이다. 나는 1989년 대구대학교 지리교육과에 부임한 이후 한 번도 이 자리를 떠난 적이 없으며, 또한 1988년 7월 창립한 한국공간환경학회를 벗어나 연구한 적이 없다. 두 조직에서 30년간 연구와 생활을 함께한 많은 분들에게 감사한다. 이렇게 관련되지 않았다고 할지라도, 특히 이 책의 후기를 쓰면서 떠올랐던 많은 분들에게 진심으로 감사드린다. 이분들과 함께 만든 시공간적 조각들이 없었다면 나의 삶과 학문의 모자이크는 전혀 다른 모습이 되었을 것이다.

그리고 1989년 공동 번역·출간된 『자본주의 도시화와 도시계획』에서부터 2018년 출간되는 이 책 『인문지리학의 새로운 지평』에 이르기까지 아마도 30~40권이 족히 될 단독 및 공동 저서, 편집서, 번역서들, 그 외의 추천한 저서들, 그리고 한국공간환경학회의 학술지 ≪공간과 사회≫를 기꺼이 출간해주신 한울엠플러스 김종수 사장님과 그동안 여러 번 바뀐 편집진들 모두에게도 깊이 감사드린다. 또한 번역·출판된 직후 판금되었던 『사회정의와 도시』에서부터 현재에 이르기까지 나의 저서와 번역서 그리고 논문들에 관심을 가지고 읽어주신 독자들께도 감사드린다. 끝으로 나의 삶과 학문의 모든 것들이 가능하도록 해준 나의 사랑하는 가족들, 이 책의 원고를 교정하는 사이 유명을 달리하신 아버님과 연로하신 어머님, 그리고 희생적인 아내와 착한 아들과 딸에게 말로 다 표현할 수 없는 감사의 마음으로 이 책을 바친다.

2018년 11월

최병두

차례

각 장의 출처

※ 굵은 글씨로 표기된 제목은 각 장 글이 해당 지면에 발표된 당시의 제목임.

제1장 **비판적 공간이론을 위한 논제들**[박사학위 논문("Space and Social Theory: A Geographical Critique and Reconstruction")의 서장] ☞ 1988, 《세계의 문학》, 겨울호, 107~134쪽.

제2장 **인문지리학 방법론의 새로운 지평** ☞ 1988, 《지리학》, 23(2), 15~36쪽; 1991, 『한국의 공간과 환경』, 서울: 한길사, 58~97쪽.

제3장 **인간-환경관계와 사회체계** ☞ 1991, 《현대예술비평》, 겨울호, 35~62쪽; 1995, 『환경사회이론과 국제환경문제』, 서울: 한울, 35~62쪽.

제4장 **생태학의 재인식과 환경정의** ☞ 1998, 《대한지리학회지》, 33(4), 499~523쪽; 1999, 『환경갈등과 불평등』, 서울: 한울, 475~525쪽.

제5장 **맑스의 생태학과 생산적 환경정의** ☞ 1999, 《대한지리학회지》, 34(5), 449~472쪽; 2010, 『비판적 생태학과 환경정의』, 서울: 한울, 243~289쪽.

제6장 **동아시아의 위기와 대안적 지리학** ☞ 1999, 《공간과 사회》, 12, 66~107쪽; 2002, 『현대사회지리학』, 서울: 한울, 79~105쪽.

제7장 **유토피아적 공간의 변증법: 사회주의와 신자유주의를 넘어서** ☞ 2000, 《문예미학》, 7, 33~58쪽; 2002, 『근대적 공간의 한계』, 서울: 삼인, 317~341쪽.

제8장 **자본주의 사회에서 장소성의 상실과 복원** ☞ 2002, 《도시연구》, 8, 253~278쪽; 2010, 부산대학교 한국민족문화연구소 엮음, 『로컬의 문화지형』, 서울: 혜안, 61~106쪽.

제9장 **미국의 신제국주의와 동아시아의 미래** ☞ 2004, 《마르크스주의 연구》, 창간호, 166~206쪽.

제10장 **발전주의에서 신자유주의로의 이행과 공간정책의 변화** ☞ 2007, 《한국지역지리학회지》, 13(1), 82~103쪽; 2012, 『자본의 도시』, 파주: 한울, 120~165쪽.

제11장 **다문화공간의 형성과 지구-지방적 윤리: 초국적 자본주의의 문화공간에서 인정투쟁의 공간으로** ☞ 2009, 《한국지역지리학회지》, 15(5), 635~654쪽; 2011, 최병두 외, 『지구지방화와 다문화공간』, 서울: 푸른길, 13~56쪽.

제12장 **이방인의 권리와 환대의 윤리: 칸트와 데리다 사상의 지리학적 함의** ☞ 2012, 《문화역사지리》, 24(3), 16~36쪽; 2018, 『초국적 이주와 환대의 지리학』, 서울: 푸른길, 429~474쪽.

제13장 **한국의 자본축적 과정과 도시화: 도시 위기와 대안** ☞ 2016, 《경제지리학회지》, 19(3), 512~534쪽; 2017, 서울연구원 엮음, 『희망의 도시』, 파주: 한울, 33~70쪽.

제14장 **관계적 공간과 포용의 지리학** ☞ 2017, 《대한지리학회지》, 52(6), 661~682쪽.

제1장 비판적 공간이론을 위한 논제들

1. '의사소통적 표출공간 이론'을 위하여

나의 연구는 다음과 같은 의문에서 출발했다. 하버마스(Jürgen Habermas)의 비판이론이 공간의 비판적 이론화에 어떻게 응용될 수 있는가? 지난 20여 년 동안 하버마스는 극히 정교하고 체계적인 사회비판이론을 개발했으며, 이제 우리들의 시대를 선도하는 가장 뛰어난 사상가들 중의 한 사람이 되었다.[1] 특히 최근 그는 사회비판이론을 위해 의사소통적 행위의 간주관적 특성이 강조되는 새로운 규범적 바탕을 정립했다. 맑스, 베버, 뒤르켐, 파슨스 등 위대한 근대 사상가들의 이론들의 비판적 재구성을 통해 정형화된 그의 '의사소통적 행위이론(theory of communicative action)'은 서구 문명의 합리성과 그 합리화 과정에 관한 일반 이론이라 할 수 있으며, 이 이론은 현재 철학과 사회이론의 광범위한 영역들에 응용될 수 있는 탁월한 패러다임적 준거가 되고 있다.

그러나 하버마스의 저술에서 특이한 점들 중 하나는 사회비판이론을 위한 새로운 바탕을 재구성하고자 하는 그의 노력에서 공간에 관한 개념들이 전

---

[1] 하버마스의 비판이론에 관한 기본적 소개와 평가로 McCarthy(1987), Held(1980), White (1988) 등을 참조.

혀 언급되어 있지 않다는 점이다.[2] 즉 그는 공간의 문제에 대해 거의 전적으로 무관심했으며 이에 따라 공간에 관한 의문은 서구 근대화에 관한 그의 이론에서 완전히 배제되어 있다. 공간의 개념은 철학적 또는 사회이론적 연구에서 아무런 의미도 가지지 아니하는가? 서구 근대화는 공간의 문제에 관한 고찰 없이 만족스럽게 논의될 수 있는가? 이 질문들에 대한 답은 분명 부정적일 것이다. 이러한 점에서 공간의 중요성을 강조하고 이를 분석하고 있는 수많은 지리학적 연구들을 제외하고라도, 이론적 고찰에서뿐만 아니라 실제에서 공간의 유의성을 재발견하고자 하는 시도들이 최근 괄목할 정도로 잇달아 이루어지고 있다. 예를 들면, 사적 유물론에 대한 비판에서 기든스(Anthony Giddens)는 "시공간 관계는 사회이론의 바로 핵심부로서 다루어져야만 한다"라고 주장하고 있다(Giddens, 1981: 3).[3] 또한 니체 철학의 재해석에 바탕을 두고 '권력-지식'의 역사를 분석한 푸코(Michel Foucault)는 "전체 역사는 '공간'의 역사 ─ 이는 또한 '권력'이 역사일 것이다 ─ 로 쓰여야 한다"라고 갈파한다(Foucault, 1980a: 149).[4] 이러한 점에서 볼 때 하버마스의 저술에는 한 핵심 부분, 즉 사회생활과 서구 근대화에서의 공간의 역할을 파악하기 위한 어떤 적절한 개념적 틀이 누락되어 있다.

물론 이러한 주장이 비판적 공간이론을 정형화함에 있어 기든스나 푸코의 이론이 하버마스의 이론보다도 더 적절하다고 말하는 것은 아니다. 사회의

---

[2] 그러나 여기서 그는 다음과 같이 서술한다. "'공간'과 '시간'은 관찰 가능한 사건들이 물리적으로 측정 가능한 속성이라는 점에서 파악될 경우와 경험된 상호행위들에 근거를 두고 파악될 경우에 따라 서로 다른 해석틀을 따른다. 첫 번째의 경우 이 범주들은 도구적 행위의 성공에 의해 통제되는 관찰의 좌표 체계로서 기여하지만, 두 번째의 경우 이들은 '간'주관적 관점에서 사회적 공간과 역사적 시간의 경험을 위한 준거틀로서 기여한다"(Habermas, 1970: 212). 공간(그리고 시간)의 이러한 구분은 그의 비판이론으로부터 어떤 비판적 공간이론을 도출할 수 있는 단서를 제시한다.

[3] 공간에 관한 기든스의 입장에 관해 Giddens(1984a), 특히 제3장 「시간, 공간, 지역화(Time, space and regionalization)」 및 Giddens(1984b) 참조.

[4] 또한 공간에 관한 그의 견해에 대해 같은 책에 수록된 Foucault(1980b) 및 Foucault(1984a) 참조.

'구성'에 관한 기든스의 구조화이론(theory of structuration)과 그의 사적 유물론에 대한 비판은 사회의 시공간 관계와 근대 국가의 정치적 폭력을 특히 강조하고 있으며, 이러한 노력은 분명 사회 및 공간의 이론화와 역사적 분석에 새로운 통찰력을 불어넣었다. 그러나 하버마스가 지적한 것처럼 사회 객체들의 영역 형성에 관한 그의 '구성' 개념은 그 속에서 인간 주체들이 말하고 행동하는 생활세계의 재생산과 도구적 행위의 물질적 하위구조들의 재생산 간의 구분을 모호하게 한다(Habermas, 1981: 266). 또한 기든스는 사회의 시공간 관계를 서술하거나 개념화하기 위해 여러 신조어들(예로 '시공간 거리성', '출현 가능성', '시공간의 변' 등)을 개발했지만 그의 공간 개념들은 주로 물리적 공간관에 바탕을 두고 있다. 그리고 그 자신이 인정하는 것처럼 그의 이론은 근대 국민국가의 정치적 폭력에 관한 그의 분석이 더 유의미하도록 해주는 어떤 규범적인 바탕을 요청하고 있다(Giddens, 1982; Giddens, 1985: 294~341 참조).

하버마스와 푸코 간의 비교는 보다 복잡하고 난해하다. 의사소통적 합리성에 비판이론의 규범적 기반을 두고자 하는 하버마스의 시도는 사실 푸코를 포함한 니체적 전통에 서 있는 프랑스 철학자들과의 서구 근대화에 관한 최근 논쟁을 통해 세심한 평가를 받았다.[5] 특히 하버마스와 정반대로 푸코는 서구 합리주의를 총괄적으로 비판함으로써 현대 세계에 대해 니체적인 냉소적 태도를 견지하고 있다. 그러나 하버마스의 견해로 볼 때 니체적 철학자는 '사물의 표출(appearance of things)'은 평가할 수 있지만 '이성'에 대해서는 그렇게 할 수 없다. 즉 "그(니체)는 밝고 어두운 그림자들을 구분할 수는 있으나 이성과 비이성 간을 구분할 수 없는 표출의 세계에 살고 있다"라고 하버마스

---

5 프랑스 철학자들의 대표적인 비판에 대해서는 Lyotard(1981) 참조. 이에 대한 재평가는 Benhabib(1984) 및 Rorty(1985) 참조. 최근 프랑스 철학자들의 주장에 대한 하버마스의 직접적 비판에 대해서는 Habermas(1988)를 참조. 하버마스의 비판에 관한 푸코의 반론은 Foucault(1984b) 참조.

는 주장하고 있다(Habermas, 1982: 27). 나는 위의 인용에서 암시된 바와 같은 견해, 즉 표출의 세계를 단지 존재나 이성의 단순한 그림자로 보는 하버마스의 주장을 전적으로 부정하며, 바로 이러한 견해 때문에 그는 사물의 공간적 표출의 중요성을 인식하지 못했다고 생각한다.

그러나 다른 한편으로 푸코에 대한 하버마스의 비판들 중에서, 푸코의 근대 규율적 지식에 내포되어 있는 비합리성으로부터 그 자신의 비판적 이성을 구분할 수 있는 어떤 기준을 필요로 한다는 주장은 분명 타당하다고 생각된다(Habermas, 1986; Fraser, 1981 참조). 사실 하버마스와 푸코는 아래에서 논의될 바와 같은 '존재'와 '표출'로 이분된 세계를 재결합시키기 위한 전제조건들을 구명하기 위해 공통적으로 노력하고 있다고 하겠다. 그러나 이들은 서로 극히 다른 접근 방법을 택하고 있다. 즉 푸코의 연구는 미적-실천적 관점에서 이성의 표출 또는 이의 시공간적 모멘트에서 출발하는 반면, 하버마스의 연구는 도덕적-실천적 관점에서 존재 또는 합리성의 속성에서 출발하고 있다. 이러한 접근 방법에서 양자는 모두 상대방의 관점을 무시하거나 과소평가하고 있다. 즉 푸코는 그 자신의 사회적 비판의식의 기반이 될 이성까지도 포함한 전체 이성을 부정하는 반면 하버마스는 이성의 공간적·시간적 발현, 즉 이성의 시공간적 표출 또는 이의 지리와 역사를 무시하는 경향이 있다. 이 점이 바로 이 글의 서두에서 제기한 의문의 배경이 되며 또한 그 의문에 대한 답의 제시를 극히 어렵게 한다.

나는 공간의 역사적 발전 과정과 함께 공간적 표출에 함의된 인간의 합리성에 기반을 두고 비판적 공간이론의 개념적 틀을 마련하는 것이 곧 '하버마스의 비판이론이 어떻게 공간적으로 해석될 수 있는가?'라는 의문에 답하는 것이라 생각한다. 기존의 철학 및 사회이론들을 망라해 이들의 개념적 분석과 재구성을 통해 정립된 그의 의사소통적 행위이론은 나의 연구에 분명 극히 시사적인 모형을 제시했다. 그러나 또한 동시에 앞서 언급된 바와 같이 그의 이론이 사회생활의 공간적 관계에 관한 어떤 유의한 고찰을 결하고 있다는 점은 나를 무척 당혹스럽게 했다. 그래서 하버마스 이론의 직접적 응용 가능성을 살펴보는 대신 나는 하버마스가 그의 이론적 기반을 정립하기 위해 재구성하고자 했던 근대 사회이론 및 철학, 특히 뒤르켐, 니체, 베버 그리고 맑스의 저작들에 관심을 돌리게 되었다.[6] 달리 말해서 비판적 공간이론을 정립하기 위해, 나는 근대 철학 및 사회이론들을 지리학적으로 비판하고 재구성하고자 한다. 이 글은 이러한 시도를 위한 기초연구의 주된 네 가지 기본 논제들, 즉 ① 사회와 공간 간의 개념적 분리, ② 근대 철학 및 사회이론들에 있어서 공간의 개념들, ③ 서구 사회와 문화의 합리화에 대한 이들의 입장, 그리고 ④ 비판적 공간이론을 정립하기 위한 몇 가지 기초 개념들 등을 다루고자 한다.

2. '공간'과 '사회' 간의 개념적 분리

첫 번째 논제는 '공간'과 '사회'가 근대 담론에서 어떻게 그리고 왜 분리되어 인식 또는 분석되고 있는가를 해명하는 것이다. 이 논제는 공간과 사회가 존재론적으로 분리될 수 있음을 뜻하는 것은 결코 아니다. 공간은 사회로부터 독립되어 그 자체로서 어떤 구성 원리나 전환 법칙을 가지는 실체가 아니며 단지 그 속에서 재생산되는 사회와 항상 함께 재생산된다. 즉 공간은 그속에 있는 사회적 사물들에 의해 항상 그 의미가 부여되고, 사회적 사물들은 그것이 처해진 공간적 위치에 의해 항상 상황이 지어진다. 그러나 아래에서 논의하는 바와 같이 공간의 개념과 사회의 개념은 역사적으로 점점 더 분리되었으며, 이러한 과정을 해명하기 위하여 공간과 사회 간의 '분석적' 분리가 요구된다. 즉 사회적 사물들의 공간적 현상들이 역사적으로 점점 더 확대되

---

6 이 장은 저자의 박사학위 논문의 '서장'으로, 관련 연구 전체에 관해 Choi(1987) 참조.

고 복잡해짐에 따라 개별 공간현상으로부터 사회적 사물들의 총체적 속성을 파악할 수 없게 되었고, 따라서 공간과 사회 간의 분석적 개념의 분리가 이루어졌다. 공간과 사회 간의 이러한 개념적 분리라는 논제는 궁극적으로 철학 및 사회이론에서 거듭 논의된 표출과 존재, 사건과 구조, 또는 이와 관련된 여러 가지 이원론적 관계들에 관한 담론들과 그 성격을 같이하고 있다.

원시공동체적 생활에 기반을 둔 원초적 인간의식에서 공간과 사회는 서로 분리되어 인식되지 않았던 것 같다. 즉 이 시대의 신화적 의식(儀式) 생활에서 인간과 그들의 장소는 원초적 또는 전(前)의식적 사고 양식 속에서 서로 결합되어 있어서 '사회적인 것'은 즉각적으로 '공간적인 것'이었다. 원시인들의 의식을 지배했던 신성(神聖)은 공간적 현상들로 확인할 수 있는 돌, 나무 등의 자연물에 부여되었으며, 이들의 사회적 규범과 지식은 항상 그들의 공동체적 생활공간 속에서 드러난 것으로부터 얻었을 것이다. 고대 원시종교뿐만 아니라 고대 그리스·로마 신화 특히 호메로스(Homer)의 서사시들에서 우리는 인간적·사회적 또는 자연적 사물들을 그들의 장소에 관련시키는 언어 구사 유형과 이를 위한 사고 양식을 찾아볼 수 있다(Vivante, 1970).[7]

그다음 시대의 그리스 철학은 이러한 사고 양식과 상당한 연속성을 보이고 있다. 아리스토텔레스의 『물리학(Physics)』에서 언급된 바와 같이, 사물들은 언제나 그들의 장소와의 관계에서 이해되었다. 즉 "장소란 아무리 고정된 환경 표면에서라 할지라도 이로부터 우리의 지혜가 시작되는 곳이다"라고 그는 적고 있다(Aristotle, 1934). 여기서 특기할 사항은 이러한 장소를 의미하는 고대 그리스어 '토포스(topos)'가 또한 동시에 수사적 또는 변증법적 추론에 있어서의 '주제(topic)'를 의미한다는 점이다(William and Grimaldi, 1974 참조). 사실 아리스토텔레스의 변증법적 추론은 오늘날 과학에서와 같이 근본적이고 진리인 것으로부터 출발하는 것이 아니라 공동 장소와 공동

---

7 특히 제3장 「호메로스의 자연과 현실에 대한 재현에 관하여(On the representation of nature and reality in Homer)」 참조.

주제를 동시에 의미하는 '토포이 코무네스(topoi communes)'에 바탕을 둔 대화를 통해 일반적으로 인정된 것으로부터 출발한다. 이러한 점에서 공간의 개념은 실천(praxis) 속에서 '신중한(prudent) 지식'을 추구하는 아리스토텔레스의 실천철학과 연결될 수 있다. 즉 통합적 윤리 교육이라고 할 수 있는 그의 『정치학(Politics)』은 도시국가[폴리스(polis)]에서 시민들의 실천 조건들을 고찰하는 것이었다. 인간행위를 교훈적으로 인도하는 것이 그 목적이었기 때문에 그 윤리 교육은 사회생활에서 가시적이며 드러난 것, 즉 일정한 생활공간에서 확인될 수 있는 세계에 국한되어 있었다. 따라서 아리스토텔레스에게 있어서 '실천'이란 그리스적 의미로서의 '폴리스'에서만, 즉 대화와 행위가 단지 습득될 뿐만 아니라, 가장 의미 있게 구현될 수 있는 공간에서만 실천될 수 있는 인간행위를 의미한다.[8]

실제 고대 그리스어에는 오늘날 영어에서 사용하고 있는 '스페이스(space)'나 '소사이어티(society)'라는 용어가 없었다. 스페이스라는 단어는 그 속에 있는 사물과 무관한 확장(extention) 또는 공간 그 자체를 지칭했던 고대 라틴어 스파티움(spatium)에서 유래한다(Heidegger, 1959: 66 참조). 만약 고대 그리스인들이 스페이스라는 용어를 가지고 있지 않았다면, 이는 그들이 '공간적인 것'을 공간 그 자체로서가 아니라 장소(topos), 즉 그곳에 있는 것에 의해 점해진 자리로서 경험했음을 의미한다고 하겠다.[9] 소사이어티라는 단어도 역시 고대 라틴어에서 유래한다. 아리스토텔레스는 진정한 의미로서의

---

8 Arendt(1958: 198)에 의하면 "정확히 말해서, 폴리스는 그 물리적 입지를 가지는 도시국가 (city-state)가 아니라, 사람들이 함께 행동하고 말함으로써 형성되는 조직이다. 이의 진정한 공간은 이러한 목적을 위해 살고 있는 사람들 간에 존재한다".

9 그러나 사실 '확장'으로서의 공간 개념은 플라톤의 철학에까지 거슬러 올라간다. 그에 의하면 "입지되어질 어떤 것을 위해 '공간'은 사물들의 모든 표출 양식들로부터 자유로워야 한다"(Heidegger, 1959: 66에서 재인용). 뿐만 아니라 고대 기하학과 천문학의 기원에서 암시된 바와 같이 플라톤 이전부터 '공간'은 자연과학적 입장에서 '공간 그 자체'로서 관찰되었을 것이다. 그렇지만 그리스인들은 그들이 함께 살고 있는 사회적 공간, 즉 폴리스를 기하학적 공간으로 이해하지 않았음이 분명하다고 하겠다.

폴리스는 그 시민들의 덕목과 관련되어야 하며, 그렇지 아니할 경우 도시의 공적 영역은 단지 결사(結社, association)에 불과하게 된다고 논하고 있다. 로마법에서 이러한 결사는 소시에타스(societas)라고 불렸으며, 이는 특정한 목적을 위한 시민들 간의 상업적 회사 또는 국가들 간의 정치적 연대를 의미했다(Arendt, 1958: 23; Habermas, 1974: 47 참조). 만약 소사이어티에 해당하는 단어가 고대 그리스어나 그리스인의 사고에 없었다면, 이는 인간 존재를 위한 모든 필수적 활동들 중에서 오직 아리스토텔레스가 '비오스 폴리티코스(bios politikos)'라 한 것, 즉 실천(praxis)과 대화(lexis)만이 폴리스에서의 공동체생활을 위해 요구되는 '정치적인 것'으로 간주될 수 있음을 의미한다고 하겠다.[10]

순수한 확장으로서의 공간의 개념과 경제적·정치적 결사로서의 사회의 개념이 고대 라틴어와 로마인들의 사고 속에서 형성되었다고 할지라도 이 개념들은 그들의 담론에서 그렇게 유의하지 아니했을 것 같다.[11] 사회와 공간의 개념적 통일은 사실 근대 의식의 등장에 의해 완전히 깨지며, 이들의 로마

---

10 아리스토텔레스에 의하면, '사회적인 것'은 인간생활과 마찬가지로 생물적(즉 경제적) 욕구와 관련된 동물생활에서도 찾아볼 수 있다. 그는 '준 폴리티콘(Zoon politikon)'이라는 개념을 '정치적' 행위라는 점에서 인간 존재를 동물적 생활로부터 분리시키기 위해 사용했다. 그러나 이 용어는 토마스 아퀴나스(Thomas Aquinas)에 의해 "인간은 자연적으로 정치적, 즉 사회적이다(homo est naturaliter politicus, id est, socialis)"라고 잘못 번역되었으며, 이 번역은 근대 철학자 및 사회이론가들에 의해 널리 원용되었다. 예를 들면, 맑스는 『요강(Grundrisse)』(1858)의 앞부분에서 "인간은 가장 어원적인 의미에서 …… 즉 탐욕스러운 동물이 아니라 단지 사회 속에서 그 자신에게 개성을 부여할 수 있는 동물이다"라고 적고 있다. 맑스가 '생산'을 강조하고 인간 활동 전체를 '노동'으로 환원시켰다는 점에서 볼 때, 여기서 '사회'란 결국 경제적인 의미를 가진다.

11 예로 Cicero(1949: 7)는 "숨겨진 장소를 지적하고 표시한다면, 숨겨진 물건을 찾기 쉽다. 이와 마찬가지로 만약 우리가 어떤 주장을 추적하고자 한다면, 우리는 장소(place)들과 주제(topic)들을 알아야 한다. 이러한 점에서 아리스토텔레스는 주장들이 도출되는 지역(region)들에 '주제'라는 이름을 부여했다. 따라서 우리는 주제를 주장의 지역이라고 할 수 있다"라고 적고 있다. 이러한 해석은 근대 해석학의 기원을 이룬 Vico(1968)에게까지 지속된다. 이에 대한 자세한 해설로서 Varene(1981: 167ff) 참조.

적 개념이 각각 분리된 사회에 관한 담론과 공간에 관한 담론을 상호 배타적으로 지배하게 되었다. 그리스적 의미로서의 폴리스, 즉 '공동 장소(commonplace)'를 기반으로 해서 인간행위가 전개되는 실천적 '표출공간(space of appearance)'으로서 폴리스에 바탕을 두고 있었던 그리스 철학, 특히 아리스토텔레스의 실천철학은 세 가지 상이한, 그러나 상호 관련된 방법들, 즉 종교적·형이상학적 그리고 과학적 방법들을 통해 근대 의식에 의해 소멸한 것으로 추정된다.

첫째, 합리화된 종교적 세계관은 '신의 세계'를 '표출의 세계'로부터 분리하게 되고 이에 의해 사회와 공간의 개념적 통일은 와해된다. 베버가 이해한 것과 같이, 모든 세계 종교들의 공동 주제는 이 땅의 사물들의 불균등 분포를 어떻게 정당화시키고 또 이 땅에서 부정의하고 고통받는 인간 존재를 어떻게 설명할 것인가라는 의문이다(Weber, 1958b 참조). 이 점에서 종교의 기본 문제는 이 땅에 표출된 세계와 성스러운 신 또는 조화로운 우주의 세계 간의 이원론에 깊이 뿌리를 내리고 있다고 하겠다. 즉 구원을 위한 다양한 종교적 믿음들 — 이의 가장 합리화된 형태가 기독교이다 — 속에는 이러한 두 세계 간의 뚜렷한 구분이 내재되어 있다. 이 땅의 세계는 부정하고 불평등하며 따라서 무의미한 반면, 신의 세계는 어떻게 해서든지 조화롭고 의미가 있게 된다. 결과적으로 뒤르켐이 주장하는 것처럼 "기독교의 등장과 함께 신은 마침내 공간을 떠나버린다. 그의 왕국은 더 이상 이 세계에 있지 아니하다"(Durkheim, 1984: 231). 즉 합리화된 근대 기독교에서 대표적으로 암시되는 것과 같이, 공간표출의 세계는 성스러운 신의 세계와 완전히 분리되고, 이에 의해 지배되는 것으로 간주된다.

둘째, 근대 형이상학은 보다 체계적인 방법으로 근대 종교의 이러한 과제를 수행한다. 기독교의 기본적 합리화를 가능하게 했던 이 땅의 세계와 신의 세계 간의 이원론은 표출의 세계와 존재의 세계 간의 형이상학적 이원론으로 전환되었다. 즉 낮은 곳의 피창조물과 높은 곳의 창조주라는 종교적 이원론은 여기 낮은 곳에서의 단순 표출과 그리고 어딘가 높은 곳에서의 이상적 존재라는 이원론으로 해석되었다(Heidegger, 1959: 98). 이 과정에서 절대 자연의 사고와 함께 절대 신성의 사고는 데카르트적 철학에서와 같이 순수 주관성 또는 절대 이성을 강조하는 유아론적 견해에 어떤 모형을 제공한다. 즉 데카르트는 '의문(doubt)'이라는 관점에서 존재의 문제를 제기하고, 만약 표출된 모든 것이 의문시된다면 의문시하는 주체 그 자체는 분명 실제적인 것이라는 결론 — 즉, 나는 생각한다. 고로 존재한다(cogito ergo sum) — 에 도달했다. 현상적 표출의 세계와 이상적 존재의 세계 간의 대립, 즉 감성의 열등한 진리 능력과 이성의 우등한 진리 능력 간의 대립은 결국 감성에 대한 이성의 승리로 끝맺어졌다. 바로 이러한 철학적 패러다임과 결부되어 공간 개념 그 자체도 이 땅의 현상들로부터 괴리되어 지적 구조의 영역으로 환원되었다. 사실 데카르트적 준거틀을 발전시켜 그의 철학을 전개했던 칸트(Immanuel Kant)는 시공간상의 표출세계와 순수이성의 세계를 완전히 분리시키는 한편, 공간을 표출세계 위에 부가되는 선험적 범주로 간주했다.[12]

마지막으로, 근대 과학은 가시적인 것으로부터 비가시적인 것으로, 사물의 시공간 관계상에서의 구체적인 것으로부터 일반적 존재의 상태에 있는 추상적인 것으로, 경험적 사건들로부터 사전적으로 형성된 구조들로, 그리고 한정된 공동체적 공간 내에서의 인간의 일상 활동, 믿음 또는 의견들로부터 보편적 비인격적 법칙들에 따라 이러한 것들을 창출한다고 가정되는 원인들로 근대 의식의 관심을 바꾸어놓았다(Horkheimer, 1972 참조).[13] 중세 기독교의 독단과 갈릴레오의 자연과학 간의 첨예화된 갈등에도 불구하고, 이들 양자는 표출 이면에 이를 지배하는 무엇 — 즉 신의 섭리 또는 자연의 법칙 — 이

---

12 공간에 관한 칸트의 철학에 대해 Garnett(1939) 참조. 또한 칸트가 '자연지리학'에서 공간을 자연과 관련시켜 외적 경험의 대상으로 이해했음은 지리학에서 잘 알려져 있다. Kant(1923: 156~165) 참조. May(1970: 255~264)에 영역되어 있다.

13 호르크하이머는 이러한 이원론에 바탕을 둔 전통적 과학을 부정하고, 대신 사회세계의 표출과 총체 간의 변증법적 관계를 강조하는 비판이론을 제시한다.

내재한다는 결론을 공유한다. 갈릴레오와 뉴턴의 자연과학적 승리는 생물세계의 다원적 질서와 유기체론과 함께 인간 및 사회의 연구를 과학적인 것으로 이끌었다. 사회·인문적 지식을 실증적 과학으로 정형화시키고자 했던 콩트(Auguste Comte)의 노력으로, 법칙들과 단계들에 따라 진화하는 조직적 총체라는 사회의 개념이 발견되었고, '사회학'이 이러한 사회 개념을 연구의 특정 대상으로 인지하는 독립된 학문으로 발달하게 되었다. "말하자면 여타 세계와 마찬가지로 인간사회도 법칙들에 지배되며, 그 법칙의 필연성은 사회의 속성에 연유하고, 또 이를 나타낸다는 의식을 사람들이 가지게 될 때 비로소 사회학이 등장하게 되었다"라고 뒤르켐은 적고 있다(Durkheim, 1978: 72). 이러한 사회적 지식의 과학화는 사회에 관한 연구와 공간에 관한 연구 간의 관계가 거의 완전히 깨지는 계기가 되었다. 즉 사회현상들이 공간과 시간상에 처한 이들의 상황에 의해 인지되고 결정되는 것이 아니라 추상적·보편적 상태에 있어 이들의 구조적 속성에 의해 지배된다고 간주됨에 따라, 복합적·독립적 실체를 추구하는 사회구조적 연구는 사회현상들의 공간성에 관한 인식을 필수적으로 요청할 필요가 없게 되었다(Foucault, 1984a: 242 참조).[14]

이상의 고찰에서 살펴본 바와 같이 사회와 공간 간의 개념적 분리는 합리화된 종교, 서구 형이상학 그리고 근대 과학에 기인한다고 할 수 있다. 사회의 개념이 보다 획일적으로 추상화되고 보편화되면 될수록, 공간과의 관계는 점점 더 멀어지게 되고, 공간의 개념은 한때 인간적·사회적 사물들의 표출 양식들을 표현했던 그 전통적 특성들을 점점 더 잃게 된다. 그리고 결국은 공간 개념 그 자체도 그 속의 사물들과 분리되어 인지되고, 추상적이고 텅 빈 공간이라는 사고로 전락하게 된다. 물론 공간의 개념과 사회의 개념 간을 분리하는 과정에 관한 이러한 고찰은 앞서 언급한 것처럼 공간과 사회가 결국 존재론적으로 분리되었다든가 또는 분리될 수 있다는 견해를 인정

---

14 여기서 Foucault(1984a)는 뒤르켐이 지적한 것과 같은 내용을 (그러나 전혀 다른 의도에서) 언급하고 있다.

하는 것은 결코 아니다. 나의 고찰은 오히려 이러한 견해가 인간의식의 역사에 있어서 어떤 지극히 중대한 혼동 ─ 즉, 인간사회가 공동체로부터 결사체로 전환되게 됨, 또는 공간의 공동체적 생활공간에서 경제적·정치적 체제의 공간으로의 전환에 기인하여 유발된 혼동 ─ 을 반영하고 있음을 강조하기 위한 것이다. 달리 말해서, 만약 사회생활이 공동체적 공간에 기반을 두지 않고 대신 신성적·형상학적 또는 자연적 힘에 의해 지배되는 것처럼 보인다면, 이는 맑스적 물신론에서 암시된 것처럼 인간 생활이 그 삶의 터전인 공간으로부터 소외되었기 때문이라고 할 수 있다.[15]

3. 근대 사회이론에서 나타난 공간의 개념들

사회의 개념이 18세기 말경 공간의 개념으로부터 완전히 분리되었다는 위의 주장은 이 시기에 뒤따라 등장하는 위대한 사회철학적 사상가들이 공간적 문제들에 관심을 두지 않았음을 의미하는 것은 아니다. 사실 사회와 공간 간의 병리적 분리의 기원과 발전 과정에 관한 나의 연구는 합리화된 종교나 형이상학적 철학 또는 과학적 담론 등에 나타난 근대 의식의 역사에 관한 직접적 분석에 기반을 두고 있지는 않다. 대신 나는 사회와 공간 간의 분리에 관한 문제가 나의 관심 속에 있는 철학자나 사회이론가들에 의해 어떻게 의식적으로 또는 그 외의 방법으로 다루어지고 있는가에 주목했다. 이 점에서

---

15 이러한 견해는 루카치(György Lukács)의 물신론부터 프랑크푸르트(Frankfurt)학파의 철학에까지 이어진다(Horkheimer, 1972: 207~208 참조). 그러나 '공간적' 소외는 Arendt(1958)에서 보다 잘 지적되고 있다. 그녀에 따르면, 인간은 세계 속에서 그리고 지구상에서 보금자리를 가지기 위해 존재한다. 그러나 서구 근대화는 인간의 정체성(identity)을 약화시키는 '세계로부터의 소외(world alienation)'와 지구공간을 완전히 객관적 실체로 전환시키는 '지구로부터의 소외(earth alienation)'를 가져왔다. Arendt(1958: 264ff)는 '세계로부터의 소외'(즉 사회적 소외)가 '지구로부터의 소외'(즉 공간적 소외)보다도 덜 중요하다고 생각한다.

이들의 저술들을 지리학적 또는 공간이론적 관점에서 재해석해보고자 하는 두 번째 논제가 제기되었다.

니체, 뒤르켐, 베버 또는 맑스에 의해 제시된 이론들은 사회의 공간적 측면과 거의 관계가 없을 것이라고 말할 수 있을 것 같다. 분명 이들의 폭넓은 관심 속에서 공간의 문제는 다른 주제들에 비해 우선적으로 다루어지지는 않았다. 또한 위에서 지적한 것처럼 이러한 사상가들의 이론들은 사회의 개념이 공간의 개념과 필수적 관계를 상실했다고 주장되던 19세기에 개발된 것들이다. 그러나 이들의 이론들이 이 시대의 일반적 경향에 대해 비판적이었다는 점에서 우리는 이들이 비록 서로 다른 정도나 시각에서라 할지라도 이들의 사상 체계 내에서 공간의 유의성을 인식했을 것이라고 가정해볼 수 있다. 이 점에서 나는 이들이 공간의 문제를 어떻게 다루었는가를 세심히 살펴보았으며, 그 결과 이들이 자신의 이론들의 거의 전반에 걸쳐 심원한 통찰력으로 사회생활의 공간적 측면을 분석하고 또 서로 각기 다른 유형의 공간관이나 기존 공간에 대한 대안들을 피력했음을 알 수 있었다.

니체는 표출의 세계와 존재의 세계 간의 이원론에 가장 강력하고 전체적인 비판을 제기했다. 그는 허무주의(nihilism)를 논하면서, 이러한 사고는 인간 존재를 '참'이 아니라 '거짓'으로, '선'이 아니라 '악'으로 규정한 기독교에 뿌리를 두고 있으며, 이에 따라 순수한 무(無, nihil)를 추구하는 것이라고 보았다(Nietzsche, 1968: sec. 12; Haar, 1985 참조). 그는 서구 근대 의식이란 표출과는 독립된 실재의 이상성을 찾고자 하는 이러한 허무주의의 결과라고 주장했다. 니체의 철학적 과제는 이러한 무 또는 형이상학적 존재들을 전도(轉倒)시키는 것이었다. 니체에게 있어 사물들의 (공간적) 표출은 이러한 전도에 따라 바로 존재의 기반이 된다. 즉 "표출 그 자체는 실체에 속하며, 이것이 곧 존재의 형태이다"라고 그는 주장한다(Nietzsche, 1968: sec. 568; Nietzsche, 1973: sec. 34 참조). 그러나 여기서 특기할 점으로, 니체는 이러한 표출의 세계를 순수하고 진정한 것이 아니라 이기적인 정치적 관심, 즉 '권력에의 의지'를 가진 인간들의 음모에 의해 구현된 것이라고 보았다. 그는 자신의 견해를 다음과 같이 표현하고 있다. 즉 "나의 생각은 모든 특정 몸체(body)들이 전체 공간의 지배자가 되고자 그의 힘(즉 권력에의 의지)을 확대시키기 위해 분투한다는 것이다"(Nietzsche, 1968: sec. 636; Lingis, 1985 참조). 즉 '권력에의 의지'라는 그의 언표(言表)는 공간 지배를 위한 욕망, 즉 '공간에의 의지'를 그대로 함의하고 있다. 따라서 니체에게 있어서 공간은 힘의 장(場)이 되며,[16] 특히 그는 공간의 모양이나 형태를 영급회귀(eternal recurrence)의 원인으로 간주했다. 그러나 니체는 또 다른 유의 공간의 의미를 상정했다. 즉 표출 세계가 가지는 근본적 지향으로 제시된 그의 위버멘쉬(Übermensch, 초인)는 심미적 생활양식에 의해 실현될, 즉 "우리가 쏟고 있는 사랑과 지식이 주어져야 할" '이 땅의 의미(the meaning of the Earth)'를 지칭한다(Nietzsche, 1969: 42: 102).

뒤르켐은 특히 그의 초기 연구에서 비가시적 구조 또는 그가 '사회적 사실(social fact)'이라고 부른 것에 집착하고 있었기 때문에(특히 Durkheim, 1960 참조), 상이한 장소나 시간에 의해 변하지 않는 보편적 법칙들을 추구했다. 그럼에도 불구하고 그는 사회형태론(social morphology), 즉 "다양한 주민들의 사회 조직과 관련시켜 이들의 지리적 기반에 관한 연구"에 많은 관심을 가졌었다(Durkheim, 1978: 83).[17] 달리 말해서 그의 사회형태론적 분석은 흔히 비판되어온 바와 같이 자연과학에 유추해 사회현상들을 단순 부수현상으로 전락시키기 위한 것이었다기보다는[18] 오히려 이들을 지리적으로 또는 공

---

16 이 점에서 니체의 공간 개념은 근대 지리학자 라첼(Friedrich Ratzel)의 개념과 매우 유사하다. 이들 간에 서로 직접적인 의사 교환을 한 증거는 없지만, 그들은 거의 같은 시기에 같은 도시에 살았다. 또한 그들의 연구는 소위 생활공간(Lebensraum)을 획득하기 위한 나치 정권을 정당화하는 데 오용되었다(Fischer, 1977: 116~122 참조).

17 뒤르켐의 같은 책에 번역되어 있는 「사회형태론에 관한 노트(Notes on social morphology)」(Durkheim, 1978: 88~90) 참조. 특히 여기서 뒤르켐은 라첼의 『정치지리학』(1987)이 추구하는 학문적 종합에 대해 우려를 표명하면서 '사회형태론'을 제시하고 있다. 라첼과 뒤르켐 그리고 프랑스 근대 지리학자 비달(Vidal de la Blache) 간의 논쟁에 대한 재해석에 관해서는 Febvre(1932) 그리고 Buttimer(1971: 특히 제2장) 참조.

간적으로 보기 위한 시도였다고 볼 수 있다. 또한 공간을 사회의 외적·물질적 형태를 표현하는 것으로 본 그의 초기 견해는 그 후 공간을 상징적 가치와 질서들로 구성된 도덕적 환경(milieu)으로 보는 견해로 바뀌게 된다. 이점에서 뒤르켐의 연구는 공간을 두 가지 유형, 즉 사회의 외적·물질적 형태를 나타내는 공간과 내적·상징적 가치나 규범을 함의하고 있는 공간으로 구분하는 데 원용될 수 있다.[19] 특히 그의 후기 연구에서 공간의 관념은 우리의 모든 지적 생활을 좌우하는 기본 범주들 중의 하나로 간주되고, 집단적 의식이나 의사소통적 공동행위의 준거틀로 간주된다. 즉 뒤르켐에 있어서 공간은 인간 마음속에 내재된 선험적 범주나 사회생활의 단순한 물질적 기반이 아니라, 상이한 상징적 가치들을 가지고 분화될 수 있고 이질적인 것임이 강조된다.

베버의 주된 관심은 사회나 문화의 내적 '합리성'이며, 따라서 그가 외적·공간적 문제에는 무관심했을 것이라고 쉽게 가정할 수 있다. 그러나 사실 그는 브로델(Fernand Braudel)의 지역사(地歷史, geo-history)와 비견될 수 있을 정도로 지리적 요소들의 중요성을 간파하고 있었던 것 같다(Roth, 1979 참조). 즉 그는 "경제적 지리와 역사의 주어진 요소들은 가장 높은 단계에서 (한 사회의 경제적) 자율성의 정도를 결정한다"라고 적고 있다(Weber, 1958a: 268). 그러나 지리적 요소들의 유의성에 대한 베버의 인식은 경제적 지리보다는 사회문화적 지리에 더 밀접하게 관련되어 있었다는 점을 이해하는 것이 중요하다. 즉 『도시(the City)』(1921)에서 그는 도시를 단순히 경제적 또는 정치적

---

18 이 점에서 파슨스는 뒤르켐이 "사회이론을 생물학화"시켰다고 주장한다(Parsons, 1949: 323 참조).

19 이 구분은 뒤르켐이 기각하고자 한 이원론적 공간 개념들, 즉 경험주의적[흄적(Humean)] 개념과 선험주의적[칸트적(Kantian)] 개념 간의 구분을 의미하는 것은 아니다. 이 점에 관해서 Durkheim(1976: 11) 참조. 오히려 이 구분은 뒤르켐(Durkheim, 1984)이 구분한 내적 또는 도덕적 환경(milieu interine, or moral)과 외적 또는 물리적 환경(milieu exterine, or physique) 간 구분을 함의하며, 본문의 뒷부분에서 제시한 생활공간(life-space)과 체계공간 (system-space) 간의 구분과 관련된다.

공간으로 보지 않고, 무엇보다도 중요하게 공동체적 관계가 발달될 수 있었던 사회문화적 공간으로 정의하고 도시 공동체의 제도들과 이들 간의 관계를 고찰했다(Weber, 1978).[20] 이 점에서 도시 공동체에 관한 베버의 정의와 중세 도시의 자율성에 관한 그의 분석은 도시의 제도들과 이들 간의 관계에 관한 연구를 위해 어떤 모형을 제공한다. 또한 도시에 관한 그의 비교역사적 분석은 종교적 세계관이나 법적 질서에 함의된 합리성의 잠재력이 실현될 수 있는 외적 조건들을 파악하기 위한 것으로서, 이는 동양과 비교해 서양의 합리화 과정의 특이성을 밝히고자 한 그의 일생을 통한 연구를 완전하게 해준 것이라 할 수 있다(Nelson, 1976 참조). 이러한 베버의 접근 방법은 이성이나 합리화에 관한 연구가 이의 속성이나 잠재력뿐만 아니라 상이한 시간과 공간상에서의 이의 표출, 즉 이와 지리와 역사로 동시에 고찰해야만 함을 의미한다.

맑스는 공간을 자연적 또는 물질적 공간, 즉 토양이나 토지 등으로 구성된 것으로 보았다. 그의 주 관심사가 노동 과정에 의해 매개되는 인간과 자연 간의 관계였다는 점에서, 그는 공간을 노동의 객관적 조건들을 구성하는 것으로 이해했다. 즉 그에게 있어 공간은 "노동의 작업장이며 원자재의 저장고 그리고 노동의 근원적 도구로서의 땅"으로 파악된다(Marx, 1973: 485; Marx, 1967: 175 참조). 자연의 장소 또는 사회생활의 물질적·경제적 기반으로서의 공간 개념은 그의 유물론적 역사 해석에 용이하게 결합될 수 있었다.[21] 즉 맑

---

[20] 베버에 의하면 도시 공동체는 비농업적·상업적 유형의 취락으로서, ① 성곽, ② 시장, ③ 법정과 자율적 법, ④ 결사단체, ⑤ 자치적 행정 등을 갖춘 것으로 정의된다. 이러한 정의는 흔히 베버가 마치 도시의 정치적·경제적 측면을 강조한 것처럼 해석된다. 그러나 베버에 의하면, ①과 ②는 동서양, 고대와 중세 도시들에서 모두 나타나지만 ③, ④, ⑤는 진정한 의미의 도시 공동체인 유럽 중세 도시에서만 특징적으로 나타난다.

[21] 맑스는 노동 과정을 통한 자연과의 교환 관계를 강조하지만, 지구공간(the Earth)을 모든 생산과 모든 존재의 근원으로 간주하고 지대(ground rent)로부터 분석을 시작하는 것은 잘못이라고 주장한다(Marx, 1973: 106). 물론 그에게 있어 분석의 출발점은 생산 그 자체이다. 그러나 맑스의 저술들은 전체적으로 "공간적·지리적 현상들과 기본 개념적 장치들 간을 밀접하게 관련"시키고 있다(Harvey, 1985: 34).

스에 의하면, 노동의 분업이 진전되고 사용가치를 위한 생산이 교환을 위한 생산으로 전환됨에 따라 상품의 생산과 순환의 공간은 점차적으로 세계적 차원으로 확대되었다. 이 과정에서 도시와 농촌 간의 대립 관계는 화폐지대와 공간의 상품화를 동반한 가치 (재)생산의 자본주의적 경제체제 속으로 융해되었다.[22] 맑스적 입장에서 설정된 미래의 새로운 공간이 '노예가 없는 폴리스'라는 언표로 흔히 대변되는 것처럼, 해방된 공간은 노예가 기계로 대체되어 완전히 물질화된 공간에서 가능한 것으로 이해된다(Lefebvre, 1974 참조). 그러나 그의 저작들 대부분에서 공간은 물질적 공간 또는 물질적 생활을 위한 공간으로 간주되지만, 전(前)자본주의적 사회에 관한 그의 분석 일부에서 맑스는 극히 묵시적인 방법으로 공간을 물질적 생활뿐만 아니라 공동체적 생활의 장소로 인식했음에도 우리는 주목할 필요가 있다(Marx, 1973: 486ff 참조).

이상에서 논의된 근대 철학자 및 사회이론가들의 연구들은 분명 공간에 관한 의문들과 관련되어 있다. 그러나 맑스를 제외하고 그 외 사상가들의 연구들은 공간적 또는 지리학적 관점에서 거의 해석되지 않고 있다. 이 점에서 나의 연구 목적들 중 하나는 이러한 사상가들이 공간적 문제들을 어떻게 다루었는가에 대한 분석을 자극하고 촉진하는 데 있다. 위에서 논의된 이들의 공간 개념과 이에 대한 주장들을 이들 연구의 일반적 맥락에서 요약하면 다음과 같다. 니체는 끊임없이 되풀이해 나타나는 힘들의 장(場)으로서의 공간으로부터 개인의 취향(taste)을 위한 순수 심미적 공간으로의 전환을 추구했다. 뒤르켐은 비정상적 노동 분업에 의한 역기능적 공간으로부터 실증적 과학과 집단적 도덕성을 통해 수립된 규범적 공간으로의 발전을 추구했다. 베버는 세속적으로 각성된 경제적·정치적 공간으로부터 개인이 자신의 가치를 자유롭게 선택할 수 있는 규범적으로 합리화된 공간으로의 전환을 추구

---

22 공간적 입장에서 맑스의 원론을 가장 충실하게 해석하고 있는 것으로 Harvey(1982) 참조.

했다. 끝으로 맑스는 자본주의적 경제법칙들에 의해 지배되는 공간으로부터 인간이 자신의 관심을 자유롭게 달성할 수 있는 경제적으로 해방된 공간으로의 전환을 추구했다.

4. 서구 사회의 합리화에 대한 접근들

이러한 근대 철학자나 사회이론가들의 연구에서 공간적 문제에 관한 이들의 이해나 주장은 물론 그 자체로서 어떤 유의성을 가지겠지만, 이들이 다루고 있는 수많은 주제들 중에서 공간이라는 특정 측면에 초점을 맞추려는 어떠한 시도도 이들의 이론 체계들이 각각 가지는 전반적 특성들을 무시하고서는 완전한 의의를 가지지 못할 것이다. 만약 그렇게 될 경우, 이는 개별 나무들을 보기 위해 전체 숲을 보지 못하는 위험에 빠지게 된다. 즉 이들의 이론들에서 다루어진 공간적 주제들을 재해석하고자 하는 시도는 이들의 이론들의 일반적 맥락 속에서, 그리고 특정 관심을 두고 있는 부분과 그 부분들 간의 관계 속에서 이루어져야 할 것이다. 이 점에서 이 이론들의 전체적 성격 그리고 첫눈에는 공간적 주제들과 직접적으로 연계되어 있지 않은 것처럼 보이는 여타 부분들의 기본적 특성들을 파악해보고자 하는 세 번째 논제가 제기된다.

이 연구의 관심 대상이 되고 있는 근대 철학자나 사회이론가들의 이론들이 각각 가지는 일반적 특성들을 파악하기 위해 나는 서구 근대 문화와 사회의 합리화에 관한 이들의 입장을 고려했다. 사실 앞서 암시한 바와 같이 공간과 사회 간의 개념적 분리를 가져온 것은 바로 서구 문명의 합리화 과정이다. 이러한 합리화 과정은 두 가지, 즉 규범적 그리고 인식적 차원으로 구분할 수 있다. 그리고 이러한 차원들에 대한 입장들을 각각 도덕적/무(無)도덕적 또는 반(反)도덕적 접근과 자연주의적/반(反)자연주의적 접근으로 구분해

표 1-1 **서구 합리화 과정에 대한 접근들**

		규범적 차원	
		도덕적	무(無) 또는 반(反) 도덕적
인식적 차원	자연주의적	뒤르켐	맑스
	반(反)자연주의적	베버	니체

볼 경우 우리는 서구 사회의 합리화에 대한 니체, 뒤르켐, 베버 그리고 맑스의 접근들을 〈표 1-1〉과 같이 배열해볼 수 있다.

뒤르켐은 그 자신의 연구를 "실증적 과학의 방법들에 따라서 도덕적 생활의 사실들을 다루기 위한 시도"라고 특징지었다(Durkheim, 1984: xxv). 그에게 있어 사회의 새로운 과학, 즉 (콩트적 의미로서의) 사회학은 보편적·필연적 실체를 파악하는 것이며, 도덕성의 '과학화'는 언제나 명확히 득(得)이 된다. 도덕성의 과학을 수립하기 위한, 즉 자연의 여타 사물들처럼 도덕적 사실을 구명하기 위한 뒤르켐의 시도에서 '절대자연'은 '사실'들, 즉 '주어진 것들의 총체'이며 또한 동시에 '규범', 즉 '그렇게 되어야만 되는 당위'로 간주된다. 달리 말해서 그는 일반적으로 사실과 규범, 즉 자연과 사회 간의 인식적 통일성을 추구했다. 원시종교에 관한 그의 후기 연구에서 명시된 것처럼, 종교적 세계관들의 합리화의 결과로서 '자아 반성'이 등장하며, 이는 세계관들의 유효성의 상징화를 가능하게 하고 그 자체로서 규범적 권위로 인지될 수 있었다(특히 Durkheim, 1976: 231 참조). 따라서 자연은 도덕성의 근원이며, 사실적인 것과 도덕적인 것은 동일한 기원을 가진다는 견해를 뒤르켐은 가지고 있었다.

맑스는 생산양식과 계급투쟁이라는 점에서 경제정치적 법칙성으로서의 역사과학을 추구했다. 그에 의하면 사회의 합리화는 자연과의 관계에 있는 노동 과정, 즉 생산(력)의 발달(예로 생산기술과 노동력의 능률적 조직을 위한 지식의 발달)을 통해 이루어진다. 생산의 기술적 지식이나 노동력을 조직하는 지식의 개선은 문화적 가치나 사회적 규범으로부터 어떠한 영향도 받지 않는다.[23] 오히려 반대로 생산관계, 즉 노동력을 유용한 생산수단과 결합시키는 방법을 통제하는 사회적 제도나 메커니즘은 단지 생산력 합리화의 압력 하에서 계급투쟁에 의해서만 혁신된다. 따라서 맑스는 한편으로 과학과 테크놀로지를 해방을 위한 명확한 잠재력으로 간주하고, 또 다른 한편으로 자본주의 경제체제와 근대 국가의 제도적 장치들을 이러한 합리화를 위한 잠재력을 속박하는 것으로 보았다.

베버는 직접적으로 서구 근대화 과정을 합리화 과정으로 해석했다. 그에게 있어 협의의 합리성이란 '합목적적' 합리성, 즉 사전적으로 정해진 목적을 실현하기 위한 효율적 수단 선택에서 나타나는 합리성으로 간주된다.[24] 이러한 의미로서의 합리화는 경제적 그리고 정치행정적 효율성의 증대와 연계되어 있으며, 이 합리화 과정에서 경험적 지식과 테크놀로지의 역할은 점점 더 증대하게 된다. 그러나 베버는 과학적 지식의 성장과 확대는 의미나 도덕성의 해로운 양식을 인간 생활에 부여한다는 자연주의적 견해를 강력히 부인한다. 이는 분명 전통적 미신이나 편견, 오류 등을 점차적으로 타파한다. 그러나 이러한 '세계의 각성(disenchantment)'은 어떠한 규범적 유토피아도 가져다주지 아니하며, 오히려 모든 윤리적 의미를 박탈하고 근대 인간은 점차 탈인간화된 세계, 즉 철조롱(iron cage) 속에 감금된다. 또 한편으로 베버에 있어 합리성이란 규범적 의미로서의 '가치합리성'을 의미한다. 규범적 의미

---

23 앞의 표에서 맑스의 접근을 무(無)도덕적이라고 한 점은 바로 이러한 이유에서이다. 그러나 그의 사상, 특히 '실천', '소외' 등을 강조하는 그의 초기 저술들은 분명 인간사회의 규범 또는 도덕성을 전제로 하고 있는 것으로 이해되어야 한다.

24 베버는 물론 합리적 행위를 두 가지 유형, 즉 '목적합리적(purposive rational)' 행위와 '가치합리적(value-rational)' 행위로 구분한다. 그러나 베버는 그의 연구에서 목적합리화가 마치 서구 합리화 전체를 포괄하는 것으로 해석한다. 이 점이 그로 하여금 서구 근대화를 지나치게 부정적으로 이해하도록 한 원인이 된 것 같다(Schluchter, 1981: 129; Habermas, 1984, Vol. 1: 282 참조).

로서의 합리성은 합리적으로 되는 것이 결국 진정한 인간 존재가 되는 기본 조건과 과제를 유의하게 하는 규범적 관점에 의해 결정된다. 이러한 점에서 베버에 의하면 역사란 여전히 절대이성을 향한 진보로 간주된다.

니체의 철학은 근대 문화적 합리주의를 전체적으로 비판하기 위한, 즉 근대 과학과 도덕성을 권력에의 타락한 의지의 이데올로기적 발현임을 폭로하기 위한 것이었다. 그의 견해에 의하면, 사회가 자아 반성을 통해 합리화되기 시작하면서 표출과 본질(essence) 간의 원초적 통일성은 더 이상 유지되지 않게 되었다. 자아반성, 즉 그 자체를 의문시하는 의지에 의해 판단되는 표출세계는 결국 무의미한 사실들의 연쇄로 전락함으로써 이 세상은 이기적 의지의 생산물이 되었다. 이러한 점에서 참된 것, 선한 것, 아름다운 것 등이 공통된 보편적 기원을 가진다는 믿음은 단지 어떤 환상에 불과하게 된다. 따라서 진리의 가치와 도덕성의 본질은 권력에의 의지에 빠지지 않고서는 판단할 수 없기 때문에, 분명 의미 없는 것처럼 되어버린 이 세계는 과학이나 도덕성에 의해서는 다시 유의미하게 될 수가 없다. 니체는 이러한 이유에서 과학적 의미나 도덕적 판단의 세계로부터 벗어나서 심미적 관심에 바탕을 둔 인간생활을 주장한다. 즉 니체에게 있어서 세계의 의미는 과학적 또는 도덕적 합리화에 놓여 있는 것이 아니라 한 예술가에 의해 어떤 가치가 창조되는 것처럼 개인에 의해 (재)창조되는 것이다.

서구 사회의 합리화 과정에 대한 이러한 접근들을 재고찰함에 있어서, 나는 '의사소통적 행위이론'의 관점에서 이들을 재구성한 하버마스의 시도를 응원하고자 한다. 하버마스는 서구 근대화를 이성이 인식적·도구적 합리성과 의사소통적·규범적 합리성으로 이분되는 과정으로 이해했다. 그러나 그에게 있어 이성의 통일성의 분화가 합리성의 전체적 타락을 필수적으로 의미하는 것은 아니다. 물론 이데올로기와 세계관의 본질적 내용에서 볼 때, 의미의 상실은 돌이킬 수 없는 것이다. 즉 근대 세계는 자기 이해의 추구를 위한 도구적·전략적 행동의 물질적 배경으로 탈가치화되고 객체화되었다.

달리 말해서 세계의 통제에 의해 얻어진 득(得)은 의미의 상실을 그 대가로 지불해야만 했다. 그러나 하버마스에 의하면, 이성의 통일성은 의사소통적 합리성, 즉 이를 통해 타당성 주장(validity claim)들이 회복될 수 있는 일상생활의 의사소통적 실천 속에 잠재된 합리성에 의해 보존되고 실현될 수 있다 (Habermas, 1985a: 196; Benhabib, 1986: 262ff 참조).

근대 사회의 합리성의 잠재력에 관한 하버마스의 '의사소통적 행위이론'은 강력한 영향력을 가지는 동시에 심각한 논란의 대상이 될 수 있다. 나는 여기서 그의 이론에 있어 논란이 될 수 있는 점들을 모두 상술하지는 않겠지만, 그의 연구의 일부 특히 의사소통적 합리성의 '절차적' 개념과 '이상적' 상황의 가정에 관한 부분에 대해 일단 이의를 제기하고자 한다. 첫째로 의사소통적 합리성에 관한 하버마스의 개념은 주로 '본질적'인 것이 아니라 '절차적'(또는 형식적)인 것이라는 점이 문제로 지적되어야 한다. 즉 그의 이론은 롤스(John Rawls)의 『정의론』(1971)과 비교될 수 있는 것처럼 의사소통의 내용이 아니라 이의 필수적 절차에 관한 형식을 주제로 하고 있다. 또한 그의 '이상적 담화 상황(ideal situation of discourse)'과 같은 개념에서 알 수 있는 바와 같이(Habermas, 1970), 하버마스는 칸트적 관점에서 합리성의 이상성(또는 보편성)을 옹호하고 있다. 그러나 하버마스는 그 자신이 인정하는 것처럼 모든 가치나 신념체계가 왜 규범적인 힘이나 모멘트를 가지는가에 대해서는 적절하게 설명하지 못하고 있다(Benhabib, 1986: 263ff; Lukes, 1982 참조).[25] 그리고 설령 그의 견해를 받아들인다고 할지라도, 사회 합리화의 유의성이나 가치가 어떻게 보편적으로 이루어질 수 있는가에 대해서는 여전히 의문시된다. 즉 서구에서 발달된 가치합리성은 서구적 문화와 전통에서 성장한 사람들에게는 유의할 것이지만, 이들에게 유의한 것이라고 해서 이러한 합리성이 여타 문화적 관점에서도 똑같은 의미나 가치를 필수적으로 가

---

25 이러한 비판에 대한 하버마스의 논의에 대해 Habermas(1982: 250~263) 참조.

진다고 할 수는 없을 것이다.[26]

이러한 두 가지 문제를 일단 유보하고, 하버마스적 관점에서 서구 사회의 합리화 과정에 관한 뒤르켐, 맑스, 베버 그리고 니체의 접근에 대한 비판은 대체로 다음과 같이 요약된다. 뒤르켐에 반대하여, 사회의 도덕적 합의(또는 그의 용어로 '집단적 의식')의 증대를 유의하게 하는 규범적 합리성은 과학적 또는 인식적·도구적 합리성과 범주적으로 구분되어야 한다. 즉 과학의 발달은 문화적 가치나 사회적 규범의 발달을 필수적으로 동반하는 것은 아니다. 맑스에 반대하여, 경제적·정치적 메커니즘들은 그 자체에 의해 추진되는 것이 아니라 규범적 합리성에 기반을 두고 제도화될 때만이 정상적으로 작동될 수 있다. 즉 도덕성과 법(그의 용어로는 이데올로기적 '상부구조')의 합리화는 합목적적으로 합리적인 경제적 행위들에 의해 형식적으로 조직된 체계가 제도화되는 데 있어 필수적 조건이 된다. 베버에 반대하여, 근대 합리성의 모든 유산은 도구적 또는 합목적적 합리성으로 환원될 수 없다. 즉 민주주의와 인간 권리에 관한 근대 의식을 유도했던 도덕성이나 법 개념의 등장은 형식적·관료적 합리화와는 범주적으로 구분되어야 할 규범적 합리화로 이해되어야 한다. 끝으로 니체에 반대하여, 근대 과학과 도덕성은 단지 근대 이기주의의 이데올로기적 반영으로 이해되어서는 안 된다. 즉 이들이 근대 사회의 병리적 측면들의 등장과 아무리 연관되어 있다고 할지라도, 이들은 전체적으로 폐기될 수 없는 집단적 학습 과정의 돌이킬 수 없는 결과이다.

5. 비판적 공간이론을 위한 새로운 기반

근대 철학 및 사회이론을 비판하고 재구성하고자 하는 나의 노력은 마지

---

26 하버마스는 이 점에서뿐만 아니라 그의 연구, 특히 선진 자본주의에 관한 그의 분석이 "유럽 중심적으로 제한된 견해"임을 인정한다(Habermas, 1985b: 104).

막 논제, 즉 비판적 공간이론의 새로운 기반 정립으로 귀결된다. 나는 개념적 틀을 개발하려는 어떠한 시도든 그 연구 대상의 적절한 범주화로부터 시작되어야 한다고 생각한다. 달리 말해서 어떤 특성 규명도 없이 공간의 개념이 사전적으로 주어진 것 또는 전(前)역사적인 것으로 몰가치화되었고, 이에 따라 사회이론적 또는 철학적 연구들로부터 제외되었다는 사실은 결국 공간의 적절한 범주화가 결여되어 있었기 때문이라 할 수 있다. 물론 나의 관심 속에 있는 근대 사상가들은 공간 범주화의 중요성을 의식적으로 또는 그 외의 방법으로 알고 있기는 했겠지만, 이들 중 아무도 그 속에 나타나는 사물들과의 관계에 따라 다양할 수 있는 공간의 특성들을 직접적으로 범주화하려고 하지는 않았다. 이러한 점에서 공간 범주화를 위한 기본 틀이 비록 예비적 방법이라 할지라도 제시되어야 할 것이다.[27] 이 공간의 범주화는 비판적 공간이론의 새로운 기반을 구성할 수 있는 개념들을 정의하고 또 그 방법론을 고찰하는 데 도움을 줄 뿐만 아니라, 서구 공간의 근대화의 문제(또는 위기)를 해명하는 데 매우 유의할 것이다.

공간을 범주화함에 있어 무엇보다도 먼저 언급되어야 할 점으로, 공간의 유의성은 우리가 표출과 존재 간의 구분을 허용하는 어떠한 범주화도 기각할 때 회복될 수 있다. 표출로부터 분리되어 독립된 존재의 이상성을 추구하는 어떠한 노력도 단순한 가공(fiction) 또는 이기적 관심의 발로에 불과하다. 사물들의 표출은 이들 존재의 기반이 되며, 그들의 존재는 이의 표출을 통해서만 전환된다. 만약 표면상에 나타남이 니체가 주장하는 것처럼 심층적 존재의 기반이 된다면, 표출공간은 존재의 장소가 된다. 즉 공간은 그 속에서 우리가 다양한 표출들을 인지하면서 살아가는 장소이며, '다가옴'(생성, becoming)과 '지나감'(소멸, passing-away)의 흐름 속에서 사물의 존재가 드러

---

27 이 공간의 범주화는 하버마스의 행위유형 분류 및 체계(system)와 생활체계(life-world) 간의 구분에 기반을 두고 있으며, 또한 행위의 개념과 구조의 개념 간 관계를 정립하고자 기든스의 구조화이론(structuration theory)에 부분적으로 의존하고 있다.

그림 1-1 **공간의 범주화**

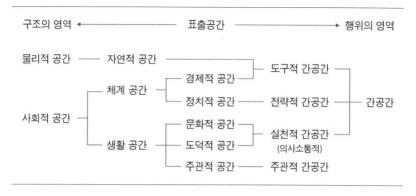

나는 자리이다.

공간은 그 속의 사물들과 분리되어서는 이해할 수 없기 때문에, 이는 무한한 추상적 또는 텅 빈 것으로 개념화될 수 없다. 나는 공간이란 사물들의 속성과 그들 간의 관계가 표현되는 장소라는 의미를 강조하기 위해 '표출공간(space of appearance)'이라는 용어를 사용하고자 한다.[28] 이 용어는 또한 한 사물(또는 사건)의 공간적 표출이 공간 객체의 영역(또는 구조적 힘) 또는 공간 주체의 영역(또는 실천적 행동) 중에서 어느 한편에 의해 일방적으로 결정되는 것이 아니라, 이들이 일정하게 상호작용하여 만들어짐을 의미한다. 따라서 표출공간을 연구하는 것은 곧 '주체적인 것'과 '객체적인 것'이 서로 나타나서 상호융합하고 전환되는 양식, 즉 '공간적 표출 양식'을 파악하는 것이다.

표출공간의 개념에 있어 '주체적인 것' 또는 행위의 영역을 강조할 경우, 우리는 공간이 인간 주체들 상호 간, 또는 이(들) 주체와 물질적 객체(들) 간

---

28 '표출공간'이라는 용어는 Arendt(1958: 199ff)에서 원용한 것이다. 그러나 아렌트는 이 개념을 행동의 차원에 국한시키고 지나치게 규범적인 측면에서 해석함으로써 인간관계와 이에 의해 형성된 (간)공간에 있어 전략적 측면을 무시하고 있다. 이 점에 대해 Habermas(1977) 참조. 공간에 관한 이와 유사한 개념화는 Sartre(1958: 184 외 여러 곳) 참조. 그러나 사르트르는 아렌트와 정반대로 지나치게 전략적인 면을 강조하고 있다.

에서 어떻게 (재)형성되는가를 살펴볼 수 있다. 나는 이러한 공간을 간공간 (interspace, 또는 in-between space)이라고 부르고자 한다. 간공간은 사물들의 속성이나 이들 간의 역동적 관계를 즉시적으로 표현하며, 이러한 표현은 항상 인간 실천의 합리성을 함의한다. 물론 간공간에 나타나는 역동적 관계의 형성은 외연적 요소들에 의해 어떤 정도든지 간에 영향을 받는다. 즉 사회적 공간의 구조적 영역들은 간공간의 형성에 어떤 방법이든지 간에 기능적으로 작용한다. 그러나 이러한 외연성은 푸코가 주장하는 것처럼 그 자체로서 작용하지 아니하며, 간공간을 형성하는 주체들에 의해 매개됨으로써 여하히 기능하게 된다(Foucault, 1984a: 247 참조). 달리 말해서 간공간은 한 인간 주체가 여타 주체나 객체 간의 관계를 통해 만들어낸 것이며, 따라서 이 간공간의 성격은 이를 형성하고 이에 등장하는 행위자들의 태도나 행위 지향에 의해 우선적으로 결정된다.

하버마스에 따르면, 간공간을 형성하는 행위자들의 태도는 두 가지 유형, 즉 '목표지향적' 그리고 '이해지향적' 유형으로 구분된다. 목표지향적 태도에 의해 형성된 간공간은 다시 두 유형으로 세분된다. 즉 한 행위자가 기술적 법칙에 따라 물리적 세계에 개입함으로써 그의 목적을 실현하기 위해 그와 물질적 객체들 간에 어떤 간공간을 형성할 때, 우리는 이를 '도구적(instrumental)' 간공간이라고 부를 수 있다. 또한 한 행위자가 합리적 선택의 법칙에 따라 상대방(들)의 의사 결정에 영향을 미침으로써 자신의 목적을 실현시키기 위해 다른 행위자(들) 간에 어떤 공간을 형성할 때, 우리는 이를 '전략적(strategic)' 간공간이라 부를 수 있을 것이다. 반면 인간 주체들이 의사소통적 규칙에 따라 그들 간에 상호이해를 통해 어떤 합의를 이루기 위한 간공간을 형성할 때, 이 간공간은 이해지향적 간공간으로 특징되며, 우리는 이를 '의사소통적(communicative)' 또는 실천적 간공간이라 부를 수 있다. 한 행위자가 다른 주체나 객체들에 대해 취하는 특정 태도나 행위 지향 속에 내포되어 있는 합리성은 그들 상호 간의 합리적 간공간의 형성을 유의하게 한다. 이러한 유형의 간공간에 덧붙여서, 한 행위자는 그 자신에 대한 특정한 태도를 가지고 그 자신을 즉시적으로 표현하는 주관적 간공간을 형성할 수 있다.

이러한 간공간의 형성을 통해 공간의 구조적 속성들은 (재)생산되며, 이들은 다시 간공간 형성에 인식적 또는 비인식적으로 영향을 미치는 조건들이 된다. 공간의 구조적 차원은 두 가지 상이한 관점에서 구분된다. 첫 번째 관점에서 볼 때, 공간은 그 속에서 말하고 행동하는 주체들이 그들의 행동을 전개함으로써 연속적으로 일련의 실천적 간공간을 형성하고, 또 이 행동의 결과물들이 상징적으로 축적되는 공간으로 개념화된다. 우리는 이 공간을 '생활공간(life-space)'이라 부를 수 있다. 생활공간은 일련의 실천적 의사소통적 간공간을 통해 생산되고 재생산되며, 그 구성원들로 하여금 공동의 가치나 규범의 상호합의적 수립과 이들의 채택을 유의하게 한다. 이러한 생활공간은 문화적 가치의 공간, 사회적 규범의 공간, 그리고 개인의 취향 또는 개별적 공간경험이 축적된 주관적 공간으로 구성된다.

또 다른 관점에서, 공간은 그 속에서 행위의 결과물들이 기능적으로 상호연계되는 행위체계의 물질적 토대(또는 배경)로 개념화된다. 우리는 이 공간을 '체계공간(system-space)'이라고 부를 수 있다. 경제적 공간과 정치적·행정적 공간으로 구성되는 체계공간은 일련의 도구적 또는 전략적 간공간을 통해 생산되고 재생산된다. 특히 이 공간은 주로 비의도적 행동의 결과물들 간의 기능적 상호연계에 의해 유발된, 즉 돈이나 권력과 같은 물질적이고 비인격적인 매개물에 의해 추진되는 의사(quasi)자율적 특성을 가진다. 생활공간과 체계공간 간의 구분은 공간적 통합 양식의 구분을 요청한다.[29] 생활공간적 통합은 일정 공간에의 참여자들(즉 공동체 구성원들) 간의 규범적·도덕적 합의와 관련되며, 체계공간적 통합은 어떤 공간들 내 또는 이들 간 물질

---

[29] 공간적 통합 양식의 이러한 구분은 뒤르켐에 의해 제시된 두 가지 유형의 '유대(solidarity)'에 관한 하버마스의 재해석을 원용한 것이다(Hebermas, 1987, Vol. 2: 150ff). 또한 Giddens (1981)의 '사회적 통합'과 '체계적 통합' 간 구분 참조.

적 자원들의 기능적 조정과 관련된다. 모든 사회적 공간은 그 자체를 유지하기 위해 이 두 가지 양식으로의 통합 모두를 필수적으로 요구한다.

위에서 제시한 간공간과 구조적 공간, 그리고 생활공간과 체계공간 간의 구분은 존재론적인 것이 아니라 방법론적이며 역사적인 것이다. 다양한 공간표출들은 상이한 관점에 따라, 즉 참여자의 내적(즉 해석적) 또는 생활공간적 관점 그리고 관찰자의 외적(즉 기능적) 또는 체계공간적 관점에 따라 구분해 파악할 수 있다. 내적 관점은 우리들로 하여금 사물 표출의 해석적 의미의 이해를 통해 생활공간을 구성하고, 이를 표현하는 사물의 상징들이나 이들 간의 관련성에 관한 이해를 가능하게 한다. 외적 관점은 우리들로 하여금 사물 표출의 피드백적 추적을 통해 체계공간을 구성하고, 이를 표현하는 사물의 물질적 속성들과 이들 간의 기능적 상호 관계에 관한 설명을 가능하게 한다.

공간표출의 분석은 이러한 두 가지 관점들의 결합을 요구한다. 왜냐하면 이러한 방법론적 관점들 중 어느 한쪽만을 택할 경우, 공간의 연구는 일방적이며 따라서 불완전하기 때문이다. 즉 상징적 사물들뿐만 아니라 물질적 사물들의 공간표출은 항상 상징적 매체, 즉 언어에 의해 경험되고 분석되기 때문에 우리는 경험의 상징적 구조들의 의미를 이해하고 재구성해야만 한다. 그러나 해석적 방법론 자체는 순수 참여적 관점에서 공간적 표출들을 이해함으로써, 일상의 생활공간적 실천을 통해 파악할 수 없는 행위 결과들의 기능적 상호연계에 대해 무지하게 되는 '해석학적 관념주의'의 위험에 빠지게 된다. 방법론들의 결합에 있어서 특기되어야 할 점은 생활공간적 방법론이 체계공간적 방법론에 대해 어떤 우선성을 가진다는 사실이다. 왜냐하면 우리는 체계공간을 구성하는 행위 결과물들의 기능들이 분석되기 위해서는 이들이 생활공간의 지평 내에 드러나야만 한다는 점을 최소한 개념적으로 또는 반직관적으로(counter-intuitively) 가정해야만 하기 때문이다(McCarthy, 1984: xxvi ff 참조). 달리 말해서 사물의 표출공간에 관한 어떠한 연구라 할지라도

그림 1-2 **생활공간과 체계공간의 발달과 이들 간 관계**

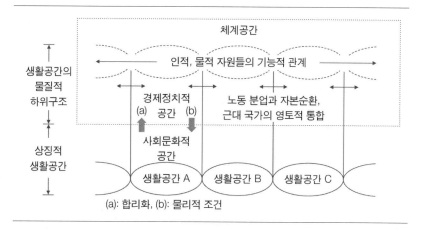

'표출의 해석학'이라고 불릴 수 있는 어떤 방법론적 모멘트를 필수적으로 요청한다.

역사적으로 볼 때, 부족사회의 원시공동체적 공간에서부터 고대 그리스의 도시국가적 공간, 그리고 중세 교회공간을 통해 근대 경제적·정치적 체계들의 공간으로 전환되는 과정을 고찰해봄으로써, 우리는 체계공간이 생활공간으로부터 어떻게 분리되었는가를 해명해볼 수 있다(〈그림 1-2〉 참조). 이 고찰은 또한 각 시대의 '공간적 표출 양식'을 특징지어준다. 원시 부족사회들에 있어서 생활공간과 체계공간 간의 구분은 없었다. 즉 이러한 사회들에서 상품의 생산과 순환이나 권력의 창출 및 행사의 공간 그리고 의식이나 결혼 관계의 공간은 융합되어 있었다. 이러한 융합의 조건하에 있는 사회들에 있어서 공간적 표출 양식은 그 구성원들에 의한 표출의 원초적 경험에 의해 인지된다는 점에서 전형적으로 '전반성적(pre-reflective)'이라 할 수 있다. 그러나 효율성의 경제에 따른 노동의 분업과 집단적 목표를 실현시키기 위한 수단들을 조직하는 정치가 발달하는 정도에 의해, 공간의 사회구조적 특성들은 각각 행위의 차원으로부터 분리되어 행위자들에 의한 간공간 형성의 배경으로 작용하게 되고, 또한 그 특성들 간, 즉 생활공간과 체계공간 간의 분화가 이루어지기 시작한다. 초기 문명사에 있어서 이들 간의 분화는 기능적이라기보다 '규범적'이었다. 즉 경제적 부의 분배나 영토 지배를 위한 정치적 힘의 행사와 같은 체계공간의 재생산 메커니즘은 생활공간의 공적 영역(즉 폴리스)에 일반적으로 기반을 두고 있었다. 고대 도시국가의 해체와 함께 생활공간의 재생산을 좌우하고 또한 동시에 체계공간의 발달 범위를 한정시키는 종교적 세계관에 의해, 체계공간과 생활공간 간의 분화는 더 이상 확대되지 못하고 정체 상태에 있었으며 이 시기의 공간적 표출 양식은 '교리적' 특성을 나타내었다.

근대 세계에 오면서 생활공간과 체계공간은 완전히 서로 분리되고, 그 분리는 점점 더 '기능적' 특성을 가지게 되었다. 즉 근대 노동의 공간적 분업 및 자본의 생산·순환공간은 세계적 규모로 점차 팽창하게 되고 내적으로도 한 사회의 공간 모든 부분들에 충진되었으며, 이러한 경제공간의 확장은 정치행정력에 의한 영토의 내적·외적 결속을 보장하는 국가 장치의 보완적 작업을 요청했다. 이러한 공간적 노동 분업의 급속한 진전과 국내적·국제적 영토 통합은 상품의 생산과 교환 및 생산수단의 조직에 있어서 합리적 효율성을 전제로 하며, 이에 따라 자본순환의 합리화를 위한 경제적 제도화와 사회관계의 합리화를 위한 정치행정적 제도화가 생활공간으로부터 뒷받침된다. 그러나 일단 제도화된 근대 경제적·정치적 체계공간화 과정의 결과물들은 개별 생활공간의 영역을 벗어나서(즉 물상화되어서) 그 자체적으로 기능적·의사자율적 추진력을 가지게 되었다.

생활공간과 체계공간 간의 이러한 분리 과정은 그 자체로서 병리적이라기보다는 오히려 공간의 근대화에 필연적인 것이라 할 수 있다. 그러나 효율성의 경제와 능률성의 정치라는 점에서 평가되는 체계공간적 조직의 기능적 발달이 생활공간에서 합의적으로 형성되고 그 구성원들 간에 공통적으로 받아들여진 문화적 가치나 사회적 규범에 의해 더 이상 규제되지 아니할 때, 그

공간적 발전은 위기에 직면하게 된다. 이 점은 체계공간이 비록 생활공간으로부터 분화되었다 할지라도 이를 재생산하는 메커니즘은 여전히 생활공간에 뿌리를 내리고 있어야 함을 의미한다. 그러나 서구적 체계공간의 발달에 있어서 문제는 체계공간화의 메커니즘이 생활공간의 규제력을 벗어났을 뿐만 아니라 생활공간에 재작용해 이의 유의성을 박탈해간다는 점이다. 즉 일상생활에서 우리가 언어를 매개로 말하고 행동하는 생활공간은 돈이나 권력과 같은 비인격적 매체를 통해 추진되는 체계공간화의 메커니즘에 의해 점점 더 탈언어화되면서 식민화되고 있다. 오늘날 서구에서 새롭게 일고 있는 사회운동들(예로, 생태주의운동, 반핵평화운동, 지역주의운동, 근린사회운동, 여성해방운동 등)은 체계공간화 메커니즘에 의해 식민화된 생활공간을 회복시키고자 하는 운동으로 이해된다.

　요컨대 오늘날 우리는 돈과 권력을 위해, 또 이들에 의해 창출된 공간 속에 살고 있다. 그러나 현대 공간이 아무리 심각하게 금력화(즉 자본주의화)되고 권력화(즉 관료주의화)되었다고 할지라도, 공간의 의미, 즉 이 땅에서의 우리의 삶의 의미를 재회복시켜줄 수 있는 실천적·도덕적 잠재력은 우리의 삶이 영위하는 생활공간 속에 내재되어 있다. 따라서 현대 비판적 공간이론의 논제들은 식민화된 생활공간을 되찾기 위해 체계공간화 메커니즘의 이론적 분석뿐만 아니라 생활공간 속에 잠재된 규범적 실천을 가능하게 하는 '의사소통적 표출공간 이론'의 정립으로 수렴되어야 할 것이다.

후기

이 글은 영국 리즈대학교 지리학과 박사학위 논문의 서장을 번역한 것이다. 학위논문의 제목은 「공간과 사회이론: 지리학적 비판과 재구성(Space and Social Theory: A Geographical Critique and Reconstruction)」(1987)이었고, 내용은 서문(제1장), 니체와 푸코: 표출과 존재 간 갈등(제2장), 뒤르켐과 사회적 및 공간적 통합(제3장), 막스 베버와 사회와 공간의 합리화 (1): 행위의 합리성과 사회의 합리화(제4장), 막스 베버와 사회와 공간의 합리화 (2): 도시(제5장), 사회와 공간의 유물론적 해석 (1): 맑스, 하버마스, 기든스(제6장), 사회와 공간의 유물론적 해석 (2): 맑스의 공간 해석에 관한 비판적 재구성(제7장), 결론: 의사소통적 표출공간을 향하여(제8장)로 구성되어 있다. 학위논문의 요약문에는 이렇게 서술되어 있다.

한때 문화적 전통, 사회적 통합, 인간 정체성의 재생산을 보장했던 공간의 유의성이 서구 근대화 과정에서 사라져버렸다. 이는 주로 화폐와 권력의 왜곡된 합리성과 손을 맞잡고 진행된 자본주의 경제와 근대 국가 장치의 등장과 발달, 그리고 전체 공간상에서 이들의 팽창에 기인한다. 이렇게 상실된 공간의 유의성이 어떻게 회복될 수 있는가를 이해하기 위해, 이 연구는 하버마스의 의사소통적 행위이론의 조명하에서 비판적 공간이론을 위한 개념적 틀, 즉 내가 '의사소통적 표출공간 이론(theory of communicative space of appearance)'이라고 부르고자 하는 것을 정형화하려고 한다.

사회이론과 철학이 지리학을 뒤덮고 있는 지금의 상황에서도 이러한 주제로 학위논문을 쓴다는 것은 매우 당혹스러운 작업이라고 하겠지만, 30여 년 전 실증주의적 지리학의 완숙기에 영국에서 이런 주제로 학위논문을 시도한 것은 정말 무모한 짓이었다. 하물며 지도교수 앨런 윌슨(Alan Wilson)은 케

임브리지대학교에서 수학을 전공한 후 도시 및 교통에 관한 수학적 모형들, 특히 엔트로피(Entropy)이론을 정립한 업적으로 1970년 30세의 나이로 리즈대학교 지리학과 정교수로 임명된 인물이었다. 나는 3년 정도 수학과 지리학의 계량모형을 이해하기 위해 애를 썼지만, 논문은 제대로 진척을 보지 못했다. 마침 3년째 되던 해에 대학원 석사과정이 생겼고, 윌슨 교수가 담당한 지리학의 철학 및 방법론 세미나에서 하버마스에 관한 주제 발표를 하게 된 것을 계기로 학위논문 주제를 완전히 바꾸게 되었다. 이러한 무모한 도전적 시도에 대해 너그럽게 이해해주신 지도교수에게 진심으로 감사드린다.

학위수여식이 있던 날 지도교수는 점심식사를 하는 자리에서 나에게 물었다. "이런 내용의 학위논문이 한국에서 어떻게 응용될 수 있을까?" 나는 이 논문의 서장을 대한지리학회 정기학술대회(아마도 1988년 봄)에서 발표했지만, 반응은 무덤덤하다 못해 썰렁했다. 원로교수 한 분이 '간공간(in-between space)'에 관해 질문한 기억이 난다. 공간은 본래 한자 의미로 '사이'를 말하는데 구태여 '간공간'이라고 부를 필요가 있는가라는 취지였다. 그리고 20년 가까이 지난 후에야 '사이공간' 개념이 새롭게 관심을 끌게 되었다. 반면 나의 학위논문은 두루뭉술하게 맑스주의적 연구로 낙인찍히면서 경원시되었고, 나는 상당 기간 동안 그 질곡으로부터 벗어나지 못했다. 하지만 석사과정 지도교수를 맡아주셨던 서울대학교 지리학과 김인 교수님, 그리고 환경원 권태준 교수님, 김형국 교수님은 나의 논문에 대한 깊이 있는 이해의 여부를 떠나서 나를 따뜻하게 맞아주셨다. 그리고 김형국 교수님은 이 글이 ≪세계의 문학≫에 게재될 수 있도록 안내해주었으며, 다른 '대중적 학술지'나 언론 등에도 함께 참여할 수 있는 기회를 흔쾌히 마련해주었다.

참고문헌

Arendt, H. 1958. *The Human Condition*. Chicago: The University of Chicago Press.

Aristotle. 1934. *Physics*, IV, 5. Cambridge, MA: Harvard University Press.

Benhabib, S. 1984. "Epistemologies of postmodernism: a rejoinder to Jean-Francois Lyotard." *New German Critique*, 33, pp. 103~126.

_____. 1986. *Critique, Norm and Utopia: A Study of the Foundations of Critical Theory*. New York: Columbia University Press.

Buttimer, A. 1971. *Society and Milieu in the French Geographic Tradition*. Chicago: Rand McNally.

Cicero, M. T. 1949. *Cicero Vol II: On Invention, The Best kind of Orator, Topics*. Cambridge, MA: Loeb Classical Library.

Choi, B-D. 1987. *Space and Social Theory; A Geographical Critique and Reconstruction*. (Ph. D. diss.), School of Geography, The University of Leeds.

Durkheim, E. 1960. "Montesquieu's contribution to the rise of social science." *Montesquieu and Rousseau*, Ann Arbor: The University of Michigan.

_____. 1976. *The Elementary Forms of the Religious Life*, London: Allen & Unwin.

_____. 1978. "Sociology and the social sciences." *Emile Durkheim on Institutional Analysis*, Chicago: University of Chicago Press.

_____. 1984. *The Division of Labour in Society*. London: Macmillan.

Febvre, L. 1932. *A Geographical Introduction to History*. London: Kegan Paul.

Fischer, K. R. 1977. "Nazism as a Nietzschean experiment." *Nietzsche-Studien*, 6, pp. 116~122.

Foucault, M. 1980a. "The eye of power." *Power/Knowledge*, Sussex: Harvester.

_____. 1980b. "Questions on geography." *Power/Knowledge*, Sussex: Harvester, pp. 62~77.

_____. 1984a. "Space, knowledge and power." *The Foucault: Reader*, New York: Panthon, pp. 239~256.

_____. 1984b. "politics and ethics an interview." *The Foucault: Reader*, New York: Panthon, pp. 373~380.

Fraser, N. 1981. "Foucault on modern power: empirical insights and normative confusions." *Praxis International*, 1, pp. 272~287.

Garnett, C.B. 1939. *The Kantian Philosophy of Space*. New York: Columbia University Press.

Giddens, A. 1985. *The Nation-State and Violence*. Cambridge: Polity.

_____. 1981. *A Contemporary Critique of Historical Materialism*. London: Macmillam.

_____. 1982. "Historical materialism today(interview)." *Theory, Culture and Society*, 1, pp. 63~77.

_____. 1984a. *The Constitution of Society*. Cambridge: Polity.

_____. 1984b. "Space, time and politics in social theory(interview)." *Society and Space*, 2, pp. 123~132.

Haar, M. 1985. "Nietzsche and metaphysical language." in D. B. Allison(ed.). *The New Nietzsche*, Cambridge, MA: MIT Press, pp. 5~36.

Habermas, J. 1970. "On systematically distorted communication." *Inquiry*, 13.

_____. 1974. *Theory and Practice*. London: Heineman.

Habermas, J. 1977. "Hannah Arendt's communications concept of power." *Social Research*, 44, pp. 3~24.

_____. 1981. "A reply to my critics." in J. B. Thompson and D. Held(eds.). *Habermas: Critical Debates*, London: Macmillan.

_____. 1982. "The entwinement of myth and enlightenment: re-reading Dialectic of Enlightenment." *New German Critique*, 26, pp. 13~30.

_____. 1984. *Theory of Communicative Action 1: Reason and Rationalization of Society*. London: Heineman.

_____. 1985a. "Questions and counterquestions." in R. J. Bernstein(ed.). *Habermas and Modernity*, Cambridge: Polity, pp. 196~216.

_____. 1985b. "A philosophico-political profile(interview)." *New Left Review*, 151, pp. 75~105.

_____. 1986. "The genealogical Writing of history: on some aporias in Foucault's theory of power." *Canadian Journal of Political and Social Theory*, 10, pp. 1~10.

_____. 1987. *The Theory of Communicative Action 2: Lifeworld and system: A Critique of Functionalist Reason*. Boston: Beacon Press.

_____. 1988. *The Philosophical Discourse of Modernity*. Cambridge, MA: MIT Press.

Harvey, D. 1982. *The Limits to Capital*. Oxford: Blackwell.

_____. 1985. *The Urbanization of Capital*. Oxford: Blackwell.

Heidegger, M. 1959. *An Introduction to Metaphysics*. London: Oxford University Press.

Held, D. 1980. *Introduction to Critical Theory*. London: Hutchinson.

Horkheimer, M. 1972. *Critical Theory: Selected Essays*. New York: Herder and Herder.

Kant, I. 1923. *Physische Geographie*(Kant's Werke, Band IX). Berlin and Leipniz.

Lefebvre, H. 1974. "Evolution or revolution." discussion with L. Kolakowski. in F. Elders(ed.). *Reflexive Water: The Basic Concern of Mankind*, London: Condor Book, pp. 199~267.

Lingis, A. 1985. "The Will to power." in D. B. Allison(ed.). *The New Nietzsche*, Cambridge, MA: MIT Press.

Lukes, S. 1982. "Of Gods and Demons: Habermas and practical reason." in J. B. Thompson and D. Held(eds.). *Habermas: Critical Debates*, London: Macmillan, pp. 134~148.

Lyotard, J-F. 1981. *The Postmodern Condition: A Report on Knowledge.* Manchester: Manchester University Press.

Marx, K. 1967. *Capital.* Vol. 1, Harmondsworth: Penguin.

_____. 1973. *Grundrisse.* Harmondsworth: Penguin.

May, J. A. 1970. *Kant's Concept of Geography.* Toronto: University of Toronto.

McCarthy, T. 1984. Introduction, J. Habermas. 1984. *Theory of Communicative Action 1: Reason and Rationalization of Society*, London: Heineman.

_____. 1987. *The Critical Theory of Jürgen Habermas.* Cambridge, MA: MIT Press.

Nelson, B. 1976. "On Orient and Occident in Marx Weber." *Social Research*, 43, pp. 114~129.

Nietzsche, F. 1968. *The Will to Power.* New York: Vintage.

_____. 1969. *Thus Spoke Zarathustra.* Harmondsworth: Penguin.

_____. 1973. *Beyond Good and Evil.* Harmondsworth: Penguin.

Parsons, T. 1949. *The Structure of Social Action.* Glencoe: Free Press.

Rorty, R. 1985. "Habermas and Lyotard on postmodernity." in R. J. Bernstein(ed.). *Habermas and Modernity*, Cambridge: Polity, pp. 161~176.

Roth, G. 1979. "Duration and rationalization: Fernand Braudel and Max Weber." in G. Roth, and W. Schluchter(eds.). *Max Weber's vision of History*, Berkely and Los Angeles: University of California, pp. 166~194.

Sartre, J. P. 1958. *Being and Nothingness,* London: Methuen.

Schluchter, W. 1981. *The Rise of Western Rationalism: Max Weber's Developmental History.* Berkeley and Los Angeles, CA: University of California.

Varene, P. D. 1981. *Vico's Science of Imagination.* Ithaca, NY: Cornell University Press.

Vico, G. 1968. *The New Science of Giambattista Vico.* Ithaca, NY: Cornell University Press.

Vivante, p. 1970. *The Homeric Imagination: A Study of Homer's Poetic Peception of Reality.* Bloomington, IN: Indiana University Press.

_____. 1958a. "The social psychology of the world religions." in H. H. Gerth and C. W. Mills(eds.). *From Max Weber*, London: Routledge & Kegan Paul, pp. 267~301.

Weber, M. 1958b. "Religious rejections of the world and their directions." in H. H. Gerth and C. W. Mills(eds.). *From Max Weber*, London: Routledge & Kegan Paul, pp. 323~359.

_____. 1978. "The city (non-legitimate domination)." in G. Roth and C. Wittich(eds.). *Economy and Society*, Berkely and Los Angeles, CA: University of California, pp.

1212~1372.

White, S.K. 1988. *The Recent Work of Jürgen Habermas*. Cambridge: Cambridge University Press.

William, M. A. and Grimaldi, S. J. 1974. "The Aristotelian topics." in K. V. Erickson(ed.). *Aristotle: The Classical Heritage of Rhetoric*, Lanham, MD: Scarecrow Press, pp. 176~193.

제2장 인문지리학 방법론의 새로운 지평

1. 인문지리학 방법론의 위기

오늘날 인문지리학 방법론은 어떤 혼돈 속에 있다. 1960년대 지배적 방법론이었던 실증주의는 1970년대에 들어오면서 심각한 내적 반성과 강력한 외적 비판을 맞게 되었다. 인간 주체의 행태에 대한 무시와 복잡한 공간현상의 지나친 단순화에 대한 내적 반성은 각각 행태주의적 지리학과 체계이론적 접근 방법을 발전시켰다. 그러나 이러한 발전은 여전히 전통적 실증주의의 연장선상에 놓여 있다. 실증주의적 지리학에 대한 외적 비판은 그 방법론적 오류와 가치중립성의 현실적 불가능 등을 지적했을 뿐만 아니라 이에 대한 대안적 방법론들을 제시했다. 이러한 대안들은 인간의 주체적 의식이나 행위 그리고 의미 해석을 강조하는 인간주의적 지리학과, 개별 공간현상들을 창출하는 총체적 구조와 이의 논리적 정형화를 강조하는 구조주의적 지리학으로 대별된다(〈그림 2-1〉 참조). 오늘날 인문지리학 방법론은 이러한 실증주의적 지리학과 그 대안들 간의 긴장과 갈등 관계 속에 빠져 있다.[1]

---

[1] 인문지리학 방법론의 이러한 긴장, 갈등 관계와 이를 해결하고자 하는 최근의 논의에 관해 Gale and Olsson(1970), Harvey and Holly(1981), Stoddart(1981), Billinge, Gregory and Martin(1985), Gregory and Walford(1989) 등 참조.

그림 2-1 인문지리학 방법론의 전개 과정

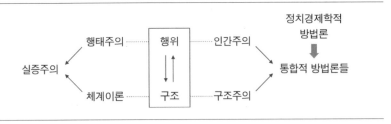

인문지리학 방법론들 간의 이러한 관계는 또 다른 한편으로 맑스주의에 바탕을 둔, 이른바 정치경제학적 방법론의 도입에 의해 보다 복잡해진다. 이 방법론은 인간주의적 맑스주의 입장에 선 르페브르(Henri Lefebvre)와 구조주의적 맑스주의 입장에 선 카스텔(Manuel Castells), 그리고 이들의 중간 정도에 입장을 두고 있는 하비(David Harvey) 등에 의해 자본주의적 공간의 분석과 이론화에 적용되고 있다. 구조주의적 맑스주의에 바탕을 둔 공간이론은 공간적 형태 또는 현상들이 사회적 과정 또는 구조에 의해 지배된다고 주장하고 사회의 총체적 구조를 우선적으로 해부하고자 한다. 반면 인간주의적 맑스주의에 바탕을 둔 공간이론은 '공간'과 '사회' 간의 변증법적 관계를 주장하고 사회 총체의 분석 및 그 모순의 규명과 더불어 이를 극복하기 위한 주체의 실천을 부각하고자 한다. 이러한 공간이론들은 위에서 언급한 방법법론들을 통합하고자 하는 새로운 노력들에 의해 재구성되고 있다.

인문지리학 방법론의 이러한 전개 과정은 물론 지리학에 국한된 것은 아니다. 1970년대 이후 사회과학 전반에 걸쳐 제기된 실증주의에 대한 회의와 비판은 인간주의(또는 사회행위이론)와 구조주의(또는 사회구조 분석)에 대한 관심을 고양시키는 한편, 정치경제학을 새롭게 부활·확산시켰다. 그러나 이러한 대안들은 어떤 통일된 방법론으로 발전하지 못하고 각각의 연구 영역과 접근 방법의 배타성을 가지고 상호 병존 또는 상호 보완하고 있다. 그러나 1970년대 말경부터 이러한 대안들의 문제점들과 함께 기존의 정치경제학

적 방법론이 가지는 경직성이 지적되면서 이들을 종합적으로 극복해야 한다
는 주장들이 나오고 있다. 이러한 주장들은 공통적으로 행위이론이 인간 주
체의 자율성을 지나치게 강조함으로써 사회행위를 조건 짓는 총체적 구조의
분석을 경시하고 있는 반면, 구조분석은 사회구조의 규정력을 지나치게 강
조함으로써 이것이 인간행위에 의해 어떻게 유지·전환되고 있는가에 대한
문제를 무시하고 있다고 지적한다. 또한 이들은 기존의 정치경제학적 이론
들이 지나치게 경제결정론적이며 역사의 기계론적 법칙성을 강조함으로써
변화된 현대 사회(특히 선진 자본주의 사회)를 적절하게 분석하기 위해서는 많
은 부분들이 수정되어야 한다고 강조한다. 기존의 행위이론과 구조분석의
통합을 통해 이러한 문제점들을 극복하고자 하는 많은 노력들 중 대표적인
이론으로 기든스(Anthony Giddens)의 구조화이론, 푸코(Michel Foucault)의
계보학적 분석, 그리고 하버마스(Jürgen Habermas)의 비판이론 등을 들 수
있다. 1980년대에 들어오면서 이러한 통합적 방법론들은 철학 및 사회과학
의 여러 분야에 급속히 확대되고 있으며 현대 인문지리학에서도 원용되기
시작해 그 방법론적 지평을 새롭게 하고 있다.

이 연구는 첫째로 실증주의적 방법론과 이에 대한 대안으로 제시되고 있
는 인간주의 및 구조주의 방법론의 기본 원리와 문제점들, 둘째로 맑스주의
에 바탕을 두고 정립된 정치경제학적 공간이론의 방법론적 기초와 그 세부
적 내용들, 셋째로 이들을 통합적으로 극복하기 위한 노력을 통해 제시된 새
로운 방법론들을 개괄적으로 논의해봄으로써 인문지리학 방법론의 새로운
지평이 어떻게 전개될 수 있는가에 관해 살펴보고자 한다.

2. 실증주의적 방법론과 그 대안들

방법론(methodology)이란 세계 속의 존재, 즉 실체를 어떻게 추론하며, 이

표 2-1 **실증주의·인간주의·구조주의의 기본 원리**

	실증주의	인간주의	구조주의
존재론	감각적 세계에서 경험된 실체	의미세계에서 인지된 실체	표출세계 이면에서 추론된 실체
인식론	감각적 경험의 검증된 지식	(상호)주관적 의미의 해석된 지식	추론적 구조의 정형화된 지식
방법론	경험적 진술의 검증	의미진술의 해석	추론적 진술의 정형화

를 함의하는 지식이 어떻게 형성되는가 하는 의문과 관련된다. 이러한 개념 정의는 '방법론'이 그 자체로서의 어떤 철학적인 가치를 가진다기보다는 항상 존재론(ontology)과 인식론(epistemology)을 전제로 해서 이해됨을 의미한다(Johnston, 1983b: 4). 존재론은 '무엇이 존재하는가?'라는 의문을, 인식론은 '존재하는 것을 어떻게 인지할 수 있는가?'라는 의문을 바탕으로 하고 있다. 이러한 점에서 방법론은 단순히 실증주의에서 흔히 알려진 것처럼 경험적 사실들의 일반화를 위한 형식적 절차나 기법을 의미하는 것이 아니라, 그 자체 내에 의미세계의 해석적 내용이나 실체의 정형화를 위한 이론적 내용을 담지하고 있는 것으로 이해되어야 한다. 이러한 세 가지의 철학적 단계에서 실증주의, 인간주의, 구조주의의 기본 원리는 〈표 2-1〉과 같이 정리될 수 있다.

1) 실증주의

실증주의는 광의로는 사회과학 일반에서 적용되는 과학주의 또는 경험주의를 의미하지만, 보다 엄밀한 의미로는 근대 서구철학사에서 콩트(Auguste Comte)와 마흐(Ernst Mach) 이후의 논리실증주의[대표적으로는 슐리크(Moritz Schlick), 카르나프(Rudolf Carnap), 헴펠(Carl Gustav Hempel) 등]에 의해 발달되고 포퍼(Karl Popper)와 라카토스(Lakatos Imre) 등 후기실증주의로 이어져온 철학적 사조를 지칭한다(Giddens, 1977a).[2] 실증주의에 의하면, 경험적으로 검증된 것만이 존재하며, 경험된 것의 검증을 통해 얻어진 지식만이 진리이고, 경험적 진술의 검증(또는 포퍼의 반증)만이 유일한 방법론이다. 이러한 실증주의는 철학적 이상향을 환상이라고 비판하고, 실체는 감각적 인상이나 경험으로 구성된다고 강조한다. 또한 지식은 원칙적으로 경험적 존재와 상응해야 하지만, 이를 검증할 수 있다면 이는 진리라고 간주된다. 실증주의자들은 이러한 논리적 방법론이 자연과학과 사회과학에 공통적으로 적용된다고 주장한다. 또한 이들은 경험적 사실들의 검증을 통해 얻은 지식이 도덕적 목적이나 윤리적 기준들로부터 분리될 수 있다고 이해한다.

이러한 실증주의적 방법론은 1950년대 후반부터 미국 지리학에 도입되었고, 1960년대 전 세계의 지리학계로 급속히 확산되었다(Johnston, 1983a: ch. 3; 이기석, 1982 등 참조). 이 방법론의 채택은 기존 지지(地誌) 중심의 서술적 접근에 대한 불만과 사회과학의 다른 분야들에서처럼 '과학적' 방법론에 대한 매력에서 출발한 것 같다. 이 방법론은 컴퓨터의 개발을 통한 자료 처리 능력의 향상과 이에 의한 계량적 분석이 용이해짐에 따라 더욱 촉진되었다. 따라서 1960년대 인문지리학에 있어 방법론적 논의(Harvey, 1969; Gregory, 1978a: pt. 1.; Johnston, 1983a: ch. 2.)는 주로 경험적 사실들을 '설명'하기 위해 설정된 '가설'이나 '모형'을 채택 또는 기각하는 방법의 중요성을 강조하고, 이러한 설명을 통해 수립된 '법칙'과 이의 응용에 내포된 통계적·수학적 기법들을 중심으로 전개되었다. 이러한 방법론에 바탕을 둔 인문지리학에서 공간은 '사회적인 것'들과 분리되어 기하학적 공간으로 추상화되었으며, 인간은 항상 합리적 기준에 따라 공간적 행위를 추구하는 '경제인'으로 단순화되었다.

1970년대 전반부터는 실증주의 방법론의 경험적 유의성과 법칙이나 이론

---

2 실증주의에 관한 보다 구체적 논의로 Halfpenny(1982), Bryant(1985) 등 참조.

들을 위한 연구의 사회적인 적실성(relevance)에 대하여 의문이 제기되었고 (Gregory, 1978a: 148ff; Johnston, 1983a: ch. 6.), 이에 대한 외적 비판 및 대안 들과 더불어 내적 반성들이 거론되기 시작했다. 실증주의적 지리학의 내적 반성은 행태주의적 지리학과 체계이론적 공간분석을 발달시킨다. 행태주의 적 지리학은 기존의 연구들이 외적 환경의 인식 과정을 무시하고 다양한 공 간적 행태들을 획일적으로 설명하고 있다고 비판하고, 자연적·사회적 환경 의 인지 과정과 이에 따라 행동을 유발하는 의사 결정 과정을 분석하고자 한 다(Cox and Golledge, 1981; Thrift, 1981; Couclelis and Golledge, 1983). 그러 나 행태주의적 지리학은 자료 수집에 있어서 엄격한 표본조사 절차, 태도나 행태의 계량적 측정, 결과적 진술들의 지나친 일반화 등에서 실증주의의 한 계를 벗어나지 못하고 있다.[3] 반면 체계이론적 공간분석은 기존 연구들이 복 합적 공간체계에 단순한 가설들을 적용(예로 두 변량 간의 관계 분석)함으로써 이를 적절히 설명하지 못했다고 비판하고, 어떤 한 공간체계를 구성하는 요 소들과 그 전체 간의 관계를 고찰하고자 한다(Chisholm, 1967; Langton, 1972; 남영우, 1979). 그러나 체계이론적 공간분석도 두 변량 분석의 수리적 확대에 불과한 다변량분석, 실증주의적 가설을 복잡하게 한 것에 지나지 않는 공간 체계모형, 도덕적 가치와 분리된 과학적 통제 등을 주장함으로써 실증주의 적 방법론을 오히려 보다 강화시키고 있다(Kenneddy, 1979; Gregory, 1980).

이상 논의된 실증주의 방법론이 가지는 주요 문제점들로 다음과 같은 것 들이 지적된다. 첫째, 실증주의적 방법론은 감각적 경험과 이론적 법칙 간의 이원론에 바탕을 두고 있다. 즉 이 방법론에 의하면, 지식 형성에 있어서는 감각적 세계에 관한 경험적 진술의 우월성이 강조되는 반면, 법칙 구성에 있 어서는 이론적 언어의 논리성이 강조되는 모순에 봉착한다(Gregory, 1978a: 58ff). 둘째, 이 방법론은 사회과학에 자연과학적 방법론을 적용하고자 한다.

---

3 행태주의 지리학에 대한 비판 그리고 이에 대한 반응으로는 Bunting and Guelke(1979), Golledge(1981) 등 참조.

따라서 이 방법론은 자연현상과 구분되는 사회현상의 개연성, 재반복적 관찰의 불가능, 일상적 언어의 유의성을 간과하고 있다. 셋째, 이 방법론은 가치와 사실 간을 구분하는 사회통제의 이데올로기를 반영하고 있다. 달리 말해서 이 방법론은 연구 대상으로서의 사실의 선택과 분석에 있어서 연구자의 주관적 관심이나 가치가 항상 전제되어 있으며, 따라서 가치중립적 연구나 사회통제가 불가능하다는 점을 무시하고 있다.

실증주의적 지리학에 대한 이러한 비판은 인간주의적 방법론 또는 구조주의적 방법론을 그 대안으로 제시하고자 하는 지리학자들에 의해 공통적으로 제기되었다. 특히 인간주의적 지리학자들은 실증주의적 방법론을 탈인간화와 몰가치성이라고 비판한다. 즉 이 방법론은 계량화와 이와 관련된 통계적·수학적 기법을 사용해 인간의 의도성과 행위를 객관화시킴으로써 의미를 부여하는 인간 주체를 배제시켰으며, 또한 사회나 공간이 어떻게 조직되어야 하는가에 대한 아무런 규범적 가치도 담고 있지 않다고 주장된다. 구조주의적 지리학자들은 실증주의적 방법론이 현상주의에 입각해 일반화를 추구함으로써 현상의 이면에 존재하는 구조적 실체에 관해서 어떠한 유의한 설명도 해주지 못한다고 비판한다. 즉 실증주의적 방법론은 보편적 법칙을 추구하기 위해 가시적 현상들 간의 외적 관계를 단순히 일반화함으로써 공간적 현상들을 지배하는 구조들을 이론화(또는 추상화)하는 데 실패했다고 주장한다.

2) 인간주의

인간주의는 어떤 학문적 배경을 가지고 체계적으로 발전한 사조라기보다는 인간의 주체적 의지나 의도, 이에 의해 이루어진 언어적·일상적 행위의 '이해'를 추구하는 여러 철학자들과 사회이론가들에 의해서 제시되었다. 이에 포함되는 대표적 학자로는, 근대 해석학적 인문과학의 시조라고 할 수 있는 비코(Giambattista Vico), 관념론적으로 해석되는 칸트(Immanuel Kant)와 헤겔(Georg Wilhelm Friedrich Hegel)의 철학, 딜타이(Wilhelm Dilthey)의 해석학, 베버(Max Wever)의 사회학, 근대현상학을 정립한 후설(Edmund Husserl), 그 후에 해석학적 현상학을 (물론 다소간의 상이한 관점들에서) 발전시킨 하이데거(Martin Heidegger)와 사르트르(Jean-Paul Sartre) 및 메를로퐁티(Maurice Merleau-ponty)의 실존주의적 현상학, 슈츠(Alfred Schutz)의 사회학적 현상학, 가핀켈(Harold Garfinkel)의 민속방법론, 가다머(Hans-Georg Gadamer)와 리쾨르(Paul Ricoeur)의 비판적 해석학, 그리고 그 외의 상징적 상호작용주의의 미드(George Herbert Mead), 언어분석철학 후기의 비트겐슈타인(Ludwig Wittgenstein)과 윈쉬(Peter Winch) 등을 들 수 있다(Giddens, 1976; Bautman, 1978; Bleicher, 1980 등 참조). 이들에 의하면 대체로 의미세계에서 인지된 것만이 존재하고, 참된 지식이란 (상호)주관성을 통해 유의미하게 해석된 것이며, 따라서 의미세계의 '공감적 이해'가 그 방법론으로 제시된다. 즉 실증주의적 방법론과는 달리 인간주의적 방법론은 독립적 경험세계를 부정하고, 주체와 객체 사이의 통합을 강조하며, 자연과학적 '설명'과 이에 의한 세계의 통제가 아니라 해석학적 현상학에 바탕을 둔 의미의 '해석'과 상호주관적 세계의 이해를 목적으로 한다.

이러한 인간주의는 1970년대 초반부터 실증주의적 방법론의 비판과 이에 대한 대안으로 인문지리학에 도입되었다(Ley and Samuels, 1978; Entrikin, 1976; Tuan, 1976; 최기엽, 1983; 정진원, 1984; 이희연, 1985 등 참조). 인간주의적 지리학의 발전에 기여한 연구들의 일부는 그 방법론에 일반적 논의의 형태를 띠든지 또는 이에 속하는 여러 학파들 간의 관계를 고찰해 지리학적으로 종합하고자 한 경우도 있었지만, 대부분은 어떤 특정 학파를 선호하는 경향을 나타내고 있다. 현상학적 지리학은 후설, 하이데거, 슈츠, 가핀켈 등의 견해를 원용해 인간의 의도성과 '생활된 경험'을 이해하고자 한다. 관념주의적 지리학은 주로 콜링우드(Robin George Collingwood)의 역사철학에 영향을 받았고, 역사적 사건들 이면에 있는 '사고' 또는 '역사적 심상'을 해명하고 자 한다. 실존주의적 지리학은 후설의 철학에서 '초월적' 경향을 제거하고 현 상학을 재해석하고자 한 실존주의자들의 사상을 받아들여 '본질(essence)'에 앞선 '실존(existence)'을 밝히고자 한다. 그 외 특정하게 분리된 경향이라고 할 수는 없겠지만 비트겐슈타인이나 가다머, 리쾨르에 따라서 언어의 문제 를 특히 강조하든지, 또는 딜타이의 해석학을 지리학에 직접적으로 도입하 고자 한 노력들도 있었다. 이러한 인간주의적 방법론에 바탕을 둔 지리학자 들은 일상생활적 공간행위의 상호주관성이 가지는 중요성을 강조하고, 선 (先)의식적(또는 선반성적) '당연성'으로 이해되는 '생활된 경험'의 세계, 즉 '생 활세계', 그리고 상징적 의미와 가치가 부여된 경관 또는 장소(감)를 지리학 적으로 해석하고자 한다.

인간주의적 방법론에서 주장되는 것처럼, 상징적 의미세계의 이해는 주로 '당연한 것'으로 받아들여진 지식으로부터 도출되며, '공감적 이해'는 연구 활 동을 포함한 모든 사회행위에 내포되어 있다. 따라서 사회공간의 연구자들 에 의해 채택된 개념들은 일상생활에서의 이해에 좌우되고, 연구자들은 이 상적 생활로부터 도출된 이러한 이해를 재구성하는 데 목적을 두게 된다. 그 러나 근대사회가 이룩한 자연환경의 극복은 그 대가로 사회의 물질적 경제·정치체계를 일상생활 속에서는 결코 이해할 수 없을 정도로 복잡하게 만들 고, 마치 그 자체로서 의사(擬似)자율적 법칙성을 가지는 것처럼 보이는 사회 적 총체를 구성했다. 따라서 인간주의적 방법론은 이러한 사회적 총체의 영 향을 무시하는 관념주의적 해석학에 빠질 위험을 안고 있다. 이러한 문제성 을 보다 구체적으로 열거하면(Giddens, 1976: 51~53; Gregory, 1981), 인간주 의적 방법론은, 첫째로 인간의 주관성이나 행위를 조건 짓는 사회 총체의 구 조적 측면을 무시하고 있으며, 둘째로 행위를 단순히 의미로만 해석해 사회 적 변혁을 추구하는 실천(praxis)으로 간주하지 않고, 셋째로 사회적 규범이 나 도덕은 관심의 차이에 따라 이데올로기적으로 해석될 수 있음을 간과하며, 따라서 넷째로 인간의 사회적 관계에 있어서 '권력'의 중요성을 인식하지 못했다.

3) 구조주의

구조주의도 인간주의와 유사하게 쉽게 정의할 수는 없지만(Piaget, 1971; Giddens, 1979), 보다 좁은 의미로는 다음과 같은 전제를 바탕으로 한다. 즉 요소들 간의 관계로 구조화된 총체(totality)는 그 자체의 자율적 속성과 변화 법칙을 가지며, 개별 요소들의 특성을 결정한다. 또한 이렇게 구조화된 '본질'은 표출세계의 이면에 존재하며, 표출세계의 사건들을 지배한다. 이러한 구조주의 방법론은 뒤르켐(Èmile Durkheim)의 사회학과 소쉬르(Ferdinand de Saussure)의 언어 분석에서 출발해 레비스트로스(Claude Lévi-strauss)의 인류학에서 완전히 정형화되며, 여기에 바르트(Roland Barthes)의 언어학과 피아제(Jean Piaget)의 심리학, 그리고 알튀세(Louis Althusser)의 맑스주의가 포함되고, 이들 이후 푸코, 데리다(Jacques Derrida) 등을 통해 등장한 소위 후기구조주의를 포함시키기도 한다(Sturrock, 1979; Kurxweil, 1980). 이들에 의하면, 구조는 현상세계와는 독립되어 그 이면에 객관적 사실로서 존재하고, 이에 관해 추론된 이론적 지식이 참된 지식이며, 따라서 이를 이론적으로 정형화시키는 방법론이 요구된다. 특히 구조주의 방법론은 사회의 안정적 균형으로서의 공시성(synchrony)과 변화 과정으로서의 통시성(diachrony) 간의 구분, 그리고 어떤 자율적 법칙을 가지는 언어체계로서의 랑그(langue)와 일상생활의 대화를 의미하는 파롤(parole) 간의 구분을 통해 개별적 사건들보다는 체계화된 구조를 강조한다.

지리학에 있어서 구조주의 방법론은 인간주의 방법론과 마찬가지로 실증주의 지리학을 비판하고 이에 대한 대안을 제시하기 위해 논의되었다(Tuan, 1972; Gregory, 1978b 등 참조). 이 방법론은 라첼(Friedrich Ratzel), 비달(Vidal de la Blache) 그리고 뒤르켐 간의 고전적 논쟁을 통해 근대지리학에서 이미 인식되었으며 현대지리학에서는 레비스트로스나 피아제의 구조주의가 지리학적으로 재해석·원용되고 있다. 예로 '사회구조'라는 용어가 경험적 현실과 관련된 것이 아니라 이러한 경험적 현실에 따라 설정된 모형들과 관련된다고 정의됨에 따라 공간구조는 세 단계로, 즉 경험적 단계(공간유형), 집단적 단계(총체적 공간관계), 형식적 단계(공간도해 또는 모형)로 구분된다(Lévi-Strauss, 1963: 279; Gregory, 1978a: 100). 지리학에 있어서 구조주의 방법론은 특히 맑스주의적 공간이론을 강조하는 학자들에 의해 보다 광범위하게 채택되고 있다. 뒤에서 상술하겠지만 구조주의적 맑스주의를 추구하는 지리학자들은 공간적 유형 또는 현상과 사회적 과정 또는 구조 간을 구분하고, 전자를 후자의 투영체 또는 결과물로 인식한다. 즉 이들에 의하면 개별 공간적 현상들 이면에 존재하면서 이들을 창출하는 총체적 사회구조의 연구가 보다 강조된다.

구조주의 방법론에서 인식되는 것처럼, 근대사회는 사회적 및 지역적 '노동 분업'의 발전 또는 '축적을 위한 축적'으로서의 자본의 순환을 통해 인간의 일상적 의식으로는 파악할 수 없을 정도로 복잡한 구조적 총체를 형성했다. 그리고 이러한 사회 총체(전체)가 더 이상 개별적 주체들(부분들)에 의해 결정되는 것이 아니라 오히려 그 역으로 인간의 의식과 행위를 완전히 규정하게 됨에 따라 근대사회에서 주체는 탈중심화하게 된다. 그러나 근대사회의 이러한 성격이 아무리 사실이라 할지라도 구조주의 방법론은 사회의 구조적 총체가 그 자체의 합법칙성에 의해 자율적으로 전개되는 것이 아니라 오직 인간의 실천적 의식과 행동에 의해서만 전환된다는 사실을 간과하고 있다(Giddens, 1979: 38~40). 특히 이 방법론은 사회 총체의 변혁을 추구하는 주체의 실천성이 어떻게 형성될 수 있는가에 대해 적절한 해답을 제시해주지 못하고 있다. 이러한 관점에서 구조주의 방법론이 가지는 문제성을 보다 구체적으로 열거하면, 이 방법론은 첫째로 사회의 구조적 총체가 어떻게 생산·재생산 되는가라는 의문을 무시하고 있으며, 둘째로 사회구조의 이론적 모형을 지나치게 강조함으로써 실증주의적 방법론으로 편향하는 경향이 있고, 셋째로 공시성/통시성 또는 랑그/파롤 간을 이원론적으로 구분해 언어 사용자(또는 행위자)의 능력을 경시하고, 따라서 넷째로 사회행위자의 주체적 의식에 기반을 둔 실천성을 배제하고 있다.

3. 정치경제학적 방법론

정치경제학적 관점에서 성립한 지리학은 실증주의적 지리학에 대한 새로운 대안적 방법론일 뿐만 아니라 공간이론의 발전에 급격한 변화를 가져왔다는 점에서 보다 자세히 고찰할 필요가 있다. 앞서 언급한 것처럼 지리학에서 정치경제학적 공간이론은 주로 구조주의적 입장에서 도입되었지만, 사실 맑스의 저작들은 어떤 특정한 방법론을 전제로 해서 일률적으로 서술된 것은 아니며, 따라서 어떠한 (그 후에 개발된) 방법론 또는 관점에 의해 해석되느냐에 따라서 매우 다르게 재구성되고 있다. 일반적으로 말해서(Giddens, 1971: 18~21) 헤겔의 철학을 비판적으로 재해석하고 있는 그의 초기 저작들은 인간의 실천과 소외의 문제를 강조하고 있다는 점에서 인간주의적(또는 헤겔적) 맑스주의의 발전을 가능하게 했고, 반면 자본주의의 문제를 집중적으로 분석하고 있는 그의 후기 저작들은 경제적 토대와 역사 발전의 합법칙성을 강조하고 있다는 점에서 '정통적' 맑스주의의 발전을 가져왔다. 이렇게 방법론상 양 측면을 동시에 담고 있는 맑스주의는 르페브르와 카스텔, 하비 등에 의해 주도된 정체경제학적 공간이론의 발전에 반영되고 있다. 이들의 공간이론을 살펴보기 전에 먼저 맑스 후기 저작의 기반이 된 정치경제학적 방법론의 기초를 간략히 언급하는 것이 좋겠다.

1) 방법론적 기초

정치경제학적 방법론에 의하면, 역사의 모든 단계들에서 생산은 어떤 특성을 공유하며 이러한 특성은 '합리적 추상(rational abstraction)'에 의해 해명된다. '추상'으로서의 생산, 즉 자연과 인간 사이의 물질적 교환 관계는 사회구성체의 초역사적 기반이 되며, 이와 연계된 분배, 교환, 소비를 결정한다(〈그림 2-2〉 참조). 여기서 '추상'이란 물론 구체성을 상실한 것이 아니라 항상 역사적으로 특정한 추상들(예로 자본, 임노동, 계급 등)에서 공통적으로 나타나는 것이며 구체적 결정자들(예로 노동의 분업, 교환, 가격 등)에 관한 성찰 과정에서 집약된 것이다. 또한 그 역의 과정에 따라, 구체적 사건들은 이론적 추상을 배경으로 해서 관찰되고 개념화된다. 즉 "추상은 항상 구체 속에 있으며, 구체는 항상 추상 속에 있다"(Marx, 1973: 101~104. 또한 Sayer, 1979 참조).

이러한 정치경제학적 방법론에 기초를 둔 사적 유물론의 기본 틀은 다음과 같이 요약될 수 있다(Marx, 1970: 18~22. 또한 Habermas, 1979 참조). 즉, 한 사회의 생산은 '노동 과정'을 통한 인간과 자연 사이의 물질적 교환 관계에 좌우된다. 노동에 의한 자연과의 물질적 교환 관계는 그 사회 내 구성원들 간의 사회적 관계를 동반하고, 이러한 이원적 관계들은 노동력, 원자재, 생산도구(즉 생산수단), 그리고 생산과 노동력의 조직을 위한 지식 등으로 구성되는 '생산력'과 노동력이 생산수단과 결합되는 방식을 결정하는 제도들이나 메커니즘을 의미하는 '생산관계'로 설명된다. 한 사회의 생산력과 생산관계의 총체로 구성되는 '생산양식'은 그 사회의 생산의 성격을 결정하며, 세계 역사적으로 다섯 가지(또는 여섯 가지)의 상이한 생산양식, 즉 원시공동체, 고대, 봉건, 자본주의, 사회주의 생산양식이 확인된다(아시아적 생산양식은 추후 삽입된다). 한 사회의 생산력과 생산관계는 지배적 생산양식에 따라서 그 사회의 '하부구조', 즉 경제적 '토대'를 형성하며, 이러한 물적 토대는 여타 사회 체계들, 즉 정치적·법적, 그리고 지적 제도들로 구성된 상부구조를 (항상 또

그림 2-2 **정치경제학적 방법론에서 추상과 구체 간 관계**

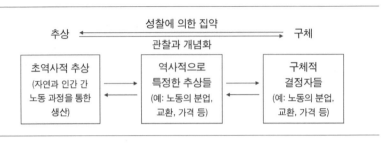

는 마지막 단계에서) 규정한다. 생산력과 생산관계의 발달 과정에서 이들 간의 구조적 조응은 점진적으로 발전하는 생산력이 기존의 생산관계의 모순 관계로 변하게 됨에 따라 계급갈등에 의해 새로운 생산양식으로 전환하게 된다.

사적 유물론은 특히 근대 자본주의 경제체제의 분석에 역점을 두고 있다 (Mandel, 1968; Harvey, 1982 등 참조). 이에 의하면 자본주의는 상품생산체계이며, 축적을 위한 자본의 순환을 동력으로 추진되는 생산양식이다. 모든 상품은 가치의 양면성, 즉 사용가치와 교환가치를 가지며 가치는 인간의 노동에 의해 창출된다. 노동자가 자신의 생존에 필요한 것 이상으로 생산한 부분은 잉여가치가 되며 이윤·지대·이자의 원천이 된다. 자본주의적 생산의 목적은 이러한 잉여가치의 창출을 통한 자본의 축적이다. 잉여가치의 창출은 〈그림 2-3〉과 같은 자본의 순환 과정으로 설명된다.

즉, 자본가는 그의 자본(M)으로 노동력(LP), 그리고 기계, 원료, 공장시설 등의 생산수단(MP)이라는 상품(C)을 구입해 이들을 결합시키는 생산 과정(P)을 통해 새로운 상품(C′)을 생산하고, 이를 시장에 판매해 최초의 자본보다 더 많은 자본(M′=M+ΔM)을 형성한다. 여기서 자본의 이윤율은 노동력을 고용하기 위해 임금의 형태로 지불된 가변자본(v)과 생산수단에 투자한 불변자본(c)의 관계로 파악되는 자본의 '유기적 구성'에 대한 잉여가치(ΔM 또는 s)의 비율(s/c+v)로 계산된다. 이러한 과정을 통해 자본주의 사회의 생산력은 중

그림 2-3 **자본순환 과정의 도식**

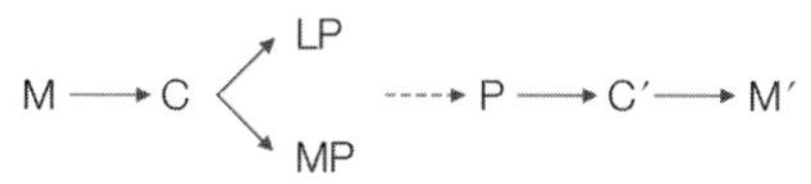

$$M \longrightarrow C \begin{array}{c} \nearrow LP \\ \searrow MP \end{array} \cdots \cdots \blacktriangleright P \longrightarrow C' \longrightarrow M'$$

대된다. 그러나 이 과정에서 나타나는 자본가들 간의 경쟁은 생산시설이나 기술과 같은 불변자본에의 투자를 증대시킴으로써 이윤율을 저하시키고 과잉생산(또는 과소소비)을 가져오는 한편, 노동자들의 임금 투쟁은 임금 상승에 의한 이윤율의 저하와 함께 자본·임노동 간의 갈등 관계를 유발한다. 결과적으로 자본주의 경제체제는 위기에 처하게 되고, 새로운 생산양식으로 전환하게 된다.

사회 구성과 역사 발전에 관한 이러한 정치경제학적 설명은 우리들에게 어떤 이론적 토대를 제공해준다. 그러나 지나치게 그의 후기 저작들에 편향될 경우, 모든 사회적 활동을 경제결정주의로 환원시키고 인간성에 의한 실천적 변혁을 기계론적 역사전환 법칙으로 해석하는 오류에 빠지게 된다. 사실 맑스의 연구방법론은 19세기 말경부터 러시아와 독일에서 그의 저작들을 경제결정론적·기계론적으로 해석하는 경향이 생겼다. 그러나 그의 이론에 바탕을 둔 사회주의운동을 통해 일어난 러시아혁명의 평가 과정에서, 경제적 토대와 역사적 전환법칙을 강조하는 러시아의 '교조주의 맑스주의' 그리고 정치·문화적 상부구조와 계급의식을 강조하는 '서구 맑스주의' 사이의 구분이 이루어졌다. 후자의 경향을 대표하는 초기 이론가들로 루카치(György Lukács)와 그람시(Antonio Gramsci) 등을 들 수 있으며, 이러한 경향은 이들을 계승한 독일의 프랑크푸르트(Frankfurt)학파[아도르노(Theodor Adorno), 호르크하이머(Max Horkhemer), 마르쿠제(Herbert Marcuse) 등]와 프랑스의 실존주의적 맑스주의(사르트르, 메를로퐁티 등) 등에 의해 발전되어왔다(Jay, 1984 참조).[4]

2) 정치경제학적 공간이론

맑스의 사적 유물론이 다루고 있는 수많은 주제들 중에는 물론 공간의 문제도 포함된다(Harvey, 1973; Harvey, 1982; Quaini, 1982). 즉 그에 의하면, 노동과 토지 간의 공동체적 결합으로 이루어지는 전자본주의적 생산양식은 도시/농촌 간의 대립 관계와 그 후 도시에 의한 농촌의 통합을 통한 도시적 자본 축적 과정의 확대로 파악되는 자본주의적 생산양식으로 변화한다. 이러한 도시화 과정은 화폐지대와 함께 토지시장을 등장시키고, 공간을 새로운 생산수단으로 상품화시킨다. 또한 자본주의적 도시화 과정은 지역적 노동 분업의 발전을 통해 자본과 노동의 공간적 이동을 촉진하고 세계적 규모의 시장 확대를 통해 가치를 실현함으로써 자본의 축적을 가능하게 한다. 자본주의적 공간의 이러한 이론적 틀은 1970년대 초부터 르페브르, 카스텔, 하비 등에 의해 대표되는 정치경제학적 지리학자들이나 공간이론가들에 의해 새롭게 주목을 받고 발전적으로 재구성되고 있다.

르페브르는 1930년대 이래 프랑스 헤겔적 맑스주의를 정착시키면서 맑스의 초기 저작과 후기 저작 사이의 연속성을 강조한다. 그는 정통적 맑스주의뿐만 아니라 알튀세에 의해 제창된 구조주의적 맑스주의에 대한 가장 강력한 비판자들 중 한 사람이며, 또한 현대 공간이론에서 정치경제학적 이론들을 도입한 최초의 이론가이다(Kurzweil, 1980: 51~86; Jay, 1984: ch. 9; Martins, 1982). 그에 의하면, 사회체계 또는 구조가 인간행위의 실천적 개입 없이 '자연적으로' 그 자체를 재생산한다는 이론들은 이데올로기적이다. 왜냐하면 이러한 이론들은 기존 체계를 정당화할 뿐만 아니라 이 체계를 변화시키기 위한 인간 주체의 가능성을 부정하기 때문이다. 르페브르는 이러한 점에서 공간을 순수하게 과학적 객체로 간주하는 이론이나 도시계획을 비판한다. 그

---

4 보다 최근의 하버마스, 푸코, 데리다 등의 연구도 서구 맑스주의의 연장으로 보기도 한다. 이에 대해 Anderson(1983) 참조.

의 견해에 따르면 공간은 텅 빈 기하학적 공간이 아닐뿐더러, 사회구조의 단순한 산물이라기보다 사회와 상호변증법적으로 발전하는 것이다(Lefebvre, 1976; Soja, 1980). 이러한 공간의 이론화에서 중요한 것은 공간 그 자체에 대한 과학이 아니라, 공간이 자본주의 사회의 유지·전환에 어떻게 기여하는가에 관한 의문을 해명하고, 공간문제를 둘러싼 실천적 행위를 위한 기반을 제공하는 것이다.

르페브르에 의하면 공간은 그 속에서 이루어지는 '일상생활'을 통해 사회적 생산관계가 재생산되는 장소로서 한 사회의 (재)생산에 중요한 역할을 한다(Lefebvre, 1974a; Lefebvre, 1974b). 그러나 자본주의 사회에서의 '도시혁명'은 이러한 공간의 속성을 잠식하고 새로운 유형의 공간을 창출했다. 즉 자본주의는 상품 생산을 위한 배경으로서 공간을 끊임없이 정복·통합해 나갔으며, 이에 따라 공간은 그 자체로서 희소하고 상품화될 수 있는 자원으로 전화되었다. 이러한 과정에서 자본주의적 생산력은 지속적으로 확대될 수 있었지만, 이를 뒷받침해주는 생산관계의 재생산은 위기에 처하게 된다. 즉 생산공간의 확대와 상품화를 통해 자본주의 메커니즘을 유지·발전시킨 생산력은 생산관계(즉 노동력)의 재생산을 필수적으로 요구한다. 그러나 공간의 자본주의적 발전은 일상생활이 이루어지는 도시의 생활공간을 점증적으로 잠식하며, 이에 따라 생산관계의 재생산은 점점 더 불가능해진다. 르페브르의 견해에 의하면, 이러한 모순에 의해 야기되는 도시공간의 위기를 해소하기 위한 특정 생산공간(작업장)에서의 운동은 더 이상 절대적 중요성을 지니지 아니하며, 일상생활이 영위되는 모든 공간상에서 실천적 운동이 이루어져야 한다.

카스텔은 구조주의적 맑스주의, 특히 알튀세의 인식론과 사회의 '층위'별 구성 그리고 풀란차스(Nicos Poulantzas)의 상대적 자율성을 강조하는 국가론을 원용해 도시공간 문제를 규명하고자 한다(Saunders, 1981; Mellor, 1985; 서규석, 1986; 김왕배, 1987 등 참조). 그는 르페브르와 마찬가지로 기존 도시이론들을 이데올로기적이라고 비판하지만, 그 이유는 매우 다르다. 카스텔에 따르면 이들이 이데올로기적인 이유는 단순히 자본주의적 체제를 유지하는 기능을 담당하고 있기 때문이 아니라 '이데올로기적'(알튀세적 의미) 관계를 초월해 '과학적' 이론을 정립하는 데 실패했기 때문이다(Castells, 1976). 또한 카스텔은 인간주의적 맑스주의에 입각한 공간이론(특히 르페브르의 공간이론)을 부정한다. 왜냐하면, 그에 의하면 공간이 인간 주체의 의식적 활동에 의해 생산된다고 가정하는 이러한 이론은 사회생활의 결정적 조건들을 인식하지 못하기 때문이다. 달리 말해서 공간은 사회구조의 물질적 산물이며, 공간 상에 나타나는 개인의 실천은 단지 사회구조의 과학적 이론을 통해서만 해명될 수 있다.

카스텔(Castells, 1977; Castells, 1983)에 의하면 도시공간에서 경제적 층위는 생산과 소비 그리고 이들을 연결하는 교환으로 이루어진다. 이들 중 가장 중요한 것은 생산 그 자체가 아니라 생산에 요구되는 노동력이 재생산되도록 해주는 소비이다. 특히 도시공간에서 노동력의 재생산에 필수적인 수단들(예로 주택, 병원, 학교, 기타 사회문화 시설들)은 '집합적 소비(collective consumption)' 경향을 보인다. 그러나 집합적 소비는 생산과 모순 관계에 봉착한다. 즉 집합적 소비에서 요구되는 사용가치 또는 비이윤적 필요는 생산이 추구하는 교환가치 또는 이윤최대화에 의해 배척된다. 그 결과 집합적 소비재의 부족으로 계급갈등이 일어나고, 이 문제를 해결하기 위해 국가는 노동력의 재생산에 필요한 집합적 소비재를 공급하는 역할을 담당하게 된다. 이에 따라 도시공간에 발생하는 위기는 정치체계 내에서 '과잉 결정된' 모순의 표출이며, 이는 결국 (마지막 단계에) 경제적 구조에 의해 결정되는 것으로 이해된다. 따라서 도시사회운동은 정치적인 것이지만 사회의 지배적 층위(즉 경제구조)와 종국적으로 연관될 때만 유의하다.

하비는 카스텔과 유사하게 구조주의적 입장에서 도시화 문제를 다루고 있다. 그러나 그의 공간이론은 카스텔과 르페브르의 이론들 각각으로부터 일정한 유사성과 상이성을 모두 내포하고 있다. 즉 하비는 카스텔과는 달리 과학적 이데올로기 사이를 엄격히 구분하지 않으며, 공간에 관한 맑스주의적 이론이 자유주의적 이론에 비해 절대적으로 비(非)이데올로기적이라고 주장하지도 않는다. 그러나 그는 르페브르의 주장, 즉 "오늘날 도시화가 산업사회를 지배하고 있다"라는 주장에 대해서는 반대하며, 여전히 산업사회 및 이를 구성하는 구조들이 도시화를 지배하고 있다고 본다. 즉 하비에 의하면, 오늘날 도시화와 도시의 '건조환경(built environment)'은 자본 축적 과정, 나아가 자본주의 사회의 총체적 구조에 의해 결정된다(Harvey, 1973: 18, 302ff).

하비(Harvey, 1981)에 의하면 도시화는 산업자본의 생산물, 즉 건조환경에 대한 새로운 수요를 창출하며, 이에 대한 투자는 가치 및 잉여가치의 생산과 상품의 소비에 의한 노동력의 재생산을 목적으로 한다. 이 목적이 실현되는 과정은 3단계의 순환 과정으로 설명된다. 먼저 상품생산을 통한 가치와 잉여가치의 생산, 그리고 이 상품의 소비를 통한 노동력의 재생산이 이루어지며, 이 과정에서 자본이 축적된다(제1차 순환). 내구성 생산재와 그 건조환경(공장, 사무실 등)에 투자된 자본(즉 고정자본)은 잉여가치의 확대재생산을, 내구성 소비재와 그 건조환경(주택 등)에 소요된 자본(즉 소비기금)은 노동력의 재생산에 기여한다(제2차 순환). 또한 자본 축적 과정에서 국가로 이전된 부분은 과학기술에 투자되어 잉여가치 생산의 기반을, 그리고 사회적 지출(교육, 보건, 복지 그리고 치안, 국방 등)에 투자되어 노동력 재생산의 기반을 형성한다(제3차 순환).

도시과정(urban process)은 이와 같은 세 단계 순환 과정을 통해 전체 자본 축적 과정을 위한 물질적 하부구조의 창출 과정으로 이해된다. 그러나 순환 과정의 각 단계들은 어떤 위기를 안고 있으며, 이 위기를 해소하기 위해 다음 단계의 순환을 이행한다. 즉 제1차 순환에서 개별 자본가들 간의 경쟁에 의해 과잉생산이 야기되고 이윤율이 저하한다. 이러한 '과잉축적'의 위기는 제2·3차 순환에의 투자로 일시적으로 해소된다. 그러나 제2·3차 순환에의 과잉투자는 고정자본이나 소비기금의 감가를 야기하고, 과학기술이나 도시 하부시설에의 투자로 자본의 유기적 구성을 고도화시킴으로써 제1차 순환에서의 과잉축적 문제와 유사한 위기들을 노정(露呈)한다. 그리고 이러한 순환과정이 내포하고 있는 위기들은 도시갈등과 도시운동을 유발한다. 하비는 이러한 도시운동이 일어나는 장소를 작업장과 주거지로 구분하지만, 도시운동은 결국 자본과 임노동 간 기본적 계급갈등의 표현으로 이해되어야 한다고 주장한다(Harvey, 1977).

이상에서 살펴본 정치경제학적 공간이론들을 개별적으로 평가하는 것은 본 연구의 목적을 벗어나지만,[5] 방법론적 측면에서 몇 가지 주요 주제들을 간략히 논의해볼 수 있다. 첫째, 인간의 실천적 의식 및 행위와 사회의 총체적 구조는 상호 관련을 지어 설명되어야 하며, 인간주의 방법론과 구조주의 방법론이 가지는 문제들은 극복되어야 한다.[6] 즉 공간상에서 이루어지는 행위자의 실천은 사회의 총체적 구조에 의해 조건 지어지며, 사회공간적 구조는 이러한 실천에 의해 생산되고, 재생산된다.

둘째, '공간적인 것'과 '사회적인 것'의 관계는 올바로 설정되어야 한다.[7] 공간은 그 속에 담고 있는 사회적 사물들과 분리해서 인식할 수는 없지만, 공간적 현상은 사회적 구조의 단순한 투영체가 아니다. 한 사회의 공간현상은 분명 그 사회를 총체적으로 규정하는 어떤 기본 조직 원리에 의해 지배된다. 그러나 이러한 관계에서 구조화된 공간은 다시 그 (지역)사회의 생산력과 생산관계를 변화시켜 사회의 총체적 구성에 영향을 미친다.

셋째, 위의 주제와 연관된 것으로, 공간적 지역문제는 사회적 계급 문제와

---

[5] 구조주의적 맑스주의에 대한 비판과 이에 대한 대응으로서 Duncan and Ley(1982), Chouinard and Fincher(1983), Fincher(1983) 등 참조.

[6] 최근 카스텔과 하비는 도시공간의 물질적 토대로부터 인간의식 또는 문화에 그들의 관심을 확대시키고 있다(Castells, 1983; Harvey, 1985 참조).

[7] '공간'과 '사회'에 관한 맑스주의적 지리학 내 논쟁에 관해 Peet(1978), Soja(1980), Eliot Hurst(1980), Smith(1981) 등 참조.

관련되지만 상대적 자율성을 가진다. 즉 한 사회의 기본 모순인 계급모순은 특정한 지역 조건들에 따라서 여러 가지 다양한 모습을 가지고 발현되며, 또한 이렇게 발현된 갈등적 대립 관계는 그 지역 주민들의 실천적 의식과 문제가 유발되는 영역들에 따라 상이한 양상과 전개 과정을 가지는 지역사회운동을 유발한다.[8]

넷째, 이상의 문제들을 해결하기 위해 정치경제학적 공간이론은 지나치게 경직되어서는 안 된다. 현대 공간문제는 경제적 구조에 직접적으로 규정되는 생산공간에서의 문제뿐만 아니라, 정치적·사회적·문화적 측면에서 이루어지는 일상적 생활공간에서의 문제를 더욱 심각하게 내포한다. 또한 정치경제학적 방법론은 기존의 전통적 이론들을 재해석하거나 또는 이들과 상호 결합함으로써 그 이론적 배타성을 극복해야 한다.[9]

4. 통합적 방법론의 대두

실증주의적 방법론이 퇴조하면서 인간주의적 방법론(행위이론)과 구조주의적 방법론(구조분석)이 그 대안으로 제시되었지만, 이들은 사회의 특정 차원, 즉 주관적 행위 또는 객관적 구조를 배타적으로 강조함으로써 주체/객체 또는 행위/구조를 양분하는 이원론적 방법론으로 지속되고 있다. 사실 이러한 이원론적 방법을 통합하는 것은 서구의 철학자들 및 사회이론가들의 중요한 과제로 인식되었지만, 이들의 다양한 시도들에도 불구하고 이원론적 방법론은 여전히 서로 평행이 된 채 상호 보완적 또는 갈등적 관계를 가지면

---

8 이러한 점에서 지역사회운동은 노동운동과는 구분되며, 카스텔의 도시사회운동, 즉 국가를 상대로 집합적 소비재를 요구하는 운동뿐만 아니라 르페브르가 제시한 일상생활에서의 탈소외 운동도 포함한다.

9 지리학 또는 공간이론의 관점에서 맑스의 정치경제학적 접근을 고전적인 사회이론들과 결합시키려는 시도로 Choi(1987), 최병두(1988a) 참조. 또한 박영신(1986) 참조.

서 최근까지 병존해왔다. 그러나 1970년대 후반에 들어오면서 이러한 행위
이론과 구조분석을 새롭게 통합하고, 그 통합된 방법론으로 사적 유물론을
재해석하고자 하는 노력들이 제시되고 있다. 이러한 노력들 중 대표적인 것
이 기든스의 구조화이론, 푸코의 계보학적 권력 분석, 하버마스의 의사소통
적 행위이론 등이다.

1) 기든스의 구조화이론

기든스의 구조화이론은 19세기 근대 사회이론들(맑스, 뒤르켐, 베버)의 재
해석뿐만 아니라 금세기 사회이론의 세 가지 주요 패러다임으로 간주되는
해석학적 사회학, 기능주의 그리고 구조주의의 비판적 고찰과 이의 종합을
바탕으로 하고 있다(Giddens, 1971; Giddens, 1976; Giddens, 1977b; Giddens,
1979 등 참조). 이 이론은 실천에 의한 사회행위과 이를 통해 (재)생산된 사회
구조 사이의 상호 관계를 이론화하기 위해 개발된 것이다. 이 이론에 의하면
행위자는 항상 능동적이며 지혜롭고, 사회구조 조건하에서 그의 행위를 통
해 의도적·비의도적 결과, 즉 사회구조를 생산하고 재생산한다. 사회구조는
행위체계의 속성으로서 행위를 인식적·비인식적으로 조건을 지으며, 이를
제약할 뿐만 아니라 가능하게도 한다. 즉 구조는 행위의 의도적·비의도적 결
과이며 동시에 행위의 인식적·비인식적 조건이다. 기든스는 이를 '구조의 이
원성'이라 칭하고, 행위이론과 구조분석 간을 연결하는 기본 개념으로 간주
한다. 행위의 차원과 구조의 차원 사이를 보다 구체적으로 표현하면 〈그림
2-4〉와 같다(Giddens, 1976: 122ff; 1979: 88ff; Giddens, 1984a: 29ff; Gregory,
1981: 9).

기든스에 의하면 사회적 행위는 항상 행위자들 간의 상호행위로 이루어지
며 상호행위는 세 가지 기본 요소들, 즉 유의미한 의사소통, 규범적 제재 그
리고 권력관계로 구성된다. 이들은 각각 공동의 지식에 바탕을 둔 해석적

그림 2-4 **기든스의 구조화이론에서 구조와 행위 간 관계**

틀, 권리의 실현 및 의무 수행과 관련된 사회적 규범 그리고 행위자의 능력 실현을 위해 동원되는 인적 및 물적 자원을 매개로 이루어진다. 이와 관련해서 구조는 행위자들이 상호행위에서 도출하고 또 재생산하는 규칙들(즉 해석적 틀과 규범들)과 권위적(즉 정치적) 및 할당적(즉 경제적) 자원들로 구성된다. 한 사회체계의 구조적 속성은 상호행위 속에 내재된 구조들의 세 가지 측면, 즉 유의성, 정당성, 그리고 지배로 구성된다. 이들은 각각 해석적 틀을 매개로 해서 이루어지는 유의미한 의사소통을 통해, 규범의 적용에 의해 이루어지는 사회적 제재를 통해, 그리고 자원의 동원에 의해 이루어지는 권력관계를 통해 재생산되며 또한 세 가지 유형의 상호행위를 조건 짓는다. 기든스는 이렇게 (재)생산된 사회구조가 유지 또는 전환되는 조건을 '구조화'라고 부르며, 사회이론에서 가장 중요한 점은 이 구조화를 밝히는 것이라고 주장한다.

기든스는 이와 같은 구조화이론을 정립하는 과정에서 시공간적 관계가 상호행위 및 사회체계의 재생산에서 매우 중요한 역할을 한다고 강조한다. 그 자신이 인정하듯이 기든스는 지리학[특히 헤거스트란트(Torsten Hägerstrand)의 시간지리학, 맑스주의 지리학, 그리고 크리스탈러(Walter Christaller)의 중심지이론 등]으로부터 영향을 받고, 여러 가지 새로운 공간 개념들을 제시한다 (Giddens, 1981: 3 외 여러 곳; Giddens, 1984a, 특히 제3장은 Gregory and Urry, 1985: 265~295에 재게재됨). 그는 상호행위가 공간적 출현/부재로 이루어진다고 주장하며, 사회체계의 공간적 배경을 지칭하기 위해 '현장(locale)'이라는 용어를 사용한다. 또한 이 개념과 관련지어서 거리화(distanciation)라는 신조어를 개발하여 소규모 사회를 상호행위의 시공간적 거리화가 낮음으로 특징 짓고 근대사회로 올수록 이것이 높아진다고 주장한다. 그리고 그는 사회 발전의 내적 논리에 입각한 진화론에 반대하여 사회가 에피소드적(episodic)으로 전환되는 시공간적 변(time-space edge)의 중요성을 강조한다.

　이러한 구조화이론과 시공간적 개념들을 사용해 기든스는 맑스의 사적 유물론을 재구성하고자 한다. 그에 의하면 생산양식의 개념으로 사회(구성체)를 규명하는 것은 경제결정론의 오류를 범하는 것이다. 또한 사회 변동을 계급갈등으로 파악하는 것은 이에 영향을 미치는 제 요인들을 계급 문제로 환원시키는 것이며, 사회역사를 합목적적 발전으로 설명하는 것은 진화론적 기능주의에 빠지는 것이다. 기든스는 단지 맑스의 저술에서 추상적으로 언급되고 있는 실천의 개념만이 중요한 것으로 인정한다(Giddens, 1981: 1~2). 그가 제시한 대안적 설명에 따르면, 한 사회의 성격은 그 사회의 시공간적 거리화의 양식에 따라 결정된다. 전자본주의사회에서 계급은 존재했지만 계급 분석은 의미를 가지지 않으며, 권위적 지배가 더 중요했다. 그리고 역사상의 모든 사회는 시공간적 변에 따라 형성된 간사회적(inter-societal) 체계 속에서 에피소드적으로 전환된다.

　기든스의 구조화이론이 사회이론의 발전에 기여한 점은, 첫째로는 행위이론과 구조분석을 종합해 행위와 구조 간 상호 관계를 이론화해야 할 필요성을 인식시키고, 둘째로는 사회이론에서 시공간적 개념들이 매우 유의함을 강조했다는 것인데 이러한 점은 지리학자들의 지대한 관심을 끌었다(Carlstein, 1981; Thrift, 1984; Gregory, 1984, Dear and Moos, 1986 등 참조). 그러나 그의 이론은 제대로 해결이 되지 아니한 여러 가지 문제점들을 내포하고 있다 (Wright, 1983; Thompson, 1984; Callinicos, 1985; Bernstein, 1986 등 참조). 첫째, 기든스는 사회의 구조적 조건들 아래서 인간의 지혜로움을 강조하지만, 이의 근원은 밝혀주지 못하고 있다. 둘째, 그의 이론에서는 인간 주체들의 상징적·규범적 행위가 생활세계를 (재)생산하는 방법과 이들이 도구적·전략적 행위를 통해 물질적 세계를 (재)생산하는 방법이 동일한 것으로 혼동되고 있다(Habermas, 1982: 268). 셋째, 그의 구조 개념은 모호하게 두 가지 의미(즉 상호행위를 매개하는 법칙 및 자원으로서의 구조들과, 한 사회적 체계의 속성으로서의 구조)를 내포하고 있다. 넷째, 기든스는 그의 이론이 비판적 사회이론을 지향한다고 주장하지만 사회 변혁에 요구되는 실천적 과제를 아직 이론화하지 못하고 있다. 다섯째, 그의 공간 개념들은 대부분 공간의 물리적 성격에 국한되어 있으며 이의 상징적 성격과 그 재생산 과정을 무시하고 있다. 마지막으로, 사적 유물론에 관한 그의 비판과 대안은 기능주의적 분석의 문제를 해결하지 못했으며 여전히 진화론적이다(예로, 거리화가 낮음에서 높음으로 진화하는 것).

2) 푸코의 계보학적 분석

푸코의 초기 고고학적 연구는 프랑스 구조주의 운동이 한창 진행되던 기간(대체로 1955~1960년대 중반) 중에 쓰였으며, 사실 구조주의자들의 의문과 용어를 많이 원용하고 있다. 이러한 점에서 그의 초기 연구는 그 자신이 구조주의자임을 부정한다고 할지라도 분명 구조주의의 연장선상에 있었다(초기 고고학적 연구로 Foucault, 1970; Foucault, 1972 참조). 그러나 지식의 역사에 관한 그의 초기 연구가 지식의 인식소(épistéme)의 전환을 적절히 설명해주지 못함에 따라 1970년대의 그의 연구는 니체 철학의 재구성을 통해 정립된 계보학적 방법론으로 전환하게 된다(계보학적 권력 분석으로 Foucault, 1977a; Foucault, 1978; Foucault, 1980a 참조). 1970년대의 그의 연구 주제는 지식이 어떻게 권력과 관련되어 인간 주체를 지배하게 되는가라는 의문이었다. 그의 계보학적 '권력-지식'의 분석은 인간의 의식이나 행동과 억압적 사회구조 간에 어떤 관계가 설정될 수 있는가를 암시하고 있다. 즉 '권력에의 의지'에 바탕을 둔 사회적 상호행위에서 권력관계는 특정 사회의 복잡하게 구성된 전략적 상황으로부터 의도적으로 도출되지만, 이러한 전략적 행위에 의해 (재)생산된 권력 구조는 개인의 의도를 능가해버리는 비주체적인 것이 된다. 그러나 권력관계는 언제나 억압적으로만 행사되는 것이 아니라 인간실천을 통한 저항의 다원성을 항상 동반하며, 저항은 기본 지배구조 속에서 항상 수동적이고 패배를 자인하는 반작용적인 것이 아니라 실천적 차원에서 억압적 권력관계를 생산적으로 해체시키는 것이다(푸코의 연구에 관한 많은 논의들 가운데 대표적으로 Lemert and Gillan, 1982; Dreyfus and Rabinow, 1982 참조).

푸코는 그의 초기 저작들에서부터 공간을 주요 논제들 중의 하나로 다루고 있으며, 특히 그의 후기 연구에서 공간은 역사적 현상의 분석에서뿐만 아니라 철학적으로도 중요한 의미를 가지게 된다(공간에 관한 푸코의 직접적인 논의로, Foucault, 1977a 외에 Foucault, 1980b; Foucault, 1984 참조). 즉 계보학적 방법론은 철학적 의미로서의 구조, 다시 말해 표출 이면에 존재한다고 가정되는 본질을 부정하고 (공간적) 표출 자체를 존재의 기반으로 간주한다. 여기서 공간은 텅 빈 무한공간이 아니라 권력에의 의지에 의해 만들어진 사건들이 각인된 표출공간이며, 지배의 유희가 끊임없이 반복되는 대결의 장으로서 이해된다. 이러한 공간 개념은 그의 역사적 연구에 적용되어, 공간은 '권력-지식'의 행사에 있어 그 매체로 간주된다. 푸코는 이의 경험적 사례로 원형감옥(Panopticon)의 공간구조를 제시한다. 그의 설명에 의하면 원형감옥은 권력의 '본질'을 나타내는 것이 아니라 '권력-지식'의 특정 형태가 어떤 폐쇄된 공간 속에서 어떻게 작용하는가를 명시적으로 나타내는 것이다. 물론 어떤 공간구조가 권력관계에 중요한 역할을 할지라도 그 자체로서 어떤 본연적 기능을 가지지는 않는다. 달리 말해서 공간구조는 인간 주체의 실천과 상응할 때만 의도된 대로 기능하며, 만약 이들 간에 서로 조응하지 않을 경우 의도된 것과는 정반대로 기능하게 된다.

푸코는 (명시적으로 또는 암묵적으로) 사적 유물론으로부터 도출된 사고들을 서술하고 있을 뿐만 아니라 맑스의 저작들이 정치적 합리화를 추구하는 지식의 역사로부터 해방된 실증적·비판적 지식 개발의 전환점을 이루었다고 인정한다. 그러나 그는 사적 유물론으로부터 일정한 거리를 유지하고 그 문제점들을 극복하고자 한다(Poster, 1984). 즉 푸코는 표출의 이면에 존재한다고 가정되는 '본질'을 부정하기 때문에 생산양식이라는 단일 본질이 모든 현상들을 규정한다는 점을 인정하지 않는다. 또한 그에 의하면 권력이란 피지배계급과 대립 관계를 지니는 지배계급에 의해 소유되는 것이 아니라 어떠한 인간관계에든 내재되어 있는 것으로 간주된다. 그리고 '권력-지식'의 언표에 따라 과학적 맑스주의의 비이데올로기성은 부정되며, 어떠한 지식일지라도 권력과 야합할 수 있는 가능성을 지니고 있는 것이다.

푸코가 그의 계보학적 방법론을 "지식이나 권력의 구성 등 객체의 영역을 그 주체에 관한 고려 없이 설명할 수 있는 역사 기술의 한 형태"라고 정의하고 있는 바와 같이, 사실 그의 연구는 흔히 주체가 생략된 또는 탈중심화된 분석이라고 비판받고 있다(Foucault, 1977b; Giddens, 1984b 등 참조). 그러나 그는 이러한 비판에 대해 자신의 연구의 중심 주제는 권력이 아니라 '주체'임을 강조한다(Foucault, 1982). 달리 말해서 그의 연구가 철학, 사회이론, 역사분석에 가장 중요하게 기여한 점은 바로 역사 속에서 인간 주체가 어떻게 권력-지식에 의해 객체화되고 희생되어왔는가를 밝히고 있다는 점이다. 이러한 점에서 그의 계보학적 방법론은 해석학과 구조주의를 능가한다고 평가된다. 여기서 덧붙여서 평가될 점들 중 하나는 이 방법론이 철학 및 사회이론에서 왜 공간의 문제가 배제되어왔는가라는 의문을 밝히고, 또 공간이 어떻게 권력관계의 매체로서 작용하고 있는가를 예시하고 있다는 점이다(푸코의 공간분석에 관한 논의로 Wright and Rabinow, 1982; Driver, 1985; 최병두, 1988b 등 참조).

그러나 푸코의 연구가 몇 가지 중요한 문제점들을 안고 있음은 사실이다 (Fraser, 1981; Habermas, 1986 등 참조). 첫째, 푸코의 연구는 지식과 권력이 정치적 합리화의 역사와 끊임없이 야합해왔다고 비판한다. 그러나 그는 자신의 연구를 정당하게 해줄 비판적 이성 그리고 권력과 야합했기 때문에 비판되어야 할 전략적 이성 간을 구분할 수 있는 어떤 기준도 제시하지 않고 있다. 둘째, 그의 계보학적 방법론이 니체의 철학을 재구성해 정립되었다는 사실은 어떠한 방법론이라 할지라도 의미 이해라는 해석학적 모멘트를 내포하고 있음을 시사한다. 셋째, 그의 연구는 일상생활 속의 규범을 권력과 동일시하고 있으며, 또한 전략적이며 억압적으로 행사되는 권력과 이에 저항하는 생산적이고 해방적인 권력이 어떻게 구분될 수 있는가를 밝히지 않고 있다. 넷째, 원형감옥을 근대 공간구조의 패러다임으로 예시한 푸코의 연구는 공간을 전략적 힘의 장으로 지나치게 일반화함으로써 공간의 규범적 성격을 무시하고 있다.

3) 하버마스의 비판이론

하버마스는 맑스주의의 전통을 이어받고 이를 더욱 발전시킨 프랑크푸르트학파 제2세대의 대표자로서, 맑스의 저작들뿐만 아니라 근현대 철학과 사회이론들을 재구성해 사회비판이론의 새로운 기반을 정립하고자 한다(Held, 1980; McCarthy, 1984; White, 1988 등 참조). 그의 초기 저작은 고전적 인식론들을 재해석해 '인식적 관심'과 지식 간의 관계를 설정하고 있다(Habermas, 1972). 그에 의하면 인간의 인식적 관심은 세 가지 유형의 지식, 즉 경험적-분석적 지식, 역사적-해석학적 지식, 비판적(해방적) 지식으로 형성된다. 이러한 세 가지 유형의 인식적 관심과 지식은 인간 존재의 세 가지 차원들, 즉 노동(또는 도구적 행위), (의사소통적) 상호행위, 그리고 권력에 각각 바탕을 두고 있다. 이러한 상관관계적 틀 속에서 하버마스는 자신의 기존 연구에 따른 몇 가지 문제점들을 인정하고 이를 발전시켜 인간의 '선반성적' 의식과 이를 표현하는 대화에 기반을 둔 담론(discourse)이론을 제시한다(Habermas, 1973;

표 2-2 **하버마스의 비판이론에 있어서 행위이론과 구조분석 간의 관계**

인간 존재의 차원	인식적 관심	지식의 유형	유의성의 기준	행위의 유형	행위의 합리성	세계(구조)의 영역	세계의 합리화
노동	기술적	경험적·분석적	이론적 설명	합목적적	인식적·도구적	객관적 체계	체계의 합리화
상호행위	실천적	역사적·해석학적	실천적 해석	의사 소통적	도덕적·실천적	사회적 생활세계	생활세계의 합리화
(초기) 인식론적 연구				(후기) 사회이론적 연구			

Habermas, 1979: ch. 1). 그에 의하면 '이상적 담화 상황'에서 진리와 규범은 각각 이론적 설명과 실천적 해석에 바탕을 둔 담론을 통해 도출된다.

노동과 상호행위 간의 구분은 하버마스의 후기 저작들에서 '성공지향적 행위' 또는 합목적적 행위(이는 다시 도구적 행위와 전략적 행위로 세분됨)와 '이해지향적 행위' 또는 의사소통적 행위 간 구분으로 발전한다(Habermas, 1982: 263ff; Habermas, 1984: 285ff). 합목적적 행위는 인간의 이성에 있어 인식적·도구적 합리성에, 그리고 의사소통적 행위는 도덕적·실천적 합리성에 각각 바탕을 두고 있다. 하버마스는 행위 차원에서의 이러한 구분과 상응하게 세계(구조)의 영역에서 합목적적 행위들이 제도화된 '체계'와 상징적 상호행위를 유도하는 규범들로 구성된 '생활세계' 간을 구분하고, 각각의 합리성의 실현에 의해 이루어지는 체계의 합리화와 생활세계의 합리화로 구분한다. 그에 의하면 합목적적 행위와 이의 객관적(물질적) 결과들의 기능적 상호 관계로서 체계는 체계이론적 방법론에 따라 분석되며, 의사소통적 행위와 이러한 행위 지향들의 조화를 통해 형성되는 상호주관적 생활세계는 해석학적 방법론에 따라 이해된다. 만약 어느 한 방법론이 배타적으로 강조될 경우, 사회의 어느 한 측면만 보게 되고 관념주의적 해석학이나 맹목적 체계이론에 빠질 위험이 있다.

하버마스에 의하면 후기자본주의 사회는 위기를 담지한 사회이며, 그 위기는 사회의 각 측면으로 전이되고 있다(Habermas, 1976). 즉 초기자본주의 사회에서 심각했던 '경제적 위기'는 국가의 개입으로 어느 정도 해소되었지만, 이는 정책 결정에 있어서 '합리성의 위기'를 가져왔다. 이러한 경제적·정치체계적 위기는 다시 생활세계로부터 대중의 지지가 철회되는 '정당성의 위기'와 경제적 수요나 동기가 위축되는 '동기의 위기'로 전이되었다. 하버마스의 최근 저작에서 이러한 위기이론은 '생활세계의 내적 식민화'를 강조하는 새로운 이론으로 발전한다(Habermas, 1987: 318ff). 즉 그에 의하면, 서구 사회의 발전은 돈과 권력에 의해 추진되는 경제적·정치적 체계의 합리화가 대화를 통해 의사소통적으로 이루어져야 할 사회적 상호행위를 탈언어화시키고, 그 합리화를 뒷받침해줄 생활세계를 내적으로 식민화함에 따라 어떤 모순적 위기에 처해 있다. 따라서 최근 새롭게 일어나고 있는 사회운동들(예로 생태주의운동, 반핵운동, 지역사회운동, 여성운동 등)은 내적 식민화에 처해 있는 생활세계를 회복하고자 하는 운동으로 이해된다. 하버마스에 의하면 이러한 위기는 경제적 발전이나 국가 정치의 개선에 의해서는 해소될 수 없으며, 일상생활 속에 잠재되어 있는 의사소통적 이성에 의해 생활세계를 재건함으로써만이 해소될 수 있다.

하버마스 비판이론의 이러한 발전 과정은 사실 사적 유물론에 관한 그의 비판적 재구성 과정을 반영하고 있다(Habermas, 1972: pt. 1; Habermas, 1976; Habermas, 1979: ch. 4; Habermas, 1987: 332ff). 그에 의하면 '실천'의 개념과 관련된 맑스의 '노동' 개념이 헤겔의 관념철학을 극복한 것이지만, 의사소통적 상호행위를 무시하고 인간생활의 모든 범주들이 노동에 의해 결정된다고 보는 것은 큰 잘못이다. 또한 사회발전을 단순히 인식적·도구적 합리화(즉 생산력의 확대) 과정으로 보는 맑스의 '생산양식' 개념은 언어 사용을 통해 이루어지는 상호행위를 유도하고 이에 의해 재생산되는 사회의 도덕적·실천적 합리화 과정을 포괄하기에는 부적절하다. 뿐만 아니라 선진 자본주의 사회에서 가장 중요한 위기는 경제적 토대에서 전적으로 야기되는 것이 아니라 국가가 생활세계(또는 시민사회)에 개입함으로써 야기되는 정당성의 위기이다. 달리 말해서 맑스의 분석은 생활세계의 재생산에 관한 문제를 무시하고 있기 때문에 자본주의적 사회 합리화가 궁극적으로 어떠한 위기에 처하게 되는가를 올바르게 지적해주지 못하고 있다.

하버마스의 비판이론이 철학 및 사회이론의 발전에 기여한 점은 지대하다. 그중 대표적인 것으로 오늘날 학술적 담론의 바탕이 되는 고전적 철학 및 사회이론들을 재구성해 사회 비판이론의 새로운 기반을 정립했다는 점과, 근대 서구 사회의 합리화 과정을 이론적으로 고찰하고 이것이 당면한 위기를 해소하기 위해 의사소통적 이성의 중요성을 밝혔다는 점 등을 들 수 있다. 또한 그 자신이 주장하는 바와 같이 그의 이론은 "총체의 범주들에서 개발된 헤겔적 맑스주의 사회이론이 그 부분들, 즉 행위이론과 체계이론으로 분리되었기 때문에"(Habermas, 1981: 13) 이를 치밀하게 재결합하고 있다.

그러나 하버마스의 이론도 여러 가지 중요한 문제점을 안고 있다(Giddens, 1982; Thompson, 1983 등 참조). 첫째, 그는 언어 사용을 통한 상호행위의 규범성을 강조하지만, 그 자신이 한때 지적했던 것처럼 "언어는 또한 지배와 사회적 권력의 매체"라는 사실을 그 후 무시하고 있다(Habermas, 1977: 360). 둘째, '이상적 담화 상황'을 전제로 하는 그의 담론이론은 어떤 주어진 시공간 아래서의 언술이 결코 진리에 도달할 수 없음을 의미하고, 따라서 관념론적이며 절차론적이라고 비판받고 있다. 셋째, 하버마스는 사회 발전 과정에서 내적 발전 논리를 가지는 사회 합리화 과정을 강조하는 반면 사회 변화의 외적 영향력을 무시하고 있다. 넷째, 그는 현대 자본주의사회의 위기가 의사소통적 이성이 회복만 되면 해소될 것이라고 보았지만, 실제 생활공간을 식민화하는 정치경제적 체계의 변혁 없이 어떻게 그 위기가 해소될 수 있는가라는 의문을 풀지 못하고 있다. 마지막으로 하버마스는 기든스나 푸코와 달리 사회의 공간적 측면을 전혀 고려하지 않고, 행위의 합리성이나 사회의 합리화가 공간의 문제와는 무관하게 실현될 수 있는 것처럼 이해하고 있다.[10]

5. 인문지리학 방법론의 새로운 지평을 열기 위하여

이상의 논의는 인문지리학에서 실증주의의 도입 이후 계속되어온 방법론의 변천 과정을 행위와 구조의 관계를 중심으로 살펴본 것이다. 또한 앞으로 그 지평이 어떻게 확대되어나갈 것인가를 모색하기 위해 행위이론과 구조분석을 통합하고자 하는 최근의 노력들을 소개했다. 물론 한국 지리학계에서는 아직 인간주의적 방법론과 구조주의적 방법론조차도 충분히 거론되지 않은 상태이며(김인, 1982; 권용우, 1988), 따라서 이를 통합·극복하고자 하는 노력들이 지리학에서 왜 절실히 필요한가에 대한 의문의 제기는 시기상조라고 인식될지도 모른다. 그러나 논의가 진행되는 과정에서 이러한 방법론들이 문제시되는 이유는 자명하게 밝혀진 것 같다. 즉 이들은 행위와 구조의 양 차원에서 어느 한쪽을 배타적으로 강조함으로써 '행위는 어떻게 조건 지어지는가' 또는 '구조는 어떻게 (재)생산되는가'라는 의문을 남기고 있다.

실증주의적 방법론과 그 대안들에 대한 논의와 더불어 정치경제학적 방법론과 이에 바탕을 둔 공간이론도 논의·재검토되어야 할 것이다[최근 인문지리학에서 정치경제학적 방법론이 차지하는 비중과 원용한 연구 주제들의 다양성에 관해 Peet and Thrift(1989) 참조]. 이 또한 한국지리학에서 제대로 거론되지 아니한 상태에 있긴 하지만, 이에 대한 소개 및 그 유용성과 한계가 지적되어야 한다. 사실 푸코가 언급한 것처럼, "오늘날 맑스의 사상과 직접적으로 또는 간접적으로 관련된 개념들을 사용하지 않고서는 역사를 쓰기(또는 사회·공간이론을 정립하기)란 불가능하다"(Foucault, 1980a: 15). 그러나 정치경제학적 방법론이 경직 또는 왜곡되어 해석되어서는 안 될 것이며, 또한 이에 배타적으로 집착해 비(非)맑스주의적 철학이나 사회·공간이론을 전혀 무의미

---

10 그러나 이러한 점이 하버마스의 비판이론이 지리학이나 공간 및 지역 분석에 원용되지 않았음을 의미하는 것은 아니다. 이에 대해서는 Lewis and Melville(1987), Gregory(1978a), Forester(1980) 등 참조.

한 것으로 무시해서도 안 된다.

　마지막으로 소개된 통합적 방법론들은(기든스의 구조화이론을 제외하고) 아직 지리학에서 널리 거론되지 않고 있다. 그러나 이러한 방법론들은 1980년대 이후 철학과 사회이론 전반에 걸쳐 급속히 그 영향력을 확대해나가고 있다는 점에서 지리학에도 조만간 도입되어 응용될 것이라고 예측해볼 수 있다. 이러한 통합적 방법론들의 원용은 기존의 실증주의적 지리학과 그 대안들 그리고 정치경제학적 공간이론들이 가지는 문제점들을 극복하고, 또한 현대 자본주의적 공간이 처한 위기를 해소하기 위한 실천적 노력에 어떤 준거를을 제시해줌으로써 인문지리학 방법론의 새로운 지평을 열어나가는 데 기여할 것이다. 물론 이러한 방법론들도 여러 가지 문제점들을 안고 있기는 하지만, 이들을 종합적으로 원용해 인문지리학 방법론에서 주요하게 다루어야 할 몇 가지 주제들, 즉 공간의 개념(또는 공간-사회 관계), 공간의 구성(또는 공간행위-구조 관계), 자본주의 공간(그리고 그 위기)에 관해 요약하면 다음과 같다.

1) 공간의 개념(공간-사회 관계)

　① 공간은 사회로부터 독립되어 그 자체로서 어떤 구성·전환 법칙을 가지는 실체(entity)가 아니며, 그 속에서 재생산되는 사회와 항상 함께 재생산된다. 즉 공간과 사회는 존재론적으로 분리될 수 없으며, 공간은 그 속에 있는 사회적 사물들에 의해 항상 그 의미가 부여되고 사회적 사물이 처한 공간적 위치에 의해 상황이 지어진다.

　② 그러나 공간은 단순히 사회의 투영체가 아니라 사회의 유지·전환의 장이며 매체이다. 즉 한 사회의 공간행위와 구조는 그 사회의 구조적 총체에 의해 규정되지만, 이러한 규정에 의해 구조화된 공간은 그 사회 총체의 재구성에 영향을 미친다.

③ 또한 공간과 사회는 역사적·분석적으로 구분할 수 있다. 즉 사회적 사물들의 공간적 현상들이 역사적으로 점점 더 확대되고 복잡해짐에 따라 개별 공간현상으로부터 사회적 사물들의 총체적 속성을 파악할 수 없게 되었고, 따라서 공간과 사회 간의 분석적 분리가 이루어졌다. 그러나 개별 공간현상들은 그 자체로서 허위적인 것이 아니라 실질적이다.

2) 공간의 구성(공간행위-구조 관계)

① 공간행위는 공간구조에 의해 조건 지어지지만 항상 지혜로운(또는 합리적인) 행위자들에 의해 이루어지며 그 결과로 공간구조를 재생산한다. 공간구조는 공간행위의 산물이며, 또한 공간행위를 조건 짓고 이를 제한할 뿐만 아니라 가능하게 한다.

② 공간행위는 성공지향적인 도구적 또는 전략적 행위와 이해지향적인 의사소통적 행위로 구분되며, 이들은 비인식적·비의도적 방법으로 물질적 요소들로 구성된 경제적·정치적 체계공간 그리고 인식적·의도적 방법으로 상징적 요소로 구성된 사회·문화적 생활공간을 생산한다.

③ 인간 주체의 인식과 의도를 능가하는 체계공간의 유지·전환 메커니즘은 체계이론적 분석(또는 구조분석)을 통해 설명되며, 주체의 인식과 의도 내에서 (재)생산되는 생활공간은 해석학적 방법론에 따라 이해될 수 있다. 이 두 가지 방법론 중 해석학적 방법론이 체계이론적 방법론에 우선한다. 모든 담론은 언어에 의해 표현되며 따라서 항상 해석학적 모멘트를 가지기 때문이다.

3) 자본주의 공간(그리고 그 위기)

① 공간의 합리화는 생활공간에서의 담론을 바탕으로 이루어지며, 체계공

간의 합리화와 생활공간의 합리화 간의 변증법적 균형에 의한 공간 발전이 이상적인 것이라 할 수 있다. 즉 체계공간의 발전은 생활공간의 유지를 위한 물질적 조건을 형성하고 생활공간에서 제도화된 이론적 진리와 실천적 규범은 체계공간의 고도화를 뒷받침한다.

② 그러나 현대 자본주의 공간의 발전은 어떤 위기를 담지하고 있다. 즉 돈과 권력에의 의지로 동기화된 도구적·전략적 공간행위에 의해 비의도적(또는 비주체적)으로 (재)생산된 경제적·정치적 체계공간은 의사소통적 공간행위를 탈언어화하고 사회·문화적 생활공간을 식민화함으로써 결국 그 자신의 합리화를 불가능하게 하고, 그 발전을 저해하는 모순적 위기에 봉착한다.

③ 체계공간에 의해 식민화된 생활공간을 회복하고 현대 자본주의 공간의 위기를 해소하기 위해서는 물질적 체계공간의 변혁에 앞서서 일상적 생활공간에 잠재된 의사소통적 이성을 실천적으로 실현시켜야 한다.

후기

1970년대 중후반에서 1980년대 초반 서구 지리학계에서 연구방법론을 둘러싼 논의들은 주로 실증주의 지리학에 대한 대안으로, 한편으로 인간주의 지리학과 다른 한편으로 구조주의(좁게는 맑스주의) 지리학의 발전에 관한 것이었다. 그러나 1980년대 초중반 영국에서 학위논문을 쓰고 있을 즈음에 지리학 바깥에서는 인간주의와 구조주의적 방법론을 명시적 또는 암묵적으로 통합하려는 시도들이 활발하게 전개되고 있었다. 영국의 사회학자 기든스는 인간주의와 구조주의 각각이 가지는 한계를 지적하고 이들을 통합할 수 있는 '구조화이론'을 명시적으로 제안했다. 그는 지리학에도 직접 관심을 가지고 그의 이론 속에 통합하고자 했으며, 지리학자들도 그의 이론을 자신의 학문 내부로 열심히 퍼 날랐다. 또한 하버마스는 그의 완숙된 사상을 총정리한 대표작, 『의사소통적 행위이론』을 1981년에 발표하면서 서구 철학 및 사회이론 연구자들의 지대한 관심을 끌었고, 푸코, 데리다, 들뢰즈 등의 포스트모던 사회이론가들도 1980년대에 들어오면서 영미 학계에 엄청난 영향을 미치게 되었다.

나는 영국에서 학위를 받고 귀국한 후, 나의 학위논문과 리즈대학교 지리학과에서 워킹페이퍼(working paper)로 발표했던 논문, 그리고 영국에서 귀국하기 직전에 집필해 영국 학술지에 투고했던 두 편의 논문들을 한글로 번역할 생각을 제쳐놓고 이 글과 푸코에 관한 논문을 우선 새로 집필해 국내 학술지에 게재했다. 나의 박사학위 논문(서장 제외)과 바스카(Roy Bhaskar)의 실재론(realism)에 관한 워킹페이퍼는 영문으로 남아 있지만, 다른 두 편의 논문은 영어로든 한글로든 빛을 보지 못한 채 영영 사라졌다. 귀국 후에 이 두 편의 논문에 관한 심사평을 받았지만, 이를 수정하여 제출하지 않았다. 왜 그렇게 했을까? 아니, 왜 그렇게 되었을까? 1987년 10월 말 귀국한 후, 나는 1년 동안 시간강사를 하면서 대학교에 자리를 찾아야 했고, 이를 위해 보다 쉽게 읽힐 수 있는 논문이 필요했던 것 같다.

그러나 다른 한편, 내가 귀국했을 당시인 1980년대 후반은 진보적 학술운동이 사회과학 및 인문학 전반에서 광범위하게 진행되고 있었다. 사실 나의 학위논문을 국내에서 처음 발표·소개한 자리는 당시 이러한 학술운동을 주도하고 있었던 산업사회연구회 월례모임(1988년 1월경)이었다. 지리학이나 도시·지역 관련 학문 분야들에서 공부하고 있던 젊은 연구자들도 이런 분위기에 무척 고무되어 있었고, 나는 이들과 더불어 1988년 7월 17일 '한국공간환경연구회'라는 학술 모임을 구성하게 되었다. 당시 이 모임을 함께 주도했던 여러분들, 특히 건축학과 출신의 임서환 박사님, 사회학 전공자인 허석렬 교수, 그리고 당시 환경대학원 석사과정을 막 졸업하여 재기발랄했던 김한준 박사, 그리고 머릿속에 모습들이 떠오르지만 이름을 모두 열거하기 어려운 많은 분에게 진심으로 감사한다. 이 연구회는 그 이후 어렵사리 지속되면서 학회로 발전하게 되었고, 최근에는 관련 학계뿐만 아니라 정책 연구 및 실행에도 지대한 기여를 하고 있다.

귀국 직후 나는 이 모임의 활동에 많은 시간을 할애했을 뿐 아니라 '대중적 학술지'들에도 상당히 많은 글을 기고하고 있었다. 대표적인 집필 활동은 당시 한길사에서 편집·출판했던 월간지 ≪사회와 사상≫에 3~4개월에 한 번씩 원고를 투고하는 것이었다. 사실 5년 동안의 영국 유학 동안 이론적 연구에만 전념한 채 한국의 상황을 제대로 접하지 못했던 나로서는 대중적 학술지에 생소한 주제들을 구체적으로 다루는 글을 쓴다는 것은 결코 쉽지 않았다. 하지만 이 과정을 거치면서 나는 공간환경과 관련된 주요 주제들, 특히 도시 주거와 토지문제, 지역 불균등 발전, 도시 소외, 환경문제 등에 대한 기본적 이해의 틀을 갖출 수 있게 되었다. 한길사 김언호 사장님은 나의 글쓰기를 독려해주었고, 이 글을 포함해 귀국 후 2년 정도 집필했던 원고들을 모아서 『한국의 공간과 환경』이라는 나의 첫 번째 저서를 기꺼이 출판해주었다.

참고문헌

권용우. 1988. 「현대인문지리학의 사조」. ≪지리학논총≫, 14, 331~344쪽.

김왕배. 1987. 「자본주의의 도시와 정치경제학적 접근」, ≪연세사회학≫, 8, 5~37쪽.

김인. 1982. 「지리학에서의 패러다임 이해와 쟁점」. ≪지리학논총≫, 10, 15~25쪽.

남영우. 1979. 「system이론과 공간적 분석유형의 분석」. ≪지리학과 지리교육≫, 9, 122~134쪽.

박영신. 1986. 「도시와 사회변동: 맑스에서 베버로」. ≪사회학연구≫, 4, 29~65쪽.

서규석. 1986. 「구조주의 도시사회학의 비판적 연구」. ≪연세사회학≫, 7.

이기석. 1982. 「계량혁명과 공간조직론」. ≪현상과 인식≫, 4, 157~177쪽.

이희연. 1985. 「인간주의적 관점에서의 공간과 장소의 개념」. 『지역과 환경』(홍시환 환갑 논 문집).

정진원. 1984. 「인간주의 지리학의 이념과 방법. ≪지리학논총≫. 11, 95~110쪽.

최기엽. 1983. 「장소의 이해와 상징적 공간의 해독」. ≪지리학논총≫. 10, 151~164쪽.

최병두. 1988a. 「비판적 공간이론을 위한 논제들」. ≪세계문학≫, 겨울호, 39~66쪽.

_____. 1988b. 「역사, 권력, 공간: Michel Foucault와 역사지리학」. ≪지리학논총≫, 14.

Anderson, P. 1983. *In the Tracks of Historical Materialism*. London: Verso.

Bautman, Z. 1978. *Hermeneutics and Social Science*. London: Hutchinson.

Bernstein, R. J. 1986. "Structuration as critical theory." *Praxis International*, Vol. 6, pp. 235~249.

Billinge, M., D. Gregory and R. J. Martin(ed.). 1985. *Social Relations and Spatial Structures*. London: Macmillan.

Bleicher, J. 1980. *Contemporary Hermeneutics: Hermeneutics as method, Philosophy and Critique*. London: Routledge and Kegan Paul.

Bryant, C. G. A. 1985. *Positivism in Social Theory and Research*. London: Macmillan.

Bunting, T. E. and L. Guelke. 1979. "Behavioral and perception geography: a critical appraisal." *Annals of the Association of American Geographers*, Vol. 69, pp. 448~462.

Callinicos, A. 1985. "Anthony Giddens: a contemporary critique." *Theory and Society*, Vol. 14, pp. 133~166.

Carlstein, T. 1981. "The Sociology of structuration in time and space: a time-geographic assessment of Giddens's theory." *Svensk Geografisk Arshok*, Vol. 57, pp. 41~57.

Castells, M. 1976. "Theory and ideology in urban sociology." in C. G. Pickvance(ed.). *Urban Sociology: Critical Essays*, London: Methuen, pp. 33~84.

_____. 1977. *The Urban Question*. London: Arnold.

_____. 1983. *The City and the Grassroots*. London: Arnold.

Chisholm, M. 1967. "General systems theory and geography." *Transactions, Institute of British Geographers*, Vol. 42, pp. 45~52.

Choi, B.-D. 1987. "Space and Social Theory: A Geographical Critique and Reconstruction." ph. D. diss., The University of Leeds.

Chouinard, V. and R. Fincher. 1983. "A critique of structural Marxism and human geography." *Annals of the Association of American Geographers*, Vol. 73, pp 1371~1388.

Couclelis, H, and R. G. Golledge. 1983. "Analytic research, positivism and behavioral geography." *Annals of the Association of American Geographers*, Vol. 73, pp. 331~339.

Cox, K. and R. G. Golledge(eds.). 1981. *Behavioural Problems in Geography Revisited*. London: Methuen.

Dear, M. J. and A. I. Moos. 1986. "Structuration theory in urban analysis: 1, theoretical exegesis; 2, empirical application." *Environment and Planning A*. Vol. 18, pp. 231~252 and pp. 351~373.

Dreyfus, H. and P. Rabinow. 1982. *Michel Foucault: Beyond Structuralism and Hermeneutics*. Sussex: Harvester.

Driver, F. 1985. "Power, space and the body: a critical assessment of Foucault, Discipline and Punish." *Environment and Planning D: Society and Space*, Vol. 3, pp. 425~466.

Duncan, J. and D. Ley. 1982. "Structural Marxism and human geograhy: a critical assessment." *Annals of the Association of American Geographers*. Vol. 72, pp. 30~59.

Eliot Hurst, M. 1980. "Geography, social science and society: towards a de-definition." *Australian Geographical Studies*. Vol. 18, pp. 3~21.

Entrikin, J, N. 1976. "Contemporary humanism in geography." *Annals of the Association of American Geographers*. Vol. 66, pp. 615~632.

Fincher, R. 1983. "The inconsistency of eclecticism." *Environment and Planning A*, Vol. 15, pp. 607~622.

Forester, J. 1980. "Critical theory and planning pratice." *Journal of the American Planning Association*. Vol. 46, pp. 275~286.

Foucault, M. 1970(1966). *The Order of Things: An Archaeology of the Human Science*, London: Tavistock.

_____. 1972(1969). *The Archaeology of Knowledge*. London: Tavistack.

_____. 1977a(1975). *Discipline and Punish: The Birth of the Prison*. Harmondsworth: Penguin.

_____. 1977b. "Nietzsche, genealogy, history." in M. Foucault(ed.). *Language, Counter-Memory, Practices*, Oxford: Blackwell, pp. 139~164.

_____. 1978(1976). *The History of Sexuality: An Introduction*. Harmondsworth: Penguin.

Foucault, M. 1980a. *Power/Knowledge: Selected Interviews and other Writings, 1972~1977.* Sussex: Harvester.

_____. 1980b. "Questions on geography." *Power/Knowledge: Selected Interviews and other Writings, 1972~1977.* Sussex: Harvester, pp. 63~77.

_____. 1982. "The Subject and power." afterword to H. L. Dreyfus and P. Rabinow. *Michel Foucault: Beyond Structuralism and Hermeneutics,* Sussex: Harvester, pp. 208~226.

_____. 1984. "Space, Knowledge and Power." in P. Rabinow(ed.). *Foucault: Reader,* London: Pantheon, pp. 139~256.

Fraser, N. 1981. "Foucault on modern power: empirical insights and normative confusions." *Praxis International,* Vol. 1, pp. 272~287.

Gale, S. and G. Olsson(eds.). 1970. *Philosophy in Geography,* Dordrecht: D. Reidel.

Giddens, A. 1971. *Capitalism and Modern Social Theory.* Cambridge: Cambridge University Press, pp. 18~21.

_____. 1976. *New Rules of Sociological Method.* London: Hutchinson, pp. 23~70.

_____. 1977a. "Positivism and its critics." *Studies in Social and Political Theory.* London: Hutchinson, pp. 29~89.

_____. 1977b. "Fuctionalism: apres la lutte." *Studies in Social and Political Theory,* London: Hutchinson, pp. 129~134.

_____. 1979. *Central Problems in Social Theory.* London: Macmillan, pp. 9~48.

_____. 1981. *A Contemporary Critique of Historical Materialism,* London: Macmillan.

_____. 1982. "Reason without revolution? Habermas's Theories of Kommunikativen Handels." *Praxis International,* Vol. 2, pp. 318~338.

_____. 1984a. *The Constitution of Society.* Cambridge: Polity.

_____. 1984b. "Critical notes: Foucault on timing and spacing." *The Constitution of Society,* pp.145~158.

Golledge, R. G. 1981. "Misconceptions, misinterpretations and misrepresentations of behavioural approaches in human geography." *Environment and Planning, A,* 13, pp. 1325~1344.

Gregory, D. 1978a. *Ideology, Science and Human Geography.* London: Hutchinson.

_____. 1978b. "The discourse of the past: phenomenology, structuralism, and historical geography." *Journal of Historical Geography,* Vol. 4, pp.161~173.

_____. 1980. "The ideology of control: systems theory and geography." *Tijdschrift voor Economische en Sociale Geografie,* Vol. 71, pp. 327~342.

_____. 1981. "Human agency and human geography." *Transactions, Institute of British Geographers,* NS6, pp. 1~16.

_____. 1984. "Space, time and politics in social theory: an interview with Anthony

Giddens." *Environment and Planning D, Society and Space*, Vol. 2, pp. 123~132

Gregory, D. and J. Urry(eds.). 1985. *Social Relations and Spatial Structures*. London: Macmillan.

Gregory, D. and R. Walford(eds.). 1989. *Horizons in Human Geography*. London: Macmillan.

Habermas, J. 1972. *Knowledge and Human Interests*. London: Heineman.

_____. 1973. "Wahreheits theorien." in H. Farenbach(ed.). *Wirchlichkeit and Reflexion*, Pfullingen: Neske, pp. 211~265.

_____. 1976. *Legitimation Crisis*. London: Heinemann.

_____. 1977. "A review of gadamer's Truth and Method." in F. Dallmays and T. McCarthy(eds.). *Understanding and Social Inquiry*, Notre Dame: Notre Dame University Press.

_____. 1979. "Toward a reconstruction of historical materialism." *in Communication and the Evolution of Society*, London: Heinemann, pp. 130~177.

_____. 1981. "Dialectics of rationalization: interview." *Telos*, No. 49, p. 13.

_____. 1982. "A reply to my critics." in J. B. Thompson and D. Held(eds.). *Habermas: Critical Debates*, London: Macmillan, p. 268.

_____. 1984. *The Theory of communicative Action, Vol. 1., Reason and Rationalization of Society*, London: Heinemann.

_____. 1986. "The genealogical writing of history: on some apiorias in Foucault's theory of power." *Canadian Journal of Political and Social Theory*, Vol. 10, pp. 1~10.

_____. 1987. *The Theory of Communicative Acation, Vol. 2, Lifeworld and System: A Critique of Functioinalist Reason*. London: Heinemann.

Halfpenny, P. 1982. *Positivism and Sociology*. London: Allen & Unwin.

Harvey, D. 1969. *Explanation in Geography*. London: Arnold.

_____. 1973. *Social Justice and the City*. London: Arnold.

_____. 1977. "Labor, capital and class struggle around the built environmen in advanced capitalist societies." *Politics and Society*, Vol. 6, pp 25~95.

_____. 1981. "The urban process under capitalism: a framework for analysis." in M. Dear and A. J. Scott(eds.). *Urbanization and Urban Planning in Capitalist Society*, London: Methuenm, pp. 91~122.

_____. 1982. *The Limits to Capital*. Oxford: Blackwell.

_____. 1985. *Consciousness and the Urban Experience*. Oxford: Blackwell.

Harvey, M. E. and B. P. Holly(eds.). 1981. *Themes in Geographic Thought*. London: Croom Helm.

Held, D. 1980. *Introduction to Critical Theory*. London: Hutchinson.

Jay, M. 1984. *Marxism and Totality*. Cambridge: Polity.

Johnston, R. J. 1983a. *Geography and Geographers*, 2nd ed. London: Arnold.

_____. 1983b. *Philosophy and Human Geography*, London: Arnold.

Kenneddy, B. A. 1979. "A naughty world." *Transactions, Institute of British Geographers*, NS4, pp. 550~558.

Kurxweil, E. 1980. *The Age of Structuralism: Levi-Strauss to Foucault*. New York: Columbia University Press.

Langton, J. 1972. "Potentialities and problems of adopting a systems approach to the study of change in human geography." *Progress in Geography*, Vol. 4, pp. 125~179.

Lefebvre, H. 1974a. *La production de l'espace*. Paris: Anthropos.

_____. 1974b. *The Survival of Capitalism*. London: Allison & Busby

_____. 1976. "Reflections on the politics of space." *Antipode*, No. 8, pp. 30~37.

Lemert, C. and G. Gillan. 1982. *Michel Foucault: Social Theory and Transgression*. New York: Columbia University Press.

Levi-Strauss, C. 1963. *Structural Anthropology*. Harmondsworth: penguin.

Lewis, J. and B. Melville. 1987. "The politics of epistemology in regional science." in P. W. J. Batey(ed.). *Theory and Method in Urban and Regional analysis*. London: Pion, pp. 82~100.

Ley, D. and M. S. Samuels(eds.). 1978. *Humanistic Geography: Prospects and Problems*. London: Croom Helm.

Mandel, E. 1968. *Marxist Economy Theory*. London: Merlin.

Martins, M. R. 1982. "The theory of social space in the work of Henri Lefebvre." in R. Forrest et al(eds.). *Urban Political Economy and Social Theory*, Hampshire: Gower.

Marx, K. 1970(1859) *A Contribution to the Critique of Political Economy*. Lawrence & London: Wishart.

_____. 1973(1857~1858). *Grundrisse*. Harmondsworth: Penguin.

McCarthy, T. 1984. *The Critical Theory of Jürgen Habermas*, Cambridge: Polity.

Mellor, R. 1985. "Marxism and the urban question." in M. Shaw(ed.). *Marxist Sociology Revisited*, London: Macmillan, pp. 21~49.

Peet, R. and N. J. Thrift(eds.). 1989. *New Models in Geography: The Political-Economy Perspective*, London: Unwin Hyman, 2 vols.

Peet, R. 1978. "Materialism, social formation and socio-spatial relation." *Cahiers de Geographie du Quevec*, Vol. 22, pp. 147~157.

Piaget, J. 1971. *Structuralism*. London: Routledge and Kegan Paul.

Poster, M. 1984. *Foucault, Marxism and History*, London: Polity.

Quaini, M. 1982. *Geography and Marxism*. Oxford: Blackwell.

Saunders, P. 1981. *Social Theory and the Urban Question*. London: Hutchinson, pp. 180~218.

Sayer, D. 1979. *Marx's Method: Science and Critique in Capital.* Sussex: Havester.

Smith, N. 1981. "Degeneracy in theory and practice: spatial interactionism and radical eclecticism." *Progress in Human Geography*, Vol. 5, pp. 111~118.

Soja, E. W. 1980. "The socio-spatial dialectic." *Annals of the Association of American Geographers*, Vol. 70, pp. 207~225.

Stoddart, D. R.(ed.). 1981. *Geography, Ideology and Social Concern.* Oxford: Blackwell.

Sturrock, J.(ed.). 1979. *Structuralism and since: from Levi-Strauss to Derrida.* Oxford: Oxford University press.

Thompson, J. B. 1983. "Rationality and social rationalization: an asseement of Habermas's Theory of Communicative Action." *Sociology*, Vol. 17, pp. 278~294.

_____. 1984. "The theory of structuration: an assessment of the contribution of Anthony Giddens." in J. B. Thompson(ed). *Studies in the Theory of Ideology*, Cambridge: Polity, pp. 148~72.

Thrift, N. 1981. "Behavioural geography" in N. Wrigley and R. J. Bennett(eds.). *Quantitative Geography*, London: Routledge & Kegan Paul, pp. 352~365.

_____. 1984. "On the determination of social action in space and time." *Environment and Planning D: Society and Space*, 1984, 1, pp. 23~56.

Tuan, Y-F. 1972. "Structuralism, existentialism and environmental perception." *Environment and Behaviour*, Vol. 3, pp. 319~331.

_____. 1976. "Humanistic geography." *Annals of the Association of American Geography Geographers*, Vol. 74, pp. 353~374.

White, S. K. 1988. *The Recent work of Jürgen Habermas: Reason, Justice and Modernity.* New York: Cambridge University Press.

Wright, E. O. 1983. "Giddens's critique of Marxism." *New Left Review*, No. 138, pp. 11~35.

Wright, G. and P. Rabinow. 1982. "Spatialization of power: a discussion of the work of Michel Foucault." *Skyline*, March, pp. 14~20.

제3장 인간-환경 관계와 사회체계

1. 환경문제의 인식 방법들

오늘날 우리 사회는 환경문제로 인한 현실적 심각성뿐만 아니라, 이를 규명하고 해결하고자 하는 학문적 언술에 있어서의 혼돈으로 인해 환경의 위기와 동시에 환경론의 위기에 봉착해 있다. 자원 고갈과 환경오염이 점점 가속화되고 이로 인해 많은 사람들이 피해를 입고 있음은 물론 사회체계의 존립과 발전 자체가 위협을 받게 됨에 따라 환경문제에 관해 일반 대중들의 관심을 고양시킬 수 있는 다양한 서적들이 출간되고 있으며,[1] 전문 학문 영역들에서도 환경문제에 관한 연구가 확대되고 있다. 그러나 이러한 서적들은 대체로 환경문제의 현황을 서술하는 수준에 머물고 있으며, 여러 학문 분과들에서 전문적 연구 성과물로 제시되는 경우도 대부분 각각 다른 연구방법론에 기초해 환경문제의 특정 측면에만 관심을 둠으로써 환경문제 발생의 총체적 배경을 올바로 설명하지 못하고 점점 악화되어가고 있는 문제의 실질적 해결에 거의 기여하지 못하고 있다.

이러한 환경론의 위기는 환경문제에 내포된 여러 측면들, 즉 자연환경의

---

[1] 일반 대중을 위해 최근에 발간된 주요 저서들로는 환경과공해연구회(1991), 김명자(1991) 참조.

파괴, 환경에 대한 인간의식의 왜곡, 또는 환경과 관련된 사회체계의 문제성 등을 각각 분리해 논의하도록 하는 학문 체계의 분절, 즉 자연과학, 인문과학, 사회과학의 분화와 이들 간 학제적 관계의 단절에 기인한다. 또한 학문 체계의 이러한 분절과 상호 관련된 환경문제 연구방법론의 이분법적 인식틀은 환경론의 위기를 가중시켰다. 서구 사회의 의식 체계 일반과 학문적 사상 체계의 전통에서 형성된 환경론의 다양한 인식 방법들은 흔히 환경결정론/환경가능론, 기술중심주의/생태중심주의, 또는 사회경제적 접근/자연생태적 접근 등으로 이분화되었고 이렇게 이분화된 환경론은 환경문제에의 총체적 접근을 불가능하게 했다. 물론 환경문제 자체는 인간과 환경 간의 갈등, 또는 인간-환경 관계(생태계)와 사회체계 간의 모순에 의해 유발되고, 따라서 오늘날 환경론의 이분화는 이러한 양자들 간의 대립과 긴장 관계를 반영한 것이지만 이러한 갈등이나 모순은 분절된 학문 체계와 이분화된 연구방법론으로는 결코 해결될 수 없다. 달리 말해서 우리는 이러한 환경론의 문제성 또는 위기를 극복하고, 나아가 현실 환경문제의 근본적 해결 방안을 찾기 위해서 기존의 환경론을 재구성해 통합된 이론 체계를 정형화할 수 있도록 노력해야 할 것이다.

이를 위해 우리는 우선 환경문제가 발생하는 과정을 예비적으로 고찰해봄으로써 환경문제의 다양한 인식 방법들을 분류해보고, 환경문제의 규명과 그 해결 방안이 분리된 인식 방법들에 의해서는 결코 완결될 수 없음을 보이고자 한다. 환경문제의 구성 요소들과 그 발생 배경은 다음과 같이 예비적으로 서술된다(〈그림 3-1〉 참조).

인간은 자신의 주변을 에워싸는 물적 조건들로서 환경에 일정한 힘, 즉 노동력을 행사해 자신의 생존과 종의 재생산에 필요한 유용자원들을 생산한다. 이러한 노동 과정(또는 물질대사 과정)에서 인간은 보다 효율적인 수행을 위해 요구되는 노동 도구와 과학기술을 개발하고자 하며, 보다 능률적으로 개별 노동력들을 조직해 생산성을 확대하고, 또한 생산된 자원의 보다 합리

그림 3-1 **환경문제의 구성 요소들과 발생 배경**

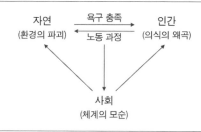

적 분배를 위해 적절한 사회적 관계들을 구성·변화시키고자 한다. 이러한 과정에서 형성된 사회체계는 개별 구성원들의 생존과 생활을 위한 욕구나 필요를 직접적으로 충족하고 남는 잉여물, 즉 사회적 부를 점점 누적함에 따라 그 자체의 축적을 위한 원리(또는 메커니즘)를 발전시키고, 이를 통해 인간과 환경 간의 관계를 재규정하고자 한다. 자연환경은 이러한 노동 과정과 사회적 부의 축적 과정에서 일정하게 침해·변화되지만 한편으로 침해된 부분은 환경생태계 자체의 자정적 순환 과정을 통해 회복되는 경향이 있으며, 또 다른 한편으로 (절대적으로 또는 상대적으로) 한정된 환경자원의 부존(賦存) 상태와 개발 과정에서 침해된 정도는 자연환경에 대한 인간의 노동 과정과 생활 그리고 사회적 부의 축적 과정을 일정하게 제한하고 조건 짓는다. 만약 사회체계의 내적 문제성과 이로 인해 초래되는 왜곡된 환경의식에 근거한 인간행위가 자연환경을 지나치게 침해하면 자연의 생태계는 더 이상 자신의 순환 과정을 유지할 수 없을 뿐만 아니라, 이로 인해 인간의 생존은 위협받게 되고 사회체계는 가용자원들의 한계로 인해 더 이상의 발전이 불가능하게 된다. 달리 말해서, 인간-환경 관계에 기초해 역사적으로 발전하는 사회체계는 새로운 기술 개발과 노동조직의 재구성을 통해 환경에 의해 제약되는 조건들을 해소하고, 제한된 범위 내에서 그 가용 영역을 적절히 확대할 수 있을 때만 지속적으로 유지·발전할 수 있다. 즉 사회체계의 형성과 발전은 인간-환경 관계를 규정하지만, 또한 동시에 이 관계에 의해 조건이 지어진다.

이러한 예비적 고찰을 통해 볼 때 포괄적 의미에서 환경문제는, 첫째로 인간과 환경 간의 관계를 형성하는 양 요소들의 문제, 즉 좁은 의미의 인간의 문제(환경에 대한 인간의식과 행위의 왜곡) 또는 환경의 문제(자연환경의 파괴와 오염)로 인식되거나, 둘째로 이들 간의 관계를 규정하는 사회체계의 문제(즉 특정 사회체계의 본연적 모순에 의한 환경문제의 유발)로 인식되거나, 또는 셋째로 인간-환경 관계를 규정하는 동시에 이에 의해 조건 지어지는 사회체계와 관련성 속에 내재된 문제성 또는 모순의 가시화로 인식될 수 있을 것이다. 이 글은 이러한 인식 방법들을 분절된 학문 체계와 이분화된 환경론의 문제와 관련시켜 환경문제에 관한 기존의 논의들을 재검토하고, 나아가 정치경제학적 방법론에 기초해 통합적 환경론의 정립을 위한 이론적 토대를 시론적으로 제시하고자 한다.

2. 분절된 학문 체계에서의 환경 연구

앞서 논의된 환경문제 인식 방법들 중에서 자연환경 자체의 문제는 주로 자연과학의 다양한 학문 영역들에서 다루어진다. 이러한 영역들에서 제시되고 있는 환경문제 연구들은 우선 자연환경의 각 부문들이 어느 정도 파괴 또는 오염되었는가를 자연과학적 엄밀성과 추론을 통해 분석하고자 한다. 이에 따라 자연환경의 각 구성 요소들, 예로 수질, 대기, 토양 등의 오염 분석치가 제시되며, 또한 이러한 오염도가 인체나 사회활동에 미치는 영향을 고려해 사회적으로 허용 가능한 기준치들을 설정한다. 그리고 자연과학에 기초한 (환경)공학적 연구들은 자연환경에서 가용한 부존자원들의 측정과 새로운 유용자원의 개발을 가능하게 하며, 또한 발생한 환경문제를 통제·관리하기 위한 기술 개발과 보다 효율적인 시설들의 건설 기법들을 제공한다.

물론 이러한 자연과학적 환경 연구들이 그 자체의 철학이나 이론 체계 없이 단편적 환경 현상들의 분석이나 통제·관리 기술들만을 제시하는 것은 아니다. 생태학은 자연과학적 환경 연구의 바탕을 이루는 대표적인 전통적 이론 체계이며, 뒤에서 논의할 생태중심주의적 환경론으로 나아갈 수 있는 사상적 기반을 함의한다. 이에 의하면 자연환경은 수많은 구성 요소들(기본적으로 미생물을 이루는 무기환경, 생산자로서의 녹색식물, 소비자로서의 초식동물과 육식동물, 그리고 분해자로서의 박테리아)의 순환 고리로 형성된 복잡하고 역동적인 총체적 체계, 즉 생태계를 이룬다(Putman and Wratten, 1984; Worster, 1985; 시모네, 1984 참조). 이러한 생태계는 물질(그리고 에너지와 생명)의 순환 과정을 통해 끊임없이 지속되며, 이 순환 과정에서 부분적으로 파괴된 요소들은 체계 내의 고유한 자정능력을 통해 균형 상태를 회복하고자 한다. 환경문제는 이러한 생태계의 순환 과정에서 특정 요소들이 지나치게 파괴되어 그 자정능력(또는 부담 능력)을 심각하게 초과했을 때 발생하는 것으로 인식된다.[2]

이러한 자연과학적 환경 연구들은 환경 그 자체의 파괴·오염 정도뿐만 아니라 이로 인해 개인이나 사회에 미칠 수 있는 피해에 관한 과학적 분석치를 제시하고, 파괴된 자연환경을 회복시킬 수 있는 기술이나 유용한 시설들의 건설을 가능하게 함으로써 이에 근거를 두고 환경문제를 통제·관리하고자 하는 국가의 환경정책을 고무시킬 수 있다. 또한 이러한 연구들은 환경문제

---

[2] 생태학적 연구 방법은 인간을 단순히 그 하나의 구성 요소로 포함하는 자연환경체계에 관한 분석뿐만 아니라 보다 포괄적으로 인간사회와 자연환경 간의 체계적 관계에 관한 연구에도 응용된다(Bennett and Chorley, 1978 참조). 그 외에도 가용 에너지가 지속적으로 이용 불능 에너지로 불가역적으로 변함에 따라 결국 한계에 도달하게 된다는 엔트로피(entropy)이론이나, 일정 생명체 또는 에너지체계 내의 실제로 활성적인 부분은 그 체계의 일부에 불과하며 이러한 활성적 부분에 대한 과도한 침해는 그 체계를 급속히 악화시킨다는 가이아(Gaia)모형 등은 생태학적 연구를 기반으로 확대된 것이라고 할 수 있다(Chapman, 1977; 리프킨, 1984; Lovelock, 1979 참조).

로 인한 직접적 경험과 더불어 문제의 심각성에 대한 정확한 자료에 근거한 일반 대중들의 환경의식과 환경운동을 고양시킬 수도 있다. 또한 이러한 연구들의 기본적 사고들은 생태계의 부담 능력의 한정성 또는 기술 개발의 한계를 인식하도록 함으로써, 과학기술에의 맹신으로부터 벗어나 인간-환경 관계의 생태학적 조화를 강조하는 생태중심주의적 환경론을 형성하도록 한다. 그러나 자연과학적 연구들은 이러한 중요성에도 불구하고 환경문제의 발생 원인은 주어진 것으로 간주하고, 흔히 단편적인 환경문제 현황들의 분석에 몰두하며, 생태중심적 사고로 편향되는 경향이 있거나, 심지어는 자연의 지배를 위한 과학기술의 발달 가능성을 지나치게 신뢰하고 기존 사회체계의 유지에 무비판적으로 기여하거나 특정 지배집단의 이해관계를 실현하기 위한 이데올로기와 통제 수단으로 악용될 수도 있다.

환경문제에 대한 자연과학적 연구들과는 달리 인문과학 영역들에서의 논의들은 환경에 관한 인간의식, 즉 환경관 또는 자연관 그리고 보다 보편적으로 가치관의 철학적 연구나 이의 표현양식에 초점을 두고, 이러한 인간의식이 역사적으로 어떻게 변해왔으며 실제 환경문제가 이러한 환경의식의 왜곡으로 인해 어떻게 유발되고 있는가를 해명하고자 한다. 이러한 연구들에 의하면, 오늘날 환경위기는 서구 물질문명의 전통을 형성하는 그리스문화나 인간과 자연 간을 이분화하고 자연에 대한 인간의 우월성을 강조하는 유대-그리스도교, 또는 16, 17세기 이후 근대 자연과학의 영향하에서 형성된 근대철학 등에 의해 발달한 환경의식, 즉 환경에 대한 인간의 도구적 합리성 과 이의 사회적 실현 과정에 기인한다(송상용, 1990; 김명자, 1991: 제2장; White, 1967; Glacken, 1967 참조). 이에 따라 환경문제는 자연을 대상화하고 이의 전략적 이용만을 추구하는 현대인들의 자연관 내지 가치관의 변화에 의해서만 해결될 수 있다고 주장된다.

환경문제에 관한 인문학적 연구들은 이와 같이 왜곡된 인간의식의 반성을 촉구하며, 서구적 합리성의 만연으로 인해 잊혀진 전통들 속에서 대안적 환경관을 찾아내거나 또는 이들을 재구성하고 종합해 새로운 환경의식을 개발하고자 하는 노력들을 포함한다. 특히 이러한 노력들은 동양철학이나 종교[3] 또는 한국 전통문학 속에 함의된 대안적 환경관이나 전통철학과 사상[4]에서 새로운 환경의식의 단초를 찾고자 한다. 이러한 인문학적, 특히 철학적 환경 연구들은 환경문제를 유발하는 왜곡된 인간의식을 비판함으로써 인간에 의한 환경침해 활동을 저지 또는 완화할 뿐만 아니라 대안적 환경관의 발굴이나 재구성을 통해 환경문제의 해결을 위한 인간의식의 계몽을 강조함으로써 시민들의 환경의식 고취와 환경운동 활성화를 위한 계기를 마련할 수 있다. 또한 이러한 대안적 환경관은 생태중심주의적 사고들과 결합하면서 한국에서뿐만 아니라 서구세계에서도 때로 심미적이고 감상주의적인 환경론을 발전시키고 있다. 그러나 이러한 인문학적 논의들은 그 유의미함에도 불구하고 환경문제 발생의 제반 조건들을 전적으로 인간의식의 문제로 환원하고, 이로 인해 문제 발생의 사회적 원인들에 관한 규명뿐만 아니라 현대 인간의식이 어떻게 사회체계적으로 왜곡되며 그 문제성이 드러나게 되는가에 관한 연구를 무시한다. 또한 서구적 물질문명에 의해 초래된 환경문제가 대안적 환경관으로의 전환을 위한 계몽만으로 해결될 수 있는가에 대한 의문을 자아낸다.

---

3 예로 무위자연을 강조하는 도가철학이나 인간 간의 윤리와 공동체적 조화를 강조하고 이를 인간-환경 관계에 확대시킬 수 있는 근거를 제시하는 유가철학, 일체의 존재 또는 생명체의 외경과 이에 대한 사랑의 실천을 강조하는 브라만교의 베단타철학, 사물들의 인연화합소생의 연기론을 강조하고 자비를 자연에 대한 인간의 기본적 태도로 삼고자 하는 불교, 무아사상과 심미적 자연관을 강조하는 선불교 등을 들 수 있다(심재룡, 1990; 김명자, 1991: 제3장; Engel and Engel, 1990: 201~234 참조).

4 예로 자연과 인간 간의 유기적 통합으로 인해서 형성될 수 있는 풍수지리관, 개개 사물들을 자기실현적이고 창조적으로 진화하는 생명체로 인식하는 동학사상 등을 들 수 있다(최창조, 1991; 김지하, 1991 참조). 특히 최근 소위 생명운동의 사상은 이러한 다양한 동양 전통사상들을 감싸 안을 뿐만 아니라 기독교의 생명사상이나 신과학사상의 자연관까지도 폭넓게 포섭해 새로운 가치관과 환경관을 정형화하고자 하는 시도이다. 생명운동에 관한 학술적 논의와 비평에 관해서는 고창택(1991) 참조.

환경문제에 관한 이러한 자연과학적 인식 방법 및 인문과학적 인식 방법들이 가지는 문제들은 분절된 학문 체계 속에서 자연환경문제와 인간의식 문제를 각각 분리해 고찰하고 인간과 환경 간의 관계를 치밀하게 체계화시키지 못했을 뿐만 아니라, 인간-환경 관계에 의해 조건 지워지지만 이를 다시 규정하는 사회체계에 관한 논의를 거의 완전히 방치했기 때문에 초래된 것이라고 할 수 있다. 물론 환경문제에 관한 연구들은 사회체계를 주요 연구 대상으로 하는 사회과학의 영역들 내에서도 빈번하게 제시되고 있지만, 인간-환경 관계와 사회체계 간의 관련성에 내재된 문제를 통합적으로 접근하지 못하고 있다. 이의 구체적 예로서, 서구 학문적 전통 속에서 환경에 관한 사회과학적 언술들은 흔히 인간사회에 대한 외적 조건으로서 환경의 지배적 영향을 강조하는 환경결정론과, 이와 반대로 환경에 대한 인간행위의 자발성과 개조 능력을 강조하는 환경가능론으로 양분된다. 이러한 이분법적 해석은 때로 환경에 대한 두 가지 사조들 간 갈등을 지나치게 강조함으로써 실제 이들이 해명하고자 하는 환경과 인간 또는 사회 간의 관계를 일방적으로 편향화시키는 경향이 있다(Lewthwaite, 1966; Peet, 1985 참조). 그럼에도 불구하고 이러한 이분법적 개념화는 여전히 근대 사회과학 일반 그리고 사회과학적 환경연구에서 여러 가지 변형된 형태로 지속되고 있다.

금세기 사회과학방법론의 한 주류를 형성했던 기능주의와 이에 의존하는 여러 접근 방법들은 이러한 이분법적 개념화(비록 환경결정론/환경가능론을 그대로 반영한 것이 아니라고 할지라도)에 의존하고 있다(Sandbach, 1980 참조).[5] 흔히 이른바 인문생태학 또는 도시생태학은 명시적으로 결정론적 사고를 부정하지만, 실제 자연생태학의 주요 개념들을 원용해 인간의 개별 행동이나 사회 활동이 주어진 환경에 기능적으로 적응하는 과정을 강조했다. 그리고 흔히 기능주의의 한 발전된 형태로 간주되는 체계이론(특히 일반체계이론)은

---

5 기능주의에 의존한 여러 가지 환경연구방법론들로서 Hawley(1950), Burton, Kates, and White(1978), Bennett, and Chorley,(1978) 참조. 또한 싱(1986) 참조.

환경체계에 관한 자연과학적 연구방법론의 보편성에 기반을 두고, 환경과 인간 및 사회 간 관련성에 포함된 많은 요소들 사이의 복잡한 관계를 체계화하며, 나아가 피드백 과정을 통한 통제 메커니즘의 모형화를 추구한다. 또한 기능주의와 밀접하게 관련된 행태주의적 접근은 환경에 대한 개인적 인지와 이에 의한 의사 결정 및 개인의 가시적 행태를 분석하면서 환경을 외적 조건으로서 주어진 것으로 간주하고, 인간행태는 그 제약 내에서 반작용하는 것으로 간주함으로써 이분법적 인식 방법을 암묵적으로 고취시켰다. 이와 같이 그 자체적으로 주어진 환경을 배경으로 인간의 활동 양식을 분석하고자 하는 방법론은 신고전적 (자원)경제학에서도 원용되고 있다. 신고전적 접근 방법은 개인이나 기업의 효용극대화 추구를 가정하고, 이들의 총합으로서 기능하는 시장 메커니즘에 의한 자원의 공급과 수요의 개념에 바탕을 두고 계량적 기법들(예로 비용-편익 분석)을 통해 환경문제를 분석하고자 한다. 이러한 접근 방법은 환경과 사회 간의 이분법적 사고를 반영하고 있을 뿐만 아니라 편익을 위해서는 환경이 상대적으로 무시될 수 있으며 또한 이러한 환경문제가 화폐로 환산될 수 있는 것으로 인식되도록 했다.

이러한 기능주의적 방법론과 그 아류들은 주어진 환경에 대한 개인 또는 집단의 기능적 적응 능력 또는 인간의 반작용적 행태, 심지어 환경에 대한 사회기술적 통제를 분석의 핵심으로 설정함으로써 환경문제의 연구에 있어서 사회과학적 접근 방법의 유의성을 전혀 부각시키지 못하고 이분법적 환경 인식 방법에 매몰되어 있으며, 외적 조건으로서 주어진 환경체계의 질서 또는 기능적 조화를 강조함으로써 현상 유지와 통제를 위한 도구적(이데올로기적) 지식으로 흔히 전락하고 있다. 물론 사회과학 일반에서도 이러한 방법론을 부정하는 이른바 인간주의적 접근 방법을 원용한 연구들이 제시되고 있다(Tuan, 1974; Gold and Burgess, 1981 참조). 이들은 인간과 환경 간의 이분법적 구분을 폐기하고, 인간-환경의 통합적 관계에서 인간의 유의미한 의식과 행동을 강조하지만, 이러한 인간의 의식과 행동이 자연환경 및 사회환경의 외적 조건들에 의해 어떻게 규정되며 사회체계의 어떠한 문제성으로 인해 환경문제가 발생하게 되는가에 관해 전혀 설명하지 못하고 있다.

3. 현대환경론의 유의성과 한계

기존에 분절된 학문 체계 속에서 발달한 환경문제 연구들의 인식 방법들은 1970년대 이후 새로운 '현대 환경론'으로 전환하게 된다. 이러한 전환은 서구 자본주의 사회에서 한편으로 급속한 경제침체와 이를 벗어나기 위한 과학기술 혁명과 첨단산업으로의 산업구조조정과 다른 한편으로 환경오염의 가속화에 대응하기 위한 환경운동의 고조를 배경으로 추동되었다.[6] 현대환경론이 환경에 관한 기존의 논의들과 구분되는 점은 환경문제를 유발하는 사회경제체계의 일정한 구조적 전환을 배경으로 하고 있다는 점과, 이의 주요 내용들이 환경문제를 다루는 학문 분과들 대부분에서 공통적으로 논의되었다는 점을 들 수 있다. 이러한 점들에서 재구성된 현대환경론은 환경문제의 인식에 있어 어떤 유의성을 제시하지만, 기존의 환경문제 인식 방법들에서 볼 수 있었던 이분법적 틀을 벗어나지 못함으로써 그 한계를 드러내고 있다. 즉 현대환경론의 주요 사조들은 대체로 최근 발생하고 있는 환경문제의 심각성을 인정하지만, 그에 대한 해결 방안에서 큰 차이를 보이는 생태중심주의적 사고와 기술중심주의적 사고로 흔히 대별된다(O'Riodan, 1981; 페퍼, 1989: 제1~4장 참조).

환경문제에 대한 기술중심주의적 사고(또는 기술지향적 환경론)는 앞서 논

---

6 현대환경론이란 이러한 사회적 배경으로 1970년대 중반 이후 거론되고 있는 환경문제 인식 방법론들을 총칭하기 위한 것이지만, 특히 O'Riodan(1981)과 페퍼(1989)의 저작에서 논의되고 있는 환경론의 입장에 국한시키기 위해 따옴표를 붙이고자 한다. 여기서 현대환경론의 시발을 나타내는 이정표로서 『성장의 한계』(1972), 『생존을 위한 청사진』(1972), 『작은 것은 아름답다』(1973) 등과 같은 저서들이 거론된다.

의한 바와 같이 기술공학에 암묵적으로 내재된 과학기술에의 신뢰와 신고전적 경제학의 경제성장론에 근거를 두고 있다. 이러한 사고는 자원 고갈과 환경오염 문제가 경제성장 과정에서 부수적으로 발생하지만, 과학기술의 개발을 통해 가용자원을 확대시키고 환경오염의 관리, 통제 능력을 고양시키기만 하면 문제가 해결된다고 본다. 즉 기술중심주의자들은 환경이 지속적으로 악화되기를 바라지는 않지만, 인간생활과 사회 발전을 위해 경제성장이 우선이며 환경문제는 부차적인 것으로 간주한다. 또한 이들은 이때까지 인간이 어떠한 역사적 난관도 극복해온 것처럼 경제가 만족할 정도로 성장한 후 과학기술 부문에 투자를 하면 환경문제도 기술적으로 해결될 것이라고 본다. 이와 같이 경제성장을 최우선으로 하고 과학기술을 철저히 신뢰하는 사고는 환경문제를 해결하기 위해 제시되는 방안에도 반영되어, 환경관리 및 통제를 위한 의사 결정 과정에 대중의 참여를 전적으로 배제하고 과학기술 및 경제 전문가의 권위 있는 의견만을 존중한다.

이러한 기술지향적 환경론은 경제성장 위주의 정책에 대한 무비판적 지지와 과학기술 발전을 통한 자본주의의 무한한 진보 가능성에 대한 맹신을 배경으로 하고 있다고 흔히 비판받는다. 이러한 비판은 현대 과학기술의 엄청난 발전에도 불구하고 오늘날 환경문제가 치유될 수 없는 상태로 점점 치닫고 있음을 지적하고 기술중심주의적 사고에 내포된 문제점들을 다음과 같이 제시한다. 첫째, 환경자원은 절대적으로 한정되어 있다. 소모된 자원들 중 많은 부분은 과학기술이 발전하더라도 결코 재생될 수 없으며, 재생 가능한 자원이라도 단기간에 재생되는 것이 아니다. 둘째, 현대 과학기술의 발달은 자본의 독점에만 기여했으며 이에 의해 대체 자원의 개발이나 오염된 환경의 개선이 가능하다고 할지라도 엄청난 투자를 필요로 한다. 단기적 이윤극대화를 추구하는 기업들은 환경 개선을 위한 비용투자를 기피하고 이를 사회 전체에 전가한다. 셋째, 중앙집권화된 관료주의 국가는 환경문제를 해결하기 위해 과학기술 부문에의 투자비용을 어쩔 수 없이 부담해야 되지만, 이를 부담할 수 있는 재정적 능력에 한계가 있으며, 따라서 환경 개선을 위한 투자를 가능한 한 줄이고자 한다.

기술지향적 환경론에 대한 이러한 문제들은 생태중심주의자들에 의해 흔히 비판받는 점들이지만, 과학기술에 대한 일반적 성격 규정과 이의 구체적 특성을 부여하는 특정 사회체계의 양식에 관한 논의를 배경으로 재고찰할 수 있다. 즉 보편적 의미에서 과학기술의 발전은 자연환경의 변형·개발 가능성의 확대를 통해 노동하는 인간의 자기실현을 뒷받침하며 사회 존립의 목표 달성을 가능하게 하는 필수적 요소라고 할 수 있다. 그러나 이러한 과학기술의 보편적 성격은 그것이 개발되는 사회의 정치경제체계에 따라 구체적 특징을 부여받는다. 오늘날 자본주의적 경제성장에서 중요한 역할을 담당하는 과학기술은 진정한 인간 생존과 사회 발전이 아니라 물화된 생산 과정에서 요구되는 가치 증식의 수단으로서 개발된 것이다. 이에 따라 현대 과학기술은 자연과 인간의 통제와 지배의 형식으로 특징지어지며, 인간의 자기실현을 오히려 저해하는 소외된 물상으로서 그 역할을 담당하고 있다. 이러한 과학기술의 발전은 이것이 가지는 일반적 표상, 즉 객관성과 가치중립성이라는 표상을 통해 보편적 인간 또는 전체 사회에 기여하는 것처럼 신비화된다. 그러나 바로 이러한 점에서 오늘날 환경문제의 해결을 위해 과학기술의 이데올로기적 반전이 요청된다. 즉 과학기술이 자연환경과 인간사회를 지배하기 위한 도구가 아니라 이러한 지배에서 벗어나기 위한 해방의 기술로 전환할 때 환경문제는 해결될 수 있을 것이다.

환경문제에 대한 생태중심주의적 사고(또는 생태지향적 환경론)는 인간-환경 관계에 관한 생태학적 논의와 인문과학에서의 철학적 성찰에 주로 근거를 두고 있다. 이러한 사고는 대규모 기술집약적 경제성장으로 인해 생태계의 파괴가 불가피하게 초래되었다고 주장하고, 이로 인한 환경문제의 해결과 생태계의 회복 및 안정을 위해 인간과 자연 간 관계를 생물 윤리적 가치관에 따라 재구성하고 과도한 성장을 억제하는 생활양식의 실천이 필요하다고 제시한다. 즉 생태중심주의자들은 자연환경의 부존자원에는 일정한 한계가 있으며 그 자체의 질서를 가지고 있기 때문에 생태계의 부담 능력과 순환과정을 능가하는 경제성장은 불가능하다고 주장한다. 나아가 인간과 자연은 결코 분리된 존재가 아니며, 인간이 자연환경에 미친 영향은 반드시 그에게 되돌아오기 때문에 인간이 자연을 단순한 쾌락의 도구가 아니라 자신과 동일한 인격체로 간주할 때만 환경문제가 해결될 수 있다고 강조한다. 생태중심주의자들이 가지는 자연에 대한 믿음과 경외사상은 환경문제를 해결하기 위한 방안에도 반영된다. 즉 이들은 인간의 생활도 다른 유형의 자연과 마찬가지로 자연법칙에 순리적으로 따라야 한다는 환경관 또는 환경의식을 고취시키고, 이러한 의식에 바탕을 두고 생태계 전체의 조화와 안정에 기여할 수 있는 생활양식, 즉 소규모 공동체 생활을 실천하고자 한다.

이러한 생태지향적 환경론은 최근 환경론에 관한 저술들이나 학술적 논쟁들에서 기술지향적 환경론에 비해 훨씬 많은 관심과 지지를 얻고 있다[7](현실적으로 경제성장과 환경문제 간의 대립에서 어느 정도의 헤게모니를 가지고 영향력을 행사하고 있는가는 별개의 문제로 하고). 이는 생태중심주의가 환경문제의 비판적 분석과 이의 해결 방안 모색에 있어 여러 가지 유의성을 가지고 있기 때문이라 할 수 있다. 이러한 환경론에 따르면, 첫째로 생태계의 부담 능력을 초과한 환경 파괴는 과도한 자본집약적·기술추동적 경제성장에 의해 초래되었다는 점이 지적되고, 둘째로 인간은 과학기술의 개발을 통해 자연을 지배하고자 하는 태도에서 벗어나서 자연과 겸손하게 조화를 이루어야 한다는 대안적 규범이 제시되며, 셋째로 환경문제를 해결하기 위한 대안적 세계(소공동체)의 건설은 현대 과학기술을 배경으로 한 대기업가들이나 행정관

---

7 최근 이러한 생태지향적 환경론은 표피적인 생태학이 아니라 보다 근원적인 인간(자아)-자연 관계를 강조하는 심층생태학, 생태학적으로 실재론적인 사회학적 분석, 또는 보다 급진적으로 자급적 소공동체 운동을 강조하는 무정부주의적 생태학 등을 포함한다. 심층생태학에 관해 Devall and Sessions(1985), Naess(1990) 등 참조. 급진적 사회생태학에 관해 Bookchin(1986), Bookchin(1989) 참조.

료, 기술전문가들의 역할을 통해서가 아니라 환경보전과 개선을 추구하는 대중의 실천적 참여로 이루어질 수 있다는 점이 강조된다.

그러나 생태중심주의는 이러한 유의성에도 불구하고, 환경문제의 원인 규명과 문제 해결을 위한 대안 제시에 있어 주요한 한계를 가진다. 첫째, 생태지향적 환경론은 현대 사회의 고도 경제성장이 환경 파괴의 주된 원인이며, 오늘날과 같은 자원 이용과 환경오염이 계속된다면 그 자체를 더 이상 유지할 수 없는 한계에 봉착한다고 올바르게 인식함에도 불구하고 그러한 사회체계의 구체적 분석에 관해서는 논외로 하고 있다. 둘째, 자연환경이 극히 심각하게 파괴되었고 이로 인해 인류의 생존조차 곧 파멸될 것이며 따라서 인간은 자연과의 윤리적 관계를 회복해야 한다는 계몽으로 환경 파괴가 중단될 것이라는 인식은 자연에 대한 인간 윤리를 끊임없이 제거해나가는 현대 사회에서 지나치게 낭만적인 것처럼 보인다. 셋째, 인간-환경 관계의 조화와 균형을 이룰 수 있는 대안적 사회로서 제시되는 목가적 소공동체 사회는 현대 사회체계의 전반적 구조가 유지되는 한 실현되기 어려울 것이다.

이상에서 논의된 기술중심주의와 생태중심주의는 현대환경론의 양 주류를 형성하고 있지만, 각각에 내재된 문제점들을 극복하지 못한 채 상호비판적 입장에서 갈등적 관계로 환경론을 이분화하고 있다. 한편으로 과학기술의 발전은 자원 고갈에 대한 대체자원의 개발과 효율적 환경 관리를 통해 심각한 환경문제를 해결할 수 있는 것처럼 보이지만, 실제 오늘날 발전한 과학기술은 물신화된 자본 축적과 권력 유지를 위한 도구로서 기여하고 있을 뿐 오히려 환경문제를 더욱 악화시키고, 이 과정에서 얻어진 생산물의 편향적 배분을 더욱 심화시키는 결과를 초래하고 있다. 다른 한편으로 인간은 자연 생태계의 일부를 이루며 자연환경이 파괴되면 인간 자신의 생존과 사회체계의 유지를 위협받게 되는 것은 분명 사실이지만, 환경문제가 물신화된 경제성장이나 기술 개발로 해결될 수 없는 것과 마찬가지로 자연이 그 자체적으로 어떤 목적성과 인격을 가지는 것처럼 물활론적으로 인식한다고 해서 해결될 수 있는 것도 아니다. 이러한 점에서 기술지향적 환경론과 생태지향적 환경론이 가지는 문제점들과 이들 간의 이분화된 갈등 관계를 극복할 수 있는 새로운 환경론은 환경문제의 해결을 위한 과학기술의 필요성과 또한 인간 생존을 위한 자연환경의 유의성을 동시에 포괄해야 할 것이다. 뿐만 아니라 새롭게 구성되는 환경론은 기존 환경론들의 공통된 한계를 벗어나기 위해 과학기술의 진정한 응용과 자연환경의 올바른 의미를 동시에 소거해버린 현대 사회체계의 철저한 분석을 요구한다.

4. 환경문제에의 정치경제학적 접근

환경문제의 연구를 위해 사회체계를 문제시하는 것이 사회체계의 규정력을 제반 문제들의 절대적·단일-인과적 원인으로 간주하고, 이의 해명이 바로 환경문제의 궁극적 원인 규명과 그 해결 방안을 제시한다고 주장하는 것은 아니다. 환경문제 역시 다른 모든 문제들과 마찬가지로 사회 전체를 지배하는 사회체계의 작동 메커니즘에 의해 초래된다고 할지라도, 사회체계 그 자체의 연구에만 몰두해 이를 조건 짓는 인간-환경 관계가 무시된다면 실제 발생하고 있는 환경문제에 대한 유의한 분석틀이나 해결 방안을 전혀 제시할 수 없게 될 뿐만 아니라 환경문제로 인한 사회체계의 위기도 올바로 인식하지 못할 것이다. 사회체계의 문제를 환경문제와 관련짓기 위해 최근 활발하게 거론되고 있는 정치경제학적 방법론의 도입과 이를 원용한 환경문제 연구들은 이러한 점을 우선 유의해야 한다. 즉 흔히 정치경제학적 방법론은 포괄적 거대이론과 높은 추상 수준을 요구하기 때문에 환경문제 연구에 직접 원용되기 어렵다고 인식되거나, 또는 기존의 정치경제학적 논의들이 거의 대부분 환경문제를 도외시했기 때문에 이러한 논의들은 환경문제 연구와는 무관한 것으로 간주되고 있다. 그러나 실제 정치경제학적 연구방법론은 자연환경문제 그 자체를 최우선의 관심 대상으로 삼지 않는다고 할지라도 (사실 맑스의 저술들에서 좁은 의미의 환경문제를 다루고 있는 부분들이 많이 발견되지만), 환경문제를 이해하기 위한 철학적 기반과 이론적 개념들을 핵심으로 한다. 물론 그럼에도 불구하고 정치경제학적 방법론은 맑스 이후에 보다 심화되고 점점 더 첨예하게 드러나고 있는 환경문제를 그 이론적 체계의 일부로 통합적으로 담아내도록 요청받고 있다.

환경문제에 관한 연구에서 맑스의 저술들이 기여하는 바는 환경문제 자체에 관한 직접적 논의뿐만 아니라 인간-환경 관계와 사회체계 간의 관련성에 관한 이론의 폭넓은 배경, 즉 사적 유물론을 완결 지었다는 점이다. 우선 그의 초기 저작들에서 맑스는 유적(類的) 존재로서 인간의 생산활동 개념을 도입해, 인간이 자연적 존재로서 전체 자연의 일부로 구속되어 있다는 측면과, 또한 인간이 역사 속에서 사회적으로 자신을 실현해나가는 창조적 능력을 소유하고 있다는 측면을 동시에 포착한다(맑스, 1987; Schmidt, 1971; 강성화, 1988; 홍건영, 1990 참조). 이러한 유적 활동의 개념은 인간과 자연 간의 상호 규정관계, 즉 "인간이 환경을 만드는 것과 마찬가지로 환경이 인간을 만든다"는 점을 함의한다. 여기서 인간과 환경 간의 관계는 물론 추상적으로 설정되는 것이 아니라 구체적 노동 과정을 통해 매개된다. 또한 이 개념은 인간 활동의 이중적 관계, 즉 자연과의 관계뿐만 아니라 다른 인간들과의 관계(예를 들면 노동 분업)를 동시에 표현한다. 물론 자연에서는 인간행위에 선행하는 합법칙성이 존재하지만, 사회는 일정한 목적을 추구하는 인간행위들로 조직된다는 점에서 자연-인간관계와 사회-인간관계는 상이하다. 그러나 사회는 자연의 합법칙성에 기초해 합목적성을 가지는 인간행위들 간의 사회적 관계로 구성되기 때문에 사회(구성체)는 자연사적 발전법칙을 가지게 된다. 물론 이 법칙은 자연과 사회라는 양 영역이 추상적으로 분리된 가운데 이 영역들 각각에 존재하는 법칙들 간의 단순한 유추로서만 인식되는 것이 아니라 자연의 법칙과 어떤 연계성을 근거로 작동한다(엥겔스, 1987; 이와사키·미야하라, 1987 참조).

　그의 후기 저작을 대표하는『자본론』(1867)에서 맑스는 자신의 관점을 경제적 사회구성체의 발전을 하나의 자연사적 과정으로 파악하는 것이라고 규정하고, 이에 입각해 자본주의 사회체계를 분석한다. 여기서 자연은 노동의 작업장이며, 원료의 저장고, 그리고 노동의 근원적 도구로서 대지로 인식된다(마르크스, 1989: 53~54, 228~229, 235~236 외; Dunford and Perrons, 1983: 50~67; Smith, 1984: 1~96 참조). 인간은 이러한 자연제약적 생산력 속에서 노동 과정을 통해 물질적 소재들의 형태를 변화시켜 자신의 욕구를 만족시키기 위해 유용한 자원, 즉 사용가치를 생산한다. 따라서 노동만이 물질적 부의 원천이 아니라 자연 또한 이의 본원적 토대로 간주된다. 이러한 노동과 자연 간의 관계에서 생산되는 사용가치는 자본주의 사회체계의 등장과 더불어 상품시장에서 화폐로 교환됨에 따라, 자연은 이제 단순한 인간 욕구 충족의 대상이 아니라 이윤 극대화 추구의 대상, 즉 교환 가치로서 개발된다. 자본가들은 더 많은 이윤을 얻기 위해 노동과 자연을 점점 더 많이 필요로 하게 되고, 그들 간 그리고 그들과 노동자들 간의 경쟁관계에서 이기기 위해 노동과 자연을 보다 집약적으로 이용할 수 있도록 새로운 노동조직과 기술을 개발한다. 이러한 과정에서 자본주의 사회체계는 지속적인 자본순환을 위한 확대재생산 과정을 통해 생산력과 그에 조응하는 생산관계를 발전시킨다.

　자본주의적 경제 발전은 그러나 궁극적으로 그 자신의 기반, 즉 인간 노동력을 포함한 자연제약적 생산력을 파괴하게 된다. 그 초기 단계에서, 농촌과 도시 간의 대립과 이의 극복 과정에서 자본주의 사회는 인간노동을 자연의 대지로부터 완전 분리된 도시의 자유 임노동자로 전환시킴으로써 새로운 분업체계와 사회적 관계를 형성한다. 그러나 근대 농업의 발달은 (예를 들어) 화학비료의 과잉으로 지속적인 토지 비옥성의 영원한 자연조건을 점점 파괴하게 되고, 도시산업은 (예를 들어) 수력으로부터 증기력으로의 전환을 통해 보다 원활한 에너지원을 얻게 되지만 궁극적으로 그 자신의 운용 조건들을 와해시키게 된다(Quaini, 1982 참조).[8] 게다가 도시산업의 발전은 소비재 생산 부문에 비해 생산수단 생산 부문을 급속히 팽창시키고, 이로 인해 원료 자원의 사용량을 양적·질적으로 엄청나게 확대시킴에 따라 인간 노동력과 제반 자연력의 황폐화와 고갈을 대가로 요구한다. 물론 이러한 자본주의적 산업 발전은 기술 개발과 새로운 사회공간적 노동조직들의 형성을 통해 지속적인 확대재생산을 위한 조건들을 추구한다. 그러나 자본주의 사회에서 발전한 일련의 노동 기술과 조직들은 주어진 시점에서 생산력의 발전을 위한 토대로 기능하지만, 장기적으로는 보다 본원적인 생산력, 즉 자연을 파괴한다.

환경문제에 관해 맑스의 저술로부터 도출될 수 있는 이러한 인간-환경(자연) 관계의 철학적 개념화, 그리고 이 관계와 자본주의 사회체계 간의 관련성에 관한 이론은 최근 환경문제를 규명하기 위한 논의들에서 재인식되고 있다. 물론 이러한 정치경제학적 방법론에 근거들을 두고 있는 논의들이라고 할지라도, 그 방법론의 유지 정도와 강조되는 부분들에 있어서 상당한 차이를 보인다. 가장 일반적이고 포괄적으로 정치경제학적 입장에서 환경문제를 논의하고자 하는 시도들은 기본적으로 자본주의적 산업화(및 도시화)를 문제의 근본적 원인으로 간주하고, 기업들의 무절제한 이윤 추구 또는 무한정한 성장을 요구하는 자본의 논리에 따른 무분별한 자원 이용량의 급속한 증대 그리고 비용의 극소화를 위해 공해방지시설에 대한 투자 기피와 이에 따른 비용의 사회화 등으로 인해 환경문제가 심화되었다고 강조한다(예를 들어 조홍섭, 1990; 츠루 시게토, 1983; 김덕현, 1991 참조). 따라서 이러한 논의들은 공해를 단순히 환경이라는 자원의 사용과 파괴라고 보는 기능적(또는 소재적) 연구 방법(즉 '체제적인 규정을 받지 않을 수 없는 범주를 섣불리 초체제적인 것으로 간주'하는 방법, 예로 신고전적·시장적 접근 방법)의 한계를 지적하고, 환경문

---

8 Quaini(1982) 중 특히 제5장, '자본주의와 생태적 및 영토적 모순(Capitalism and ecological and territorial contradictions)' 참조.

제를 유발하는 경제현상의 소재적 측면과 동시에 체제적 측면을 통일적으로 규명해야 한다고 주장한다. 이러한 점에서 환경문제의 기능적 현상뿐만 아니라 구조적 본질의 인식이 강조된다. 특히 한국 사회에서 환경문제의 심각성은 인구증가, 도시화, 산업화 또는 경제성장의 단순한 부수현상이 아니라 반주변부 종속적 자본주의하에서 나타나는 질곡적 상황의 하나로 파악된다.

정치경제학적 개념들이나 이론 틀의 포괄적 원용에 의한 환경문제의 분석은 문제해결을 위한 대안으로서, 현재와 같은 사회체계 내에서의 의사개량적 전략들, 예로 지속가능한 발전의 개념을 부정한다. 특히 이러한 연구는 선진 자본주의 국가들로부터 후진국으로의 공해산업 수출과 환경오염의 전가에 주목하고, '선진국과의 불평등을 해소하려는 적극적인 노력이 없는 한 지속가능한 발전은 지속가능한 착취가 될 수 있다'라고 주장한다. 대신 이들이 제시하는 해결 방안은 시민들의 자발적 환경운동을 통해 암묵적으로 또는 명시적으로 생태사회주의, 즉 환경을 공유하는 생활 주변의 다른 사람들과 더불어 공동체적 삶의 양식을 가꾸어갈 것을 요구한다. 이를 위해 결합체를 구성하고 있는 인류는 공동체적인 유대감과 상호 절충을 통해 자신들의 이익 갈등을 조정하는 방법을 터득해야 하며, '자연과 인간 욕구 사이에 개재된 갈등'은 '인간상호 간의 새로운 공동체' 건설에 의해서만 가능하다고 주장한다(조홍섭, 1990; 최재현, 1991 참조).

이와 같은 환경문제의 정치경제학적 접근은 기존의 접근 방법들이 가지는 한계를 어느 정도 극복하고 환경문제를 사회체계의 문제성이나 모순들과 관련시킴으로써 문제의 본질을 추구하며, 또한 체계의 개선 또는 변화를 환경문제 해결의 본질적 대안으로 (암묵적으로 또는 명시적으로) 제시한다. 그러나 기존의 정치경제학적 환경 연구들은 대부분 사적 유물론의 토대를 이루는 인간-자연(환경) 관계의 철학적 개념화를 무시하고 있다는 점이 우선 지적되어야 한다. 또한 환경문제를 고찰하기 위해 정치경제학적 개념들이나 이론을 포괄적으로 원용한 연구들은 사회체계의 문제에 관심을 전환시킴에 따라 생태계의 문제를 점차 놓쳐버리고(즉 자연환경문제를 주어진 것으로 간주하고), 인간-환경 관계와 사회체계 간의 관련성과 이에 내재된 모순을 적절히 파악하지 못하고 있다. 그리고 이러한 논의들은 자본주의 사회체계에 관한 지나치게 일반화된 개념들(예를 들면 기업의 이윤 극대화)이나 기본 원리들(예를 들면 자본의 논리)을 보다 구체적인 설명 없이 그대로 환경문제 연구에 도입함으로써 자본주의 사회체계가 실제적으로 어떠한 작동 메커니즘에 의해 환경문제를 유발하는가를 올바로 파악하지 못하고 있다는 점, 즉 문제를 유발하는 중간 매개 과정들에 관한 정교한 분석을 결하고 있다는 점이 지적된다(황태연, 1991a 참조).

5. 통합적 환경론의 재구성을 위한 시론

통합적으로 재구성될 환경론은 인간-환경(자연) 관계와 사회체계 간의 관련성을 우선 철학적으로 개념 짓고, 이 관련성이 역사 속에서 어떠한 매개 요소들을 통해 발전 또는 전환되며, 그리고 이 관련성 속에 내재된 어떠한 모순이 오늘날 자본주의 사회에서 발생하는 것과 같은 환경위기를 유발하는가를 규명할 수 있어야 할 것이다. 이러한 환경론의 재구성은 보다 체계화된 포괄적 이론 틀에 바탕을 둠과 동시에 보다 구체적인 매개 개념들을 도입함으로써 가능해질 것이다. 현재의 학문 발달 수준에서 인간-환경 관계와 사회체계 간의 관련성, 그리고 이에 내재된 모순을 포착할 수 있는 유일한 대안적 방법론은 앞서 논의된 정치경제학적 방법론뿐인 것 같다.

통합적 환경론은 우선 인간-자연 관계의 철학적 개념화에서 출발한다. 자연은 그 자신의 구성 요소들 간 제반 관계와 변화 과정들에 기초해 한정된 부담 능력과 객관적 운동법칙을 가지며, 인간을 포함한 자연의 각 구성 요소들의 활동을 제약하는 물질적 조건들을 형성한다. 그러나 인간은 자연의 일부이지만, 자연의 다른 구성 요소들과는 달리 의식적이고 합목적적인 생산 활동을 추구한다. 즉 인간은 실천적 노동 과정을 통해 자연의 객관적 능력과 법칙에 일정하게 개입해 자신의 생존 목적의 실현을 위해 필요한 물건들을 생산할 수 있는 능력(생산력)을 발전시킨다. 생산력의 발전은 노동 과정을 통해 상호작용하는 인간과 자연 간의 관계뿐만 아니라 노동 과정을 구성하는 인간들 간의 관계 양식에 좌우된다. 즉 생산력의 발전은 인간과 자연 간의 관계를 보다 효율화하는 생산수단의 개발과 더불어 인간과 인간 간의 관계를 보다 합리화하는 생산조직의 향상을 통해 자연에 대한 인간의 직접적·간접적 개입 능력을 고도화하는 과정이다. 따라서 생산력의 발전은 유적 인간으로서 보편적 인간과 자연 간의 생태적 관계를 능가하며, 사회적으로 노동을 하는 인간들 간의 관계, 즉 사회적(또는 일차적으로 경제적 범주에 근거한 계급적) 생산관계의 발전을 요구한다.

생산력의 발전에 조응해 역사적으로 특정하게 발전하는 사회적 생산관계들(생산수단의 소유관계 및 노동 과정의 분화)은 생태적 인간-자연 관계에 기초하지만, 생태계의 법칙과는 독립적으로 인간-자연 관계를 규정하는 사회체계의 발전법칙을 만들어낸다. 그 예로 공동체적 생산, 노예에 의한 생산, 농노에 의한 생산, 임노동자에 의한 생산은 생산주체로서 보편적 인간과 자연 간의 관계를 전제로 하지만, 각각 생산력의 발전 수준에 상응하는 상이한 생산관계를 역사적으로 나타낸다. 이는 보편적 인간-자연 관계로서의 노동 과정이 역사적으로 특정한 형식과 규정을 가지는 사회적 (계급)관계로 전화되었음을 의미한다. 또한 사회의 발전법칙(궁극적으로 생산력과 생산관계의 모순적 운동법칙)이 존재함은 이 법칙이 자연의 제반 법칙들을 폐기함을 의미하는 것이 결코 아니라, 자연의 법칙에 일정하게 개입해 자신의 법칙과 합목적적으로 결합시킴을 의미한다. 만약 자연법칙과 사회법칙이 모순적 관계에 처한다면, 자연과 사회 각각에 위기가 발생하고 이러한 위기들은 중첩되어 세계 전체의 위기를 초래한다. 이러한 위기는 자연제약적 생산력의 발전에 기초한 사회적 생산관계의 전환을 통해서만 극복된다.

이러한 인간-자연 관계와 사회체계 간의 개념화는 역사적으로도 설명되어야 한다. 즉 한 사회의 생산력과 이에 조응하는 생산관계의 발전·전환에 따라 그 사회는 보다 효율적인 생산수단을 사용하고, 보다 합리적인 생산조직을 구성해 자연에 대한 개입 능력을 확대시킴으로써 그 사회 구성원들의 생활과 사회 자체의 발전에 필요한 재화와 서비스의 생산을 역사적으로 증대시킨다. 이러한 사실은 흔히 자연이 절대적으로 무한한 것이 아니기 때문에, 인류 역사상 사회 발전 과정은 그 원천인 유한한 자연자원을 점차 고갈시키고 자연환경을 재생 불가능한 것으로 만드는 경향이 있음을 추론하도록 한다. 그러나 실제 역사적으로 이러한 사실이 함의하는 바는, 인간사회의 개입과 침해에 대한 자연환경의 수용(재생) 능력은 절대적으로 한정된 범위 내에서 그 사회의 생산력과 생산관계의 발전 정도에 상응해 합목적적으로 확대될 수 있지만 자연은 그 수준(즉 인간-자연 관계에서 역사적으로 설정된 한계) 이상을 침해당하면 자신의 순환 과정을 더 이상 지탱하지 못하고 위기에 봉착하게 된다는 점이다. 달리 말해서, 생태계와 사회체계 간의 긴장과 모순이 그 사회에 어느 정도의 생태적 위기를 유발하는가는 그 사회의 생산력과 생산관계의 총체로서 성격 지어진 생산양식에 따라 상이하다. 인류 역사의 초기 단계 자급자족 공동체를 형성하고 있었던 사회에서도 인간생활은 자연환경을 일정한 정도는 침해했겠지만, 그 사회의 생산 및 소비활동은 사회공간적으로 제한되어 있었으며 이를 위한 자원 이용은 자연의 재생능력을 초과하지 않음으로써 인간-자연 관계의 생태적 균형을 전반적으로 유지할 수 있었을 것이다.

그러나 인간-환경의 균형관계는 생산력의 발전을 위한 새로운 생산수단의 개발과 생산조직의 구성을 통해 점점 와해되는 경향을 보인다. 특히 과학기술의 진보와 노동의 사회공간적 분업의 확대는 인류 역사의 생산력 발전을 가능하게 한 가장 중요한 두 가지 동인들이며, 또한 인간-자연 관계를 규정하는 데 결정적인 역할을 한다(최병두, 1990; 최병두, 1991: 299~308 참조). 과학기술의 진보는 자연이 어떤 법칙과 메커니즘에 의해 움직이는가에 대한 보다 전문적 지식 그리고 이를 응용해 자연을 의도한 대로 용이하게 변형시킬 수 있는 기법을 제공하고 생산수단을 만들어내도록 한다. 생산활동에서 이러한 과학기술의 응용 촉진은 이용되는 자원의 양을 확대시키고 또한 새롭게 이용 가능한 자연적·인공적 자원을 개발해 이를 통해 생산력의 발전을 보다 효율적으로 추진할 수 있도록 한다. 그러나 자연환경은 이러한 과학기술과 생산활동에 의해 보다 급속하게, 대규모로, 체계적으로 손상되고 생태계의 자기순환 과정에서 재생 가능한 상태를 점점 벗어나게 되는 경향이 있다. 사회공간적 분업은 집단 간, 산업 간, 지역 간 분업을 통한 생산체계의 합리화로 생산력의 발전을 도모한다. 특히 공간적 분업의 발달은 지역적으로 특정 생산활동의 전문화와 대규모화를 통해 생산성을 증대시키고, 생산된 상품의 유통과 소비시장의 확대를 가져옴으로써 생산력의 발전을 가능하게 한다. 그러나 이러한 노동 분업에 의한 지역적 생산 및 소비의 특화는 특정 자원의 채취 또는 이용을 국지적으로 과도하게 증가시킴으로써 그 지역에 일정 자원의 남용을 야기하고, 나아가 사회전체적 자원 고갈을 초래하는 경향이 있다. 또한 특화된 생산 과정은 그 지역에서 배출되는 특정 폐기물의 양을 과도하게 누적시킴으로써 그 지역의 생태환경의 순환 과정에 있어 일정 부분을 집중적으로 침해하고 종국적으로 전체 생태계를 파괴한다.

이러한 과학기술과 노동 분업은 생산력의 역사적 발전 과정에 조응해 보편적 노동 과정을 통한 인간-자연 관계를 역사적으로 매개하는 결정적 요소들이며, 사회체계와 생태환경 간을 결합시킨다. 흔히 이들의 발전은 보다 효율적인 노동수단과 합리적 노동조직을 통해 자연환경에 대한 인간의 개입 가능 범위를 확대시키고 생산력의 발전을 가져오지만, 점점 더 과도한 자원 이용과 생태계의 파괴, 보다 심각한 환경오염의 유발로 환경문제를 심화시키는 것으로 인식된다. 그러나 이러한 환경문제의 심화는 여러 가지 생산양식들에서의 생산력 발전에 획일적으로 초래되는 것은 아니며 절대적으로 불가역적인 것도 아니다. 만약 생산력의 발전이 진정하게 인간생활의 질적 향상에 기여한다면 그러한 생산력의 발전은 더 이상 인간 생존을 억압하거나 위협하지 않을 뿐만 아니라, 나아가 인간-자연 관계의 생태적 균형을 파괴하지도 않을 것이다. 즉 과학기술은 자연생태계의 가용 범위를 적절히 확대하고 파괴된 부분을 개선하는 데 복무하도록 진보될 것이며, 노동 분업은 자연적으로 편재된 자연자원을 적정하게 개발해 균등하게 이용하는 데 기여하도록 발전할 것이다. 이와 같이 과학기술과 노동 분업의 발달이 환경문제의 심화를 초래하는가, 또는 진정한 인간 생존과 사회 존립의 목적에 봉사하는가의 여부는 이들의 발달을 규정하는 사회체계의 성격에 좌우된다. 달리 말해서 과학기술과 노동 분업의 발달은 생산력 발전의 보편적 조건이지만, 이들의 발달은 사회적 생산관계(즉 계급관계)에 의해 역사적으로 특정한 역할을 부여받는다.

환경문제가 특히 자본주의 사회에서 문제시되는 이유는 생산력 발전의 의사자율적 메커니즘과 이에 조응하는 생산관계의 특이성 때문이다.[9] 자본주의 사회에서 생산력 발전은 자본에 의해 추동되며, 이는 화폐로 고용 또는 구입한 임노동과 원료 소재를 자신이 통제하는 생산 과정에서 자신이 소유하는 생산수단들과 결합시켜 새로운 상품(가치)들을 생산하고, 이의 시장 교환을 통해 실현되는 잉여가치의 전유를 끊임없이 확대하고자 한다. 자본은 이를 위해 보다 고도화된 과학기술과 노동조직을 통해 자연환경에의 개입 능력을 확대하고 생산력을 발전시킨다. 그러나 이 과정에서 사회경제체계는 인간-환경 관계를 매개하는 보편적 생산자의 통제로부터 완전히 벗어나 의

9 환경문제는 기존의 사회주의 국가들에서도 심각하게 야기되고 있다는 점에서, 이 문제가 사회체제의 문제를 초월하는 것으로 흔히 (심지어 정치경제학적 입장을 견지하는 학자들 중에서도) 주장된다. 이에 관한 논쟁은 보다 치밀한 연구를 요구하지만, 분명한 사실은 각 사회체제에서의 환경문제는 가시적으로 드러난 현상 현태의 유사성에도 불구하고 각각 다른 사회체계를 배경으로 상이한 메커니즘에 의해 유발되었다는 점이다.

그림 3-2 **자본주의 사회에서 환경 체계와 사회체계 간의 관련성**

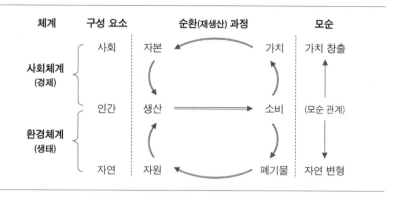

사자율적(물상화된) 자기 추동력을 완결시키고 인간-환경 관계를 지배한다. 이제 생산력의 발전과 이를 뒷받침하는 과학기술 및 노동조직의 개발은 생태적 인간-자연 관계를 통한 보편적 인간목적의 실현(즉 인간생활의 질적 향상)이 아니라 자본의 무한정한 축적을 위한 축적이라는 목적 실현을 위해 추동된다. 그러나 이러한 자본주의적 생산력의 발전은 과학기술 부문에의 과잉투자와 노동조직의 과잉통제로 자본의 유기적 구성을 확대하고, 노동력 착취의 한계에 도달해 이윤율을 저하시키고, 가치 창출 메커니즘의 모순을 심화시킴으로써 사회적 위기를 노정(露呈)한다. 또한 이러한 생산력의 발전은 절대적으로 한정되어 있지만 역사적으로 확대 가능한 생태계의 부담 능력을 초월해 자연환경을 파괴하고, 생태계의 자기 순환 과정이 더 이상 유지될 수 없는 생태적 위기를 노정하게 된다. 이러한 생산력 발전의 사회경제적 한계와 생태환경적 한계가 중첩됨에 따라 생태계(인간-환경 관계)와 사회체계 간 관련성에 내재된 모순(자본의 가치 회전의 무한정성과 자연조건의 절대적·상대적 한정성)은 심화되고, 이에 따라 사회·생태적 위기는 자연제약적 생산력이 더 이상 발전할 수 없는 지점에서 현재화된다(알트파터, 1990 참조; 〈그림 3-2〉참조).

물론 인류 역사에서 생산력의 발전이 새로운 과학기술과 노동조직의 (혁명적) 발달과 재구성을 통해 지속되어온 것과 유사하게, 자본주의적 생산력의 발전은 그 사회경제체계의 기본적 구성 원리 내에서 자신을 조절할 수 있는 기능을 가지며, 수차례에 걸친 공황 발생과 이의 극복을 통해 내재된 모순을 부분적으로 해소하거나 지연시킬 수 있었다. 즉 산업자본주의 초기 단계에서 산업의 중심을 이루었던 노동집약적 경공업 부문은 생산 과정의 상대적 비능률성과 생산수단의 저급성으로 인한 가치 창출의 한계와 함께 이에 기인해 초래되는 인간 노동력 및 자연자원의 비효율적 이용의 한계에 봉착한다. 이러한 한계를 극복하기 위해 자본주의사회는 19세기 이래 산노동(living labor)의 절약과 자연자원의 체계적·효율적 이용을 위해 생산 과정의 합리화와 생산 공정의 기계화를 급속히 진행하고, 이에 따라 점점 더 많은 생산수단(기계)의 투입을 요구하는 생산체계, 즉 외연적 확대재생산 방식을 추구하게 된다. 이로 인해 사회경제체계에 있어 생산수단을 생산하는 부문(제1부문)의 소재경제적 규모는 소비수단을 생산하는 부문(제2부문)에 비해 초비례적으로 팽창했다. 이로 인한 불변자본(기계류의 생산·설치·가동을 위한 원자재, 에너지, 기타보조 재료)에 대한 자본 투자의 증대는 자본의 기술적 구성과 동시에 장기적으로 유기적 구성도를 상승시킴으로써 이윤율 저하 경향의 사회경제적 위기를 맞게 된다. 또한 생태환경체계에 있어 제1부문의 소재적 규모의 급속한 팽창은 지나친 자원 채취와 산업폐기물의 과도한 방출로 자원 고갈과 환경오염 경향을 가속화하고 생태적 위기에 봉착하게 만든다. 이러한 생태위기는 다시 원료와 에너지 가격의 상승을 초래해, 유기적 구성도의 상승으로 인해 그렇지 않아도 악화되는 자본이윤율의 하락 경향을 악화시킨다. 1970년 중반 서구의 위기는 이러한 생태환경적 위기와 사회경제적 위기가 중첩되어 가시화된 것이었다(최병두, 1990; 황태연, 1991b 참조).[10]

---

10 황태연(1991b)의 글은 앞서 인용한 알트파터의 입장을 비판적으로 고찰한다. 그러나 황태연의 몇 가지 기본적 입장들, 예로 자본주의의 구성체적 특유성도 오늘날 생태학적 위기의

이러한 위기에 직면해 서구 선진 자본주의 국가들은 과학기술 혁명을 통해 생산수단 생산을 위한 획일적 대량생산체계에서 더 탄력적인 생산체계로 전환하고, 새로운 노동 과정의 도입을 통해 보다 더 유연한 노동조직을 추구하게 된다. 즉 이 국가들은 극소전자적 자동화와 신소재 개발을 위한 첨단산업(생산수단 축약화산업)과 에너지 저소비형 산업들이 핵심을 이루는 내포적 확대재생산 방식으로 이행하게 된다. 이에 따라 이러한 국가들은 이윤율 저하 경향을 반전 또는 둔화시킬 수 있었을 뿐만 아니라 생산수단의 소재적 규모의 축약화로 자연 채취 및 산업폐기물 규모를 축소할 수 있었다.

이와 같은 서구 자본주의 국가들의 전략은 생태환경적 위기와 사회체계적 위기를 동시에 극복하고 생산력 발전의 고도화를 지속시킬 수 있는 것처럼 보인다. 그러나 기본적으로 자본주의적 사회체계 내에서 시행되고 있는 이러한 조정 과정은 인간생활의 질적 향상이나 또는 파괴된 자연환경의 회복 그 자체를 목적으로 하고 있는 것이 아니라, 단지 자본의 자기 목적 실현을 위한 것이라는 점에서 한계를 가진다. 즉 사회경제체계에 있어 생산 과정의 극소전자적 자동화는 자본/임노동 관계의 양극화와 자본의 지배력 강화와 노동자의 대량 실업을 확대시키고 있다. 또한 생태환경체계에 있어 신소재 개발과 생산수단의 극소전자적 축약화는 기존의 자원 채취와 환경오염의 문제를 더 이상 유발하지 않는 것처럼 보이지만, 사실 새로운 소재의 채취와 새로운 오염물질의 방출을 수반한다.[11] 게다가 선진 자본주의 국가들의 다국적기업들은 기존의 외포적 축적을 위해 생산시설과 기술을 폐기하는 것이 아니라, 소위 신흥공업국들에 이전함으로써 저임금 노동력의 지속적 착취를 통해 자신의 이윤을 최대한 확보하는 한편 자원 고갈과 환경오염의 문제를

주된 원인이라고 보지 않는다(상, 124)는 점, 그리고 극소전자적 축약화와 자동화가 (전 지구적으로) 자본주의적 생태위기를 해결할 수 있다(하, 132)는 점 등에 동의하기는 어렵다. 그는 과학기술혁명에 의한 문제해결 가능성을 지나치게 낙관하는 것 같다. 현대 과학기술에 대한 비판적 입장에 관한 저술들의 예로 조홍섭(1984) 참조.

11 이에 대한 본격적 연구는 아직 미흡한 상태이지만, 예로 김두희(1990) 참조.

세계적으로 확산시키고 있다.

　오늘날 자본주의적 생산력의 발전은 한편으로 사회체계와 생태환경 간의 모순을 심화하고 이에 의한 사회생태적 위기를 세계적으로 확산시키고 있다. 그 과정에서 인간-자연 관계에서 주체이며 또한 동시에 인간-사회 간의 관계에서 주체인 노동하는 인간은 사회적으로뿐만 아니라 생태적으로도 점점 더 가중된 이중적 억압과 고통을 받게 되었다. 그러나 자본주의사회 발전은 또 다른 한편으로 새로운 과학기술과 노동조직의 개발을 통해 이러한 모순과 위기를 극복하고, 사회적 및 자연적 제약으로부터 인간을 해방시킬 수 있는 가능성을 그 속에 내포하고 있다. 이 가능성은 논리적으로뿐만 아니라 역사적으로 생산수단과 생산조직의 발전을 규정하는 사회적 생산관계의 전환을 통해서만 실현될 수 있다. 이를 위하여 보편적 노동 과정을 통해 자신의 생존 목적을 실현시키기 위해 자연과 관계를 맺고 있는 유적 존재이면서 동시에 역사적으로 규정된 위상에 따라 사회와 관계를 맺고 있는 계급적 존재로서 의식이 지어진다. 이에 근거해 실천적으로 노동하는 인간은 사회적으로 비판적인 주체이며 또한 생태적으로 비판적인 주체로서 생산수단과 생산조직을 스스로 통제함으로써 생태환경체계와 사회경제체계 간의 조화로운 접합을 추구하도록 요구받는다.

후기

　환경문제에 대한 관심을 언제부터 가졌는지 잘 모르겠지만, 1988년 결성된 '한국공간환경연구회'라는 모임의 명칭에 '환경'이 들어간 것을 보면 그때 이미 관심을 가지고 있었던 것 같다. 1990년대 초반 발표한 글들을 보면 지리학 관련 이론 연구나 도시의 토지주거 문제에 관한 분석보다 자원·환경문제에 관한 이론적 논의와 경험적 서술들이 더 많다. 실제 이 시기에는 낙동강 페놀 오염 사태 등으로 환경오염 문제가 전국적 이슈로 부각되어 위기감을 고조시켰고, 이로 인해 정부는 환경 관련 담당 부서를 급작스럽게 승격·확장했다. 또한 1980년대 후반 조성된 시민운동의 열기 속에서 시민환경단체들이 개별 도시나 지역에서 나아가 전국 규모로 구축되었다. 이들 가운데 가장 잘 알려진 단체가 당시 최열 사무총장이 이끌었던 공해추방운동협의회(공추협, 환경운동연합의 전신)라고 할 수 있다.

　나는 1989년 3월 대구대학교에 자리를 잡은 후 김형기 교수와 함께 지역노동운동단체의 교육에 참여하는 한편, 당시 이재용 치과의사와 함께 대구공해추방운동협의회를 조직하게 되었다. 1991년 3월 낙동강 페놀 오염 사건이 발생하자, 대구의 시민사회단체들이 모여 사건의 원인 규명과 사태 수습을 위해 노력했다. 하지만 다양한 시민단체들이 모인 시민대책기구는 내부 갈등을 드러내었고, 이런 분위기 속에서 대구 공추협이 1991년 5월 창립준비위원회을 구성하고 9월 창립총회를 개최해 본격적인 활동에 들어갔다. 1990년대 초·중반 대구에서 있었던 또 다른 활동은 대구사회연구소(대사연)를 운영해 지역사회에 봉사하는 일이었다. 당시 함께 활동을 했지만 지금은 고인이 된 이호철 교수와 신현직 교수의 모습을 떠올리며 명복을 빈다. 나는 1990년대가 끝날 무렵 이런저런 이유로 대사연 활동을 중단했지만, '2000년 대구총선연대' 상임공동대표를 맡는 등 2000년대 중반까지 지역사회운동에 많은 시간을 보냈다.

그러나 나는 이러한 지역사회운동의 참여와 더불어 대학 교수로서 자유롭게 연구할 수 있는 행운을 누릴 수 있었음에 대해 감사하고자 한다. 당시 한 신문기자가 인터뷰를 하면서 실천운동과 이론 연구를 함께 수행하는 일은 소수의 사람만이 얻을 수 있는 큰 복이라고 말해준 것이 기억난다. 사실 당시에는 당면한 자원·환경문제에 대한 실천운동을 직접 뒷받침할 이론적 논거가 매우 부족한 상태였다. 환경오염의 정도를 정확히 측정·분석해 그 심각성을 알리는 연구도 별로 없었지만, 문제의 원인이나 발생 배경을 사회이론적으로 설명하는 국내 문헌도 찾아보기 어려웠다. 환경문제가 사회이론의 영역에 명시적으로 들어온 것은 서구에서도 공해문제와 자원 고갈이 심화되었던 1970년대 초반이었고, 우리나라에서 본격화된 것은 (1980년대 관련 번역서들이 몇 권 출간되었지만) 1990년대 이후라고 할 수 있다.

이러한 상황에서 자본주의 사회의 자원·환경문제를 비판적 사회이론의 틀 속에서 논의한 글들은 현장 활동가들과 학계 연구자들 양쪽 모두로부터 상당한 관심을 끌었던 것 같다. 특히 이 과정에서 환경 관련 연구자들은 서로의 문헌을 다소 비판적으로 인용하게 되었고, 이를 두고 독자들은 '논쟁'이라는 이름을 붙여주기도 했다. 뿐만 아니라 관련 학계에서 의도적으로 약간 다른 견해를 가진 연구자들 간에 '논쟁적' 글을 쓰도록 요청하기도 했다. 이렇게 해서 김환석 교수가 나의 글에 대해 "환경위기: 자본주의의 위기인가, 포드주의의 위기인가"라는 제목으로 비평의 글을 썼고, 나는 이에 대해 반박하면서 "자본주의 위기이며 동시에 포드주의 위기인 환경위기"라는 제목의 글을 발표하기도 했다. 이글들은 나의 저서 『환경사회이론과 국제환경문제』 (1995)에 실려 있는데, 이를 기꺼이 허용해준 김 교수께 다시 감사드린다. 이때가 1990년대 초반이었지만, 김 교수는 이 글을 쓰고 있는 2018년 8월에도 자신이 주도하는 카카오톡 단체 채팅방에 나를 초청해두고, 하루에도 20~30번씩 메시지를 올리는 열정을 보여주고 있다.

참고문헌

강성화. 1988. 「Marx에 있어서 자연과 인식의 문제: 초기저작을 중심으로」. 서울대학교 석사
    논문.
고창택. 1991. 「생명운동의 철학적 해명: 총체적 비판을 위해」. 미간행.
김덕현. 1991. 「환경문제와 제국주의」. 장상환·김의동 외 지음. 『제국주의와 한국사회』. 파
    주: 한울.
김두희. 1990. 「첨단산업의 첨단공해」. ≪말≫, 12월호.
김명자. 1991. 『동서양의 과학전통과 환경운동』. 서울: 동아.
김지하. 1991. "풍수사상을 다시 보니". ≪신동아≫, 1월호, 444~463쪽.
리프킨, 제리미(Jeremy Lipkin). 1984. 『엔트로피』. 김유정 옮김. 서울: 원음.
마르크스, 칼(Karl Marx). 1987. 『경제학-철학수고』. 김태경 옮김. 서울: 이론과실천
_____. 1989. 『자본론』, 제1권. 김수행 옮김. 서울: 비봉.
송상용. 1990. 「환경위기의 뿌리」. ≪철학과 현실≫, 여름호, 28~35쪽
시모네, 도미니크(Dominique Simonnet). 1984. 『생태학: 인간회복을 위하여』. 정문화 옮김.
    서울: 한마당
심재룡. 1990. 「동양철학의 관점에서 본 환경문제」. ≪철학과 현실≫, 여름호, 55~64쪽.
싱, 나린더(Narindar Singh). 1986. 『경제학과 환경위기』. 박덕제 옮김. 서울: 비봉.
알트파터, 엘마(Elma Altvater). 1990. 「정치경제학의 생태학적 비판 서론, 11개 테제」. 쿠진스키
    외 엮음. ≪전환기의 세계와 마르크스주의≫, 서울: 경남대학교극동문제연구소, 215~223쪽.
엥겔스, 프리드리히(Friedrich Engels). 1987. 『반뒤링론』. 김민석 옮김. 서울: 새길
이와사키·미야하라(岩崎允胤·宮原將平). 1987. 『자연과학과 변증법』. 김성연 옮김. 서울: 미
    래사.
조홍섭 편역. 1984. 『현대의 과학기술과 인간해방: 민중을 위한 과학기술론』. 서울: 한길사.
조홍섭. 1990. 「환경문제의 정치경제학」. ≪철학과 현실≫, 여름호, 47~54쪽.
최병두. 1990. 「한국의 산업화와 자원, 환경문제」. ≪현대사회≫, 겨울호, 77~99쪽.
_____. 1991. 「한국의 공간과 환경」. 서울: 한길사, 299~308쪽.
최재현. 1991. 「삶을 살리는 환경, 환경을 살리는 사회체제」. ≪사회평론≫, 창간호, 318~334쪽.
최창조. 1991. "산천은 생체와 같은데도……". ≪월간조선≫, 6월호, 556~567쪽.
츠루 시게토(都留重人). 1983. 『공해의 정치경제학』. 이필렬·조홍섭 옮김. 서울: 풀빛.
페퍼, 데이비드(David Pepper). 1989. 『현대환경론』. 이명우 외 옮김. 한길사
홍건영. 1990. 「Marx주의 철학에서 인간과 자연의 관계」. 서울대학교 석사논문.
환경과공해연구회. 1991. 「공해문제와 공해대책」. 서울: 한길사.
황태연. 1991a. 『과학기술혁명시대의 자본주의와 사회주의』. 서울: 중원문화.
_____. 1991b. 「환경위기와 맑스주의」. ≪겨레의 길≫, 창간호(상), 118~133쪽 및 제2호(하),
    120~152쪽.

Bennett, R. J. and R. J. Chorley. 1978. *Environmental Systems: Philosophy, Analysis and Control*. London: Methuen.

Bookchin, M. 1986. *Post-Scarcity Anarchism*. New York: Black Rose Books.

_____. 1989. *Remaking Society*, New York: Black Rose Books.

Burton, I., R. W. Kates and G. F. White. 1978. *The Environment as Hazard*. New York: Oxford Univ. Press.

Chapman, G. P. 1977. *Human and Environmental Systems: A Geographer's Appraisal*. London: Academic Press.

Devall, B. and G. Sessions. 1985. *Deep Ecology*. Utah: G. M. Smith.

Dunford, M. and D. Perrons. 1983. *The Arena of Capital*. London: Macmillan.

Engel, J. R. and J. G. Engel(eds.). 1990. *Ethics of Environment and Development: Global Challenge*. Tucson: International Response, Univ. of Arizona Press.

Glacken, C. J. 1967. *Traces on the Rhodian Shore: Nature and Culture in Western Thought from Ancient Times to the End of the Eighteenth Century*. Berkeley: Univ. of California Press.

Gold, J. R. and J. Burgess(eds.). 1981. *Valued Environments*. London: Allen & Unwin.

Hawley, A. H. 1950. *Human Ecology*. New York: Ronald Press.

Lewthwaite, G. R. 1966. "Environmentalism and determinism: a search for clarification." *Annals of the Association of American Geographers*, 56, pp. 1~23.

Lovelock, J. 1979. *Gaia*. New York: Oxford Univ. Press.

Naess, A. 1990. "Sustainable development and deep ecology." in J. R. Engel, and J. G. Engel(eds.). *Ethnics of Environment and Development: Global Challenge, International Response*. Tucson: Univ. of Arizona Press, pp. 87~96.

O'Riodan, T. 1981. *Environmentalism*, 2nd ed. London: Pion.

Peet, R. 1985. "The social origins of environmental determinism." *Annals of the Association of American Geographers*, 75, pp. 309~333.

Putman, R. J. and S. D. Wratten. 1984. *Principles of Ecology*. London: Croom Helm.

Quaini, M. 1982. *Geography and Marxism*. London: Basil Blackwell.

Sandbach, F. 1980. *Environment, Ideology and Policy*. Oxford: Basil Blackwell.

Schmidt, A. 1971. *The Concept of Nature in Marx*. New York: New Left Books.

Smith, N. 1984. *Uneven Development: Nature, Capital and the Production of Space*. London: Basil Blackwell.

Tuan, Y-F. 1974. *Topophilia: A Study of Environmental Perception, Attitudes and Values*. Englewood Cliffs: Prentice-Hall.

White, L. Jr. 1967. "The historical roots of our ecological crisis." *Science*. 155, pp. 203~207.

Worster, D. 1985. *Nature's Economy: A History of Ecological Ideas*, Cambridge: Cambridge Univ. Press.

제4장 환경정의론의 유형과 재구성

1. 환경정의론의 기반으로서 생태학

인간은 사회적 존재이며 또한 동시에 자연적 존재이다. 즉 인간은 고립된 개체로서 생존하기보다는 서로 일정한 관계를 구성하고 이를 통해 형성된 특정 사회 속에서 자신의 생활을 영위해나간다. 또한 인간은 자연의 일부분으로서 자연과의 부단한 관계 속에서 자신의 생존과 사회의 발전을 추구해나간다. 이와 같이 한 인간이 맺고 있는 사회적 관계와 자연과의 관계는 분석적으로 서로 분리될 수 있다고 할지라도, 존재론적으로는 서로를 전제한다. 달리 말해서 인간과 환경, 사회와 자연은 분리된 개별 실체들이 아니며, 따라서 이들에 대한 이분법적 접근은 극복되어야 할 것이다.

지리학은 오랜 전통 속에서 인간과 환경 간의 관계를 규명하는 학문으로 정의되어왔으며, 특히 이러한 개념은 라첼(Friedrich Ratzel)과 블라쉬(Vidal de la Blache) 등에 의해 주도되었던 근대 지리학의 발달 과정에 주요하게 함의되어 있었다. 그러나 근대 지리학에 대한 왜곡된 해석은 흔히 환경결정론과 환경가능론이라는 대립적 주장들을 강조하면서 인간과 환경 간의 관계를 암묵적으로 이원화시키는 경향이 있었으며, 오늘날 지리학 역시 이러한 경향을 크게 벗어나지 못하고 있다.[1] 이 문제에 덧붙여, 지리학은 이 관계에 대한 모호한 강조로 인해 인간사회나 자연환경 어느 한 영역에 대해서도 깊이 있게 고찰하지 못하는 문제를 안게 되었다.

반면, 근대 지리학의 성립과 비슷한 시기에 등장한 생태학은 처음 자연환경의 구성 요소들 간 관계와 이들로 이루어진 전체 체계를 연구하기 위한 학문으로 출발했지만, 최근에는 인간사회와 자연환경 간의 관계를 다루는 포괄적 학문으로서 새로운 관심을 끌고 있다. 이러한 관심은 물론 오늘날 점점 심화되고 있는 환경문제의 해결을 위한 노력에 기인한 것이지만, 학문적으로도 보다 유의한 이론적 틀을 잠재하고 있는 것으로 간주되기 때문이라고 할 수 있다. 이러한 이론적 틀은 인간과 환경 간의 관계와 더불어 자연을 전제로 한 인간과 인간 간의 사회적 관계를 포괄하는 것으로 인식되고 있으며 이에 따라 '생태학'이라는 이름으로 기존의 사회이론 및 철학적 사상들이 재조명되고 있다(Merchant, 1994; Hayward, 1994).

지리학과 생태학 간의 이러한 단순 비교는 어떤 학문의 상대적 우월성을 평가하기 위한 것이 결코 아니라, 인간과 환경 간의 관계를 다루는 학문으로 정의되는 지리학이 앞으로 나아가야 할 이론적 방향을 모색하고 또한 현실 환경문제를 해결할 수 있는 실천적인 방안들을 개발하기 위한 것이다. 이러한 점에서 최근 많은 지리학자들이 기존의 의미로 '생태학적'이라고 할 수 있는 과제들에 관심을 가지고 연구 결과들을 발표하고 있다(예로, Pepper, 1993; Harvey, 1996; Watts and Peet, 1996). 특히 이러한 연구들은 어떤 생태학적 '사실'들을 규명하기 위한 것이 아니라, 그들의 저서 제목에 함축된 바와 같이 사회환경적 '정의' 또는 '해방' 생태학의 강조 등 환경윤리와 새로운 사회-환경을 지향한다는 점에서 인간과 환경 간의 관계를 고찰하고자 했던 과거의 지리학과는 상이한 의미를 가진다고 할 수 있다.[2]

---

1 그러나 이의 대표적인 예외로, Glacken(1967) 참조.

2 1973년 하비의 『사회정의와 도시』의 출간 이후, 최근 지리학에서 정의에 관한 관심이 재등장하고 있다. Smith(1994), Merrifield and Swyngedouw(1997) 참조. Smith(1997: 19)는

생태학적 관점에 근거를 둔 환경정의론은 인간들 간 사회적 관계를 전제로 한 기존의 사회정의이론들을 단순히 인간사회와 자연환경 간 관계로 확장하거나 유추하는 것이 아니다. 또한 그 반대로 환경정의론은 개별 실체로서 동식물이나 심지어 무생물들이 그 자체로서 윤리적 존재인가, 또는 어떤 내재적 가치를 가지는가의 문제를 다루는 것도 아니다. 환경정의란 사회나 자연 각각의 영역에서 논의할 수 있는 어떤 정의로운 상황이 아니라 인간사회와 자연환경 간에 형성되는 정의로운 관계를 뜻한다. 물론 이러한 관계론적 환경정의 개념은 이를 위한 각 영역에서의 정의도 포함한다. 즉 환경정의를 실현하기 위해 사회적 정의는 필수적이며, 자연의 가치에 대한 존중도 중요하다. 나아가 관계론적 환경정의는 이 영역들을 포괄하는 생태계 전체(또는 이를 상징하는 지구, 행성, 이 땅 등)에서의 정의로움을 의미한다.[3]

이 글은 이러한 생태학의 재인식에 바탕을 두고, 새로운 사회-환경 관계를 지향하는 환경윤리로서 환경정의론을 재구성하고자 한다. 우선 환경정의론이 등장하게 된 배경으로 미국의 환경정의운동과 이에 의해 고취된 환경정의정책 및 이론적 논의 과정을 살펴본 후, 환경정의와 관련된 다양한 사회이론적 및 철학적 전통들을 살펴보고자 한다. 이어서 이들을 종합하고자 하는 기존 시도들을 분석해볼 것이며, 끝으로 환경정의와 관련된 고전적 사상들을 세 가지 유형, 즉 분배적 정의, 생산적 정의, 그리고 인정의 정의로 새롭게 범주화하고자 한다. 이 글은 이러한 연구를 통해 실제 세계의 관계들을 반영하는 환경정의론의 발전에 기여하기 위한 서론적 고찰이라고 할 수 있다.[4]

"사회정의의 개념이 지리학적 의제로 다시 등장"했지만, "이 의제를 다루는 지적 분위기는 1970년대 '급진지리학'과는 상당히 다르다"라고 강조한다.

3 이러한 의미에서 미국의 「전국유색인종환경지도자 제1차 회의 선언문」(1991)은 다음과 같이 천명한다. "1. 환경정의는 지구의 신성함과 생태학적 통일성, 모든 종의 상호결속 그리고 생태파괴로부터 자유로울 수 있는 권리를 인정한다. …… 3. 환경정의는 인간과 다른 생명체가 지속적으로 이 행성에서 살 수 있도록 땅을 윤리적이고 균형 있게, 그리고 책임 있게 사용할 권리를 명한다."

4 이러한 목적에서 진행된 일련의 연구에서 그 부분들에 관한 보다 상세한 고찰들로서, 최병

2. 환경정의론의 대두

현대 사회에서 생태적 지식은 규범화되면 될수록 사회통제를 위한 이데올로기적 또는 규율적 성격을 더 많이 담지하게 되는 내재적 딜레마를 안고 있는 것처럼 보인다. 생태학에 기반을 둔 환경정의론은 이러한 딜레마를 극복하기 위한 돌파구로서 제시될 수 있을 것이다. 즉 생태학은 인간사회와 자연·환경 간의 이원론을 극복하고 이들 간의 관계를 진정하게 이해할 수 있도록 하며, 그 연장선상에서 환경정의론은 비규율적(즉 해방적) 성격의 정형화를 통해 우리의 실천을 안내할 새로운 가치를 제시하고자 하기 때문이다. 사실 환경정의에 관한 주장은 1980년대 후반 이후 특히 미국에서 국지적 환경 및 생활공동체 운동을 전개해온 실천적 운동가들로부터 먼저 제기되었다.[5] 이들은 1970년대 이후 활발하게 전개되었던 환경운동이 점차 전국적 및 전 지구적 규모로 확대되었지만 이 운동의 주류 활동가들과 이들의 환경론은 도시 내 열악한 주거환경문제보다는 야생동물이나 자연 보호에 더 많은 관심을 가지면서 중산층 백인 중심으로 이루어지게 되었다고 비판하고, 그 대안으로서 환경정의운동을 제기하게 되었다(Szasz, 1994; Chiro, 1996 등 참조).

이와 같이 환경정의운동은 주류 또는 전통적 환경운동 및 이들이 견지했던 환경론의 지배적 의미들에 도전해 환경이론과 실천에 새로운 패러다임을 만들어내고자 했다. 이들은 처음부터 실천 과정에서 환경문제를 성·인종·계급의 문제들과 접합시켰으며, 또한 환경정의와 관련된 주장들은 활동가들의 실천에 바탕을 두고 제시되었다는 점에서 주류 환경운동 및 이들의 환경론과는 상이했다. 환경정의운동은 사회와 자연 간 구분의 거부, 인간의 생활이 이루어지는 도시환경의 중요성, 다양한 운동들 간 구분의 통합적 초월, 전통적 의미의 환경운동보다는 지역사회운동에 더 친화적인 활동 등의 특성을

두(1997a, 1997b, 1998), B-D. Choi(1997) 참조.

[5] 미국 환경운동의 전개 과정에 대해 Gottlieb(1993), Dowie(1995), Edwards(1995) 등 참조.

가졌다. 즉 "환경정의운동의 활동가들은 '새로운 환경주의자'로 그들 자신을 규정하기를 싫어한다. 왜냐하면 그들은 자신들의 활동이 바다의 '고래나 열대 우림의 보호'를 슬로건으로 내세운 '낡은' 환경운동을 탈피하기 위한 것이라고 생각하지 않기 때문이다. 환경정의운동가들은 보다 정확하게 '새로운' 시민권 또는 '새로운' 사회정의 활동가들로 이해될 수 있을 것이다"(Chiro, 1996: 303). 환경정의운동에서 새로운 것은 그 구성원들의 '고양된 환경의식'이 아니라, 혁신적 정치문화적 담론과 실천의 재정의 및 재구축 과정들을 통해 근본적으로 사회적 및 환경적 변화를 추구하는 방법들에 있다. 이는 다른 많은 것들 가운데 환경정의와 환경인종주의의 개념의 접합, 풀뿌리 정치조직의 새로운 형태의 조성을 포함했다.

국지적 생활공동체에 기초를 두고 있었던 이러한 환경정의운동들은 점차 상호 네트워크를 형성하게 되었고, 운동의 목적 및 환경정의의 세부 내용들에 대한 합의를 선언하게 되었다.[6] 이들은 환경정의운동의 목적을 환경 퇴락에 대한 반대와 더불어서 고유한 문화의 존중, 환경정의 자체의 보장, 경제적 대안의 촉진, 정치적·경제적·문화적 해방의 확보 등 다섯 가지로 설정하고, 이러한 목적을 실현하기 위하여 17가지 세부 내용들을 제시한 바 있다. 이러한 환경운동의 구체적인 실천은 좁은 의미의 자연환경이 아니라 공동체적 인간생활 및 삶의 질과 관련된 모든 환경적 조건들에 대해 관심을 가졌다 (Hofrichter, 1993: 3). 특히 환경정의운동은 인종적·계급적·성적 차별성에 의한 생태환경적 불평등에 초점을 두고, 문제 해결을 위한 상호 존중과 힘의 강화를 추구했다. 이러한 점에서, 하비(Harvey, 1996: 391)는 "한편으로 역량 강화와 인격적 자기 존중의 추구, 다른 한편으로 환경주의적 목적의 결합은

---

6 1991년 10월 워싱턴 D.C.에서 제1차 전국 유색인 환경지도자회의가 있었다. 이 회의에는 미국 전역에서 모인 500여 명의 유색인 환경지도자들이 모여서 '변화를 위한 다인종적 운동'을 전개하기로 하고, 「환경정의의 원칙(Principles of Environmental Justice)」을 채택했다 (Chiro, 1966 등 참조).

환경정의를 위한 운동이 매우 독특한 방법으로 생태적 정의의 목적과 사회적 정의의 목적을 엮어냄을 의미한다"라고 해석했다.

실천적 환경정의운동에서부터 시발되었던 환경정의에 관한 주장은 미국 정부의 정책에도 크게 반영되었을 뿐만 아니라, 학문 세계에도 주요한 반향을 불러일으켰다. 환경정의운동의 영향으로 1992년 미국에서는 환경정의 관련 법이 제정되었으며, 클린턴 행정부의 집권을 위한 인수 과정에서는 환경정의팀이 구성되어 환경문제의 인종적·계급적 불평등에 관한 자료 수집과 정책 대안의 제시가 이루어지기도 했다(Dowie, 1995; Hartley, 1995; Ferris and Hahn-Baker, 1995). 학문 영역에서 환경문제를 사회정의와 관련시켜 분석 또는 이해하고자 하는 시도는 물론 1970년대부터 있었지만(Smith, 1974; Heinegg, 1979), 환경정의에 관한 학술적 연구는 실천적 환경정의운동이 어느 정도 자리를 잡고 난 이후, 즉 1990년대 들어와서 본격적으로 추진되었다. 이 점은 1990년대 전반 및 중반부에 환경정의와 관련된 많은 단행본들이 발간되었을 뿐만 아니라, 사회학, 정치학, 지리학, 환경학(좁은 의미) 분야 등에서 많은 학술지들이 환경정의에 관한 특집 주제로 다루었다는 사실에서도 확인된다.[7] 환경정의와 관련된 문헌들은 크게 두 가지 유형, 즉 환경정의의 개념을 보다 세련시키고 이론적으로 정형화하는 작업, 그리고 이 개념을 현실 세계에 응용해 다양한 차원에서 환경문제를 분석하거나 또는 환경정책을 제시하기 위한 노력으로 구분된다.

환경정의를 개념화하고자 하는 연구는 우선 환경정의운동에서 제시되었

---

7 이러한 학술지의 이름과 출판 시기, 특집의 제목 등은 다음과 같다. "Social Equity and Environmental Activism: Utopias, Dystopias and Incrementalism," *Qualitative Sociology*, 1993, Vol. 16(3); "Green Justice: Conceptions of Fairness and the Natural World," *Social Issues*, 1994, Vol. 50(3); "The Environmental Challenge to Social and Political Philosophy," *Social Theory and Practice*, 1995, Vol. 21(2); "Race, Waste, and Class: New Perspectives on Environmental Justice," *Antipode*, 1996, Vol. 28(2). 우리나라에서도 ≪환경과 생명≫, 1997년 14호(겨울호)에서 '환경정의, 그 이론과 실천'이라는 주제의 특집을 다루고 있다.

던 여러 가지 주장들을 정리해 체계화하는 작업에서부터 시작되었지만, 점차 학문적 영역으로 깊게 들어감에 따라 사회정의와 관련된 기존의 다양한 사회이론적 또는 철학적 전통이나 사상들 가운데 특정한 입장과 관련지어 새로운 환경정의의 개념을 구축하고자 했다(Wenz, 1988; De-Shalit, 1995). 이러한 전통이나 사상들에는 아래에서 논의할 바와 같이 자유론, 공리주의, 계약론 등 자유주의 정의론과 맑스주의 정의론, 포스트모던 정의론 등이 포함되며, 칸트적 정의론, 덕목적 정의론, 동물권 개념, 생물종 개념 등 그 외 많은 관점이나 입장들도 도입되어 환경정의에 관한 논의를 다채롭게 했다. 또한 환경정의론이 어떤 측면에 초점을 두는가에 따라 형식적 정의론과 실질적 정의론으로 구분되거나 또는 자원의 수혜와 부담의 배분에 있어서의 분배적 정의론이 강조되기도 했다. 그리고 다양한 이론들의 개진으로 인해 환경정의의 개념이 혼돈을 일으키거나 때로 대립적 갈등을 유발하게 됨에 따라, 이 개념을 둘러싸고 크고 작은 논쟁들이 빈번하게 제기되었다(Almond, 1995). 뿐만 아니라 일부 학자들은 개별 환경정의론들이 가지는 한계를 극복하기 위해 이들 각각의 장단점들을 고찰한 후 종합하거나, 또는 각 환경정의론이 제시되는 학문적 및 현실적 배경을 고찰하고 이에 내재된 문제점들을 분석하기도 했다. 이러한 학문적 열기 속에서 환경정의에 관한 학술적 관심이 전 세계적으로 확산됨에 따라, 1997년 호주에서 환경정의에 관한 대규모 국제학술대회가 개최되기도 했다(문순홍, 1997).[8]

환경정의에 관한 연구는 이와 같이 단지 이론적으로만 이루어진 것이 아니라, 이를 현실 세계에 적용해 환경문제의 사회공간적 불평등을 경험적으로 분석하고(Bowen et al., 1995)[9] 이를 해소하고자 하는 환경정의운동에 보다

---

8 최근 국내에서도 환경정의에 관한 관심이 높아지고 있다. 토다 키요시(1996), 이상헌(1995) 등 참조.

9 국내에서, 환경정의론과 직결되지는 않지만 환경 불평등에 관한 경험적 연구로, 이정전(1988), 최병두(1995) 등 참조.

세련된 환경정의의 이념을 제시하거나, 또는 국내 및 국제 환경정책들에 주요한 원칙이나 지침을 제시하기도 한다(Bullard, 1993; Bullard, 1994; Westra and Wenz, 1995; Bryant, 1995). 환경정의의 관점에서 환경문제의 분석은 자원 이용이나 비용 부담, 피해의 방어 능력, 특히 부의 외부효과를 발생하는 여러 가지 환경기초시설들(매립장, 소각로, 핵발전소 등)의 입지 등이 사회공간적으로 불평등하게 이루어지고 있음에 관심을 가지고, 그 불평등이 발생하게 되는 이유를 설명하고자 했다. 특히 미국 사회에서 환경적 불평등은 가장 기본적으로 인종적 차별성에 의해 이루어진다는 점에서 '환경적 인종주의'라는 용어가 제시되었다(Bullard, 1993; Westra and Wenz, 1995). 그러나 다른 한편 자본주의 사회에서 인종 변수는 빈곤, 저소득, 사회경제적 능력의 부재 등으로 환원될 수 있으며 따라서 궁극적으로 계급적 문제로 간주되어야 한다고 주장되기도 한다(Heiman, 1996). 환경적 불평등을 야기하는 주요 요인이 인종이든 계급(또는 성)이든 간에 이에 관한 연구들은 환경정의운동을 고무시켰을 뿐만 아니라(Cutter, 1995), 이러한 문제를 해결하고자 하는 정책들의 개발을 촉진했다.

환경정의의 실현을 위한 정책의 개발은 우선 이 개념에 기초한 정책기조 또는 원칙들을 제도화했으며,[10] 보다 구체적으로 환경문제의 사회공간적 불평등을 시정하고 새로운 정책들이 더 이상 이러한 불평등을 야기하지 않도록 입안·시행되어야 한다는 점을 강조했다. 뿐만 아니라 환경정의와 관련된 정책적 논의는 정책의 입안 및 시행 과정의 민주성을 강조한다. 즉 환경정의의 원칙은 환경 관련 정책들에서 경쟁하는 대안들 간에 선택을 위한 기준을 제시할 뿐만 아니라 환경정의 개념의 응용은 정책의 합리적 의사 결정 및 그 효과의 형평성 확인을 위해 시민들의 참여를 필수적으로 요구한다는 점에서 '생태적 민주주의'의 개념을 만들어내기도 했다(Mathews, 1996; Lafferty and

---

10 우리나라의 경우, 1997년 「환경윤리에 관한 서울선언문」에 환경정의가 네 가지 원칙들 가운데 하나로 천명되었다.

Meadowcroft, 1996). 이러한 환경정의 개념을 응용한 경험적 연구나 정책적 대안 제시는 일국적 상황을 넘어 국제적 규모로 확대되고 있다. 예로, 선진 국들의 자본에 의해 직간접적으로 촉진되고 있는 후진국들의 열대림 개발과 원주민들의 생활 및 문화 터전의 파괴, 또는 선진국들의 공해산업과 폐기물 질들의 후진국 수출 등은 국제적 환경정의의 측면에서 강력히 비판되었으며, 지구온난화 등 지구적 환경문제의 해결을 위한 부담에 있어서도 국제적 환경정의의 개념이 응용되기도 한다(Cooper and Palmer, 1995; Reus-Smith, 1996; Michael, 1997).

3. 환경정의론의 여러 유형

실천적 운동에서부터 제기되었던 환경정의에 대한 관심이 학문적 영역으로 확대됨에 따라, 이와 관련된 많은 개념적 및 응용적 연구들이 촉진되었다. 이러한 연구들은 명시적으로 또는 암묵적으로 환경정의에 관한 특정한 관점에 기초했다. 특히 환경정의에 관한 개념적 연구들은 보다 분명하게 정의에 관한 고전적 전통이나 사상들에 기초해 그 개념을 정형화하고자 했다. 또한 환경정의의 개념이 환경운동이나 환경정책 분야에서도 많은 관심을 끌게 되자, 환경활동가들이나 환경정책가들은 환경정의의 개념을 임의적으로 주장하거나 또는 기존의 정의론들을 차용해 자신들의 입장을 뒷받침하고자 했다. 뿐만 아니라 정의에 관한 모든 고전적 이론들이 환경정의의 개념화를 위해 동원될 수 있다는 점에서 전반적으로 재검토되기도 했다. 환경정의 개념에 관한 이러한 연구들에서 흔히 논의되고 있는 사회이론적 및 철학적 전통이나 사상들은 자유론, 공리주의, 계약론, 맑스주의, 포스트모더니즘 등을 포함하며, 이들의 특성과 주요 내용은 〈표 4-1〉과 같이 요약된다.[11]

자유론적 정의론은 정의에 관한 모든 문제들이 자유시장(과 법정)을 통해

표 4-1 **환경정의론의 여러 유형들**

구분		원리	주요 내용	고전 사상가
자유주의적 환경정의론	자유론	자유와 보상	타인의 생명과 재산에 영향을 미치는 행위를 제외한 모든 행위들은 허용되지만, 만약 이 (환경오염)행위로 피해를 미쳤다면 적절하게 보상해야 한다.	로크
	공리주의	최대 복지 (공동의 선)	환경 개발의 이익이 환경 보전에 의한 복지를 더 크게 훼손하거나, 개인의 재산권 행사가 사회생태적 문제를 유발한다면, 공동의 선의 관점에서 제한될 수 있다.	벤담, J. S. 밀
	계약론	최소최대화 와 공정성	자원이용, 이를 위한 소득, 오염으로부터 자유로울 수 있는 자존감 등은 이들의 불평등한 분배가 최소수혜자에게 이득을 주지 않는 한 평등하게 분배되어야 한다.	루소, 롤스
맑스주의 환경정의론		필요와 노동	인간과 자연 간을 매개하는 노동 과정에 공동체적으로 참여하며, 이를 통해 생산된 자원을 필요에 따라 분배한다.	맑스
포스트모던 환경정의론 (심층생태학 포함)		공생과 차이	다양성과 공생은 발전의 잠재력이며, 타자성이 존중되고, 생태적 및 문화적 차이들이 인정되어야 한다.	스피노자, 니체

---

11 정의와 관련된 사상의 전통들은 관점에 따라 여러 가지 유형으로 구분될 수 있다. 예로 Davy(1997)에 의한 다음과 같은 유형 구분 참조(〈부표 4-1〉).

부표 4-1 **정의에 관한 세 가지 개념**

구분	엘리트주의적 정의 (자유론적 정의)	공리주의적 정의 (계약론적 정의)	사회적 정의 (롤스적 정의)
기본 공리	강자가 지배하도록 하자.	행복을 최대화하자.	고통을 최소화하자.
선호되는 집단	강자	다수	빈자
정부	최소 국가	경찰국가	복지국가
전형적 제도	시장의 보이지 않는 힘	국가의 보이는 힘	부의 재분배
선도적 학자	니체, A. 스미스, 하이에크	홉스, 벤담, J. S. 밀	루소, 맑스, 롤스

자료: Davy(1997: 267).

해결될 수 있다는 신념에 기초하며, 대표적인 사상가는 권리(특히 재산권), 자유(불간섭), 평등 등을 강조한 정치철학자 로크(Locke) 등이다(Wenz, 1988: ch. 4). 이 이론에 의하면, 개인들은 모든 사람들에게 동일하게 평등한 권리를 존중하는 한, 그들이 원하는 것을 할 수 있도록 허용된다. 즉 이 정의론에서 첫째 원칙은 사람들이 강제나 기만에 의하지 아니하고 자신의 사유재를 자유롭게 거래할 수 있을 경제적 정의가 보장된다는 점이다. 국가는 강제나 기만이 이루어지지 않도록 보장하는 것 이상을 수행하지 않도록 한다. 둘째 원칙은 사유재산권의 침해로 발생한 손상에 대한 보상이 이루어져야 한다는 점이다(Wenz, 1988: 64). 이러한 자유론적 정의론을 환경 부문에 응용하면, 개인 또는 집단(기업, 정부를 포함)은 다른 사람들의 생명과 재산에 영향을 미칠 수 있는 행위를 제외한 모든 행위들을 할 수 있으며, 만약 그 행위로 피해를 미쳤을 때는 적절하게 보상을 해주어야 한다고 주장된다.

자유론적 환경정의론은 현대 사회에서 최소한의 유의성을 가질 수 있다. 예로, 이는 타인의 생명과 재산상의 피해를 유발하는 오염 행위, 특히 기업의 오염물질 배출 행위나 정부의 환경 개발 사업들 또는 오염 유발 시설들의 입지는 중단되어야 하며, 만약 이러한 행위들에 의해 사유재산권의 손실을 입게 된다면 이를 적절하게 보상해주어야 한다는 주장을 정당화한다. 그러나 자유거래와 보상의 원칙이 환경정의를 완전히 보장하기는 불충분하며, 때로 환경정의에 역행할 수도 있다. 우선, 환경을 오염시킨 사람이 이 오염에 의해 생명과 재산상에 영향을 받은 모든 사람들로부터 동의를 얻거나 또는 적절한 보상을 해준다는 것이 현실적으로 불가능하다. 또한 보다 근본적인 문제는 자유론적 정의론이 채택하고 있는 원칙들은 사유재산권을 인간의 기본 권리로 전제하고 있다는 점이다. 이러한 사유재산권의 인정에 의한 자연환경의 배타적 소유의 허용은 비록 '현명한' 이용을 통해 직접적 또는 단기적으로 타인이나 사회 전체에 문제를 유발하지 않는다고 할지라도, 간접적 및 장기적으로 큰 영향을 미칠 수도 있다. 뿐만 아니라 이러한 점에서 사유재산권에 개입하게 되면 자유론적 환경정의론은 그 자체로서 논리적 모순을 안게 된다.

공리주의적 정의론은 도덕적 효용을 최대 복지(행복, 선호 만족, 또는 명예 등)의 원칙에 두고 있으며, 벤담 및 밀의 사상에서 도출된다(Wenz, 1988: ch. 8; De-Shalit, 1995: ch. 3). 이들은 '정의'의 개념에 대해 다소 경멸적이거나 또는 다른 도덕적 개념으로 대체하고자 했지만, 그들의 사상은 정의론에서 주요한 의미를 가진다. 특히 이 정의론이 가지는 정책적 함의는 혜택에 대한 부담(즉 편익에 대한 비용)을 측정해 부담에 비해 혜택이 가장 큰 행위의 선택을 정당화한다는 점이다. 공리주의는 인간의 권리(그리고 동물의 권리도)를 인정하지만, 이 권리는 결코 절대적이거나 무제한적인 것이 아니라 '공동의 선'이라는 점에서 그 한계가 부여된다. 이러한 공리주의적 정의론이 환경문제에 적용될 경우, 정부의 환경 개발이 환경보전에 의한 국민들의 복지를 더 크게 훼손한다면, 또는 개인의 자유로운 행동이나 재산권의 행사가 자연환경의 고갈과 사회적 환경오염 문제를 유발한다면 이는 '공동의 선'이라는 관점에서 (심지어 보상 없이도) 제한될 수 있다는 주장이 정당화된다. 이 이론은 자연환경을 매개로 개인들 간의 관계뿐만 아니라 인간과 동물(예로, 종의 보전, 채식주의, 동물실험)들 간의 관계에도 전형적으로 응용될 수 있다(즉 인간의 복지에 큰 도움이 되지 않는다면, 동물의 권리는 보호되어야 한다)고 제시한다 (Singer, 1993).

이러한 공리주의적 정의론은 자유주의적 정의론에 비해 보다 합리적이고, 유연하며, 포괄적이라고 할 수 있다(Wenz, 1988: ch. 8). 그러나 공리주의적 환경(정의)론에 내포된 함의는 여러 가지 문제점들을 안고 있다. 첫째, 공리주의는 사회 한 부분의 이익이 다른 부분의 손실과 비교했을 때 전체적으로 이익이 더 많다면 그 행위는 사회적으로 수혜적인 것으로 간주한다. 그러나 이러한 인식은 전체 사회에 수혜적이라는 명분으로 특정 개인이나 집단 및 지역에게 부당한 손실을 감수하도록 요구하는 환경 규제, 환경 개발, 시설

입지 등의 정책을 지지하는 경향이 있다. 또한 공리주의적 정의론이 원칙으로 하는 행복이나 선호 만족의 최대화에서 이들이 측정·비교·대체될 수 있다고 가정한다. 그러나 상이한 요소들을 동일한 기준으로 측정하고 비교하는 것은 거의 불가능하며, 또한 경제적 선호와 생태적 선호 간 대체 가능성의 인정으로[12] 환경 퇴락을 오히려 촉진시킬 수 있다. 나아가 공리주의적 정의론에서 강조되는 공동의 선 개념은 공동체적 호혜성을 강조하는 정의론과는 무관하거나 대립적이며(Rawls, 1971: 315), 때로 전체주의적 이념으로 빠질 우려가 있다.

계약론적 정의론은 국가의 법이나 공동체의 규범을 준수하는 의무는 피통치자들의 계약이나 합의에 기초한다는 루소의 정치이론이나 또는 현대 철학에서 공정성과 절차적 합리성을 강조하는 롤스의 정의론에서 찾아볼 수 있다(De-Shalit, 1995: ch.4). 특히 롤스의 정의론은 사회의 도덕적·정치적 주장들의 근저에 깔린 정의의 원칙들을 밝히고, 이 원칙들은 공정하다고 합의될 절차의 결과로서 모든 사람들에게 인정될 수 있음을 증명하고자 한다.[13] 그의 이론은 계약에 참여하는 당사자들이 '원초적 입장'이라고 불리는 가설적 입장에서 정의의 원칙을 선택한다고 가정한다. 이 원초적 입장은 당사자들의 인지상의 조건으로서 '무지의 베일', 그리고 동기상의 조건으로 '상호 무관심적 합리성'이라는 두 가지 조건에 의해 규정된다. 이 조건들 하에서 "모든

---

12 예로, 저소득 또는 소수인종 지역사회에서, 그들의 인근에 공해산업이 입지하여 얻게 되는 경제적 이익과 직장에 대한 선호는 보다 안전한 환경으로부터 얻을 수 있는 공중보건을 대체할 수 있다.

13 롤스에 의하면, 가능한 모든 사회가 다 정의의 원칙을 요구하는 것이 아니며 어떤 사회에 있어서 정의의 원칙에 대한 필요성이 생기게 하는 데는 배경적 조건이 있다. 이와 관련해 롤스가 제시한 객관적 여건은 생태학적으로 주요한 의미를 가진다. 즉 롤스는 정의의 원칙에 대한 필요성이 대두되는 중요한 객관적 조건으로 제자원의 적절한 부족(moderate scarcity)이라는 여러 가지 자원이 협동체제가 필요 없을 정도로 풍족한 것도 아니며 보람 있는 협동체가 결렬되기 마련일 정도로 궁핍한 것이어서도 안 된다는 점을 가정한다(Rawls, 1971: 126~128).

사회적 기본가치 — 자유와 기회, 소득과 부 그리고 자존감의 기반 등 — 는 이의 일부 혹은 전부의 불평등한 분배가 최소수혜자에게 이득을 주지 않는 한 평등하게 분배되어야 한다"[최소극대화(maximin)의 원칙](Rawls, 1971: 62, 303). 여기서 말하는 '사회적 기본 가치'에 자연의 직접적 이용 기회 또는 형평적인 소득분배를 통한 자원 이용의 평등성, 환경오염으로부터 자유로울 수 있는 자존감 등을 포함시킨다면, 롤스의 정의론은 생태환경 문제에 직접 적용될 수 있다. 뿐만 아니라 이 무지의 베일 속에 있는 당사자들에 미래 세대나 동물들을 포함시킴으로써 보다 확장된 환경정의론으로 응용할 수 있다는 주장들이 제시되기도 했다(Manning, 1981; Singer, 1988).

계약론적 정의론, 특히 롤스의 정의론은 다른 자유주의적 정의론들에 비해 많은 관심을 끌고 있으며, 환경정의론의 여러 측면들에도 응용되고 있다. 이 이론은 자유와 평등, 효용과 권리의 사고들을 결합시키고, 서구의 자유민주주의적 이상을 위한 새로운 기반을 제공하는 것으로 평가되기도 한다. 그러나 그 자체의 논리에서나 또는 환경정의론에의 응용, 그리고 일반적 관점에서도 문제가 있는 것으로 지적되고 있다. 그 자체의 논리에 있어서 롤스는 현실적으로 불가능한 '원초적 입장'을 가설적으로 설정하고 있으며, 여기서 예로 당사자들은 한편으로 결과가 자신의 이해관계와 어떻게 관련될 것인가를 알지 못하기 때문에 정의의 원칙들에 합의하게 되지만, 다른 한편으로 각 개인은 자신의 이해관계에 의해서만 정의의 원칙들에 도달하는 것으로 가정되는 모순을 보이고 있다. 또한 환경정의론에의 응용에 있어 무지의 베일 속 당사자들에 미래 세대나 동식물(심지어 무생물도)을 포함시키고자 하지만, 이들은 자신들이 정의에 따른다는 의식을 가지지 않을 뿐만 아니라, 롤스 스스로 인정한 바와 같이(Rawls, 1971: 512) 현세대 인간들과 대등한 입장에서 계약에 참여할 수 있다고 간주하기 어렵다(Achterberg, 1993; Thero, 1995).

이상에서 논의된 자유론적 정의론, 공리주의적 정의론, 그리고 계약론적 정의론은 모두 넓은 의미의 자유주의적 정의론에 속한다고 할 수 있다.[14] 이들은 세부적으로 여러 가지 측면들에서 차이가 있으며, 때로 상호비판적이 지만 정의를 개인들 간 의무 관계 및 사회적 균형과 조화라는 관점에서 이해 하며, 또한 분배적 측면에서 정의를 강조한다는 점 등에서 포괄적인 공통성 을 가진다. 이러한 점에서 롤스는 고전적 공리주의적 정의론을 비판하지만, 그 역시 공리주의의 한계를 벗어나지 못했다고 비판받는다. 또한 롤스가 제 시한 원칙들은 자유방임적인 고전적 자유주의의 재현이 아니라 평등주의적 복지이론과 양립 가능한 자유주의라는 점에서 차이가 있지만, 넓은 의미로 이 원칙들에 반영되어 있는 도덕적·정치적 이념은 자유주의적 이데올로기 라고 할 수 있다(Luper-Foy, 1992). 이러한 자유주의적 (환경)정의론은 환경 평등, 갈등 해소, 정당한 몫 분배, 협상을 통한 타결 등 여러 가지 자유주의적 개혁들을 뒷받침하지만 이러한 정책들은 단지 들어난 문제들만을 해소하고 자 한다는 점에서 '현 상태'를 지지하는 경향이 있는 것으로 비판받기도 한다 (Heiman, 1996).

이러한 자유주의적 환경정의론에 내재된 문제성을 해소하고 환경정의에 대한 대안적 개념을 모색하기 위해 맑스주의적 환경정의론 또는 포스트모던 환경정의론이 논의되고 있다. 맑스주의나 포스트모던 철학은 공통적으로(그 러나 각각 다른 이유에서) 환경정의의 개념이나 이론을 지배권력을 정당화시 키는 이데올로기라고 비판하기도 하지만, 명시적 또는 암묵적으로 환경정의 론을 추구하고 있다. 그러나 이러한 입장들에서의 환경정의론 역시 많은 문 제들을 안고 있기 때문에 그 자체로서 완결된 것은 결코 아니며, 앞서 지적 한 바와 같이 상호 보완적으로 결합해 새로운 종합적 환경정의론으로 정형 화되어야 할 것이다.

맑스주의적 환경정의론은 인간과 자연 간을 매개하는 노동에의 공동체적

---

14 여기서 좁은 의미의 '자유론적(libertarian)' 정의론 그리고 보다 광의적(포괄적)으로 '자유주 의(liberalism)'에 기초한 정의론을 구분하고자 한다. 후자에 관한 논의로 Reppy and Hampson(1996), De-Shalit(1997) 등 참조.

참여와 그 생산물인 자원의 필요에 따른 분배에 기초해 있다.[15] 맑스는 그의
저술들 전반에 걸쳐 정의, 권리, 평등 등과 같은 개념들이 사회조직이나 이의
정치적 전환을 위해 기본이 된다는 사고를 부정하는 것처럼 보인다. 그는 이
러한 개념들이 이데올로기적으로(또는 사법적으로) 사용하고자 하는 부르주
아뿐만 아니라 이들을 유토피아적으로(즉 보편적으로) 사용하고자 하는 사회
주의자들을 강하게 비판한다. 그러나 맑스는 다른 한편으로 자본주의 사회
에서 자본-노동 간 불평등 관계를 혹독하게 비판할 뿐만 아니라, 예로 『고타
강령 비판』에서 '무엇이 공평한 분배'인가에 관해 논의하면서(Marx, 1994) 사
회주의 사회에서 노동 생산물들의 분배를 관리하기 위한 정의의 원칙을·명
시적으로 제시하고 있다. 특히 여기서 그가 제시한 '능력에 따라 각자로부터,
필요에 따라 각자에게로'라는 슬로건은 정의에 관한 그의 입장을 극명하게
나타내는 것으로 이해되고 있다. 이러한 맑스의 입장에 의하면 사회정의는
공동체적 생산관계를 통해 노동에 참여할 수 있는 능력과 이를 통해 생산된
결과물의 필요에 따른 분배를 의미한다고 할 수 있다.

이러한 맑스주의 환경정의론을 분배적 정의의 관점에서 보면 호혜적 정의
를 강조하는 일부 자유주의적 정의론(예로, 롤스의 정의론)과 유사한 내용을
가진다. 그러나 후자가 대체로 절차적 또는 형식적 정의로서 호혜성을 강조
한다면, 전자는 보다 실질적인(그 결과로서) 정의로서 호혜성을 강조한다. 뿐
만 아니라 아래에서 논의할 바와 같이, 맑스의 정의론에서 가장 핵심적인 부
분은 분배적 정의가 아니라 '생산적 정의'라고 불릴 수 있는 개념이다. 생산
적 정의는 인간과 자연 간의 노동 과정에서 공동체적으로 참여함으로써 자
신과 공동체의 다른 구성원들의 필요 충족뿐만 아니라 자연과의 소외되지

---

15 맑스의 저술들에 대해 정의론 일반에 관한 연구들(Buchanan, 1982; Geras, 1985; Pruzan,
   1989; Peffer, 1990)과 생태학 일반에 관한 연구들(Schmidt, 1971; Parsons, 1977; Lee,
   1980; 그룬트만, 1995)은 많이 있지만, 이를 결합시킨 환경정의론적 연구는 없는 것처럼 보
   인다(Choi, 1997).

아니한 노동 그 자체로서 자아실현을 추구한다. 물론 맑스의 환경정의론은 인간과 자연 간의 관계에서 전자(즉 인간 본성)에 더 큰 비중을 두고 있는 인간중심주의적이라고 비난받거나(Eckerley, 1992), 생산성의 지속적 발전을 강조함으로써 자연의 무제한성을 전제로 하는 것처럼 보이며 기술중심주의적 편향이라고 의심받기도 하고(Jung, 1983), 또한 인간과 자연 간 관계뿐만 아니라 자연을 매개로 한 인간들 간의 관계에서 물질적 측면을 강조함으로써 상징적 측면에 대한 통찰력을 제공하지 못하고 있다고 비판받기도 한다.

포스트모던 환경정의론은 스피노자나 니체의 철학(Naess, 1977; Hallman, 1991; Choi, 1998)에 소급되지만, 최근 몇 가지 주요한 환경론, 특히 심층생태학 및 이와 관련된 에코페미니즘이나 포괄적으로 '급진적 환경론'이라고 불리는 환경론, 그리고 포스트모던 철학자들의 군(群)에 직접 속하는 학자들의 주장에서 찾아볼 수 있다.[16] 이에 속하는 이론이나 주장들은 세부적으로 많은 차이가 있지만, 환경위기를 포함한 현대 사회 위기의 근원을 서구 문명에서 찾으며, 자유주의적 이론들뿐만 아니라 맑스주의적 이론들도 이러한 문명을 뒷받침했던 거대 서사라는 점을 비판한다는 데서 공통점을 가진다. 또한 이들은 어떠한 단일 생물체의 종들도 다른 종들보다 우월한 권리를 가지지 않는다는 주장에 기초해 (생태)공동체를 지향한다.[17] 이러한 포스트모던 환경론과 관련된 다른 유파들을 선도하고 있는 네스(Naess, 1989: 200~202) 및 들뢰즈와 가타리(Deleuze and Guattari, 1987: 10)에 의하면 다양성, 복잡성 그리고 공생은 근본적인 잠재력이며 이 잠재력의 실현은 다원적이며 질적으로 상이하다고 주장한다. 또한 '차이'를 강조하는 포스트모던 정의론의 입장에서, 예를 들어 체니(Cheney, 1990: 6)는 우리 문화에서 탁월한 지배의 논리

---

16 포스트모던 생태학 일반에 관해 Bordessa(1993), Gare(1995), Gandy(1996), Conley(1997) 등 참조. 또한 심층생태학에 관해 Naess(1989), Sessions(1995) 등 참조.

17 심층생태학의 생태중심적 평등 원칙은 그러나 모든 생명의 부분들 간에 어떤 계층적 질서가 있다는 점에서 절대적 평등의 이상을 주장하는 것은 아니다(Naess, 1973: 95; Naess, 1989: 168, 174).

는 타자로서 타인에 대한 관심의 부족에 기인한다고 지적하면서, 생물지역주의(bio-regionalism)에 기초해 타자성을 존중하고 어떠한 타협에의 압력 없이 생태적 및 문화적 차이들이 존재할 수 있도록 해야 한다고 주장한다(또한 Cheney, 1989, 1990; Frodeman, 1992; Smith, 1993 등 참조).

포스트모던 환경(정의)론은 기존의 거의 모든 사회이론적 및 철학적 전통들을 부정하고 새로운 담론을 지향한다는 점에서 많은 관심을 끌고 있다. 특히 이 유형의 환경정의론은 생태적·문화적 차이들 속에서의 공생을 강조한다는 점에서 실질적으로 중요한 의미를 가지며, 나아가 이러한 차이에 근거한 타자와의 상호'인정'을 전제로 한다는 점에서 주요한 시사점을 제시하고 있다. 그러나 포스트모던 환경정의론은 자연생태 그 자체에 어떤 '내재적 가치'를 가지는 것으로 강조함으로써 때로 생태적 신비주의에 빠지는 경우도 있으며, 실제 매우 암묵적으로 이러한 자연의 가치를 인정하는 것이 결국 인간이라는 사실을 인정함으로써 내적 논리의 비일관성을 드러내기도 한다. 이러한 점에서 하비(Harvey, 1996: 168)는 심층생태학이 자연으로부터의 분리로 인해 인간 잠재성(즉 맑스의 용어로 인간 본질 또는 류적 존재)으로부터도 근본적으로 소외되었으며, 이와 같이 잃어버린 연계를 회복하기 위해 '자아실현'을 위한 직관적 또는 현상학적 노력을 하고 있다고 해석한다. 끝으로 포스트모던 환경(정의)론은 고전적 거대 이론들이 그 자체로서 근대적 합리성을 뒷받침했다는 점에서 총체적으로 거부하지만, 만약 이들이 강조하는 공생과 차이 그리고 상호인정의 개념들을 포괄하는 환경정의 이론이 체계적으로 정형화될 수 있다면 이러한 이론이 굳이 거부되어야 할 이유는 없는 것처럼 보인다.

4. 환경정의론의 재구성

1) 환경정의론의 종합을 위한 시도들

환경정의에 대한 관심이 급속히 확산되면서 이의 개념화를 위한 다양한 사회이론적 및 철학적 전통들이 동원됨에 따라, 환경정의론은 매우 보수적이고 우파적인 경향에서부터 상당히 급진적이고 좌파적인 경향에 이르기까지 다양한 유형들을 포괄하게 되었다. 그러나 이러한 상황에서 환경정의론은 한편으로 실천적 지향으로서 규범성, 다른 한편으로 정치적 이데올로기 담론이라는 딜레마에 봉착하게 되었다. 즉 로와 글리슨(Low and Gleeson, 1997: 32)은 드라이젝(Dryzek, 1987: 59)이 지적한 바와 같이 생태적 합리성이 전체주의적 프로젝트를 위한 기반이 될 수도 있는 것처럼 "환경정의도 이러한 경향에 반대하는 어떤 명시적 장치를 구축하지 않을 경우, 전체화하는 프로젝트가 될 수 있다"라고 주장한다. 이와 같은 맥락에서 하비는 환경정의론이 때로는 정치권력의 통치방식 또는 지배집단의 생활양식을 정당화하는 어떤 합리성으로 동원될 수 있음을 지적하고, 이로 인해 "갈등은 정의로운 해결책과 부정의한 해결책들 간이 아니라 정의에 대한 상이한 개념화들 간에서 발생"하며, 따라서 우리는 "사회정의론들 가운데 어떤 것이 사회적으로 가장 정의로운 것인가"를 결정할 필요가 있다고 주장한다(Harvey, 1996: 397~398).

물론 이러한 문제에 봉착해, 하나의 환경정의론이 다른 어떤 환경정의론들에 비해 우월하다고 주장하기는 어려우며, 또한 벤츠(Wenz, 1988)가 주장하는 바와 같이 설령 어떤 환경정의론이 한 상황에서는 적합하다고 할지라도 다른 상황에서도 그렇게 적용될 것이라는 보장도 없다. 그렇지만 또한 동시에, 특정한 환경정의론이 특정한 집단이나 특정 상황에 적합하며 다른 환경정의론들은 다른 집단들이나 상황들에 적합하다고 인정하게 되면 상대주의적 딜레마에 빠지게 된다. 이러한 점에서 우리는 다양한 환경정의론들을 어떻게 재해석할 것이며, 그리고 이들을 어떻게 체계적으로 종합 또는 재구성할 것인가라는 의문을 가지게 된다. 이러한 의문을 해소하기 위해 우선 이를 위한 몇몇 학자들의 시도들을 고찰해볼 수 있다.

벤츠는 환경정의에 관한 학문적 고찰이 아직 큰 관심을 끌지 않았던 1988년에 출간한 저서에서 환경정의를 이론화하기 위해 여러 고전적 전통들을 평론하고, 나아가 이들을 종합하고자 했다. 그는 도덕의 기본 원칙들이 사회 및 자연환경 속에서 이루어지는 인간행위에 어떤 영향을 미치는가를 고찰하면서, 적절한 정의이론은 인간들 간 사회적 행위들 및 인간-자연 간 상호행위들 양자 모두를 설명할 수 있어야 한다고 주장한다. 이러한 주장에 기초해 벤츠는 환경정의론을 위해 동원 가능한 거의 모든 철학적 전통들, 예로 덕목이론, 자유론적 이론, 효율성 이론, 인간권리론, 동물권리론, 공리주의론(비용-편익 분석 포함), 그리고 롤스의 정의론 등을 세심하게 분석한다. 그리고 벤츠는 각 이론이 환경정의에 관한 총체적 이론으로서 사용되기에는 부적절하다고 주장하면서, 어느 한 이론을 선택하기보다는 모든 이론들의 주요 부분들을 결합하는 다원주의적 정의론을 개발하고자 한다. 즉 그는 보편적 지표 또는 원칙이 필요함을 인정하면서도 합리적으로 주장될 수 있는 정의 원칙들의 다원성을 인정하면서, "단일적이지 않으면서 다원적이지도 아니한 이론이 우리가 고려한 도덕적 판단들의 모든 것들에 적용될 수 있다"라고 주장한다(Wenz, 1988: 313). 이 점에서 그는 그 자신이 명명한 '동심원적 환경정의론'을 제시했다. 이 이론의 주요 요소들(예로 인간, 가축, 동식물, 여타 자연요소들)은 상호 관계에 있어 그 근접성과 비례하는 타자에 대한 의무의 강도라는 점에서 규정된다. 즉 근접성의 다양한 원들에 있는 요소들에서 외곽으로 나갈수록 도덕적 의무의 강도는 약해지는 것으로 이해된다(〈표 2〉 참조).

이와 같은 벤츠의 이론은 환경정의와 관련된 제반 전통들을 세심하게 분석해 장점과 그 한계들을 제시하고 있으며, 인간중심적 정의론을 능가해 동식물과 자연 요소들까지 정의의 영역에 포함시키고자 했다는 점에서 주요한

표 4-2 **벤츠의 동심원적 환경정의론**

동심원 내 위치	안쪽 ←――――――――――――――――――――→ 바깥쪽			
의무의 내용	선호의 만족	적극적 권리	소극적 권리	진화 과정의 보전
의무의 대상	인간 상호 간	인간들과 일부 동물(가축)	생명을 가진 모든 주체들	자연의 비감정적 비생명체
정의론	자유론 및 효율성이론	인간권리론	동물권리론	(생태적 진화론)
의무의 강도	강함 ←――――――――――――――――――――→ 약함			

의의를 가진다고 하겠다. 그러나 그의 환경정의론은 인간들 간의 관계를 동심원의 중심에 두고 동식물과 여타 자연적 요소들로 확산시켜 나갔다는 점에서 여전히 인간중심적 정의론이라고 할 수 있다. 또한 그는 한편으로 다원주의적 환경정의론을 추구하면서 다른 한편으로 이들에 적용될 수 있는 환경정의의 보편적 원칙들이 가능하다고 주장하지만, 실제 그의 환경정의론은 각 전통들을 종합적으로 통합하기보다는 병렬적으로 나열하고 있다. 뿐만 아니라 그의 이론은 자연자원 또는 환경문제를 매개로 한 인간들 간의 관계에서 분배적 정의에 초점을 두면서 기본적으로 자유주의적 정의론들을 옹호하고 있다. 물론 그의 연구가 이루어졌던 시기에 맑스주의적 생태학이나 포스트모던 정의론이 크게 부각되지 않았다고 할지라도, 그의 연구에는 이에 관한 논의가 완전히 빠져 있으며 이로 인해 그의 환경정의론에서는 진보적 경향을 찾아볼 수 없다.

하비는 벤츠의 환경정의론과 같은 다원주의적 이론에 대해 우려를 표명하면서, 자신의 입장에서 다양한 환경정의론들을 해석하고자 한다. 그에 의하면, 만약 "각 이론이 그 자체로서 선택된다면 실패할 것이며, …… 한 유형의 상황에 한 이론을, 다른 유형의 상황에 다른 이론을 사용하도록 유도한다"면 이 입장의 문제점으로 어떤 의문이 제기될 수 있다. 우선 제기될 수 있는 의문으로, 왜 어떤 한 상황에 한 특정 유형의 원칙들이 적용되며 다른 유형의 원칙들은 적용되지 않는가? 그리고 또 다른 의문으로, 권력 행위들에 의해 이미 엘리트 및 유력 집단의 물질적 이익을 위해 편향된 환경정의에 관한 일부 다원주의적 담론의 가장(假裝)된 유연성을 어떻게 막을 것인가? 이러한 점에서 하비는 "사회정의를 영구적 정의 및 도덕성의 문제로 간주하는 경향에서, 사회 전반에서 작동하는 사회적 과정들에 개연적인 어떤 것으로 간주하는 경향으로 이동하는 것이 중요하다"라고 주장한다(Harvey, 1996: 399).

하비는 우선 환경적 이슈들에 관한 담론은 푸코가 주장하는 바와 같이 사회적 권력의 표현이며, 이러한 관점에서 환경-생태적 담론은 항상 사회에 대한 주장이라고 강조한다. 그리고 그는 기존의 환경담론들을 네 가지 유형, 즉 환경 관리의 '표준적 견해', '생태적 근대화', '현명한 이용'(사유재산의 옹호를 전제로 함), 그리고 환경정의운동(약자를 옹호하는) 등으로 구분해 고찰하고 이들이 각각 어떠한 (환경)정의 개념과 관련되는가를 논의하고 있다. 그에 의하면 표준적 견해는 공리주의적 정의론, 생태적 근대화론은 사회계약론적 정의론, 현명한 이용의 교리는 자유주의적 정의론, 그리고 환경정의운동은 호혜적 정의론과 관련된다고 주장한다. 뿐만 아니라, 하비에 의하면 이와 같이 광의적으로 인류중심적인 정의론들은 각각 생물중심적 유추들을 가진다. 즉 공리주의는 동물권리의 번창·증식이라는 점에서 가능한 많은 종들에게 확대되도록 요구하며, 계약론적 이론은 위험에 처한 종의 권리를 강력하게 인정하고자 하며, 자유주의적 이론은 모든 '생명의 주체들'에 따라 권리의 영역을 확장하고자 하며, 급진적 호혜주의 이론은 모든 종들과 서식지들에 관한 심층적 생태운동을 전개하고자 한다(Harvey, 1996: ch. 13, 〈표 4-3〉 참조).

환경정의와 관련된 하비의 연구는 물론 사회정의론과 환경담론 간 관련성 및 생물중심적 유추를 제시하는 것보다 훨씬 더 포괄적이며, 복잡한 내용들과 자신의 주장들을 담고 있다. 이러한 그의 연구는 환경정의와 관련된 여러 가지 철학적 및 사회이론적 개념들과도 연계되며, 앞으로 이 분야에서 많은 영향을 미칠 것으로 평가된다. 따라서 그의 환경정의론에 관한 비평 역시 그

표 4-3 **하비가 제시한 사회정의론과 환경담론 간 관련성 및 생물중심적 유추**

정의론의 전통	환경담론	생물중심적 유추(생태환경에 관한 정의)
공리주의	표준적 견해	동물권리의 번창·증식이라는 점에서 가능한 많은 종들에게 확대
사회계약론	생태적 근대화론	위험에 처한 종의 권리를 위한 강력한 인정
자유주의	현명한 이용 교리	모든 '생명의 주체들'에 따라 권리의 영역을 확장
(급진적) 호혜주의	환경정의운동론	모든 종들과 그 서식지들의 공생적 존재 인정

의 연구 전체를 배경으로 이루어져야 할 것이다. 그러나 위에서 논의한 하비의 주장에 한정한다면, 첫째, 그는 환경정의와 관련된 여러 가지 정치철학적 전통들을 종합하기보다는 어떤 하나의 전통, 즉 급진적 호혜주의를 선호하는 것처럼 보인다. 그러나 그는 이러한 입장에서나 또는 정치경제학적 입장에서 자신의 환경정의론을 제시하지 않고 있으며, 따라서 환경정의의 기본 원칙들이나 실현 방안들에 대해 구체적으로 언급하지 않았다. 둘째, 하비는 인간사회의 영역에서 적용되는 어떤 한 정의이론이 생태환경의 영역에서도 유추될 수 있는 어떤 내용을 가진다고 주장하지만, 인간사회와 생태환경 간의 관계에 주목하지는 않았다. 즉 그는 변증법에 관한 그의 개념화에서 어떤 사물이나 실체보다는 이들 간의 관계에 초점을 두어야 한다고 주장하지만, 환경정의에 관한 그의 분석은 이러한 주장을 따르지 못한 것으로 평가된다.

끝으로 최근 다양한 환경정의론들을 종합적으로 정리한 시도로서 로와 글리슨(Low and Gleeson, 1997)의 연구를 들 수 있다. 이들은 우리 사회가 불평등을 줄이기보다는 확대하는 방향으로 나아감에 따라 정의에 관한 의문은 여전히 정치적으로 주요한 의제로 간주되고 있으며, 특히 이 의제는 지구적 환경의 미래에 대한 인간의 위기의식 또는 공포의 증대에 의해 더욱 심각하게 부각되었다고 주장한다. 이러한 점에서 그들은 윤리적 범주로서 환경정의에 관한 담론에 관심을 가지며, 특히 '총화적 담론'에 대한 포스트모던 비판에 직면해 정의에 관한 '보편적' 원칙들을 어떻게 재설정할 수 있는가에 대한 의문을 제기한다. 이러한 점에서 그들은 환경정의 개념을 두 가지 측면, 즉 환경적 가치들의 정의로운 배분인 '환경 내(in)에서의 정의'와 인간과 자연 간의 정의로운 관계인 '환경에 대한(to) 정의' 간을 구분해 이들 간의 연계를 탐구하며, 나아가 사회적 및 환경적 담론에서 진보적 요소들의 회복을 가져올 수 있기를 바란다. 그러나 이들은 '환경 내에서의 정의'에 관한 이론들뿐만 아니라 '환경에 대한 정의'에 관한 이론들에도 많은 불확실성이 내재되어 있으며, 심지어 이들 간에 갈등이 있다고 지적한다.

로와 글리슨은 이러한 문제점들을 벗어나서 '무엇이 인간정의와 환경정의를 연계시키는가'라는 의문을 제기하고, 보편성과 특수성의 결합 및 진보성의 회복을 강조한다. 특히 이들은 환경정의와 관련된 포스트모던 이론, 일반 환경론 그리고 시장에 관한 정치철학 등 세 가지 전통들에서의 담론이 해방과 인내, 특수성과 보편성, 그리고 자연에 대한 착취와 보전에 관한 이원론적·정치적 관행들을 조화시킬 수 있다고 주장하고 이러한 조화를 가져올 수 있는 환경정의 이론은 퇴행적 경향이 아니라 진보적 경향을 가져야만 한다고 주장한다. 이들에 의하면 환경정의와 관련된 세 가지 정치철학들은 내재하고 있는 양 경향들, 즉 진보적 경향과 퇴행적 경향에서 전자의 입장에 따라 자연과의 연계, 개인 존중과 교환의 자유, 다원성·다양성·집단연대 등을 포괄하는 환경정의론을 재구성할 수 있게 된다(〈표 4-4〉 참조). 이들의 주장은 환경정의론을 진보적 입장에서 종합 또는 재구성하기 위해 어떠한 특성들이 강조되어야 할 것인가에 대해 매우 유의한 시사를 하고 있다. 또한 이들은 환경정의론을 현실 세계의 두 가지 측면, 즉 '환경 내에서의 정의'와 '환경에 대한 정의'로 구분하고 각 정치철학적 전통들을 평가하고자 했다는 점에서 의의를 가진다. 그러나 환경정의에 관한 이들의 범주화는 어디에 근거를 두고 있으며, 이에 내재된 원칙이 무엇인지를 밝히지 않았다. 또한 이들이 제시한 환경정의론은 많은 철학적 전통이나 주장들을 종합하기보다는 개

표 4-4 **환경정의와 관련된 정치철학들의 진보적 경향과 퇴행적 경향**

구분	녹색(환경)이론	시장이론	(에코)페미니즘과 포스트모던 이론
진보적 경향	자연과의 연계	개인 존중과 교환의 자유	다원성, 다양성, 집단연대
퇴행적 경향	자연의 탈인간화	반정치주의와 권력 구조의 은폐	반대의 파편화와 도덕적 상대주의

자료: Law and Gleeeson(1997: 39).

별적으로 비평하는 정도라는 점에서 아직 어떤 체계화된 이론이라고 보기는
어렵다.

2) 환경정의론의 재범주화

환경정의 이론의 발전은 기존의 철학적 및 사회이론적 전통하에서 제시된
다양한 환경정의론들을 어떻게 해석할 것인가, 그리고 이들을 어떻게 체계
화 또는 종합할 것인가의 문제에서 출발한다고 하겠다. 그러나 위에서 살펴
본 바와 같이 환경정의와 관련된 기존의 논의들은 자연환경이나 인간사회
간의 관계에 초점을 두기보다는 이들을 분리된 어떤 실체들로 간주하고 이
에 적용할 수 있는 어떤 이론 체계 또는 원칙들을 구축하고자 했다는 점에서
문제점을 가진다. 이러한 문제의 해결을 위해, 우선 환경정의론은 자연환경
과 인간사회 간의 관계들에 초점을 두어야 할 것이다. 즉 무엇보다도 환경정
의론이 인간-자연 간의 관계와 더불어 인간들 간의 관계를 포괄하며, 또한
이러한 관계들에서 물질적 연계뿐만 아니라 상징적 연계를 적절하게 포착할
수 있어야 한다는 점에서 이 이론이 이해하고자 하는 현실 세계의 구성 범주
들을 분석적으로 설정하는 것이 중요하다. 또한 환경정의가 적용되는 각 관
계들에 어떤 보편적 원칙들이 내재되어 있으며, 이러한 원칙(들)에 따라 실

제 그 관계가 정의로운가 또는 그렇지 아니한가가 평가될 수 있어야 할 것이다. 따라서 이러한 원칙들은 그 관계를 매개하는 요소들에 기초해야 할 것이다. 끝으로 이러한 환경정의론이 기존의 사회 질서 또는 지배관계를 유지하기 위한 이데올로기로 동원될 수 있는 가능성을 방지할 수 있어야 한다.

이러한 점들에 유의해, 우리는 환경정의가 적용될 현실 세계의 영역을 자연자원을 매개로 한 인간들 간의 관계, 노동을 매개로 한 인간과 자연 간의 물질적 관계, 그리고 상호인식(즉 인정)을 매개로 한 인간과 인간 간 및 인간과 자연 간 상징적 관계로 구분하고, 이와 관련해 환경정의론이 포괄할 기본 범주를 분배적 정의, 생산적 정의, 그리고 인정의 정의로 유형화하여 논의해 볼 수 있다. 이러한 각 범주들에서의 정의는 상호 관련되어 있지만 그 관계들에 내재되어 있는 원칙들에 근거해 평가된다. 이러한 환경정의의 세 가지 범주들은 기본적으로 관계들에 초점을 둔 것이지만 기존의 사회정의이론들이 근거를 두고자 했던 사회의 각 영역들, 즉 사회(좁은 의미)적 정의, 경제적 정의, 그리고 문화적 정의가 자연을 포함할 수 있도록 확장된 것이라고 할 수 있다. 또한 각 범주의 정의의 원칙과 그 내용은 완전히 새롭다기보다는 이들에 가장 적절한 기존의 철학적 전통들의 재구성을 통해 제시될 수 있을 것이다. 이러한 주장들에 바탕을 두고, 여기에서 논의될 환경정의론은 〈표 4-5〉와 같이 요약된다.

기존의 사회정의론들뿐만 아니라 새롭게 재조명되고 있는 환경정의론에 있어서도 가장 일반적으로 논의되는 범주는 물질적 자원 및 사회적 가치(명예 등) 배분과 관련된 분배적 정의이다. 자유주의적 정의론은 기본적으로 분배적 정의에 초점을 두고 있을 뿐만 아니라 맑스의 정의론에 관한 많은 논의와 논쟁들도 대부분 분배정의론의 입장에서 이루어지고 있다(Peffer, 1990). 또한 환경정의론에 관한 연구에서, 예를 들어 벤츠(Wenz, 1988: xi)는 그의 논의가 "우선적으로 분배적 정의의 이론들에 관한 것"이라고 천명하고 있다. 롤스의 정의론은 앞서 지적한 바와 같이 여러 가지 문제점들을 안고 있지만,

표 4-5 **환경정의의 세 가지 범주와 원칙**

정의의 범주	분배적 정의	생산적 정의	인정의 정의
정의의 영역	자연자원을 매개로 한 인간들 간 관계	노동을 매개로 한 인간과 자연 간 물질적 관계	상호인정을 통한 인간과 자연 간 상징적 관계
정의의 원칙	필요의 원칙	노동의 원칙	상호인정의 원칙
사회(정의) 영역의 확장	사회 영역의 확장	경제 영역의 확장	문화(가치) 영역의 확장
철학적 전통	자유주의적 특히 롤스의 정의론	맑스의 정의론	니체 또는 포스트모던 정의론

이러한 분배적 정의에 관한 이론들 가운데 가장 세련된 것이라고 할 수 있다. 즉 그는 인간의 이해관계(즉 필요)를 충족시키는 사회적 제 가치들(즉 물질적 자원을 포함해 롤스가 명명한 '일차적 재화')의 분배에 있어 모든 사람들이 특정한 이익을 취할 수 없으며 또한 자신에게 특정한 손해를 그대로 묵과할 이유도 없다는 점에서 '평등의 원칙'이, 그리고 만약 사회체제에 어떤 불평등이 있음으로써 그것이 단순한 평등이 주는 수준과 비교해서 모든 사람들의 처지를 보다 개선해줄 수 있는 경우 이러한 불평등은 허용되어야 한다는 '차등의 원칙'이 어떻게 합의될 수 있는가를 설득력 있게 보여주고 있다.

이러한 분배적 정의는 자원들이 인간의 생존과 생활에 요구되는 필요의 형평적인 충족에 초점을 둔다는 점에서 중요한 의미를 가진다. 즉 인간들 간의 관계는 이들의 필요를 충족시킬 수 있는 자원이나 가치들에 의해 매개되며, 이 관계에 있어 정의는 이러한 자원이나 가치들에 관한 필요가 어느 정도 형평성 있게 충족되었는가에 의해 결정될 것이다. 그러나 이와 같은 분배적 정의를 강조하는 패러다임은 여러 가지 측면들에서 문제점을 가지는 것으로 지적되고 있다. 예로, '차이의 정의'를 강조하는 영(Young, 1990: ch. 1)은 분배적 정의 패러다임이 분배 유형을 결정하는 사회의 구조적·제도적 배경을 무시하는 경향이 있으며, 또한 분배의 개념은 비물질적·사회적 재화들이 마치 정적인 사물들인 것처럼 간주하고 사회관계 또는 사회 과정에 있어 이들의 기능을 무시하는 경향이 있다고 비판한다.

뿐만 아니라 이러한 분배적 정의론이 자연생태 또는 환경문제에 응용될 경우, 다른 여러 문제들이 파생될 수 있다. 우선 분배적 정의 패러다임은 그 자체로서 불가피하게 환경을 단순히 인간들 간에 배분되어야 할 자원으로 인식한다는 점에서 비판받는다(Eckersley, 1992: 9; Wissenburg, 1993). 물론 자원의 배분 문제에 동(식)물도 포함될 수 있겠지만, 인간과 동물 간의 한정된 지구 자원의 배분 문제 또는 인간의 필요를 위한 동물의 희생 문제 등은 기존의 분배적 정의의 영역을 훨씬 능가하게 된다. 또 다른 예로, 매립장의 입지로 인한 오염의 경우 노약자들이 우선적으로 보호되면서 보통 사람들은 모두 동일하게 오염될 기회를 가진다고 할지라도, 이것으로 환경정의가 이루어지는 것은 아니다. 즉 환경정의는 공해에의 단순한 노출의 형평 이상의 어떤 것을 요구하며, 이는 바로 생산의 문제와 관련된다(Heiman, 1996; Brion, 1992).

환경정의와 환경(자원의 분배적)평등 간의 관계는 단순히 의미론적 이상의 어떤 새로운 범주, 즉 인간과 자연 간의 관계에 있어서의 정의의 문제로 나아가도록 요구한다. 생태학의 연구 주제는 바로 인간과 자연 간의 관계이며, 따라서 환경정의가 이 관계에 우선적 관심을 두어야 한다는 점은 분명하다. 그러나 환경정의에 관한 기존의 논의들은 대부분 인간과 자연 간의 관계 자체에 초점을 두기보다는 이들을 각각 분리된 실체로 간주하고 이들에게 적용될 수 있는 정의의 개념을 병렬적으로 접합시키고 있다. 맑스의 저작은 이러한 문제성을 극복하고, 인간과 자연 간의 관계에 적용될 수 있는 정의의 개념이 도출될 수 있는 어떤 기반을 제시한다. 즉 맑스의 변증법적 생태학은 자연의 인간화와 인간의 자연화로 요약되며, 이러한 변증법적 상호 과정을 가능하게 하는 매체로서 노동을 강조한다. 노동을 통해 인간은 외적 자연에 행동을 가하고 이를 변형시키면서 또한 동시에 그 자신의 본성을 변화시킨다. '노동'이 환경정의의 원칙에서 핵심적 요소가 된다는 점은 바로 이러한 매개적 역할을 담당하기 때문이라고 할 수 있다. 정의롭고 공평한 노동(즉 타자로부터 그리고 자연으로부터 소외되지 않는 노동, 상호인정적이며 공동체적 노동)은 단순히 자연세계의 물질을 자원화해 인간의 필요를 충족시킨다는 점에서 나아가, 자연적 인간에 내재되어 있는 역량을 실현시킴으로써 자아 발전을 가능하게 한다.

자연과의 관계에서 소외되지 않은 노동을 통한 인간의 필요 충족과 자아 실현은 환경정의에서 가장 기본이라고 할 수 있으며(Tolman, 1981; Vogel, 1988; Choi, 1997), 이러한 정의의 범주는 '생산적 정의'라고 명명할 수 있다 (Pruzan, 1989). 이러한 생산적 정의의 개념이 가지는 부수적 장점은 이원론적 관계 속에서 인간에 의한 '자연의 지배'라는 논제를 인간과 자연 간의 관계 속에서 인간에 의한 '자연의 생산'이라는 논제로 대체할 수 있다는 점이다. 이러한 생산적 정의의 개념은 단순히 주류 자유주의적 철학이나 정치학에 기초한 분배적 정의 패러다임의 문제점들을 비판하거나 보완하는 정도가 아니라, 완전히 새로운 차원의 (환경)정의론을 구축할 수 있도록 할 것이다. 그러나 노동을 단지 물질적 생산이라는 점으로 이해할 경우, 이는 인간과 자연 간의 관계 또는 자연의 생산에 내재된 도덕성의 문제를 개념화하기 어려우며, 또한 인간의 노동에 내재된 상호주관적 관계 또는 개인들 간의 상호인정을 이해할 수 없도록 할 것이다. 따라서 환경정의에 관한 적합한 이론은 분배적 정의 및 생산적 정의의 사고와 더불어, 노동 및 생산의 개념에 내재되어 있지만 이러한 개념들(좁은 의미)로부터 직접 도출될 수 없는 상호(주관적) 인정의 계기, 즉 '인정의 정의'의 사고도 포괄해야 할 것이다.

자연의 인정이라는 논제는 헤겔의 영향하에서 서술되었던 맑스의 초기 저술들에서 노동의 개념과 관련하여 주요하게 다루어졌다. 호네트(Honneth, 1995: 146)의 해석에 따르면, 그의 초기 저술들에서 맑스의 노동 개념은 "매우 규범적 의미를 가지고 있으며, 이에 따라 그는 생산행위 자체를 상호주관적 인정의 과정으로 이해할 수 있었다". 즉 맑스는 노동을 통해 경험할 수 있는 이중적 긍정(즉 자신과 타인을 통해)을 언급하면서, "생산된 대상의 거울 속에, 사람은 특정한 능력을 소유하는 개인으로서 자신을 경험할 뿐만 아니라 상호행위에서 구체적 상대방의 필요를 제공할 수 있는 자가 될 수 있는 자신을 이해하게 된다"라는 점을 지적했다. 노동의 개념 속에서 맑스가 찾아내고자 했던 이러한 '인정'의 개념은 그 이후 자본의 분석에서는 포기되었다. 이러한 노동의 개념을 부활하는 것, 즉 상호인정을 전제로 한 노동의 중요성을 강조하는 것은 자연으로부터의 탈소외, 즉 자연과의 정의로운 관계를 가능하게 할 것으로 기대된다. 현대 사상에서 이러한 인정의 개념은 하버마스의 초기 저작(하버마스, 1982)에서 상당히 주요하게 논의되었으며, 보다 최근에는 그가 퇴직한 자리를 이은 호네트에 의해 중요한 논제로 부각되고 있다. 그러나 그 이후 하버마스는 노동을 인간과 자연 간의 관계에만 한정시키고, 인간들 간의 사회적 관계는 의사소통적 관계로 규범화하고 있다. 다른 한편, 이 논제는 니체의 전통을 이어받은 포스트모던 정의론(Young, 1990) 또는 '다문화주의'(Taylor, 1994)와 결합되면서 큰 관심을 끌고 있다.

자연과 인간 간의 상호인정을 위한 합리적 인식(즉 생태적 합리성)은 자연적 대상들로부터 분리된 초월적 자의식의 선험적 인지 또는 주어진 자연에 의해 규정된 주체의 수동적 인정을 의미하는 것이 아니다. 인정의 정의는 포스트모던 정의론에서 강조되는 타자성과 (문화적) 차이, 또는 하버마스가 제시한 인간들 간의 상호인정적 관계에 내재하는 담론(또는 의사소통)의 원칙을 인정하고, 이를 인간과 자연 간의 관계에도 적용하는 것이다. 자연과 인간 간의 정의로운 관계는 한편으로 자연과 인간 간의 관계를 매개할 뿐만 아니라, 또한 동시에 인간 주체들 간의 관계도 매개하고 있는 노동 그리고 다른 한편으로 매개 대상물들 간의 상호인정, 즉 자연(특히 생명)에 대한 인간의 애정 어린 배려와 인간 상호 간 존경과 신뢰를 전제로 한다. 이러한 인간과 자연 간 인정적 정의의 관계는 단순히 물질적 생산의 통제만이 아니라 문화적 생산 또는 가치 인식의 재구성을 요청한다. 그러나 이의 역으로 인간과 자연 간의 정의로운 관계는 단지 문화적 생산이나 인식의 재구성만으로 이루어질 수 없으며 따라서 물질적 생산 통제 및 물질적 필요의 충족의 재구성을 요구한다(Fraser, 1995). 따라서 분배적 정의, 생산적 정의, 인정의 정의는 환경정의론을 구성하는 통합적 범주들이다. 이러한 환경정의의 세 가지 범주들을 동시적으로 만족시키는 사회는 노동과 생산이 완전히 발전한 사회, 즉 상호주관적 인정에 기반을 두고 자기관리적 노동(즉 탈소외된 노동)을 통해 공동적 생산이 이루어지는 새로운 사회라고 할 수 있다.

5. 새로운 생태학과 환경정의론을 위하여

오늘날 생태학은 단순히 자연환경의 구성 요소들 간 관계들 및 이들로 이루어진 생태체계들을 다루는 학문에서 벗어나 인간과 자연 간의 관계를 포괄하는 종합적 학문으로 새롭게 부각되고 있다. 새로운 생태학의 연구 과제들은 인간과 자연환경 간 관계를, 더 나아가 이를 매개로 한 인간들 간의 관계의 개념적 정형화, 이 관계들에 내재된 역동적 변화 과정과 그 역사성에 관한 설명, 이러한 물질적 및 상징적 관계들에서 확인 또는 부여될 수 있는 가치와 윤리성의 이해, 그리고 새로운 미래 사회-환경을 위한 비전 및 실천적 이념의 제시 등을 포함한다.

환경정의론은 이러한 새로운 생태학에 기초하며, 또한 그 지평을 확대해 나갈 것으로 기대된다. 환경정의론은 한편으로 규범적 과학으로서 생태학의 이데올로기적 성격을 극복하고 다른 한편으로 당면한 생태위기에서 벗어나 새로운 인간-환경 공동체를 이룩하기 위해 인간-자연세계에 대한 진정한 이해와 더불어 우리의 실천을 안내할 가치들을 함양할 수 있어야 한다. 이러한 목적에서 환경정의 전통들에 따라 유형화되기도 한다. 또한 다양한 이론들을 종합적으로 재정리해 환경정의론의 이론적 토대를 재구축하려는 시도들이 있었다.

그러나 환경정의에 관한 많은 논의들은 그 이론이 적용될 수 있는 현실 세계(특히 세계 내에 존재하는 어떤 사물이나 실체가 아니라 관계들)에 관한 적절한 범주화와 이 관계들에 내재되어 있는 매개 요소들로부터 도출된 원칙들을 제시하지 못했다. 이러한 문제성으로 인해 다양한 환경정의론들은 여전히 사회-환경의 통제를 위한 규율적 또는 이데올로기적 담론으로서 작동하거나, 또는 이들 간에 심각한 갈등이 야기됨에 따라 정의/부정의가 아니라 어떤 정의(론)를 선택할 것인가의 문제를 초래하기도 한다. 이러한 문제점들은 환경정의론이 근거하고 응용될 현실 세계의 적절한 범주화와 이에 내재된 원칙들의 확인을 통해 해소될 수 있을 것이다.

이 글에서 제시된 주장들은 아직 환경정의론에 관한 예비적 고찰 단계에 있지만, 그 기본적인 사고는 다음과 같이 요약된다. 환경정의론은 현실 세계의 세 가지 관계들, 즉 노동을 매개로 한 인간과 자연 간의 물질적 관계, 자원을 매개로 한 인간들 간의 물질적 관계, 그리고 상호인정을 매개로 한 인간들 간 및 인간과 자연 간의 인식적 관계에 근거해 이들 각각에 적용할 수 있는 생산적 정의, 분배적 정의, 인정의 정의를 포괄한다. 이들은 또한 이 관계들을 매개하는 노동, 필요, 인정의 원칙에 근거해 평가되는 것으로 추정된다. 환경정의의 각 범주들은 현실 세계의 각 영역들을 가지지만, 또한 동시에 서로를 전제로 하며 상호 보완적이다. 환경정의의 실현은 이러한 세 가지 영역들 또는 범주들에서의 정의의 동시적 추구를 통해 이루어질 수 있다.

후기

이 글은 하비 교수가 있었던 미국 볼티모어의 존스홉킨스대학교에서 1년 간(1996년 8월에서 1997년 8월 초까지) 연구년을 보내면서 쓴 것이다. 나는 하비 교수가 1985년 리즈대학교에서 특강을 했을 때 윌슨 교수에 의해 『사회정의와 도시』의 한글 번역자로 특별히 소개된 적이 있었고, 10년 후 『자본의 한계』의 한글 번역본이 출간되었던 1995년 그가 건축 관련 국제학술대회에서 발표를 하기 위해 한국에 (아마도) 처음 방문했을 때 그를 만난 적이 있었다. 이러한 만남으로 그는 흔쾌히 나를 방문학자로 받아주었다. 그러나 이 대학교의 지리학과는 환경공학과 통합되어 공대에 속해 있었고, 지리학 전공은 학부과정 없이 대학원 과정에만 하비 교수를 포함하여 불과 세 명의 교수로 운영되고 있었다. 이로 인해 대학 내 지리학 분야 활동들은 다양하지 못했지만, 당시 하비의 대학원생 제자였던 리사 김 데이비스(Lisa Kim Davis) 교수는 나를 매우 친절하게 맞아주었고, 그 후에도 나의 가족들과도 가깝게 지내고 있다.

나는 연구년의 관심 주제로 환경정의론을 연구해보기로 작정을 했다. 그 동안 환경문제에 관한 연구들이 누적되어 1995년 『환경사회이론과 국제환경문제』를 출간한 것도 그랬지만, 마침 하비 교수가 1996년 『정의, 자연, 차이의 지리학(Justice, Nature and Geography of Difference)』이라는 저서를 출간한 것이 계기가 되었다. 처음 그곳에 도착해 몇 번 하비 교수를 만났을 때, 그는 나에게 먼저 벤츠의 『환경정의(Environmental Justice)』(1988)를 읽기를 권했다. 나는 이 책을 석 달 정도 꼼꼼히 읽으면서, 환경정의론을 이해하기 위해 사회정의론 일반에 관한 폭 넓은 연구가 필요하다는 점을 깨달았다. 특히 이 책에는 맑스주의 정의론이나 포스트모던 정의론이 빠져 있었기 때문에, 이들에 관한 문헌들을 읽으면서 환경정의론의 범주를 확장시켜서 통합적 이론 체계를 구축해보고자 노력했다.

이러한 의도로 구상된 통합적 환경정의론을 구축함에 있어 기존의 지리학적 사고는 한계를 가지며, 이를 보완하기 위해 지리학의 생태학적 재인식이 필요함을 느꼈다. 또한 이러한 환경정의론을 구축하기 위한 이론적 틀은 세 가지 범주의 정의 개념, 즉 분배적 정의, 생산적 정의, 인정의 정의를 체계적으로 결합시키는 것이라고 생각했다. 이 장은 이러한 구상 속에서 환경정의론의 기본적 이론 틀을 제안하기 위해 서술한 글이며, 전체 논문들이 집필되기 전에 우선 1999년 출간된『환경갈등과 불평등』에 실렸다. 그러나 계획했던 다른 논문들을 어느 정도 완성하는 데는 10년이 더 걸렸고, 나는 이 글들을 편집해 2010년에야 비로소『비판적 생태학과 환경정의』라는 저서를 출간하게 되었다. 또한 이때 읽었던 벤츠의 책은 여형범, 최영래, 추선영, 허남혁, 황성원 등의 공동번역으로 2007년 출판되었다.

연구년 동안 있었던 매우 흥미로운 일은 당시 '국제비판지리학대회'를 조직하고 있었던 닐 스미스와 이메일을 주고받으면서, 텍사스주 포트워스(Fort Worth)에서 개최되었던 1997년 미국지리학회 연례학술대회에서 그를 포함해 대회 조직의 핵심 지리학자들을 만나게 되었다는 점이다. 그는 한국을 포함한 동아시아의 지리학자들이 이 학술대회의 창립에 많이 참여할 수 있도록 독려해줄 것을 당부했고, 나는 무슨 용기가 있었던지 한국뿐만 아니라 잘 알지도 못하는 일본, 대만, 홍콩 등지의 지리학자들을 찾아서 독려 메일을 보냈다. 그 결과 한국에서 한국공간환경학회(공환연)를 중심으로 10여 명의 연구자들이 참여해 즐거운 시간을 보냈고, 다른 동아시아 국가들에서도 여러 명의 지리학자들이 참가했다. 나도 연구년을 끝내고 한국으로 돌아가는 길에 캐나다 밴쿠버에서 개최되었던 이 학술대회에 참석했다. 학술대회의 마지막 패널 토론에서 제2차 학술대회를 한국에게 개최하기로 결정한 것은 정말 예상하지 못했던 일이었다.

참고문헌

그룬트만, 라이너(Reiner Grundmann). 1995. 『마르크스주의와 생태학』. 박만준·박준건 옮김. 서울: 동녘.

문순홍. 1997. 『환경정의와 지구 윤리 참관기』. ≪환경과 생명≫, 14, 82~105쪽.

이상헌. 1995. 「새로운 환경정의론의 모색」. 한국공간환경학회 엮음. 『새로운 공간환경론의 모색』. 서울: 한울, 349~376쪽.

이정전. 1988. 「소득분배의 측면에서 본 환경문제」. ≪환경논총≫, 23(3). 33~64쪽.

최병두. 1995. 「환경문제의 사회공간적 불평등」. ≪도시연구≫, 1, 29~74쪽.

_____. 1997a. 「도덕성 및 정의에 관한 맑스주의적 개념의 재고찰: 환경정의론을 위한 함의의 예비적 연구」. ≪문예미학≫, 3, 31~70쪽.

_____. 1997b. 「자연의 지배, 탈소외, 승인: 맑스주의적 생태학에서 인간과 자연간 관계의 재고찰」. ≪도시연구≫, 3, 175~222쪽.

_____. 1998. 「니체의 생태학과 자연주의적 정의」. ≪대한지리학회지≫, 33(3), 411~433쪽

토다 키요시(戶田淸). 1996. 『환경정의를 위하여』. 김원식 옮김. 서울: 창작과비평.

하버마스, 위르겐(Jürgen Habermas). 1982. 『이론과 실천』. 홍윤기 옮김. 서울: 종로서적.

Achterberg, W. 1993. "Can liberal democracy and survive the environmental crisis." in A. Dobson and P. Lucarde(eds.). *The Politics of Nature*, London: Routledge, pp. 81~101.

Almond, B. 1995. "Rights and justice in the environment debate." in D. E. Cooper and J. A. Palmer(eds.). *Just Environments: Intergenerational, international and interspecies issues*, London & New York: Routledge, pp. 3~21.

Bordessa, R. 1993. "Geography, postmodernism and environmental concern." *The Canadian Geographer*, 37, pp. 147~156.

Bowen, W. M., M. J. Salling, K. E. Haynes and E. J. Cyran. 1995. "Toward environmental justice: spatial equity in Ohio and Cleveland." *Annals of the Association of American Geographers*, 85(4), pp. 641~663.

Brion, D. J. 1992. "An essay on LULU, NIMBY, and the problem of distributive justice." *Environmental Affairs*, 15, pp. 437~503.

Bryant, B.(ed.). 1995. *Environmental Justice: Issues, Policies, and Solutions*. Washington D.C.: Island Press.

Buchanan, A. E. 1982. *Marx and Justice: The Radical Critique of Liberalism*. New Jersey: Rowman and Littlefield.

Bullard, R.(ed.). 1993. *Confronting Environmental Racism: Voices from the Grassroots*. Boston: South End Press.

_____. 1994. *Unequal Protection: Environmental Justice and Communities of Color*, San Francisco: Sierra Club Books.

Cheney, J. 1989. "Postmodern environmental ethics: ethics as bioregional narrative." *Environmental Ethics*, 11(2), pp. 117~134.

_____. 1990. "Nature and the theorizing of difference." *Contemporary Philosophy*, 13, pp. 1~14.

Chiro, G. D. 1996. "Nature as community: the convergence of environment and social justice." in W. Cronon(ed.). *Uncommon Ground: Toward Reinventing Nature*, New York and London: W. W. Norton Co.

Choi, B-D. 1997. "Ecology and environmental justice in Marx." presented at the Inaugural International Conference in Critical Geography(12, Aug. 1997, Vancouver, Canada).

Conley, V. A. 1997. *Ecopolitics: The Environment in Poststructuralist Thought*. New York: Routledge.

Cooper, D.E. and J. A. Palmer. 1995. *Just Environments: Intergenerational, International and Interspecies Issues*. London and New York: Routledge.

Cutter, S. L. 1995. "Race, class and environmental justice." *Progress in Human Geography*, 19(1), pp. 111~122.

Davy, B. 1997. *Essential Injustice*. Wien/New York: Springer.

Deleuze, G. and F. Guattari. 1987. *A Thousand Plateaus*. Minneapolis, MN: University of Minnesota Press.

De-Shalit, A. 1995. *Why Posterity Matters: Environmental Policies and Future Generations*. London and New York: Routledge

_____. 1997. "Is liberalism environment-friendly?" in R. S. Gottlieb(ed.). *The Ecological Community*, New York and London: Routledge, pp. 82~103.

Dowie, M. 1995. *Losing Ground: American Environmentalism at the close of the Twentieth century*. Cambridge, MA: The MIT Press.

Dryzek, J. S. 1987. *Rational Ecology: Environment and Political Economy*. Oxford: Basil Blackwell.

Eckersley, R. 1992. *Environmentalism and Political Theory: Toward an Ecocentric Approach*. New York: State University of New York Press.

Edwards, B. 1995. "With liberty and environmental justice for all: the emergence and challenge of grassroots environmentalism in the United States." in B. R. Taylor(ed.). *Ecological Resistance Movements: the Global Emergence of Radical and Popular Environmentalism, Albany*, New York: SUNY Press, pp. 35~55.

Ferris, D. and D. Hahn-Baker, 1995. "Environmentalists and environmental justice policy." in B. Bryant(ed.). *Environmental Justice: Issues, Policies, and Solutions*, Washington D.C.: Island Press, pp. 66~76.

Fraser, N. 1995. "From redistribution to recognition? Dilemmas of justice in a 'postsocialist' age." *New Left Review*, 212, pp. 68~93; reprinted in N. Fraser, 1997. *Justice Interruptus: Critical Reflections on the Postsocialist Condition.* New York and London: Routledge, pp. 11~40.

Frodeman, R. 1992. "Radical environmentalism and the political roots of postmodernism: differences that make a difference." *Environmental Ethics*, 14(4), pp. 307~319.

Gandy, M. 1996. "Crumbling land: the postmodernity debate and the analysis of environmental problems" *Progress in Human Geography*, 20(1), pp. 41~55.

Gare, A. E. 1995. *Postmodernism and the Environmental Crisis.* London and New York: Routledge.

Geras, N. 1985. "The controversy about Marx and justice." *New Left Review*, 150, pp. 47~85.

Glacken, C. 1967. *Traces on the Rhodian Shore.* Berkeley, CA: University of California Press.

Gottlieb, R. 1993. *Forcing the Spring: The Transformation of the American Environmental Movement.* Washington D.C.: Island Press.

Hallman, M. O. 1991. "Nietzsche's environmental ethics." *Environmental Ethics*, 13(2), pp. 99~125.

Hartley, T. W. 1995. "Environmental justice: an environmental civil rights value acceptable to all world views." *Environmental Ethics*, 17(3), pp. 277~289.

Harvey, D. 1996. *Justice, Nature and the Geography of Difference*, London: Blackwell.

Hayward, T. 1994. *Ecological Thought: An Introduction.* Cambridge: Polity Press.

Heiman, M. K. 1996. "Race, waste and class: new perspectives on environmental justice." *Antipode*, 28(2), pp. 111~121.

Heinegg, P. 1979. "Ecology and social justice: ethical dilemmas and revolutionary hopes." *Environmental Ethics*, 1(4), pp. 321~327.

Hofrichter, R.(ed.). 1993. *Toxic Struggles: The Theory and Practice of Environmental Justice.* Philadelphia: New Society Publishers.

Honneth, A. 1995. *The Struggle for Recognition*, Cambridge, MA: The MIT Press.

Jung, H-Y. 1983. "Marxism, ecology and technology." *Environmental Ethics*, 5(3), pp. 169~171.

Lafferty, W. M. and J. Meadowcroft, 1996. *Democracy and the Environment: Problems and Prospects.* Cheltenham: Edward Elgar.

Lee, D. C. 1980. "On the Marxian view of the relationship between man and nature." *Environmental Ethics*, 2, pp. 3~16.

Low, N. P. and B. J. Gleeson, 1997. "Justice in and to the environment: ethical uncertainties and political practices." *Environment and Planning A*, 29, pp. 21~42.

Luper-Foy, S. 1992. "Justice and natural resources." *Environmental Values*, 1, pp. 47~64.

Manning, R. 1981. "Environmental Ethics and Rawls' Theory of Justice, Environmental Ethics." 3(2), pp. 155~166.

Marx, K. 1994(1875). "Critique of the Gotha Program." in L. H. Simon(ed.). *Karl Marx: Selected Writings*, Indianapolis: Hackett Publishing, pp. 315~332.

Mathew F.(ed.). 1996. *Ecology and Democracy*, London: Frank Cass.

Merchant, C.(ed.). 1994. *Ecology: Key Concepts in Critical Theory*. New Jersey: Humanities Press.

Merrifield, A. and E. Swyngedouw(eds.). 1997. *The Urbanization of Injustice*. New York: New York University Press.

Michael, M. A. 1997. "International Justice and wilderness preservation." in R. S. Gottlieb(ed.). *The Ecological Community*, New York and London: Routledge, pp. 311~332.

Naess, A. 1977. "Spinoza and ecology." *Philosophia*, 7(1), pp. 45~54.

_____. 1989. *Ecology, Community and Lifestyle*. Cambridge: Cambridge University Press.

Parsons, H.(ed.), 1977. *Marx and Engels on Ecology*. New York: Paragon House.

Peet, R. and M. Watts. 1996. *Liberation Ecologies: Environment, Development, Social Movements*. London: Routledge.

Peffer, R. G. 1990. *Marxism, Morality, and Social Justice*. New Jersey: Princeton University Press, Princeton.

Pepper, D. 1993. *Eco-Socialism: From Deep Ecology to Social Justice*. London and New York: Routledge.

Pruzan, E. R. 1989. *The Concept of Justice in Marx*. New York: Peter Lang.

Rawls, J. 1971. *A Theory of Justice*. Cambridge, MA: Harvard University Press.

Reppy, J. and F. O. Hampson, 1996. "Conclusion: liberalism is not enough." in D. E. Cooper and J. A. Palmer(eds.), *Just Environments: Intergenerational, International and Interspecies Issues*, London & New York: Routledge, pp. 245~256.

Reus-Smit, C. 1996. "The normative Structure of International society." in D. E. Cooper and J. A. Palmer(eds.), *Just Environments: Intergenerational, International and Interspecies Issues*, London & New York: Routledge, pp. 96~121.

Schmidt, A. 1971. *The Concept of Nature in Marx*, London: New Left Books.

Sessions, G.(Ed.). 1995. *Deep Ecology for the 21st Century*. Boston: Shambhala.

Singer, P. 1988. "An Extension of Rawls' Theory of Justice to Environmental Ethics." *Environmental Ethics*, 10, pp. 217~231.

_____. 1993. *Practical Ethics*. Cambridge: Cambridge University Press.

Smith, D. M. 1994. *Geography and Social Justice*, London: Blackwell.

_____. 1997. "Back to the good life: towards an enlarged conception of social justice."

Environment and Planning D: Society and Space, 15, pp. 19~35.

Smith, J. N.(ed.). 1974. *Environmental Quality and Social Justice in Urban America: An Exploration of Conflict and Concord Among Those Who Seek Environmental Quality and Those Who Seek Social Justice*. Washington D.C.: The Conservation Foundation.

Smith, M. 1993. "Cheney and the myth of postmodernism." *Environmental Ethics*, 15(1), pp. 3~17.

Szasz, A. 1994. *Ecopopulism: Toxic Waste and the Movement for Environmental Justice*. Minneapolis: University of Minnesota Press.

Taylor. C. 1994. *Multiculturalism: Examining the Politics of Recognition*. New Jersey: Princeton University Press.

Thero, D. P. 1995. "Rawls and environmental ethics: a critical examination of the literature." *Environmental Ethics*, 17(1), pp. 93~106.

Tolman, C. 1981. "Karl Marx, alienation, and the mastery of nature." *Environmental Ethics*, 3, pp. 63~74.

Vogel, S. 1988. "Marx and alienation from nature." *Social Theory and Practice*, 14(3), pp. 367~387.

Watts, M. and R. Peet, 1996. "Conclusion: Towards a Theory of Liberation Ecology." in R. Peet and M. Watts, 1996. *Liberation Ecologies: Environment, Development, Social Movements*, London: Routledge, pp. 260~269.

Wenz, P. 1988. *Environmental Justice*. Albany: State University of New York.

Westra, L. and P. S. Wenz(eds.). 1995. *Faces of Environmental Racism*. London: Rowman & Littlefield Publishers.

Wissenburg, M. 1993. "The idea of nature and the nature of distributive justice in A Dobson." P. Lucardie(eds.). *The Politics of Nature: Explorations in Green Political Theory*, London: Routledge, pp. 3~20.

Young, I. 1990. *Justice and the Politics of Difference*, Princeton: Princeton University Press.

제5장 맑스의 생태학과 생산적 환경정의

1. 맑스, 환경정의론자?

맑스가 자본주의, 특히 자본주의적 교환 관계를 정의롭지 않거나 또는 그렇다고 생각했는가에 관한 논제를 둘러싸고 오랜 논쟁이 있었지만,[1] 맑스가 일관되게 자본주의 사회의 부정의에 관해 비판했다는 점은 의심할 바 없다. 그의 분석의 목적은 자본주의적 생산과 분배가 부당하게 대다수 사람들의 정신적 및 물리적 빈곤을 어떻게 야기했는가를 보여주기 위한 것이었음을 부정할 사람은 아무도 없을 것이다. 사실 맑스는 "한편에서 (자본주의적) 부의 축적은 또한 동시에 다른 한편에서, 즉 그 자신의 생산물을 자본으로서 생산하는 계급의 측면에서 가련함, 노동의 고문, 노예, 무지, 잔혹, 그리고 도덕적 퇴락의 축적이다"라고 서술했다(Marx, 1976a: 799). 『자본론』(1867)에서 맑스는 노동자들에게 미치는 자본주의의 잔혹한 충격, 즉 자본주의가 이들을 거의 인간으로 인식하기 어려울 정도로 '불구가 된 괴물들'로 전환시키는 방법을 흔히 지적했다. 맑스의 주요 관심은 자본주의적 생산양식이 개인들을 인간 이하로 '탈인간화시키는' 방법과 그 정도를 드러내는 것이었다.

---

[1] 이 논쟁의 중요한 기여자들과 논평가들에 관해서는 Cohen, Nagel and Scanlon(1980), Lukes(1985: 48~59), Geras(1985), Geras(1992), Peffer(1990: ch. 8) 등 참조.

자본주의 사회에 대한 맑스의 불만과 비난은 또한 도시와 시골 양자 모두에서의 자연의 파괴와 더불어서 작업장과 거주지의 환경 조건의 퇴락을 포함한다. 그는 『요강』(1858)과 『자본론』에서 자본주의 사회의 불평등하고 부정의한 환경을 구체적으로 서술했다. 맑스는 예를 들어 "맹목적이고 대책 없는 충동으로, 잉여노동을 위한 그 탐욕스러운 식욕으로, 자본의 도덕적 측면에서뿐만 아니라 노동일의 단순 물리적 [측면에서도] 한계를 넘어선다. 자본은 신체의 성장, 발달, 건강 유지를 위한 시간을 빼앗는다. 이는 깨끗한 공기와 햇빛의 소비를 위하여 요구된 시간을 훔친다"라고 적었다(Marx, 1976a: 375~376). 『1844년 수고』와 같은 그의 초기 저술들에서 맑스는 흔히 자연과 인간 개인 간의 관계를 서술하면서 "'사회'는 인류와 자연 간의 통일체 — 자연의 진정한 부활 — 로서, 인간의 자연주의 그리고 자연의 인간주의 양자는 충족되었다"라고 주장한다(Marx, 1964: 137). 그러나 자본주의 사회는 "그 자체가 '인간적' 존재의 '기반'인 자연을 부정한다. 깨끗한 공기와 햇빛과 같은 자연은 자본의 잉여가치를 위해 도둑맞는다. 자본주의하에서 자연은 탈자연화되며, 인간 개인들은 탈인간화된다"(이진우, 1990에서 재인용).

다른 한편, 맑스는 사회주의(또는 공산주의) 사회에서는 요청되는 생산력이 자연의 정복으로 증가했고, 생산관계들은 비권위적이며 비강제적이기 때문에 이 사회는 평등하고 정당할 것이라는 생각에 찬동했다고 할 수 있다. 맑스에게 있어 이 사회는 본연적으로 민주적이고 비강제적이기 때문에 이 사회에서의 인간 각자는 부당하게 취급될 수 없다. 동일한 맥락에서, 이 사회에서 자연에 대한 인간의 개입은 본연적으로 합리적이고 비착취적이기 때문에 자연이 부당하게 취급되는 것은 불가능하다. 맑스의 관점에서 사회주의는 '생산자들의 자유로운 결사'를 이룩하며, 여기서 자신의 능력을 개발하고 행사하기 위해 가지는 각 개인의 자유는 다른 사람들이 자신의 능력을 개발하고 행사하기 위해 가지는 자유와 공존할 수 있는 방식으로 이루어진다. 마찬가지로 사회주의는 '인간과 자연 간의 교환에 대한 합리적 조절'을 이룩하며, 그 속에서 자연은 '에너지의 최소 지출'을 달성하는 방법으로 집합적 생산자들의 공동 통제하에, 그리고 '그들의 인간적 본성에 가장 유리하며 가치 있는 조건들하'에 들어가게 된다. 즉 맑스(Marx, 1976b: 959)에 의하면 다음과 같다.

자연적 필수성의 영역은 인간의 발전과 더불어 확대된다. 왜냐하면 인간의 필요도 역시 확대되기 때문이다. 그러나 이러한 필요를 만족시키기 위한 생산력도 동시에 확대된다. 이 영역에서 자유는 사회화된 사람, 결합된 생산자들에 존재하며, 자연과 인간의 신진대사를 합리적으로 규제해 맹목적 힘으로서 자연에 지배되는 대신 그들의 집단적 통제하에 놓게 되며, 에너지의 최소 지출로 인간 본성에 가장 가치 있고 적합한 조건에서 이를 달성한다.

맑스의 이러한 주장은 인간의 재인간화와 자연의 재자연화에 관한 사회주의 프로젝트를 조망한 것이라고 할 수 있다.

이러한 점들에서 맑스는 자본주의 사회 및 이와 자연과의 관계에 있어서의 부정의를 신랄하게 비판하는 동시에, 사회주의 사회에서 자연과의 관계를 새롭게 설정하기 위한 환경정의 프로젝트를 제시했음이 분명하다. 달리 말해, 비록 그의 시대에 환경문제가 오늘날처럼 심각하게 만연하지는 않았다고 할지라도, 환경정의론을 위해 주요한 통찰력을 제공했다고 하겠다. 그러나 인간의 탈인간화와 자연의 탈자연화의 원인으로서 자본주의에 대한 맑스의 비난은 자본주의 사회의 부정의에 관한 그 자신의 비판에 완전하게 결합되지 않은 것처럼 보인다. 왜냐하면 맑스는 자본주의를 고발하기 위한 주요한 이유로서 탈인간화와 탈자연화를 지적하지만 그 메커니즘은 명시하지 않았기 때문이다. 또한 같은 맥락에서, 인간의 재인간화와 자연의 재자연화의 사회로서 사회주의를 위한 그의 환경정의(또는 생태사회) 프로젝트는 사회주의 사회의 정의에 관한 그의 이론화에 완전하게 통합되지 않은 것처럼 보인다. 왜냐하면 그는 재인간화와 재자연화를 위한 합리적 프로젝트로서 사회주의를 도출할 수 있는 근거 또는 원칙을 명시하지 않았기 때문이다.

이 글의 목적은 맑스가 자본주의의 사회적 및 환경적 부정의를 비판하는 한편, 정의로운 사회 및 이와 자연과의 관계에 있어 사회주의적 프로젝트를 제안할 수 있었던 근거 또는 원칙을 밝히는 데 있다.[2] 그렇게 하면서 나는 비판적 생태학 일반, 특히 환경정의 이론이 더욱 발전할 수 있는 기반을 마련하고자 한다. 몇 가지 주요한 나의 주장들은 다음과 같은 점들을 포함한다.[3] 첫째, 자본주의 사회 및 자연에 대한 맑스의 비판과 사회주의 사회 및 자연에 관한 그의 비전은 모두 정의에 관한 두 가지 원칙, 즉 인간과 자연 간의 관계에 관한 그의 생태학적 개념화로부터 도출될 수 있는 필요의 원칙과 노동의 원칙에 근거를 두고 있다. 둘째, 규범성의 이데올로기적 성격에 관한 그의 거부 때문에 맑스는 자본주의 사회와 자연과의 관계를 철저히 비판할 수 있었지만 자본주의에서 정의이론을 제시하지는 않았으며, 단지 정의로운 사회와 자연과의 관계에 관한 사회주의적 프로젝트를 제안할 때 (환경)정의 이론을 제시할 수 있었다. 셋째, 환경정의에 관한 그의 개념화는 단지 분배적 정의의 패러다임으로 해석될 수 없으며, 그가 교환, 분배, 소비를 포함하는 유기적 전체로서 생산을 이해한 것처럼 '생산적 정의'라고 불릴 수 있는 어떤 패러다임을 제시한 것으로 해석되어야 할 것이다.

---

2 나아가 우리는 자연과 인간 양자 모두가 그들 자신의 본성을 실현시킬 수 있는 정의로운 사회-환경으로 전환할 수 있는 혁명적 실천에 대해 관심을 가지고, 그 근거에 관해서도 물어보아야 할 것이다. 이 글의 목적은 앞의 두 가지 근거들을 맑스의 저작에서 찾아내는 것이며, 세 번째 의문을 풀 수 있는 근거는 다른 논문에서 다루고자 한다(최병두, 1997).
3 이러한 사고를 개발하기 위해 맑스의 저작에 관한 많은 연구들 가운데 특히 Pruzan(1989)의 연구를 많이 참조했다.

2. 맑스의 생태학과 정의의 원칙들

도덕성에 관한 맑스의 개념화, 특히 그의 정의이론(또는 부정의 비판)은 인간 본성(human nature)에 관한 그의 경험적·비사변적 개념화에서 추론된 것이다. 그에 의하면 인간 본성은 자연과 사회 간의 관계에 의해서 규정된다(Lukes, 1985; Pruzan, 1989; Peffer, 1990). 맑스가 이러한 인간 본성의 개념에 초점을 두었다는 점에 대해서는 거의 논란이 없다. 그의 저작들 전체에 걸쳐 나타나지만 특히 그의 초기 저술들에서 인간 본성은 그의 변증법적 및 역사적 유물론에서 어떻게 해서든 재구성되고 있는 중심적 논제들 가운데 하나였다.[4] 그러나 인간 본성이 정확히 어떻게 개념화되며, 그의 저작에서 특히 그의 생태학과 정의 또는 환경정의의 개념과 관련해 어떤 역할을 하는지에 대해서는 많은 논란이 있다. 예로 맑스주의적 생태학을 재구성하고자 한 그룬트만(Grundmann, 1991a)은 인간의 변형적 역할이 자연과의 관계에서 중요하다고 주장했고, 페퍼(Pepper, 1993)는 인간 본성과 자연 간의 변증법적 관계에 관한 맑스의 개념화에 기초해 사회정의에 관한 생태사회주의적 이론을 발전시키고자 했다. 반면 에커슬리(Eckersley, 1992)는 맑스주의 생태학 또는 환경정의 개념에서 인류중심주의를 비판했다. 이러한 점에서 우선 우리는 인간 본성에 관한 맑스의 개념화를 명확히 할 필요가 있다.

맑스에게 인간 본성은 '자연적'이며 또한 동시에 '사회적'이다. 한편으로 모든 인간 개인들이 종(種)으로서 경험적으로 주어진 기본 필요(예로, 건강, 음식, 주거 및 생식력)와 이 기본 필요의 만족을 위해 요구되는 종의 물리적 및

---

4 『1844년 수고』에 따르면 우리는 인간 본성을 추상적 일반성, 즉 헤겔적 의미에서 인간이 마치 발전할 수 있는 이상적 상황이 주어진 것처럼 간주하거나, 또는 포이어바흐의 유물론적 의미에서 '똑같이 추상적인 자연적 환경들 속에서 살아가는 추상적 종'으로 이해해서는 안 된다(Marx, 1964: 18, '서문'). 인간 본성의 추론적·추상적 개념에 대한 맑스의 거부는 사실 인간 본성의 보편적 성격을 제안하고자 하는 모든 주장들에 대한 거부라고 할 수 있다(cf. Geras, 1983).

정신적 능력을 규정하는 생물적 구조에 의해 구성된다는 점에서 인간 본성은 자연적이다. 인간 개인들은 이러한 기본 필요를 만족시키고 나아가 자기 개발의 능력을 행사하기 위해 자연과 지속적인 교환 속에 있어야 한다. "인간의 물리적 및 정신적 생활이 자연과 연계되어 있다는 점은 간단히 자연은 그 자체와 연계되어 있음을 의미한다. 왜냐하면 인간은 자연의 일부이기 때문이다"(Marx, 1964: 112). 자연과의 상호교환에서 인간은 다른 종들과는 달리 수동적이 아니라 능동적이다. 따라서 맑스에게 "인간은 직접적으로 '자연적 존재'로서 ……, '자연적 생명력'을 부여받았다 ― 그는 '능동적인' 자연적 존재이다. 이 힘들은 경향과 능력으로서, '본능'으로서 그의 안에 존재한다"(Marx, 1964: 181).

다른 한편 인간 개인들의 생산적 활동은 항상 인간 본성을 다른 종들로부터 구분 짓는 그들의 합목적성을 전제로 한다는 점에서, 인간 본성은 사회적이다. 또한 인간 개인들이 기본 필요를 성공적으로 만족시키고 그들의 특정한 인간적 능력을 개발하기 위해 다른 사람들과의 협력을 요구한다는 점에서, 인간 본성은 사회적이다. 따라서 맑스에게 있어 "자연의 '인간적' 본질은 단지 '사회적' 인간을 위해서만 존재한다. 왜냐하면 여기서 자연은 '인간'과 '결합'하여 그를 위해 존재하기 때문이다"(Marx, 1964: 137). 맑스에 따르면, 인간 본성이 사회적인 또 다른 이유는 인간의 필요가 물리적 특성으로 주어지는 것이 아니라 사회적으로 결정되고 만족된다는 점이다. 게다가 인간 본성은 기본 필요가 역사적으로 새로운 사회적 형태들을 통해 표현되고 만족되는 생산양식의 발달에 의해 역사적으로 수정된다는 점에서 사회적이라고 할 수 있다.

이와 같은 자연적 요소들(즉 능동적 능력을 가지는 생물적 필요)과 사회적 요소들(즉 합목적성, 협력과 역사)을 통해 인간 본성은 경험적이고 비사변적으로 자연적이며 또한 동시에 사회적인 것으로 인식된다. 나아가 맑스의 개념화에 있어 자연적이며 사회적인 인간 본성은 상호 관련적 사고이다. 그의 변증법적 유물론이나 생태학적 개념화를 위해 지적되어야만 하는 점은 "자연과 인간의 동질성(identity)은 자연에 대한 인간의 제한적 관계가 그들 상호에 대한 제한적 관계를 결정하며, 그들 상호에 대한 제한적 관계는 자연에 대한 인간의 제한적 관계를 결정하는 방식으로 나타난다"는 점이다(Marx and Engels, 1970: 51). 맑스는 인간 본성과 관련된 자연과 사회가 상호 관련된 전체의 부분들로서 존재하며, 한 부분은 다른 부분의 고려 없이는 이해될 수 없는 것으로 생각했다.

맑스의 견해에서 보다 중요한 사고는 인간 개인들과 자연 간의 관계가 어떤 매개적 개념, 즉 노동과 더불어 이해되어야 한다는 점이다. "무엇보다도 노동은 인간과 자연 간의 과정, 즉 자신의 행위를 통해 인간 자신과 자연 간의 신진대사를 매개하고, 조절하고, 통제하는 과정이다." "그 자신의 필요에 적합한 형태로 자연의 물질들을 전유하기 위해", 인간 개인은 그 자신의 자연적 힘을 작동하기 위해 노력을 해야 한다. 그러나 또한 "그가 외적 자연에 대해 행동하고 이를 변화시키는 운동을 통해, 이 과정에서 그는 동시에 그 자신의 본성을 변화시킨다. 그는 자연 속에 잠들어 있는 잠재력을 개발하고, 이 힘의 작용을 그 자신의 자주적 권력에 복속시킨다"(Marx, 1976a: 283).

우리는 이제 '자연적이며 또한 사회적인 인간 본성, 인간 본성이 맺고 있는 자연과 사회 간의 변증법적 관계, 그리고 인간과 자연 간의 관련성을 위한 매개적 개념으로서 노동 등과 같이 여러 가지 중요한 사고들을 가지게 되었다. 이러한 사고들이나 개념들은 맑스적 생태학을 위해 탁월한 통찰력을 제공한다.[5] 더욱이 우리는 이제 부정의에 대한 맑스의 비판이나 정의에 관한 이론이 도덕적 유의성을 가지도록 하는 유관한 원칙이 무엇인가에 대한 의

---

5 이 점은 맑스의 초기 저작에서 인간 본성의 개념이 맑스주의적 생태학을 완결지음을 의미하는 것은 전혀 아니며, 이 개념이 그 시발점이 됨을 의미하는 것이다. 그의 초기 저작에서 자본주의 사회(그리고 환경문제를 포함하여)에 관한 맑스의 분석은 그의 초기 저작들에서의 개념들만큼이나 중요하며, 후자와 관련하여 이해되어야 한다.

문을 제기할 수 있다. 우리는 여기서 맑스가 응용했던 정의의 원칙 또는 표준들이 무엇이며, 그가 이러한 원칙들이 도덕적 유의성을 가지는 이해를 설명하는 근거가 무엇인가라는 질문에 봉착하게 된다. 적절한 (환경)정의의 이론은 사회와 환경의 본질적 내용들로부터 도출되고, 이들의 구체적 상황들을 평가하는 데 응용될 수 있는 원칙들을 요구한다.

위의 설명들에서 암묵적으로 이미 제시된 바와 같이, 인간 본성에 관한 맑스의 개념화에서 '필요'와 '노동'은 특정한 사회적 및 환경적 현상, 제도, 또는 구조들이 부정의한 것인지를 평가하고, 나아가 정당한 사회와 환경을 위해 그러한 현상들에 대항하는 주장들을 제시할 수 있는 두 가지 원칙으로 도출될 수 있다. 인간적 필요라는 개념은 보다 구체적으로 명시되어야 하겠지만, 기본 필요의 만족은 인간 개인들의 물리적 및 정신적 존재를 위해 근본적인 일임은 자명하다. 인간 필요에 관한 종합적인 이론은 인간적 기본 필요와 인간의 자기실현 능력 양자를 모두 포괄할 수 있지만(Doyal and Harris, 1991; White, 1996), 이들 간을 개념적으로 또는 범주적으로 구분하는 것이 중요하다.[6] 왜냐하면 맑스에게 인간은 기본 필요를 만족시킴에 있어 단순히 동물적 존재 이상이기 때문만이 아니라, 범주적 구분에서 볼 때에도 필요의 원칙 일반은 분배적 정의의 패러다임과 관련되며, 따라서 아래에서 구체적으로 논의할 것처럼 생산의 영역에 적절하지 않은 것처럼 보이기 때문이다. 따라서 화이트(White, 1996)가 주장하는 필요의 원칙만으로는 사회적 및 환경적 정의를 평가하기에는 충분하지 않다. 즉 노동(특히 맑스의 초기 저작에서 이 개념)은 자연과의 관계에서 인간 능력의 자기개발을 위해, 그리고 이에 따라 사회

---

6 Ollman(1976: 74~78)에 따르면, 맑스에게 있어 '필요'는 어떤 사람이 즉각적으로 이용 가능하지 않은 무엇을 위해 느끼는 욕구(desire)로 인식한다. 즉 인간은 이 '어떤 것'을 필요로 할 뿐만 아니라 그렇다고도 느낀다. 이 글에서 나는 '필요'를 '자아실현'과 구분해 전자를 생존을 위한 최소한의 욕구 충족으로 이해하고, '자아실현'은 삶의 의미 실현을 위한 최대한의 욕구 충족으로 이해하고자 한다. 또한 이들은 각각 자원 이용의 분배적 정의 및 자연과의 관계에서의 생산적 정의와 암묵적으로 관련시키고 있다.

와 환경에서 제시된 정의의 유의성을 평가하기 위해 범주적으로 특정하게 제공되어야 할 또 다른 필수적 원칙이라고 할 수 있다.

이 두 가지 원칙들, 즉 맑스의 변증법 또는 자연 및 사회와의 관계로 이루어진 인간 본성의 생태적 개념화로부터 도출될 수 있는 필요의 원칙과 노동의 원칙은 몇 가지 추가적인 논점들에 따라 구체화될 수 있다.[7] 첫째, 이 원칙들은 단지 계층적으로 조직된 것이 아니라(Elster, 1985: 230) 범주적으로 구분되며, 분배의 영역과 생산의 영역에 각각 적용된다. 이러한 두 가지 원칙들은 그 본질적 내용들이 추상화 또는 이데올로기로부터가 아니라 구체적 기반으로부터 도출될 때만이 (환경)정의의 원칙들로 고려될 수 있다. 게다가 맑스에게 있어 정의의 개념 및 원칙들은 이들이 분리된 개인이나 또는 지배계급의 이해관계가 아니라 공동의 이해관계를 촉진시킬 때만 유의하다. 맑스가 서술한 바와 같이 "공동의 이해관계는 단순히 추상화 속에서 '일반적 이해관계'로 존재하지 않으며, 무엇보다도 현실 속에서 노동을 서로 나누는 사람들 간의 상호의존성으로서 존재한다"(Marx and Engels, 1970: 53). 즉 상상의 '일반적 이해관계' 또는 이에 따른 보편적·초문화적·초역사적 기준이 아니라 현실의 '공동적' 이해관계만이 자연과의 관계를 통해 상호의존성 속에서 이루어지는 노동에 의해 공유될 수 있다.

자연적이며 또한 사회적인 인간 본성의 생태적 개념화와 환경정의에 관한 두 가지 원칙들이 주어지면 우리는 이제 주어진 사회 및 환경을 규범적으로 평가할 수 있게 된다. 즉 사회적으로 가용하고 주어진 자연과의 관계 속에서 결정된 인간 개인들의 기본 필요를 만족시킬 수 없다면 이 사회-환경은 부정의하다고 말할 수 있다. 게다가 어떤 사회-환경이 대다수의 사람들에게 그들

---

[7] 나는 이 두 가지 원칙들이 맑스의 환경정의론을 위한 근거에 관한 연구를 완결 짓는다고 생각하지 않는다. 정의에 관한 맑스의 개념화는 또 다른 중요한 원칙, 즉 '상호인정 정의(recognition justice)'를 평가할 수 있는 어떤 원칙('의사소통'의 원칙이라고 부를 수 있는 원칙)을 결하고 있다. 여기서 이에 관해 논의하지 않겠지만, 이에 관해 여타 학자들 가운데 특히 Habermas(1974)와 Honneth(1995)를 참조할 수 있다.

의 물리적 및 정신적 능력을 행사해 그들 자신의 자아발전을 실현할 수 있는 기회를 박탈한다면, 이 사회-환경은 부정의하다고 할 수 있다. 요컨대, 대다수의 개인들이 그들의 영양 섭취, 거주, 보건의료 등에서 정신적 및 물질적 필요를 유지할 수 없다는 점에서뿐만 아니라 이들이 자아실현을 위해 그들 자신의 생활을 할 수 있는 기회를 가질 수 없다면, 그 사회-환경은 부정의하다고 비난받게 된다.

물론 어떤 주어진 사회와 환경을 정의롭다거나 또는 그렇지 않다고 평가하는 것은 정의로운 사회-환경을 서술하거나 이론화하는 것과는 다르다. 왜냐하면 전자는 경험적 판단에 근거를 두지만, 후자는 근거를 가지지 못하기 때문이다. 즉 부정의 비판과 정의의 이론은 서로 상이하게 구분되는 인식론적 근거들을 가진다고 하겠다. 더욱이 맑스에 따르면 권리나 정의와 같은 어떤 도덕적 개념은 "사회의 경제적 구조 및 이것이 결정하는 문화적 발전보다도 결코 더 높을 수 없다"는 점에서(Marx, 1994b: 321), 우리는 이러한 이론이 개발되는 물질적 조건들과 무관한 정의의 규범적 이론을 개발할 수 없다. 만약 누군가가 이러한 이론을 개발한다면 이는 사법적이거나 후상적일 것이고, 그 사회의 지배계급에 기여하는 이데올로기 또는 환상이라고 비판될 것이다(서영조, 1995; 최병두, 1997b).

이러한 인식론적 및 존재론적 문제들에 관한 보다 완전하고 구체적인 논의는 이 글의 범위를 벗어난다.[8] 그러나 이러한 난점들을 회피하기 위하여, 우리가 살고 있는 이 자본주의 사회에서 우리는 우리의 경험에 기초해 어떤 현상이나 제도들을 부정의하다고 정당하게 비판할 수 있으며, 반면 이데올로기적 함정에 빠지지 않고 정의에 관한 규범적 이론을 개발하는 것은 불가능하다는 생각을 제시하고자 한다. 다른 한편, 우리는 인간 본성의 이상이

---

8 나는 도덕성 또는 정의에 관한 맑스의 개념화에서 이러한 문제성들이 맑스의 저작 자체에서 도출될 수 있는 '실재론적' 관점에 의해 해결될 수 있다고 생각한다. 이러한 유의 시도로서 Kane(1995) 참조.

실현될 수 있는 새로운 사회-환경을 위한 정의이론을 정형화할 수 있다. 그러나 이 정형화는 우리가 부정의한 사회와 환경으로부터 고통받는 현 세계의 바람직하고 실천적인 부정에 기초를 두어야 한다. 나는 자본주의적 사회와 환경의 부정의를 비판하는 한편, 환경정의에 관한 사회주의적 이론을 정형화하는 방식 — 그러나 나는 이 방법이 공동적 이해관계가 될 수 있도록 상호주관적 인지를 결여하고 있으며, 따라서 이에 의해 보완되어야만 한다고 생각한다 — 을 따르고자 한다(최병두, 1997).

3. 자본주의의 사회적 및 환경적 부정의 비판

1) 자본주의 사회에서 부정의한 환경

우리는 이제 맑스가 자본주의하에서 어떤 사회적 및 환경적 현상들을 부정의하다고 불만을 하거나 또는 비난을 했던 것들을 고찰하고자 한다. 맑스시대의 환경문제들은 우리가 최근 경험하고 있는 것들보다도 훨씬 덜 심각했었고, 덜 확산되어 있었다고 할 수 있다. 그럼에도 불구하고 맑스는 공장, 산업노동자들의 주거, 대규모 농업지, 그리고 농촌 슬럼들 등의 사회적 및 환경적 조건들에 대해 격렬한 비판을 했다. 우리는 맑스의 저술에서 두 가지 종류의 심각한 환경문제들을 이해할 수 있다. 하나는 자본주의적 대규모 공업 및 농업에 의해 야기된 도시 및 농촌에서의 문제이고, 다른 하나는 공장들 내에서 노동자들의 사회적 및 환경적 조건들에 관한 것이다. 그의 시대에 이들은 생태적 손상을 가장 심각하게 입은 우선된 장소들이었을 뿐만 아니라, 잉여가치를 추출하기 위한 활동들이 가장 활발하게 이루어졌던 곳이기도 하다.

맑스에 따르면, 자본주의는 역사적으로 공업과 농업 간의 구분에 기초했다. 이 구분은 자본주의의 발달과 더불어 전도되었지만, 이는 역사적으로 매우 중요하게 도시와 시골 간의 분리(Smith, 1984: 40~44), 즉 "어느 정도의 발전을 달성하고 상품들의 교환에 의해 유발된 모든 노동 분화의 기반"이라는 직접적으로 공간적인 표현을 나타낸다(Marx, 1976a: 472). 즉 자본주의적 노동 분화의 전제조건으로서 "자본주의적 생산은 인구를 대중심지들로 함께 집중시키고, 도시 인구들이 끊임없이 성장하는 우월성을 달성케 하는 원인이었다". 그러나 맑스의 사회적 및 생태적 관점에서 "이는 두 가지 결과를 초래했다. 한편으로 이는 사회의 역사적으로 계기적인 힘을 집중시켰으며, 다른 한편으로 이는 인간과 대지 간의 신진대사적 상호행위를 혼란시켰다. 즉 이는 음식과 의복의 형태로 인간에 의해 소비된 그 구성적 요소들이 흙으로 되돌아가는 것을 막았다"(Marx, 1976a: 637). 다시 말해 자본주의적 도시화와 산업화는 '사회의 역사적으로 계기적인 힘'으로서 역할을 하는 인구를 집중시킴으로써 인간과 자연 간 신진대사적 상호행위의 심각한 혼란을 초래했다. 이는 자연의 물질적 재순환, 즉 "토양의 지속적인 비옥도를 위한 영구적인 자연적 조건의 작동"을 막았을 뿐만 아니라, "또한 동시에 도시 노동자의 물리적 건강과 농촌 노동자들의 정신적 생활"을 파괴했다(Marx, 1976a: 637).

동일한 현상이 농업적 생산 과정의 자본주의적 전환을 경험했던 시골에서도 이루어졌다. 한편으로 "농업에서도 공업에서와 마찬가지로 생산 과정의 자본주의적 변혁은 동시에 생산자들의 순교사이며, 노동의 도구는 노동자를 예속하고, 착취하며, 빈궁화하는 수단으로서 나타난다". 다른 한편 "도시 공업과 마찬가지로 근대 농업에서도 노동생산성의 향상과 노동의 동원은 쓰레기를 누적시키고 노동력 자체를 파괴하는 것을 대가로 얻어졌다. 게다가 자본주의적 농업에서 모든 진보는 노동자를 약탈할 뿐만 아니라 토지를 약탈하는 기술상의 진보이다"(Marx, 1976a: 638). 공업의 도시에서처럼 농업의 시골에서도 노동자와 자연 양자는 자본주의적 발전을 위해 착취되고, 파괴되고, 희생되었다.

노동과 자연이 착취되고 파괴되었을 뿐만 아니라, 이들이 인간 본성의 자아실현을 목적으로 한 것이 아닌 자본주의적 발전, 즉 잉여가치의 추출이라는 목적을 위해 희생되었다는 점 때문에 이러한 현상들은 부정의하다. 즉 맑스에게 있어 "한 국가가 대규모 공업을 토대로 발전하면 할수록 이러한 파괴 과정은 더욱 급속해진다. 따라서 자본주의적 생산은 기술과 사회적 생산 과정의 결합도를 발전시키지만, 동시에 모든 부의 원천인 토지와 노동자를 파멸시킨다"(Marx, 1976a: 638). 이 대목은 공업 생산성이 성장함에 따라 자연의 생산성은 저해된다는 자본주의 발전의 생태적 모순을 명시적으로 서술하고 있다. 달리 말해서, 자연과 인간 간을 매개하는 노동은 인간의 기본 필요를 만족시키고 자아개발을 실현하는 데 기여해야 한다는 노동의 원칙에 기초해 이해한다면, 자본주의적 발전은 부정의하다. 왜냐하면 이는 노동자와 자연을 동시에 훼손시키면서 이들이 자본주의 그 자신의 목적, 즉 자본의 축적에 종사하도록 했기 때문이다. 따라서 파슨스(Parsons, 1977: 19)가 지적한 바와 같이 "인간 본성의 침해는 그 자체로서 비인간적 자연의 침해이다. 왜냐하면 인간은 더 넓은 자연의 유기적 일부이기 때문이다. 따라서 인간을 탈인간화시키고 자연을 탈자연화시키는 자본주의는 인간주의적 및 자연주의적 대안을 필요로 한다".

『요강』과『자본론』에서 맑스는 또한 산업노동자들의 노동 장소 및 주거 장소의 사회적·환경적 조건들을 상세히 서술하고 있다. 우선, 공장에서 노동자의 시간적·공간적 및 환경적 조건들을 예시하는 수많은 사례들을 묘사하면서, 맑스는 '잉여 노동을 위한 인간-늑대의 배고픔'이라는 비유를 사용해가며 자본가들이 어떻게 작업일을 늘렸는가를 서술했다. 사례들 가운데 하나는 단지 과잉노동에 의해서 죽었던 한 여성용 모자 생산자인 메리 앤 워클리의 죽음에 관한 신문 기사이다.[9] 이 사례 및 맑스의 저술에 서술된 여타 사

---

9 이 보고서에 의하면 다른 소녀들과 함께 이 여공은 휴식 없이 평균 16과 1/2시간을 일했으며, "새로 취임한 웨일즈공을 위한 무도회에 초대된 귀족 부인들을 위해 우아한 드레스들을

레들로부터 우리는 맑스 시대 노동자들이 어떻게 부정의롭게 다루어졌는가를 이해할 수 있다. 즉 소수의 귀족 부인들이 그들의 호사스러운 생활을 즐기는 동안, 젊은 여성 노동자들은 그들의 생명이 다하도록 노동을 하는 것 외에 달리 방법이 없었다.

이러한 현상이 부정의하지 않다고 주장하는 사람들은 아마 아무도 없을 것이다.[10] 사실 자아실현을 위한 그들 자신의 물리적 및 정신적 능력의 개발과는 매우 동떨어져서, 자본주의 사회의 노동자들은 그들의 생존을 위한 기본적 필요조차 거의 만족시키지 못했다. 이와 같이 극단적으로 부정의한 상황은 노동자들이 자본가들 — 이들은 노동자들의 생존을 위한 시간, 공간 그리고 환경을 희생시키면서 잉여 노동 시간과 이에 따른 잉여가치를 추출하고자 한다 — 에 의해 직접 강제되는 공장에만 한정된 것이 아니었다. 신선한 공기에 대한 필요는 노동자들의 거주 장소에서도 다른 여러 문제들과 더불어 충족되지 못했다.[11] 맑스의 서술에 의하면 다음과 같다.

사람은 거주 소굴로 돌아오지만, 이곳은 이제 문명의 유해한 숨결로 오염되어 있다. …… 빛, 공기 등 — 가장 단순한 '동물적' 청결 — 은 인간을 위한 필요이기를 중단했다. '오물', 사람의 퇴락과 부패 — 문명의 '쓰레기'(아주 말 그대로) — 는 그를 위한 '생활의 요소'가 되었다. 철저히 '비자연적인' 방치, 부패한

만들어내야만" 했던 계절 동안에는 흔히 30시간씩 노동을 했다. 그녀가 일을 시작한 금요일부터 죽은 날인 일요일까지, 그녀는 "다른 60명의 소녀들과 함께 각 방에서 30명씩 26과 1/2 시간을 중단 없이 일했다. 이 방들은 입방 피트(ft³)로 측정해 필요한 공기량의 단 1/3밖에 제공되지 않았다"(Marx, 1976a: 364).

10 그러나 맑스의 저작을 그의 '역설적 표현'을 인식하지 못한 채 해석하고자 했던 Wood(1972, 1981)와 여타 학자들은 예외라고 할 수 있다(Husami, 1978).

11 맑스는 또한 여기서 노동자의 주거임대 문제를 서술하고 있다. 즉 노동자는 조바심 속에서만 그의 장소를 계속 점유할 수 있다. 왜냐하면 이 주거 장소는 "그에게 어느 날이든 쫓겨날 수 있는 소외된 거주지 — 만약 그가 임대료를 지불하지 못할 경우 어느 날이든 비워주어야만 하는 장소 — 이기 때문이다"(Marx, 1964: 148~149).

자연은 그의 '생활 요소'가 되었다. 그의 감각들은 그의 인간적 측면에서뿐만 아니라 '비인간적'인 측면, 따라서 동물적인 측면에서도 더 이상 존재하지 않았다 (Marx, 1964: 48~49).

부정의한 자본주의 사회와 환경에 대한 맑스의 비난은 노동의 원칙과 필요의 원칙 양자에 모두 기초한 것으로 이해될 수 있다. 그러나 맑스가 노동자들의 사회적 및 환경적 조건들을 기술한 문장들의 대부분에서, 그는 대체로 생존을 위한 필요 충족의 조건들이 심하게 잘못 분배되어 있음을 강조하고 있다. 이는 부분적으로는 맑스 시대의 자본주의가 노동자들을 착취하여, 심지어 필요 충족의 최저 수준하에 살아가도록 했기 때문, 또는 맑스가 그렇다고 강조한 바와 같기 때문이라고 할 수 있다. 이러한 의미에서 맑스는 노동의 원리에 비해 필요의 원리에 명시적으로 우위성을 둔 것처럼 보이며, 우리는 필요 만족을 위한 분배적 정의를 무시할 수 없다(Peffer, 1990; 설헌영, 1995). 그러나 그의 저작 전반에 걸쳐 자본주의에 대한 맑스의 비판을 유의하게 하는 것은 필요의 원칙이라기보다는 노동의 원칙이어야 한다. 그 외에 달리 해석하는 것은 사회적 및 환경적 조건들의 잘못된 분포의 치유는 자본주의적 사회의 한계를 극복할 것이라고 생각하는 것이며, 이는 분명 맑스의 개념화와는 동떨어진 것이다. 우리는 자본주의 사회와 환경의 부정의에 대한 구조적 맥락에 관한 그의 설명에서 노동의 원칙을 적용하고 있는 맑스를 발견할 수 있다.

2) 자본주의의 사회적 및 환경적 부정의의 맥락

그의 초기 저술들에서, 맑스는 사회적으로 및 환경적으로 부정의한 현상들이 화폐와 사적 소유, 그리고 심지어 문명 일반 때문에 발생하는 것으로 이해하고 있는 것처럼 보인다. 따라서 그의 저서인 『유대인 문제(On the

Jewish Question)』(1844)에서 맑스는 이렇게 적고 있다. "화폐는 일반적이고 자기충족적인 '가치'이다. 따라서 이는 전체 세계, 즉 인간 세계와 자연으로부터 상당히 유용한 것들을 도둑질했다. …… 사유재산과 화폐의 지배하에서 달성된 자연관은 자연의 실질적인 경멸이며 실제적인 퇴락이다"(Marx, 1994a: 24).[12] 가치를 측정하는 단일 수단으로서의 사적 소유와 화폐하에서, 인간 개인들은 그들 자신을 자연과 점유, 소유 및 장악의 양식으로 관련시킨다. 이는 인간과 자연 간의 유기적 관련성이 퇴락하고 파괴되는 바로 그 이유이다. 그러나 맑스가 여기서 초점을 두고 있는 것은 화폐와 사적 소유가 그 본질을 이루는 '소외된 노동'이며, 반면 개인적 필요의 충족과 관련된 이기주의를 비판하고 있다. 즉 맑스가 자본주의 사회의 부정의한 제도들(그 예로 종교, 국가 등)을 이해하고자 했던 원칙은 필요의 원칙이 아니라 노동의 원칙이라고 할 수 있다.

유사한 맥락에서, 『1844년 수고』에서 맑스는 문명 일반을 '야수적 야만'이라고 비난했으며, 문명화된 부르주아지의 이기주의를 위에서 서술한 바와 같이 자본주의 사회에서 노동의 착취 및 공장과 거주지의 환경 퇴락의 원인이라고 맹렬히 공격한다. 그러나 맑스가 인간 개인들을 저하시키고 자연을 부패시키는 원인으로서 고발한 것은 문명 일반이 아니라 자본주의 경제 발전이다. 즉 자본이 노동자들의 노동을 착취하는 것처럼 이는 또한 이들의 환경을 착취했다. 맑스는 여기서 필요의 원칙에 기초해 자본주의 사회와 환경을 비난한 것처럼 보인다. 예로 그는 노동자는 "인간적 필요를 가지지 않는다 ― 심지어 그의 '동물적' 필요도 존재하기를 멈추었다". 그러나 이러한 상황에서 그의 필요가 "물리적 존립을 위한 가장 저급하고 동정적인 수준"으로 감소되는 것처럼, 노동자의 활동(즉 노동)은 "가장 추상적이고 기계적인 운동"으로 저하된다(Marx, 1964: 149). 따라서 맑스는 여기서 자본주의 사회와 환

---

12 이러한 의미에서, 맑스는 이어서 물고기, 새, 식물들의 사적 소유권에 대한 토마스 뮌처(Thomas Müntzer)의 생태적 저항을 인용했다.

경을 비판하기 위해 필요의 원칙과 노동의 원칙 양자 모두를 고려하고 있다고 말할 수 있다.

그의 후기 저작에서, 맑스는 왜 그리고 어떻게 노동과 자연 양자가 자본에 의해 착취되는가를 보다 명확하게 설명한다. 즉 자연이 노동에 의해 원료로 전환되어 궁극적으로 가치를 창출하고, 누적시키고, 증식하는 과정을 통해 인간 노동과 자연 양자는 모두 자본의 목적을 위해 이용된다. 이 과정에서 자본가들은 자본 축적의 지속, 즉 자본주의 경제의 유지를 위한 필요성으로서의 잉여가치를 추출하는 반면, 인간 본성과 그들의 환경 일반, 특히 노동자들의 노동과 그들의 환경은 물리적으로 파괴될 뿐만 아니라 잉여가치를 생산하기 위해 동원될 수 있는 단순한 상품으로서 탈가치화된다. 따라서 하비가 서술하는 바와 같이 "자본가계급이 잉여가치를 추출하기 위해 노동자들에게 필수적으로 부가하는 침해는 노동 과정에 연유하는 자연과의 퇴락한 관계에서 가장 용이하고 명백하게 나타난다"(Harvey, 1982: 108).

맑스의 견해에 의하면, 자본가들은 두 가지 방법으로 잉여가치를 추출한다. 즉 노동일의 확대에 의한 '절대적' 잉여가치의 추출, 그리고 '임금재' - 노동자들이 필요로 하는 상품 - 를 생산하는 영역에서 노동의 생산성 증대와 더불어 노동 가치의 감소를 통해서나 또는 노동의 평균 생산성보다도 더 높은 우월한 생산기술의 채택을 통한 '상대적' 잉여가치의 추출이다. 여기서 우리는 맑스의 (잉여)가치론이 생태학에 관한 그의 개념화를 어떻게 포괄하는지 또는 어떻게 연계되어 있는지를 이해할 수 있다. 일부 학자들은 맑스의 가치론이 반생태적이라고 주장한다. 왜냐하면 그의 가치론이 생산에서 자연의 역할을 배제하거나 또는 과소평가하기 때문이다(Benton, 1989; Grundman, 1991b). 맑스에게 있어 노동과 자연 모두는 사회적 부, 즉 사용가치의 두 근원이지만 가치는 단지 사회적 노동에 의해서만 생산된다는 점은 사실이다. 그러나 노동은 항상 자연과 관련되어 있으며, 따라서 "부는 필요 만족적 인간-자연 신진대사를 포함하며, 가치는 이러한 물질적 과정의 특정한 사회적 형태라는 사실에서 가치 형태는 정량적 및 정성적으로 도출된다"(Burkett, 1996: 333. 또한 Devine, 1993 참조).

맑스의 잉여가치론에 기초해, 우리는 자본주의 사회와 환경의 부정의가 잉여가치 추출 과정에서, 특히 노동일을 확대하거나 또는 생산기술로 노동의 생산성을 증대시키고자 하는 자본가들의 시도와 관련해 유발되는 맥락을 이해할 수 있다. 첫째로, 맑스가 서술한 바와 같이 절대적 잉여가치는 노동자 시간 자체의 절도라는 점에서뿐만 아니라 휴식, 빛, 공간, 깨끗한 공기 등과 같은 필수품의 절도를 통해 추출된다. 맑스는 우선 자본가들이 노동자들의 생산물이 아니라, 시간, 공간, 환경과 같이 그들의 필요 충족을 위해 그리고 물리적 및 정신적 발전을 위해 필요한 노동자들의 노동 조건들을 훔치는 점을 비난한다. 즉 자본은 "신체의 성장, 발달, 건강 유지를 위한 시간을 절취한다. 이는 깨끗한 공기와 햇빛을 위해 필요한 시간을 도둑질한다". 그리고 자본은 "노동자가 일하는 동안 그의 생명을 위해 필요한 것들 …… 공간, 햇빛, 공기 그리고 생산 과정의 위험스럽거나 불건전한 오염으로부터의 보호 등의 체계적 절도"에 종사한다(Marx, 1976a: 375~376, 553).

상대적 잉여가치의 추출은 한편으로 임금재 영역에서, 다른 한편으로 평균 생산성보다도 더 높은 노동의 생산성 증대로부터 얻을 수 있다. 상대적 잉여가치의 추출에 있어 이러한 두 가지 방법은 맑스의 잉여가치론에서 상이한 함의를 가지지만, 개선된 생산기술 그리고 보다 일반적인 기술 발달과 더불어 대규모 공업 성장을 통해서 가능해진다. 따라서 맑스가 대규모 공업의 기계제를 분석할 때, 그는 또한 공장 노동이 수행되는 환경적 조건들을 기계제 및 대규모 공업의 효과로 야기된 것으로 상술한다. 즉 노동자들이 생명 없는 기계들에 대한 살아 있는 부속물로서 편입됨에 따라, 고통의 짐은 바위처럼 그들의 등에 지워진다. 특히 그들은 그들이 일하는 공장의 소음, 먼지, 불결, 불안전, 단조로움 그리고 피로에 의해 억압되고 있음을 발견하게 된다.

빈틈없이 설치한 기계들은 계절처럼 규칙적으로 사망자와 부상자의 보고서를 제공하고 있는데, 이러한 생명의 위험은 차치하고라도 인위적으로 만든 높은 온도, 원료의 먼지로 가득 찬 공기, 고막을 찢는 소음 등등으로 말미암아 모든 감각기관이 손상을 받는다. 공장제도하에서 급속히 성숙되고 강화된 사회적 생산수단의 절약은 자본의 손에 의해 작업 중에 있는 노동자의 생명에 필요한 것들, 즉 공간, 햇빛, 공기 그리고 생산 과정의 위험하고 불건전한 부수물들로부터의 보호 등을 체계적으로 빼앗아가는 것으로 변한다(Marx, 1976a: 552~553).

앞에서 우리는 공간, 햇빛, 공기 등과 같은 환경적 현상들이 일하는 노동자들의 부정의한 조건들이 됨을 이해했다. 그러나 맑스가 여기서 서술하는 노동자들의 부정의로운 환경적 조건들은 상이한 맥락, 즉 노동일을 연장하기 위한 자본가들의 강제라기보다는 자본가들에 의한 '사회적 생산수단의 이용'과 관련된다. 사실 현대 자본주의 사회에서 환경 파괴와 자연의 부정의한 이용과 보다 긴밀하게 관련된 것은 전자라기보다는 후자이다. 달리 말해서 자본가들이 상대적 잉여가치를 얻기 위한 사회적 생산수단과 기술의 자본주의적 이용은 자본주의적 사회와 환경의 부정의의 주요 원인으로 이해될 수 있다. 맑스는 이의 효과를 노동자들의 부정의로운 환경조건이라는 점에서뿐만 아니라 인간에 의한 인간의 지배와 더불어 '자연의 지배'(보다 정확히 말해, 자본가들에 의한 환경 및 노동의 지배)라는 점에서 서술한다.

맑스에 따르면 모든 인간기술은 자연적 소재들로부터 이루어지고, 또한 사회적 생산관계의 물질적 및 개념적 과정들의 자연적 맥락하에서 이루어진다. 즉 "기술은 자연에 대한 인간의 적극적 관계, 그의 삶의 직접적 생산 과정을 나타내며, 이는 또한 그의 삶의 사회적 관계들의 생산 과정, 그리고 이러한 관계들로부터 도출되는 정신적 개념화의 과정을 드러낸다"(Marx, 1976a: 493n). 이러한 점에서, 즉 기원적이고 순수한 형태로서 기술 또는 생산수단은 존립하고 그들의 힘을 실현시키기 위한 인간 노력의 결과로 이해된다. 그러나 기술의 가치가 보편적으로 중립적이라고 할지라도, 역사적으로는 결코 중립적이지 않다. 왜냐하면 이는 주어진 사회에서 사회적 관계의 산물이기 때문이다. 즉 자본주의 사회에서 기술은 노동의 생산성을 증대시키지만, 이는 자본가들에 의해 잉여가치로서 부정의하게 전용된다. 사실 기술의 역할은 이중적이다. 한편으로 기술은 자본가들이 보다 많은 생산성을 얻고 소비자들을 유혹할 수 있는 새로운 제품들을 고안함으로써 그들의 경쟁성을 높일 수 있는 수단이다. 다른 한편으로 기술은 직업을 탈숙련화시키고, 보다 더 값싼 노동력이 필요하게 만듦으로써 노동비용을 줄이는 데 도움이 된다 (Pepper, 1993: 82).

게다가 기술 진보(그리고 항상적인 시장 팽창)와 더불어 자본주의는 단순히 효용의 문제로 자연을 객관화하고 이에 따라 자연을 그의 지배하에 복속시키는 경향이 있다. 즉 맑스가 『요강』에 서술한 것과 같다.

(자본주의의 도래와 더불어) 자연은 처음으로 순수하게 인간을 위한 대상, 순전히 효용의 문제가 되었으며, 그 자체로서 힘으로 인식되지 않게 되었다. 그리고 자율적 법칙의 이론적 발견은 단순히 자연을 인간적 필요에 복속시키는 책략, 즉 소비의 대상 또는 생산의 수단으로 나타난다(Marx, 1973: 410).

길고 험난한 진보의 역사에서 인간은 처음으로 비경쟁적인 방법으로 자연과의 관계를 수립하게 된 것처럼 보이며, 이는 그들의 필요에 대한 완전한 충족을 약속하는 것처럼 보였다. 인간 개인들은 이제 희소성의 경제로부터 벗어나서 물질적 재화의 결핍으로부터 자유롭게 된 것처럼 보인다. 이러한 새로운 관계에서 인간 개인들은 자연과의 동질성에 대한 전(前)역사적 의미를 보다 높은 의미에서 재발견할 수 있다. 그러나 이런 유의 물질적 필요로부터의 자유 또는 자연의 지배는 매우 문제성이 있는 것으로 논란거리가 된다. 왜냐하면, 파슨스(Parsons, 1977: 34)가 서술한 바와 같이 "인간은 의존성에 관한 그의 원초적 감정과 한때 혼합되었던 소외된 두려움과 갈망의 정화된 방식으로, 그 자신을 자연과 함께하는 것으로 '느낄' 수 있다. 그러나 자연과의 인간의 이러한 자유롭고 정화된 관계는 사람과 자연을 조금도 개의치 않는 자본의 지배하에서는 결코 달성될 수 없다"(Parsons, 1977: 34)

요컨대, 기술의 발달로 자본주의 사회는 자연을 인간의 필요에 복속시켰다. 따라서 자본주의적 생산력은 인간의 요구를 만족시킬 수 있는 수준에 도달한 것처럼 보인다. 그러나 자본주의 사회는 필요의 원칙 및 노동의 원칙 양자 모두에 부응하지 못했다. 왜냐하면 자본주의 사회에서 자연의 정복은 자본에 의한 노동의 지배를 통해 이루어졌으며, 그 결과는 대다수 사람들의 기본적 필요에 상응한 것이 아니라 소수 지배계급에게 혜택이 돌아갔기 때문이다. 따라서 이러한 자연의 정복은 '진정한' 자연의 지배로 이해되어서는 안 된다.[13] 이는 "지구 – 우리의 유일무이한 지구, 우리 존재의 첫 번째 조건"를 "잡상인의 대상으로 만드는 것"이며, "우리 자신을 잡상인의 대상으로 만드는 마지막 단계"로 나아가는 것이다(Marx, 1964: 210). 즉, 자본주의 사회에서 자연과 인간(노동자)은 도덕성이나 정의도 없이 지배되고, 착취되고, 부정되는 존재로 치부된다.

4. 분배적 정의에서 생산적 정의로

맑스가 자본주의 사회경제적 구조와 제도, 특히 그 분배 양식에 있어서 작은 변경들이 노동자들에게 어떤 실질적 도움을 줄 수 있음을 부정한 것처럼, 자본주의하에서 사회적 및 환경적 부정의가 작은 치유로 극복될 것처럼 보이지 않는다. 예로 그의 견해에 의하면, 형평적인 것처럼 보이지만 완만하고

---

13 나는 여기서 '자연의 지배'라는 논제 자체에 대해서는 논의하지 않겠지만, 이는 철학 및 생태학적 논의에서 오랜 역사를 가지고 있다(Leiss, 1972; Harvey, 1996).

증식적인 임금 개선은 노동의 착취를 완화시키지 않는다. 이러한 임금 개선과 더불어, 노동자들은 "자신의 소비 범위를 확대하고, 의복, 가구 등 자기들의 소비재원을 약간 늘릴 수 있고, 심지어 약간의 준비금까지도 형성할 수 있다. 그러나 노예의 경우 의복과 음식 그리고 대우가 개선되고 페콜리움(고대 로마에서 노예에게 허용해 주었던 일부 재산. 노예는 이것을 제3자와 거래할 수도 있었다)이 다소 많아졌다고 해서 노예의 종속관계와 착취가 폐지되지 않는 것처럼 임금노동자의 종속관계와 착취도 폐지되지 않는다"(Marx, 1976a: 769).

마찬가지로 대다수 사람의 빈곤을 야기하는 물질적 자원의 결핍, 그리고 도시 및 농촌 지역 모두에서 발생한 생태적 순환의 자연 신진대사 손상과 같은 자본주의적 환경문제들은 작은 변화로는 극복될 것처럼 보이지 않는다. 사실, 자본은 서로 관련된 인간과 자연 양자를 파괴하면서 인간과 자연 간 관계가 "사회적 생산의 조절 법칙이 되며 또한 인류의 완전한 발전에 적합한 형태가 되도록 그 체계적 회복을 강제한다". 그러나 이러한 회복을 위한 자본의 전략들은 그렇지 않을 경우 그 풍요로움이나 비옥도가 오래 지속될 수 있는 자연의 질을 악화시킨다. 즉 "주어진 시기에 토양의 비옥도를 증가시키기 위한 모든 진보는 그 비옥도의 보다 장기적 근원을 황폐화하는 방향으로의 진보이다". 따라서 자본주의하에서 사회적 및 환경적 부정의는 임금체계의 작은 교체 또는 국지적 생태계의 단기적 회복이라는 치유책을 만들어낸다. 왜냐하면 "자본주의적 생산은 기술과 사회적 생산 과정의 혼합도를 발전시키지만 이는 동시에 부의 기원적 근원들 ― 토양과 노동자 ― 을 훼손"시키기 때문이다(Marx, 1976a: 638).

맑스에게 있어 임금 및 물질적 자원 등의 분배를 위한 평등이나 형평에 호소하는 것은 자본주의 생산의 속성을 잘못 이해하는 것이다. 이러한 맥락에서 맑스는 그의 저작 전체에 걸쳐 유토피아적 사회주의자들, 특히 프루동(Pierre-Joseph Proudhon) ― 그는 자본주의의 불평등에 대한 경감책으로 임금의 균등화 또는 '정당한 분배'를 주장했다 ― 의 개혁적 제안을 비판한다. 노동자들이 그들의 노동과의 교환에서 보다 '형평적인' 임금을 받는 방법으로 분배를 개선하고자 하는 시도는 자본주의 생산의 속성을 잘못 이해하는 것이다. 즉 분배를 수정하고자 하는 시도들은 임금체계로부터 노동자들을 자유롭게 하지 못할 것이다. 따라서 맑스는 임금의 형평성을 제도화하기 위해 설계된 정치적 운동은 방향이 잘못 지어진 것이고, 실패할 수밖에 없으며, 따라서 임금 균등화를 위한 동원 대신 '임금체계의 폐지'를 요구해야 한다고 주장했다. 즉 분배는 생산이 먼저 변경되지 않고는 변화할 수 없다. 즉 물질적 재화 또는 환경적 조건들(자연적 쾌적성이나 오염을 포함해)의 잘못된 분배는 생산조직이 먼저 전환하지 않고서는 치유될 수 없다고 주장될 수 있다. 달리 말해서, 우리는 '생산적 정의 우선'을 요구할 필요가 있다.

사회주의적 사회와 환경에서의 '생산적 정의'를 이론화하고자 함에 있어 밝혀져야 할 여러 가지 문제들이 남아 있다. 무엇보다도, 여기서 생산은 노동 과정, 또는 맑스가 '신진대사'라고 칭한 것, 즉 인간과 자연 간의 관계를 매개하고, 조절하고, 통제하는 것으로 이해되어야 한다. 즉 생산은 자연이 사회에 의해 매개되고, 사회는 자연에 의해 매개되며, 이에 따라 자연이 인간화되고 인간이 자연화되는 과정이라고 할 수 있다. 이에 따라 생산적 정의는 자연과 인간 간의 정의로운 관계를 의미하며, 이는 다시 인간들 간의 정의로운 관계를 함의하며, 그 역도 성립한다. 물론 자연과 인간 간의 '정의로운' 관계가 무엇을 의미하는지를 적시하는 것은 쉽지 않다. 그럼에도 불구하고 여기서 우리는 맑스가 사회주의적 자연 지배와 관련시키고자 했던 것을 생각할 수 있다. 우리는 이 개념은 뒤에서 다시 상술하겠지만, 우선 여기서 많은 논평가들이 '자연의 지배'라는 논제는 매우 모호하고 논란적이라고 불평했다는 점을 지적할 필요가 있다. 따라서 스미스(Smith, 1984, 1996)가 제안한 바와 같이, 이 논제는 '자연의 생산'이라는 사고로 대체될 수 있다. 이 사고는 "자연과의 관계에서 노동의 중심성을 진지하게 택할 수 있도록" 하며 (1996: 49), 따라서 인간과 자연 간의 가장 기본적인 관계로서 '생산 일반', 그

리고 특히 교환을 위한 자본주의적 생산을 이해할 수 있게 한다.[14]

둘째, 맑스가 생산을 사회의 유기적 총체라고 이해한 바와 같이 생산적 정의는 만약 적절히 이해된다면 사회의 모든 측면들에서의 정의를 담고 있다. 맑스가 생산과 분배 간 관련성을 서술했던 『요강』의 '서론'에서 생산은 사회적 발전의 한정적 단계에 있는 특정한 생산으로서 이해될 뿐만 아니라, 합리적 추상화로서 생산 일반은 공통 요소들을 유발해 고정시킴으로써 "그들의 통일성 - 주체, 인간성 그리고 객체의 일체성으로부터 도출되는 것, 즉 자연 - 속에서 그들의 근본적 차이가 잊혀질 수 없는 것"으로 이해된다(Marx, 1973: 85). 하비(Harvey, 1982: 41)가 요약한 바와 같이 맑스가 도달한 일반적 결론은 "생산, 분배, 교환 그리고 소비가 동일하다는 것이 아니라 이들 모두는 총체성의 성분들, 즉 '통일성 내에서의 차이들'을 구성하고 이러한 상이한 '계기들' 간의 '호혜적 효과들'은 '유기적 전체'로서 고찰될 수 있는 자본주의적 사회의 맥락에서 이해되어야만 한다". 따라서 생산적 정의를 개념화함에 있어, 생산은 인간과 자연 간 유기적이지만 차별적인 총체성으로 이해되며, 분배와 교환의 관계를 포함해 사회 전체의 사회적 관계들의 속성을 알려주는 생산관계들을 반영한다.

셋째, 생산적 정의는 자본주의에서의 정의에 관한 오랜 논쟁을 종결지을 수 있는 개념으로 이해될 수 있다. 우리가 위에서 이해한 바와 같이, 자본주

---

14 여기서 생산은 물질적 사물들의 생산뿐만 아니라 사고나 의식의 생산을 포함한다. 이 점에서, 스미스는 "사고, 개념, 의식의 생산은 우선 물질적 활동, 인간들의 물질적 상호 과정, 실질적 생활의 언어와 직접 얽혀 있다"라는 맑스의 주장을 인용하고 있다(Smith, 1984: 36에서 재인용). Lefebvre(1991: 68~69)에 의하면, 생산의 개념은 두 가지 의미를 가진다. "광의적 의미에서, 사회적 존재로서 인간은 그들 자신의 생활, 그들 자신의 의식, 그들 자신의 세계를 생산한다고 말한다. …… 감각기관에 의해 사회적 생활 속에서 포착된 것과 같은 '자연' 자체는 수정되고 따라서 어떤 의미에서 생산된다." 그러나 맑스와 엥겔스는 이러한 광의적 의미를 협의화했다. 즉 "이들의 마음에 있는 것은 단지 사물, 즉 '생산물'들이다. 개념의 이러한 협의화는 이를 일상생활적 의미, 즉 평범한 의미 - 그리고 경제학자들을 위한 의미 - 에 보다 근접하도록 한다".

의 경제가 사회적 및 환경적 불평등을 만들어냈으며, 자본주의에 대한 맑스의 비판은 정의에 관한 그의 암묵적 개념화에 기초해 이루어졌을 것이라는 점을 부정할 사람은 거의 없다. 그러나 다른 한편, 맑스가 잉여가치란 "(노동력의) 구매자를 위해 좋은 운의 일부이지만, 이의 판매자에게는 결코 부정의하지 않다"라고 상황을 묘사하는 바와 같이, 그는 노동자(그리고 환경)의 착취란 부정의하지 않다고 명시적으로 서술한다(Marx, 1976a: 301). 그럼에도 불구하고, 나는 교환 영역에서 정의는 생산 영역에서의 정의와는 구분되어야 한다고 주장하고자 한다. 맑스는 잉여가치 추출의 부정의를 부인하는 것처럼 보이지만, 이는 정의에 관한 사법적 또는 이데올로기적 개념이라는 점에서 촉진되는 교환의 영역에서만 그러하다. 그렇지만 영(Young, 1981: 252)과 여러 논평자들이 주장한 바와 같이 이런 유의 정의는 노동력이 투입되는 생산의 영역에서는 유지될 수 없다. 왜냐하면, 맑스에 의하면, "노동자는 임금을 위한 노동력의 교환[영역]에서는 정당한 대우를 받는 판매자로 취급되지만, 그다음 자본이 노동자로부터 잉여가치를 추출하는 동안 생산 과정에서 도둑을 맞게" 되기 때문이다.

넷째, 물론 생산적 정의를 위한 주장은 분배적 정의의 유의성을 부정하는 것으로 이해되어서는 안 된다. 사실, 『고타 강령 비판(Critique of the Gotha Program)』(1875)에서 맑스는 공산주의 사회의 초기 단계에 관한 그의 견해를 묘사하면서 "[노동자]가 사회에 한 형태로 준 노동과 동일량을, 그는 다른 형태로 되돌려 받는다"라고 서술했다. 이러한 분배 편성은 자본주의 사회에서 만연한 것보다는 분명 '개선된' 것으로 이해될 수 있다. 맑스는 계속해서 "이것이 균등 가치의 교환이 되는 한, 여기에 분명 동일한 원칙이 상품의 교환을 조절하는 것으로 만연하다. …… 여기에는 '균등 권리'가 여전히 원칙 — 원칙과 실천은 더 이상 얼치기가 아니지만, '부르주아적 권리' — 이다"(Marx, 1994: 320~321). 맑스가 여기서 서술하는 균등 권리 또는 분배적 정의에 관한 노동의 원칙은 여전히 부르주아적 원칙의 형태로 있지만, 이는 더 이상 이데올로기적이지 않다. 즉 이 진술에서 맑스는 분배적 정의의 유의성을 부정하지 않는 것처럼 보인다. 그러나 정의에 관한 노동의 원칙에 따른 분배적 편성은 결점을 가진다. 왜냐하면 이의 적용은 결과적으로 신체적 및 정신적 능력에 있어서 상이한 소득을 가지거나 또는 결혼, 자녀의 수 등과 같은 사회적 상황에서 상이한 필요를 가지는 상이한 개인들 간에 불평등을 유발하게 되기 때문이다.

넷째, 생산적 정의의 개념은 우리들에게 사회적 및 환경적 정의가 수립된 새로운 사회, '진정한' 인간과 자연 간의 관계를 조망할 수 있도록 한다. 나는 아래에서 맑스가 제시한 몇 가지 전제조건들을 논의하겠지만, 여기서는 맑스의 슬로건, '자신의 능력에 따라 각자로부터, 자신의 필요에 따라 각자에게로'(Marx, 1994: 321)라는 슬로건을 어떻게 해석할 것인가에 대해 서술하고자 한다. 자본주의의 정의에 관한 논란만큼이나 이 슬로건은 논쟁적 정밀 검토의 주제가 되었으며, 해서 다양한 의미들, 즉 '정의의 원칙이 아님'(Buchanan, 1979), '분배적 정의의 원칙임'(Husami, 1978; Peffer, 1990: 333; 설헌영, 1995; White, 1996), 또는 '생산적 정의의 원칙임'(Pruzan, 1989) 등으로 이해되었다. 그렇지만 나는 여기서 이 슬로건이 분배적 정의와 생산적 정의 양자 모두에 적용될 수 있는 원칙을 함의하는 것으로 이해되어야 한다고 제안하고자 한다. 왜냐하면 자본주의 이후의 새로운 사회는 생산의 영역 및 분배의 영역 양자 모두 ─ 생산과 분배가 유기적 전체로 직접 통합되어 있는 것처럼, 이 원칙들은 서로를 전제로 하며, 따라서 상호 연계되어 있지만 ─ 에서 정의의 원칙을 필요로 하기 때문이다. 우리는 이에 대해 아래에서 좀 더 자세히 살펴볼 것이다.

5. 사회·환경적 정의 이론

1) 사회주의 사회의 생산적 정의

맑스에 따르면, 사회주의의 초기 단계에 "개별 생산자는 그가 사회에 준 것과 정확히 같도록 — 공제가 이루어진 후 — 사회로부터 되돌려받는다. …… '노동자'가 사회에 한 형태로 준 노동과 동일한 양을, 그는 다른 형태로 되돌려받는다". 그러나 위에서 인용한 바와 같이, 맑스는 이에 즉각적으로 덧붙여서, 이러한 편성은 "부르주아적 한계를 영원히 지고 있으며 …… 여기서 '균등한 권리'는 여전히 — 원칙적으로 — '부르주아적 권리'이다"라고 서술한다(Marx, 1994b: 321). 이러한 주장의 공통된 해석에 의하면(Peffer, 1990), 맑스는 여기서 균등한 권리의 한계를 명확히 함으로써 분배적 정의에 관한 그의 개념화를 제안하고 있다. 그러나 나의 견해는, 맑스는 또한 부르주아적 권리에서 빠져 있는 생산적 정의에 관해 생각하고 있는 것처럼 보인다. 왜냐하면 몇 단락 다음에 그는 "프롤레타리아는 부르주아에 비해 혁명적이다. 왜냐하면 이들은 대규모 공업의 기반에서 성장한 후, 부르주아가 영속시키고자 하는 자본주의적 성향을 '생산'으로부터 제거하고자 분투하기 때문이다"라고 주장한다(Marx, 1994b: 323). 달리 말해서, 환경의 자본주의적 조건과 자본주의적 경제 상태를 동시적으로 유발하는 것은 생산체계이며(Commoner, 1992: viii), 따라서 "대안적인 생산적 합리성을 위한 잠재력"으로서 새로운 체계로 전환해야만 하는 것도 생산체계이다(Leff, 1993: 46; Leff, 1995).

맑스의 견해에 있어, 부르주아적 정의에 있어서 이러한 유의 결함은 사회주의의 보다 높은 단계에서 충족될 수 있다. 즉 그에 따르면 이 단계에서는 '자신의 능력에 따라 각자로부터, 자신의 필요에 따라 각자에게로'(Marx, 1994: 321)라는 상황이 이루어진다. 앞서 주장한 바와 같이 이 문구는 노동의 원칙을 가지는 생산의 영역, 그리고 필요의 원칙을 가지는 분배의 영역 양자 모두에서의 사회주의적 정의에 관한 맑스의 개념화로서 이해될 수 있다. 이러한 해석은 다음과 같은 맑스의 주장에 근거를 두고 있다. 즉 "여태까지 주어진 분석과는 아주 판이하게, 이른바 '분배'라는 하찮은 일로 야단법석을 떨고 이에 원칙적인 강조를 두는 것은 일반적으로 잘못이다. 어떠한 소비수단의 형태이든 모든 분배는 생산 조건들 그 자체의 분배 결과일 뿐이다. 그러나 후자의 분배는 생산양식 그 자체의 모습이다"(Marx, 1994: 322). 그리고 맑스는 계속해서 "세속적 사회주의자들은 …… 부르주아적 경제학자들로부터 분배를 생산양식과는 무관하게 고찰하고 취급하며, 이에 따라 사회주의를 분배에서의 원칙적인 전환으로 제시하는 것을 전수받았다"라고 비판한다. 그에게 있어, 이러한 의미로 사회주의를 제시하는 것은 사회주의 사회 및 이와 자연과의 실질적 관계를 퇴행시키는 것이다.

그러나 맑스 자신은 인간과 자연 간의 관계에서 정의로운 생산이 무엇인가에 대해 이해할 수 있는 근거를 명시적으로 다루지 않았다. 따라서 한편으로 맑스가 이러한 노선에 따라 더 나아갔을 것이라는 추정, 그리고 다른 한편으로 자본주의하에서의 사회적 및 환경적 부정의에 대한 바람직한 부정에 기초하는 사회주의적 사회 및 환경의 상황에 관한 상상력에 따라, 우리는 생산적 정의를 개념화할 필요가 있다. 위에서 논의한 바와 같이 맑스의 슬로건인 '자신의 능력에 따라 각자로부터, 자신의 필요에 따라 각자에게로'는 분배적 정의의 원칙 및 생산적 정의의 원칙 양자를 함의하는 것으로 이해될 수 있다. 맑스가 조망한 사회주의 사회의 보다 높은 단계에서 그가 사회주의적 사회에서 소비 가능한 사회적 생산물들의 분배를 규정하는 정의의 원칙을 명시적으로 지지한 것처럼, 분배적 정의는 개인들의 상이한 필요들의 만족을 통해 충족된다고 할 수 있다. 그러나 맑스는 생산 일반, 또는 사회주의에서의 생산을 규정하는 정의의 원리를 특정화하지 않았다. 따라서 우리는 맑스가 사회주의 사회 및 환경에서의 생산적 정의에 관해 무엇을 생각했을지에 관해서는 추정해볼 수밖에 없다.

우선, 우리는 사회주의적 정의의 달성을 위한 몇 가지 전제조건들에 관한 명시적 제안으로 맑스(Marx, 1994: 322)가 무엇을 의미했는가를 적절하게 해석해볼 필요가 있다. 그가 제시한 전제조건들은 다음과 같다.

- 전제조건 1: 노동 분업에 대한 개인의 노예적 예속 이후, 그리고 이에 의해 정신적 노동과 육체적 노동 간의 대립이 폐지된다.
- 전제조건 2: 노동이 생활의 수단일 뿐만 아니라 생활의 우선적 욕구가 된다.
- 전제조건 3: 생산력이 개인의 전반적인 발전과 더불어 증가한 후, 그리고 공동 부의 모든 원천이 보다 풍부하게 흘러나오게 된다.

맑스가 사회주의를 위해, 특히 사회주의적 정의를 위해 제시한 이 전제조건들은 논쟁들에서 매우 논란이 되는 이슈들 가운데 하나이다. 특히 생태적 관점에서, 전제조건 3은 극히 논쟁적이며, 이에 따라 우리가 다음 소절에서 논의하는 바와 같이 매우 조심스럽게 해석되어야 할 것이다. 이러한 세 가지 전제조건들은 서로 관련 지어 이해되어야 하지만, 나는 전제조건 2와 전제조건 3을 맑스가 사회주의에서의 노동의 원칙과 필요의 원칙을 응용한 것으로 이해하고자 한다. 즉 나는 이러한 문장들은 이에 따라 "노동이 생활의 수단일 뿐만 아니라 생활의 우선적 욕구가 된다"라는 노동의 원칙, 그리고 이에 따라 개인의 기본적 필요와 전반적 자기발전이 생산력의 증대와 풍부한 공동의 부로 충족되어야 하는 필요의 원칙 양자를 이해 가능한 것으로 만들고 있다고 주장하고자 한다. 그러면 우리는 우선 사회주의적 경제를 "노동 분업에 대한 개인의 노예적 예속"을 철폐하고 이에 따라 "정신적 노동과 육체적 노동 간의 대립"을 폐지한다는 점으로 특징을 지은 전제조건 1을 명확히 할 필요가 있다.

『독일 이데올로기』(1846)에서 맑스에 의하면, 그가 공업과 농업 간에만 아니라 도시와 시골 간에 확인한 노동 분업은 인격적 힘을 물리적 힘으로 전환시키고, 이에 따라 인격적 자유를 저하시키는 경향이 있다. 따라서 그는 다음과 같이 서술한다.

> 노동의 분업을 통한 인격적 힘들(관계들)의 물질적 힘들로의 전환은 …… 이러한 물질적 힘들을 다시 그들 자신에게로 복속시키고 노동의 분업을 폐지하는 사람들에 의해서만 폐지될 수 있다. 이는 공동체 없이는 불가능하다. …… 단지 타자들과의 공동체에서만 각 개인들은 모든 방향으로 그의 재능을 육성할 수 있는 수단을 가지게 된다. 따라서 단지 공동체에서만 인격적 자유가 가능하다 (Marx and Engels, 1965: 83).

이러한 문장들에서 보면, '개인의 노동 분업에의 노예적 예속'에 관한 그의 주장에서 맑스는 일반적으로 '자아-활동으로의 노동의 전환'을 생각하는 것처럼 보인다. 즉 그는 같은 저작의 뒤에서 다음과 같이 진술한다. 즉 "단지 이 단계에서 자아-활동은 물질적 생활과 일치하며, 이는 완전한 개인으로의 개인의 발전 그리고 모든 자연적 한계들의 탈피와 상응한다. …… 개인들은 노동의 분업에 더 이상 종속되지 않는다"(Marx and Engels, 1964: 93). 맑스는 여기서 이미 상호 관련된 사회주의적 공동체의 전제조건들을 서술하고 있다. 자아-활동의 실현은 개인들이 '노동의 분업에 더 이상 종속되지 않으며', 또한 어떠한 (합목적적으로 계획되지 아니하며 따라서 인간 개인들에 의해 통제되지 아니하는) '자연적 한계'의 속박에도 빠지지 않음을 의미한다. 이러한 단계는 페퍼(Peffer, 1990: 59)가 주장한 바와 같이, 자아-활동으로서 자유의 기준에 대한 맑스의 주장에서 확연한 것으로 이해될 뿐만 아니라 사회주의적 정의를 위한 전제조건들에 관한 그의 개념화로서 이해될 수 있다.

보다 특정한 의미에서 '정신적 노동과 육체적 노동 간 대립'의 폐지를 주장할 때, 맑스는 자본주의 사회에서 노동이 자본에 실질적으로 종속되는 상대적 잉여가치의 추출을 문제시하는 것처럼 보인다. 맑스에 따르면[15] '자본에 대한 노동의 실질적 복속'은 자본가들이 상대적 잉여가치를 얻기 위해 노동과정을 재조직하기 시작할 때 발생한다. 자본가들은 구체적 노동 분업에서 발생하는 힘들을 동원해 그 결과로 증가한 노동생산성으로부터 이윤을 얻는 반면, 노동자들은 자본가들의 '전제적' 통제에 점차 종속된다. 게다가 특정한 과업에 관한 노동자들의 특화는 이들에게 단순화되고, 따라서 지식이나 기능이 거의 없는 노동자들에 의해서도 작업될 수 있도록 한다(Harvey, 1982: 107~108). 이러한 부정한 상황은 정신적 노동을 육체적 노동으로부터 분리시키는 결과를 가져오고, 기계의 채택과 보다 구체적인 노동 분업을 가지는 공장 시스템의 등장에 의해 더욱 확대된다. 이러한 상황에서 정신적 노동은 '노동에 대한 자본'의 힘으로 전이되는 경향이 있지만, 노동자의 대다수는 단순하고 탈숙련화된 육체노동으로 전락하고, 따라서 여성과 어린이들은 보다 용이하게 노동력으로 동원될 수 있다. 정신적 노동과 육체적 노동 간의 대립은 노동력이 감가되고 절하되며 자본에 종속되는 상황(또한 이에 덧붙여 자연과의 관계가 퇴락되는 상황)을 극복하기 위해 폐지되어야 한다.

사회주의의 형성, 특히 사회주의적 정의를 위한 이러한 전제조건들에 덧붙여, 사회주의적 사회와 자연에 관한 여러 가지 성질들을 밝히는 것이 유의하다. 사실 『고타 강령 비판』에서 사회주의의 초기 및 보다 높은 단계에서의 정의를 서술한 직후, 맑스는 사회주의의 몇 가지 조건들에 관해 언급하고 있다. 이 문장들로부터 우리는 사회주의적 (특히 생산적) 정의를 위한 최소한 세 가지 조건들을 이해할 수 있다. ① 생산수단의 공동 소유, ② 생산물의 교환 폐지, 그리고 ③ 직접적 참여 또는 '전체 노동'에 개인 노동의 편입이다(Marx, 1994b: 320). 사회주의를 위한 이러한 조건들은 자본주의적 부정의와 비교하

---

15 '형식적 복속'은 절대적 잉여가치를 위해 충분하며, 노동자들이 생존을 위해 그들의 노동력을 판매하도록 강제되는 상황에서 발생한다. 하지만 이 상황에서 노동자들은 고용된 기능과 방법들에 대해 본질적인 통제를 보유하고 따라서 정신적(기능적) 노동으로부터 육체적(단순) 노동의 분리가 발생하지 않는다.

거나 또는 이의 전환이라는 점에서 이해할 수 있다.

우선 맑스의 견해에 따르면, 자본주의에서 부르주아에 의한 생산수단의 소유는 개별 노동자들의 노예화를 직접적으로 유도한다. "인간은 태어나면서부터 자연을 향해 행동하며" 또한 "모든 도구 및 노동의 대상들의 일차적 근원"은 자연이지만, 부르주아는 노동에 '초자연적인 창조적 힘'을 부여한다. 즉 "노동은 자연에 의해 결정된다는 사실에서부터, 그의 노동력 외에 다른 자산을 소유하지 않은 사람들은 사회와 문화의 모든 조건들 속에서 노동의 물질적 조건들의 소유자가 된 다른 사람들의 노예가 되어야 한다는 점이 따르게 된다"(Marx, 1994b: 316). 따라서 맑스는 모든 생산수단을 공동으로 소유하고 이에 따라 어느 누구도 타인의 지배 아래 예속되지 않는, 즉 비소유자를 착취할 수 있는 어떠한 소유자도 존재하지 않는 사회주의 사회를 전망했다.

또한 자본주의에서 대부분의 개인들은 화폐로 매개되는 교환행위를 통해 생활수단들을 간접적으로 얻게 된다. 그렇지만 맑스의 견해에 의하면, 교환가치를 전제로 하는 자본주의 사회에서 교환은 표면적으로는 부정의하지 않은 것처럼 보이지만, 실제로는 이미 개인들에 대한 강제를 함의하고 있다. 따라서 맑스는 교환가치의 제거는 진정하게 자유로운 개인들의 공동체가 수립될 수 있는 사회를 위한 잠재력을 창출한다고 주장한다. "교환가치에서 사람들 간의 사회적 관계는 사물들 간의 사회적 관계로 전환된다. 즉, 인격적 능력이 객관적 부로 전환된다. 교환의 매체가 소유하는 사회적 힘이 적을수록 …… 개인들을 함께 묶어주는 공동체의 힘은 더 커질 것이다"(Marx, 1973: 157). 이 공동체에서는 노동자의 노동과 필요를 충족시키기 위한 생활수단 간의 상호교류로서 기여하는 어떠한 교환체계도 존재하지 않는다. 즉 사람들은 그들 노동의 과실들의 직접적이 소비를 통해 그들의 생활수단을 전유한다.

그리고 나아가, 자본주의하에서 노동자들이 통제할 수 있는 그들의 유일한 존재 조건은 그 자신의 노동을 할 수 있는 능력에 달려 있다. 그러나 노동력에 대한 노동자의 통제는 자본가들이 이를 고용할 것을 선택할 때에만 실체가 되는데, 그 결과 노동력이 자본가에 의해 고용되자마자 노동자는 다시 자신의 노동력에 대한 통제를 상실하게 된다. 노동에 대한 환상적 통제나 작업에의 강제적 참여와 같은 것과는 달리, 사회주의에서 노동자는 그들의 노동력을 통제하고, 자유로운 개인들 간의 결합을 통해 생산에 참여한다. 노동자들은 자신들의 노동에 참여하고, 이로부터 이익을 얻는 것을 막기 위해 나타나는 어떤 장애물도 존재하지 않는 사회적 조건들을 창출한다는 점에서 자유롭다. 개인들은 생산의 조직과 계획(사적 소유의 제거와 교환이 폐지와 더불어)에 균등하게 참여한다. 생산에의 모든 사람들의 자유롭고, 균등하고 민주적인 참여는 사람들 간에 존재하는 힘이나 지능의 자연적 불균형과 무관하게 사적 혜택을 위해 생산을 조작할 가능성을 제거한다.

이제 사회주의적 사회와 환경을 위한 정의의 맑스적 개념화가 정의될 수 있다. 사회주의적 정의는 노동이 생활수단일 뿐만 아니라 생활이 우선적인 욕망이 된다는 의미에서의 노동의 원칙, 그리고 개인의 기본적 필요와 전반적인 자아 발전이 생산력의 증대로 충족된다는 의미에서의 필요의 원칙에 근거해 정당화된다. 이의 보다 구체적인 내용은 다음과 같이 규정된다. 즉 노동 분업의 폐지에 의해 인간 개인들이 물질적 관계와 그들의 자연과의 관계를 그 자신들 하로 종속시키고, 또한 육체적 노동과 정신적 노동 간 대립의 폐지로 노동력과 자연의 관계는 재가치화되고 재회복되어야 한다. 생산수단의 공유적 소유를 통해 인간 개인들은 타자의 지배로부터 자유롭게 된다. 직접적 전유 — 교환 없이 — 를 통해 개인들의 필요는 그들의 노동 성과에 의해 직접 만족된다. 생산에의 자유롭고 평등한 참여를 통해 인간 개인들은 그들의 노동을 통제하고, 노동의 조건들을 창출한다.

2) 사회주의 사회에서 인간과 자연 간의 관계

위에서 언급한 바와 같이, 맑스가 제시한 사회주의(또는 사회주의하의 사회적 및 환경적 정의)의 전제조건들 가운데 하나는 "개인의 전반적인 발전을 증대시키는 생산력과, 보다 풍요하게 흐르는 공동 부의 원천"이다. 이 문장은 두 가지 함의를 가진다. 즉 하나는 '개인의 전반적 발전'이고, 다른 하나는 '보다 풍요하게 흐르는 공동 부의 원천'이다. 첫 번째 함의를 위한 맑스의 견해에 의하면 인간 개인들이 물질적 필요를 경험하는 자연적 존재인 한, 이들은 그들의 생존 수단을 생산하도록 강제된다. 그렇지만 인간은 이러한 단순한 생산을 능가할 수 있을 때만 진정하게 자유롭게 되며, 그들 자신의 전반적인 자아 발전을 위한 활동에 종사할 수 있다. 즉 맑스의 견해에 의하면 "필수성과 일상적 고려에 의해 결정되는 노동이 중단될 경우에만 자유의 영역이 실제로 시작된다. 따라서 사물들의 속성상 이는 실질적이고 물질적인 생산의 영역을 넘어서 존재한다"(Marx, 1976b: 959).

그리고 맑스는 인간과 자연 간의 관계가 이러한 상황(즉 사회주의 사회)에서 어떠할 것인가를 다음과 같이 서술한다.

자연적 필수성의 영역은 인간의 발전과 더불어 확대된다. 왜냐하면 인간의 필요도 역시 확대되기 때문이다. 그러나 이러한 필요를 만족시키기 위한 생산력도 동시에 확대된다. 이 영역에서 자유는 사회화된 사람, 결합된 생산자들에 존재하며, 자연과 인간의 신진대사를 합리적으로 규제해 맹목적 힘으로서 자연에 지배되는 대신 그들의 집단적 통제하에 놓게 된다. 그리고 에너지의 최소 지출로 인간 본성에 가장 가치 있고 적합한 조건에서 이를 달성한다(Marx, 1976b: 959).

맑스는 여기서 다시 두 가지 함의를 병렬하고 있다. 하나는 생산력의 증대에 관한 것이고, 다른 하나는 자연을 그들의 공동 통제하에 두는 사회화된 인간들의 자유에 관한 것이다. 즉 맑스는 여기서도 첫눈에는 서로 모순적인 것처럼 보이는 것을 병렬하더라도 모순이 없는 것처럼 두 가지 함의를 함께 서술하고 있다.

사실 자본주의에 관한 맑스의 분석에 따르면 노동의 생산성을 증대시키는 가장 유력한 방법은 특화된 과업들로의 노동 분업을 통해, 그리고 기계에 의해 노동을 대체함으로써 이루어진다. 생산성의 증대는 또한 '수직적으로 통합된' 단위들에서의 생산 규모 확대를 통해 추구된다(우리가 오늘날 포드주의에서 이해할 수 있는 것처럼). 그러나 생산력을 증대시키는 이러한 방법들은 탈숙련 생산 과정을 촉진하고 이에 따라 노동력의 가치를 저하시킬 뿐만 아니라 노동을 자본에 복속시킨다. 따라서 앞서 논의한 바와 같이 맑스는 노동 분업에서의 개인의 노예적 예속을 폐지하고 이를 통해 정신적 노동과 육체적 노동 간의 대립을 폐지할 것을 주장한다. 그러나 노동 분업의 폐지가 인간 개인들로 하여금 물질적 힘과 그들의 자연과의 관계를 그들 자신에게 종속되도록 할지라도, 이는 동시에 사회주의 사회에서 생산력을 저하시킬 것이다.

사회주의에 관한 맑스의 개념화는 서로 모순적인 두 가지 경향을 확인할 수 있는 자본주의를 극복하고자 하는 프로젝트로 이해될 수 있다. 하나의 경향은 '인간에게 자연의 힘의 종속', 즉 필요를 충족시키기 위한 인간의 생산력의 확대이고, 다른 한 경향은 대다수의 이해관계로 새로운 힘과 부를 통제하는 데 있어 기존 사회적 체계의 관성과 실패이다. 이 점은 사회주의에 관한 그의 프로젝트를 정당화해주는 것처럼 보이지만, 다음과 같은 질문에 답을 하지는 못한다. '한편으로 생산력의 증가를, 다른 한편으로 노동 분업 없는 자연과의 상호교환의 공동 통제를 가지는 사회주의 프로젝트가 현실 속에 실현될 수 있는가?' 사실 이 질문 때문에 맑스의 생태학 개념화, 특히 사회주의 사회에서 생산력 증대에 관한 그의 주장과 관련된 부분이 반맑스주의적 환경론자들의 집중 포화의 목표가 되었다.

맑스의 개념화에서 이 문제성을 극복할 수 있는 한 가지 가능한 방법은 사회주의하에서 기술의 역할에 초점을 두는 것이다. 기술의 발달은 우리들로 하여금 생태적 대재난으로 유도하는 것처럼 보이지만, 이러한 비판을 요구하는 지배나 소외(맑스의 의미에서)의 징후 속에서 이루어지는 것은 기술 일반이 아니라 정확히는 현대적 기술이다. 즉 페퍼(Pepper, 1993: 121~122)가 이해하는 바와 같이 맑스는 "우선 자본주의에 반대되도록 전환함으로써 생산력을 자유롭게 하고, 다음으로 이를 자본주의가 그렇게 하지 못한 방법으로 개발할 것을 전망한다". 예로, 이는 "근대 기계가 가능하게 했던 인간들 간의 '실질적 결합'하의 생산"이라는 멈포드(Mumford, 1934: 161~162)의 사고를 포함한다. 그룬트만(Grundmann, 1991a; Grundmann, 1991b)은 이런 유의 해석을 받아들인다. 즉 집단적 사회통제로 탈소외된 기술은 사람들에게 많은 생산으로부터 '비켜나도록' 하고, 기계의 부속물이 아니라 다변적 인격체들이 되도록 허용한다.

그러나 멈포드와 그룬트만 양자 모두 기술의 발달에 관해 모호한 태도를 보인다. 멈포드는 지식이 보다 전체론적이 됨에 따라 생산력의 증가가 궁극적으로 '기계로부터의 해방'을 창조할 것이라고 예측한다. 그러나 기술의 발달은 보다 많은 지식을 의미하지 않으며, 보다 많은 지식은 기계로부터의 해방도 자연의 보다 훌륭한 통제를 의미하지 않는다. 사실 '도구적' 형태의 더 많은 지식은 환경적 퇴락의 원인이다. 그룬트만이 '바이올린의 지배'라는 비유로 강조하고자 한 것은 사실 이와 같은 일방적인 입장에서 자연에 대한 도구적 통제이다. 이 점은 그룬트만이 벤턴(Benton, 1992: 68)으로부터 비판을 받는 점이다. 즉 벤턴은 기술적 통제를 강조하는 그룬트만과는 달리, "정성적으로 새롭고, 심미적 및 정신적으로 보다 충족적인 자연과의 관계로서 사회주의 사회에 대한 맑스의 개념화를 유지하고자" 한다.

사실 기술은 사회적 산물이지만, 자본주의 사회에서 시장의 규정력에 반응하는 자율적 힘인 것처럼 보인다. 따라서 기술의 변화는 기술이 인식되고, 발달되고, 조직되는 방법에서의 변화 또는 기술이 뿌리를 내리는 사회적 질서에서의 변화와 분리될 수 없다. 이러한 의미에서, 맑스에게 있어 사회주의 사회의 생산력 증대는 단순히 양의 증대를 의미할 뿐만 아니라 이의 질적 전환도 의미한다. 사회주의 사회에서의 생산력 증대라는 맑스의 생각을 단순히 자본주의 사회의 지속적인 생산력 팽창으로 해석하고자 하는 어떠한 시도(긍정적이든 부정적이든 간에)도 인간과 자연 간의 관계에 있어서 이러한 질적 전환을 이해하지 못할 것이다. 사실 슈미트(Schmidt, 1971: 163)와 그룬트만(Grundmann, 1991b: 113)은 이를 긍정적으로 인용했으며, 벤턴(Benton, 1992: 67)과 스미스(Smith, 1996: 49)는 이 견해에 관한 벤야민의 진술, 즉 "기술은 자연의 지배가 아니라 자연과 인간 간의 관계의 지배"라는 견해를 추인한다. 바로 이러한 견해에서 위너(Winner, 1986; Pepper, 1993: 121)는 "우리는 자유, 사회정의 그리고 다른 주요 정치적 목적과 비견될 수 있도록 기술적 레짐을 생각하고 구축할 수 있어야 한다"라고 제안한다.

따라서 맑스의 개념화에서 문제성을 극복하기 위한 또 다른 가능한 방법은 기술 그 자체에 직접 관심을 두기보다는 기술을 응용하는 맥락과 그 목적에 더 많은 관심을 기울이는 것이다. 사회주의 사회에서 달성되어야 할 것은 자연 그 자체의 도구적 통제보다 자연과 인간의 '상호교환'의 합목적적 및 규범적 통제이다. 생산력의 증대, 기술의 발달, 또는 자연의 통제 증대는 자연과의 조화를 이루는 인간 생활의 목적이 아니라 수단이다. 물론 사회주의하의 자연과 인간 간 관련성에서 생산은 근본적인 인간 필요를 계속 만족시키지만, 자본주의의 아래에서와는 다른 형태를 취할 것이다. 맑스에게 있어 사회주의의 지침 원리는 생산에 참여하는 사람들 모두에 의한 공동적이고 합리적인 통제에 종속되는 생산 조직의 수립이다. 인간 개인들이 소외된 외적 자연이나 착취적 사회관계에 종속됨 없이, 공동 생산의 성과의 직접적 배분을 통해 인간 필요는 충족될 수 있다(Buchanan, 1979. 또한 Buchanan, 1982 참조). 따라서 사회주의 사회는 여전히 인간과 자연 간의 관계, 그리고 인간 개인들 간의 관계를 통제하기 위해 생산적 정의와 분배적 정의 양자를 모두 요청한다.

게다가 '자연과 인간의 상호교환의 합리적 조절'을 위한 맑스의 주장은 이러한 상호교환이 이루어지는 구체적 근거들의 묘사에서 이해될 수 있다. 즉 그의 견해에서 자연과의 인간의 상호교환의 합리적 조정은 "에너지의 최소한의 지출 그리고 인간 본성에 가장 우호적이고 또한 가치 있는 조건들"하에서 실현될 수 있다. 그렇게 하면서 우리는 경제적 효율성의 속성과 사회주의의 사회적 및 환경적 정의의 본성을 이해할 수 있다. 맑스는 이 문장에 그의 규범적 주장을 지원하는 구체적 본질에 관한 것을 덧붙이고자 한다. 따라서, 끝으로 우리는 "에너지의 최소 지출, 그들의 인간적 본성에 가장 우호적이고 가치 있는 조건들하에서" 맑스가 무엇을 의미하는가를 고찰할 필요가 있다. 그렇게 우리는 자본주의와 비교해 경제적 효율성의 속성과 사회주의의 사회적 및 환경적 정의를 이해할 수 있다.

첫째, 우리는 어떤 의미에서 맑스가 '(자연적 및 인간적) 에너지의 지출'이 '최소' 수준에서 유지될 수 있는 자연과 인간 간의 관계를 설정할 수 있는 가능성을 이해했는지 질문을 제기한다. 맑스에게 있어, 자본주의하에서는 "한 국가가 발전을 위한 배경으로서 대규모 공업을 발전시킬수록, …… 모든 부의 기원적 근원 ― 토양과 노동자 ― 을 저해하는 …… 파괴 과정이 보다 급속해진다". 또한 "노동의 생산성과 이동성의 증가는 폐기물을 배출하고 노동력 그 자체를 쇠약하게 만드는 대가로서 이루어진다"(Marx, 1976a: 638). 교환가치의 생산 과정 또는 잉여가치의 추출 과정이 대규모 공업과 더불어 노동의 생산성과 이동성의 증가를 촉진하며, 이는 노동력의 쇠약뿐만 아니라 자연의 급속한 파괴, 에너지의 대규모 지출, 그리고 보다 많은 폐기물의 배출 등을 유발한다. 따라서 맑스에게 있어 에너지의 최소 지출을 달성할 가능성은 개인의 노동이 인간 필요를 직접적으로 만족시키기 위한 사용가치를 구현할 때만, 즉 공동적 생산이 생산의 출발점으로서 교환가치를 제거할 때만이 공동적 생산에 유의하다는 생각에 뿌리를 두고 있다.

둘째, 또 다른 질문은 맑스가 어떤 의미에서 '인간 본성에 가장 우호적이고 가치 있는 조건하에서' 자연과의 인간의 상호교환의 합리적 규제의 가능성을 이해했는가 하는 의문이다. 자본가들이 노동자들의 노동력을 착취하고 이에 따라 잉여가치를 추출하면서 자본의 확대재생산을 유지하기 위해 자본주의는 자본가들이 가능한 많이 노동자들로부터 많은 노동시간을 전용하도록 요구한다. 자본주의적 생산의 기초 위에서 만약 노동자들이 그들의 자유 시간을 '부불' 노동을 위해 희생하지 않는 한 노동력은 자본가들에게 아무런 가치가 없다. 자본가들에게 노동력의 착취는 가능한 많은 노동시간의 고용과 동의적이다. 인간 노동시간의 잉여가치로의 전환 없이 자본의 축적은 계속될 수 없으며, 따라서 자본주의 사회는 그 자신을 유지할 수 없다. 따라서 자본주의하에서는 앞서 많이 논의한 바와 같이, 자본은 "노동자의 신체의 성장, 발전 및 건강 유지를 위한 시간을 빼앗고, 깨끗한 공기와 햇빛의 소비를 위해 요청되는 시간을 훔친다". 따라서 맑스에게 있어 자본주의 사회에서 자연과 인간의 상호교환은 인간의 본성에 가장 우호적이고 가치 있는 환경적 조건을 제공하는 것과는 아주 동떨어져 있거나 정반대라고 할 수 있다.

대조적으로, 맑스는 사회주의하에서 노동자들이 생산에 투입하는 노동시간은 최소 수준에서 유지될 것이라고 주장한다. 노동시간의 최소 수준은 일상적 생존을 위한 물질적 필요에의 부응을 목적으로 하는 공동적 생산을 통해 유지된다. 게다가 공동 생산은 일상적 생존을 위한 기본적 필요의 단순한 물질적 요청을 초월해, 개인들에게 그들 자신과 타자 양자 모두의 자아 발달을 위한 자유 시간을 제공한다. 따라서, 맑스에게 있어 "사회적 필요 노동의 최소 수준으로의 일반적 감소는 자유롭게 된 시간에 이루어지는 개인들의 예술적·과학적 발전 등과 상응한다"(Marx, 1973: 706). 즉, "공동 생산의 기반 위에서 시간의 결정은 물론 근본적이다. 사회가 밀, 가축 등을 생산하기 위해 요청하는 시간이 적을수록, 이 사회는 다른 물질적 또는 정신적 생산을 위한 '시간을' 얻게 된다"(Marx, 1973: 172~173). 따라서 맑스는 사회주의 사회는 기본적 필요를 만족시키기 위한 노동시간을 최소화하고, 반면 그들의 자아실현을 위한 자유 시간을 제공함으로써 '인간 본성에 가장 우호적이고 가치 있는 조건들' 아래서 자연과의 인간의 상호교환을 합리적으로 규제할 수 있는 가능성을 실현하게 될 것이라고 생각한다.

따라서 어떤 의미에서는 사회주의하에서 자연 자원과 인간의 노동시간을 절약하면서 자연적 및 인간적 에너지의 경제는 사회주의적 경제 자체를 궁극적으로 저하시키는 반면, 인간의 기본적 필요를 충족시킬 수 있는 가능성 그리고 인간의 잠재 능력을 실현시킬 수 있는 기회는 확대되고 있다. 따라서 사회주의하에서 생산력은 분량 면에서 감소한 것으로 나타난다. 그러나 사회주의적 경제는 자본주의 경제가 화폐나 자본 축적의 형태로 측정되는 방식으로 측정되지 않는다. 물론 사회주의 사회는 그 전반적 필요들에 적절한 생산을 달성하기 위해 그 유용한 자원과 사회적 노동시간을 일정한 방법으로 배분해야 한다. 따라서 공동 생산의 기초 위에서 자원 및 노동시간의 효율성은 이들의 정의롭고 형평적인 분배와 더불어 사회주의 사회의 경제적 및 생태적 법칙에 머물러 있다. 그러나 '에너지(그리고 자원들)의 최소지출' 및 이에 따른 공해물질의 최소배출 감소를 통해 도달할 수 있는 자연과의 합리적으로 규제하는 상호변화는 무한한 자본 축적의 메커니즘에 의해 도출될 수 없으며, 공동생산에의 동등한 참여와 정의로운 분배를 통한 그들의 필요의 만족 그리고 그들 능력의 자아 개발에 기초해 조직된다.

6. 결론

1980년대 초 이후, 특히 미국에서의 '환경정의운동'은 기존의 정치경제 및 문화 상황에 대해 광범위한 도전을 하면서 새로운 주민(공동체)운동으로서 자리를 넓혀가고 있다. 이 운동은 지배적 환경담론에 대한 비판과 더불어 새로운 환경이론과 실천을 구축하고자 한다. 그러나 맑스의 저작은 이러한 맥락에서 거의 고려되지 않고 있다. 물론 맑스의 사상에서 생태학적 개념화와 특히 환경정의에 관한 논의는 전면에 부각되지 않았으며, 단지 암묵적으로 전개되었을 뿐만 아니라 그의 주장들이 환경정의에 관한 이상을 모두 대변하지 않았다고 할지라도 그의 저작들에 흩어져 있는 여러 가지 개념이나 주장들로부터 새로운 환경정의에 관한 이론 체계를 구축할 수 있는 주요한 단초들을 찾아볼 수 있다(Harvey, 1996).

이러한 생각에서, 나는 이 글에서 맑스의 생태학과 정의에 관한 사고들을 탐구하고, 특히 맑스가 자본주의의 사회적 및 환경적 부정의를 비판한 근거 그리고 그가 사회적 및 환경적 정의를 위한 사회주의적 프로젝트를 제공하고자 했던 근거를 밝히고자 노력했다. 그렇게 하면서 나는 정의에 관한 맑스의 개념화를 해석함에 있어 세 가지 세트로 이루어진 분석적 및 인식론적 개념들 — 즉 필요의 원칙과 노동의 원칙, 부정의의 비판과 정의의 이론화, 그리고 생산적 정의와 분배적 정의 — 을 도출하고, 또 이를 응용하고자 했다.

이 세 가지 세트의 개념들은 비판적 생태학과 환경정의 이론을 위한 기반을 형성함에 있어 매우 중요하다고 생각한다. 그러나 이들은 맑스의 정의 개념의 실질적 내용으로부터 도출된 것이며, 지나치게 강조되어서는 안 될 것이다. 그 예로, 잉여가치 추출을 위한 자본주의적 메커니즘은 이것이 정의로운가 그렇지 않은가를 판단하기에 앞서 이미 문제성(또는 모순)을 내포한 것으로 이해되어야만 한다. 이 점에서 환경정의 이론을 포함해 어떠한 도덕적 이론이든 특정한 현상들이 정의로운가 그렇지 않은가가 평가되는 맥락에 관한 실질적 분석과 연계되고, 또 이에 기초해야 한다. 이 점이 바로 다음과 같은 맑스의 주장이 지닌 함의이다. 즉 "권리(와 정의)는 사회의 경제적 구조 그리고 이것이 결정하는 문화적 발전보다 결코 더 높지 않다"(Marx, 1994: 321).

후기

사회정의론을 논의할 때 맑스는 흔히 제외된다. 왜냐하면 그는 정의에 관해 명시적으로 서술한 적이 없고, 심지어 정의와 같은 규범들에 관한 주장이 경제·정치적 권력을 유지·강화하기 위한 이데올로기라고 비난하기도 했다. 그러나 맑스가 정의론자가 아니라고 주장하는 사람은 아무도 없을 것이다. 이와는 다소 다른 맥락에서 환경론을 논의할 때, 맑스는 생산력과 생산관계의 변증법적 관계 속에서 생산력의 지속적 발전을 전제로 한다는 점에서 '생산주의자'로 낙인찍히거나, 심지어 이러한 생산력의 발전을 위해 자연의 지배를 정당화하는 기술결정론의 옹호자로 치부되기도 한다. 그러나 맑스는 자본주의적 생산력의 발전에 대해서는 철저히 반대하며, 도구적 근대성에 바탕을 둔 기술의 개념에 따라 자연의 지배를 정당화하는 것과는 전혀 다른 방향에 서 있다. 이러한 점에서 맑스는 최근 환경론이나 생태학의 사회이론적 재구성에서 매우 중요한 한 축을 담당하고 있다.

사실 엄청난 분량의 맑스의 저술을 읽고 이해한다는 것은 거의 불가능한 것처럼 보인다. 그에 관심(비판적이든, 긍정적이든 간에)을 가진 연구자들은 단지 앞선 연구자들이 그려놓은 맑스라는 코끼리의 윤곽을 보면서, 자신이 필요한 부분으로 코나 귀, 다리나 꼬리를 좀 더 자세히 살펴보는 정도일 것 같다. 나는 세 번쯤『자본론』을 읽고자 시도한 적이 있었다. 학위논문을 쓸 때, 하비의『자본의 한계』(1995)를 번역하면서, 그리고 존스홉킨스대학교에서 환경정의론을 공부하면서『자본론』을 읽고자 했다. 박사학위 논문을 쓸 때는『자본론』에서 도시나 지역, 공간환경에 관해 언급한 부분들을 발췌해두었지만, 전체를 꼼꼼히 이해하면서 읽지는 못했다. 대구대학교에 자리를 잡은 후에『자본의 한계』를 번역하면서는 우연히 이 대학의 교수 몇 명과 함께『자본론』읽기 모임을 시작했지만 얼마 가지 않아 중단했다(그들이 왜 이 책을 읽고자 했는지 궁금하다).

또 다른 한 번인 존스홉킨스대학교에서는 이 글을 쓰면서 하비의 '자본론 독해' 강의에 참석해『자본론』제1권을 읽게 되었다. 그는 1969년에 이 대학교로 옮겨온 후부터 이 강의를 했었는데, 당시 대학에서는 자본에 관한 주류 경제(지리)학 강의쯤으로 간주했다고 한다. 매년 있었던 이 강의는 녹취되어 책으로 출판되었고, 한국어판은『데이비드 하비의 맑스 자본 강의』(2011년 1권, 2016년 2권)라는 이름으로 번역되어 있다(인터넷에서 녹화된 강의로도 들을 수 있다). 그의 강의는 주요 부분들을 읽고 오늘날의 상황에 비추어 재해석해 보는 것으로,『자본론』전체에 관한 이해에 많은 도움을 준다. 하지만 개별 연구자들은 자신이 관심을 가진 세부주제에 관해서는 다시 원본을 읽어야 한다. 물론 이로부터 새로운 사고나 개념을 도출해내는 것은 순전히 연구자의 몫이다.

나는 생태학적 관점에서 맑스를 환경정의론자로 재이해하고자 하면서, '생산적 정의'라는 개념을 찾아내어 이 글을 쓰게 되었다. 이 개념을 처음 발견했을 때 나는 지적으로 무척 고무되었다. 하지만 1997년 국제비판지리학대회에서 발표된 이 글에 대한 반응은 그렇게 신통하지 못했다. 나는 맑스의 이론이 상호 연계된 두 가지 측면에서 중요한 의미를 가진다고 생각한다. 우선 그의 이론은 정의, 탈소외, 인정과 같이 규범적 측면에서 어떤 이념이나 이상을 설정할 수 있도록 한다. 이러한 측면에서 그의 이론은 사회 변화를 추구하는 실천 운동을 뒷받침해줄 수 있지만, 자칫 이데올로기적 신념으로 추락할 수 있다. 또한 그의 이론은 자본주의 경제(즉 자본 축적 과정)를 분석을 위한 과학적 준거를 제공한다. 하비의 자본순환이론, 그의 '공간적 조정', '탈취에 의한 축적'의 개념 등은 이러한 준거의 주요 사례라고 할 수 있다. 자본주의 사회의 환경문제를 분석하고 대안을 모색하기 위해 전자의 측면도 중요하지만, 후자의 측면에서 더 많은 과학적 개념들이 제시될 필요가 있을 것이다.

참고문헌

서영조. 1995. 「허위의식으로서의 정의: 맑스의 정의 비판」. 한국정치학회. ≪한국정치학회보≫, 33, 49~78쪽.

설헌영. 1995. 「분배정의의 철학적 조명: 분배정의와 맑스주의」. 한국철학회. ≪철학≫, 4, 135~152쪽.

이진우. 1990. 「맑스의 자연개념」. 한국철학회. ≪철학≫, 34, 247~271쪽.

최병두. 1997a. 「자연의 지배, 탈소외, 상호인정: 맑스적 생태학에서 인간과 자연 간의 관계」. 한국도시연구소. ≪도시연구≫, 3, 175~222쪽.

_____. 1997b. 「도덕성과 정의에 관한 맑스의 개념: 환경정의를 위한 함의」. 문예미학회. ≪문예미학≫, 3, 31~70쪽.

Benton, T. 1989. "Marxism and natural limits. *New Left Review*, 178, pp. 51~86.

_____. 1992. "Ecology, socialism and the mastery of nature: A reply to Reiner Grundmann." *New Left Review*, 194, pp. 55~74.

Buchanan, A. E. 1979. "Exploitation, alienation, and injustices." *Canadian Journal of Philosophy*, 9(1), pp. 121~139.

_____. 1982. *Marx and Justice: The Radical Critique of Liberalism*. Totowa, NJ: Rowman and Littlefield.

Burkett, P. 1996. "Value, capital and nature: some ecological implications of Marx's critique of political ecomony." *Science and Society*, 60(3), pp. 332~359.

Cohen, M., T. Nagel, and T. Scanlon(eds.). 1980. *Marx, Justice and History*. Princeton, NJ: Princeton University Press.

Commoner, B. 1992. *Marking Peace with the Planet*, 2nd ed. New York: The New Press.

Devine, J. 1993. "The law of value and Marxian political ecology." in J. Vorst, R. Dobson and R. Fletcher(eds.). *Green and Red: Evolving Ecological Socialism(Socialist Studies Vol. 9)*, Halifax: Fernwood Publishing, pp. 133~154.

Doyal, L. and R. Harris. 1991. *A Theory of Human Needs*. Basingstoke: Macmillan.

Eckersley, R. 1992. *Environmentalism and Political Theory: Towards an Ecocentric Approach*, New York: State University of New York Press.

Elster, J. 1985. *Making Sense of Marx*, Cambridge: Cambridge University Press.

Geras, N. 1983. *Marx and Human Nature*, London: New Left Books.

_____. 1985. "The controversy about Marx and justice." *New Left Review*, 150, pp. 47~85.

_____. 1992. "Bring Marx to justice: an addendum and rejoinder." *New Left Review*, 195, pp. 37~69.

Grundmann, R. 1991a, *Marxism and Ecology*, Clarendon Press, Oxford.

_____. 1991b, "The ecological challenge to Marxism." *New Left Review*, 187, pp. 103~120.

Habermas, J. 1974. *Theory and Practice*(translated by John Viertel), London: Heinemann.

Harvey, D. 1982. *The Limit to Capital*. Oxford: Blackwell.

_____. 1996. *Justice, Nature and the Geography of Difference*. Oxford: Blackwell.

Honneth, A. 1995. *The Struggle for Recognition: The Moral Grammar of Social Conflicts*. Cambridge, MA: The MIT Press.

Husami, Z. I. 1978. "Marx on distributive justice." *Philosophy and Phenomenological Research*, 8(1). reprinted in M. Cohen et al.(eds.). 1980. *Marx, Justice and History*, Princeton, NJ: Princeton University Press, pp. 42~79.

Kane, J. 1995. "The end of morality? Theory, practice, and the 'realistic outlook' of Karl Marx." in I. Shapiro and J. W. Decew(eds.). *Theory and Practice*(Nomos 37). New York: New York Univ. Press. pp. 403~439.

Lefebvre, A. 1991. *The Production of Space*. London: Blackwell.

Leff, E. 1993. "Marxism and the environmental question: from the critical theory of production to an environmental rationality for sustainable development." *Capitalism, Nature, Socialism*, 4(1), pp. 44~66.

_____. 1995. *Green Production: Toward an Environmental Rationality*. New York: Guilford.

Leiss, W. 1974. *The Domination of Nature*. Montreal & Kingston: Magill-Queen's University Press.

Lukes, S. 1985. *Marx and Morality*. Oxford: Clarendon Press.

Marx, K. 1964. *The Economic and Philosophic Manuscripts of 1844*. New York: International Publishers.

_____. 1973. *Grundrisse: Foundations of the Critique of Political Economy*. New York: Vintage.

_____. 1976a. *Capital*. Vol. 1, Harmondsworth: Penguin.

_____. 1976b. *Capital*. Vol. 3, Harmondsworth: Penguin.

_____. 1994a, "On the Jewish Question", in K. Marx, *Selected Writings*, Indianapolis: Hackett Publishing, pp. 1~26.

_____. 1994b, "Critique of the Gotha Program", in K. Marx, *Selected Writings*, Indianapolis: Hackett Publishing, pp. 315~338.

Marx, K and F. Engels. 1970. *The German Ideology*. New York: International Publishers.

Mumford, L. 1934. *Technics and Civilisation Vol. 2: The Future of Technics and Civilisation*. London: Freedom Press.

Ollman, B. 1976. *Alienation: Marx's Conception of Man in Capitalist Society*, 2nd ed.

Cambridge: Cambridge University Press.

Parsons, H. 1977. *Introduction to Marx and Engels on Ecology.* New York: Paragon House.

Peffer, R. G. 1990. *Marxism, Morality, and Social Justice.* Princeton, NJ: Princeton Univ. Press.

Pepper, D. 1993. *Eco-Socialism: From Deep Ecology to Social Justice.* London: Routledge.

Pruzan, E. R. 1989. *The Concept of Justice in Marx.* New York: Peter Lang.

Schmidt, A. 1971. *The Concept of Nature in Marx*, London: New Left Books.

Smith, N. 1984. *Uneven Development: Nature, Capital and the Production of Space.* Oxford: Blackwell.

_____. 1996. "The production of nature." In G. Robertson, M. Mash, L. Tickner, J. Bird, B. Curtis and T. Putnam(eds.). *FutureNatural: Nature, Science, Culture.* New York: Routledge, pp. 35~54.

White, S. 1996. "Needs, labour, and Marx's conception of justice." *Political Studies*, 44, pp. 88~101.

Winner, L. 1986. *The Whale and the Reactor.* Chicago: University of Chicago Press.

Wood, A. W. 1972. "The Marxian critique of justice." *Philosophy and Public Affair*, Vol. 1(3). reprinted in M. Cohen et al.(eds.). 1980. *Marx, Justice and History.* Princeton, NJ: Princeton University Press, pp. 3~41.

_____. 1981. *Karl Marx.* London: Routledge.

Young, G. 1981. "Doing Marx justice." in K. Nielsen and S. C. Patten(eds.). *Marx and Morality*, Ontario: Canadian Association for Publishing Philosophy Guelph.

제6장 동아시아 경제위기의 발생 과정과 영향

1. 경제위기와 비판·대안적 지리학

인류가 지구상에서 그 자신의 생활을 영위한 이래, 그 역사는 연속된 위기의 역사였다. 특히 자본주의 경제체제의 등장 이후 근대 역사는 흔히 위기담지적 과정으로 특징이 지어질 만큼 일련의 위기들을 구조적으로 내재하고 이들을 노정해왔다. 이러한 점은 그동안 자본주의의 발달 과정에서 나타났던 크고 작은 경제적 위기 또는 공황들에서 확인할 수 있다(Gottdiener and Komninos, 1989). 예로, 1997년 우리가 겪었던 이른바 '동아시아 위기'는 이러한 자본주의 경제구조 속에 내재된 문제점 또는 모순들이 표출된 것이라는 점에 대해 부정할 사람은 거의 없는 것처럼 보인다.[1] 이 위기는 1997년 중반 태국의 외환 폭락 사태에서 시발하여 인도네시아, 말레이시아, 남한 등으로 확산되었고 심지어 일본과 중국도 그 영향권 내에 포섭하였다. 이러한 동아시아의 경제위기는 이 국가들이 지난 20세기 후반 자본주의 세계 경제

---

[1] 이러한 점에서 동아시아의 위기를 자본주의 경제체제 내에 내재된 모순(즉 과잉축적의 위기)으로 인한 공황으로 이해하기도 한다(정성진, 1998; 김세균, 1998; Harvey, 1995 참조). 여기서는 과잉축적의 위기에 따른 자본주의 공황에 관한 이들의 주장을 인정하면서 암묵적으로 이에 기초하지만, 보다 구체적인 분석을 통한 모순의 층위들을 이해할 필요가 있음을 강조하고자 한다.

에 크게 의존하면서 급속한 성장을 경험했지만 이러한 성장이 결국 위기담지적 과정이었음을 확연히 드러내고 있다.[2]

이러한 동아시아 위기가 발생한 지 2년이 경과하면서, 이 국가들의 거시적 경제지표들은 상당히 회복되고 있는 것처럼 보인다. 뿐만 아니라 이 지역 국가들의 정치가, 기업가, 일반 시민들까지도 위기가 극복된 것처럼 인식하고 심지어 자만하고 있다는 점들이 지적되고 있다. 위기에 봉착했던 대부분의 국가들은 스스로 또는 국제통화기금(IMF) 등의 조언에 따라 위기에 의한 사회적 충격은 무시한 채 시장 메커니즘에 의존한 가시적 경제 회복만을 강조하는 신자유주의적 전략들을 구사했다. 이러한 상황에서 위기를 경고했던 가시적 지표들이 다소 호전되는 것처럼 보이자, 정부와 기업들은 마치 위기가 끝난 것처럼 착각하고, 위기 극복을 위해 필요한 개혁의 고삐를 늦추거나 또는 오히려 퇴행적 전략들을 구사하고 있다.

동아시아 위기의 극복은 단순히 위기 이전의 상태로 복귀하자는 것이 결코 아닐 것이며, 그리고 사실 역사가 거꾸로 흐르지 않는 한 이러한 복귀 자체는 불가능하다. 과거로의 단순한 복귀는 그동안 경험했던 수많은 문제점들과 이로 인한 고통을 그냥 덮어두고 가자는 것일 뿐만 아니라, 미래에 이러한 위기의 발생 가능성에 대해 아무런 대책을 가지지 못함을 의미한다. 우리는 아직 동아시아 위기가 왜 발생했는가에 대해서 정교한 설명을 하지 못하고 있으며, 또한 문제가 어느 정도로 심각한지에 대해서도 제대로 파악하지 못하고 있다. 뿐만 아니라 우리는 위기를 어떻게 극복해야 할지를 알지 못하며, 또한 위기의 극복 이후 우리 사회가 어디로 나아가야 할 것인가에 대해 국민적 합의를 마련하지 못했다.

사실 동아시아 위기의 영향은 단지 경제적 영역에만 국한된 것이 아니라,

---

2 국내 학계에서 위기의 원인과 성격에 관한 많은 논의들을 종합하고 있는 글로는 장상환(1998), 김성구 외(1998) 참조. 또한 외국에서의 논의를 위해 Krugman(1998)과 그의 홈페이지에 수집된 방대한 자료들 참조.

사회문화적 및 생태환경적 영역으로 광범위하게 확대되었다. 즉 위기는 수많은 기업들의 파산이나 휴업으로 나타난 금융 및 경제체계의 위기일 뿐만 아니라 대량 실업자(그리고 대량 노숙자)의 발생과 사회적 격차의 확대를 초래하면서 주거문제, 교육문제 등 다양한 지역사회 문제들을 크게 악화시키는 사회적 위기이며, 또한 반환경적 개발의 촉진과 공해 배출 비용의 축소 등 탈규제 정책에 의해 유도된 생태적 위기이기도 하다. 이러한 사회적·환경적 위기는 사실 경제적 위기의 직접적 영향일 뿐만 아니라, 자본 축적의 위기를 벗어나고자 하는 국내외 자본과 이들의 입장을 일정하게 반영한 국가의 신자유주의적 전략에 기인한 것이라고 할 수 있다.

동아시아 국가들의 위기담지적 발전과 실제 위기의 발생을 경험한 상황에서, 우리는 우리 스스로에게 여러 가지 반성적 의문들을 제기해볼 수 있다(손호철, 1998; 김동춘, 1998 등 참조). 왜 이 지역 국가들의 지식인들은 이러한 동아시아 경제의 위기담지적 발전 또는 자본주의 경제체제에 대항해서 연구하고 활동하지 못했던가? 왜 우리는 실제 위기의 발생을 예상하고 이를 사람들에게 보다 강력하게 경고하지 못했던가? 왜 우리는 이 지역 국가들이 이번 위기를 진정하게 극복하고 나아가 대안적 발전 과정을 택할 수 있는 이론적 및/또는 실천적 아이디어들을 제안하지 못하고 있는가? 동아시아의 위기는 우리들로 하여금 동아시아의 사회공간적 이론의 위기를 실감하게 하고 이에 대해 심각하게 반성하도록 한다. 달리 말해서, 동아시아의 위기를 보다 심각하게 반성적으로 논의하면 할수록 우리는 21세기 동아시아 국가들을 위한 비판·대안적 지리학의 필요성을 더욱 절감하게 된다.

2. 동아시아 경제의 발전 과정

1) 동아시아 각국의 경제성장

동아시아 국가들 대부분은 약간의 시기 차이는 있지만 대체로 1960년대부터 급속한 경제성장을 추진하면서, 자본주의 경제체제로의 편입을 위한 모색기를 지나 1970년대부터 본격적인 경제성장을 보이게 되었다. 물론 1970년대 중반 일본은 이미 1인당 소득이 4000달러를 상회했으며, 영국의 식민지하에서 있었던 홍콩이나 1958년 영국으로부터 독립한 싱가포르의 경우는 2000달러를 넘어섰지만 대만, 말레이시아, 한국 등을 포함한 그 외 모든 국가들은 1000달러 이하의 수준이었다. 그러나 그 이후 20년이 지난 1994년에 일본은 1인당 소득(경상 GDP 기준)이 4만 달러에 육박하게 되었고, 홍콩과 싱가포르는 2만 달러를 훨씬 상회했으며, 대만과 한국도 1인당 소득이 1만 달러를 넘어서거나 이에 가깝게 되었다(〈표 6-1〉 참조). 이러한 동아시아 국가들의 경제성장은 일본의 경우 서구의 다른 선진국들에 비해 훨씬 빠른 것이었고, 동아시아의 '네 마리 용'이라고 불렸던 한국, 대만, 홍콩, 싱가포르는 10배 이상이며, 그 외 대부분의 국가들도 3~8배에 달하여 기적이라 불릴 만했다. 또한 1980년대 중반 이후 경제개혁과 개방정책을 추진해온 중국도 괄목할 경제성장률을 보이면서 동아시아 경제를 확대시키는 데 크게 기여했다. 그리고 이 지역 국가들은 수출입에서도 이와 비슷한 높은 신장세를 보이면서, 역내 국가들 간 지역적 관계를 강화시키는 한편 세계 자본주의 경제체제에 보다 깊숙이 편입되었다.

이러한 동아시아 경제성장을 이해하기 위해 많은 이론과 개념들이 제안되었다. 대표적인 이론으로 ① '성장 엔진'으로서 투자와 수출을 촉진하는 자유시장과 민간기업들의 역할에 초점을 맞추고 있는 시장 중심적 이론, ② 국가 개입과 하부시설 건설 및 산업구조에 관한 공공정책의 적극적 역할을 강조

표 6-1 **동아시아 각국의 국민계정 및 수출입 성장 추이**

국가	경상 GDP(10억 US $)				1인당 GDP(US $)			
	1974년	1984년	1994년	1997년	1974년	1984년	1994년	1997년
한국	18.8	87.0	402.4	476.6	542	1,644	9,014	10,363
일본	458.8	1,267.5	4,689.0	4,192.7	4,149	10,535	37,439	33,288
중국	—	300.1	546.6	917.8	—	284	452	738
대만	14.5	59.8	241.0	283.3	912	3,146	11,405	13,054
홍콩	8.8	31.8	130.8	173.8	2,007	5,894	21,656	26,738
필리핀	14.7	30.5	64.1	82.2	356	571	934	1,118
말레이시아	9.1	31.7	72.5	97.9	780	2,073	3,605	4,518
싱가포르*	5.0	19.1	61.8	79.5	2,255	7,842	21,092	25,612
인도네시아	24.6	83.5	176.9	215.0	186	517	928	1,076
태국	13.7	40.7	144.5	153.9	336	804	2,460	2,540

국가	수출(FOB; 10억 US $)				수입(CIF; 10억 US $)			
	1974년	1984년	1994년	1997년	1974년	1984년	1994년	1997년
한국	4.5	29.2	96.0	136.2	6.9	30.6	102.3	144.6
일본	55.5	169.7	397.0	421.0	61.4	136.2	275.2	338.8
중국	7.1	26.1	121.0	182.9	7.8	27.4	115.7	142.2
대만	5.6	30.4	93.0	122.1	7.0	22.0	85.3	114.4
홍콩	6.0	28.3	151.4	188.1	6.8	28.6	161.8	208.6
필리핀	2.7	5.3	13.3	25.3	3.5	6.4	22.6	38.7
말레이시아	4.2	16.6	58.8	78.9	4.1	14.1	59.6	79.0
싱가포르*	5.8	24.1	96.8	125.0	8.4	28.7	102.7	132.4
인도네시아	7.4	21.9	40.1	53.4	3.8	13.9	32.0	41.7
태국	2.4	7.4	45.1	57.5	3.1	10.4	54.5	62.9

주: 싱가포르의 1994, 1997년 국내총생산은 1990년 불변가격임.
자료: 1974년과 1984년은 통계청(1994), 1994년과 1997년은 통계청(1999b).

하는 발전적 국가이론, ③ 유교적 전통과 가부장제 그리고 엘리트 충원 체계를 지지하는 교육 발전 등에 기초한 특이한 문화적 가치이론 등이 있다(조희연, 1997). 시장 중심적 이론은 대체로 국제통화기금이나 세계은행에 의해 제시된 것으로(World Bank, 1993), 사적 기업의 적극적 투자와 기업 활동을 강조하며, 국가는 시장기제가 왜곡되지 않도록 사회정치적으로 보장하는 역할을 했다고 이해한다. 반면 국가중심론적 이론, 특히 발전국가론은 국가의 전면적·효과적 시장 개입을 강조하고 국가에 의한 인프라 구축과 자원 동원이 동아시아 경제성장의 중요한 요인이었음을 강조한다(Johnson, 1985; Evans, Rueschemeyer and Skocpol, 1985; Wade, 1990). 그리고 동아시아적 가치를 강조하는 주장들은 급속한 경제성장 과정에서 기술 인력의 원활한 공급과 사회적 안정을 가능하게 했다는 점에서 의미를 가진다.

이러한 이론들은 그 자체로서 각각 한계를 가지지만, 상호 보완적으로 동아시아 경제의 발전 과정을 설명하는 데 도움을 줄 수 있다. 즉 동아시아 국가들은 선진 자본주의 국가들에 비해 매우 취약한 시장 메커니즘을 갖추고 있지만, 여타 다른 제3세계(서남아시아, 아프리카 또는 남미 등) 국가들에 비해 상대적으로 효율적이고 체계화된 시장 메커니즘을 발전시킴으로써 사적 기업의 적극적 투자, 거시경제의 조정, 비교우위에 기초한 수출 우선 전략 등을 성공적으로 달성했다. 그러나 이러한 시장 메커니즘은 일국의 경제를 유지·발전시키기에는 상당히 취약했고, 이로 인해 권위주의적 국가가 시장메커니즘에 적극적으로 개입하여 이의 작동을 촉진함으로써 경제성장을 주도해왔다고 할 수 있다. 이러한 시장 메커니즘의 활성화와 국가 개입의 정당성은 노동력의 원활한 공급과 사회적 안정을 가져다준 동아시아적 가치들에 의해 뒷받침되었다고 할 수 있다(이 국가들이 서구적 시민사회를 제대로 형성하지 못했음에도 불구하고). 그러나 이러한 이론들은 동아시아 지역경제 성장 과정의 조건을 지은 외생적 요인들에 대해서는 깊이 있는 설명을 하지 못하는 한계를 가진다. 또한 이러한 점에서 기존의 다양한 유형의 이론, 개념, 모형들은 동아시아 지역경제의 발전 과정에만 초점을 두었기 때문에 위기에 취약한 특성을 지적하지 못했다.

또 다른 측면에서 동아시아 국가들의 개별 경제성장은 동아시아 지역경제 전체와 밀접한 관계를 가지면서 세계 자본주의 경제에 점점 더 깊게 편입되는 과정이라는 점에서, 경제성장의 외생적 요인들이 강조될 수 있다. 사실 1970년대 서구 경제가 침체 상황에 빠졌을 때, 일본뿐만 아니라 동아시아의 이른바 신흥공업국들은 국내 산업구조를 고도화하면서 세계 경제의 분업체계에서 보다 유리한 지위를 획득할 수 있었다. 즉, 이 과정에서 첨단기술과 핵심 중공업을 중심으로 구성된 선진 경제, 일반화된 중공업과 경공업을 가진 신흥공업국 경제, 그리고 농업 및 자원 개발에 기반을 둔 여타 저개발 국가들의 경제 간에 새로운 국제분업이 발달했다. 그리고 1980년대 동안 동아시아 국가들은 실물생산자본의 우월성에 근거해 국가별 전문화의 내적 다양성을 가지면서 일본을 정점으로 한 계층 지향적 또는 동심원적 양식으로 조직되었고, 이를 통해 지역무역을 촉진하게 되었다. 이에 따라 한편으로 일본 경제는 3원적 세계 경제의 한 핵심으로서 그 자리를 공고히 하게 되었으며, 다른 한편으로 동아시아 국가들 간 역내 교역량은 이 국가들의 전체 교역량에서 48.9%를 차지할 정도로 증대되었다.[3]

동아시아 경제 발전의 이러한 측면은 신[new, 또는 '보다 새로운(newer)']국제분업이라는 개념 또는 이에 관한 이론으로 개념화되었으며, 흔히 '비상하는 기러기 모형(Flying Geese Model)'이라는 비유로 서술되기도 했다(Choi, 1996). 신국제분업론이 포드주의 축적체계의 성숙에 따른 국제분업 구조를 정형화한 것이라면, 보다 새로운 국제분업론은 기존의 신국제분업의 연장선상에서 1980년대 이후 새롭게 추가된 여러 가지 요소들, 예로 하청 업체 등 생산 입지의 유연성 증대, 해외직접투자의 증대 및 이와 병행하는 서비스 활

---

3 오랜 역사를 통해서 단일 경제시장 체제를 형성한 EU의 역내 교역량(1995년)도 68.8% 정도이다.

동 증대, 신흥공업국들로부터 해외직접투자 유출의 증대, 선진국 핵심 경제들 간 상호투자 증대 등을 강조한다(Frobel et al., 1980; Ciffey, 1996 Mittelman, 1995 등 참조). 이와 같이 국제분업에 초점을 두고 있는 설명은 우리들에게 동아시아 국가들의 경제 발전의 지역적 조건들을 이해하는 데 중요한 통찰력을 주지만, 이러한 국제분업을 지배 또는 통제하는 세계 자본주의의 경제적 메커니즘을 이해하는 데는 큰 도움을 주지는 못했다.

사실 세계적으로 볼 때, 포드주의적 축적체계의 경직성으로 인해 한때 위기에 처했던 선진국들의 경제가 1980년대 동안 경제적 침체로부터 벗어나게 되면서 세계 경제는 두 가지 특이한 양상을 보이게 되었다. 하나는 연구·개발 부문에의 투자 증대와 금융·보험 등 생산자서비스의 발달을 동반한 첨단 기술산업들의 발달에 적용되는 유연적 축적 또는 기술경제 패러다임이라는 점에서 특징지어지는 실물생산경제의 새로운 양식이 등장했다는 점이다. 1990년대 동안 지리학자들을 포함해 많은 학자들은 이 양상에 지대한 관심을 보였다. 그러나 여전히 이러한 양상이 동아시아 국가들(일본 또는 동아시아 신흥공업국들, 또는 이들 모두)의 경제에 적용이 가능한지, 그리고 이 양상이 심지어 선진 경제에서도 여전히 탁월한지 등에 관한 의문이 제기되었을 뿐만 아니라, 서구의 이른바 유연적 생산체계보다 더 우월한 형태를 동아시아, 특히 일본에서 찾아볼 수 있다는 점에서 논란이 되기도 했다.

또 다른 하나의 특징은 동아시아의 위기를 설명함에 있어 위의 특징과 일정한 관련을 가지면서 또한 점점 더 중요하게 된 것으로, 해외직접투자의 팽창과 더불어 세계적 금융자본의 형성을 들 수 있다. 포드주의 축적체제 이후 구상 기능과 실행 기능의 경제공간적 분화가 가능해진 후, 기업의 경영 및 핵심적 연구개발 기능을 제외한 실물생산 기능들은 값싼 생산비용(특히 유순한 노동력과 저임금)의 추구 또는 관세장벽의 회피를 위해 전 세계적 규모로 분산되었으며, 이 과정에서 해외직접투자가 급속히 확대되면서 대기업들은 초국적기업들로 발달하게 되었다(Yeung, 1996). 다른 한편, 서구 사회에서는 경제침체로 인한 유휴자본의 형성과 국가의 복지예산 축소에 따른 개인적 기금의 확대(그리고 1970년대 석유파동을 거치면서 형성된 이른바 오일머니)에 따라 1980년대 중반 이후 세계적으로 거대한 금융자본이 형성되었다. 세계적 규모로 발달한 금융자본은 실물생산경제로부터 일단 분리된 후, 지속적으로 자기 증식 하는 금융시장에서 그 자신의 운동 방식을 택하게 되었다. 1990년대 중반, 세계의 한 장소에서 다른 장소로 흐르고 있는 금융자본의 총량 가운데 단지 10% 정도만이 외국과의 상품 교역에 사용되고, 나머지 엄청난 양의 대부분은 외환공격을 통해 투기적 증식을 추구하는 외환거래나 주식시장에서 순전히 금융적 이동으로 사용되고 있다(Swyngedouw, 1996 등 참조).

이러한 금융자본은 급속하게 팽창하고 있을 뿐만 아니라, 세계적 규모로 초공간적으로 이동하면서 경제질서를 교란시키고 있다는 점에서 심각한 문제를 초래하게 되었다. 특히 이러한 금융자본의 흐름은 거리를 초월한 초공간에서 이루어지는 것처럼 보이며, 이로 인해 '지리학의 종말'이 상징적으로 주장되기도 한다(O'Brien, 1992). 그러나 세계적 증권시장들이 여덟 시간의 간격을 두고 런던, 뉴욕, 도쿄로 연이어지면서 24시간 활동하고 있다고 할지라도, 세계적 금융자본은 기본적으로 세계도시들에 근거를 두고 있는 각 금융시장과 초국적자본들에 의해 추동되고 있다는 점에서 여전히 지리적 또는 장소제약적 한계를 가진다. 이러한 점에서 금융자본의 지리학적 이론, 특히 이른바 카지노 자본주의를 의미하는 투기적 특성(이러한 금융자본의 투기성은 세계적으로 균등하게 이루어지는 것이 결코 아니며, 분명 장소특정적이다)을 강조하는 이론을 개발해야 할 것이다(그 예로 Thrift, 1990). 나아가 오늘날 정보통신기술의 발달에 기초한 세계 경제 일반은 특이한 '흐름의 공간'을 만들어내며, 이에 따라 세계화에 관한 지리적 이론을 정형화할 필요가 있다(Castells, 1989; Castells, 1996).

2) 동아시아 경제위기의 발생

지난 20세기 후반 기적이라고 불릴 정도로 급속한 경제성장을 보였던 동아시아 국가들은 1997년 중반 이후 태국을 선두로 인도네시아, 말레이시아, 한국 등이 갑작스러운 외환위기와 이에 뒤이은 경제위기를 겪게 되었으며, 일본과 중국을 포함한 동아시아 국가들 전체에 영향을 미치게 되었다. 이로 인해 동아시아의 경제는 '기적의 신화' 또는 '얼어붙은 기적'이라고 불리게 되었다(Krugman, 1994; Bird and Milne, 1999). 이러한 용어들로 아시아 위기를 서술하고 있는 학자들은 동아시아 국가들의 위기가 허약한 경제구조(예로, 한국에서 소수 재벌들에 의한 독점적 지배와 같이), 과다한 외채 차입, 외환체계의 관리 부실, 금융 부문의 미발달 등과 더불어 (시장 메커니즘이든 국가 개입에 의해서든 간에) 개인의 능률이나 교육 향상 또는 유교문화에 기초한 성장이라기보다는 자원 및 노동과 같은 생산요소들의 투입 증대에 따라 추동된 성장에 지나치게 의존했기 때문에 발생한 것으로 지적하고 있다.

이러한 주장들과 유사한 맥락에서 우리는 위기에 처한 국가들의 구조적 문제들을 살펴볼 수 있다. 우선 위기에 처한 동아시아 국가의 기업들은 한편으로 그동안 국가의 보호(또는 부패와 정경유착)하에서 특혜적으로 급속히 성장해왔지만, 다른 한편으로 이제 더 이상 국가의 통제를 받지 않는 자율적 경영체제를 요구하게 되었다. 이러한 기업들의 요구는 기본적으로 시장 메커니즘에의 완전한 의존을 전제로 한 것이지만, 실제 상황에서는 국내외 금융기관으로부터 엄청난 자금을 끌어들이면서 경쟁적으로 투자를 확대시키는 과정을 초래했다. 이로 인해 경제는 외적으로 활기를 띠고 있는 것처럼 보였지만, 한국의 경우 재벌기업들의 부채 비율이 400~700%에 달할 정도로 부실 경영과 과열경기에 따른 거품경제가 크게 확대되었다. 이러한 상황에서 과거 독재체제에서 벗어나 의사(擬似)적 민주화에 기초한 정치권력은 국민들의 실질적 기반에 기초해 기업들을 통제하거나 또는 경제개혁(경제금융

제도 등의 체계화)을 추진하지 못했다. 또한 일반 시민들 역시 도덕적 해이로 인한 소비 증대와 의사적 민주화에 따른 정치적인 무기력 상황에 빠지게 되었다.

이와 같이 동아시아 지역의 개별 국가들이 위기에 봉착하게 된 것은 기업들의 무분별한 투자 확대와 이에 대한 정경유착(또는 부패)으로 인한 국가의 통제 불능, 그리고 기업과 국가 및 이들 간의 관계를 일정하게 뒷받침하는 시민사회의 미성숙에 기인한 것이라고 할 수 있다. 이와 같이 위기에 처한 국가들의 경제, 정치, 사회에 내재된 원인들에 따른 위기의 설명은 아시아적 기적의 신화를 벗어나서 각 국가들이 자신의 경제 구조를 강력하게 개혁하기 위해 무엇을 해야만 하는가를 가르쳐주고 있다. 그러나 이러한 설명은 위기의 원인을 국민-국가적 수준으로 일방적으로 환원시키는 경향이 있다.

사실 동아시아 국가들 가운데 상당수는 위기가 발생하기 이전에 이미 경상수지에서 누적된 적자로 인해 어려움을 받고 있었으며, 경제성장이 점차 둔화되는 조짐을 보이고 있었다는 점을 지적할 수 있다. 위기에 처하게 된 국가들의 대부분이 안고 있었던 이러한 문제는 동아시아의 지역경제 자체가 어떤 구조적 한계를 내재하고 있음을 나타내는 증거로 흔히 제시되고 있다. 한국의 경우를 예로 들면, 한국 경제는 한편으로 첨단기술산업들에 기초한 선진 경제로 전환해야 함에도 불구하고 일본 경제에의 의존성으로 인해 더 이상 발전하지 못하는 어떤 한계에 봉착했으며, 다른 한편으로 생산비의 절감(특히 저임금)을 통한 국제경쟁력 확보에서는 태국이나 중국 등에 점차 밀리게 되었다. 이러한 점에서 지역경제에서 국가들의 적절한 계층화는 한때 상호 보완적인 성장을 가능하게 했지만, 각 국가의 경제가 어느 정도 성장한 이후에는 상호 압착하는 부정적 효과를 드러내게 되었다.

동아시아 위기가 이 지역경제에 내재된 어떤 구조적 결함에 기인한다는 점은 그 외 많은 학자들에 의해 주장되었다. 특히 일부 학자들은 동아시아 위기에서 일본의 직접적 책임론을 도출한다(김광두, 1998; 김규윤, 1998; 김영호, 1998 등 참조). 이들에 의하면, 위기에 처한 국가들은 자본재 등의 수입에서 대일본 의존율이 20%를 상회할 정도로 일본경제에 크게 의존(종속)해 있는 상황에서 일본 경제가 1980년대 말 침체 상황에 빠짐에 따라 그 여파로 동아시아의 국가들이 경제적 위기를 겪게 되었다고 주장된다. 특히 1990년대에 들어와서 일본 경제는 일련의 통제 불가능한 과정, 즉 '고생산성과 저소비 → 국내 수요의 만성적 결핍과 무역 흑자 → 엄청난 비수행적 자산을 가진 금융체계의 불안정성 → 다른 아시아 국가들로 금융자본 유출 → 위기 상황에서 이 국가들로부터 단기부채 철수'로 이어지는 일련의 과정으로 인해 동아시아 위기를 초래했다는 주장이 제기되기도 했다.

국내총생산(GDP)과 교역량이라는 점에서 동아시아 경제에서 일본이 차지하는 몫은 엄청나게 크기 때문에,[4] 일본의 역할이 동아시아 지역경제를 부활시킴에 있어 매우 중요하다는 점은 인정되어야 할 것이다. 그러나 이는 일본 경제 자체의 문제로 이해하기보다는 동아시아 지역경제 일반의 문제로 이해해야 할 것이다. 즉 동아시아 국가들은 한편으로 그동안 경제성장의 결과로 누적된 자본뿐만 아니라 외국으로부터 차입된 외채들에 기초해 과잉투자를 하게 되었으며, 다른 한편으로 이러한 각국 경제의 급속한 성장으로 지역경제의 교역량이 급속히 확대되었다. 그러나 실제 동아시아 경제는 과잉투자로 인한 생산자본의 유휴화와 더불어, 교역 확대에도 불구하고 누적된 수지적자로 인해 잉여가치의 실현 불능 상황에 점차 빠지게 되었기 때문에 위기에 봉착하게 되었다고 할 수 있다.

동아시아 지역경제에 내재된 이러한 모순에 대한 지적은 동아시아 지역경제의 구조적 한계를 규명한다는 점에서 의의가 있지만, 그 자체로서 동아시아 위기를 충분히 설명할 수는 없다. 왜냐하면 동아시아 경제는 분명 개별 국가 또는 지역 내에 내재된 문제성을 가지고 있지만, 주식 및 외환시장이

---

4 1995년 중국을 포함한 동아시아 전체의 GDP에서 일본이 차지하는 비중은 70.3%였다.

표 6-2 **동아시아에 대한 국제은행의 대출(단위: 10억 US달러)**

국가명	국내 총생산 (A)	총대출 (B)	미국은행	EU은행	일본은행	일본은행 점유율 (%)	GDP 대비 총대출 (B/A)
중국	697.6*	55.0	2.7	26.0	17.8	32.4	7.9
홍콩	155.0	207.2	8.7	86.2	87.5	42.2	133.7
인도네시아	227.4	55.5	5.3	21.0	22.0	39.6	24.4
한국	484.6	100.0	9.4	33.8	24.3	24.3	20.6
말레이시아	87.3*	22.2	2.3	9.2	8.2	36.9	25.4
필리핀	83.8	13.3	3.9	6.3	1.6	12.0	15.9
싱가포르	77.9#	189.3	5.7	102.9	58.8	31.1	243.0
대만	272	22.4	3.2	12.7	2.7	12.0	8.2
태국	167.5*	70.2	5.0	19.2	37.5	53.4	41.9
베트남	—	1.5	0.2	1.0	0.2	13.3	—
동아시아계	—	736.6	46.4	318.3	260.6	35.4	

주: 1996년 말 경상가격 기준. 단 *는 1995년, #는 1990년 불변가격 수치임.
자료: 각국의 국내총생산은 통계청(1997), 금융대출 자료는 유철규(1998: 192)에서 재인용.

폭락하기 전까지는 가시적 위기를 드러내지 않았다. 달리 말해서 위기는 이 국가들로부터 국제금융자본의 급속한 철수와 대부은행들에 의한 기존 부채의 연장 거부에 직접적으로 기인한다고 할 수 있다. 이러한 점에서 일부 논자들은 동아시아 경제 발전을 파괴하고자 하는 누군가(뮤추얼펀드, IMF, 혹은 세계은행?)가 존재한다는 음모론을 주장하기도 했다(김민웅, 1998). 이른바 핫머니 테러리즘(hot money terrorism)은 비계획적 또는 비의도적이라고 할지라도 세계 경제를 황폐화시킨다는 것이다. 그러나 우리는 이러한 주장 자체보다는 이러한 이론이 설득력 있는 것처럼 보이는 세계적 맥락을 이해할 필요가 있다.

사실 〈표 6-2〉에서 알 수 있는 바와 같이, 위기에 처한 동아시아 국가들(싱가포르와 홍콩 제외)은 국내총생산의 20~40%에 달할 정도로 국제은행에 과다한 차입을 했으며, 이러한 외채 조달은 미국보다는 EU 및 일본 은행에 의존했다(유철규, 1998). 이러한 점에서 리피에츠(Lipietz, 1998)는 동아시아의 위기가 '너무 많은' 외국 자본, 특히 일본으로부터 차입한 외국 자본이 동아시아의 여타 국가들에서 생산자본으로 전환됨에 따라 인플레이션과 무역 적자 등을 유발하게 된 과잉축적의 위기라고 설명한다.[5] 게다가 상호 적응을 통해 짜인 동아시아 지역경제의 동심원 구조는 저차원 지대(ring)들의 국가통화들이 일본 엔화에 비해 평가절하되어 있는 미국 달러에 고정되어 있다는 사실로 인해 문제성을 가진다. 즉 외환위기는 달러 대 엔화의 이동에 있어 역전에 의해 촉발된다고 주장된다.

이러한 점에서 우리는 세계 경제에서 실물경제(생산자본)의 삼각관계 및 금융자본에 의해 지배되는 자본 연계 유형의 상대적 변화를 고찰함으로써 아시아 위기의 세계적 구조를 이해할 필요가 있다. 아시아 위기가 발효되었던 세계적 맥락은 우선 '참여적이고 기능적인 노동자들을 포함하는 제조업'(일본과 유럽 대륙)과 '테일러화된 노동자들을 포함하는 제조업'(미국과 영국)간의 새로운 분화라는 점에서 이해될 수 있다(Lipietz, 1998). 1980년대 말, 첫 번째 유형의 제조업이 국내 생산성 및 국제 경쟁에서 우월하다는 점이 판명되었다. 그러나 그 이후 이러한 분화는 생산자본의 우월성에 따라 조직된 동아시아적 자본주의와, 금융자본의 탁월성에 따라 제도화된 앵글로-아메리카 자본주의 간의 분화에 의해 압도되었다.

제조 과정(즉 실물생산경제)에 관한 한, 동아시아 국가들은 높은 기술과 생산성(일본의 경우) 또는 저임금(태국, 인도네시아 등) 덕택에 세계적으로 경쟁력을 가진다고 할 수 있다. 그러나 1990년대 동아시아 경제는 선진 경제에 의해 선도되는 정보기술과 금융자본의 발달과 더불어 신자유주의적 세계화

---

5 또한 이에 관한 개인적인 의견을 보다 진솔하게 제시한 대담으로 리피에츠와 최병두, 김형기의 좌담(리피에츠, 1998) 참조.

그림 6-1 **동아시아 위기 발생의 배경**

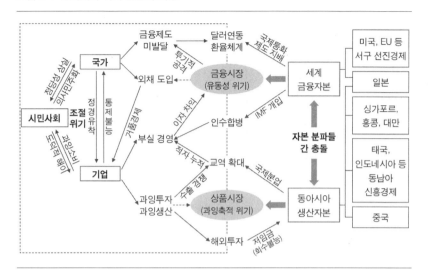

과정에 직접 노출되었다. 이로 인해 동아시아경제는 외형적으로 붐을 일으키는 것처럼 보였지만, 이미 엄청난 단기부채, 과잉투자, 무역 적자 등으로 취약성을 잠재한 상태에서 영미(앵글로-아메리카)자본주의 경제로부터 자본이 과잉 유입됨에 금융시장의 혼란을 겪게 되었다. 특히 초공간적 이동성을 가지는 국제적 핫머니의 투기적 공격은 동아시아 경제의 붐을 위기로 전환시키는 결정적 계기가 되었다고 하겠다.

자본시장의 개방에 대처하기에는 아직 제대로 정비되지 않았던 동아시아 국가들의 외환·금융시장에 대한 투기적 공격은 주로 미국에 근거를 두고 있는 펀드형 금융자본에 의해 이루어졌다. 이들은 주로 단기채권 형태로 동아시아 국가들에 유입되었으며, 위기 조짐이 일자 급속히 빠져나가면서 공략한 국가의 외환 및 금융시장을 교란시켰다. 이러한 상황에서 국제통화기금이 마치 구세주인 것처럼 등장해 해당 국가들에 대해 최소한의 구제금융을 제공하면서 개별 기업들뿐만 아니라 국가의 거시경제정책 전반에 개입해 자신의 관리체제하에 종속시키고자 했다. 이러한 과정이 전개되는 사이 국제 금융자본은 위기에 처한 국가들의 평가절하로 엄청난 환차익을 얻었을 뿐만 아니라, 경제 전반의 거품이 제거되면서 폭락했던 주식시장의 공략을 통해 막대한 주식차액을 얻거나 부실 경영과 유동성 부족으로 위기에 처한 개별 기업들의 적대적 합병을 통해 엄청난 자산 이득을 노리게 되었다.[6]

이상에서 설명한 동아시아 위기의 발생 과정을 그림으로 나타내면 〈그림 6-1〉과 같다. 이에 대한 보다 정교하고 상세한 서술이 필요하겠지만, 일단 여기서는 다음과 같이 동아시아 위기에 내재된 모순들을 지적할 수 있다. 즉 ① 개별 국가 단위에서 축적체제를 조절할 수 있는 국가 및 시민사회의 기능 간 괴리(조절 위기), ② 동아시아 지역경제 차원에서 과잉 외자도입과 과잉투자, 그리고 이에 따른 교역 확대에도 불구하고 발생한 수지적자의 누적 간의 모순(과잉축적의 위기), ③ 실물생산을 통한 가치 창출/실현을 추구하는 생산자본과 실물생산으로부터 괴리된 채 실현 가치의 전유를 추구하는 금융자본 간의 대립(유동성 위기)을 이 그림에서 확인할 수 있다. 이러한 세 가지 모순들은 사회공간적으로 분절된 층위에서 형성되기보다는 서로 연계된 층위들

---

6 ≪워싱턴 포스트≫(*Washington Post*, July 5, 1999)는 외환위기 2년을 지나면서 아시아 증시에서 자금을 운용하고 있는 서방의 펀드들이 큰 폭의 이익을 내고 있다고 보도하고 있다. 예로, 일본을 주 무대로 1.6억 달러의 펀드를 운용하고 있는 미국의 와버그핀커스 펀드와 재팬그로스 펀드는 1999년 2분기 중 각각 46%, 39%의 수익률을 올렸으며, 또 한국에서 1.8억 달러를 운용하고 있는 매튜인터내셔널 코리아 펀드는 1999년 1분기에 86%에 이어 2분기에도 74%의 고수익을 올렸다고 밝혔다(≪중앙일보≫, 1999.7.7). 세계은행의 부총재 겸 수석 경제연구원인 조지프 스티글리츠는 "과거 성장 속도를 상정할 때 아시아 금융위기로 인한 수입 감소는 무려 1조 달러에 달한다"라고 추산하면서, 사회적 충격은 아직까지 알려지지 않고 있다고 주장했다(≪중앙일보≫ 1999.7.29). 또한 유엔무역개발회의(UNCTAD)의 자료에 의하면(≪중앙일보≫, 1999.6.23), 아시아의 위기, 러시아와 중남미 경제의 불안정, 세계 무역 규모의 감소, 상품 가격의 하락 등의 여건 속에서 아시아에 대한 외국인 투자 감소로 인해 개발도상국가들로 흘러간 투자 규모는 1985년 이후 처음으로 4% 감소한 1650억 달러였지만, 1997년에 비해 거의 두 배로 불어난 국제적인 기업인수합병(M&A)으로 인해 1998년 일 년 동안 전 세계 외국인 직접투자 규모는 39% 증가한 6440억 달러를 기록했다.

간의 관계에서 형성된 것으로, 세계금융자본과 동아시아 생산자본 간의 충돌을 함의하고 있다.

또한 여기서 강조되어야 할 점은 이러한 고찰, 즉 위기에 처한 개별 국가들의 문제점, 동아시아 지역경제의 한계, 그리고 세계자본주의의 금융 구조 및 실물생산체계와의 관계에 관한 연구가 동아시아 위기의 경제적·공간적 맥락을 이해할 수 있는 우리의 능력을 강화해줄 수 있다는 점이다. 그러나 이상에서 제안된 설명은 위기의 한 측면, 즉 경제적 측면만을 고려한 것이다. 위기에 관한 논의에서 우리가 또한 고려해야 할 중요한 측면은 경제적 위기 그 자체의 영향뿐만 아니라 이 위기를 극복하기 위한 왜곡된 경제적·정치적 정책들로 인해 국민생활 및 자연환경 분야에서 초래되는 부정적인 영향이다. 이에 관한 논의를 위해, 한편으로 현재 경제적 위기가 어느 정도 완화되고 있는 것처럼 보이지만 다른 한편으로는 사회적·환경적 위기 상황이 여전히 지속되고 있는 이유, 즉 신자유주의적 위기 극복 전략의 한계를 살펴볼 필요가 있다.

3. 위기의 완화와 신자유주의적 전략

1) 거시경제적 위기의 완화

거시경제적 측면에서 보면, 위기에 처한 동아시아 국가들은 1998년 후반 최악의 상황에 도달했으며, 1999년에 들어오면서 상당히 급속한 회복세를 보이고 있다. 우선 외환위기로 인해 급격히 평가절하되었던 동아시아 국가들의 환율은 다소 안정세를 보이게 되었다. 즉 〈그림 6-2〉에서 알 수 있는 바와 같이, 태국의 바트화와 한국의 원화 가치는 1998년 1월을 기점으로 최저치를 기록한 이후 하반기에는 상당히 안정된 경향을 보였으며, 인도네시

그림 6-2 **동아시아 국가들의 환율 변동(단위: US달러)**

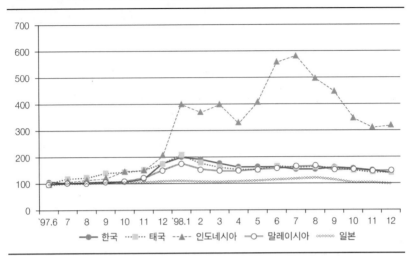

주: 1) 1997년 1월=100 (1달러에 대한 국가별 환율은 한국 849.9원, 태국 25.71바트, 인도네시아 2,393루피아, 말레이시아 2,492링깃, 일본 118.0엔).

2) 이 국가들 가운데 IMF 구제금융체제에 편입된 시기는 태국 1997년 7월, 인도네시아 1997년 8월, 한국 1997년 11월임.

자료: 통계청(1999a).

아는 다소 지연되어 1998년 7월 최저치를 기록한 이후 점차 회복되고 있다. 이와 같은 자국 화폐의 가치절하는 다른 한편으로 사치성 소비재의 수입을 줄이고(자본재의 수입에는 불리하지만) 상품 수출을 급증시켰으며, 이에 따라 외환보유고를 확충하는 데 주요한 기여를 했다는 점에서 위기에 처한 국가들의 경제 회복에 긍정적인 영향을 가져다주기도 했다.[7] 또한 이러한 상황에서 떠나갔던 국제금융자본들이 되돌아오면서 아시아 국가들의 주식시장이 호조를 보이게 되었다. 즉 한국을 비롯한 말레이시아, 필리핀, 싱가포르 등

7 이에 관해 국제통화기금(IMF) 미셸 캉드쉬(Michel Camdessus) 총재의 주장에 따르면, "한국, 필리핀, 태국에서 개혁과 회복이 빠르고 확연해서 경제 운영에 대한 국내외의 신뢰가 대부분 회복"되었으며, 동아시아 지역 국가들에서 "통화가치가 올라가고 외환보유고가 늘어나고, 경제활동이 활력을 되찾으면서 국내외 투자자들도 돌아오고 있다"라고 했다(≪중앙일보≫, 1999.7.14).

그림 6-3 아시아 국가들의 소비 회복세

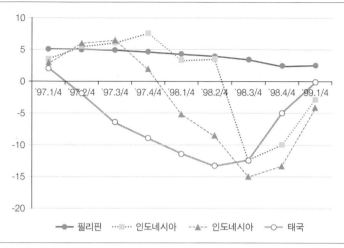

필리핀 ····■···· 인도네시아 ··▲·· 인도네시아 ─○─ 태국

자료: ≪중앙일보≫(1999.8.16).

에서는 주식 거래량이 늘어나고 주가가 급등했으며, 심지어 일부 국가에서
는 주가가 IMF 위기 이전 수준으로 복귀했다.

이러한 국제수지 개선과 더불어 내수 소비시장의 회복은 위기에 처했던
거시경제지표들이 점차 회복세로 반전되도록 했다. 태국, 인도네시아, 말레
이시아, 필리핀 등 위기에 처했던 동아시아 국가들의 실질소비 증감률은 지
난 1998년 3분기 -10% 이하로 떨어져 최저치를 기록한 후 다시 회복되기 시
작해 1999년 1분기에는 -4.1%에서 2.5%로 올라서게 되었다(〈그림 6-3〉참
조). 특히 가장 빠른 회복세를 보이고 있는 한국의 경우, 1999년 1분기 소비
지출이 IMF체제 이후 처음으로 8.9%라는 높은 증가세를 보였다. 또한 국내
총생산의 증가율은 1분기에 6.8%에 이어 2분기에는 9.8%로 높아졌다. 이와
같이 위기에 처했던 각 국가들의 경제는 불과 5~6개월 전에는 예측하지 못
했을 정도로 매우 빠른 회복세를 보이게 되었다. 이에 따라 1998년 12월 한
국 경제에 대한 전망으로 1999년 0.5%, 2000년 4.0%만큼 각각 성장할 것으

로 내다봤던 경제협력개발기구(OECD)는 1999년 5월 발표한 「1999년 상반기 경제 전망」에서는 예상보다 빠른 회복세를 보여 1999년 4.5%, 2000년에 4.3% 성장할 것이라고 수정했다.[8]

그러나 위기에 처했던 아시아 경제가 거시적 지표들이 나타내는 것처럼 회복되고 있는가? 몇 개월 전에는 제대로 예상하지 못했을 정도로 급속히 회복되고 있는 것처럼 보이는 이유는 무엇인가? 과연 위기는 끝났는가? 위기가 회복되고 있다고 주장하는 사람들에 의하면 몇 가지 측면에서 위기 회복을 확신하고 있다. 첫째, 최소한 가시적으로 위기에 처했던 국가들의 정부는 어떠한 형태로든 기업들에게 가시적 구조조정을 요구했으며, 실제 위기 과정에서 실제 내부 경영의 부실 문제를 안고 있었던 기업들은 거의 대부분 도산했을 것이고, 반면 이러한 부실기업들의 해소는 대외 신인도를 상승시키는 데 역할을 했다. 둘째, 환율이 점차 안정되면서 동아시아 국가들은 통화 안정에 기여할 수 있게 되었으며, 또한 동아시아 전역에서 주식시장이 호조를 보이고 있다. 셋째, 각국의 경제성장률이 상당히 회복되었으며, 생산을 추동하는 국민들의 실질소비도 1998년 3분기 이후 급속히 증가하고 있는 것으로 조사되었다(〈그림 6-3〉).

이와 같이 동아시아 국가들의 경제가 급속히 회복되고 있는 이유들(위기의 발생 과정에 단일 원인만 작동한 것이 아니었던 것처럼, 회복 과정에도 단일의 요인들만 작용한 것은 아니라고 하겠다)로서 다음과 같은 점들을 지적할 수 있다. 첫째, 세계적으로 보면 미국 경기의 상승 추세가 1999년까지 지속될 것으로 예상되며, 국제금융자본도 미국을 제외하고 마땅히 투자할 곳을 찾지 못한 채 동아시아 시장으로 재유입되고 있다. 둘째, 동아시아 지역경제적 측면에서

---

8 우리나라의 대기업 부설 민간 경제연구소들도 국내 소비의 빠른 회복세와 국제금융 환경의 개선에 따라 올해 경제성장률이 5%대로 높아질 것으로 전망했다. 예로, 대우경제연구소는 3월 말에는 3.5%를 전망했으나 5월 말에는 이를 수정해 1.7% 포인트 높은 5.2%를 기록할 것이라고 발표했으며, LG경제연구원도 올해 성장률 전망치를 지난 3월의 4.0%보다 1.6% 포인트 높은 5.6%로 수정해 발표했다.

보면, 외환위기의 영향으로 지난해 침체 국면을 맞았던 아시아 각국의 경제, 금융, 외환 환경이 1999년 들어 빠르게 안정세를 찾고 있다. 셋째, 국내적 상황에서 보면, 저금리정책의 영향으로 주식시장이 활황을 보임에 따라 내수 시장이 살아나고 노사분규가 진정되면서 경기의 선순환 구조가 빠르게 정착되고 있기 때문이다.

그러나 다른 한편 많은 기관이나 학자들은 이러한 거시적 지표들의 전환이 아시아 위기의 종식을 의미하는 것은 결코 아니라고 주장한다.[9] 이와 같이, 최근 동아시아 경제의 동향을 회복이라고 보기 어려운 이유는 복합적이라고 할 수 있다. 우선 국내 상황에서 보면, 1999년 경제성장률의 전망치가 대폭 상향 조정된 것은 작년에 경기가 워낙 나빴기 때문에 기술적인 반등이 있었던 것이라고 볼 수 있으며, 이를 실질적인 회복으로 받아들이기 어렵다. 국민들의 실질소득은 개선되지 않고 있으며, 실업률도 여전히 매우 높다. 재벌 대기업들의 구조조정은 제대로 이루어지지 않았을 뿐만 아니라, 1998년 위기가 한창 진행되는 상황에서 오히려 재벌구조를 팽창시키고 금융 지배를 확대함으로써, 1999년에 들어오면서 대우그룹처럼 결국 스스로 위기를 자초하고 있다. 또한 기업들이 자산 대(對) 부채 비율을 줄이기 위해 노력하는 과정에서 엄청난 자금이 소요되며,[10] 따라서 실질적인 경기 회복을 위한 설비

---

9 예로, 폴 크루그먼(Paul Krugman)의 주장에 의하면, "아시아 국가들은 최근 안도감, 심지어 승리감까지 느끼고 있는 것 같다. 그러나 아직 이르다. 가장 빠른 회복세를 보이는 한국은 올해 5%까지 경제성장이 예상되지만, 그렇다 해도 올해 국민총생산(GNP)은 경제위기 이전보다 14%가 적다. 일본도 경기 회복의 확실한 징후가 없고 실업자가 계속 늘고 있다. 중국은 성장을 유지하고는 있으나 금융압박이 증대되고 있다"(≪중앙일보≫, 1999.6.17). 뿐만 아니라 한국의 경우, 재경부나 심지어 재벌기업들의 경제위원회인 전경련까지 경제활동이 IMF체제 이전 수준을 회복하기에는 아직 멀었다고 주장한다. 크루그먼이 아시아 경제의 회복에 대해 회의적인 이유로는 첫째, 동아시아에는 진정한 기업이 드물며, 외형상으로는 현대적 기업처럼 보이나 실제로는 가족회사에 불과한 곳이 대부분이라는 점이 지적된다. 둘째, 위기 이전에 이미 아시아는 성장 둔화에 직면하고 있었다는 점이 지적된다. 즉, 아시아의 급속한 성장은 외국으로부터의 대규모 자본 유입에 따른 것이었는데, 위기 이전과 같은 대규모 자본 유입은 앞으로 불가능할 것이다.

(그리고 연구개발)투자, 고용 및 임금 인상을 기대하기는 어렵다.

또한 한국을 포함한 동아시아 국가들의 국내 금융제도는 여전히 매우 취약하다. 그동안 외자도입에 크게 의존해 국내경제를 촉진시켰던 이 국가들은 개별 기업들의 자금 운영뿐만 아니라 국가금융 부문의 건전성이 여전히 확보되지 않고 있으며, 또다시 불안 요인이 있을 경우 외자는 한꺼번에 빠져나갈 수 있고, 정부는 이에 대한 방어 능력을 갖추지 못하고 있다. 이러한 상황임에도 불구하고 아시아 국가들은 위기를 겪으며 정실주의와 '아시아적 가치'에 대한 환상을 부분적으로 해소할 수 있었지만, 최근 외국 학자들이 다시 지적하고 있는 것처럼 위기를 생각보다 쉽게 극복했다는 '위험한 자기만족'에 또다시 빠지고 있으며 이로 인해 경제 및 사회 전반의 개혁조치가 제대로 이루어지지 않거나 왜곡되고 있다. 아시아적 가치가 완전히 부정될 수는 없다고 할지라도, 과거로의 복귀가 아니라 '질적 발전'을 위한 새로운 가치와 전망이 모색되어야 할 것이다.

동아시아 지역경제의 차원에서 보더라도, 위기는 여전히 잠재해 있다고 할 수 있다. 즉 동아시아 국가들 간의 수출입량은 다시 회복되고 있으며, 특히 자국 화폐의 평가절하로 수출이 확대됨에 따라 큰 경상수지 흑자를 보이고 있다. 그러나 이러한 경상수지 흑자는 계속되기 어려울 것이며, 지역 내 국가들 간 수평적 경제협력이 제대로 이루어지지 않는 상황에서 경쟁은 더욱 치열해질 것이다. 특히 중국 경제의 성장 전략은 다른 국가들의 경제에 큰 영향을 미칠 것이다. 예로, 중국은 위기 과정에서 평가절하를 당한 다른 동아시아 국가들에 비해 경쟁력이 약화되었기 때문에 위안화의 평가절하를 단행할 가능성이 매우 높다. 일본 경제 역시 설비투자와 민간 소비가 늘지

---

10 일본의 한 경제평론가는 "현 상황에서 한국정부의 계획대로 1999년 말까지 기업부채 비율을 200% 이하로 낮추려면 30대 재벌은 1600억 달러, 즉 올해 정부예산의 두 배 이상이 필요하다. 이를 실현하려면 심각한 자금난에 빠지는 제2의 대우그룹이 나올 것이다"라고 주장했다 (≪동아일보≫, 1999.8.16).

않고 있으며, 실업률이 점차 능가하고 있다는 점도 일본이 동아시아 경제위기의 극복을 위해 실질적인 역할을 할 수 없도록 한다. 이러한 점에서 지역경제에서 국가들 간의 관계는 여전히 불안정한 상태에 있으며, 일본 경제의 과소소비로 아시아 국가들에 유출되는 유휴자본들은 과잉경쟁을 초래할 요인들을 여전히 안고 있다.

세계적 차원에서, 미국 경제는 최소한 1999년 말까지는 현재의 활황세를 지속시킬 수 있다고 할지라도 조만간 경기가 위축될 조짐을 보이고 있다. 최근 미국에서 주식, 채권 및 달러 값의 하락과 더불어 소폭이긴 하지만 금리 인상은 미국으로부터 국제금융자본이 빠져나가고 있음을 반영한 것이다. 반면 미국 경제가 위축할 조짐을 보이면서, 일본은 국제투자자금들의 유입으로 다시 엔고를 맞게 되었다. 이러한 국제유동자본의 이동은 동아시아 주식시장에 대한 기대감의 상승도 있지만, 전 세계적으로 미국을 제외하면 마땅히 갈 곳이 없기 때문에 동아시아 시장으로 재귀함을 의미하기도 한다. 그럼에도 불구하고 동아시아 지역에서는 실물경제와 환율 변동이 실질적으로 연계되면서 국제금융자본의 유입과 유출을 통제할 수 있는 아무런 장치를 갖추지 못하고 있다. 세계적으로 볼 때에도 엄청난 단기자본들이 세계금융체제를 교란시키는 것을 막기 위한 신국제금융체제가 필요함에도 불구하고 이에 대해 아무런 노력들이 이루어지지 않고 있다.

2) 신자유주의적 전략의 한계

최근 동아시아의 경제가 가시적으로는 마치 회복되는 것처럼 보이면서도, 여전히 심각한 위기 상황에 처해 있음(또는 계속 잠재되어 있음)은 분명하다. 이에 대한 공감은 자본의 입장을 대변하는 한국의 전경련이나 국제통화기금에서부터 극단적으로 비판적인 분석가들에 이르기까지 다양하다. 우선 전경련이나 국제통화기금 등이 동아시아의 위기를 계속되는 것으로 보는 이유는 다소 이상한 것처럼 보인다. 그러나 분명한 것은 이들이 위기로 인해 타격을 입은 것보다는 위기를 조정하는 과정에서 더 많은 것을 얻었으며, 또한 위기를 극복해야 한다는 명분으로 여전히 자신의 이해관계를 실현시킬 수 있는 다양한 전략들을 구사할 수 있기 때문에 이러한 주장을 한다는 점이다. 즉 전경련이 아직 위기가 끝나지 않았다고 주장하는 것은 계속해서 과잉노동력을 퇴출하거나 또는 노동자들의 임금을 인하하고 노동력의 강도를 높일 수 있기 때문이라고 할 수 있다. 국제통화기금이나 세계은행이 동아시아 국가들의 위기 회복의 목소리에 대해 우려를 보내는 것은 이 지역에서 아직 저하된 이윤율이 회복될 수 있는 조건들이 제대로 형성되지 않았다고 판단하기 때문이라고 할 수 있다.

이와 같이, (총)자본의 입장에서 당면한 경제위기의 회복 국면에 대해 이의를 제기하는 것은 결국 자본 축적을 위해 국가적·지역적, 그리고 세계적으로 더욱 효율적인 경제체제가 요구되고 있다는 점을 뜻한다. 자본의 입장에서 이러한 효율성에 대한 강조는 흔히 신자유주의라고 지칭된다. 신자유주의는 사실 1970년대 서구 경제가 침체 상황에 빠졌을 때 이를 극복하기 위한 전략으로 영국의 대처 정권 및 미국의 레이건 정권에 의해 제시된 것이다. 이에 따르면, 경제는 완전한 시장 메커니즘에 따라 민간자본에 의해 보다 효율적으로 운영되어야 하며, 정부는 이를 위해 복지정책을 대폭 포기하고 시장 메커니즘의 기능적 조정이 원활히 이루어질 수 있도록 최소한의 개입만을 한다. 이러한 신자유주의적 전략은 그 이후 선진국들을 중심으로 한 세계 자본주의의 신자유주의적 구조조정 과정을 통해 자본(특히 초국적자본)의 세계 지배를 확대시켰고, 이러한 조정을 주도한 미국 경제가 1990년대 들어 상당한 호황을 누리는 데 기여했다.

이와 같은 위기 극복과 호황기를 거치면서 영향력을 강화한 신자주유주의는 시장 메커니즘의 절대적 우월성을 강조하면서 제도화된 국가 부문의 비효율성을 치유한다는 논리로 제기되었다. 특히 신자유주의적 전략에 따르면 첫째, 국가의 경제 개입 수단은 제한되고 국민경제 내 역할도 크게 축소되어 '가변자본의 관리자' 정도로 한정된다. 둘째, 노동에 대해 지불해온 사회적 비용을 줄여 자본의 효율성을 증대시킨다. 셋째, 세계적 규모의 자본 축적 활동을 보증하기 위해 각국의 시장을 완전 개방한다(자유시장과 자유무역을 명분으로 선진국 자본의 축적공간을 확대하고자 한다). 넷째, 구조조정에는 기술 혁신이 요구될 뿐만 아니라, 세계적 기준[이른바 '글로벌 스탠다드(global standard)]이라는 새로운 표준에 걸맞은 제도 및 정책의 변화를 요구한다.

이러한 신자유주의적 입장은 동아시아 신흥공업국들의 성공적 성장 과정에 대한 설명에도 적용되었다.[11] 즉 신자유주의자들에 의하면 동아시아 국가들의 성공은 정부의 제한된 경제 개입, 경제에서 낮은 수준의 가격 왜곡, 대외 지향적 수출 촉진 전략에 의한 것으로 이해된다. 물론 동아시아 국가들의 경제성장에서 국가의 역할이 중요했다는 점과 관련하여, 이러한 신자유주의자들의 입장을 수정해 '시장 친화적 개입'을 주장한다.[12] 즉 이들의 주장에 의하면 ① 국가는 시장이 스스로 작동하도록 하면서 부득이한 경우에만 개입을 하며, ② 국가는 '국제 및 국내 시장 규율'에 개입하면서 견제와 균형을 유지하고, ③ 국가는 공개적으로 개입하면서 '책임자의 재량이 아니라 준칙'에 따른다. 이러한 시장 친화적 개입은 '올바른 관리'를 수행하는 정부, 즉 '단지 작은 정부가 아니라 더 좋은 정부, 직접적인 개입 노력보다는 다른 것들이 보다 생산적으로 되는 데 주력하는 정부'에 의해 수행될 수 있다고 주장한다.

---

11 그러나 선진국의 신자유주의적 구조조정은 결과적으로 개발도상국의 경제위기를 초래했다고 할 수 있다(김세균, 1998; 임휘철, 1998 등 참조).

12 예로, 세계은행은 '시장 친화적 개입'과 '올바른 관리(good governance)'라는 개념을 사용해 경제 개발에서 국가의 역할을 부분적으로 인정하고자 했다(World Bank, 1993). 그러나 Kiely(1997)는 이러한 시도가 무력해진 신자유주의 패러다임의 수정에 불과하며, 신자유주의에 대한 집착으로 두 개념 모두 스스로 부정하는 결과를 초래했다고 주장한다. 반면, Hart-Landsberg(1999)는 시장 메커니즘에 대한 신봉을 기초로 한 신자유주의적 대응 전략에 대해 국가 개입의 필요성을 재강조하는 전략, 즉 '구조주의적 전략' 양자 모두의 한계를 논의하고, 사회주의 전략을 대안(그러나 구체적 내용은 없다)으로 제안했다.

이와 같이 동아시아 국가들의 경제성장을 찬양했던 신자유주의자들은 이 국가들이 위기에 봉착하자 그들 나름대로의 원인과 처방을 내렸다. 즉 신자유주의적 입장에 따르면, 동아시아 국가들이 위기에 봉착한 것은 일차적으로 대기업들의 비합리적 운영에 기인하며, 예로 국제금융자본을 과잉차입하도록 한 것도 시장 합리성으로부터 괴리된 기업들의 '과잉조절되고 과잉정치화된 경영', 다시 말해 정경유착 또는 부패의 탓이라고 주장한다. 따라서 한국의 '결탁 자본주의(crony capitalism)', 즉 기업에 대한 국가의 조절·보호제도를 근절하고 국가와 기업복합체(재벌) 간 긴밀한 연계를 불식해야 하며, 국가경제를 회생시킬 수 있도록 IMF와 그의 자유시장 처방에 따라야 한다고 요구한다. 이에 따라 한국에 대한 이들의 요구에서 확인된 바와 같이 재벌의 해체는 주요한 과제들 가운데 하나였다.

이러한 신자유주의적 전략은 부패의 청산, 재벌의 해체, 관치금융의 근절 등을 요구한다는 점에서 매우 획기적인 것처럼 보였으며, 이로 인해 처음에는 기업들로부터 거부되는 반면, 진보적 입장에 선 학자들로부터 일정하게 옹호되기도 했다(임영일, 1998 참조).[13] 그러나 사실 이러한 입장에 근거한 IMF 관리체제는 시행되는 과정에서 여러 가지 문제점들을 노정했으며, 이들은 세 가지 정도로 유형화될 수 있다. 첫째, 신자유주의적 입장에 기초해 예측한 방안들, 특히 예로 위기의 초기 단계에 제시되었던 고이자율과 재정 긴축 등은 도산 위기에 처한 기업들로 하여금 자금 사정을 더욱 악화시켰다는 점에서 경제침체를 가속화한 것으로 평가되고 있다. 그러나 IMF의 이러한 요구 그리고 이를 받아들여 시행했던 개별 국가의 정책들은 분명 위기관리 능력의 부족이라고 비난받겠지만, 어떤 의미에서는 거시경제적 측면에서 보

---

13 신자유주의 체제는 영국의 대처 체제나 미국의 레이건 체제와 같이 권위주의화된 '자유민주주의적 신자유주의 체제'와 칠레의 피노체트 체제와 같은 '파시즘적 신자유주의 체제'로 구분될 수 있다. 임영일(1998)은 현재 총자본의 입장이 파시즘을 설정하기보다는 신자유주의적 구조개혁을 선택하고 있기 때문에, 노동운동은 케인스주의적 노선일 수밖에 없음을 자신의 논리로 제시하고 있다.

면 의도하지 아니한 실수라고 할 수 있다.[14]

둘째, IMF가 제시한 여러 가지 방안들은 의도적(그러나 암묵적)으로 자본에 의한 자본의 지배를 전제로 하고 있었다. 자본에 의한 자본의 지배라는 주장은 외형상 동아시아 위기 발생에 관한 음모설과 같은 맥락에 있지만, 후자와는 그와 달리 매우 구조적인 배경을 가지고 있다. 즉 자본시장의 완전 개방, 적대적 M&A에 적합한 조건의 요구 등은 세계적으로 거대 자본들의 입장을 대변한다고 할 수 있는 IMF가 동아시아 국가들의 신흥 대자본들을 지배하거나 또는 길들이기 위한 방책이었다고 할 수 있다.[15] 사실 IMF의 입장은 한편으로 동아시아 기업들의 무분별한 외자 도입을 지적하고 이의 시정을 요구하면서, 다른 한편으로 이들이 새로운(보다 합리적인?) 조건으로 외자를 차입할 수 있는 조건들을 만들었다는 점에서 모순된다.[16] 한국을 포함해 위기에 봉착했던 동아시아 국가들은 이러한 IMF의 모순된 전략을 받아들여 국 자본들의 유입 또는 침투 조건을 이들에게 보다 유리하게 함으로써 위기 과정을 거치며 자국의 경제를 세계자본에 더욱 종속시키는 결과를 초래하고 있다.

셋째, 위기의 극복·조정 전략들 대부분은 신자유주의적 입장에 내재된 어

---

14 이러한 점에서 캉드쉬의 다음과 같은 주장 참조. 즉, "지금 생각하면 좀 더 빨리 이들 국가가 재정지출을 확대하는 방향으로 전환할 수 있었다. 그러나 처음부터 외환위기의 확산과 경기 침체의 깊이, 그리고 일본 경기의 급속한 악화 등을 예견하기란 불가능했다. IMF가 이러한 점을 확인한 때부터 모든 나라가 재정 긴축을 풀었다. 위기 때문에 피해를 본 사람들을 보호하기 위해 사회안전망을 구축하고 실업 대책을 마련해야 한다는 필요성 때문이었다"(≪중앙일보≫, 1999.7.14).

15 이러한 점에서, 예로 싱가포르에 본부를 두고 있는 정치경제위험컨설턴시(PERC)는 국제통화기금(IMF) 및 아시아개발은행(ADB) 등 국제금융기구들의 아시아 금융위기 대응책이 부적절했다고 주장하면서, 이들은 경제개혁이라는 미명 아래 서방의 이익만을 위해 노력하고 있다고 지적했다(≪한겨레≫, 1999.5.10). 심지어 세계은행의 부총재인 스티글리츠조차 금융위기를 기회로 아시아로부터 헐값에 자산을 매입하려는 외국 투자가 중 일부가 현지의 구조조정 노력을 폄하하는 자세를 보이고 있다고 비난했다(≪중앙일보≫ 1999.7.29).

16 사실 동아시아 기업들이 시장 메커니즘을 벗어난 관치금융 또는 결탁자본주의로 인해 외자를 과잉차입한 것이 문제이지만, 시장에 의해 규제되는 선진 자본주의 은행들의 무책임한 과잉대부는 어떻게 설명되어야 하는가라는 의문을 남긴다.

떤 근본적 문제점들을 드러내었다. 즉 IMF의 요구를 반영하거나 또는 개별 국가에서 독자적으로 수행된 여러 가지 신자유주의적 정책들, 예로 중소기업의 도산 및 고용 조정을 통한 취업 조건의 변화, 실업 증가, 임금 하락 등이나 장기적 복지정책의 축소와 계층 간 격차의 확대, 그 외의 위기에 처한 기업들의 경제 여건 개선을 명분으로 한 여러 가지 규제 완화들은 사실 자본운동이 보다 원활히 이루어지는 방향으로 제도를 전환시키는 한편, 외환 및 경제위기 그 자체와 이러한 전환 과정에서 파생되는 엄청난 희생을 노동자와 저소득 하위계층에게 전가시키는 결과를 가져왔다(마틴·슈만, 1998). 위기에 처한 국가들의 신자유주의적 전략들은 이와 같은 노동력의 절약과 임금 삭감, 노동의 유연화, 복지 지출의 감축뿐만 아니라 공기업의 민영화, 지역 시장의 개방, 자본 이동의 자유화 등을 포함하며, 사회안전망과 민주적 사회 통제 기제의 구축보다는 시장 메커니즘의 활성화를 명분으로 기업들로 하여금 가치 실현 또는 자본 축적의 위기로부터 탈출하도록 하는 반면 그로 인한 비용은 하위계층에게 전가함으로써 이들의 생존과 삶의 위기를 한층 더 악화시키게 되었다.

4. 위기의 사회적·환경적 영향

동아시아 국가들의 위기는 단지 금융 및 경제체계의 붕괴만이 아니라 주민들의 삶과 가족의 복지, 그리고 자연환경의 위기이기도 하다(이상영, 1998; Habito, 1998 등 참조). 최근 위기가 다소간 회복되는 기미를 보이고 있지만, 이는 단지 거시경제적 측면에서 나타나는 정도이고, 사회적·환경적 측면에서 위기는 여전히 지속 또는 악화되고 있다고 하겠다. 이는 후자의 위기가 전자의 위기로 인한 불가피한 결과로서 발생한 부분도 있지만, 더 많은 부분들은 전자에 대한 정부와 기업의 비합리적 대응 그리고 국제금융기구들의

왜곡된 개입, 즉 신자유주의적 전략에 의해 유도된 것이기 때문이다. 이러한
점에서, 유엔개발계획(UNDP)은 1999년에 발간한 「1999년도 인간개발 보고
서」에서 한국, 말레이시아, 태국 등의 환율과 인플레가 안정되면서 경제 회
복의 조짐들이 나타나기 시작했으나 "이러한 진전은 경제위기로 인한 고통
이 계속될 것임을 감추고 있다"라고 지적하고 있다.[17] 아시아개발은행 역시
아시아 경제위기는 다소 회복세를 보이지만, 이로 인한 사회적 충격은 앞으
로 더 악화될 가능성이 있다고 전망했다.[18]

1) 실업 급증과 노동자들의 권익 위협

동아시아 경제위기는 금융위기가 직접 발생한 국가들뿐만 아니라 그 외
국가들에서도 노동자들의 대량 실직과 임금 및 기타 수혜의 감소를 유발했
다. 이 국가들에서 크고 작은 대부분의 기업들은 많은 피고용자들을 해직하
고, 기업 경영의 재구조화 또는 규모 축소(downsizing)의 결과로 그들의 임금
을 삭감했다. 예로, 정부의 통계에 따르면 한국의 실업률은 계속 증가해
1998년 11월에는 10월에 비해 0.2% 증가한 7.3%를 나타내었으며, 이에 따
라 적극적으로 구직을 하는 실업자들의 수는 155.7만 명에 달하게 되었다.
그 이후에도 실업률은 계속 증가해, 1999년 3월에는 한 해 실업률이 8.1%에
달할 것으로 전망했다. 보다 최근에는 경기가 부분적으로 활기를 보임에 따

---

17 이 보고서는 1973년 이후 세계 80여 개국이 겪은 300여 차례의 경제위기를 분석한 결과, 경
제성장이 위기 이전의 수준을 되찾는 데는 평균 1년이 소요되는 것으로 나타났다고 말했다.
그러나 실질임금이 위기 이전의 수준을 회복하는 데는 약 4년, 취업률 회복에는 5년이 걸리
며, 소득분배는 위기 후 3년 동안 악화되었다가 5년째 들어서야 개선되는 것으로 밝혀졌다
고 서술하고 있다.

18 아시아개발은행은 한국, 태국, 말레이시아, 필리핀, 라오스 등 5개국을 대상으로 조사한 결
과 경제위기로 실업 증가와 소득 감소, 학업 중단, 물가 상승, 식품 소비 감소, 의료 서비스
이용 감소, 금융자금 이용 제한 등의 사회적 충격이 있었던 것으로 나타났다고 밝혔다(≪중
앙일보≫, 1999.6.19, 6.22).

라 이 수치는 7.5%로 낮게 책정되었지만, 위기 이전에 비해 매우 높은 수치이고, 실제 안정적 고용의 상태에 있지 않은 사람들의 수는 정부 기록의 두 배에 달할 것으로 추정된다.[19]

다른 동아시아 국가들도 위기 과정을 겪으면서 실업률이 크게 높아졌다. 그 예로, 1998년 태국의 실업자 수는 최악의 상황에서 280만 명(총 노동력의 8.8%)에 이를 것이라는 정부의 예상치를 넘어서 계속 증가했다. 그럼에도 불구하고 동아시아의 일부 국가들에는 노동자들이 조직하여 집단적으로 협상할 수 있는 권리가 주어져 있지 않다(Human Right Watch, 1998). 이러한 권리가 제도화된 국가들의 노동자들이라고 할지라도, 위기 기간 동안 이 권리의 행사는 노골적으로 또는 암묵적으로 심각하게 제한되고 있다. 특히 실직의 위협하에 처해 있거나 또는 이미 실직당한 노동자들은 그들의 고통을 알리고 그들의 이해관계를 표출할 수 있는 기회가 거의 완전하게 제한당하고 있다. 노조 대표자들이나 노동운동 활동가들은 노동자들의 권익을 주장함에 있어 호황기에 비해 더욱 어려운 상황에 처하게 되었다.

임시 고용의 증가는 아시아 경제위기의 또 다른 결과이다. 고용주들은 흔

---

19 위기 과정에서 특히 한국 기업들은 비슷한 외환·금융위기를 겪은 다른 아시아 국가들에 비해 인력 구조조정에 가장 적극적으로 대처한 반면, 재무구조는 가장 취약한 상태로 남아 있는 것으로 조사되었다. 이 점은 세계은행이 전경련 부설 한국경제연구원과 공동 개최한 '아시아 금융위기의 평가와 경제 회복을 위한 과제'라는 주제의 세미나에서 IMF체제에 들어간 아시아 국가들의 기업들을 대상으로 한 설문조사(1998년 11월부터 1999년 2월까지 한국, 인도네시아, 태국, 말레이시아, 필리핀 등 5개국 주요 기업 4000여 개, 국내 863개 업체를 대상으로 실시했다)의 결과로 발표된 것이다(≪중앙일보≫, 1999.5.27~28). 즉 한국의 응답 업체 중 63.5%가 금융위기 이후 인원을 줄이는 등 적극적으로 인력 구조조정을 시행했으며, 인원 감축률도 20%에 달해 감축기업 비율과 인원감축률에서 모두 다른 나라를 앞질렀다. 특히 이 보고서는 "한국이 30대의 관리기술직, 근무 기한 6~10년차 위주로 고용 조정을 단행했기 때문에, 근무기간 1~3년의 생산직을 중심으로 인력을 정리한 다른 국가들에 비해 인적 자본의 손실이 우려된다"라고 지적했다. 다른 한편 태국, 인도네시아 등 다른 국가 기업들의 해외차입 의존 비중은 10% 이내인 반면 한국만이 조사 대상 기업의 25% 정도가 해외 차입에 의존하는 것으로 조사되었다. 기업의 자금 사정에 있어서도 한국과 태국에서 유동성 부족을 호소한 업체가 40%를 웃도는 등 상태가 가장 취약한 것으로 밝혀졌다.

히 노동자들을 해고하고, 다시 이들을 보다 임금이 낮은 계약직 노동으로 고용하고 있다. 부채를 안고 있는 기업들이 노동자를 해고함에 있어, 여성들이 대체로 우선 그들의 직장을 잃게 되는 경향이 있다. 그러면 이들은 보수가 매우 낮을 뿐만 아니라 착취로부터 어떠한 법적 보호도 받을 수 없는 일시노동직을 찾는 것 외에 다른 선택의 여지를 가지지 못한다. 다른 한편, 노동자들 가운데 가장 취약한 집단은 말레이시아, 태국, 한국 등에서 일하고 있는 외국인 노동자들, 특히 불법 체류 노동자들이다. 이들은 고용주들에게 과잉 착취를 당하면서 임금을 받지 못하게 되었을 뿐만 아니라 언제 추방될지모를 위협하에서 공식적인 법적 보호에서 완전히 배제되어 있다.

2) 위기의 충격을 집중적으로 전가받는 빈민들

기업의 재구조화 또는 규모 축소 그리고 연이은 해직의 결과로 동아시아 경제위기는 엄청난 실업자들을 양산했다. 그리고 실업 복지에 대한 완전한 무대책 또는 매우 불충분한 대책들로 인해 이들은 인간적 삶과 사회적 안정성이 황폐화된 빈곤 속에서 살아가도록 강제되고 있다. 예로, 인도네시아에서는 빈곤선 이하에서 생활하는 인구의 수는 지난 12개월 동안 세 배나 증가해, 전체 인구의 40%에 달하게 된 것으로 추정(즉 1998년 동안 2300만 명에서 1억 명에 달하는 것으로 추정)했다.

빈민에게 미치는 영향은 실업의 증대라는 직접적 과정을 통해서뿐만 아니라, 생필품 가격의 상승이나 정부의 공공서비스의 축소를 통해 이루어졌다. 이에 따라, 그 예로 하루에 단지 한 끼만을 먹는 가구나 사람들의 수가 크게 증가했다. 더욱 심각한 것은 가족의 소득이 격감하고, 특히 가구주가 직장을 상실하게 됨에 따라 직장을 찾아서 집을 나가버리거나 또는 가족의 다른 구성원들, 즉 주로 여성과 어린이들이 값싼 직장을 찾도록 내몰리게 되었다. 이러한 과정에서 (IMF 위기 상황에서 고통을 이기기 위해 가족 구성원들의 응집력이 더욱 강화된 경우도 있다고 하지만) 가족의 구성원들이 지리적으로 분산되거나 또는 이혼 등으로 완전히 해체되는 고통을 겪게 되었다.

공공복지 및 서비스 부문에서 예산 투입의 감축은 이러한 빈민들의 생활을 더욱 어렵게 만들 뿐만 아니라 사회 전체의 노동력 재생산 구조를 약화시키고 있다. 예를 들어 한국의 경우 GDP 대비 정부의 예산은 1997년 17%에서 1999년 19.8%로 경제위기 이후 다소 늘었지만, 교육예산의 비중은 4.3%에서 3.9%로 오히려 하락한 것으로 나타났다(금융연구원, 1999; ≪한겨레≫, 1999.6.23). 또한 1998년 학자금 융자 규모는 655억 원(4만 5000명 수혜)에 지나지 않았고, 1999년 들어서도 780억 원(5만 2000명 수혜)만 배정해 태국과 비교하여 16.3% 수준에 그쳤다. 반면 한국처럼 외환위기를 겪은 태국은 학자금 융자를 1998년 2.2억 달러에서 1999년 중 4억 달러(약 4800억 원)로 두 배 가까이 증액했다. 필리핀도 1999년 교육예산을 8% 늘렸으며, 인도네시아는 기초교육에 대한 지출을 55% 이상 대폭 확대한 것으로 밝혀졌다. 이와 같이 외환위기 이후 교육 부문의 투자 급감은 빈민들의 자녀 교육에 지대한 영향을 미칠 것이며, 장기적으로 국가경쟁력을 약화시킬 것으로 우려된다.

3) 사회적 격차의 확대와 삶의 질 퇴락

경제적 위기로 인한 피해는 계층적으로 차별화되며, 이로 인해 사회적 격차가 확대되고 삶의 질이 퇴락하고 있다. 저임금 소득자의 비율이 증가하는 한편, 고임금 소득자 역시 증가하는 양극화 현상이 확대되고 있다.[20] 1999년

---

20 노동부가 발표한 「1998년 임금구조 실태 분석」에 따르면, 월평균 수입 50만 원 미만의 저임금노동자 비중은 1995년 7.1%, 1996년 3.8%, 1997년 2.5% 등으로 해마다 감소해왔으나, 1998년에 2.7%를 기록해 1980년 조사가 시작된 후 처음으로 증가세로 반전됐다. 반면 월수입 200만 원 이상의 고임금 계층도 IMF 체제 이전인 1997년 20.4%에서 1998년 21.2%로 0.8% 포인트 늘어났다. 이에 따라 1997년까지 줄곧 감소세를 보여온 임금소득의 불평등도를 나타내는 '지니계수'가 1997년 0.2521에서 1998년에는 0.2542로 증가한 것으로 나타났

1분기 한국 경제는 예상보다 높은 4.6%의 성장을 기록했으며, 특히 민간 소비가 6.3%나 증가해 경제성장에 크게 기여했다. 그러나 실제 소비 증가는 일부 계층에 국한되어 있음을 알 수 있다. 즉 1999년 1분기 도시 근로자 가계수지 동향에 의하면, 상위 20% 계층의 소득은 4% 늘어난 반면 하위 20%의 소득은 2%가 줄었다. 또한 상위 20% 계층의 소비는 10.6%나 증가했으나, 하위 20% 계층의 소비는 5.4% 증가했다. 이와 같이 소득 및 소비의 양극화의 가장 큰 이유는 주로 임금에 의존하는 저소득층은 실직, 임금 하락 등으로 큰 충격을 받은 반면, 자산 소득 비중이 큰 고소득층은 고금리에 이은 주식과 부동산 가격 상승으로 더욱 큰 혜택을 보고 있기 때문이라고 할 수 있다. 소비 양극화로 인해 시장은 고급시장과 저가시장으로 양분될 전망이다. 양극화가 심화될 경우, 경제 전반에 경쟁력이 떨어지면서 경제가 퇴보할 가능성이 크다.

경제위기의 영향으로 대부분의 가구들은 그들의 소비 지출에 매우 민감하게 되었으며, 특히 외식, 의복, 에너지 소비, 의료보건, 사교육, 및 가족 여가 활동 등에서 지출을 줄여나갔다.[21] 이러한 소비 지출은 빈민들의 삶의 질을 저하시키고, 다음 세대에까지 그 피해를 미치고 있다. 이러한 사회적 위기 현황을 조사해 발간한 아시아개발은행의 보고서 「아시아 개발 전망 1999」에 의하면, 인도네시아의 경우 빈곤층이 위기 이전 11%에서 위기 이후 20%로 두 배 가까이 확대되었다. 경제위기로 인해 초래된 사회 위기 현상들은 영양섭취량 감소, 청소년 교육 기회 축소 등을 통해 다음 세대로까지 그 피

다. 또한 1998년 전체 노동자 가운데 대졸 이상이 차지하는 비중은 23.8%로 1997년의 21.7%보다 2.1% 포인트 늘어난 반면, 중졸 이하는 18.7%에서 16.7%로 2.0% 포인트 줄어 저학력 노동자의 고용 감소가 두드러졌다(≪한겨레≫, 1999.7.30).

21 예로, 한국의 경우 1998년 정기적 검진을 받기 위해 산부인과를 방문한 산모들의 수는 상당히 줄어들었다고 한다. 여기서는 이중적 압박이 작용하고 있음을 알 수 있다. 즉 한편으로 저소득 가구의 임신부들은 그들 자신과 아기의 보건을 점검할 여유를 가지 못했을 뿐만 아니라, 다른 한편으로 예산 압박과 외환 비용의 상승으로 인해 의료 장비와 약품들의 가격이 40% 이상 비싸졌기 때문이다.

해가 전가되고 있다고 지적된다.

이러한 사회적 위기는 최근의 경기 회복 조짐에도 불구하고 상당 기간 더 계속될 것이다. 물론, 위기의 영향으로부터 거의 고통을 받지 않는 사람들이 있다. 부자들 가운데 일부는 외환 하락에 따른 투기의 기회를 잡거나 또는 이자율 상승으로 인해 예금으로부터 추가 수입을 올리기도 했다. 이러한 경우는 일부 계층에 한정된 것이라고 할지라도, 사회 전반에 걸쳐 위기 과정이 미친 영향으로 사회적 불평등이 크게 확대되었다. 국제노동기구(ILO)에서 수행된 한 연구에 의하면, 매춘과 같은 사회적 문제들이 태국뿐만 아니라 아시아 지역 전반에 걸쳐 증가했음을 보여주고 있다. 사회적 폭동이 발생하지는 않는다고 할지라도, 사회적 불안과 각종 범죄들이 이 국가들에서 실업률의 상승과 더불어 증가할 것이라는 많은 증거들이 있다.

4) 생태적 퇴락과 반환경적 탈규제

동아시아 지역의 국가들은 위기가 발생하기 전부터 환경에 대한 과거의 대가를 이미 치루고 있었다(Choi, 1996). 즉 급속한 경제성장은 노동자들과 더불어 자연의 희생을 통해서만 가능했다. 이러한 상황에서 위기는 생태적 퇴락을 더욱 촉진시키는 원인이 되었다. 예로, 인도네시아의 경우 많은 도시의 실업자들이 농촌 지역으로 돌아가서 식량 생산을 위해 토지를 새롭게 개간하게 되었다. 이와 같은 농업 활동의 증대는 흔히 호우에 취약한 비탈이나 하천 주변 등 한계토지들에서 이루어진다. 태국, 인도네시아 등의 정부는 수출지향적 산업들을 선호한 채 심각한 토양 침식을 유발할 수 있는 자국 내 농업에 대해서는 무관심하다.

또 다른 유형의 환경문제는 위기 상황에 처해 있는 국가들에서 기업과 정부 양자 모두 환경기초시설이나 환경 관련 장비에 대한 투자를 기피하게 되었다는 점이다. 대부분 수입에 의존하고 있는 공해방지시설들은 가격 인상으로 많은 비용을 요구할 뿐만 아니라, 기업의 생산비용 절감이 요구되는 위기 상황에서 환경비용의 지출은 가장 우선적으로 감축되는 부분이기도 하다. 심지어 이와 같은 시설들이 설치된 경우라고 할지라도, 이들을 가동하지 않음으로써 비용을 절감하고자 하는 유혹은 수지 균형을 유지하기 위해 노력하는 기업들에게 매우 강하게 느껴질 것이다. 또한 위기가 발생한 대부분의 국가들에서 공통적으로 이루어지고 있는 긴축 예산의 집행은 환경보전을 위한 공공적 프로젝트들을 우선적으로 지연시키거나 포기하도록 한다. 폐기물의 완전한 처리, 수질 개선과 공급체계 등은 정부의 금융계정이 개선되지 않은 상황에서는 적절하게 가동되지 않을 것이다.

게다가 대부분의 정부, 특히 한국 정부는 침체된 경제를 활성화시키기 위한 전략의 일환으로 부동산시장에 대한 규제 완화 정책을 수행하고자 했다. 그러나 이러한 유의 정책이 의도한 목적을 효과적으로 달성할 수 있는지는 매우 의문스럽다. 오히려 별 효과도 없이 토지시장에 투기 붐만 조장하거나 또는 이로 인해 촉진된 탈규제적 (무분별한) 개발로 인해 결국은 자연환경이 더욱 파괴되는 결과를 초래할 수 있다는 우려를 자아내고 있다.

5. 21세기의 비판·대안적 지리학의 과제

근대에 들어와 동아시아 국가들의 학문적 발전, 특히 지리학 및 여러 다른 영역들에서의 공간환경에 관한 연구는 주로 서구 이론들과 개념들의 도입 및 적용에 크게 의존했다. 이 국가들의 학문적 차원에서 지식의 서구화 문제는 실제 세계에서 사회적·경제적 생활의 서구화에 못지않게 심각한 것처럼 보인다. 따라서 이 국가들에서 지식인들의 의무는 바로 그들 자신의 비판적 분석과 대안적 관점을 개발하는 것이다. 특히 동아시아 위기와 이의 영향을 받은 사람들의 고통은 우리 자신의 경험을 보다 반성적으로 고찰해보게 하고, 동아시아 지식인들 자신의 비판이론 일반 그리고 비판지리학의 발전을 요구하고 있다.

여러 학자들이 비판이론을 규정하고 있는 것처럼(그 예로, Young, 1990; Harvey, 1996 참조), 나는 비판적 및 대안적 지리학을 특정한 시간과 공간에서 사회적으로 맥락화된 규범적 반성으로 이해하고자 한다. 여기서 규범적 반성이란 역사적 및 지리적으로 특정한 상황에서 출발해야 한다. 왜냐하면 보편적 규범 또는 정의란 없으며 단지 처해진 상황(즉 주어진 사회적 힘의 관계 속)에서 정의에 관한 맥락적 인식과 실천이 있을 뿐이기 때문이다. 사회이론 일반, 그리고 특히 지리학은 경제체제의 위기라는 점에서뿐만 아니라 사람들이 사회적 및 생태적 환경에 미치는 그 영향과 관련지어 자본주의적 발전에 대해 비판적이어야 한다. 그러나 한 사회를 비판하기 위해 사용된 규범적 이상은 바로 그 사회에 관한 우리의 경험과 반성에 뿌리를 두어야 한다.

참된 규범적 이론화를 위한 노력은 특정한 사회적 맥락 내부에서부터 경험하는 고통들에 대해 비판적으로 반성함으로써 미래에 대한 대안적 비전에 관한 정치적 서술과 설명으로 필히 나아가게 된다. 실증주의 지리학은 한때 미래 예측을 시도했지만, 이는 가치중립성을 주장하면서 사회적 사실과 가치를 분리시켰을 뿐만 아니라 미래에 대한 아무런 실천도 전제하지 않았다. 이러한 유형의 관례적 지리학과는 달리, 대안적 지리학은 고통과 억압의 경험에서부터 우러나오는 규범적 반성에 기초해 이상과 원칙을 실천과 접합을 통해 실현시킴으로써 미래를 창조해나갈 것이다. 이러한 점에서 대안적 지리학은 거시적 체계공간과 미시적 생활공간에서 추구할 과제를 각각 설정하여 해결해나가기 위해 노력해야 할 것이다.

1) 거시적 체계공간 수준에서의 과제들

한때 많은 사람들은 아시아의 기적이 상당 기간 지속되어 다음 세기에는 아시아·태평양 시대를 열어갈 것이라고 기대했다. 그러나 이제 우리는 이 지역의 거시적 경제체계가 붕괴되고, 그 영향이 한편으로 유럽연합 및 미국으로 확산되고 있을 뿐만 아니라, 다른 한편으로 국지적 환경에서 우리의 미시적 삶에 심각한 충격을 주고 있다. 비판·대안적 지리학은 동아시아 경제가 왜 혼란에 빠졌으며 붕괴하게 되었는가를 설명할 수 있어야 하며, 또한 동시에 이 위기가 어떻게, 특히 시민들의 삶의 관점에서 어떻게 극복될 수 있는가를 제시할 수 있어야 할 것이다.

예로, 한국의 경제위기가 재벌에 의해 지배되는 취약한 경제구조로 인해 발생했다고 설명하는 것은 어렵지 않다. 또는 흔히 이 위기는 국제적 금융자본의 투기적 공격에 의해 유도되었다고 주장할 수 있다. 이러한 고려에서 동아시아 위기는 다원적 또는 최소한 두 가지 원인, 즉 내생적 및 외생적 원인들이 있다고 말할 수 있을 것이다. 그러나 이러한 두 가지 유형의 원인들이 어떻게 서로 맞물려서 위기를 유발하게 되었는가를 설명하는 것이 중요하다.

나의 견해로는, 우리는 먼저 동아시아 국가들의 국민경제가 자국의 위기 표출을 피하기 위해 그 모순적 요인들을 어떻게 지역경제 및 세계경제로 이전시켰는가를 고찰할 필요가 있다. 세계경제가 이러한 요인들을 흡수할 수 있는 한, 국민경제는 가시적인 문제가 거의 없는 것처럼 발전하게 될 것이다. 그러나 세계경제가 이러한 요인들을 더 이상 내부화할 수 없게 되어 세계경제와 국민경제라는 두 단계에서 작동하는 메커니즘들 간 부정합과 긴장이 발생하게 될 때, 세계경제는 각 국가들의 자립적 규제 능력을 무력화시키게 된다. 비판적 지리학은 세계적인 것과 국지적인 것 간의 마찰, 즉 규모의 갈등이 어디서 일어나는가를 찾아낼 수 있어야 할 것이다.

위기가 발발한 이후 제안된 치유책들에 관한 많은 논의들은 무엇이 이루어져야만 하는가에 관한 다양한 견해들을 만들어냈다. 이러한 논의들은 아시아의 기적 및 위기를 유발한 비밀들에 관한 기존의 논의들만큼이나 많고 다양하다. 예로, 일부 학자들은 각 국가의 내생적 발전 전략이 필요하다고 주장하는 한편, 다른 학자들은 동아시아 경제블록의 조직을 제안했으며, 또 다른 학자들은 투기적 금융자본을 어떻게 규제할 것인가가 동아시아 위기에 대한 대응 논의의 중심이 되어야 한다고 주장하기도 했다. 우리들의 도전은 단지 동아시아 위기의 원인들을 규명하는 것 이상으로, 이를 극복하기 위한 치유책을 제안하는 것이다. 현재 최소한 우리들의 도전은 경제적 체계에서의 문제가 사회적·환경적 문제로 확대되지 않도록 하는 것이다. 경제적 안정화 방안들이 우리들의 사회적 생활과 환경의 미래를 손상시키지 않도록 장기적 비용을 충분히 고려할 때, 우리는 이러한 확대를 막을 수 있을 것이다.

2) 미시적 생활공간 수준에서의 과제

동아시아 위기에 관한 많은 논의들은 이 지역경제체계의 와해로 인해 초래될 사회적 및 환경적 문제들의 범위와 심각성에 대해서는 과소평가하는 위험을 안고 있는 것처럼 보인다. 주류 지리학은 흔히 삶의 질을 중심으로 한 장기적 발전과 관련된 문제들, 예를 들어 소득 격차의 확대 및 깨끗한 물에의 접근 부족 등 위기의 영향으로 더욱 악화될 사회적·환경적 문제들에 대해 무시하는 경향이 있다. 그러나 이러한 조건들하에서, 동아시아 경제위기에 대응하는 어떠한 전략이라고 할지라도 근본적 빈곤 경감 및 긴박한 구제 프로그램을 포함해야 한다(불행하게도, 위기가 발생한 국가들에 대한 IMF의 프로그램들은 무례한 국제적 투기자들에 대해 면죄부를 주는 견해들로 짜여 있는 한편, 급증하는 실업과 빈민들에 대한 정책적 함의들에 대해서는 전혀 고려하지 않은 채 버려졌다. 취약 집단들 간 빈곤과 고통의 증가는 IMF에 의해 제안된 개혁의 결과라는 주장이 광범위하게 퍼져 있다).

그렇다면 우리들의 관심은 순전히 경제적이거나 정치적인 것들을 넘어서, 미시적 생활공간 수준에서 발생하는 긴급한 이슈들, 예로 노동자의 권익 보호, 빈민들의 권력 증대, 시민사회의 강화, 그리고 자연환경의 보전 등 긴박한 이슈들에 관한 이해로 확대되어야 한다. 대안적 지리학은 위기의 직접적 결과로서 노동자들의 권익 침해, 중·저소득층 노동자들 간 실업의 증가 등에 관심을 가져야 한다. 서민들을 위한 보건, 교육에 대한 접근성의 확보 및 새로운 일자리의 창출은 어떻게 할 것이며, 또한 공공사업 프로젝트, 자연자원 관리 그리고 미시적 생활금융 등에 초점을 두고 서민들에 대한 지원을 어떻게 확대할 것인가를 고찰해야 할 것이다.

사회적 복지서비스는 예산의 제약으로 지원이 축소된 반면, 직장 감소로 인해 야기된 경제적 어려움은 일상생활에서 노동력의 재생산에 대한 압박을 가중시키고 있다. 대안적 지리학은 서민들이 사회 안전망을 구축하고 그들의 정체성을 추구하는 데 도움을 줄 수 있어야 할 것이다. 비록 사람들이 엄청난 스트레스로부터 도피하기 위해 그들의 개인적 생활로 위축되는 경향을 보인다고 할지라도, 대안적 지리학자들은 일반 시민들이 소득의 감소나 삶의 질 수준 저하로 인해 사회 및 정치적 활동에의 참여를 기피하거나 또는 그들의 사회-공간적 정체성과 자아실현의 추구로부터 퇴행하지 않도록 지원할 수 있어야 할 것이다.

6. 동아시아 대안지리학을 위하여

동아시아 위기는 국가적·지역적·세계적 차원에 내재된 세 가지 모순들, 즉 개별 국가 단위에서 축적체제를 조절할 수 있는 국가 및 시민사회의 기능 간 괴리, 동아시아 지역경제 차원에서 과잉 외자 도입에 기초한 과잉투자와 이에 따른 교역 확대에도 불구하고 수지적자의 누적 간의 모순, 실물생산을 통한 가치 창출/실현을 추구하는 생산자본과 실물생산으로부터 괴리된 채 실현 가치의 전유를 추구하는 금융자본 간 대립의 결과로 발생한 것이라고 할 수 있다. 이러한 세 가지 모순들은 사회공간적으로 분절된 층위에서 형성되기보다는 서로 연계된 층위들 간의 관계에서 형성되어 위기를 유발하고 있다고 하겠다.

이러한 모순들이 외환위기로 가시화된 지 2년이 경과하면서, 이제 경제적 위기는 어느 정도 진정되어 가시적으로는 회복세에 돌입한 것처럼 보이지만, 구조적 회복이라고 보기 어려운 여러 가지 요소들이 있다. 특히 이러한 위기의 극복 또는 탈피 과정에서, 신자유주의적 전략은 한편으로 기업들로 하여금 국제투자금융의 외자 유치를 통해 과잉투자를 계속하도록 촉진하고 있으며, 다른 한편으로 위기로 인한 희생을 하층계급에 전가하고 있는 것처럼 보인다. 즉 그동안 위기에 처한 국가들에서 이루어진 노력은 궁극적으로 세계적 및 국가적 차원에서 자본 운동이 보다 원활히 이루어지는 방향으로 체제를 개선하기 위한 것이었다.

이러한 상황에서 가장 큰 타격을 받은 것은 도시 빈민계층이라고 할 수 있으며, 이들은 실업과 소득 감소, 교육 기회의 상실, 사회 응집력 손상 등 헤아리기 어려운 충격을 받고 있다. 이러한 사회적 충격은 아시아 경제에 대한 복구 처방이 미국과 국제통화기금이 부과한 긴축과 구조조정 일변도로 치달은 데 따른 결과라고 할 수 있다. 이러한 점에서, 심지어 신자유주의적 입장에 서 있는 기관이나 학자들조차 경제위기로 큰 충격을 받게 될 빈민층을 보호할 사회안전망을 구축하는 한편 민주적 개혁을 추진해야 한다고 주장하고 있다. 그러나 아시아 경제의 회복 과정에서 그림자처럼 수반된 이러한 사회적·환경적 위기의 심화 과정은 그 자체로서 해소되기보다는, 궁극적으로 경제체제와 변화에 의해서만 극복될 수 있다.

물론 신자유주의적 입장에서 제시된 비판, 그 예로 이른바 '아시아적 가치'에 대한 부정적 평가인 불투명 경영, 부채와 부패, 개발 독재, 관치금융 등으로 표현되는 결탁(또는 패거리, 정실)자본주의는 극복되어야 할 것이다. 그러나 문제는 이러한 것이 아시아적이기 때문에 동아시아 경제가 필연적으로 위기를 맞았으며 또한 위기를 극복하기 위해 이들이 해소되어야만 하는 것이라기보다는 자본주의 자체에 내재된 것이며 특히 급속한 경제성장을 추진해온 동아시아 국가들에서 더욱 심각했고 이로 인해 위기를 맞았기 때문에 해결되어야 한다는 점이다. 이러한 점에서, 동아시아 위기의 극복을 위해 아시아적인 것을 완전히 불식하고 모든 것을 자본주의적인 세계 기준에 맞춰야 한다는 주장은 초국적자본이나 이를 대변하는 기관들의 입장일 뿐이다.

동아시아 지역 발전을 위한 새로운 공간환경론은 바로 이러한 점에서 새롭게 시작되어야 할 것이다. 그동안 지리학 및 여타 공간환경에 대해 관심을 가지는 학문 분과들(나아가 사회과학 일반)은 서구적 배경에서 개발된 이론이나 모형들을 도입해 아시아적 상황을 설명하고자 함으로써, 한편으로 지역적 차별성을 무시한 채 과학적 보편성을 강조했으며, 다른 한편으로 이러한 보편성에 대한 요구가 자본주의적 규정력에 의해 좌우되었다는 점을 알지 못했다. 이제 우리는 동아시아의 위기 과정을 겪으면서, 한편으로 자본주의의 보편적 추동력을 이해하고, 다른 한편으로 동아시아의 공간환경에 특수한 이론들을 개발해야 할 필요성을 절감하게 되었다. 동아시아 지역의 비판적-대안적 지리학자들의 과제는 바로 이러한 이론을 개발하고 이를 현실의 변화에 적용하는 것이고 할 수 있다.

후기

1997년 이른바 IMF 외환위기는 우리나라뿐만 아니라 동아시아의 여러 국가들의 경제에 치명적 충격을 가했다. 이 글에 서술한 바와 같이, 노동자들이 대량 해고되고, 임금 삭감이 전면적으로 이루어졌으며, 비정규 고용이 급증했다. 공공복지 예산이 축소되는 상황에서 위기의 충격은 고스란히 빈민들에게 집중되었다. 사회적 격차는 확대·심화되었고, 생태환경의 퇴락이 무분별하게 초래되었다. 물론 위기를 맞은 국가들의 대기업들도 휘청거렸으며, 건실한 중소기업들도 유동성 부족으로 도산하기도 했다. IMF의 신자유주의적 처방은 위기를 더욱 악화시켰고, 이로 인해 부실해진 기업들은 위기 직후 자행된 투기적 자본의 인수합병으로 또다시 약탈되는 수모를 겪었다. 이러한 동아시아 경제위기는 지구적 규모로 전개되는 공간적 불균등 발전의 전형이라는 점에서 지리학의 주요한 연구 과제라고 할 수 있다.

이 글은 '동아시아지역대안지리학대회(East Asian Regional Conference in Alternative Geography: EARCAG)' 창립 모임에 발표하기 위해 작성되었다. 나는 1997년 8월 캐나다 밴쿠버에서 개최되었던 국제비판지리학대회(ICCG) 창립대회에 참석했다가 귀국한 후, 이 대회에서 결정된 제2차 국제비판지리학대회를 대구에서 어떻게 치러낼지 상당한 고민에 빠졌다. 대구에서 준비할 사람은 나 혼자뿐이었고 서울에 있는 공간환경학회 회원들과 함께 대회를 치르기에도 역부족이라고 판단했다. 그래서 나는 1997년 가을 일본의 비판적 지리학자들에게 도움을 요청했고, 우선 일본에서 모임을 가지기로 했다. 김덕현 교수와 나는 오사카 외곽에서 미쓰오카(水岡不二雄) 교수, 미쓰우시(水內俊雄) 교수, 쓰쓰미(堤硏二) 교수 등과 모임을 가지고 논의한 결과 ICCG의 동아시아 지역 학회로 '동아시아지역대안지리학회'를 구성하기로 하고, 그 창립대회를 1999년 대구에서 개최하기로 했다.

EARCAG 창립대회가 2000년 제2차 ICCG 대회를 위한 준비 모임이라고 하지만 나로서는 일이 하나 더 생긴 셈이었다. 1999년 1월 24~26일 경주와 대구대학교에서 개최되었던 이 대회는 닐 스미스(Neil Smith)가 기조연설을 했고, 위에서 언급한 일본 교수들과 홍콩의 탕윙싱(鄧永成) 교수, 태국의 한 지리학 교수 등 모두 20여 명이 논문을 발표했다. EARCAG는 1999년 대구에서 창립대회를 무사히 마친 후 홍콩(제2차, 2001년), 오사카·도쿄(제3차, 2003년), 타이페이(제4차, 2006년), 서울(제5차, 2008년), 말레이시아 세랑고르(제6차, 2012년), 오사카(제7차, 2014년), 홍콩(제8차, 2016년)대회로 이어져왔다. 제9차 대회는 다시 대구대학교에서 2018년 12월에 개최하기로 했다. 창립대회 참석 이후 현재까지 돈독한 우의를 나누고 있는 동아시아 비판지리학자들에게 진심으로 고마운 마음을 표한다.

이 글은 1999년 12월 18~20일 일본 동경의 히토쓰바시대학교에서 개최되었던 국제콘퍼런스에서도 발표되었다. 이 콘퍼런스는 미쓰오카 교수가 조직한 것인데, 전체 주제는 '1997년 아태경제와 21세기로의 전환: 경제지리학 관점에서 위기 분석과 전망'이었다. 최근 그와는 다소 소원해졌지만, 그동안 함께 EARCAG 핵심 운영위원으로 활동해온 점에 대해 감사한다. 1997년 동아시아 외환위기는 국제금융자본의 투기적 공격뿐 아니라 IMF의 왜곡된 처방으로 오히려 상태가 악화되었음에도 불구하고, 우리나라를 포함해 위기를 맞았던 동아시아의 각 국가들은 적극적인 자구 노력으로 대부분 2~3년 만에 위기를 벗어났다. 그러나 그 이후에도 세계 도처에서 경제위기가 간헐적으로 발생했고, 2008년에는 미국의 서브프라임 모기지 사태에서 시발된 금융위기가 세계 경제를 휩쓸고 지나갔다. 그럼에도 안타깝게도 세계금융자본의 작동 메커니즘과 금융위기에 대한 대처 전략에 관해 깊이 있는 연구가 제대로 이루어지지 않고 있다.

참고문헌

금융연구원. 1999. 「아시아 각국의 교육투자 비교」.

김광두. 1998. 「아시아 금융위기와 일본의 역할」. ≪신아세아≫, 5(1), 129~143쪽.

김규윤. 1998. 「금융위기와 아시아의 국제관계」. ≪신아세아≫, 5(1), 86~103쪽.

김동춘. 1998. 「한국의 지식인들은 왜 오늘의 위기를 읽지 못했는가?」. ≪경제와 사회≫, 37 (봄호).

김민웅. 1998. 「세계 자본주의의 위기: 경제적 공포 앞에 선 한국」. ≪당대비평≫, 3, 224~241쪽.

김성구·김세균·조희연. 1998. 『IMF체제와 한국사회 위기 논쟁』, 서울: 문화과학사.

김세균. 1998. 「경제위기, 신자유주의, 그리고 노동운동」. ≪열린지성≫, 제4호.

김영호. 1998.5.28. "일본이 아(亞)위기 진원지". ≪한국경제신문≫.

리피에츠, 알랭(Alain Lipietz) 1998. 「21세기 여명기의 대안, 자본주의 내에서의 진보적 타협 (리피에츠와 최병두, 김형기의 좌담)」. ≪당대비평≫, 3.

한스 마틴·하랄트 슈만(Hans Peter Martin, Harald Schumann). 1998. 『세계화의 덫: 시장과 국가를 동시에 넘어서기』. 강수돌 옮김. 서울: 영림카디널.

손호철. 1998. 「위기의 한국, 위기의 사회과학」. ≪경제와 사회≫, 37(봄호).

유철규. 1998. 「금융공황과 IMF 금융개혁의 문제점」. ≪동향과 전망≫, 37, 183~213쪽.

이상영. 1998. 「IMF 구제금융 이후 사회경제체제의 변화와 전망」. ≪동향과 전망≫, 37, 148~167쪽.

임영일. 1998. 「공황기의 한국 노동운동의 과제」. ≪연대와 실천≫, 8월호(50호).

임휘철. 1998. 신자유주의적 구조조정과 개발도상국의 경제위기 (인터넷 자료).

장상환. 1998. 「외환위기 원인을 둘러싼 논의에 대하여」. ≪정치비평≫, 4호(봄·여름호).

정성진. 1998. "경제위기 논쟁과 맑스주의 공황론". (인터넷 자료).

조희연. 1997. 「동아시아 성장론의 검토: 발전국가론을 중심으로」. ≪경제와 사회≫, 36, 46~76쪽.

통계청. 1994. 「주요 해외경제지표」.

_____. 1997. ≪계간 국제통계≫, 4/4.

_____. 1999a. ≪계간 국제통계≫, 1/4

_____. 1999b. ≪계간 국제통계≫, 2/4.

Bird, G. and A. Milne. 1999. "Miracle to Meltdown: A Pathology of the East Asian Financial Crisis." *Third World Quarterly*, 20(2), pp. 421~438.

Castells, M. 1989. *The Informational City*. London and New York: Blackwell.

_____. 1996. *The Rise of Network Society*. London and New York: Blackwell.

Choi, B.-D, 1996. "Political economy and environmental problems in Northeast Asia". in D. Rumley et al(eds.). *Global Geopolitical Change and the Asia-Pacific: A Regional*

Perspective, Avebury: Brookfield.

Ciffey, W. J. 1996. "The 'newer' international division of labour." in P. W. Daniels and W. F. Lever(eds.). *The Global Economy in Transition*, Essex: Longman, pp. 40~61.

Evans, P. B, D. Rueschemeyer and T. Skocpol(eds.). 1985. *Bringing the State Back In*. Cambridge: Cambridge Univ. Press.

Frobel, F., J. Heinrichs, and O. Kreye. 1980. *The New International Division of Labour*. Cambridge: Cambridge Univ. Press.

Gottdiener, M. and N. Komninos. 1989. *Capitalist Development and Crisis Theory: Accumulation, Regulation and Spatial Restructuring*. London and New York: Macmillan.

Habito, C. F. 1998. "The East Asian Crisis: Social And Environmental Impacts." (인터넷 자료).

Hart-Landsberg, M. 1999. "East Asia in Crisis: Beyond TINA, Toward Socialism." *Monthly Review*, 51(2), pp. 53~62.

Harvey, D. 1995. "Globalization in question." *Rethinking Marxism*, 8(4), pp. 1~17.

_____. 1996. *Justice, Nature and the Geography of Difference*. Oxford: Blackwell.

Human Right Watch, 1998. "Bearing The Brunt of the Asian Economic Crisis: The Impact on Labor Rights and Migrant Workers in Asia." (인터넷 자료).

Johnson, C. 1985. "Political institutions and economic performance: the government-Business relationship in Japan, South Korea, and Taiwan." in F. Deyo(ed.). *The Political Economy of the New Asian Industrialism*, Ithaca: Cornell Univ. Press.

Kiely, R. 1998. "Neo Liberalism Revised? A Critical Account of Good Governance and Market Friendly Intervention." *Capital and Class*, 64, pp. 63~88.

Krugman, P. 1994. "The myth of Asia's miracle." *Foreign Affairs*, (Nov/Dec.).

_____. 1998. "What happened to Asia?" (인터넷 자료)

Lipietz, A. 1998. "Prospects of new economic order for the 21st Century." in the proceedings of International Symposium on *Toward a New Economic Order of the 21st Century*, organized by School of Economic and Trade, Kyungpook National University.

Mittelman, J. H. 1995. "Rethinking the international division of labour in the context of globalization." *Third World Quarterly*, 16(2), pp. 273~295.

O'Brien, R. 1992. *Global Financial Integration: the End of Geography*. London: Pinter.

Swyngedouw, E. 1996. "Producing futures: global finance as a geographical project." in P. W. Daniels and W. F. Lever, *The Global Economy in Transition*. Essex: Longman, pp. 135~163.

Thrift, N. 1990. "Doing regional geography in a global system: the new international financial system, the city of London and the South East of England, 1984~1987." in

R. J. Johnstion, J. Hauer, G. A. Hoekveld(eds.). *Regional Geography: Current Developments and Future Prospects*, London and New York: Routledge, pp. 180~207.

Wade, R. 1990. *Governing the Market: Economic Theory and the Role of Government in East Asian Industrialization*. Princeton: Princeton Univ. Press.

World Bank. 1993. *The East Asian Miracle: Economic Growth and Public Policy*, Oxford: Oxford Univ. Press.

Yeung, H. W-C. 1996. "Attracting foreign investment? The role of investment incentives in the ASEAN operations of transnational corporations." *The Pacific Review*, 9(4), pp. 505~529.

Young, I. M. 1990. *Justice and the Politics of Difference*. Princeton: Princeton Univ. Press.

제7장 유토피아 공간의 변증법

1. 유토피아적 상상력과 대안적 지리학

현실 세계에 대한 비판은 단순히 비판 자체로 끝날 것이 아니라, 현실 세계의 변화가 지향할 대안의 제시를 전제로 한다고 흔히 주장된다. 여기서 '대안'이란 무엇을 의미하는가? 대안이란 현재와는 다른 어떤 것을 뜻한다. 즉, 대안을 원한다는 것은 현재의 조건들을 비판적으로 이해하고, 사회와 그 공간 속에 있는 현재의 사물들과 이들 간 관계의 변화를 추구함을 의미한다. 나아가 현재를 변화시켜 대안을 실현하기 위해 우리는 미래에 대한 가시적 전망을 필요로 한다. 즉, 대안을 추구하는 모든 시도는 현재 조건들의 변화 이후 창출될 상황에 대한 이상적 또는 유토피아적 상상력을 필요로 한다.

최근 유토피아적 상상력이 소진되었다거나 또는 '대안이 없다'라고 흔히들 말하고 있다. 이는 부분적으로 기존 사회주의 국가들의 대부분이 붕괴되고 자본주의적 세계체계에 흡수되었기 때문이며, 또한 부분적으로 자본주의의 세계화를 위한 신자유주의적 전략들이 미래에 대한 어떠한 생각도 질식시킬 정도로 막강하기 때문이라고 할 수 있다. 이로 인해, 특히 좌파 내에서 이러한 유토피아적 상상력의 퇴행을 반영하는 비관론이 만연하게 되었다. 누군가가 주장하는 것처럼(Gindin and Panitch, 2000: 36), "우리는 보다 좋은 세계의 가능성에 대한 희망이 폐쇄된 시대에 살고 있다. 그들의 생활을 살펴보고, 존재하는 모든 것이 그러한가에 대해 의문을 가지는 사람들조차 자본주의를 능가하는 어떤 생활을 실현할 수 있는 방법이 없다고 생각하며, 그렇게 하고자 하는 어떠한 시도도 결국 또 다른 악몽을 초래할 수밖에 없을 것이라고 두려워한다".

그러나 비록 현실 세계를 변화시켜 새로운 세계로 나아갈 수 있는 대안적 방법을 찾아내는 것이 우리들에게 점점 더 어렵게 된다고 할지라도, 이 점은 유토피아적 상상력의 완전한 소멸을 의미하는 아니라는 점이 지적되어야 할 것이다. 이러한 쇠약한 비관론을 극복하고 실질적이고 생동적인 유토피아적 상상력의 감각을 유지하는 것은 '대안'을 심각하게 고려하는 모든 사람들이 명심해야 할 가장 중요한 과제라고 할 수 있다(Zeitlin, 1996 참조).

이러한 예비적 고찰에 근거해, 첫째, 이 글은 '유토피아', '공간', 그리고 '변증법'과 같은 개념들에 관심을 가지고, 현재-여기의 공간과 변증법적 관계를 가지는 것으로 이해되어야 할 유토피아적 공간의 범주화를 제시하고, 나아가 유토피아적 공간의 변증법에 있어 어떤 인식론적 문제들을 지적하고자 한다. 둘째, 이 글은 한편으로 맑스와 레닌의 사상 속에 내재되어 있었던 창조적 유토피아주의에 기원하지만, 구소련의 정치적으로 왜곡된 권위주의적 유토피아주의로서의 스탈린주의가 되어버린 기존 공산주의적 이데올로기, 그리고 다른 한편 대처-레이건 시대에 자유시장 메커니즘에 관한 신념에서 등장했으며 이제는 정보기술에 의해 촉진된 소위 탈산업사회적 유토피아주의와 혼합된 신자유주의적 유토피아주의로서 현금의 자본주의적 이데올로기를 재검토하고자 한다. 그리고 셋째, 이 글은 유토피아 공간에서 기본적 요소들이며 또 실현되어야 할 몇 가지 핵심적 항목들을 제시하고자 한다.

2. 유토피아, 공간, 변증법

'유토피아'를 어떻게 정의할 것인가의 문제는 우리가 이 용어를 어떤 의미 또는 목적으로 이용하기를 원하는가에 달려 있다고 하겠다. 일부 사람들은 유토피아란 현실 세계에는 존재하지 않으며, 따라서 어떠한 종류의 유토피아주의도 '비현실적', '비과학적', '비합리적', '자기기만적', '도피주의적' 등이라고 생각할 것이다. 게다가 이러한 맥락에서 유토피아를 행복한 공간, 즉 미래의 파라다이스 또는 언덕 위의 찬란한 집으로 정의하는 다양한 유토피아주의들은 실제 역사적으로 이데올로기적 역할을 했다. 우리는 이 용어가 이러한 기술적 및 이데올로기적 용법으로 사용되었음을 부정할 수는 없으며, 실제 유토피아에 관한 이러한 정의는 이에 관한 많은 저술들에서 찾아볼 수 있다.

그러나 토머스 모어(Thomas More)가 『유토피아(Utopia)』(1516)에서 대안적 공동체를 지칭하기 위해 이 단어를 창조했을 때, 그는 단순히 세계의 (비현실적이라기보다는) 상상적 미래뿐만 아니라 정치와 생활양식의 근대적 조건들에도 응용 가능한 어떤 것을 제공하고자 했던 것처럼 보인다. 즉 그에 의하면, 유토피아란 "세계에서 가장 좋은 국가일 뿐만 아니라 공화국이라고 불릴 수 있는 어떤 권리를 가진 유일한 국가이다. …… 유토피아적 생활양식은 문명화된 공동체를 위해 가장 행복한 기반을 제공한다. …… 이들은 야망, 정치적 갈등, 그리고 이러한 모든 것들의 근본 원인들을 제거한다"(More, 1965: 128~131). 즉, 모어는 유토피아라는 용어를 두 가지 방법으로 사용하고자 했다. 한 방법은 기존 체제에서 정치적 지배와 갈등을 배제하는 것이고, 다른 한 방법은 미래의 보다 좋은 세계를 위해 보다 문명화된 사회를 위한 가능한 모형을 제공하기 위한 것이었다.

사회공간적 세계의 상상적 구성으로서 유토피아가 근대 세계에 대한 훌륭한 비판적 장치로서 역할을 담당할 수 있는 것과 같이, 이는 기존 체제의 무시된 그림자 또는 숨은 부분들을 지적하고 제거할 수 있다. 게다가 유토피아는 현재와 미래 모두에 어떤 함의들을 가지는 보다 좋은 세계의 윤곽, 보다 좋은 대안으로서 이해될 수 있다. 유토피아가 '비현실적'이거나 '비합리적'인 것으로 빠지는 것을 막아줄 수 있는 것은 이것이 내포하고 있는 현재에 대한 비판과 미래의 실현 가능성이다. 이러한 현실 비판과 미래 가능성은 기존 사회는 영구적이거나 전형적인 것이 아니라 단지 많은 것들 가운데 한 형태라는 점을 보여줌으로써 유토피아적 사고에 기초한 음모를 줄이고 기존 사회의 관성을 극복하는 데 기여한다(Geoghegan, 1987: 2).

'유토피아'라는 단어는 그 기본적 의미가 행복한 공간을 지칭할 뿐만 아니라 '없는 장소(no place)'와도 관련된다는 점에서 일반적으로 공간적 이미지와 결부된다. 따라서 역사적으로 많은 사상가들은 이를 공간적 의미(특히 어떤 도시적 형태)로 묘사했다. 그 예로, 모어의 유토피아는 바다에 의해 우리의 세계와는 고립된 폐쇄된 지역으로 서술했다. 다른 많은 유토피아 서술가들도 건조환경의 가시적 형상을 묘사한 대안적 사회를 설계하고자 했다. 공간적 형태나 공간적 배치라는 점에서 공간에 관한 서술은 이것이 활동의 사회적 관계와 사회적 제도 및 구조를 완전히 무시했음을 의미하는 것은 아니다. 로버트 오언(Robert Owen)은 자본주의적 사회관계 전반을 공동체적 사회로 변화시키기 위해 스코틀랜드에 '뉴 래나크(New Lanark)'와 미국에 '뉴 하모니(New Harmony)'를 고립적이고 자기충족적인 촌락으로서 건설했다. 그러나 그는 생산과 소비에 관한 공동체적 관계를 위한 명확한 비전을 제시하지 못했고, 결국 이러한 공간적 형태로 대안적 공동체를 건설하는 데는 실패했다.

현실 세계에서 유토피아의 공간적 형태를 실체화하는 데 실패했다는 점에서, 하비가 주장하는 바와 같이 "공간적 형태의 유토피아를 실체화함에 있어 실패는 공간적 형태 그 자체의 실패만큼이나 이를 실체화하기 위해 동원된 과정의 탓이라고 합리적으로 돌릴 수 있다". 따라서 하비는 '사회적 과정의 유토피아'와 '공간적 형태의 유토피아' 간을 구분하고자 한다. 그러나 그에 의하면 사회적 과정의 유토피아 역시 어떤 결함과 난점들을 가진다. 즉, "사회적 과정의 실체화된 유토피아는 공간성과 장소의 지리와 협상을 해야만 하며, 그렇게 하면서 이러한 유토피아 역시 그들의 이상적 성격을 상실하고 많은 사례들에서 의도한 것과 정확히 반대되는 결과(예로, 보다 큰 민주주의와 평등이 아니라 권위주의와 불평등의 심화)를 초래한다"(Harvey, 2000: 180).

이러한 딜레마를 극복하기 위해, 하비는 사회적 과정을 공간적 형태에 근거를 두도록 할 필요가 있다고 제안한다. 즉 이 딜레마에서 "가장 분명한 대안(어떤 형태든지 유토피아주의를 가장한 모든 것의 총체적 폐기가 아니라)은 명시적으로 시공간적인 유토피아주의를 정립하는 것이다"(Harvey, 2000: 182). 하비는 공간과 시간의 생산이 포함되는 이러한 유의 유토피아적 사상을 '변증법적 유토피아주의'라고 부른다. 공간적 형태 및 사회적 과정의 유토피아가 가지는 결함과 난점을 극복하기 위해 그가 제안한 변증법적 유토피아주의는 지리학의 논쟁에 있어서 고전적인 주제, 즉 공간적 형태와 사회적 과정 간 관계 또는 공간적인 것과 시간적인 것(또는 사회적인 것) 간의 관계를 어떻게 정형화할 것인가 하는 주제와 밀접한 관계를 가지는 것처럼 보인다.[1] 그러나 여기서 우리의 관심은 이 오래된 주제들 재검토하는 것이 아니라 변증법에 관한 하비의 개념화에 보다 세심한 주의를 기울이는 것이다.

이제 흔히 사람들은 '변증법'을 매우 복잡하고 난해한 철학적 사고방식으로 인식하거나 또는 역으로 매우 간단하고 진부한 세계관으로 간주하기도 한다. 그러나 다시 한 번 하비에 따라, "변증법의 이해는 다른 수단들에 의해 도달된 발견물들을 전적으로 부정하거나 폐기하지 않으면서, 모든 방식의 사회-생태적 과정에 관한 우리의 이해를 심화시켜줄 수 있다"라고 주장한다

---

[1] 공간적 형태와 사회적 과정 간의 관계를 어떻게 설정할 것인가의 문제는 지리학의 오래된 논쟁 주제들 가운데 하나로, 하비는 그의 초기 저서인 『사회정의와 도시』(1973)에서 이 문제를 본격적으로 제기했으며(Harvey, 1973; 제1장), 그 이후 이에 관한 많은 주장들이 있었다(Smith, 1981 참조). 특히 Soja(1980)는 르페브르의 사상에 기초해 이들 간의 관계를 '사회-공간적 변증법(socio-spatial dialectic)'이라고 불렀다.

(Harvey, 1996: 6~7). 비록 그는 "변증법을 일단의 '원칙'으로 환원시키는 것은 자기 패배적이라는 점"을 잘 알고 있음에도 불구하고, 변증법을 보다 이해하기 쉽도록 하기 위해 변증법의 원칙으로서 11개의 명제를 제시한다 (Harvey, 1996: 49~50). 첫째 및 둘째 명제는 다음과 같다.

첫째, 변증법적 사고는 과정, 흐름, 성쇠들(fluxes), 그리고 관계를 요소, 사물, 구조, 그리고 조직된 체계들에 관한 분석보다도 더 강조한다.

둘째, 요소나 '사물'들(내가 그렇게 칭하는 것처럼)은 구조된 체계나 전체를 구성하는 한정된 장들(fields) 내에서 작동하는 흐름, 과정, 그리고 관계들로부터 구성된다.

그가 '변증법적 유토피아주의'라고 칭한 것은 이러한 맥락에서 이해될 수 있을 것이다. 그러나 하비가 그의 2000년 저작, 『희망의 공간(The Spaces of Hope)』에서 변증법적 유토피아주의를 정형화하고자 하면서 공간적 형태와 사회적 과정의 변증법을, 나아가 '이것 또는 저것(either-or)의 변증법'과 '이것과 저것(both-and)의 변증법'을 논의하고 있음은 다소 의아스러운 것이다. 변증법에 관한 이러한 유형의 용법은 하비 자신에 의해 명료화되어야 하겠지만, 변증법에 관한 후자의 용법은 요소들이나 사물들을 과정 또는 이들 간의 관계에 앞서 존재하는 것으로 가정하는 것처럼 보인다.

이 대목에서 나는 변증법적 유토피아주의에 관한 하비의 개념화로부터 벗어나서, 내가 '유토피아 공간의 변증법'이라고 칭하고자 하는 것을 제안하고 이를 정형화하고자 한다. 먼저 '유토피아(적) 공간'이라는 용어가 해명되어야 할 것이다. 왜냐하면 어떤 공간적 함의가 이미 유토피아라는 개념 속에 내재되어 있으므로, 이 용어는 다소 이상하게 들릴 수도 있기 때문이다. 그러나 이 용어를 통해 그러한 함의를 보다 명시적으로 드러내고자 한다.[2] 나는 이 용어로 유토피아란 순전히 공간적 형태이거나 또는 순수하게 사회적 과정으로 이해되어서는 안 된다는 점을 주장하고자 한다. 오히려 유토피아는 공간들 간, 또는/그리고 공간과 시간 (그리고 사회) 간의 변증법적 관계의 과정으로 이해되어야 한다고 주장될 수 있다. 특히 이와 관련해 나는 유토피아 공간이란 이러한 변증법의 최종 결과물이 아니라 어떤 진행 중인 과정의 즉시화라는 점을 강조하고자 한다. 이 점은 부분적으로 공간 그 자체가 역동과 성쇠로서 개념화될 수 있으며, 정태적이거나 영구적인 것으로 이해되어서는 안 되기 때문이다. 또한 이 점은 절대적으로 억압적이거나 또는 해방적인 것으로 기능하는 공간적 형태란 존재하지 않는다는 점에 일부 기인한다.[3]

유토피아 공간에 관한 이러한 개념에 기초해, 나는 유토피아 공간이 공간과 시간의 차원에서 상상되고 전용될 수 있는 변증법적 사고방식을 다음과 같이 제안하고자 한다.

첫째, 어떤 유토피아 공간은 지금 여기로부터 멀리 떨어져 존재하며 ─ 우리가 경험했든지 그러하지 않았든지 간에 ─ 따라서 우리가 그곳으로 가야만 하는 것으로 상상된다. 이러한 유형의 유토피아 공간은 호메로스의 『오디세이아』에서 찾아볼 수 있다. 트로이 전쟁의 영웅인 오디세우스는 폭풍우의 바다와 위협적인 사람들에 저항하여 싸우면서 자신의 고향으로 돌아가기 위해 그의 모든 에너지와 상상력을 투여하고 있다. 여기서 그의 고향은 오디세우스와 그의 추종자들에게 있어 유토피아 공간이라고 할 수 있다. 따라서 어떤 유토피아는 우리의 세계 어디에도 존재하지 않지만, 그럼에도 불구하고 어

---

2 사실 유토피아에 관한 여러 개념화들 가운데 공간적 차원을 전혀 명시화하지 않은 경우들도 있다. 즉, 하비가 주장하는 바와 같이 "(공간적 형태의 유토피아와는) 대조적으로, 사회적 과정에 관해 이상화된 견해들은 보통 순전히 시간적 의미들로 표현되었다. 이들은 문자 그대로 어떠한 형태이든 '없는 장소'에 얽매여서, 전형적으로 공간성의 제약들로부터 완전히 벗어나 있는 것으로 설정한다(공간과 장소의 질은 전적으로 무시된다)"(Harvey, 2000: 174).

3 Foucault(1984: 247)에 의하면 어떤 공간적 실체화 또는 공간적 프로젝트('기획'이라는 의미뿐만 아니라 '투영'이라는 의미를 가짐에 유의하라)는 정치적 전략들에 매우 중요한 역할을 함에도 불구하고, 어떠한 공간적 형태도 그 자체로서 정치적 유의성이나 기능을 내재할 수 없다.

딘가에 존재한다.

둘째, 어떤 유토피아 공간은 지금 그리고 여기에 존재하지만, 사람들은 이를 의식하지 못한다. 이런 유형의 유토피아 공간이 인식되지 못하는 이유는 이러한 공간 속의 사람들이 그 공간의 유토피아적 성향을 의식하지 못하거나 또는 이 성향에 대해 전적으로 만족하지 않기 때문이다. 이런 유형의 유토피아 공간은 현재의 조건들에 관한 긍정적 고려뿐만 아니라 부정적 고려에도 매우 중요하다. 특히 이와 관련해 사람들은 '현재(그리고 여기서)의 유토피아주의'를 위해 주장 — 이런 유의 주장은 대체로 이데올로기적이지만 — 할 수 있을 것이다.

셋째, 어떤 유토피아 공간은 과거 한때 존재했지만, 현재는 더 이상 존재하지 않는 것으로 생각해볼 수 있다. 이러한 유형의 유토피아 공간은 이미 소멸 또는 소진되었지만, 미래의 유토피아를 위한 상상력을 촉진할 수 있다. 즉 비록 '실낙원'과 같이 '잃어버린 유토피아'는 불가역적이지만, 우리는 지난 시간의 기억을 새로운 유토피아를 위한 모형 또는 증거로 이용할 수 있을 것이다. 이 점은 과거로의 회귀를 요청하는 것은 아니며, 오히려 사회와 공간에 관한 현재 조건들을 고려하고 미래의 유토피아를 상상함에 있어 지난 시간들의 유토피아적 성향들도 참조하자는 것이다.[4]

넷째, 대부분의 유토피아주의자들이 서술하는 바와 같이, 유토피아 공간은 지금-여기보다도 더 좋은 대안적 조건들로서 미래에 실현될 것으로 상상된다. 유토피아 공간에 관한 이러한 유형의 개념화는 변혁적(또는 창조적 및

---

4 심지어 플라톤도 그의 저서 『법』에서 진정한 도덕적 사회가 지구상에 존재한다는 점을 보여주기 위해 고대 인간성을 사례로 이용했다. 근대 정치사상가들 가운데 루소는 『과학과 예술 서설』(1750)에서 스파르타를 회고했으며, 헤겔은 『역사철학』(1837)에서 고대 아테네의 덕목을 격찬했다. 맑스는 『루이 나폴레옹의 브뤼메르 18일(The Eighteenth Brumaire of Louis Bonaparte)』(1852)에서 이런 유형의 복고주의에 대해 매우 부정적이었지만, 위대한 부르주아적 혁명들을 고려함을 통해 과거를 창조적으로 이용할 수 있음을 부분적으로 인정했다(Geoghegan, 1987: 56).

생산적)일 뿐만 아니라 퇴행적(또는 현상유지적 및 이데올로기적) 유토피아주의로서 이해될 수 있다. 즉 이러한 개념화가 창조적이라고 할 수 있는 것은 이러한 유토피아주의자들은 항상 현존하는 세계의 사회적·공간적 조건들을 변화시키기 위한 어떤 대안적 방법을 꿈꾸기 때문이다. 그러나 다른 한편으로 이러한 개념화가 퇴행적이라고 하는 이유는 이와 같은 유토피아적 이데올로기가 사람들로 하여금 미래에 대해 환상을 가지도록 현혹시킴으로써 특정 집단의 권력을 유지·강화할 수 있기 때문이다.

위에서 고려된 바와 같이 이러한 네 가지 유형의 유토피아적 공간에 관한 고찰은 이러한 유토피아 공간이 진실하며, 실질적이고, 구체적이며, 진정하며, 따라서 이데올로기적·추상적·합리적이지 않음을 승인하는 것은 아니다. 달리 말해서 우리는 어떤 특정한 유토피아주의가 전자에 속하는가 그렇지 않으면 후자에 속하는가를 확인할 수 있는 방법에 더 많은 주의를 기울여야 할 것이다. 게다가 수많은 반(反)유토피아주의적 학자들이나 소설가들이 있다. 예컨대 조지 오웰(George Orwell)의 『동물농장(Animal Farm)』(1946)이나 『1984년』(1949), 올더스 헉슬리(Aldous Huxley)의 『멋진 신세계(Brave New World)』(1932)는 반유토피아주의적이며, 이러한 맥락에서 사회 변화를 추구하는 사람들에게 매우 신중한 경고를 보내고 있다는 점이 잘 알려져 있다.[5] 우리는 미래에 관해 이러한 유형의 반유토피아적 또는 역유토피아적(dystopian) 상상력을 부정할 수 없다. 여기서 문제는 어떤 특정한 상상적 – 유토

---

[5] 우리는 오웰과 같이 공산주의적 유토피아에 대한 반유토피아적 주장과 더불어, 기술주의적 또는 자유주의적 유토피아에 대한 반유토피아적 주장도 고려할 수 있다. 후자의 사례로 레이 브래드버리(Ray Bradbury)의 『화씨 451(Fahrenheit 451)』(1953)이나 마거릿 앳우드(Margaret Atwood)의 『시녀 이야기(The Handmaid's Tale)』(1985) 같은 반유토피아적 저작들을 들 수 있다. 앞의 책은 미래 사회를 텔레비전이 지배하는 사회로 규정하고, 그 속에서 사람들은 오락과 감정적 지원을 위해 텔레비전에 전적으로 의존하는 반면, 급진적 사고는 서적들에 대한 체계적 금지와 소각을 통해 권력 구조에 의해 제거되는 것으로 묘사하고 있다. 반면, 후자는 미래에 생태적으로 황폐화된 미국을 지배하는 우파 군사적 전제정치의 암울한 모습을 서술하고 있다.

피아적이든 또는 반유토피아적이든 ─ 주장이 진실하고, 실질적이며, 진정한가를 어떻게 증명할 수 있는가 하는 점이다.

이러한 점에서 나는 유토피아 공간의 상상력을 위한 몇 가지 인식론적 기반을 고찰하여, 다음과 같이 제안하고자 한다.

① 우리는 유일하게 실질적이고 구체적인 것으로 우리가 일상적으로 생활하고 매일 경험하는 현재적 조건들에서부터 우리의 상상을 시작해야 한다. 우리들로 하여금 유토피아에 집착하도록 동기화하고 이를 유지하도록 하는 것은 바로 현재의 조건들이다. 따라서 우리는 유토피아를 위한 희망을 체험된 경험(현재 그러한 생활)과 상상(그럴 수 있는 생활) 간 간극을 줄이고자 하는 소망으로 이해할 수 있다. 이들 양자는 독립적인 것이 아니다. 우리 경험의 사회적 구성(그리고 그 모순들)은 우리의 상상에 영향을 미치고, 또한 그 역도 성립한다. 이 점은 위에서 제시된 유토피아 공간의 네 가지 유형들이 모두 명시적으로 지금-여기의 경험에서 도출된 상상에 공통적으로 근거하는 이유이기도 하다. 사실 여기서 함의된 변증법은 아는 것과 모르는 것(또는 의식적인 것과 무의식적인 것) 간의 관계를 규정한다. 즉 유토피아 공간의 변증법적 상상력은 경험된 것 또는 아는 것으로부터 모르는 것을 추정해나가는 과정이다.[6]

② 유토피아는 이데올로기적 기만이나 강제가 없는 의사소통을 통해 합의되어야 한다. 그렇기에 유토피아적 상상력은 실질적이고, 따라서 실현되기 위해서는 개인적인 것이 아니라 사회적(또는 집단적)인 것이어야 한다. 우리

---

6 로마 시대의 지리학자 스트라본(Strabo)은 이와 같은 방식의 상상력을 변증법적인 것이 아니라 시적 상상력을 가진 수사적인(rhetoric) 것으로 서술하고 있지만, 이에 관해서는 이미 잘 알고 있었던 것처럼 보인다(Strabo, 1917: 1~2, 4~5, 61 참조). 비코(Giambattista Vico) 역시 이러한 방식의 아는 것과 모르는 것 간의 관계에 관심을 기울였다. 게다가, 우리는 여기서 한 세계에서 획득된 지식과 다른 세계에서 획득된 지식 간의 번역(translation)에 관한 개념을 강조했다는 점에 관심을 가지고자 한다. 즉 변증법적 상상력으로, 우리는 "상이한 연구구조에 의해 축적된 일단의 지식을 번역하고 전환시켜서, 이러한 번역과 전환이 어떻게 새롭고 때로 흥미로운 통찰력을 드러내어주는가를 보여줄 수 있다"(Harvey, 1996: 7).

가 유사한 경험과 더불어 유사한 상상력을 공유한다면, 그리고 이러한 상상력이 공유 의식의 일부가 된다면, 이러한 공유의식(즉 집단의식 또는 계급의식)은 현재를 능가하여 행동할 수 있는 출발점이 될 수 있다. 유토피아적 상상력은 개인의 상상력에 관한 논의하고 이에 대해 합의할 수 있으며, 나아가 공동체의 모든 구성원들이 공유할 수 있도록 이를 확대할 수 있는 능력을 전제로 한다.[7] 이 점이 마치 '이것이 바로 너의 미래'라고 하면서 공동체의 전체 구성원들이 복종해야 할 단지 하나의 진실한 유토피아가 존재한다고 말하는 것은 아니다. 즉 유토피아주의는 목적론적이어서는 안 된다. 왜냐하면 대안은 수많은 형태들에서 유토피아적 맥박을 가지는 여러 모습을 가질 수 있기 때문이다.

③ 유토피아적 상상력은 또한 이를 실현할 수 있는 실천적 능력을 전제로 한다. 실천은 우리의 상상력, 즉 우리의 잠재력을 실현해서 완전한 인간이 되고자 하는 목적을 향한 우리의 바람을 형성하고 실현시키며, 나아가 이를 사회의 모든 구성원들에게 확대시키기 위한 일상생활에서의 투쟁에 기초한다. 이러한 실천적 능력은 이상적인 것과 이를 도달할 수 있는 가능성 간, 즉 목적과 수단 간을 매개한다. 현재에서 아직 '이루어지지 않은' 현실로의 항해를 완료하기 위해 사람들은 현재를 변화시키기 위해 분석하고, 상상하고, 의사소통하고, 정치적으로 행동할 수 있는 실천적(그리고 담론적) 능력을 발전시켜야 한다. '달리 행할 수 있음(doing-other)'의 과정을 통해 사람들은 그들 자신뿐만 아니라 그들의 생활을 규정하는 사회공간적 조건들을 변화시킬 수 있으며, 이를 통해 '달리 될 수 있음(becoming-other)'을 실현하게 된다(Gindin and Panitch, 2000: 39).

---

7 변증법적 상상력은 따라서 개인의식과 집단의식 간의 변증법적 관계도 내포한다. 즉 변증법적 상상력은 집단적이지만, (특히 전체주의적 상황에서) 집단의식 자체를 의미하는 것이 아니라 변증법적 방식으로 개인적 의식들의 조직화를 의미한다. 예로, Gorz(1989)는 '노동계급에 대한 고별'을 거듭해서 언급함에도 불구하고 개인적 의식이 아니라 조직된 의식만이 변화를 위한 유일한 희망이라는 점을 명확히 한다.

3. 현재적 유토피아주의에 관한 성찰

1) 맑스-레닌주의와 스탈린주의에 함의된 유토피아주의

유토피아주의란 명상적 상상력의 산물로 이해할 수 있다. 여기서 명상은 불완전한 인간에 의한 것이라는 점에서 인위적이고 추상적일 수밖에 없으며, 따라서 유토피아주의는 결국 '인간의 숙명적 죄악'이라고 할 수도 있다. 그러나 맑스주의자들은 다른 (특히 실증주의적) 과학자들과 마찬가지로 미래에 대한 명상이나 상상을(또는 실증주의의 용어로 예측) 위한 필요를 느끼면서도 이러한 유토피아주의의 죄악에 빠져드는 것을 피하길 원한다. 따라서 맑스의 사회주의적 또는 공산주의적 사회가 어떠할 것인가에 관해 논의할 때, 일부 학자들은 '과학적 불가피성'(역사적 전환의 불가피한 산물)의 측면을 보다 관례적인 유토피아적 사상가들의 '명상적 꿈'과 대비시키기도 한다. 그러나 맑스가 비록 유토피아적 사고에 상당히 비판적이었지만, 그의 저작들은 전반에 걸쳐 유토피아적 민감성이 흐르고 있다. 바로 그 속성상, 그의 혁명적 목적은 혁명이 도달해야 할 명상적 미래의 요소들을 포함해야만 한다.[8] 맑스 (그리고 엥겔스)는 미래에 대한 예상 자체를 부정하지 않았으며, 오히려 오언, 푸리에, 생시몽 등과 같은 유토피아적 사회주의자들 ― 이들을 추종하지는 않았지만 ― 을 상당히 존경했다고 할 수 있다.[9]

사실 '유토피아적 사회주의'라는 범주는 맑스와 엥겔스가 노동자 정치에 점차 참여하게 된 결과로서 만들어진 것이라고 할 수 있다. 즉 이들은 『공산

---

[8] 이와 관련해 사회주의적 유토피아주의를 위한 혁명에 관한 맑스의 전망과 자본주의 정치경제에 대한 그의 과학적 비판 간에는 분석적 및 전략적 간극이 있음을 지적할 필요가 있다.

[9] 예로, 한 논문에서 엥겔스는 오언(Robert Owen)의 유토피아 또는 공동체적 도해의 실현 가능성을 언급하면서, "공산주의를 위해, 물품의 공동체에 기초한 사회적 존재와 활동이 미국의 많은 공동체에서 그리고 영국의 한 장소에서 대단히 성공적으로 실제 실현되었다"라고 적고 있다(Marx and Engels, 1975: 214).

당 선언』(1848)을 프롤레타리아의 집단적 의식 고양으로 이해했다. 여기서 한 가지 주요한 과제는 여러 가지 사회주의에 대한 지침서를 제공하는 것이었고, 바로 이러한 맥락에서 그들은 그들이 '창조적 유토피아적 사회주의와 공산주의'라고 칭한 것에 관해 처음으로 체계적으로 분석했다. 그들의 분석에 따르면 유토피아적 사회주의는 부르주아와 프롤레타리아 간 계급투쟁이 미발달한 시기에 등장한다(Geoghegan, 1987: 28). 유토피아적 사회주의는 자본주의의 분할되고 불안정한 성격과 가장 고통을 받는 계급으로서 프롤레타리아에 관해 알고 있었으며, 또한 이로 인해 미성숙한 프롤레타리아로부터 아무런 잠재력을 찾아볼 수 없었을 것이다. 따라서 유토피아적 사회주의자들은 그들 자신을 계급들과 그들 간의 투쟁을 넘어선 모든 인간성의 최고로 이해했다.

맑스와 엥겔스는 초기 유토피아적 사회주의자들의 비판적 요소들을 지지하고, 이는 여전히 지속적인 유의성을 가진다고 생각했다. 예로, 그들은 유토피아적 사회주의자들이 "기존 사회의 모든 원칙들에 대해 공격했다. 이에 따라 그들은 노동계급의 계몽을 위해 가장 가치 있는 자료들로 가득 차게 되었다"라고 서술한다(Marx and Engels, 1975: 516). 그러나 맑스와 엥겔스는 이들에 대해 방법론적으로 논박한다. 즉, 그들에 의하면 유토피아적 사회주의의 비전은 기껏해야 계급사회의 분할에 근거한 주관적인 상상적 추상에 불과하며, 대조적으로 공산주의적 비전은 자본주의 사회가 그 자신을 부정하기 위해 창조해야 할 객관적 텔로스(telos)로 인식된다. 이러한 맥락에서 레닌은 맑스와 엥겔스에 의한 헤겔좌파주의의 종합, 비판적 정치경제학, 그리고 유토피아적 사회주의를 맑스주의의 세 가지 '근원' 및 '구성 부문들'이라고 주장한다(Lenin, 1963: 9, 23~24).

맑스의 사상에서 이러한 유의 유토피아주의는 볼셰비키 혁명을 통해 그 유의성을 보증할 수 있었다. 사실, 1917년 볼셰비키들의 승리는 즉각적으로 '유토피아주의'에 관한 논제를 제기했다. 그러나 잘 알려진 바와 같이, 카우츠키(Karl Kautsky)와 레닌 간에 유토피아주의의 실현으로서 이 혁명에 관해 매우 상이한 해석이 제시되었다(Geoghegan, 1987: 73~74). 카우츠키는 볼셰비키 혁명을 어떤 부적절한 기반에서 사회주의를 건설하고자 했다는 점에서 '유토피아적'이라고 이해했다. 이 점은 카우츠키의 견해에서 또 다른 '유토피아주의'를 초래했다. 왜냐하면 서구에서처럼 프롤레타리아에 의해 탄생한 사회주의와는 달리, 소련의 사회주의는 볼셰비키 파당에 근거를 두었기 때문이다. 달리 말해서, 사회 자체의 운동이 아니라 불가피하게 단순하고 협의적인 당의 목적이 혁명의 동기적 힘이었고, 이 점은 다시 볼셰비키들이 사회의 실제적 역동성에 반해 그들의 비전을 부여하는 독재적 방법을 사용하도록 했다.

카우츠키의 이러한 해석과는 대조적으로, 레닌에 의하면 볼셰비키 혁명은 '창조적' 맑스주의의 승리였다. 그에 의하면 1917년은 혁명의 가능성을 역사적 강령으로 실현시켰으며, 볼셰비키들은 이 계기를 장악했다. 자본주의의 '가장 약한 고리'에 관한 그의 이론은 혁명은 가장 발전한 자본주의 사회에서 발생한다는 맑스의 역사적 명상에 대한 반전을 정당화했다. 이 이론에 의하면 변두리 사회에서의 혁명은 전체 자본주의적 연쇄의 붕괴를 가져올 것이고, 일단 이런 일이 발생하면 보다 선진화된 사회들은 보다 덜 발달한 사회들을 돕게 될 것이다. 1917년 10월 혁명은 이 과정의 시작, 즉 새로운 세계로 나아가는 시작으로 이해된다. 이러한 의미에서 혁명의 존재는 레닌의 개념화에 크게 의존했으며, 반면 카우츠키는 결국 혁명이 이루어진 소련으로부터 추방되었다.

우리는 여기서 유토피아주의에 관한 두 가지의 포괄적이고 잠재적일 뿐만 아니라 실제 갈등하는 유형들을 볼 수 있다. 카우츠키의 개념화에 의하면 볼셰비키 혁명을 통해 실현된 것은 순수한 유토피아주의, 즉 "맑스주의적인 것이 아니라 전(前)맑스주의적인 유토피아적 이상"으로, 이는 "완전한 사회의 이상적 모습으로서 사회주의를 표현한다". 따라서 많은 맑스주의자들에게 있어 볼셰비키 혁명은 그 자체로서 받아들일 수 없는 유토피아주의의 거대한 조각이었다. 다른 한편, 레닌의 혁명적 정신에 함의된 것은 그가 『무엇이 이루어져야 할 것인가?(What is to be done?)』(1902)에서 주장한 것처럼 분석적 엄정성과 결합된 창조적 유토피아주의이다. 많은 맑스주의자들의 칭송에 의하면 그의 혁명은 위대한 유토피아적 에너지를 풀어놓은 것이며, 그러한 창조적 꿈을 실현시킨 것이었다.

위대한 사상가이며 혁명가들에 의해 제시된 이러한 두 가지 해석을 재평가하는 것은 나의 능력을 능가하겠지만, 여기서 이들 간을 대비해 한 가지를 지적하고자 한다. 즉, 비록 카우츠키는 독재정권의 불가피성을 적실하게 지적했지만, 그의 순수한 유토피아주의는 현실로부터 지나치게 멀리 나아간 것이라고 할 수 있다. 반면, 레닌은 현실에 관한 '엄정한' 분석에 기초해 그의 유토피아주의를 설정하고자 했지만, 그의 유토피아주의는 스탈린주의의 독재정권에 지배될 소련의 운명을 예상하지 못했다.

스탈린주의는 권위주의의 잠재력을 항상 내재한 레닌주의적 전위적 전략에 기반했다. 1930년대 스탈린주의자들에 의해 혁명이 장악된 후, 이러한 모든 유토피아주의는 스탈린주의적 당의 권위적 유토피아주의와 다투게 되었다. 말로만 당의 민주적 형태를 논의했을 뿐이고, 당의 지배를 위한 원칙론적 정당화는 당의 과학적인 신임장에 근거를 두었다. 이러한 점은 맑스주의적 유토피아주의와 관련해 여러 가지 부정적인 결과를 초래했다. 지오에간(Geoghegan, 1987: 73)은 이를 다음과 같이 서술하고 있다.

① 스탈린주의적 이데올로기에 내포된 독특한 권위적 유토피아주의는 맑스주의자들 간(정치가나 활동가들뿐만 아니라 이론가들 간에도)에, 그리고 나아가 세계 전반에 걸쳐 일반 사람들 간에도 명목적으로 헤게모니를 장악했다.

② 소련과 동유럽의 경험이 그 자체로서 유토피아적 포부의 근원이 됨에 따라, 이의 실패는 맑스주의 그 자체에 대한 환멸을 초래하게 되었다.

③ 서구 자본주의 국가들에서 우파들은 '독재주의=스탈린주의=맑스주의=유토피아주의'라는 방정식을 설득력 있게 팔아먹을 수 있었다.

이러한 고찰에서 우리는 맑스주의적 유토피아주의의 한 독특한 유형(그 자체가 아니라)의 죽음은 이미 볼셰비키 혁명에서부터 예상되었다 — 비록 이는 베를린 장벽의 붕괴를 통해 마지막으로 인정되고 확인되었다고 할 수 있지만 — 고 말할 수 있다. 그러나 맑스주의적 유토피아주의적 상상력의 종말(또는 역사의 종말)로 이해될 수는 없다. 우리는 그 이후에도 많은 유토피아적 맑스주의자들을 찾아볼 수 있다. 예로, 독일에서 노동운동의 모든 기구들이 나치즘에 의해 파괴된 이후에 추방된 블로흐(Ernst Bloch)는 "패배한 사람으로 하여금 세계를 다시 시도하도록 만들기 위해" 맑스주의 내에서 유토피아 범주를 부활시킬 결정적 필요가 있음을 강조했다(Bloch, 1986: 148). 여기서 논제는 맑스주의의 '이상주의적 전향'을 주장하는 것이 아니라, 유물론적 힘으로서 맑스주의는 분석의 '냉철한 동향'을 필요로 하는 것만큼이나 바람, 열정, 그리고 꿈에 관해 블로흐가 지칭한 '따뜻한 흐름'이 필요함을 인식하는 것이다. 블로흐, 윌리엄스 그리고 여타 맑스주의적 유토피아주의자들을 따라서 "실질적 대안의 가능성을 생각하는 방법을 우리들에게 주기 위해", 이제 하비가 맑스주의 내에서 "유토피아적 전통의 재활"을 위해 분투하고 있다(Harvey, 2000: 156).

2) 자유시장과 정보기술에 기초한 신자유주의적 유토피아주의

신자유주의는 19세기 고전적 자유주의의 한 변형으로 이해할 수 있다. 이당시 영국과 여타 제국주의 국가들은 시장경쟁과 자유무역을 국내의 자본주의와 국외의 식민주의를 정당화하기 위한 이데올로기로 사용했다. 1930년대 위기와 제2차 세계대전은 고전적 자유주의와 대부분의 식민주의를 종식시켰다. 케인스주의가 시장 메커니즘에의 국가 개입을 주창함으로써 경제적 위기의 상당 부분을 해결했다고 알려져 있다. 국가 개입을 위한 정책들은 생산성의 증대를 지원하기 위한 산업 보조금의 지급, 임금과 단체교섭의 관리, 여타 복지국가로서의 기능들을 포함했다. 그러나 다시 30년이 채 못 되어 국제적 경향은 이러한 케인스주의를 끝내도록 했으며, 이는 이른바 신자유주의에 의해 대체되었다.

신자유주의는 대처-레이건 시대에 지배적인 이데올로기로 등장했으며, 설득과 경제력의 혼합으로 전 세계에 수출되었다.[10] 이제 신자유주의라는 용어는 1980년대와 1990년대 동안 전 세계에 걸쳐 거의 모든 국가들에서 지배적인 교리가 된 일단의 정책들을 지칭하기 위해 사용된다. 이러한 정책들과 그 결과로 초래된 사례들은 민영화, 자유무역, 탈규제, 균형(또는 긴축)예산, 세계시장에의 수출을 위한 생산, 그리고 사회적 안전망의 와해 등을 포함한다. 한때 정부의 통제하에 있었던 정치 및 경제의 영역뿐만 아니라 사회·문화적 영역에서도, 신자유주의는 사회생활의 거의 모든 국면들을 결정하기 위해 자본주의적 시장 메커니즘을 풀어놓았다.

신자유주의 프로그램은 경제적 및 정치적 분야들에서 작동하는 사람들(주식 거래자, 금융 조작자, 기업가, 보수주의적 심지어 사회민주적 정치가들 등)로부터뿐만 아니라 학문적 및 문화적 분야들에서 그들의 이해관계를 실현시키고 노력하는 사람들(보수적 성향의 학자들, 대중매체의 여론 선도자들, 작가들과 여타 예술가들 등)로부터 그들의 사회적 권력을 도출한다. 신자유주의는 모든 활동들을 시장 메커니즘에 의존하도록 함으로써 자유방임 시대 이후 잠재되었던 이해관계를 새롭게 드러내게 한다. 뿐만 아니라 정보기술의 진보와 결합하게 된 신자유주의의 세계화는 예상을 초월한 자본의 이동성을 보장했다. 이

---

10 그러나 제3세계의 관점에서 보면(예를 들어 Selfa, 1999) 신자유주의는 1982년 멕시코가 외채 상환의 의무를 더 이상 충족시킬 수 없게 됨에 따라 폭발했던 국제적 외채위기의 발발 시에 라틴아메리카에서 광범위하게 칭하게 되었다고 주장된다.

에 따라 세계화되는 금융시장에서 투자자들(또는 투기자들)은 그들의 투자에 대한 단기적 이윤성에만 관심을 집중시키고, 지방적이든 세계적이든 경제 자체의 미래에 대해서는 전혀 고려하지 않는다. 이 점은 동아시아 국가들에서 급작스럽게 발생한 경제적 위기의 한 가지 주요 이유이기도 하다(Choi, 1998).

그러나 이러한 신자유주의는 두 가지 방식으로 어떤 유토피아주의라고 이해되고 있다. 신자유주의적 개념화와 전략들에 있어 경제적 세계는 순수하고 완전한 질서를 가지는 것으로 가정된다. 이러한 경제적 질서는 어떤 유토피아 ─ 즉 신자유주의의 유토피아 ─ 의 도입이라고 할 수 있다. 순수하고 완전한 시장의 신자유주의적 유토피아를 지향하는 운동은 탈규제의 정책으로 가능하다고 가정된다. 그리고 이러한 신자유주의적 유토피아는 모든 집단적 제도들을 순수한 시장 논리에 대한 장애물이라고 간주되는 모든 정치적 방안들을 전환하거나 파괴하는 전략들을 통해 달성된다고 주장된다. 그러나 이러한 신자유주의적 가정이나 주장이 국가간섭주의가 현실적으로 사라졌거나 또는 심지어 조금이라도 줄어들었음을 의미하는 것은 아니다.[11] 그럼에도 불구하고 "신자유주의는 사회적 현실로부터 경제를 분리하고, 이를 통해 순수 이론에서의 그 서술에 상응하는 경제체계 ─ 즉, 경제적 행위자들을 규제하는 제약들의 연쇄들로서 그 자신을 드러내는 일종의 논리적 기제 ─ 를 현실에 구축하고자 한다"(Bourdieu, 1998).

신자유주의는 또한 기술, 특히 정보 기반 기술이 우리들에게 사회 및 자연에 대해 더 많은 통제력을 허용하며, 이러한 통제력은 사회적 및 공간적 문제들을 해소하고, 나아가 유토피아적 목적을 달성할 수 있는 기회를 보다 풍부하게 한다는 점에서의 유토피아주의로 이해될 수 있다. 신자유주의 그 자

---

11 오히려 하비가 주장하는 바와 같이, "신자유주의의 현대적 파고가 작동하도록 하기 위해 국가는 정치경제적 생활의 어떤 부분들에는 더욱 깊숙이 침투해야만 하고, 그 이전보다 어떻게 해서든 더 많이 개입적이게 되었다"라고 한 것이 사실이라고 할 수 있다(Harvey, 2000: 65).

체는 비록 정보기술과 직접적인 관계를 가지지 않지만, 세계화 과정 및 선진 국가들의 이른바 탈산업사회로의 전환을 통해 개념적으로뿐만 아니라 현실 적으로 연계될 수 있다. 탈산업사회에 관한 벨(Bell, 1976)의 주장들은 전형 적이라고 할 수 있다. 그의 주장에 의하면, 탈산업사회로의 사회적 전환 과 정을 통해 노동자들이 서비스산업과 전문 직종에 점차 더 많이 종사하게 되 고, 지적 기술과 과학적 지식이 보다 주요한 경제적 자원이 되면서, 그 산물 은 기술적 통제와 연계된다. 요컨대, 많은 탈산업사회 주창자들에 의하면 정 보기술은 유토피아적 미래를 위한 통제력을 증가시키고 기회들을 보장한다. 이러한 유형의 유토피아적 이상들은 '공동적 사회'에 관한 벨(Bell, 1976: 366~ 367)의 논의뿐만 아니라 '대안'에 관한 블록(Block, 1990: 189~218)의 논의 등 에서도 흔히 찾아볼 수 있다.

탈산업사회적 및 기술적 유토피아주의의 극단적 사례는 사이버공간에 관 한 최근의 담론에서 찾아볼 수 있다. 사이버공간은 디지털 정보가 전통적 서 구 문화의 이론적·감정적·실존적, 그리고 정치적 전제에 대한 아무런 조건 들 없이 완전히 자유롭게 전자적으로 이송되는 공간으로 묘사된다. 사이버 공간의 속성은 다양한 집단의 정보, 가치, 정체성, 그리고 이해관계들의 무 질서한 비위계적 상호교환으로서의 전자적 네트워크로서 구축된다. 즉 사이 버공간은 지식의 근원, 진정성 또는 진리에 관한 의문들이 전혀 문제가 되지 않는 탈집중화된 의사소통 체계로 간주되며, 따라서 이러한 공간에서 지식 은 보편적 타당성에 관한 주장과는 무관하게 된다. 이러한 가상적 공간체계 속에서는 권위에 대한 주장을 위한 여지, 또는 전통적 서구 형이상학이나 실 제적 폭력의 행사를 위한 여지는 전혀 없는 것처럼 보인다. 이러한 주장들에 따르면, 사이버공간은 차이들 간의 비인종중심주의적 대화를 허용하고, 다 양한 대화의 다관점적 수용을 촉진한다고 할 수 있다. 이러한 점에서 우리는 사이버공간에서 진실되고 결정적인 유토피아적 세계를 발견할 수 있다고 주 장할 것이다. 이 유토피아 공간에서 사람들은 권위, 폭력, 계층, 인종주의 등에 얽매이지 아니하고 그 자신을 완전히 표현하고 서로 대화할 수 있을 것이다. 그러나 과연 우리는 사이버민주주의 또는 사이버자유주의를 실질적이고 구체적인 유토피아라고 할 수 있겠는가? 사이버공간이 고무시킨 이런 유형의 유토피아주의는 이른바 정보기술 시대의 '추상적' 유토피아주의의 전형적인 형태라고 할 수 있을 것이다(Poster, 1995; Winner, 1997a; Winner, 1997b 등 참조).

신자유주의가 현실에 어떠한 형태의 유토피아적 상상력[12]을 제공한다고 할지라도, 세계는 위대한 신자유주의적 유토피아의 도입으로 인해 즉각적으로 가시적이지만 또한 심각한 효과들을 드러내면서 그렇게 존재하고 있다. 신자유주의적 이해관계와 태도 및 가치의 만연으로, 심지어 선진 자본주의 국가들에서조차 실업 및 빈곤 인구가 점차 증가하게 되었으며, 소득 격차는 급격하게 확대되는 반면 국가의 복지지출은 현저히 삭감되었고, 문화의 상품화가 촉진되는 한편 장소특정적 문화 생산은 점차 소멸하게 되었다. 환경오염에 대한 규제들은 크게 완화되었고, 자본의 논리로는 결코 생산될 수 없는 자연의 보호는 시장 메커니즘에 맡겨졌다. 달리 말해서 자유무역, 탈규제, 개인적 자유, 사회적 해방과 같은 유토피아적 이데올로기하에서 자리 잡게 된 신자유주의적 경제·정치 질서는 결과적으로 실업, 직장 불안정, 엄청난 감원을 위한 구조적 폭력에 지나지 않는다고 할 수 있다. 자유시장 메커니즘의 '조화로운' 기능은 실업자 예비군의 존재를 전제로 하며, 소득과 자산 배분에 있어 급격한 격차 증대 현상을 초래했을 뿐이다.

이러한 점에서 신자유주의적 유토피아주의는 결코 진실되고 실질적인 유토피아주의라고 할 수 없다. "세계 인구의 85% 이상이 그 소득의 15%만을 받으며, 358명의 세계 최고 부자들의 순자산이 세계 인구의 하위 45%, 즉 23억 명에 달하는 사람들의 소득을 합한 것과 같은" 현실에서(Harvey, 2000:

---

12 예로, Bourdieu(1998)는 이를 '초논리적 유토피아'라고 칭한다.

42~43), 이러한 유토피아주의는 그들의 이해관계를 실현시킬 수 있는 극히 소수의 사람들에게만 어떤 유토피아를 실현시켜줄 것이다. 사이버공간 유토피아주의도 보다 세밀한 분석을 견뎌낼 수 없다. 세계의 단지 일부 인구만이 개인 컴퓨터와 전자 설비들을 갖추고 있으며, 이를 통해 사이버공간의 유토피아에 접속해 그들의 참여를 즐길 수 있을 뿐이다. 이는 내포된 인구와 배제된 인구 간의 불평등을 확대시키는 경향이 있다(Castells, 1996). 더욱 심각한 것은, 현실에서 보면 사이버공간 자체가 권위, 폭력, 계층, 인종주의가 없는 의사소통을 보장하지 않는다는 점이다. 오히려 그 역이 사실이라는 점에서, 넬슨(Nelson, 1998)은 이를 '탈산업화의 패러독스'로서 '유토피아로부터 추방'을 논의하고 있다.

신자유주의적 유토피아의 세계화와 관련된 두 가지의 보다 중요한 효과가 지적될 수 있으며, 이들은 보다 심각하게 고려되어야 할 것이다. 한 효과는 어디에서나 경쟁이 도입되어 만인에 대한 만인의 투쟁을 요구하는 새로운 사회적 다윈주의, 그리고 모든 행위와 행태의 규범으로서의 냉소주의가 만연하게 되었다는 점이다. 또 다른 하나는 이러한 신자유주의의 효과들과 대항할 수 있는 혁명적 상상력이 파편화되고, 집단적 기구들(대표적으로 노동조합)이 거의 와해되었다는 점이다. 이 두 가지 효과들은 사실 서로 관련되어 있지만, 여기서는 후자의 문제를 더욱 심각하게 고려하고자 한다. 신자유주의적 전략에 봉착해, 우리는 우리 자신이 피곤하고 소진됨을 느끼며 이로 인해 다음과 같은 질문을 제기하게 된다. 고통받는 대중들이 언젠가는 지옥으로의 경주를 중단시킬 수 있는 운동의 출발점이 될 것이라고 과연 기대할 수 있는가? 사실 우리는 여기서 어떤 패러독스에 봉착하게 된다. 신자유주의적 정치경제체제는 고통받는 대중을 엄청나게 생산했지만, 그들은 불가피하게 강제되는 경쟁 속의 일상적 생활에 의식화되기보다는 신자유주의적 유토피아주의에 대한 그들의 신념에 의해 마비되었다는 점이다. 신자유주의에 대한 반대는 오늘날 사회를 재구성할 수 있는 새로운 힘과 투쟁의 출발점이다.

그러나 좌파들에게 있어서는 이를 위해 (스탈린주의적 당과 같이) 혁명적 당이나, 또는 과거의 전위적이거나 게릴라적 조직의 하향식 작동을 다시 한 번 고쳐시켜야 하는 딜레마에 빠지게 된다. 이러한 상황에서 신자유주의적 정치가들은 '대안은 없다'라고 선언하겠지만, (새로운) 좌파들은 이러한 딜레마를 극복할 수 있는 대안적 관점을 아직 만들지 못했다는 점을 불가피하게 인정할 수밖에 없을 것이다.

4. 대안적 유토피아 공간을 위하여

≪뉴 레프트 리뷰(New Left Review)≫에 게재된 한 논문의 결론 부분에 의하면, 우리는 현재적 유럽의 대안에 관한 다음과 같은 문장을 발견할 수 있다. "비교적 성공적인 미국의 사회민주주의에 따라 모형화된 대륙적 복지국가, 이것이 [유토피아를 향한] 차표이다. 미국 방식으로 하라"(Galbraith et al., 1999: 237; Gindin and Panitch, 2000: 36에서 재인용). 한때 창조적 맑스주의의 활성화를 위한 본거지이며 희망이었던 잡지에서 이와 같이 퇴락한 주장이 제기되었다는 점을 어떻게 해석할 것인가? 아마 우리는 진보적 상상력의 이러한 퇴락은 비판적 이론가들과 활동가들 내의 만연한 회의주의를 반영함을 인정해야 할 것이다. 따라서 한편으로 우리는 모두에서 인용한 바와 같이 "우리는 보다 좋은 세계의 가능성에 대한 희망이 폐쇄된 시대에 살고 있다. …… 자본주의를 능가한 어떤 생활을 실현할 수 있는 방법이 없다고 생각하며, 그렇게 하고자 하는 어떠한 시도도 결국은 또 다른 악몽을 초래할 수밖에 없을 것이라고 두려워한다"는 점을 인정해야 한다. 그러나 다른 한편으로는 "이러한 나약한 정치적 회의주의를 극복하고 전환 가능성에 대한 어떤 감각을 유지하는 것은 사회 변화에 심각하게 관심을 가지는 모든 사람들이 대적해야 할 가장 중요한 이슈"라고 주장할 수 있다(Gindin and Panitch, 2000: 36).

대안에 대해 주어진 관심의 부족에도 불구하고, 실제 수년 사이 상당한 학자들이 유토피아주의를 재고찰하고 이를 재구성하고자 했다. 그러나 이러한 작업들은 불행하게도 오늘날 많은 유토피아적 생각의 탈도덕화된 성격을 제공하는 정도이다. 예로, 웅거(Unger, 1987)는 새로운 사회민주주의적 유토피아주의를 묘사하면서, 수출지향적 '선도' 기업들과의 통계급적 협력 관계를 제안함으로써 그가 한때 요청했던 '억압받는 자, 가난한 자, 그리고 분노하는 자'의 호전적 조직의 가능성을 제거해버렸다. 이러한 대안의 제도적 내용들은 사회민주주의를 확대시키지만, 결국 남는 것은 동일한 패배주의 그리고 지나치게 신중한 실용주의일 뿐이다. 이들은 변화에 관한 관심을 그렇게 많이 포기하지는 않았다. 그러나 침대의 크기에 맞추어 손님의 크기를 잘라버리는 그리스 신화의 프로크루스테스(Procrustes)처럼, 그들은 자본과 국가가 조정할 수 있을 정도로 변화에 관한 그들의 상상력을 축소해버렸다.

우리가 결과적으로 당면하게 될 공백은 엄청난 회의주의로 채워지게 될 것이다. 그러나 이러한 회의주의를 극복하기 위해 새롭지만 여전히 단견적인 낙관주의를 천명하는 것이 능사는 아니다. 우리는 이러한 변화에 필수적으로 내포되어 있는 자본 및 권력의 사회적 힘을 과소평가해서는 안 된다. 오히려 우리는 세계의 도처에 널려 있는 증거들에서 구체적이고 대중적인 투쟁을 통해 우리의 포부를 끌어내고, 사람들이 다중적이고 다양한 방법으로 그들의 인간성과 공동체를 추구하는 바와 같이, 유토피아적 감수성과 능력 함양에 대한 관심을 통합시키는 이상을 더 높일 수 있어야 할 것이다. 이러한 이상에 포함되어야 할 중요한 항목들은 다음과 같이 요약할 수 있다.

① 기본적 필요의 보장을 전제로 한 생활 기회의 향상이다. 의식주의 보장은 인간 생활의 유지를 위한 가장 근본적인 것이다. 따라서 생계임금과 적절한 사회보장이 필수적이며, 이를 통해 개인들과 그 가족들을 위해 정당하고 호혜적인 보상은 보장되어야 한다.

② 폭력으로부터 벗어난 인간 신체의 불침해성이다. 인간 신체는 고문, 감

금, 살해, 그리고 여타 육체적 강제로부터 자유로워야 한다. 특히 가부장적
이며 가족주의적 지배 체계에 종속된 여성은 그들 자신의 재생산 기능을 스
스로 통제하고, 강제와 폭력으로부터 자유로운 생활을 할 수 있어야 한다.

③ 사상, 신념, 표현의 자유 보장이다. 사람들은 사상, 의식, 종교의 자유
를 가질 권리가 있다. 게다가 모든 사람들은 말하기, 쓰기, 그 외 다른 수단
들에 의한 표현의 권리를 가진다. 사람들이 느끼고, 생각하고, 믿는 것을 표
현할 수 있는 자유는 사람들이 그들이 원하지 않는 것에 대해 비판할 수 있
고, 또 그들이 바라는 것을 주장할 수 있도록 하기 위해 필수적이다.

④ 노동 과정에 대한 자기통제와 소외의 극복이다. 생산에서 노동자는 노
동 과정(나아가 무엇이 생산될 것이며, 이것이 어떻게 생산될 것인가)에 대한 그들
자신의 통제력을 행사할 수 있어야 한다. 노동 과정 및 그 생산물에 대한 자
기통제는 소외를 극복하고, 자아 발전을 실현할 수 있게 한다.[13] 따라서 이
점은 민주주의나 자유와 같은 개념들보다도 더 중요하다.

⑤ 노동 분업의 완화와 사회공간적 차이의 증진이다. 우리는 지속적으로
증대하고 있는 노동 분업을 완화시킬 필요가 있다. 왜냐하면, 노동 분업은
'인간의 힘을 물질적 힘으로 전환시키고, 이로 인해 인간적 자유를 감소시키
는 경향이 있기 때문이다.[14] 다른 한편, 우리는 지역들 간의 사회공간적 차이
(심지어 지리적 불균등 발전을 포함해)를 증진시킬 필요가 있다. 노동 분업의 완
화는 사회공간적 차이의 증진과 내적 연관을 가진다.

⑥ 소비의 전환과 대안적 생활 방식의 추구이다. 생산관계에 있어 어떠한
전환이든 소비 및 생활의 양식에 있어서의 여타 변화와 조건적으로 관련된
다. 이 점은 소비자를 무엇이 생산될 것인가에 관한 결정과 관련시킬 뿐만

---

13 우리는 여기에 공간의 생산(기존 공간 내에서 자유로운 유통뿐만 아니라, 새로운 공간적 관
　계의 재구성도 포함해)도 포함시켜야 할 것이다(Harvey, 2000: 251 참조).
14 노동 분업이 완전히 폐지되어야 할 것인가에 대해서는 여전히 의문스럽지만, 자본주의적 노
　동 분업은 상품물신성의 근원이며, 개인들을 화폐적·물질적 힘에 종속시키는 것임은 사실이
　라고 하겠다.

아니라, 획일화된 상품들의 소비를 벗어나서 소비의 다양한 즐거움을 위한 능력을 개발하는 것과 관련된다. 또한 이는 사회 또는 지역의 생태적 능력을 함양시킬 것이다. 소비양식을 전환시킴으로써 우리는 또한 대안적 생활 방식을 가져올 수 있다.

⑦ 자산의 공동체화와 집단적 통제이다. 사적 소유를 채택하는 – 따라서 계급을 용인하는 – 유토피아는 그러한 명칭을 가질 가치가 없다는 점은 맑스보다도 훨씬 오래 전부터 주장되었다.[15] 자본주의는 사적 소유를 그 보편적 원리로 천명하고 있다. 이 체계는 그러나 이제 점차 패배적이고 심지어 자기 파괴적이게 되었다. 전형적인 사례들 가운데 하나는 열대우림의 유전 물질에서부터 물, 공기, 여타 환경의 질에 이르기까지 다양한 공유자원의 소멸이다. 따라서 우리는 이러한 공유자원에 대한 공공적 또는 집단적 통제 체계를 위한 대안적 형태를 필요로 한다.

⑧ 건강한 생활환경과 생태적 계획이다. 모든 사람들은 오염된 환경과 불필요한 재난의 위협과 위험으로부터 자유로워야 하며, 위생적이고 쾌적한 생활환경 속에서 생활할 권리를 가진다. 게다가 환경이 퇴락하는 것을 막고 보호하기 위해, 우리는 도시 및 지역 계획이 훨씬 더 생태적으로 이루어질 수 있도록 해야 한다. 최근 '지속가능성' 또는 '생태유토피아'라는 용어들이 보다 빈번하게 논의되고 있는 것처럼, 이러한 생태적 계획은 유토피아적 공간을 실체화함에 있어 필수적 조건으로 이해되어야 한다.

⑨ 민주적 의사소통을 통한 정치적 결사의 자유이다. 사람들은 정치적 기구와 사회적 관계를 형성하고 통제하기 위해 정치적 결사를 조직할 권리를 가진다. 여기서 전제되는 것은 민주적 의사소통이다. 민주적 의사소통은 정

---

[15] Bloch(1986: 530, 582)는 "위대한 오래된 유토피아적 저술들의 힘"은 "이들이 거의 항상 동일한 것, 즉 '모든 것이 공유적이도록 하라(Omnia sint communia)'라는 점을 추구함"에 있음을 잘 설명하고 있다. 예로, 토머스 모어의 『유토피아』에 나오는 주인공은 "당신이 사적 소유를 전적으로 폐지하기 전까지, 당신은 재화의 공정한 분배와 인간생활의 만족스러운 조직을 결코 얻지 못할 것이다"라고 분명히 선언하고 있다.

치적 결사 조직들의 내적 및 외적 관계가 비권위적으로 설정될 수 있도록 한다. 따라서 결사의 민주적 절차를 위해 적절한 의사소통이 이루어져야 하며, 집단적 행위 형태는 소수 의견을 합리적으로 보호할 수 있어야 한다.

⑩ '좋은' 통치체제와 민주주의의 실현이다. '좋은' 통치체제(governance)에 관한 정의는 매우 다양할 뿐만 아니라, 이 개념은 때로 지배적 정치권력을 정당화하기 위해 사용되기도 하지만, 어떤 유토피아적 성향도 가진다. 하비(Harvey, 2000: 253)가 주장하는 바와 같이 "개인들은 그들 자신의 공동체 공간을 생산하고 그곳에 그들 자신의 규칙을 적용할 권리를 당연히 가진다". 이 주장은 민주주의의 지리적 변형이라고 할 수 있다. 사실 우리는 민주주의의 깊이와 폭을 보다 가시적으로 만들 필요가 있으며, 이를 통해 지배와 피지배, 정치가와 시민, 그리고 경영자와 노동자 간의 구분을 깨뜨리는 데 기여할 수 있다.

⑪ 국제적 평등과 안전 체제의 구축이다. 국제적 평등은 부국으로부터 빈국으로의 자원의 협력적 이전과 관련될 뿐만 아니라, 국제적 연대와 발전에 대한 지정학적 장애들을 극복하기 위한 공동의 투쟁에도 관련된다. 이러한 투쟁은 국지적으로 형성된 시민사회와 그 운동단체들의 국제적 연대(지리적 조건과 다양성을 전제로, 노동계급의 국제적 연대를 포함하여)를 필요로 한다. 정치적·군사적·경제적 및 환경적 안전체제의 구축은 개별 국가의 자기규제와 국제적 평화를 위해 필수적이다.

⑫ 인종 간, 세대 간, 생물종 간 평등이다. 계급과 성 간만이 아니라 인종들 간의 불평등이 중요하다는 점에서, 인종주의를 극복하기 위해 더 많은 관심을 기울일 필요가 있다. 뿐만 아니라, 다음 세대들 및 다른 생명체에 관한 적합한 대우를 고려해 (특히 환경담론의 영역에서) 많은 논제들이 제기되고 있다. 우리는 우리 다음에 따라올 세대들에 대해서 책임을 가져야 하며, 또는 동물 및 보다 포괄적으로는 모든 생명체에 대한 우리 자신의 생활 방식이 미칠 영향에 대해 인식해야 한다.

사실 위에서 제시된 이러한 항목들은 많은 학자들과 정치적 지도자들에 의해 흔히 언급된 것들이다. 그러나 이들은 여전히 아직 실현되지 않은 이상으로 남아 있다. 따라서 이러한 유토피아적 구성 요소들에 대한 재인식은 21세기의 대안적 세계를 열어가기 위한 노력의 출발점이라고 할 수 있다. 우리가 위치해 있는 '지금-여기서(now-here)'부터 우리는 우리의 유토피아, 즉 '어디에도 없는(nowhere)' 장소를 실현시키기 위한 실천을 해나가야 할 것이다.

후기

유토피아(utopia)가 '없는 공간'을 의미할지라도, 분명 공간과 관련된다는 점에서 지리학적 주제라고 할 수 있다. 유토피아는 흔히 현실에서 존재하지 않는 '이상향'으로 간주되지만, 단지 비현실적인 이상을 의미하기보다 현실의 정치와 생활양식의 변화를 추동하는 힘으로 인식될 수 있다. 이는 1516년 이 용어를 창조했던 토머스 모어(Thomas More)가 유토피아를 "문명화된 공동체를 위해 가장 행복한 기반을 제공하는" 국가로 이해했다는 점에서도 알 수 있다. 그 이후 오언 등 몇몇 유토피아주의자들은 현실에서 이러한 공동체 건설을 시도했지만, 번번이 실패로 끝났다. 근대화와 자본주의의 발달로 현실은 오히려 디스토피아로 빠져드는 것처럼 보인다. 이러한 딜레마의 극복을 위해 하비는 유토피아를 지향하는 사회적 과정을 공간적 형태에 근거를 두도록 하는 변증법적 유토피아주의를 주장한다. 그러나 그가 제시한 유토피아(희망의 공간) 역시 비현실적이라는 점에서, 나는 이 글에서 유토피아란 미래를 지향하는 것이 아니라 현실의 고통 극복에서 출발하는 것이라는 점을 강조했다.

이글은 2000년 대구에서 개최되었던 제2차 '국제비판지리학대회(ICCG)'의 기조 발제를 위해 집필한 것이다. 닐 스미스(Neil Smith)를 포함한 ICCG 운영위원들이 왜 제2차 대회 장소로 한국의 대구를 선정했는지 정확히 알 수는 없지만, 명목상으로는 2000년 국제지리학대회(IGC)가 한국에서 개최될 예정이었기 때문이었다. 그러나 이는 편의적 이유였고, 실제 제3차 ICCG 대회부터 장소는 IGC와는 무관하게 선정되었다. 즉 제2차 대구 대회 이후 ICCG 대회의 개최 장소는 헝가리의 베케슈처버(Békéscsaba, 2002년), 멕시코시티(Mexico City, 2005년), 뭄바이(Mumbai, 2007년), 프랑크푸르트(Frankfurt, 2011년), 팔레스타인의 라말라(Ramallah, 2015년)였고 제8차 대회는 그리스 아테네(Athens, 2019.4.19~23)로 예정되어 있다. 프랑크푸르트를 제외하고 모두 이른바 제3세계의 도시라는 공통점을 가진다. 나는 제3차 학술대회에 참석하기 위해 준비를 했지만, 몸이 불편해 참석하지 못했고, 그 이후 대회에도 아쉽게도 참석하지 못했다.

2000년 8월 9~13일에 대구대학교에서 개최되었던 제2차 ICCG 대회에는 100여 명의 발표자들이 국내외에서 참석했다. 시작 세션에 나와 함께 멕시코의 블랑카 라미레스(Blanca Ramirez) 교수가 기조 발제를 했고, 마지막 세션은 하비 교수의 발표로 장식되었다. 또한 닐 스미스와 동아시아의 여러 비판적 지리학자 외에도, 조 페인터(Joe Painter), 돈 미첼(Don Mitchell), 신디 카츠(Cindi Katz), 스와프나 바너지구하(Swapna Banerjee-Guha), 클라우디오 민카(Claudio Minca), 마이클 웨버(Michael Webber), 제리 프랫(Geraldine Pratt), 니콜라스 로(Nicholas Low) 등을 포함하여 많은 저명한 지리학자들이 참석해 발표를 했다. 이 모든 것들을 준비하고 진행하는 데 닐의 도움은 절대적이었다. 그리고 그는 학회 발표가 끝난 후 매일 대구대학교 앞 술집에서 많은 참석자들을 불러 모아 술 마시고 담소 나누기를 즐겼으며, '사회주의 ABC'를 함께 불렀다. 이제는 고인이 된 닐 스미스의 명복을 빈다.

이 글이 실린 ≪문예미학≫은 대구대학교 홍승용 교수의 중심적 활동으로 대구에서 출간되고 있었는데, 나는 이 글 외에도 두서너 편의 논문을 더 게재했지만, 이런저런 이유로 그 후에는 서먹해졌다. 나는 이글을 포함해 10여 편의 글들을 묶어서 2002년 『근대적 공간의 한계』를 출간했다. 내가 출간한 책들은 종종 일간신문에 서평이 실렸는데, 이 책의 서평은 부산에 근거를 두고 활동하는 문예비평가들의 학술지 ≪오늘의 문예비평≫에 논문 수준의 인터뷰 대담문으로 실렸다. 이 대담의 질문자는 윤일성 교수였다. 그는 '공환연' 초기에 같이 활동을 했던 사회학자로, 이 책을 꼼꼼히 읽고 날카로운 의문들을 제기했으며, 대담은 매우 진지했다. 아직은 이른 나이에 유명을 달리한 고인에 대한 안타까움을 금할 수 없다.

참고문헌

Bell, D. 1976. *The Coming of Post-Industrial Society: A Venture in Social Forecasting*. New York: Basic Books.

Bloch, E. 1986. *The Principle of Hope*. trans. by N. Plaice, S. Plaice and P. Knight, Cambridge, MA: MIT Press.

Block, F. 1990. *Post Industrial Possibilities: A Critique of Economic Discourse*. Berkeley: Univ. of California Press.

Bourdieu, P. 1998. "Utopia of endless exploitation: The essence of neoliberalism." *Le Monde Diplomatique*, http://www.monde-diplomatique.fr/en/1998/12/08bourdieu. html.

Castells, M. 1996. *The Rise of the Network Society*. London: Blackwell.

Choi, B-D. 1998. "The East Asian economic crisis and implication for alternative geography." in the proceedings of the EARCAG.

Foucault, M. 1984. *The Foucault Reader*. in P. Rabinow(ed). New York: Pantheon.

Galbraith, J. K. et al. 1999. "Secrets of U.S. economic strength." *New Left Review*, 237.

Geoghegan, V. 1987. *Utopianism and Marxism*. London and New York: Methuen.

Gindin, S. and L. Panitch. 2000. "Rekindling socialist imagination: Utopian vision and working-class capacities." *Monthly Review*, 51(10), pp. 36~51.

Gorz, A. 1989. *Critique of Economic Reason*, London: Verso.

Harvey, D. 1973. *Social Justice and the City*. London: Arnold.

_____. 1996. *Justice, Nature and the Geography of Difference*, London: Blackwell.

_____. 2000. *Spaces of Hope*, Edinburgh: Edinburgh University Press.

Lenin, V. I. 1963. *Collected Works*. London: Lawrence & Wishart.

Marx, K. and F. Engels. 1975. *Collected Works*. vol.4, London: Lawrence & Wishart.

More, T. 1965. *Utopia*. London: Penguin Classics.

Nelson, J. I. 1998. "Out of utopia: The paradox of postindustrialization." *Sociological Quarterly*, 39(4), pp. 583~596.

Poster, M. 1995. "Cyberdemocracy: internet and the public sphere." http://www.hnet. uci.edu/mposter/writings/democ.html.

Selfa, L. 1999. "Latin America: Rebirth of Resistance." *International Socialist Review*, 10, http://www.internationalsocialist/left_in_latin_america.html.

Soja, E. 1980. "The socio-spatial dialectic, Annals, Association of American Geographers." 70, pp. 207~225.

Smith, N. 1981. "Degeneracy in theory and practice: spatial interactionism and radical eclecticism." *Progress in Human Geography*, 5, pp. 111~118.

Strabo. 1917. *The Geography of Strabo*, 1917 ed. London: Heinemann.

Unger, R. M. 1987. *False Necessity, part 1 of Politics: A work in constructive social theory*, Cambridge: Cambridge Univ. Press.

Winner, L. 1997a. "Cyberlibertarian myths and the prospects for community." http://www.rpi.edu/~winner/cyberlib2.html.

_____. 1997b. "Technology today: utopia or dystopia." *Social Research*, 64(3), pp. 989~1017.

Zeitlin, M. 1996. "In defense of utopia." *Monthly Review*, 48(7), pp. 23~28.

제8장 자본주의 사회에서 장소성의 상실과 복원

1. 장소의 상실?

오늘날 우리의 삶에서 장소가 사라졌다고 말한다. 여기서 장소란 무엇을 의미하는가? 어떤 의미에서 우리의 일상적 삶은 여전히 '장소'에 근거를 두고 있다. 단독주택 또는 아파트에서의 가정생활을 위한 주거공간, 고층빌딩이나 사업 현장에서 노동 활동을 위한 작업공간, 그리고 재래시장이나 백화점에서의 상품 구입을 위한 구매(시장)공간, 극장이나 야외에서의 여가 생활 등을 위한 문화공간, 뿐만 아니라 이러한 공간들 사이를 이동하기 위한 도보나 도로 및 철로도 하나의 공간을 이룬다. 일상의 모든 일들의 바탕이 되는 이러한 공간들은 분명 장소라고 지칭될 수 있다. 그렇다면 우리는 장소 및 이와 관련된 개념들을 보다 분명히 규정할 필요가 있다고 하겠다.

그러나 다른 한편, 우리의 생활은 이제 더 이상 장소에 근거를 두지 않는다고 주장하더라도 부정할 사람은 거의 없는 것처럼 보인다. 아침 식탁에 어디에서 생산되었는지도 알지 못하는 각종 수입 식품들이 점점 더 늘어나고, 작업 현장은 전화와 인터넷으로 뉴욕이나 런던과 직통으로 연결될 뿐만 아니라 빈번한 해외 출장으로 이러한 세계도시들이 바로 작업 현장이 되고 있다. 또한 시골의 조그만 재래시장에도 외국 상품들이 진열되어 국내 상품들과 경쟁하고 있으며, 여가 생활을 즐기기 위한 관광을 목적으로 매년 수백만 명이 해외 나들이를 하고 있다. 월드컵 축구 경기를 관람하기 위해 세계 도처에서 사람들이 찾아오고, 축구 경기와 더불어 그 경기가 열리는 도시의 경관이 전 세계인들에게 송전된다. 이제 일상생활은 더 이상 일정한 범위를 가지는 장소에서 이루어진다고 말하기 어렵게 되었다. 뿐만 아니라 이러한 상황에서 사람들은 전통적 의미의 장소에 대해 어떤 애착이나 정체성을 더 이상 느끼지 않는 것처럼 보인다. 문제는 다음 의문에 답하는 것이다. 왜 우리는 장소(성)를 상실하게 되었는가?

최근 많은 지역들에서 지방자치단체와 주민들은 이러한 장소(성)의 상실을 지적하면서 새로운 장소의 창출을 통한 장소성의 복원을 시도하고 있으며, 상당수의 학자들이 이의 필요성을 뒷받침하고 있다. 문화 엑스포와 거리 축제 등을 통해 이른바 '장소 판매'에 열을 올리고 많은 투자를 하고 있다. 왜 사람들은 장소(성)를 복원하고자 하는가? 장소 및 이와 관련된 개념들(대표적으로 공동체, 유토피아 등)은 매우 규범적인 의미를 가지는 것으로 이해되고 있다. 따라서 사람들은 문화유산이나 전통적 생활양식의 재현이 장소에 대한 향수나 애착, 정체감을 되살려 줄 것으로 기대하고 또한 그렇게 느끼고 있다. 그러나 장소는 단순히 긍정적인 의미만을 가지는 것이 아니라 장소 밖의 사람들에 대한 배타성, 장소의 규범적 의미 이면에 깔려 있는 이윤 추구의 논리 및 권력 또는 이데올로기 등의 은폐성과 같은 부정적인 측면을 가진다. 사실 이러한 점에서 보면, 최근 장소를 새롭게 복원하고자 하는 다양한 시도들 가운데 상당 부분은 부정적 측면을 내재하고 있다고 볼 수 있다.

끝으로, 그렇다면 우리는 장소의 규범적 의미를 포기하고 새로운 장소의 복원을 위한 시도들을 중단해야 할 것인가? 또는 장소의 의미를 새롭게 해석하고, 이를 현실 세계에 실천적으로 창출하기 위해 새로운 시도들을 계속해야 할 것인가? 현대 사회에서 전통적 의미의 장소를 복원하고자 하는 시도는 더 이상 유의하지 않다고 할 수 있다. 그러나 대부분의 학자들은 규범적 장소를 재개념화하고 이를 실현시키기 위한 노력이 여전히 유의한 것으로 이해하고 있다. 그러나 이들이 제시하는 새로운 장소의 모습과 이를 추구하는 방법은 매우 상이하다. 우리는 이들의 논의를 검토해 진정한 장소의 실현을 위한 조건이나 전략들을 보다 심각하게 고찰해볼 필요가 있다고 하겠다.

이러한 점들에서, 이 글에서 우리는 '장소의 상실과 복원'이라는, 다소 진부하지만 21세기 우리의 삶과 그 삶터를 전망하기 위해 매우 중요한 의미를 가지는 주제를 다루고자 한다. 먼저 장소 및 이와 관련된 개념들을 재규정하고, 다음으로 자본주의 사회에서 어떻게 장소가 파괴되고 장소성이 상실되었는가를 살펴보고자 한다. 그리고 난 후 최근 정책적 및 학문적으로 제기되고 있는 장소성 복원의 의의와 그 방안들을 비판적으로 검토하고, 끝으로 진정한 장소의 복원을 위해 철학적 대가들이 제시한 주요 사례들을 살펴본 후 이에 함의된 몇 가지 주요한 사항들을 강조하고자 한다.

2. 장소와 장소성의 개념

우리는 '장소'라는 용어를 흔히 사용하지만, 이 용어는 매우 다중적인 의미를 가지고 때로 모호하게 사용되기도 한다. 즉 장소(place)는 어떤 특정한 활동이 이루어지는 장, 또는 그 활동이 이루어지는 물리적 배경(소환경, setting), 그리고 이러한 활동을 통해 부여된 상징적 의미 등과 관련해 이해된다. 이러한 개념 규정은 일상적으로 사용되는 장소의 용례 구분에서도 확인할 수 있으며, 장소(場所, place)에 대한 어의적 특성에 관한 고찰에서도 드러난다(이석환·황기원, 1997)(〈표 8-1〉 참조). 뿐만 아니라 장소와 관련되거나 또는 장소라는 단어를 대신해서 현장, 입지, 공간, 경관, 지역, 영토, 공동체 등 다양한 용어들이 사용되고 있다. 그러나 이러한 용어들이 사용되는 배경이나 그 규모 또는 층위도 매우 모호하거나 중층적이다(예로, 신체가 차지하는 자리에서부

표 8-1 **장소와 place의 어의적 특성**

구분	장소		place
	장(場)	소(所)	
물리적 환경 (공간)	구획된 공지, 제단, (타작)마당, 남새밭, 양지바른 곳, 평평함	관아, 마을, 보금자리, 거처, 위치, 구획됨	넓은 길이나 개방공간(open space), 사람/사물이 점유한 공간, 도시·읍·마을, 주거·주택·마당, 건물·사무실·좌석, 넓고 평평함
활동	모임, 제사, 타작, 채소/곡물 재배	머무름, 휴식, 의지함	점유, 사건(event)의 발생, 특정 목적의 활동 수용
상징	신성, 중심, 생산과 수확, 문화(인공성)	편안함, 고향, 한정, 높은 신분	편안함, 가정 혹은 고향(home), 한정, 문화(인공성)

자료: 이석환·황기원(1997: 173).

터 가옥, 이웃, 구역, 지역사회, 국가에 이르기까지). 이러한 점에서 우리는 일단 장소의 개념을 예비적으로 정의하고, 이를 보다 세련되게 만들어나가는 것이 바람직하다고 하겠다. 즉 예비적 개념으로, 장소란 일상생활에서 일정한 활동이 이루어지는 물리적 배경과 이에 부여된 상징적 의미를 말한다.

이러한 장소의 개념에서, 우선 일정한 활동이 이루어지는 물리적 환경 또는 공간과 관련해 이 개념을 보다 자세히 살펴볼 수 있다. 즉 장소는 일정한 활동이 이루어지거나 또는 특정한 사건이 발생하는 한정된 범위의 공간이라고 할 수 있다. 여기서 장소는 공간과 대비되는 개념이다. 즉 공간은 일정한 활동이나 사물들 또는 환경을 가지는 위치들 간의 연장으로서 추상적이고 물리적인 범위와 관련된다면, 장소는 체험적이고 구체적인 활동의 기반이면서 맥락적이고 문화적인 의미와 관련된다. 물론 공간과 장소는 분리된 두 개의 실체나 사물이 아니라 동일한 것의 두 측면을 지칭한다. 이러한 점에서 공간과 장소 간의 변증법을 주장한 메리필드(Merrifield, 1993)에 의하면 공간은 사회적 과정의 결과이며, 또한 동시에 그 자체로서 하나의 과정(process)이라고 할 수 있다. 장소는 기본적으로 사회적 실천들이 전개되는 곳이라는 점에서 실천적 공간이다. 실천의 장으로서 장소는 과정으로서 공간 속에서 이루어지며, 또한 동시에 장소의 구축을 통해 공간이 형성되고, 재형성된다.

활동이나 사물이 발생하는 무대, 또는 사회적 실천들이 전개되는 곳이라는 점에서 장소는 인간의 행위와 사회의 구조를 매개하는 장이라고 할 수 있다. 이와 관련해 행위와 구조의 변증법, 즉 구조화이론을 주창한 기든스 (1991: 204)는 장소라는 용어 대신에 상호행위의 배경을 함의하고 있는 현장 (locale)이라는 단어를 사용하고자 한다. 여기서 현장은 단지 상호행위의 무대 또는 물리적 환경과 관련되기보다는 이 상호행위의 생산과 재생산에 참여하는 사람들에 의해 능동적으로 조직된 것으로 이해된다는 점에서 의의를 가진다. 그러나 다른 한편, 맥락성을 강조하는 '현장'이라는 용어는 아래에서 살펴볼 것처럼 장소가 가지는 상징적 의미나 규범적 가치 등을 제거한다는 점에서 지리학자들에 의해 거부되고, 대신 장소의 개념에 이러한 현장이라는 용어의 함의가 포괄될 필요가 있다고 주장되고 있다.

다른 한편으로 장소는 인간의 활동, 특히 체험과 이를 통해 의미 부여와 획득과 관련된다. 즉, 장소는 의미가 부여된 공간이다. 장소의 체험은 인간 활동과 공간환경 간의 관계를 통해 구축되며, 의미 부여의 동기가 된다. 이러한 점에서 "장소는 인간과 분리되어 설명될 수 없는 개념이다. 즉, 장소는 이미 '체험된 대상'을 전제하며 엄격한 의미에서 '체험의 결과로 나타나는 현상'인 바, 인간의 의식이 물질적 존재와 맺는 관계의 총합체"라고 주장될 수 있다 (이석환, 1998). 이러한 측면에서 장소감(sense of place) 또는 장소성의 개념이 파생된다. 장소감이란 개인이 자신의 체험을 통해 부여하거나 또는 생성 (획득)된 장소 관련 의미를 말한다. 엔트리킨(J. Nicholas Entrikin)에 의하면 장소감은 객관적으로 공유하는 환경의 속성과 이 환경과 관련해 주관적으로 특유한 경험 사이에 놓여 있다. 그는 이러한 점을 강조하기 위해 장소의 사이 성(betweenness of place)이라는 용어를 사용했다. 즉, 그는 "장소를 이해하기 위해서는 객관적인 현실과 주관적인 현실에 접근할 수 있어야 하며 …… 장소는 그 중간 지점에서 가장 잘 파악된다"라고 기술했다(Entrinkin, 1991: 5). 객관적 관점에서 보면 장소는 입지 또는 공유된 일련의 관계로 간주되며, 주관적 관점에서 보면 장소는 의미와 상징의 영역이다.

장소감은 체험적 실천을 통해 형성되며, 또한 동시에 일상적 실천을 위한 의식의 배경이 된다. 이러한 점에서 "장소감은 우리를 세계와 연결시키는 능력으로써 모든 사람들이 (정도의 차이는 있지만) 가지고 있다. 즉, 장소감은 세계가 어떻게 구성되어 있으며, 어떻게 변하고 있는가를 파악할 수 있도록 해주는 경험된 그리고 학습된 능력"이라고 정의될 수 있다(렐프, 2001: 309). 이러한 장소감은 대체로 집단이나 사회적 차원이라기보다는 개인의 활동이나 의식과 관련된다. 장소와 관련된 집단적 행위와 가치 부여는 흔히 '장소 정신 (spirit of place)'이라는 용어가 사용되며, 이러한 장소감이나 장소 정신이 개인이나 집단의 행위 차원에서 사회적 의식으로 승화될 때, 우리는 '장소성 (placeness)'이라는 개념을 사용할 수 있다. 즉, 장소성이란 특정 사회의 구성원들이 집단적 생활을 영위하는 과정에서 그 생활의 기반이 되는 장소에 대해 가지는 사회적 의식이라고 할 수 있다. 이 점에서 "장소 정신은 집단적 국면과 보다 관계되고 장소감은 개인적 국면과 보다 관계"되며, "장소성은 장소 정신과 장소감 간의 변증법적 생산물"로 이해될 수 있다(이석환, 1998). 장소성을 구성하는 소재(loci)는 한 사회의 자연환경 및 인공환경이며, 이와 관련된 의미의 창출·부여·획득·상실의 근거는 그곳에서 생활하는 사람들의 상호행위와 의미 부여, 생활양식, 나아가 사회체제이다.

이러한 장소감 또는 장소성과 관련하여 장소의 정체성, 뿌리내림(존재론적 안전감) 등과 같은 규범적 가치가 논의된다. 우선, 사람들은 자신의 생활 장소와 관련해 자신의 소속감으로서 정체성을 느끼게 된다는 점을 지적할 수 있다. 지속적인 삶이 영위되는 장소는 상호행위와 생활양식에 근거한 정체성과 안전감을 제공하는 것으로 이해된다. 사람들은 일상생활의 체험적 활동을 통해 장소를 구성하는 물리적 및 인공적 소환경에 대해 다양한 상징적 의미를 부여할 뿐만 아니라, 이러한 체험에 대한 기억과 의미에 대한 반추를 통해 자신의 생존과 생활에 대한 의미를 형성하게 된다. 이러한 소환경들은 물론 어떤 물체 그 자체로 존재하기보다는 사회적 관계를 매개하는 것으로 이해되어야 할 것이다. 사회적 관계는 사람들이 그들의 장소와 어떻게 상호 작용하는가를 반영할 뿐만 아니라 장소의 사회적 생산의 특성을 설명해준다. 따라서 과거 사람들이 자신들의 이름과 출신지로 그 사람의 됨됨이나 신분을 확인하는 것이 일반적 관례였던 것처럼, 이름에서 확인되는 혈연과 더불어 출신 장소에서 확인되는 지연은 그 사회 구성원들의 소속감이나 동일성에 근거한 정체성 형성과 확인에 필수적인 준거가 되었다.

장소를 통한 정체성은 물론 단지 사회적 관계에서의 소속감을 드러내는 것이라기보다는 장소에의 '뿌리내림(rootedness)'을 통한 삶의 안전감과 관련된다. 투안(Tuan, 1980)에 의하면, 뿌리내림은 국지적 소환경에 대한 의도적 가치 부여가 아니라 무의식적이며 비(또는 선)반성적으로 안전하고 안락한 존재 상태를 의미한다. 이에 따라 장소에의 침잠은 시간의 흐름에 대해서뿐만 아니라 심지어 그 사람의 즉각적인 주변 환경을 넘어서는 세계에 대해서도 의식하지 않는다. 뿌리내림에 근거한 장소성은 단지 소속감뿐만 아니라 '집에 있음(being at home)'의 상태, 즉 존재론적 안전성을 전제로 한다. 현대 사회에서 장소감은 흔히 국가적·지역적 정체성을 기념하기 위한 역사적 보전과 관련되지만, 투안에 의하면 물리적 배경(자연적 환경이나 인공적 시설이든지 간에)과의 연계를 의도적으로 설정함으로써 의미를 창출하고자 하는 자의식적 장소감은 이러한 선반성적(즉 실존적) 뿌리내림의 속성을 결하고 있다고 주장한다.

현상학이나 실존주의의 전통에 있는 학자들은 뿌리내림에 근거한 장소성이 정체성뿐만 아니라 존재론적 안전감을 가져다준다는 점에서 더 나아가고자 한다. 즉, 장소는 단순한 사건이나 활동의 현장이 아니라 존재의 근원으로 간주된다. 이러한 유의 주장은 '장소'란 존재의 진리가 구현되는 장이라고 주장한 하이데거에게로 소급된다. 그에 의하면, 거주(dwelling)는 인간과 사물들 간의 영적 통합을 이루어내는 힘으로 간주된다(Heidegger, 1971). 이러한 전통의 한 변형된 견해로서, 장소감이나 공동체는 어떤 규범적 가치 또는 공공적 선을 내재하는 것으로 간주되었다. 또는 공동체의 규범은 장소기반적 집단의 계약적 의무라는 점에서 정당성을 가진다고 강조되기도 한다. 지역사회의 집단적 의무 또는 책임성에 대한 강조는 오랜 생활의 토대가 되는 장소기반적 가치, 필요, 규범에 근거한다는 점에서 사회적 의미를 가질 수 있다. 그러나 문제는 장소 그 자체(특히 물리적 배경)가 어떤 내재적 가치를 가지는 것으로 이해되거나, 또는 장소기반적 정체성이 배타적 소속감으로 간주되어서는 안 될 것이다.

　이러한 점에서 장소 및 장소성이 가지는 두 가지 측면, 즉 긍정적 측면과 부정적 측면을 살펴볼 필요가 있다. 즉, 장소성은 공유된 문화적 전통을 반영할 수도 있지만 반대로 엄청난 부정을 감출 수도 있다는 점에서 "장소에 대한 조심스럽고 비판적인 관찰이 요구"된다(렐프, 2001: 310). 사실 장소에 관한 전통적인 논의들은 대부분 장소성을 규범적이고 좋은 것, 선한 것 또는 진실된 것이며, 이의 개선을 통해 생활환경을 보다 아름답고 질서 있게 하며, 생활의 질을 향상시키고, 나아가 정의로운 공동체를 위한 기본적인 능력을 육성할 수 있는 것으로 이해한다. 그러나 장소성은 항상 긍정적인 측면만을 가지고 있는 것은 아니다. 장소가 정체성이나 소속감과 관련되는 만큼, 배타성이나 차별성과도 관련된다. 어떤 장소에 소속되고 그곳의 전통에 참여하려는 사회적 욕구는 소속되지 않았다고 간주되는 사람들을 체계적으로 배제하려는 시도를 자극할 수 있다. 이에 따라 장소성이 잘못 이용될 수 있다. 예로, 군사전략이나 식민지 통치전략들 가운데 흔히 사용되는 한 방법은 적국이나 피식민국의 사람들의 의지를 약화시키기 위해 기존의 장소를 파괴하고, 새로운 장소감을 갖도록 하는 것이다. 오늘날에는 경제적 또는 정치적 목적으로 장소성이 고취되거나, 특정한 장소성을 가지는 것처럼 포장된 소환경들이 건설되는 경우를 흔히 볼 수 있다. 이러한 점에서 장소(성)는 '의사적인 것'과 '진정한 것'으로 분석적으로 구분될 수 있지만, 특정한 장소(특히 물리적 배경)가 고정적으로 어떤 의사성이나 진정성을 가지는 것은 아니다.

또 다른 측면에서 장소(성)는 무장소(성)(non-place 또는 placelessness)과는 대조된다. 처음 웨버(Webber, 1964)가 무장소라는 용어를 사용했을 때, 이 용어는 인접성(proximity)이라기보다는 접근성(accessibility)과 관련되는 것으로 이해되었다. 즉 일상생활에서 접근이 통제된 곳은 의미를 가질 수 없으며 따라서 무(또는 비)장소로 지칭될 수 있다. 그러나 이 개념이 점차 일반적으로 사용되면서, 무장소는 친숙하지 않으며 역사적 의미를 가지지 않을 뿐만 아니라 어떠한 애착이나 정체성, 안전감을 부여하지 않는 장소들을 지칭하게 되었다(Auge, 1995). 예로 고속도로, 국제공항, 쇼핑몰, 슈퍼마켓 등은 정체성, 관련성, 역사성이 거의 의미를 가지지 않는 어떤 장소들이다. 이들의 장소성은 마치 여행자들이 느끼는 것에 비유될 수 있을 것이다. 이러한 장소에서 개인의 사회적 관계는 최소화되며, 장소 정체성이란 별로 의미가 없다. 이 글에서 장소성(의 상실)에 관한 논의는 현대 사회에서 장소와 관련된 이러한 두 가지 측면, 즉 '무장소성' 및 '의사적 장소성'과 관련된다.

끝으로 장소 및 장소성의 개념과 관련해 지적되어야 할 점은 특정한 장소 또는 장소성은 정태적인 것이 아니라 지속적으로 생성되고, 발전·변화하고, 소멸되며, 다른 장소 또는 장소성으로 대체된다는 점이다. 이러한 장소(성)의 역동성과 관련해 논의함에 있어 강조할 수 있는 점은 장소, 특히 장소성은 외적으로 존재하는 실체가 아니라 사회적 구성물(social construct)이라는 것이다. 즉 "공간이나 시간과 마찬가지로 장소도 사회적 구성물이며, 따라서 그렇게 읽히고 이해되어야 한다"(하비, 1995: 64). 이러한 점에서, 현상학적 학자들은 장소가 "거듭되는 만남과 복잡한 관련들을 통해 우리의 기억과 관심 속에서 건설되는"(Relph, 1989: 26) 방법에 관심을 기울여야 한다는 주장이 유의하다고 할 수 있다. 그러나 문제는 특정한 장소(성)가 단순히 우리의 기억이나 관심 속에서 (주관적으로) 건설되는 것이 아니라 어떤 사회적 과정이나 배경 속에서 구축되며, 또한 그 사회의 지배적 담론과 관련된다는 점이다.

장소의 생성과 상실의 과정은 사회의 발전 과정 속에서 분석되어야 하지만, 또한 여기서는 장소(성)의 개념과 관련하여 장소의 구성이 그 사회의 담론과 밀접한 관계를 가진다는 점이 강조될 수 있다. 고전적 의미에서 장소[토포스(topos)]는 수사학과 관련을 가졌다. 플라톤의『파이드로스(Phaedrus)』나 아리스토텔레스의『수사학(Rhetoric)』에서 장소는 어떤 주장이 만들어지는 과정이나 배경과 관련을 가진다(Boswell, 1997). 이는 두 가지 측면에서 그러하다. 첫째, 어떤 것이 알 수 있는 것으로 인식되기 위해서는 그것은 장소를 가져야만 한다. 즉 알 수 있는 것 따라서 의미 있는 것은 그것의 장소를 가리키는 것으로, '의미는 사물의 장소를 앎'이라는 점에서 이해된다. 사실 고대 그리스어에서 토포스는 장소를 의미했을 뿐만 아니라 언술의 주제(topic)의 어원이기도 하다. 둘째, 사람들은 같은 장소를 공유함으로써, 즉 공동의 장소(commonplace)에서 의사소통을 할 수 있다. 이러한 점에서 장소는 또한 특이한 은유적 의미를 가진다. 즉 사람이나 사건, 사물들을 적절한 장소에 둔다는 말은 곧 규범을 뜻한다. 그러나 오늘날 장소는 분명 담론과 관련을 가지지만, 어떤 내재적 규범이라기보다는 지식/권력과 관련된다. 즉 장소는 담론의 배경이며 주제이지만, 또한 권력 창출의 장이라고 할 수 있다.

3. 자본주의 사회와 장소성의 상실

장소의 중첩적 의미들을 이해할 뿐만 아니라 장소의 변화 과정, 특히 자본주의의 발달과 장소성의 상실에 관한 설명을 위하여 우리는 장소와 관련된 공간의 개념(그리고 그 외의 입지, 환경, 경관 등의 개념)을 좀 더 구체적으로 살펴볼 필요가 있다. 그러나 여기서는 공간의 개념을 상술하기보다는, 장소와

그림 8-1 **장소와 관련된 공간의 범주화**

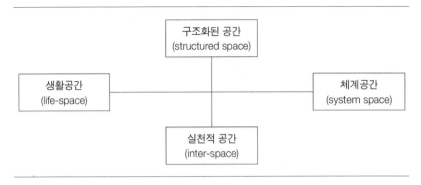

관련된 공간의 개념을 범주화해 장소(성)의 개념 및 이의 창출과 상실에 관한 장소의 역사적 변화 과정을 살펴보고자 한다.

〈그림 8-1〉에 제시된 공간의 범주화는 두 가지 기본축, 즉 기든스(1991a)가 그의 구조화이론에서 구분하는 행위/구조의 축과 하버마스(Habermas, 1984)가 그의 의사소통적 행위이론에서 구분하는 생활세계/체계의 축을 기초로 한 것이다(Choi, 1987). 실천적 공간[practical space, 또는 간공간(inter-space)]은 (상호)행위 차원의 공간으로, 사람들 간의 대면적 관계와 상호행위 과정에서 즉시적으로 형성되며 일련의 행위가 끝나면 사라지는 공간을 지칭한다. 구조화된 공간(structured space)이란 구조 차원의 공간으로, 일정한 활동의 지속이나 사회제도적으로 구조화되어 일정한 기능을 가지는 공간을 말한다. 생활공간(life-space)은 일상적 생활이 영위되는 사회적·문화적 공간으로, 언어와 생활 규범에 의해 매개되며 이를 통해 사회적 가치가 (재)생산되는 공간이다. 체계공간(system space)은 경제적 활동과 정치적 행위가 이루어지는 경제적·정치적 공간으로, 화폐와 권력에 의해 매개되며 이를 통해 사회적 부와 힘이 (재)생산되는 공간을 지칭한다.

이러한 공간의 범주화는 장소 그 자체를 유형화하기 어렵다는 점에서 장소의 다중적 의미를 어느 정도 이해할 수 있도록 한다. 특히 제시된 공간의 범주들에서 장소는 생활공간에 대체로 상응하지만, 구조화된 공간으로서의 장소와 실천적 공간으로서의 장소를 포괄한다. 이러한 범주화는 구조화이론 또는 의사소통적 행위이론 및 이를 원용한 다양한 분석들, 나아가 사회이론이나 철학 속에서 공간 및 장소의 개념이 어떻게 개입될 수 있는가를 이해하는 데 도움을 줄 것이다. 또한 이러한 공간의 범주화는 장소의 역사 및 자본주의의 발달 과정에서 장소성의 상실을 설명하는 데 중요한 의미를 가진다.

1) 장소의 역사

인간의 삶은 장소에 근거를 두고 있다. 따라서 인간이 이 지구상에서 자신의 생존을 영위한 이래 어떠한 형태든 장소가 있었다. 이러한 점에서 우리는 위에서 제시된 공간의 범주들과 관련하여 장소의 역사를 살펴볼 수 있다(기든스, 1991a; Choi, 1987 참조).

인간의 역사에서 최초의 장소는 자연적 위협으로부터의 피난처인 동굴 속이었을 것이다. 동굴 속은 수렵이나 채취 생활로 생존을 영위했던 고대인들에게 자연적 재해(비, 추위, 그리고 맹수의 위협)를 피하고 안전하게 잠을 잘 수 있으며, 가족들의 모임이 이루어지고 자녀를 양육하는 보금자리였다. 즉, 동굴 속 장소는 일상적 생활이 이루어지는 실천적 장소였다. 물론 수렵이나 채취를 위해 헤매던 산이나 들 그리고 하천은 점차 친숙한 장소로 인식되었을 것이다. 이러한 장소들은 공감적 체험과 대화 과정에서 상징적 의미를 부여받게 되었으며, 사람들은 이 장소들에 대해 어떤 장소성을 가지게 되었다. 나아가 이러한 실천적 공간으로서 장소들은 오랜 생활 습관 속에서 점차 구조화된 공간으로서의 장소로 전환되면서, 동굴 속 또는 주변의 특정 장소는 일정한 기능(예로, 숙소 또는 제사장, 놀이터 등)을 부여받았을 것이다.

유목 생활에서 농경 생활로 전환하면서 정착한 주거지와 주변의 농경지들은 매우 중요한 장소로 간주되었다. 정착 생활 속에서 이러한 장소들은 일정한 생활양식이 형성되는 바탕이 되었으며, 또한 그 생활양식을 반영한 경관과 장소성을 형성하게 되었다. 예로 정착 주거지가 원거리 사냥이나 전쟁 또는 여행에서 귀소본능을 가지도록 하는 고향으로 성격이 지어진 것처럼, 실천적 공간은 오래된 정착 속에서 구조화된 공간으로 제도화되었다. 거의 모든 일상생활은 이 장소 속에서 이루어졌으며, 따라서 일상생활의 사회적 관계와 문화적 활동뿐만 아니라 생산-소비 활동 및 권위나 권력의 행사와 관련된 정치적 활동도 한 장소 내에서 이루어졌을 것이다. 즉 실천적 공간이 어느 정도 구조화되었다고 할지라도, 일상생활이 제도화된 생활공간과 경제적·정치적 활동이 이루어지는 (체계)공간의 사이는 아직 분화가 이루어지지 않았다.

그러나 점차 사회적 관계가 확대되면서, 노동의 분업과 이와 관련된 물물교환이 이루어지게 되었다. 노동의 분업에서, 성이나 연령에 기초한 사회적 분업뿐만 아니라 장소의 상이성에 기초한 공간적 분업이 중요성을 가지게 되었다. 공간적 분업과 이에 의해 동반된 물물교환은 그동안 한 장소 내에서 이루어졌던 생산과 소비를 분리하는 과정이었다. 생산과 소비의 공간적 분리는 처음에는 시장에서의 대면적 만남을 통한 물물교환을 통해 매개되었지만, 화폐가 교환의 수단으로 등장한 이후 생산자와 소비자 간의 대면적 만남이 불필요하게 되었다. 이에 따라, 예를 들어 사람들은 곡물을 생산하지만 누가 소비할 것인지를 알지 못하고, 또한 마찬가지로 소비하는 어떤 물건이 누구에 의해 생산된 것인지를 알 수 없게 된다. 즉 화폐로 매개되는 상품들의 물신화뿐만 아니라 상품의 생산 및 소비 장소의 물신화(신비화)가 이루어지게 되었다. 요컨대 생산과 소비의 공간적 분리는 생활공간으로부터 경제적 체계공간의 분화를 의미한다(〈그림 8-2〉 참조).

뿐만 아니라 혈연 및 지연에 기초했던 정치적 단위는 점차 확대되어 권력의 생성과 행사를 제도화한 국가로 발전하게 되었다. 그동안 집단의 합의와 규범 또는 직접적 폭력에 근거를 두었던 정치, 즉 장소에 근거를 두었던 정

그림 8-2 **생활공간에서 체계공간의 분화 과정**

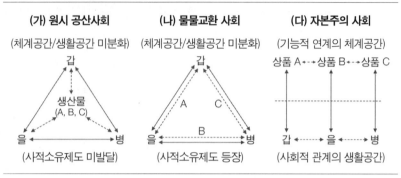

자료: Cohen(1978: 121).

치는 이들을 제도화한 국가체계를 통해 이루어지게 되었다. 고대 그리스의 도시국가들처럼, 초기 국가들은 물론 일정한 장소, 즉 폴리스(polis)에 근거를 두었으며, 이 당시의 이상국가들은 대체로 대면적 관계(즉 직접 민주주의)를 전제로 한 것이었다. 그러나 국가의 영토가 점차 팽창하고 제국(주의)화되면서, 권력은 더 이상 장소에 근거를 두지 않게 되었다. 즉, 고대 국가의 발달과 더불어 권력은 사회의 구성원들로부터 도출되는 것이 아니라 제도화된 신분 집단(귀족) 및 성문화된 율법으로부터 도출된다는 점에서 물신화되었다고 할 수 있으며, 이는 생활공간에서 정치적 체계공간도 분화하게 되었음을 의미한다.

고대사회에서 봉건제 사회에 이르기까지 전자본주의 사회에서 생활공간과 체계공간의 분화는 그러나 그렇게 기능적으로 발달하지는 못했다. 대부분의 지역들은 자급자족 경제체제를 이루고 있었으며, 화폐를 매개로 물물교환이 이루어지는 경우라고 할지라도 교환가치가 아니라 사용가치를 전제로 했다. 또한 봉건제하에서의 권력 집단에 의한 정치적 지배가 모든 지역들에 항상적으로 영향을 미친 것은 아니라고 할 수 있다. 예로, 권력 집단의 교체를 의미하는 왕조의 변화는 일상생활을 영위하는 각 지역들에 별로 큰 영향을 주지 않았다. 그리고 대부분의 일상생활은 생활공간의 물리적 범위를 크게 벗어나지 않았다는 점뿐만 아니라, 사회적 관계와 생활 규범 및 가치는 기본적으로 장소에 근거를 두고 있었다는 점에서 장소기반적이라고 할 수 있다. 또한 장소는 항상 구체적 사물들이나 사건들, 그리고 이들에 부여된 어떤 감정이나 가치와 관련해 구성되었을 것이다. 이러한 장소기반적(또는 장소제약적) 생활 속에서 사람들은 자신이 살아가는 일정한 장소와 관련해 정체성과 안전감을 가지고 생활했다고 할 수 있다. 따라서 실천적 공간으로서 장소와 구조화된 공간으로서 장소 간에 큰 괴리(즉 물신성)가 없었고, 또한 사회문화적 생활공간과 경제정치적 체계공간 간 전형적인 분리도 아직 이루어지지 않았다고 할 수 있다.

이러한 미분화 상태는 그러나 자본주의의 등장으로 급격히 변화하게 되었다. 노동의 분업이 더욱 발달하면서 지역적으로 생산의 전문화가 촉진되고 이에 기초해 상품들의 교환이 급속히 증대하면서, 이를 매개하던 화폐는 단순 교환 수단에서 나아가 이윤 추구를 위한 가치 증식의 수단, 즉 자본으로 운영되었다. 자본의 이윤 추구를 위한 교환의 확대와 분업의 촉진은 상품 거래를 위한 시장을 점차 팽창시켜서 세계적 규모로 확대되게 했다. 즉, 경제적 체계공간은 시장 메커니즘의 기능적 작동에 의해 추동되면서, 국지적 생활공간과는 완전히 분리되었다. 뿐만 아니라 일상생활의 장소와 관련된 물리적 배경으로서 소환경들은 점차 자본주의적 생산을 위한 수단(즉 원료와 에너지원)과 장소(즉 공장이나 공단의 부지)로 이용되었다. 이 과정에서 장소의 물리적 환경들은 생산을 위하여 개발되고 상품화되면서 자본의 축적 과정에 편입되었고, 장소의 속성은 일상생활을 위한 사용가치보다는 이윤 추구를 위한 교환가치로서 인식되었다.

이러한 자본주의의 등장 및 발달과 병행된 근대적 국민국가의 등장 역시 생활공간으로부터 정치적 체계공간을 완전히 분리시키는 계기가 되었다. 그동안 영주 중심의 성곽도시에 근거해 이루어졌던 정치는 국경을 서로 접하는 영토와 그 영토에 귀속되는 국민들로 구성된 국민국가(초기에는 왕정에서 점차 입헌국가로 변화)에 기초한 정치체제로 전환되었다. 국민국가의 권력은 명목상 국민들로부터 도출되지만, 실제 권력은 대의정치에 의해 선출된 중앙집권적 정치집단과 폭력을 제도화(즉 제재수단을 정당화)한 공권력에 의해 행사되었다. 국민국가는 그 구성원인 국민들의 재산 및 신체의 안전을 위해 봉사한다는 전제하에서 영토적 안전감을 제도화했지만, 오히려 국민들은 과거의 장소에 기초했던 능동적 안전감에서 국가의 제도적 장치에 의해 수동적으로 보장받는 안전감에 의존하도록 강제되었다.

생활공간에서 체계공간이 분화하는 이러한 과정은 궁극적으로 체계공간에 의한 생활공간의 식민화를 초래하게 되었다. 전자본주의 사회에서 경제적 생산과 소비는 한 장소 내에서 이루어지면서 그 장소의 구성원들의 암묵적 합의를 통해 이루어졌으며, 정치적 제재와 질서는 장소에 기초한 사회적 규범과 합의(예로, 향약)에 근거를 두었다. 즉 경제적 및 정치적 활동은 생활공간에 근거를 두었다. 그러나 자본주의 사회의 발달과 더불어 생활공간으로부터 분화된 경제적 및 정치적 체계공간은 '보이지 않는 손'과 같은 그 자체의 운영 법칙을 가지는 것처럼 작동되었다. 뿐만 아니라 이러한 체계공간의 작동 원리(시장원리 또는 대의정치의 원리)와 매체들(즉 화폐와 권력)은 생활공간에 침투하게 되었다. 즉, 생활공간에서 호혜적 관계를 전제로 언어를 매개로 한 대면적(인격적) 만남은 점차 줄어들고, 배타적 이해관계를 전제로 화폐와 권력에 의해 매개되고 이를 추구하는 기능적 접촉이 확대되었다. 이에 따라 생활공간이 점차 축소(물리적 범위라는 점에서뿐만 아니라 질적 의미에서)되었을 뿐만 아니라 체계공간에 의해 지배되면서 그 성격이 왜곡되었다.

2) 장소성의 상실

현대 사회에서 장소성의 상실은 이와 같이 경제적·정치적 체계공간에 의한 생활공간의 식민화에 기인한다. 분명 일상생활이 영위되는 장소들은 존재한다고 할 수 있으나 이 장소들은 이제 더 이상 본래의 성격을 가지지 못한다. 예로, 오늘날 주거공간은 과거와 같이 일상적 생활이 영위되는 장소이긴 할지라도 동시에 투자나 투기의 수단으로도 이용되고 있다. 이에 따라 사람들은 어떤 임계적 상황에서 주거공간을 전자의 생활공간(주거라는 필요를 충족시키는 사용가치)으로 간주하기보다는 후자의 체계공간의 일부(재산의 저장과 증식을 위한 교환가치)로서 인식하는 경향이 있다. 오늘날 도시인들은 주택을 일상적 삶의 보금자리이고 이에 따라 가정생활의 규범이 내재되어 있는 장소로 인식한다고 할지라도, 만약 주택가격의 상승으로 차액이 생긴다면 언제든지 이사를 갈 준비가 되어 있다. 이러한 의식 속에서 주거공간은 본래의 기능을 점차 상실하게 되고, 도시인들은 자신의 주거공간이나 그 주변 이웃 사회에 뿌리를 내리기 어렵게 된다.

오늘날 자본주의 사회에서 이와 같은 장소성의 상실 또는 왜곡은 여러 구체적 요인들, 특히 세계화(globalization), 정보화 그리고 근대성(modernity)의 발달에 의해 더욱 심각하게 촉진되고 있다. 우선 자본주의 경제의 재구조화 및 세계화 과정에 의한 장소(성)의 상실을 지적할 수 있다. 자본주의 경제는 자본의 가치 증식을 끊임없이 추구하지만, 주기적인 위기를 내재하고 있다. 일단 한 지역의 경제가 위기에 처하게 되면, 이를 극복하기 위해 경제적 및 공간적 재구조화 과정을 추진하게 되고, 이에 따라 장소들의 상대적 지위가 변화하게 된다. 즉, 한 장소(지역이나 국가)에서 과잉축적의 위기가 발생하게 되며, 이를 해결하기 위한 공간적 조정(spatial fix) 과정은 과잉자본을 다른 장소로 이동시킴으로써 기존의 장소를 해체시키고, 다른 장소에서 새로운 체계공간을 구축하고 팽창시킨다(하비, 1995). 이에 따라 한때 성장하던 도시의 장소들은 쇠퇴하고, 새로운 장소들이 자본의 위기 극복과 새로운 공간관계의 형성 과정에서 부상하게 된다. 실제 어떤 장소의 경제적 안정성이 위협받게 되면, 생활공간으로서 장소의 의미가 위축되거나 상실 또는 왜곡된다.

이러한 자본주의의 내적 위기를 극복하기 위한 과정에서 자본주의 경제는 궁극적으로 세계화 과정을 추동하게 되었다. 기존 사회주의 체제의 붕괴 이후, 자본주의는 기존의 공간을 넘어서는 새로운 팽창 전략을 추구하고 있다. 이른바 신자유주의에 기초한 세계화 전략은 경제적으로 국경을 넘어 자유로운 자본 이동을 주장하고 정치적으로 새로운 제국의 출현과 이데올로기적으로 세계시민사회의 도래를 천명한다. 특히 경제적 측면에서 세계화 과정을 주도하고 있는 초국적자본은 어떠한 장소에의 소속감을 떠나서 최고의 이윤을 얻을 수 있는 곳을 찾아 끊임없이 이동한다. 세계의 각 도시들은 기능적 관계로서 연계됨에 따라 개별 도시들은 더 이상 장소로서 인식되지 아니하고 세계도시체계의 결절지로서 역할이 부각되고 있다. 세계화 과정은 지구적으로 생활공간을 해체하고 체계공간으로 전환시키는 과정이라고 할 수 있다. 이러한 세계화 과정에서 이루어진 지역들 간의 기능적 연계성의 발달은 상호의존성(즉 매우 전문화된 국제적 분업)의 확대를 통해 자본 축적 과정을 촉진하지만, 위기 상황에서는 어떤 지역의 차원을 넘어서 전 지구적인 위기를 초래하게 되었다.

현대 사회에서 장소성의 상실을 촉진하는 또 다른 요인은 정보화 과정이라고 할 수 있다. 교통 및 정보통신기술의 발달이 물리적 공간의 거리를 극복하고자 하는 인간의 욕구에 기초해 있다고 할지라도, 자본주의 사회에서는 특히 자본 축적 과정과 관련된다. 자본은 이윤율을 높이기 위한 회전 속도(즉 자본의 회전율)를 높이기 위하여 원료 및 제품의 이동 시간을 단축시키고자 한다. 즉, 자본은 '시간을 통한 공간의 절멸'을 위해 공간관계의 기술적·조직적 변화를 추구하게 된다. 공간적 거리의 극복(즉 시공간적 압축)을 위한 교통 및 통신 수단들의 발달은 교통비용을 절감하고 자본의 공간적 이동을 보다 신속하게 함으로써 자본 축적에 기여했다. 고도화된 정보통신기술에 의해 세계적인 네트워크가 형성되었고, 이에 따라 자본은 어느 한 곳에 머물기보다는 끊임없이 이동하는 '흐름의 공간'상에 떠다니게 되었다. 이러한 흐름의 공간에서는 자본뿐만 아니라 노동력(한때 어느 정도 장소고정적인 특성을 가지는 것으로 간주되었던)의 이동성도 현저히 증가해서 선진국들뿐만 아니라 상대적으로 발달한 개발도상국들에서도 쉽게 외국 노동력을 볼 수 있게 되었다. 정보통신기술이 고도화된 현대 사회에서 "지배적 조직이 문화적 정체성과 국지적 사회의 제약으로부터 분리된 것처럼, 흐름의 공간(space of flow)은 역사적으로 구축된 장소들의 공간(space of places)을 지배하게 되었다"(Castells, 1989: 6; 기든스, 1991a: 20~21).

이러한 교통 및 통신기술의 발달은 그 자체로서도 장소의 속성을 완전히 바꾸어놓게 된다. 어떤 한 고립된 시골 마을에 철도나 도로가 건설되고 그 마을이 급속도로 변화하는 것처럼, 새로운 교통 및 통신기술의 발달과 이를 응용한 새로운 수단의 도입은 장소들 간 상호 교류를 증대시키면서 개별 장소가 가지는 특수성을 점차 완화시키게 된다. 심지어 근대적 교통 시설이나 수단 자체가 탈장소화를 촉진한다. 과거의 오솔길은 그 자체로서 추억과 정감을 불러일으키는 장소였지만, 오늘날 고속도로의 건설은 차량 이동의 효율성만을 우선할 뿐이고 주변 경관에 대해서는 아무런 고려를 하지 않는다. 요컨대, 새로운 교통 및 통신수단의 발달로 거리의 마찰이 극복되고 장소들 간 근접성이 증대하며 상호 만남의 가능성은 커진다고 할지라도, 장소성은 오히려 점차 소멸된다. 이러한 장소성의 상실은 정보통신기술의 고도화에 의해 구축된 사이버공간상에서 극단적으로 나타난다. 사이버공간에의 접속은 시공간을 초월하며, 이를 통해 새로운 사이버 공동체가 형성되고 있다고 하지만, 현실의 장소기반적 공동체의 특성을 오히려 와해시킨다.

이러한 장소성의 상실은 또한 근대성의 발달과도 관련된다. 근대성이란 "대략 17세기경부터 유럽에서 시작되어 전 세계적으로 영향력을 확대하고 있는 사회생활이나 조직의 양식을 의미한다"(기든스, 1991b: 17). 근대성에 관심을 가지는 많은 학자들은 이 주제를 흔히 시공간적 문제와 관련시키거나 또는 이 문제로 귀착시키고 있다. 대표적인 예로, 기든스는 근대적 역동성의 원천으로 시간과 공간의 분리, 장소 귀속의 탈피 메커니즘, 지식의 성찰적 전유라는 세 가지 요소를 제시한다. 근대적 합리성의 발달은 시간과 공간을 표준화하고 이들을 서로 분리했다. 과거 일상생활에서 시간과 공간은 분리되지 않은 채 다소 부정확하고 가변적이지만 구체적인 사건이나 사물들과 관련지어 인식되었다. 그러나 물리적 시간을 인식하는 달력과 시계, 그리고 물리적 거리를 측정하는 계측기와 근대적 지도로의 일반화는 구체적인 사건이나 사물들을 시공간으로부터 분리하고, 이들을 추상화했다(최병두, 2002: 제1장 참조).

이러한 추상적 공간의 철학적 기반은 데카르트의 절대공간(또는 선험적 공간) 개념에서 도출된다. 데카르트적 절대좌표체계에서는 우선 선험적 공간이 주어지고, 그다음 사건이나 사물들이 위치하게 된다. 이러한 데카르트적 관점은 공간을 추상화시키면서 그 속에 위치하는 다양한 사물들과 사건들로 분리시키게 된다. 뿐만 아니라 이러한 추상적 공간관은 공간상의 합리적(또는 효율적) 사물 배치를 추구하는 근대적 도시계획의 바탕이 되었다. 구체적 장소들은 이제 추상적 공간관에 의해 인식되며, 나아가 정책적으로 재개발된다. 추상적 공간으로 인식되는 장소들은 이제 더 이상 어떠한 가치나 의미를 가지지 못하게 되었으며, 이러한 공간에서 사람들은 자신의 삶의 터전인 장소와 어떤 구체적 관련성을 갖지 못하고 결국 공간적 소외감(예로 텅 빈 느낌)을 가지게 된다. 이러한 장소의 탈가치화 및 공간적 소외감은 장소의 상품화와 손을 맞잡고 진행된다.

4. 의사적 장소의 복원과 이론적 배경

현대 사회가 세계화 및 정보화 과정과 근대성의 발달과 더불어 장소성을 상실했다는 주장은 물론 모든 장소들이 소멸했으며 이로 인해 완전히 무장소로 전환했음을 의미하는 것은 아니다. 여전히 우리의 일상생활이 영위되는 장소들이 있지만 이러한 장소들은 더 이상 사회적 가치나 규범을 함의하지 않으며, 사람들은 이러한 장소와 관련해 어떤 정체성이나 안전감을 느끼지 못하게 되었다. 이와 같이 한편으로 장소들은 전통적 의미의 장소성을 상실하는 반면, 새로운 장소들이 끊임없이 만들어지고 새로운 장소성이 조작적으로 부여된다. 새로운 장소를 창출하고자 하는 노력들(도심 재개발이나 신도시 건설에서 디즈니월드에 이르기까지)은 그러나 자본주의의 공간 생산 논리 속에서 이루어진다. 새로운 장소의 건설은 기존의 장소를 와해시키면서 외형적 환경을 개발하고 이를 둘러싼 새로운 노동의 배치(즉 새로운 분업)를 전제로 하며, 자본에게 새로운 이윤 창출의 기회를 보장한다.

자본의 논리에 창출된 이러한 장소들은 전통적 의미의 장소성, 즉 장소의 정체성이나 안전감을 무시하고 있다는 점에서 진정한 장소라기보다는 의사적(擬似的) 장소라고 할 수 있다. 이러한 의사적 장소는 자본 축적의 논리에 의해 구조적으로 규정된다고 할지라도 해당 장소의 주민들이나 관련 기관들의 행위 차원에서 창출된다. 이들은 소비자들을 직접 유치해 이윤을 올리거나 또는 역외 자본의 투자를 경쟁적으로 유치하기 위해, 장소를 다양한 광고나 이미지 홍보를 통해 알리고자 한다. 이른바 장소 판매 또는 장소 판촉이라고 불리는 이러한 장소 이미지의 조작과 동원은 특정 장소(도시의 일부나 또는 전체)를 문화 중심지나 쾌적한 도시 및 지역 경관 따위를 만듦으로써 소비자를 끌어들이게 된다. 소비를 촉진하기 위한 장소 스펙터클의 강화, 장소 이미지의 판매 촉진을 위한 다양한 광고, 특정 장소와 관련된 토착적 전통의 복원을 추구하는 축제, 이 모든 것들이 장소 간 경쟁과 맞물려 있다. 이러한 장소 판촉은 소비자 또는 자본가를 유치하기 위해 장소를 다른 장소와 차별화하고자 하지만, 차별화된 것처럼 보이는 장소들은 결국 일련의 닮은 모습을 드러내게 된다.

이러한 장소 마케팅(place marketing)은 오늘날 지방자치단체들의 주요 관심사가 되고 있다(이무용, 1997). 각 지자체들은 그 지역의 고유한 토산품이나 문화유산들을 복원해 관광소비자들을 끌어들이고자 한다. 그러나 장소 마케팅이란 특정한 장소를 하나의 상품으로 인식하고, 내부 주민들의 일상생활과는 유리된 채 외부 소비자(특히 관광객)의 선호에 적합하도록 이미지를 개발해 장소의 상품 가치를 높이는 전략이다. 이러한 장소 마케팅은 장소를 상품화하기 위해 장소 이미지를 창출하는 과정, 즉 장소 만들기(place making), 그리고 창출된 장소 이미지를 홍보해 많은 사람들이 소비하도록 하는 장소 판매(place selling) 과정을 포함한다. 이러한 장소 마케팅은 물론 완전히 새로운 어떤 이미지를 만들어내기보다는 기존의 물리적·인공적 환경이나 문화적 전통을 제도화하고 이와 관련된 유형·무형의 유산을 보수·보존하며(예로, 전통한옥지구 또는 문화특구 등으로 지정하는 것), 또한 다양한 방법으로 홍보(대표적으로 축제)함으로써 특정한 장소와 관련된 이미지를 개선하고 홍보하려는 노력이라고 할 수 있다.

장소 마케팅은 장소의 외형적 환경뿐만 아니라 장소의 이미지(즉 장소성)를 상품화하며, 장소의 고정성 또는 장소성의 국지적 특성에 따라 상품의 이동이 아니라 소비자의 이동을 수반한다. 이러한 점에서 장소 마케팅은 마치 내생적 지역 발전을 위한 주요한 전략으로 동원되고 있다. 즉 장소 마케팅은 흔히 특정한 지역이 가지는 부정적인 이미지를 탈피하고 새로운 이미지를 창출함으로써 지역경제를 활성화하고 지역 주민들의 정체성 확립을 통해 주민들의 사회적 통합에 기여하는 것으로 간주된다. 최근 지방자치단체들이 지역의 경쟁력 강화와 재정자립도의 증대 등을 목적으로 이러한 장소 마케팅을 촉진하고 도시 또는 지역 전체를 상품화하는 경향을 보이고 있다. 그러나 자본주의 사회에서 이러한 장소 마케팅이 결국 일상생활의 체험과는 달리 과거의 문화적 전통이나 유산을 복원한 장소성에 근거해 장소를 물신화된 상품적 가치로 조작하고, 이를 통해 이윤을 추구하려는 목적을 가진다는 점은 부인될 수 없다.

이러한 의사적 장소(성)의 창출은 일부 인간주의적 지리학자나 도시계획가들 또는 포스트모던론자들에 의해 이론적으로 뒷받침되는 것처럼 보인다. 예로 렐프(Relph, 1976: 96)에 의하면, "만약 장소들이 실제 세상 속에서 인간 실존의 근본적인 측면을 이룬다면, 또한 개인이나 집단의 평온함과 정체성의 원천이라면, 의미심장한 장소 경험과 장소의 창조 및 지속"은 매우 중요하다고 강조된다. 인간주의자들의 이러한 주장은 비록 자본(또는 권력)에 기여하는 의사적 장소의 창출을 결코 옹호하는 것이 아니라고 할지라도, 실제 생활과 유리된 장소성의 조성은 결코 의미심장하다고 할 수 없을 것이다. 뿐만 아니라 다음과 같은 주장은 이러한 문제점을 더욱 심각하게 드러낸다. 즉, "그것이 역사적 가치가 있는 문화재이든 아니면 단순한 상업적 이용을 위한 것이든 혹은 단순히 한 그루의 마로니에이든 간에 이용자들로 하여금 과거의 기억을 유발시키는 물리적 환경이 있음으로써 사람들은 보다 풍부한 장소성을 체험하게 된다"(이석환, 1998). 그러나 이러한 주장처럼 어떤 의미나 가치가 내재되어 있는가를 고려하지 않은 채 무차별적으로 단지 과거의 기억을 유발하는 물리적 환경의 조성과 유지만으로 진정한 장소성이 체험되는 것은 아닐 것이다.

이러한 주장은 일부 포스트모던(건축)론자들에서도 찾아볼 수 있다. 우리는 거리의 건축물의 외형이나 화려한 간판뿐만 아니라 도로에 넘쳐나는 자동차나 심지어는 길 양쪽의 가로등이나 작은 꼬마전구를 수없이 달고 있는 화려한 가로수까지 비판적으로 서술할 수 있을 것이다. 그러나 다른 한편, 포스트모던 건축가들은 이러한 건축양식이나 외관의 장식, 전령사와 같은 간판 등이 보여주는 놀라운 생명력을 느낄 수도 있다고 주장한다. 모더니즘은 표준화된 외형과 장식이 없는 기능성을 옹호하지만, 포스트모더니즘은 차이와 특이성, 절충적 장식 등을 찬미한다(최병두, 2002: 219~244 참조). 이러한 점에서 포스트모던론자들은 장소들이 만들어내는 차이와 특이성뿐만 아니라 장소의 외형적 환경으로서 건축물들에 대한 과거 건축양식의 복원이나 절충에 관심을 가진다. 그러나 역설적으로 포스트모던 건축들은 그것의 장식적 외관의 이면에 철골조, 전기선과 에어컨 통풍로, 광케이블 그리고 음성 안내 엘리베이터를 갖추고 있다는 점이 지적될 수 있다. 포스트모던 장소감은 명백히 차이를 강조하면서도, 이윤을 위해 착취될 수 있음을 암시한다.

이러한 사례는 우리나라에서도 흔히 찾아볼 수 있다. 흔히 서울 압구정동의 로데오거리를 우리나라에서 찾아볼 수 있는 포스트모던 거리의 전형으로 지적하지만, 우리는 보다 세속화된 형태의 포스트모던 거리를 재개발된 도심이나 신도시 지역에서 흔히 볼 수 있다. 이러한 거리는 토산 음식점에서부터 국제적인 패스트푸드점까지 즐비하게 늘어서 있고, 사이사이에 룸살롱, 노래방과 호텔 등으로 가득 차 있다. 이러한 거리를 지나가면서 우리는 국제적인 각종 요리와 음식들, 화려한 술집과 러브호텔들의 각종 건축양식들이 혼재하는 거대한 콜라주 속에서 살아가고 있음을 실감하게 된다. 한편으로 보면 각종 건축양식들과 경관들은 다양성을 강조하고 있지만, 다른 한편으로 보면 이 거리는 점점 더 치밀하게 외식문화에 지배되고 있다. 심지어 이러한 장소들, 예로 건물 외형을 장식된 돌로 보이도록 만들어진 콘크리트, 실내를 이국적 풍경을 자아내는 각종 조형물이나 그림들, 오래된 건물처럼 보이게 만든 신축건물(초가집이나 전통 한옥의 앞부분으로 장식된 술집)들은 사람들의 눈을 현혹하는 기만을 조장한다. 장소의 표절과 모방, 벤치마킹을 통해 장소들은 외형상 다채로운 모습을 보이지만 실제 장소들은 서로 점차 비슷해진다는 점에서 차이의 상실, 즉 무장소화가 된다고 할 수 있다.

그럼에도 불구하고, 이러한 포스트모던 장소들은 다른 장소들과는 '차이'를 가지고 '타자성'을 내재하는 것처럼 인식되는 경향이 있다. 뿐만 아니라 이러한 장소들이 가지는 장소성의 형성 요인들을 계량화하고 경제적 가치를 측정하고자 하는 시도까지 제시되고 있다(예로, 최막중·김미옥, 2001). 그러나 자본주의 사회에서 장소와 관련된 차이와 타자성은 장소에 고유하게 주어지는 것이 아니라, 자본 투자의 불균등성과 노동의 공간적 분업에 의해 생산된 것이다. 즉, 자본주의적 발전 과정과 공간적 조정 과정에서 장소들은 균등하게 발전하기보다는 매우 차별적으로 변화한다. 포스트모던론자들이 차이와 타자성을 이와는 전혀 다른 맥락에서 강조한다고 할지라도, 현실 세계에서 드러나는 차이와 타자성은 분명 자본 축적의 논리와 밀접한 관계를 가진다. 이러한 점에서 공간은 무수히 많은 차이와 타자성이 존재하는 장소들의 복합체라고 할 수 있다. 우리는 차이와 타자성을 그 자체로서뿐만 아니라 전반적인 자본주의의 발전 논리 속에서 이해해야 한다(Harvey, 1993).

　의사적 장소성의 복원과 관련해 공동체주의자들의 주장도 비판적으로 검토해볼 필요가 있다. 전통적 장소성은 기본적으로 장소에서 이루어지는 호혜적 관계를 전제로 한다는 점에서, 장소는 흔히 공동체를 함의하는 것으로 이해된다. 이에 따라 현대 사회에서 장소(성)의 상실을 극복하기 위한 대안들 가운데 하나로 현실공간 또는 심지어 사이버공간에서의 공동체 구축이 강조되고 있다. 공동체의 복원 노력은 현대 사회의 구성원들이 장소의 정체성을 상실한 채 불안정한 생활을 영위하고 있음을 지적하고 이를 극복하고자 노력한다. 이러한 점에서 공동체주의자들은 그 구성원들이 보편적 권리에 따라 이해를 공유하기보다는 상호 존중을 통해 공동생활에 참여하고 합의를 통해 가치를 공유하는 공동체를 강조한다(예로, Ezioni, 1996. 또한 최병두, 2002: 342~363 참조). 이러한 공동체는 물론 그 장소에 근거한 결속력과 정체성을 가질 것으로 추정할 수 있다. 심지어 이러한 공동체는 사이버공간 속에서도 구축될 수 있는 것처럼 인식될 수 있다. 사이버공간에서는 아무런 조건 없이 접속이 이루어지며, 비위계적 의사 교환이 가능하고, 기존의 권위나 권력이 직접적으로 작용하지 않는 자유로움 속에서 관계가 형성될 수 있다는 점에서, 사이버 공동체는 완전한 민주주의와 자유주의를 실현시킬 수 있다는 점이 주장되기도 한다.

　현대 사회에서 순수한 의미의 공동체 복원에 대한 시도들이 완전히 부정되어서는 안 될 것이다. 그러나 오늘날 공동체주의자들은 장소성을 크게 강조하지 않으며, 장소성의 복원을 추구하는 공동체론자라고 할지라도 왜 장소성이 상실되었는가에 대해 치밀하게 분석하지 않는다. 이로 인해 오늘날 공동체에 관한 주장이나 시도는 장소의 공동체가 아니라 장소와 유리된 가치나 이해관계의 공동체를 추구하는 경우도 있다. 또한 대면적 만남에 근거를 두기보다 사이버공간상에서 간접적 접속에 기초하는 상호 관계는 장소기반적 공동체의 특성을 오히려 와해시킬 수 있다. 물론 장소성이나 대면적 만남 그 자체가 공동체적 장소의 구축에 필수적인 조건이라는 점이 지나치게 강조되어서는 안 될 것이다. 예로, 영(Young, 1990)은 대면적 공동체의 이상을 비판하면서, 대신 '동화되지 못한 타자성에 대한 개방적 태도'를 표방하는 '비억압적 도시'를 대안으로 제시한다. 시간이나 공간에 의해 매개되는 모든 관계들 속에서 다양한 유형의 차이들을 담아내고 조정할 수 있는 도시생활의 생생한 경험에 바탕을 둔 장소의 건설이 강조된다.

영의 주장에서 장소성과 대면적 관계에 기초한 공동체에 대한 이러한 비판은 의사적 장소성의 복원이 배타적인 지역중심주의적 또는 전체주의적 해석과 정치를 초래할 가능성이 있기 때문이다. 즉, 한 사회의 장소성(특히 폐쇄적 장소성)은 자신의 장소에 대한 우월성을 강조하는 반면 타자의 장소에 대해서는 비하하거나 무시하는 경향을 가질 수 있다. 이에 따라, 현실적으로 특정한 장소성에 중독된 구성원들은 인종적·민족적 우월성과 동시에 외국인 공포증을 가지는 맹목적 성향을 가질 수 있다. 이로 인해 현실 세계에서 개별 장소들이 가지는 문화적 다양성이 세계적 자본주의의 상품 문화에 공격받는 것처럼, 각 장소들에서는 이러한 문화를 영위하고 있는 인종들에 대한 배타성으로 인해 격렬한 인종전쟁(인종청소라고 할 정도로)이 발생하고 있다. 즉, 배타적 장소감은 우리 자신과 우리의 장소가 안전하게 되도록 다른 인종을 청소하거나 강제적으로 제거하는 결과를 초래할 수도 있다. 의사적 장소성에 대한 강조는 편협한 지역주의를 부활시킬 수 있으며, 귀속감이 강화되면 될수록 국외자에 대한 적대감은 그만큼 더 커질 수 있다. 공유된 특성의 인식을 배제한 채 단순히 소속감이나 특이성만을 강조하는 장소성은 파시즘으로 나아갈 가능성을 가진다.

5. 진정한 장소의 복원을 위한 실천

현대 사회에서 장소(성)의 복원은 중요한 의미를 가진다. 앞서 논의한 것처럼 의사적 장소성의 복원은 여러 문제점을 가지지만, 진정한 의미의 장소(성)은 그 사회의 구성원들에게 정체성과 더불어 존재론적 안전감을 보장해준다. 따라서 어떤 종류의 장소를 어떻게 복원할 것인가라는 문제는 생존과 발전을 위한 중요한 과제가 되고 있다. 사실 '미래의 장소들에 대해 어떻게 상상하는가'는 '우리 미래가 어떨 수 있는가'를 이해하는 관건이 된다. 그러나 진정한 장소성의 복원을 위해 우선 지적되어야 할 두 가지 사항이 있다. 하나는 단지 장소성의 복원에만 관심을 가질 것이 아니라, 무엇이 장소성을 파괴했는가를 이해하고 그 원인을 해소하는 것이 중요하다는 점이다. 이러한 점에서 "포스트모던 정치에서 강조되는 '타자성'이나 '지역적 저항'은 어떤 특정 장소에서 번성할 수 있다. 그러나 이들은 보편적으로 분절화된 공간들 그 어디든 축적으로 뒤덮으려 하는 자본 권력에 의해 쉽사리 지배당한다. 장소기반적(place-bound) 정치는 실패할 것이 틀림없는데도 호소력을 가진다"라는 주장이 제기될 수 있다(하비, 1995: 63). 하비는 이러한 점에서 공간에서 장소로, 그리고 다시 장소에서 공간으로 관심을 옮겨갈 것을 강조한다.

다른 한 사항은 복원되어야 할 미래의 장소(성)가 어떠해야 할 것인가에 관해 미래 장소에 대한 유토피아적 상상력도 필요하지만, 다른 한편으로는 이러한 유토피아적 상상력에 기초한 미래의 장소를 실현하기 위해 실천이 매우 중요하다는 점이다. 달리 말해서 진정한 장소성은 장소의 외형적 환경의 본원과 이에 대한 의도적 의미 부여로 형성되는 것이 아니라, 이를 위한 실천 과정에서 끊임없이 형성되고 재형성되는 것이다. 많은 학자들은 장소성이 어떤 구조화된 공간에 고정적으로 내재될 수 있는 것처럼 고려하지만, 장소성은 구조적 공간(또는 과정으로서의 공간)이 실천적 공간에서 즉시화된 것이라고 할 수 있다. 이러한 점에서 물론 실천적 공간에서도 장소의 이미지와 반이미지 간 갈등이 드러나고, 장소의 지배에 대한 격렬한 저항의 장을 구축하고자 하는 '장소의 정치'가 이루어진다. 이러한 점에서 "장소의 재발견은 진보적 유형의 정치를 건설하는 데 기회만큼이나 많은 위험들을 불러일으킨다"라고 주장될 수 있다(하비, 1995: 67). 그러므로 장소의 외형적 환경에 대한 복원이 지나치게 강조되어서는 안 될 것이며, 또한 마찬가지로 장소의 외형적 특성을 무시한 호혜적 관계(극단적인 형태로, 사이버공간에서의 가상적 장소성)만 강조되어서는 안 될 것이다.

이러한 점에서, 우리는 우선 주요 사상가들이 제시하는 진정한 장소성의 복원을 위한 실천 전략들을 몇 가지 검토해볼 수 있다. 우선 푸코의 헤테로토피아(heterotopia) 개념을 살펴볼 수 있다. 푸코는 모든 장소(공간)을 권력의 생성과 관련을 짓지만, 이러한 권력-공간에 대항하는 공간으로서 헤테로토피아를 제안한다. 푸코에 의하면, 헤테로토피아란 현실적인 것으로, 거울-장소(mirror-place)이고 이질적 공간이자 환상의 장소로서의 '유토피아'와는 반대되는 공간이다. "존재하며 또한 사회에 기반해 구성된 장소, 반위치(counter-sites)와 같은 어떤 것, 현실 위치들이 …… 동시적으로 재현되며, 경쟁하며, 역전되는 일종의 활성적인 유토피아. 이런 유의 장소들은 현실에서 그 입지를 나타내는 것이 가능하지만, 모든 장소의 바깥에 있다"(Foucault, 1986: 24). 푸코에 의하면 이러한 헤테로토피아는 어떠한 사회에서도 존재한다. 즉 우리들에게 생활이 다르게 경험될 수 있는 공간들(예로, 재즈클럽, 댄스홀, 공도체적 정원 등)은 모두 헤테로토피아가 될 수 있으며, 흥미롭게도 묘지, 식민지, 사창가 그리고 감옥 등도 포함될 수 있다. 즉 헤테로토피아란 이를 둘러싸고 있는 모든 규범적(합리적) 장소들과는 다른 방법으로 사회세계의 일부를 조직하는 대안적 질서화의 공간이다. 여기서 특히 푸코는 이러한 헤테로토피아가 특정한 사물의 형상으로 주어지는 것이 아니라, 대안적 방법으로 사회적 질서화가 이루어지는 과정(process)으로 이해한다. 그러나 문제는 이러한 '대안적 장소들'에 관한 푸코의 주장에서 이들이 권력과 아무런 관계를 가지지 않는가, 또는 어떤 장소를 헤테로토피아라고 판단할 수 있는 근거는 무엇인가 하는 의문에 답할 수 없다는 점이다.

대안적 장소를 추구하는 또 다른 철학자로 들뢰즈를 들 수 있다. 들뢰즈에게 있어 대안적 공간의 생산 또는 새로운 장소의 창출은 탈영토화를 지향한다. 들뢰즈에 의하면, 현대 사회는 끊임없이 가두고 획일화해 질서를 편성하려는 영토화로 특징지어지며, 이러한 상황에서 대안적 공간의 생산 또는 새로운 장소의 창출은 끊임없이 벗어나고, 위반하고, 다양하게 흐르고자 하는 탈영토화를 지향한다. 이러한 영토화/탈영토화는 유목(주의)적 사고로 흔히 인식되지만, 탈영토화는 완전히 무장소(성)를 지향하는 것은 아니다. 특히 그의 리좀(rhizome)적 실천에 대한 강조는 대안적 장소를 추구하는 중요한 전략으로 인식될 수 있다. 리좀이란 원래 식물학 용어로서, 줄기가 변태하여 생긴 땅속줄기를 의미한다. 계통적 구조를 가지는 수목 조직과는 달리, 리좀 조직은 중심을 갖지 않는 이질적 선들이 상호교차하고, 다양한 흐름들과 다양한 방향들로 복수의 선분들을 만들고 사방팔방으로 뻗쳐나가면서 망사 구조를 이룬다. 이러한 중심으로부터 탈주선으로서 리좀 만들기는 탈영토화에 의해 그 영토를 넓혀나가는 과정이다(Deleuze and Guattari, 1987: 11). 리좀적 실천은 낯선, 친밀하지 않은, 가장 멀리 떨어져 있는 영토를 찾아 끊임 없이 이동하는 것, 그리고 그곳에서 '자유의 새로운 공간'을 찾는 것이다. 그러나 이러한 리좀적 실천으로 은유되는 대안적 장소 만들기는 현실에 대한 어떤 저항이 아니라 도피이며, 오늘날 세계화된 자본으로 뒤덮여 있는 공간에서 리좀의 구체적 내용은 어떠해야 하는가에 대해서 답을 하지 못하고 있다는 점이 지적될 수 있다.

지배공간에 대한 저항공간 또는 새로운 대안적 공간의 창출과 관련해 소개할 수 있는 또 다른 철학자는 르페브르이다. 그는 공간적 실천을 특히 강조하며 공간을 텍스트로 간주하고 기호학적으로 해독하려는 시도에 반대한다. 즉 그에 의하면 기호학적으로 사회공간을 해독하려는 시도는 "공간을 메시지의 차원으로, 독해의 차원으로 깎아내린다. 이는 역사와 실천 모두를 회피하는 것이다"(Lefebvre, 1991: 7). 달리 말해, "공간은 읽혀지기 위해서 생산되는 것이 아니라 육체와 생명이 있는 인간이 살기 위해서 생산되는 것"이라고 주장한다(Lefebvre, 1991: 143). 르페브르는 이러한 공간의 생산을 위한 방법과 관련해 세 가지 유형의 공간을 구분한다. 이들은 공간적 실천(사회적 지각을 통해서, 즉 사회적으로 코드화된 공간의 경험을 통해 규범화된 실천), 공간의 재현(데카르트적 합리주의에 의해 구상된 공간으로, 도시계획과 같이 공간적 조직의 물질적 형식으로 현실에 구체화됨), 그리고 재현의 공간(규범화된 공간적 실천을 벗어난, 또는 공간의 재현과 충돌한 공간적 실천들이 행해지는 공간)이다. 르페브르의 관점에서 진정한 장소성의 복원은 다음과 같이 서술할 수 있다.

수동적 경험으로 점철된 소외투성이 일상생활의 공간적 실천으로부터 저항적이고, 전복적이며, 차이를 생산하는 실천으로서의 재현의 공간을 찾아냄으로써 공간 생산의 '능동적' 주체를 스스로 [세워나가야 할 것이다]. 일상적 실천이 해방되는 곳, 그곳이 재현의 공간이다. 이러한 재현은 어디에 근거하는가? 그것은 현실적 경험에 근거한 인간의 '상상력'에서 찾아진다. '상상'은 인간적 창조성의 본원지이며 해방을 갈구하는 육체적 욕망의 산물이다(김남주, 2000: 71).

르페브르의 대안적 공간은 일상생활의 규범화된 공간에 대한 대항공간이라는 점에서 푸코나 들뢰즈와 같은 맥락에서 이해할 수 있지만, 다른 한편으로 르페브르는 일상생활이 이루어지는 장소에 대한 철저한 비판과 이의 전복을 전제로 한다. 즉 르페브르는 자본주의적 추상공간의 현실적 모순과 갈등에서 모순적 공간이 생산되고, 이러한 모순적 공간은 공간의 점유, 일탈, 유착이라는 방식으로 현실공간의 대항공간(차이의 공간)이 된다. 차이의 공간은 소외되지 않은 총체적 경험을 가능케 하는 일상생활을(이) 만들어내는 공간이며, 그러므로 새로운 생산관계의 획득을 통해서 완전히 실현된다. 르페브르에게 있어 장점은 일상생활에서 대항공간을 위한 실천을 강조한다는 점이다.

이상과 같이 제시한 논의들의 함의에 바탕을 두고, 진정한 장소의 복원을 위한 실천을 위해 다음과 같은 몇 가지 사항들을 강조할 수 있다.

첫째, 일상생활에서의 생활공간과 이에 주어진 장소성에 대한 비판이 중요하다. 흔히 일상생활은 따분하고 기계적이며 반복적인 하찮은 삶으로 규정되면서, 진정한 삶과 대립되고 있다. 그러나 르페브르가 주장하는 바와 같이, 거대한 사회구조에 짓눌린 하찮은 일상생활에 대한 비판이야말로 거대 구조와 지배 방식을 바르게 밝혀낼 수 있다. 달리 말해서, 오늘날 일상생활이 여전히 어떤 장소에서 이루어지고 있다고 할지라도 그 장소의 본래 속성, 즉 장소의 진정성은 점차 상실되고, 새로운 성격을 부여받게 된다. 왜냐하면 현대 사회에서 대부분의 장소들은 일상적 언어와 친밀성을 매개로 이루어지는 생활공간이라기보다는 기능적으로 작동하는 화폐나 권력을 매개로 이루어지는 체계공간의 일부로서 생산 및 재생산되고 있기 때문이다. 그럼에도 불구하고 둔감한 일상생활에서 우리는 장소가 이러한 체계공간의 기능성에 의해 중독되었다는 사실을 잘 알지 못한다. 이와 같이 중독된 장소감(poisoned sense of place)에 대한 비판, 즉 체계공간의 기능적 관계들의 결절로 변질된 일상생활의 장소들에 대한 비판 없이 대안적 장소를 구축할 수 없다. 또한 그동안 일상생활에서 이루어져왔던 사소하고 무의미한 것처럼 보인 작은 저항들은 거대한 자본과 권력에 의해 억압적 관계를 재생산하는 수동적 장으로 치부되었던 일상생활에서 사회변혁의 능동적 힘을 찾을 수 있는 단초를 제공할 수 있다.

둘째, 대안적 장소성을 구축하기 위한 담론과 실천이 중요하다. 장소와 장소성은 어떤 실체로서 존재하기보다는 담론과 실천에 의해 만들어지는 사회적 고안물이다. 장소에 대한 사회적 의미 부여는 기본적 담론을 통해 이루어진다. 포스트모던 사상의 주요 전제들 가운데 하나는 정체성과 장소들이 사회적 질서 속에서 담론적으로 구축된다는 점이다. 장소에 관한 우리의 지식, 나아가 장소성에 함의된 규범적 가치나 진정성은 장소에 근거를 둔 체험과 이에 관한 공감적 대화를 통해 형성된다. 그러나 현대 사회에서 우리의 지식은 점점 더 이차적 지식(엄정한 심사 과정을 거친 교과서에서 왔던, 무작위적으로 송출·접속되는 텔레비전이나 인터넷에서 왔던 상관없이)에 의해 지배되고 있다. 이로 인해 오늘날 지식과 담론은 더 이상 장소기반적(즉 처재적 또는 맥락적)이지 못하며, 이에 근거한 장소성은 결국 피동적이고 흔히 조작되는 경향이 있다. 따라서 실천적 체험과 이에 기초한 지식과 담론은 조작된 장소 이미지를 극복하고, 구체적인 생활세계의 실존적 상황에서 능동적인 장소 만들기 또는 장소성의 생성(즉 장소 이미지의 실천적 형성)에 중요하다.

셋째, 외형적 환경의 개선에 의한 정체성 복원보다는 장소에의 뿌리내림이 더 중요하다. 오늘날에는 장소감의 회복을 목적으로 국가적 또는 지역적 정체성을 가지는 것으로 추정되는 기념물이나 전통의 복원이 시도되고 있다. 과거 장소성이 전통적 문화나 공동체적 생활양식에 의해 가능했다고 할지라도, 과거를 보존하기 위해 박물관을 짓거나 전통 축제를 한다고 해서 장소성이 이루어지는 것은 아니다. 뿐만 아니라 여기서 더욱 중요한 점은 어떤 장소성이 특정한 외형적 환경에 고착되는 것은 아니라는 점이다. 예로, 과거의 민주화 과정에서 중요한 역할을 했던 광장을 기념하기 위해 광장을 보전하고 기념비를 세운다고 해서 민주화가 유지되는 것은 아니다. 극단적인 반대 사례로, 나치 정권의 아우슈비츠 수용소에서도 수용자들 간의 신뢰성과 삶의 의미 추구는 어떤 진정한 장소성을 만들어내었을 것이다. 물론 장소성이 외형적 환경과 전혀 무관한 것이 아니라서, 가상적 공간에서처럼 외형적 특성이 완전히 무시된 장소성은 진정한 장소성이라고 할 수 없다. 그러나 분명한 점은 물리적 배경과의 연계를 설정함으로써 의미를 창출하려는 의도적 장소감은 진정한 장소성에 필요한 뿌리내림의 속성을 결하고 있다는 점이다. 장소에의 뿌리내림이란 장소성에 대한 신뢰감과 안전감의 회복을 의미하며, 단순히 장소감을 배양하는 것과는 다르다. 장소성은 외형적 환경에 고착되지 않으며, 또한 이를 명시한 어떤 제도들에 의해 보장되지 않는다. 따라서 진정한 장소성은 구조화된 공간으로서 장소가 아니라 실천적 공간으로서 장소의 성격과 관련된다.

넷째, 폐쇄적 장소성에서 개방적 장소성으로 나아가는 것이 중요하다. 특정한 장소성은 흔히 일정한 범위 내에 한정된다고 할 수 있지만, 이것이 장소성이 폐쇄적·배타적이어야 함을 의미하는 것은 아니다. 달리 말해, 오늘날 자본주의적 체계공간의 기능적 팽창으로부터 국지적 생활공간이 식민화되는 것을 막기 위해 기존의 장소를 보호할 필요가 있다고 할지라도, 국지적 조건으로부터 자기 자신들을 보호하기 위해 취해진 폐쇄적 장소성은 현대 사회에서는 더 이상 가능하지 않을 것이다. 만약 타자의 장소에 대해 배타적으로 자기 장소의 활력과 위력을 옹호한다면, 이는 장소들 간의 차이가 아니라 차별성을 강조하는 것이고, 결국 하나의 장소로 획일화된 세계를 추구하는 것이다. 이러한 점에서 "영토 위주의 장소에 바탕을 두고 형성된 정체성은 특히 민족이나 인종, 사회적 성(gender), 종교, 계급의 차별성과 관련되면서, 진보적 정치뿐만 아니라 보수적(배타적) 정치 양자 모두에서 가장 확실한 동원의 토대로 기능"할 수 있다고 주장된다(하비, 1995: 34). 따라서 새로운 장소의 구축은 폐쇄된 장소에서 탈피해 장소의 개방성, 나아가 이를 구성하는 담론과 실천의 개방성을 요구한다.

6. 장소 복원을 위한 과제들

오늘날 '장소의 소멸' 또는 '장소성의 상실'에 대한 우려가 증대하고 있다. 현대 사회의 물질적 풍요로움과는 달리, 현대인들은 상실감에 빠져 있으며, 이러한 상실감에 관한 논의는 흔히 장소와 관련된 의미의 상실, 즉 무장소감에 초점을 두고 있다(Arefi, 1999). 이는 자본주의 사회에서 경제적·정치적 체계공간의 세계적 팽창에 의해 초래된 일상생활공간에서의 신뢰성 소멸에 기인한다고 할 수 있다. 즉, 자본주의적 이윤 추구와 이를 구현하고자 하는 정치적 조직의 힘은 대면적 관계 속에서 이루어져왔던 정체성과 안전감을 와해시키고, 장소성을 상실하도록 했다. 이러한 점에서 우리는 현대 사회가 왜 장소성을 상실했는가에 대한 문제를 보다 철저히 분석하고 비판해볼 필요가 있다.

다른 한편으로, 장소를 복원하거나 또는 대안적 장소를 창출해 상실된 장소성을 회복하고자 하는 정치, 즉 장소의 정치 또는 정체성의 정치가 강조되고 있다(Keith and Pile, 1993). 이러한 정치를 가능하게 하는 한 요인은 장소 또는 공동체가 그 자체로서 존재하는 실체가 아니라 담론이나 실천의 구성물이라는 점이다. 그러나 장소의 정치는 장소와 관련된 신뢰성을 회복하여 새로운 장소성에 기초한 공동체를 구축할 수 있겠지만, 또한 동시에 장소성은 이러한 긍정적 측면뿐만 아니라 부정적 측면, 즉 장소에의 포함과 배제의 관계를 전제로 권력과 관련된다. 장소에 대한 애착심 또는 고취된 장소성은 의도된 정치적 목적을 위해 그 장소를 지속적으로 유지·재건하는 데 동원될 수 있다. 이러한 점에서 우리는 어떠한 장소(성)을 어떻게 복원할 것인가라는 과제를 안게 되었다.

이 글은 현대 사회에서 이러한 장소성의 상실과 복원을 주제로 장소성의 상실과 관련된 장소의 역사를 살펴보고, 자본주의 사회에서 경제적·정치적 체계공간의 팽창과 이로 인한 생활공간의 식민화가 오늘날과 같은 장소성의 상실을 초래했다고 주장한다. 특히 현대 사회에서 장소성의 상실은, 자본 축적 과정의 고도화를 위해 전 지구적으로 경제적 관계를 보다 치밀하게 조직하고자 하는 세계화 과정, 교통·통신 수단의 발달과 이에 따른 시공간적 압축을 가능하게 하는 정보화 과정, 그리고 추상적 공간관과 도구적 공간 지식, 그리고 이를 응용한 효율적 공간계획을 강조하도록 하는 근대성의 발달 등과 관련된다.

그러나 공간성의 상실을 초래한 자본주의 발달 과정은 다른 한편으로 새로운 장소의 창출을 시도하고 있다. 흔히 자본과 권력에 의해 조작된 이미지를 가지는 이러한 새로운 장소들의 창출과 홍보는 때로 은밀하게 이루어지지만, 때로 매우 노골적으로 이루어짐에 따라 이른바 '장소 마케팅'이라는 용어를 만들어내고 있다. 그러나 이러한 장소들은 가시적인 정체성을 자극한다고 할지라도 장소의 뿌리내림, 즉 존재론적 안전감을 제공하지 못한다는 점에서 의사적 장소라고 할 수 있다. 그럼에도 불구하고 이러한 의사적 장소성 복원의 정당성은 마치 인간주의적 지리학자, 포스트모던론자, 그리고 공동체주의자들에 의해 제공되는 것처럼 간주된다.

이러한 상황에서, 즉 장소성이 상실될 뿐만 아니라 의사적 장소성이 창궐하고 있는 상황에서 진정한 장소성은 어떻게 복원될 수 있는가? 많은 학자들, 대표적으로 푸코, 들뢰즈, 르페브르 등은 다양한 견해들을 제시하고 있다. 이들의 제안과 더불어 이상에서 논의된 점들을 고려하여 우리는 진정한 장소성의 복원을 위해 일상생활에서의 장소 비판, 장소 구성을 위한 담론과 실천, 진정한 장소에의 뿌리내림, 그리고 개방적 장소성 등의 중요성을 강조할 필요가 있다. 궁극적으로 진정한 장소성의 복원을 위해 제기되는 의문은 다음과 같다. 만약 자본주의가 인간의 인간다움뿐만 아니라 장소의 장소다움을 시장가치나 성장기계로 녹여 없애버렸다면, 우리는 상실된 인간성과 장소성의 회복을 위해 어떻게 해야 할 것인가?

후기

인간이 살아가는 곳, 그곳이 바로 장소이다. 따라서 인간이 이 땅에서 살아가면서 생활을 영위하는 한, 장소는 사라질 수 없다. 그럼에도 장소가 소멸되었다고 하는 것은 인간 생활과 그 생활이 영위되는 장소 간에 단절이 유발되었음을 의미한다. 이러한 단절은 흔히 인간주의적 지리학자들이 주장하는 바와 같이 장소성의 상실로 이해된다. 그러나 장소성의 상실은 인간 생활이 장소에 뿌리를 두지 못하는 생활공간에서의 문제만이 아니다. 이 글에서는 이러한 단절이 자본주의적 경제정치에 의해 생활공간에서 분화되고, 그 자체적으로 기능적 관계를 유지하는 것처럼 보이는 체계공간의 발달에 기인한다고 주장한다. 따라서 인간주의적 지리학자들과는 달리, 자본주의적 경제정치체계와 이에 의해 구축되는 체계공간에 대한 설명 없이 장소의 상실과 복원을 이해하는 것은 불가능하다는 점이 강조된다.

이 글은 2002년 8월 원도시건축 아카데미에서 강의를 하기 위해 집필한 것으로, 한국도시연구소에서 발간하던 ≪도시연구≫에 게재되었다. 한국도시연구소는 제정구 전 국회의원을 중심으로 도시 빈민 지역 현장 활동에 기반을 두었던 '도시빈민연구소'가 이론 및 정책 연구를 보완하기 위해 '한국공간환경연구회' 등으로부터 진보적 학자들을 영입해 1994년 10월 새롭게 창립한 민간 연구소이다. 나는 1970년대 초 대학 2~3학년 때 빈민운동과 학생운동에 참여하면서 제정구 선배님과 인연을 갖게 되었다. 그리고 1994년에는 공환연 회장으로 한국도시연구소 창립에 함께했고, 그 후에 운영위원과 이사로 줄곧 연구소 활동에 직접 참여해왔으며, 2018년 현재는 이사장을 맡고 있다. 고인이 되신 제정구 선배님의 정신과 실천을 기리며 이 글을 쓴다. ≪도시연구≫는 이 연구소에서 출간했던 학술지로, 내가 편집장을 맡고 있었지만, 재정 문제와 제도권 학술지의 급증에 따른 원고 확보 문제 등으로 인해 오래가지 못하고 중단되었다.

나는 1990년대 후반 지식인운동으로서 대구사회연구소의 활동에 점차 흥미를 잃게 되었고, 대신 대구의 지역사회운동에 보다 적극적으로 참여하면서, 현장과 직접 연계해 실천운동을 지원하는 연구소 활동에 관심을 가지게 되었다. 당시 대구 지역에도 도시 재개발로 인한 철거에 반대하는 주민운동들이 빈번하게 발생했지만, 이들을 지원하는 주민운동(지원) 단체가 없었다. 우연한 기회에 대구 북구 일대에서 철거 반대운동을 이끌던 안경욱 씨가 찾아와서 주거운동 지원 단체를 만들기로 하고, 몇 번의 준비 모임 후 1998년 2월 '아파트생활문화연구소'를 결성하게 되었다. 나는 당시 연구소의 강현구 사무국장 등과 함께 (철거 반대운동 지원보다는) 영세 아파트 관리·운영과 관련된 문제들의 해결을 위한 활동(예로 공동주택 표준관리규약 제정 등)을 했다. 이 연구소는 서울의 한국도시연구소와 부분적으로 연계를 가지기도 했지만, 2000년대 중반 상근 활동가들이 생계 문제 등으로 연구소를 떠나면서 결국 활동을 중단하게 되었다.

이러한 연구소 관련 활동으로 같은 시기에 나는 대구환경운동연합의 부설 기관으로 대구경북환경연구소를 결성해 소장, 이사장을 맡기도 했다. 대구사회연구소 환경연구부에서 함께 활동했던 노진철 교수, 고창택 교수 등이 다시 모여 이 연구소의 주요 구성원이 되었다. 이들과 함께 ≪녹색사회≫를 계간으로 발행하는 등 여러 활동을 했지만, 2000년대 후반 정부의 과제 지원 축소 등으로 인해 이 연구소 활동 역시 더 이상 지속되지 못했다. 지식인으로서 이러한 소규모 연구소 활동을 통해 지역사회운동에 참여하고 이끌어간다는 것은, 이 글에서 강조하는 것처럼 자본주의 정치경제체제에 대한 분석에 기반을 두고 대안적 장소성을 위한 지식과 담론을 생산한다는 점에서 매우 중요한 작업일 것이다. 그러나 문제는 이러한 실천운동 역시 자본주의 체계공간의 규정력에 의해 한계에 봉착하게 된다는 점이다.

참고문헌

기든스, 앤서니(Anthony Giddens). 1991a. 『사적 유물론의 현대적 비판』. 최병두 옮김. 서울: 나남.

_____. 1991b. 『포스트모더니티』. 이윤희·이현희 옮김. 서울: 민영사.

김남주. 2000. 「차이의 공간을 꿈꾸며: '공간의 생산'과 실천」. ≪공간과 사회≫, 14, 63~78쪽.

렐프, 에드워드(Edward Relph). 2001. 「장소감」. 수전 핸슨 엮음. 『세상을 변화시킨 열가지 지리학 아이디어』. 구자용 외 옮김. 서울: 한울, 305~339쪽.

이무용. 1997. 「도시 개발의 문화전략과 장소마케팅」. ≪공간과 사회≫, 8. 197~231쪽.

이석환. 1998. 「도시 가로의 장소성 연구: 대학로의 사례를 중심으로」. 서울대 박사학위 논문.

이석환·황기원. 1997. 「장소와 장소성의 다의적 개념에 관한 연구」. ≪국토계획≫, 32(5), 169~184쪽.

최막중·김미옥. 2001. 「장소성의 형성요인과 경제적 가치에 관한 실증분석: 대학로와 로데오 거리 사례를 중심으로」. ≪국토계획≫, 153~162쪽.

최병두. 2002. 『근대적 공간의 한계』. 서울: 삼인.

하비, 데이비드. 1995. 「공간에서 장소로 다시 반대로: 포스트모더니티의 조건에 대한 성찰」. 박영민 옮김. ≪공간과 사회≫, 5, 32~71쪽.

Arefi, M. 1999. "Non-place and placelessness as narratives of loss: rethinking the notion of place." _Journal of Urban Design_, 4(2), pp. 179~193.

Auge, M. 1995. _Non-places: Introduction to An Anthropology of Supermodernity_. New York: Verso.

Boswell, G. 1997. "Non-places and enfeeblement of rhetoric in supermodernity." _Enculturation_, 1(1), http://enculturation.gmu.edu/1_1/boswell.htm.

Castells, M. 1989. _The Informational City_. London: Blackwell.

Choi, B.-D. 1987. "Space and Social Theory: A Geographical Critique and Reconsturc-tion." Leeds Univ. Ph.D. diss.

Cohen, G. A. 1978. _Karl Marx's Theory of History: A Defence_. Oxford: Oxford Univ. Press.

Deleuze, G. and F. Guattari. 1987. _A Thousand Plateaus: Capitalism and Schizphprenia_. Minneapolis: Univ. of Minnesota Press.

Entrikin, N. 1991. _The Betweenness of Place: Towards a Geography of Modernity_. Baltimore: Johns Hopkins Univ. Press.

Ezioni, A. 1996. "The responsive community: a communitarian perspective." _American Sociological Review_, 61, pp. 1~11.

Foucault, M. 1986. "Of other spaces." _Diacrtics_, 16, pp. 22~27.

Habermas, J. 1984. *The Theory of Communictive Action*, Vol. 1, 2. London: Heinenmann.

Heidegger, M. 1971. "Building, dwelling thinking." *Poetry, Language, Thought.* New York: Harper and Row.

Keith, M. and S. Pile(eds.). 1993. *Place and the Politics of Identity.* London: Routledge.

Lefebvre, A. 1991. *The Production of Space.* Oxford: Blackwell.

Merrifield, A. 1993. "Place and space: a Lefebvrian reconciliation." *Transactions, Institution of British Geographers*, NS 18, pp. 516~531.

Relph, E. 1976. *Place and Placenesness.* London: Pion.

_____. 1989. "Geographical experiences and the being-in-the-world: the phenomeno-logical origins of geography." D. Seamon and R. Mugeraure(eds.). *Dwelling, Place, and Environment.* New York: Columbia Univ. Press.

Tuan, Y-F. 1980. "Rootedness versus sense of place." *Landscape*, 24, pp. 3~8.

Webber, M. 1964. "The urban place and the nonplace urban realm." in M. Webber et al.(eds.). *Explorations into Urban Structure*, Philadelphia, PA: Univ. of Pennsylvania Press, pp. 79~153.

Young, I. 1990. "The ideal of community and the politics of difference." L. Nicholson (ed.). *Feminism/Postmodernism*, New York: Routledge.

제9장 미국의 신제국주의와 동아시아의 미래

1. 9·11 테러 그리고 테러와의 전쟁

우리는 전쟁의 실질적 또는 잠재적 위험 속에서 살아가고 있다. 이 전쟁은 2001년 9월 11일 미국 뉴욕의 세계무역센터와 워싱턴 D.C.의 국방부 건물에 대한 자살 공격 이후 미국에 의해 명시적으로 수행된 테러와의 전쟁 또는 신제국주의를 위한 전쟁이다. 아프가니스탄과 이라크에서의 전쟁은 인도주의적 개입, 민주주의적 통치, 평화의 강화 등 윤리적 외교정책의 이름으로 수행되었지만, 이 전쟁들은 부시 행정부의 신보주의적 안보전략의 일부로서 일관된 세계적 전략들을 수행하는 과정에서 발생한 것이라고 할 수 있다. 9·11 테러 공격 직후, 미국의 ≪파이낸셜 타임스(Financial Times)≫에 칼럼니스트 마틴 울프(Martin Wolf)가 기고한 기사는 "신제국주의의 필요성"이라는 제목으로, 아프가니스탄을 '실패한 국가'라고 서술하고 신제국주의는 이러한 '실패한 국가'에 대한 '방어적'인 것으로 규정하고 있다. ≪시카고 선타임스(Chicago Sun-Times)≫도 기고가 마크 스테인(Mark Steyn)이 작성한 한 칼럼에서 이 주제를 그대로 반영해 "제국주의가 그 답이다"라는 머리기사를 실었다(Escabar, 2001; Gasper, 2001). 그러나 이 신문들의 주장들은 '실패한 국가'에 대해 매우 인위적으로 정의된 개념에 기초하고 있으며, 아프가니스탄이 1970년대 이후 무자비한 러시아와 미국의 군사적 개입에 의해 어떻게 실패하게 되었는가를 보여주지 못했다. 이들은 단지 미국이라는 제국이 세계에 평화를 가져다준다고 적고 있지만, 실제 테러와의 전쟁들은 아프가니스탄과 이라크에서 수천 명의 인명을 이미 살상했다.

사실 9·11 공격을 주도한 것으로 추정되는 테러 분자들, 특히 빈라덴(Osama Bin Laden)을 아프가니스탄이 은신하도록 했으며, 사담 후세인(Saddam Hussein)의 독재정치하에 이라크가 대량 살상 무기를 은폐하고 있다는 데 대한 부시 대통령의 확신은 이러한 세계적 전략을 위한 하나의 구실에 불과했다. 그와 그의 신보수주의적 조언자들은 세계적으로 유일한 초강대국으로서, 미국의 신제국주의적 헤게모니에 맞서고자 하는 어떠한 저항자나 잠재적 경쟁자들에 대한 본보기로서 이 두 번의 전쟁을 수행한 것처럼 보인다. 게다가 아프가니스탄과 이라크에서의 전쟁은 세계정치를 신제국주의적으로 장악하고자 하는 미국의 전략적 헤게모니를 위한 것이었을 뿐 아니라 석유 및 가스의 매장과 생산, 나아가 자본주의 경제의 자유시장을 위해 이 국가들이 가지는 지정학적 중요성 때문에 발발한 것으로 이해된다. 요컨대 "서구적 헤게모니와 자본주의적 체제하에 세계적 공간의 통합은 사회발전에서 어떠한 분리된 궤적도 허용될 수 없는 단계에 도달"했으며, 이를 가능하게 한 것이 이른바 테러와의 전쟁을 명분으로 수행된 신제국주의 전쟁이다(van der Pijl, 2002).

이러한 신제국주의 전쟁이 9·11 테러에 의해 촉발되었다고 할지라도, 세계의 경제정치 질서의 변화라는 구조적 배경 속에서 이루어진 것은 분명하다. 서구 경제가 자본의 세계화를 통해 새로운 형태의 세계 경제질서를 가정하는 것처럼, 부상하고 있는 세계적 경제·정치 구조는 9·11 테러에 대한 부시 행정부의 반응에 의해 유발된 충격하에서 매우 새로운 모습을 보이고 있다(Shaw, 2002). 자본주의 경제의 세계화에 대한 충동이 끊임없이 지속되는 것처럼, 신제국주의를 추구하는 대테러전쟁은 결코 끝날 것처럼 보이지 않는다. 부시 행정부가 아프가니스탄에서 수행한 전쟁은 테러와의 전쟁에서 첫 번째에 불과하다고 선언한 바와 같이, 두 번째 전쟁이 이라크에서 이미 발발했다. 아프가니스탄과 이라크에 대해 한 것처럼, 부시 행정부는 이란과 북한 등에 대해 테러 지원국, 불량 국가, 대량 살상 무기 보유국, 그리고 '악의 축'의 일부라는 이름을 붙이고 있다. 이러한 점에서 세 번째, 네 번째 등등의 전쟁이 발생할 수 있다. 다음 전쟁을 위한 미국의 준비는 이들 국가에 대한 단순한 위협이든 그렇지 않으면 실제 침략이든 간에 신제국주의와 자본의 세계화 양자를 모두 강화시켜줄 것이다. 그러나 또한 동시에 세계의 인류는 그들이 미국에 있든 또는 다른 어떤 곳에 있든 간에 이러한 상황으로 인해 심각하게 억압받고 고통받게 될 것이다.

미국의 신제국주의 그리고 이와 암묵적으로 연계된 자본의 세계화 과정으로 인해 유발되고 있는 이러한 상황을 막기 위해 우리는 어떻게 해야 할 것인가? 이 글은 이러한 의문에 답하기 위한 예비적 고찰로서, 우선 신제국주의의 개념과 그 역사를 살펴보고, 신제국주의에 근거한 미국의 신안보전략과 이의 수행으로서 테러와의 전쟁을 이해하고자 하며, 그리고 이러한 신제국주의를 배경으로 북한을 둘러싸고 전개되고 있는 동아시아의 상황을 고찰한 후, 끝으로 미국의 신제국주의와 이로 인해 유발되고 있는 전쟁에 대한 세계적 반전·반제운동의 의의를 제시하고자 한다.

2. 신제국주의의 개념과 역사

1) 신제국주의의 개념

신제국주의를 논함에 있어, 우리는 무엇이 '새로운'가를 살펴보기보다는 '제국주의'란 무엇인가를 우선 규정할 필요가 있다. 임시적 방법으로 제국주의는 "지배적 권력이 그 자신의 부강을 위해 군사적 정복, 식민화 또는 투자 및 무역의 직접적 통제를 통해 영토와 자연자원 그리고 다른 사람들의 노동을 착취하는 체제"라고 정의될 수 있다(Bamyeh, 2000). 그러나 역사가들이 이 용어가 가지는 20여 가지의 의미와 그 변용을 제시한 것처럼, 제국주의라는 단어는 아주 다양한 의미를 가지고 있기 때문에 사용과 해석에 있어 어려움을 유발한다. 특히 레닌은 이 용어에 아주 특별한 의미를 부여했다. 즉 그는 제국주의는 상업자본주의, 산업자본주의, 금융자본주의 그리고 자본주의의 그다음 단계이자 마지막 단계라고 주장했다. 우리 모두는 이러한 정의에 대해 아주 잘 알고 있지만, 이러한 특정한 의미로 이 용어가 사용된 이래 레닌의 저작이 어느 정도 큰 영향력을 미쳤든지 간에 이 개념의 정의는 광범위하게 사용되던 용어를 받아들이기 어려운 방식으로 전용한 것이라고 할 수 있다.

따라서 사미르 아민(Amin, 2001)이 지적하는 바와 같이 "제국주의는 자본주의의 한 단계, 특히 최고의 단계가 아니며, 시작부터 이는 자본주의의 팽창에 내재적이다"라고 주장될 수 있다. 월러스틴은 이러한 정의를 공감적으로 반영해, 한 에세이에서 다음과 같은 두 가지 사항에 대해 모든 사람들이 동의할 것이라고 적고 있다. 즉, "첫째, 제국주의는 자본주의 세계 경제의 통합적 부분이다. 이는 특수한 현상이 아니다. 이는 항상 존재했다. 우리가 자본주의 세계 경제를 유지하는 한, 이는 항상 존재할 것이다. 둘째, 우리는 현재 국면에서 제국주의 가운데 특히 공격적이고 악명 높은 어떠한 형태를 경험하고 있으며, 이는 이제 제국주의라고 얼마든지 주장할 수 있을 정도이다"(Wallerstein, 2003).

아마 우리는 제국주의라는 용어의 이러한 용법에 대해 동의할 수 있을 것이다. 제국주의는 그 시작부터 자본주의에 내재적이었다. 근대적 제국주의의 수많은 양상들, 즉 세계시장의 발달, 중심과 주변의 분리, 잉여의 축출, 원료의 확보 등은 15세기 후반 이후부터 세계적 체계로서 자본주의의 부분들이었다. "광의의 의미에서 제국주의는 자본주의 세계 경제의 중심부에서 주변주의 잉여와 필수적인 자원들을 착취함으로써 그들 자신의 보금자리를 장식하는 …… 축적의 역동성에 그 근원을 가진다"(Foster, 2003a). 이러한 점에서 나아가 각 시대, 각 지역에서 나타난 제국주의의 독특한 특성이 무시되어서는 안 된다는 점이 강조될 수 있다. 즉 "영국, 프랑스, 네덜란드, 벨기에 등에서 확인할 수 있는 바와 같이, 상이한 국가들은 서로 다른 제국주의들을 만들어내었다"라는 하비(Harvey, 2003)의 주장이 인정될 수 있다.

이러한 점들에서 우리는 제국주의의 여러 단계들을 구분하고, 한 독특한 단계로서 현재적 제국주의가 어떠한 의미에서 '새로운'가를 살펴볼 필요가 있다. 사실 많은 학자들이 제국주의의 국면들을 고찰했으며, 아래에서 우리는 이를 좀 더 자세히 살펴보겠지만 우리는 여기서 일단 아민(Amin, 2001)의 견해를 고찰해보고자 한다. 그에 의하면, "유럽인들과 그들의 자손인 북미인들에 의한 지구의 제국주의적 정복은 두 번의 단계를 통해 수행되었으며, 현재 세 번째 국면으로 들어가고 있다고 하겠다. 첫 번째 단계는 당시 대서양-유럽의 상업주의적 체제의 틀 속에서 아메리카 정복을 둘러싸고 조직되었다. 제국주의적 참상에 있어 두 번째 단계는 산업혁명에 기초를 두고, 아시아와 아프리카의 식민지화를 통해 드러났었다". 그리고 이제 그 세 번째 국면이 진행 중이다. 이러한 제국주의 발달 과정에서 일단 지적될 수 있는 점은 제국주의란 단순히 경제정치적 과정이 아니라 영토의 정복이나 식민지화, 나아가 세계적 규모의 지역 불균등 발전과 같은 공간적 측면을 필수적으로 내포하고, 또 이를 매개로 전개된다는 점이다. 따라서 우리는 제국주의를 이해함에 있어 경제정치적 과정과 영토화(및 탈영토화) 과정 간의 내재적 관계에 관심을 기울일 필요가 있다.

제국주의의 개념, 특히 그 세 번째 국면의 특성을 고찰함에 있어서 또 다른 중요한 문제는 이 용어 속에 함의된 경제와 정치 간의 관계를 어떻게 이해할 것인가라는 점이다. 아민이나 월러스틴뿐 아니라 소급해 레닌에 이르기까지 이들은 모두 경제와 정치 간의 관계를 뒤섞은 상태에서 그 관련성을 주의 깊게 고찰하지 않았다. 이 문제에 관해 밤예(Bamyeh, 2000)는 다음과 같이 주장한다. 즉 "전체 역사의 논리는 경제와 정치라는 양 축의 조화로운 동시성에 근저를 두고 있었으며, 지배계급의 사고는 지배적 사고였고, 동시에 그들의 이해관계는 지배적 이해관계였다는 점이 매우 분명한 것처럼 보인다. …… 그러나 이러한 통치와 특정 경제적 이해관계 간의 공생은 개연적이라는 점이 역으로 주장될 수 있다". 이러한 관점에서 그는 제국주의의 현재적 국면에서 새로운 형태 또는 새로운 특성의 등장, 즉 그 이전의 제국주의의 형태들 또는 제국주의의 전통적 이론들에서 제시된 것보다는 경제적 또는 여타 물질적 이해관계와는 거의 결부되지 아니한 제국주의의 어떤 형태를 찾아볼 수 있다고 주장한다.

현재 상황에서 이러한 유형의 신제국주의의 개념화에 동의하는 사람도 있을 것이다. 신보수주의적 부시 행정부에 의해 만들어진 제국주의적 현상들의 표면에서 나타나는 것처럼, 특정한 경제적 집단이나 계급의 물질적 이해관계라기보다 세계적 정치권력이 그 자체로서 새로운 세계질서를 정당화하고, 이를 통해 난무하는 제국주의의 새로운 형태로 지표면을 뒤덮어버리도록 한 것처럼 보인다. 그러나 반대로 제국주의는 자본주의적 세계화 구현의 한 측면으로 접근될 수도 있을 것이다. 왜냐하면 세계화란 단순히 초국적 자본들의 경제적 이해관계를 능가해 권력, 헤게모니, 지배 등의 요인들을 그 주요 특성들로 포괄하는 보다 광의의 개념으로 이해될 수 있기 때문이다. 이러한 두 가지 입장 가운데 밤예는 앞의 입장을 취하고 있다. 즉, 그에 의하면 "제국주의는 항상 통치체계들 간 [보다 명시적으로] 차별적 권력관계라는 점에서, 그리고 경제적 및 정치적 지배의 보다 암묵적 양식이라는 점에서 정의되었다. …… 세계화와는 달리, 제국주의는 이러한 장소들 어디에서도 존재할 수 있었던 권력의 차별성에 우선적으로 의존하고 이의 조직화된 활용이라는 점에서 독특하게 정의될 수 있다"(Bamyeh, 2000).

이러한 관점에서 밤예는 과거 또는 전통적 제국주의와 비교해 새로운 제국주의를 개념화하고자 한다. 그렇게 하면서, 그는 신제국주의의 여섯 가지 논제들을 대비적으로 파악하고 있다. 즉 강제와 자발성, 계층화와 평면성(lateralism), 일반적 이해관계와 특수한 이해관계, 논리를 가진 헤게모니와 논리가 없는 헤게모니, 국가의 강화와 국가의 약화, 그리고 경제로부터 문화로의 전환을 대비시키면서 전자는 과거의 제국주의와, 그리고 후자는 신제국주의와 관련되는 것으로 이해하고자 했다. 그에 의하면 "이러한 분화는 정확히 자본주의의 승리에 기인한다. 즉 자본주의는 제국주의적 국가의 지원이나 후견을 더 이상 필요로 하지 않는다". 제국주의에 관한 전통적 이론은 권력의 정치적 중심지와 경제적 중심지 간 이해관계의 연속성(기본적으로 국민국가 단위에서)을 전제로 한 반면, 오늘날 세계화의 논리가 실제 세계정치의 논리와 세계 경제의 논리 간 근본적인 분리(즉 세계화 과정에서 국민국가의 정치적 주권 및 그 영토성의 붕괴로 흔히 이해되는 바와 같이)를 가져왔다는 점은 부분적으로 인정될 수 있다. 그리고 세계정치의 논리와 세계 경제의 논리를 서로 구분할 필요가 있다는 주장은 나름대로 인정될 수 있다.

그러나 오늘날 제국주의와 세계화 간에 아무런 관계가 없다는 주장은 분명 잘못된 것이라고 할 수 있다. 물론 오늘날 세계적 자본의 탁월한 형태인 초국적자본이나 특히 국제금융자본은 국경을 초월해 초공간적으로 이동하며 자신의 이윤 추구 기회를 확보할 수 있게 되었고, 이러한 점에서 어떤 국민국가에 기초한 정치적 강제의 필요로부터 점차 벗어난 것처럼 보인다. 그러나 "과거의 제국주의는 경제체제의 팽창과 유지를 위해 정치적 지배의 필요성을 고취시킨 반면, 오늘날 세계화는 정치적 지지의 필요성 없이 그 자신의 내적 능력을 통해 기능하도록 경제체제를 구조화했다"라는 주장(Bamyeh, 2000)은 오늘날 세계화 과정을 잘못 이해한 것이라고 할 수 있다. 즉, 국제금융자본을 포함해 초국적자본은 국민국가적 주권의 영토적 경계를 초월하기 위해 세계적 국가 또는 국가의 제국주의적 전략을 필요로 한다고 주장하고,

현대 자본주의가 점차 더 복잡한 구도를 통해 이를 달성할 수 있는 능력을 갖추게 되었음을 논하는 것이 더 설득력이 있다고 하겠다.

지리학자 하비는 표면적 현상 이면의 본질을 이해하도록 우리들에게 항상 뛰어난 통찰력을 제공해주고 있다. 특히, 이라크전쟁이 발발하기 직전에 하비는 옥스퍼드대학교에서 '신제국주의'에 관해 일련의 강연을 했으며, 이 강연 원고들을 모아서 책으로 출판했다. 이 책에서 그는 "장기간(longue durée)의 관점과 내가 역사지리유물론이라고 칭하는 것의 렌즈를 통해 …… 세계 자본주의의 현재적 조건과 그 속에서 '신'제국주의가 담당하고 있는 역할"을 이해하고자 한다. 그에 의하면, "제국주의는 쉽게 발설되는 단어이지만, 여러 가지 상이한 의미들을 가지고 있기 때문에 논쟁적 용어라기보다 분석적 용어로서 이를 명확히 하지 않고서는 이 용어를 사용하기 어렵다". 이러한 점에서 그는 제국주의를 기존의 정치경제학적 측면에 추가해 역사지리학적 관점에서 재개념화를 하고자 한다.

하비는 제국주의의 특정한 이름으로서 '자본주의적 제국주의(capitalist imperialism)'를 '국가 및 제국의 정치'(정치적·경제적·군사적 목적으로 인적·물리적 자원을 동원할 수 있는 능력 그리고 영토의 통제에 기초한 권력을 가진 행위자의 입장에서 독특한 정치적 프로젝트로서의 제국주의)와 '공간과 시간상에서 자본 축적의 분자적 과정'(자본에 대한 통제와 이의 이용이 우선성을 가지는, 공간과 시간상에서 만연한 정치경제적 과정으로서의 제국주의) 간의 모순적 결합으로 정의한다. 전자의 요소로 그는 정치의 논리, 즉 "국가(또는 정치적 권력 블록으로서 작동하는 국가들의 집합체)가 그 이해관계를 확보하고 세계 속에서 그 목적을 달성하기 위해 노력함에 따라, 국가에 의해 고취되고 사용되는 정치적·외교적 그리고 군사적 전략"으로 이해하고자 한다. 반면, 후자의 요소로 우리는 경제의 논리, 즉 "경제적 힘이 연속적인 공간상에서 또는 이를 통해 생산, 교역, 상업, 자본 흐름, 화폐 양도, 노동 이주, 기술 이전, 환투기, 정보의 흐름, 문화적 자극 등의 일상적 관행을 통해 영토적 실체(국가 또는 지역적 권력 블록)로 유입되고 유출되는 방식들"을 고찰한다(Harvey, 2003).

나아가 하비는 아리기(Arrighi, 1994)에 따라 권력의 영토적 논리와 자본주의적 논리를 구분한다. 이 구분에 따르면, 자본주의적 제국주의는 '권력의 영토적 논리와 자본주의적 논리 간 변증법적 관계'에서 도출된다.

이 두 가지 논리는 독특하며 서로 다른 것으로 환원될 수 없지만, 긴밀하게 결합되어 있다. 이들은 상호 간에 내적 관계로서 구성되어 있다고 하겠다. 그러나 그 산물들은 공간과 시간상에 실질적으로 매우 다양하게 존재한다. 각 논리는 상호 간에 담지되어야만 하는 모순들을 만들어낸다. 예로, 끝없는 자본 축적은 그에 병행하는 정치적/군사적 권력의 축적을 이루어야 할 필요 때문에 영토적 논리 내에서 주기적인 위기를 창출한다. 정치적 통제가 영토적 논리로 이행되면, 자본의 흐름 역시 적응하기 위해 전환되어야만 한다. 국가는 그들 자신의 독특한 규칙과 전통에 따라 그들 자신의 일들을 규제하며, 이에 따라 독특한 통치 양식을 만들어낸다. 여기서 지리적 불균등 발전, 지정학적 투쟁 그리고 상이한 형태의 제국주의적 정치를 위한 기반이 창출된다. 따라서 제국주의는 다양한 형태의 자본주의 국가에 관한 이론에 대한 파악 없이는 이해될 수 없다(Harvey, 2003).

우리가 위에서 논의한 밤예의 논리와 마찬가지로, 하비는 제국주의적 정치의 논리와 자본주의 경제의 논리를 구분하고자 한다. 그러나 현대 세계에서 단순히 '자본과 국가 간 [개연적] 거리의 증대'를 논의한 밤예와는 달리, 하비는 더 나아가 권력의 영토적 논리와 자본주의적 논리 간 변증법적 관계를 이해하고자 한다. 신제국주의의 모순적 과정에 관한 그의 설명 전체를 여기서 소개하기란 쉽지 않으며, 또한 그의 제안을 응용해 제국주의 역사 전체를 서술하기란 어렵지만, 다음과 같은 주장은 제시될 수 있을 것이다. 즉, 제국주의는 양날을 가진 칼과 같다. 제국주의라는 칼의 한 날은 영토적(정치적)

권력이며, 다른 하나는 자본주의적(경제적) 권력으로 구성되어 있지만, 한 칼의 양날이 서로 다투게 되는 자기파괴적 속성을 가진다.

2) 제국주의의 역사

제국주의의 역사를 서술하기란 이의 개념을 정의하는 것만큼 어렵다고 하겠다. 왜냐하면, 상이한 학자들은 이의 상이한 시발점과 상이한 시기 구분으로 그 역사를 이해하고 있기 때문이다. 우리가 위에서 언급한 바와 같이, 아민(Amin, 2001)은 제국주의의 역사를 15~16세기에 상업자본주의에 동반된 첫 번째 단계, 산업자본주의에 동반된 두 번째 단계, 그리고 세 번째의 새로운 제국주의 국면으로 구분해 이해하고자 한다. 아민과 마찬가지로, 포스터(Foster, 2003b)도 제국주의 역사를 세 단계로 서술한다. 그러나 그의 서술은 19세기 후반에서 20세기 초에 시작하여 제2차 세계대전으로 끝나는 제국주의의 고전적 단계에서부터 시작해, 제2차 세계대전 이후에서 냉전의 해체에 이르는 두 번째 단계를 거쳐, 현재 아메리칸 신제국주의라고 할 수 있는 세 번째 단계에 이르고 있다. 또 다른 예로 쇼(Shaw, 2002)는 그가 칭한 '서구적 세계국가(Western-global state)'로 오늘날 제국(주의)을 설명하면서, 그 역사를 "고전적 간제국적 체계(1939~1945)의 종착적 위기 이후, 냉전의 간블록(inter-bloc) 체계(1939~1945)에서 발달한 서구 블록 국가들에서 진화했으며, 준제국적이지만 국제적으로 보다 약했던 소비에트 블록의 붕괴(1989~1991)에 따라 서구 국가는 세계 전체로 그 뻗침과 그 제도를 점증적으로 확대했고, 동시에 유엔체제라는 합법적인 세계적 제도를 그 지배하에 두게 되었다"라고 서술하고 있다.

하비(Harvey, 2003)는 특히 19세기 말 이후 미국 헤게모니의 물질적 기반의 이행에 초점을 두고 아메리칸 제국주의의 역사를 서술하고 있다. 즉, 그에 의하면 미국 제국주의의 역사는 부르주아적 제국주의의 등장(1870~1945),

아메리칸 헤게모니의 전후 역사(1945~1970), 그리고 신자유주의적 헤게모니 (1970~2000) 단계를 거쳐 현재 신제국주의의 선택적 국면에 있다. 제국주의 역사에 관한 이러한 유형의 서술들은 거의 대부분 제국주의에 관한 그 자신의 정의에 기초해 있지만, 우리들에게는 상당히 혼란스러운 제국주의의 역사를 들려주고 있다. 그러나 여기서 우리의 목적은 제국주의의 전체 역사를 고찰하는 것이 아니기 때문에 '신'제국주의라고 칭할 수 있는 것의 전사 (pre-history)를 간략히 살펴보고자 한다. 이를 위해 우리는 제국주의의 역사에 관한 하비의 시기 구분을 따르지만, 그가 특히 미국 제국주의의 역사에 초점을 둔 것과는 달리, 세계적 차원에서 제국주의의 역사를 약술하고자 한다.

(1) 첫 번째 단계: 고전적 제국주의(19세기 후반부터 제2차 세계대전까지)

제1차 세계대전 당시 레닌에 의해 제시된 제국주의에 관한 가장 예리한 분석에 따르면, 제국주의는 '자본주의 발달에 있어 특정한 단계'로 서술될 수 있다. 우리는 이러한 개념을 제국주의에 관해 수용할 수 없는 정의라고 이미 단언했다. 그러나 우리는 제국주의에 관한 레닌의 개념화의 함의, 즉 강대국들 간 대립과 전쟁은 단순히 나쁜 정치의 결과가 아니라 자본주의적 발달 그 자체의 역동성에서 유발된다는 점을 이해해야 한다. 이 점은 사실 맑스가 확인하고자 했던 자본의 집중과 집적을 향한 경향에 내재된 것이라고 할 수 있다. 물론 그의 시대에 있어 제국주의는 그 자체의 독특한 양상들, 예로 영토적 논리에서 영국 헤게모니의 와해, 그리고 자본주의의 논리에 있어 생산의 집중과 집적에 따른 독점자본주의의 성장 또는 대기업들에 의한 자본주의의 지배라는 특징을 가지고 있었다.

특정 자본주의 국가 내에서 어떤 주요 기업들이 점점 커지고 소수화됨에 따라, 민간 독점자본은 국가와 점차 통합되었다. 동시에, 생산력의 국제화는 자본들로 하여금 세계적 차원에서 시장, 투자 그리고 원료를 위해 경쟁하도록 촉진했다. 자본주의는 그 팽창에 있어 한계가 없는 축적의 추동에 의해 독특하게 결정되는 체계이다. 자본주의는 한편으로 세계 경제를 전 지구적 차원으로 확대시키고, 다른 한편으로 수많은 경쟁적 국민국가들로 정치적으로 분할했다(Foster, 2003b). 그 결과로 자본들 간 경쟁은 점차 국민국가들 간 군사적 대립의 형태를 취하게 되었다. 게다가 세계 경제는 혼합되고 불균등한 발전으로 특징지어지기 때문에(즉 국가들 간 관계는 불균등하기 때문에), 소수의 선진국들은 그들의 생산적 자원과 군사적 힘으로 세계의 여타 지역들을 지배하게 되었다.

19세기의 마지막 20년 동안, 세계 강대국들은 세계의 대부분을 그들 사이에 분할했다. 당시 미국의 28대 대통령이었던 윌슨(Woodrow Wilson)이 인정한 바와 같이, 이러한 제국주의적 분할은 "세계의 유용한 지역들이 간과되거나 사용되지 않고 방치되지 않도록 하기 위해서는 식민지들이 획득되고 이식되어야만 한다"라는 주장을 반영했다. 그리고 문명화되었다고 하는 제국주의자들은 말 못할 잔혹함으로 그들의 미래 신민들을 복종시켰다. 예로, 1898년에서 1901년까지의 필리핀 정복 기간 동안 미국은 그 이전 스페인의 정복군을 대신하는 해방군으로서 환영받고자 했다. 이를 위해 미국은 "세심한 배려로 문명화된 전쟁의 규칙을 위해 …… 결코 쓰러지지 않을 자기절제와 인간성으로 싸울 것"임을 주장했다. 그러나 이러한 미국의 필리핀 점령은 "필리핀인들이 '자기 통치에 부적합'하다는 선언"에 의해 정당화되었고, 실제 이 기간 동안 수만 명의 필리핀인들을 학살했다(Gasper, 2001). 이러한 야만적인 제국주의적 팽창을 위한 중요한 동기는 물론 이윤이었다. 식민지들은 자본가들에게 식민 권력에 의해 보호된 투자의 출구를 제공했으며, 투자와 유통을 위한 경로를 보호하기 위한 군사적 기지를 제공했다. 그러나 제국들이 팽창함에 따라, 그리고 정복할 영토가 점차 줄어들게 됨에 따라, 주요 강대국들은 점차 서로 갈등에 빠지게 되었다. 각 국가들은 그 자신의 무장된 힘을 길렀고, 종국에는 수천만 명을 죽음으로 내몬 양대 세계대전으로 끝나게 될 전쟁으로 치닫게 되었다.

(2) 두 번째 단계: 근대적 제국주의(제2차 세계대전 이후에서 냉전의 와해까지)

제2차 세계대전의 끝으로, 한국을 포함한 많은 식민지 국가들이 강대국들로부터 해방되었으며, 이에 따라 탈식민화로 이전의 제국들은 그들의 헤게모니를 상실하고 약화될 것으로 예상되었다. 그러나 실제 제국주의는 제2차 세계대전과 이에 이은 탈식민화 운동으로 끝난 고전적 단계를 넘어서 계속 진화했다. 물론 근대적 제국주의는 중요한 방식으로 그 자신을 변화시켰다. 여러 상이한 강대국들 간의 경쟁은 두 개의 초강대국, 즉 미국과 소련에 의해 지배되는 두 개의 세계적 군사동맹에 의한 세계적 영토 분할로 대체되었다. 민족 해방을 위한 투쟁과 식민지의 경제적 중요성 상실에 인해 과거의 식민제국들은 서서히 해체되었지만, 이러한 점들이 제국주의가 끝났음을 의미하는 것은 결코 아니었다. 양대 초강대국들은 정치적·경제적 그리고 흔히 군사적 수단을 통해 세계의 여타 약소국들에 그들의 경제적·정치적 의지를 계속 부가했다.

1950년대에서 1960년대 후반에 이르기까지 이러한 근대적 제국주의는 역사적으로 특정한 특성들을 스스로 드러냈다. 이 가운데 가장 중요한 점은 자본주의 세계시장에서 미국이 영국의 헤게모니를 대신하게 되었다는 점이다. 또 다른 점은 소련의 존재로서, 그 자체로서 자본주의와 대립되는 공산주의 체제를 추구했을 뿐만 아니라 제3세계 국가들에게 혁명운동을 위한 공간을 창출하도록 지원했다. 이러한 점들은 주요 자본주의 국가들 간 냉전적 군사동맹을 통해 결속하도록 함으로써 미국의 헤게모니를 강화시키는 데 이바지했다. 나아가 미국은 그 헤게모니적 지위를 활용해 당시 자본주의 세계 경제의 기반을 이루었던 브레턴우즈(Bretton Woods)제도들 ─ 즉 GATT, IMF 그리고 세계은행 등 ─ 을 수립하도록 했다(Foster, 2003b). 1980년대 자본주의 국가들은 이러한 세계적 제도들에 기초해 내적 결속력을 강화했을 뿐만 아니라, 제3세계 국가들에서 나아가 소련을 와해시키고 기존 동구의 사회주의 국가들을 민주화와 개방으로 이끌게 되었다. 자본주의 경제는 이제 완전히 전 지구적 차원에서 그 자신의 외적 팽창을 달성하게 되었다.

이러한 전후 발전은 어떤 의미에서 전통적인 (반)제국주의적 사고의 틀에서 벗어나 있었다. 그러나 이 점은 이미 고전적 맑스주의자들 가운데 한 사람인 카우츠키(Karl Kautsky)에 의해 예상된 것이었다. 그는 레닌과 맑스주의의 지배적인 공산주의적 전통에 의해 '개량주의자'라고 지칭되었으며, 그의 사상들은 대체로 맑스주의적 사고에서부터 사라졌지만, 오늘날의 관점에서 보면 예언적이라고 할 수 있다. 이미 제1차 세계대전 이전에 카우츠키는 다가오는 제국주의의 충돌로 인해 두 가지 가능한 결과가 있을 수 있다고 주장했다. 즉 다른 맑스주의자들이 예견한 바와 같이 민주주의에 부정적 결과를 초래할 전쟁의 지속적 순환이거나, 또는 이 전쟁은 서구 자본주의 국가들 간 대립적 모순들을 억누르고 유일한 '초제국주의(ultra-imperialism)'의 승리를 이끌 수 있다는 점이다. 카우츠키에 의하면 초제국주의는 민주적이고 국제주의적인 결속의 새로운 국면을 유도하고, 자본주의에 상당 기간 새로운 도덕적 우월성을 부여할 것으로 예측되었다. 이러한 예측은 오늘날 우리가 바로 경험하고 있는 것과 같은 현실로 드러나고 있다(Shaw, 2002).

(3) 세 번째 단계: 신자유주의적 제국주의(소련의 와해 이후 현재까지)

1980년대 후반 소련의 해체는 미국 제국주의의 주요한 군사적 라이벌의 제거를 가져왔다. 미국은 세계의 가장 강력한 정치적 및 군사적 대국으로 남았으며, 그 통치자들은 세계에 대한 무적의 지배자처럼 군사력을 행사함에 있어 모든 제약으로부터 자유로움을 느끼게 되었다. 지난 10여 년 동안 미국은 세계적인 정치적·경제적 지배를 유지하기 위해 점점 더 강력한 군사력을 사용하고자 했다. 1991년 걸프전은 중동의 석유에 대한 미국의 통제권을 확보하기 위한 것이었음이 이제 잘 알려져 있다. 걸프전과 마찬가지로, 아프가니스탄과 이라크에서의 전쟁은 (최소한 부분적으로) 중앙아시아 및 중동의 석유와 천연가스에 대한 접근성을 확보하고자 하는 미국 지배계급들의 욕망에 의해 동기화된 것이었다. 미국은 자신의 이해관계에 부응할 때는 억압적 탈레반 정권이나 심지어는 독재자 사담 후세인도 후원했다. 그러나 미국은 자신의 이해관계가 다른 정파들로 이들을 대체함으로써 더 잘 실현된다고 생각하게 될 경우, 이들로부터 권력을 무참히 빼앗고자 했다.

이런 부류의 미국 제국주의는 단순히 냉전체제하에서 소련과의 경쟁의 산물이라고 할 수 없으며, 소련 붕괴의 결과라고 할 수도 없다. 미국 제국주의는 자본주의 세계 경제의 헤게모니적 권력으로서 미국의 필요에 깊게 뿌리를 두고 있으며, 필요할 경우 무력에 의존하여 해외투자를 위한 개방체제를 유지하고자 한다. 미국의 군사적 개입은 그 역사적 복잡성에서 보면 보다 광의의 제국주의적 현상에 속하며, 자본주의 세계의 헤게모니적 권력으로서 미국의 역할을 확보하기 위한 것이다. 이러한 점에서 우리는 헨리 키신저가 2001년에 미국은 "과거의 어떠한 위대한 제국들도 향유하지 못했던 탁월함"을 달성하게 되었다고 했을 때, 그가 무엇을 의미했는가를 이해할 수 있게 된다(Foster, 2003a). 미국은 엄청난 '권력의 잉여'로 무엇을 하고자 했는가? 부시(그 아버지와 아들 모두, 그러나 특히 9·11 테러 이후의 아들 부시)의 해답은 세계 자본주의 체제에 새롭게 개입함으로써 그 제국적 야망을 추구하는 것이었다.

그러한 군사적 개입의 주요 목적은 '불량국가' — 미국에 의해 전적으로 규정되는, 제국적 질서의 바깥에 있다는 이유로 그렇게 불리게 된 국가들 — 의 정권교체와 이에 이은 경제 재구조화로서, 이를 통해 이 국가들로 하여금 보다 광범위한 자원 착취에 대한 개방을 포함해 자본주의 세계 경제의 지배적 요구에 순응하도록 하기 위한 것이다(Foster, 2003a).

사실 소련 블록의 붕괴에 따른 세계적 권력 균형에서의 거대한 전환은 세계적인 정치적 안정과 경제적 번영을 위한 심대한 함의를 가졌으며, 비네펠트(Bienefeld, 1994)는 이를 '새로운 세계질서(new world order)'라고 불렀다. 그러나 이러한 새로운 세계질서는 보다 공공연하고 명시적인 형태의 제국주의의 등장을 목격하게 되었으며, 그 속에서 국가주권은 자기규정적인 국가적 이해관계를 추구하는 헤게모니적 권력에 의해 보다 쉽게 전복되었다. 신자유주의자들은 탈규제화되고 경쟁적인 시장이 효율성을 극대화시킬 수 있는 안정되고 완전 고용의 균형을 지향할 것이라고 믿는다. 시장은 단기적 문제뿐만 아니라 장기적 문제를 해결함에 있어서도 모두 효율적이며, 시장의 힘에 의해 유도되는 자기규제적 세계의 번영을 가져다줄 것이라고 단언한다. 신자유주의자들은 새로운 세계질서에서 부상하고 있는 명시적인 공공연한 제국주의를 위해 비옥한 토양을 제공했으며, 이러한 새로운 형태의 제국주의는 냉전시대에 보다 전형적으로 내밀하고 암묵적인 형태의 근대적 제국주의를 대체했음이 분명하다. 노골적이고 새로운 제국주의는 독선, 강력한 신뢰, 그리고 자신의 행위가 '최선'이라는 완전한 확신을 요구한다(Bienefeld, 1994).

이러한 부류의 신자유주의적 제국주의를 고찰함에 있어 낙관주의자들은 '새로운 세계질서'를 수혜적인 것으로 이해하고, 시장 메커니즘에 의해 만들어지는 자유와 평등, 민주주의와 인류복지의 증진과 불평등의 완화 등이 실현되고, 나아가 환경보호를 위한 재원을 마련해줄 것으로 생각한다. 시장의 탈규제, 기업의 민영화, 무역의 자유화 등과 같은 신자유주의적 정책 처방들은 효율성과 복지 양자 모두를 향상시키게 될 바람직한 정책이 될 것이라고 주장한다. 심지어 신자유주의적 제국주의에 의해 유도되는 세계화는 불가피하며, 기술적으로 결정적이며, 지구촌의 단호한 등장에 따른 유토피아라고 주장하기도 한다. 그러나 비관론자들은 시장 메커니즘에 의한 사회경제적 양극화의 확대와 국가의 역할 축소에 따른 정치적 불안정성의 증대를 우려하고 있다. 또한 탈규제화된 세계시장의 논리가 대적할 헤게모니적 권력 또는 광범위하게 채택된 경쟁적 이데올로기의 부재 속에서 타협할 필요를 거의 느끼지 못하는 헤게모니적 권력에 의해 뒷받침됨에 따라, 우리 삶의 모든 부분들과 모든 장소들에 점점 더 공격적으로 침투하게 됨을 지적하고자 한다. 이로 인해 세계는 자본주의적 세계화와 제국주의적 권력체계에 의해 지배되지만, 세계의 모든 지점들로부터 솟아오르는 저항에 직면하게 될 것임을 경고한다.

3. 미국의 신안보전략과 이의 수행

1) 미국의 신보수주의적 안보전략

하비(Harvey, 2003)는 미국 제국주의의 현재적 상황을 선택적(optional)인 것으로 이해한다. 그러나 다음과 같은 사실로 보면, "미국의 선택은 제한적이다". 즉 "일방주의, 동의가 아니라 강제, 훨씬 노골적인 제국적 전망, 그리고 무적의 군사력으로 부시 행정부의 이행은 거의 전적으로 세계적 석유 자원에 대한 군사적 통제를 통해 미국의 지배를 유지하고자 하는 매우 위험한 접근임을 보여준다. 이러한 점은 생산과 최근(아직 분명하지는 않지만) 금융 영역에서의 지배력 상실에 관한 여러 조짐들이 드러나고 있는 상황에서 이루어진 것이기 때문에, 착취적 지배로 나아가고자 하는 성향이 강하다. 이 점이 후에 이 체제의 재앙적 붕괴를 유발할 것인지(자본주의적 권력 블록들 간 무력적 경쟁에 관한 레닌의 시나리오에 따를 경우)의 여부는 예측은 고사하고 상상하기조차 어렵다". 신제국주의적 성향에 의해 지지되는 부시 행정부가 후에 이 체제의 재앙적 파국으로 나아갈지의 여부는 일단 제쳐놓고, 우리는 여기서 부시 행정부의 어떤 근본적 성격 — 하비가 신자유주의적 정책에서 '신보수주의적' 정책으로의 전환으로 서술한 바와 같이 — 을 고찰할 필요가 있다.

부시 행정부의 성격을 이해할 수 있도록 하는 공식 문서들 가운데 하나는 2002년 9월 발간된 「미국의 국가안보 전략」이다. 이 문서는 "20세기 자유와 독재 간의 위대한 투쟁은 자유의 힘의 결정적 승리로 끝났다 — 국가적 승리를 위해 유일하게 유지될 수 있는 모형"이라는 문장으로 시작한다. 이러한 부류의 국가적 성공의 결과로 "오늘날 미국은 독보적인 힘과 위대한 경제적 및 정치적 영향의 지위를 향유하고 있다"라고 주장한다. "우리의 유산과 원칙들을 지킴에 있어, 우리는 우리의 힘을 일방적 이점을 위해 압박을 가하기 위해 사용하지 않[으며], 대신 우리는 인류의 자유를 위한 힘의 균형을 창출하고자 한다"라고 서술하고 있지만, 몇 줄 아래에는 "2001년 9월 11일의 사건은 아프가니스탄과 같이 약한 국가들도 강한 국가들처럼 우리의 국가적 이해관계에 커다란 위험을 제기할 수 있음을 가르쳤다"라고 서술하고 있다(The White House, 2002). 결국 여기서 추구하는 힘의 균형이란 국가적 이해관계를 위한 것임을 알 수 있게 한다.

이러한 노선을 따라, 이 문서는 계속해서 "미국의 국가안보 전략은 우리의 가치와 우리의 국가적 이해관계의 통합을 반영하는 독특한 아메리카적 국제주의에 기초할 것"이라고 주장하고 있다. 그리고 "이러한 전략은 세계를 보다 안전하게 할 뿐만 아니라 보다 좋게 만드는 데 이바지할 것"이라고 적고 있다. 이러한 목적을 달성하기 위해, 미국은 다음과 같은 사항들을 수행할 것을 요구하고 있다(The White House, 2002).

- 인간 존엄성을 고취시키기 위해 싸울 것.
- 세계적 테러리즘을 패배시키기 위해 동맹을 강화하고 우리와 우리의 우방에 대한 공격을 막기 위해 노력할 것.

- 지역적 갈등들을 제거하기 위해 다른 국가들과 노력할 것.
- 우리의 적들이 대량 살상 무기로 우리와 우리의 동맹국들 그리고 우리의 우방국들을 위협하는 것을 막을 것.
- 자유시장과 자유무역을 통해서 세계적 경제성장의 새로운 시대를 발화시킬 것.
- 사회를 개방하고 민주주의의 하부구조를 건설함으로써 발전의 순환을 확대시킬 것.
- 세계적 권력들의 다른 주요 중심부들과의 협력적 행동을 위한 의제를 개발할 것.
- 그리고 21세기의 도전과 기회에 부응할 수 있도록 미국의 국가적 안보제도를 전환시킬 것.

「미국의 국가안보 전략」의 나머지 부분들은 이러한 요구들을 자세히 설명하는 데 할애하고 있다. 전 세계적으로 인터넷을 통해 접근할 수 있는 이러한 공식 문서는 양면성을 가지고 있는 것처럼 보인다. 신자유주의적 세계화와 마찬가지로, 이는 여전히 "미국이 독보적인 힘과 위대한 경제적 및 정치적 영향의 지위를 향유할 수 있는" 세계에 대한 어떤 낙관적 견해를 제시하고, 미국이 "테러주의자들과 독재자들과 싸워 평화를 방어하고", 나아가 "강대국들과의 좋은 관계를 구축함으로써 평화를 보호할" 수 있다고 믿고 있다. 그러나 회의론자들에게 있어, 이는 단지 신보수주의적이며 신제국주의적 성향을 은폐하기 위한 이데올로기적 위장에 불과한 것으로 우려된다. 이러한 점은 다른 여러 문서들 - 아래에서 이러한 문서들 가운데 하나를 보다 자세히 살펴볼 것처럼 - 에서 보다 명확히 드러나고 있다.

역설적으로 소련의 붕괴 이후, 미국 외교정책에 있어 국무성의 통제력은 점차 줄어든 반면, 펜타곤(미국 국방부)의 영향은 증대했다. 이러한 새로운 시대에 미국의 군사력은 소련의 반응에 대한 두려움 없이 행동할 수 있는 새로운 자유를 발견했으며, 반면 동시에 국내에서는 반개입주의적 반발로부터 대체로 자유롭게 되었다. 이러한 기반에서 신자유주의자들은 미국 및 세계의 경제체제에 대해 보다 큰 영향력을 획득한 반면, 신보수주의자들은 미국의 군사력에 대한 통제를 장악했다. 신자유주의자들이 앞선 클린턴 행정부의 다수를 차지했다면, 신보수주의 그룹은 부시 행정부의 특히 외교 및 군사 정책에 있어 다수를 확보하게 되었다. 신보주주의자들 가운데 독특하고 영향력 있는 조직이 바로 '새로운 아메리카의 세기를 위한 프로젝트(Project for the New American Century: PNAC)'이다. 1997년 봄 비영리적 교육기관으로 창립된 이 조직은 미국의 세계적 지도력 증진을 목적으로 하고 있으며, 크리스톨(William Kristol)이 이 조직의 회장을 맡고 있고, 체니(Dick Cheney), 럼스펠드(Donald Rumsfeld) 등과 같은 부시 행정부의 각료들과 더불어 후쿠야마(Francis Fukuyama) 등과 같은 학자들도 이에 가담하고 있다.

21세기를 새로운 아메리카의 세기로 만들기 위한 비영리 교육기관으로 조직된 PNAC는 그들의 웹사이트(www.newamericancentury.org) 초기화면에 서술된 것처럼 몇 가지 근본적인 제안들을 열거하고 있다. 즉, "미국의 지도력은 아메리카뿐만 아니라 세계를 위해 좋은 것이며, 이러한 지도력은 강한 군사력, 외교적 에너지, 그리고 도덕적 원칙의 준수를 요구한다. 그리고 오늘날 매우 적은 정치적 지도자들만이 세계적 지도력을 위해 합당하다". 2002년 9월에 발간된 PNAC의 보고서 「아메리카 방어 구축: 새로운 세기를 위한 전략, 힘 그리고 자원(Rebuilding America's Defenses: Strategy, Forces and Resources for a New Century)」은 "미국이 탁월한 군사력을 유지함으로써 세계적 지도력의 지위를 유지하고 확대시켜야만 한다는 믿음"을 보다 명시적으로 서술하고 있다. 이 보고서에 의하면, 냉전 시대와 21세기 간의 비교(〈표 9-1〉 참조)에 기초해, "현재 미국에 대적할 세계적 라이벌은 아무도 없다. 아메리카의 위대한 전략은 미래에 가능한 오랫동안 이러한 우월한 지위를 유지하고 확대시킴을 목적으로 해야 한다"라고 주장한다. 이러한 점에서

표 9-1 **PNAC에 의한 냉전시대와 21세기 간의 비교**

	냉전 시대	21세기
안보체계	양극체계	일극체계
전략적 목적	소련에 대한 제재	팍스 아메리카나 유지
주요 군사적 사명	소련 팽창주의 억제	• 민주적 평화지대 보장 및 확대 • 새로운 경쟁적 강대국의 등장 억제 • 핵심 지역 방어 • 전쟁 전환의 활용
주요 군사적 위협	많은 현장들에 걸친 잠재적 세계 전쟁	지구 전반에 걸친 잠재적 현장 전쟁들
전략적 경쟁의 초점	유럽	동아시아

자료: Project for the New American Century(2000: 14).

이 보고서는 미국 군사력을 위한 네 가지 핵심적 사명을 제안하고 있다.

- 미국 본토를 방어하라.
- 다원적·동시적 주요 현장 전쟁에서 싸워 결정적으로 이겨야 한다.
- 주요 지역에서 안보환경의 형성과 결부된 '경찰' 의무를 수행하라.
- '군사적 활동에서 혁명'을 이루기 위해 미국의 힘을 전환시켜라.

그리고 끝으로 이 보고서는 "이러한 핵심 사명들을 수행하기 위해, 우리는 충분한 힘과 예산 할당을 제공할 필요가 있다"라고 적고 있다.

이러한 문서들에 근거해 고찰해보면, 21세기를 새로운 아메리카의 세기로 만들기 위해 부시 행정부의 상층부를 형성하고 있는 신보수주의자들(신자유주의자들이라고 할 수 있는 매파와 함께)은 미국의 세계적 개입 전략의 근본적인 재질서화를 시도하고 있음이 분명하다. 신보수주의적 조언자들에 의해 움직이는 부시 행정부에 와서 미국의 새로운 위대한 안보전략에서 다른 것

그리고 그렇게 경계를 해야 할 점은 미국의 외교 및 군사 정책에서 네 가지 독특한 요소들 — 이들 가운데 세 가지는 베리(Barry, 2002)에 의해 이미 지적된 바 있다 — 이라고 할 수 있다. 이들은 반다자주의(anti-multilateralism), 군사주의 (militarism), 전쟁주의(warlordism) 그리고 도덕적 절대주의(moral absolutism) 이다. 이들 각각을 좀 더 자세히 살펴보면 다음과 같다.

① 냉전의 종식과 더불어, 제2차 세계대전 이후 시대의 후반부에 특히 형성되었던 다자주의(또는 쌍방주의)의 틀은 해체되었다. 국제정치에서 냉전의 틀은 세계정치적 사정들을 이성이 아니라 권력이 만연한 홉스적 세계로 빠져들게 되었지만, 어떠한 경쟁적 강대국들이 없는 상황에서 미국은 막강한 힘을 향유하게 되었다. 이러한 상황은 심지어 권투 경기에 비유되어 서술되고 있다. 즉 "다른 강대한 도전자가 등장하기 전까지, 미국은 국제적 지도력의 요구에 대한 휴식 기간을 즐길 수 있다. 챔피언 승부 경기들 사이 동안의 권투 선수처럼, 미국은 즐거운 생활을 즐기며 살아갈 수 있다"(PNAC, 2000). 근대적 또는 관례적 현실주의(realism) — 이에 부수되는 힘의 균형 정치, 강대국들 간 동맹, 전쟁억제와 견제 — 는 미국과 다른 모든 국가들 간 커다란 힘의 불균형으로 특징지어지는 일극적 세계에서 더 이상 응용될 수 없게 되었다 (Barry, 2002).

② 신보수주의자들에게 있어 이러한 공격적 반다자주의를 가능하게 하는 것은 군사주의이다. PNAC의 원칙들에 관한 창립선언문에 서술된 것처럼, 이들은 이를 고취시키는 데 망설이지 않는다. "20세기가 끝나게 됨에 따라, 미국은 세계에서 가장 막강한 힘을 가지게 되었다. 서구가 냉전에서 승리를 거두게 됨에 따라, 미국은 기회와 도전을 맞게 되었다. …… 그러나 미국이 충분한 군사력을 유지하지 않고서는 이 기회는 잃어버리게 될 것이다". 그들에게 필요한 것은 "현재뿐만 아니라 미래의 도전에 맞설 수 있는 강력한 군대, 아메리카의 원칙들을 해외에서도 대담하고 합목적적으로 증진시킬 수 있는 외교정책, 그리고 미국의 세계적 책임성을 수용하는 국가적 지도력"이

다. 그들에게 있어 어떠한 대가를 치르고도 군사적 우위를 유지하는 것은 어떠한 라이벌 초강대국의 등장을 억제하고 제압하는 것이다.

③ 미국의 군사주의는 전쟁주 또는 심지어 전쟁 숭배로 승화된 것처럼 보인다. 신보수주의자들은 세계적 지도력의 지위를 유지하고 아메리카적 평화를 보호하기 위해, 그들이 필요하다고 생각할 경우 단순한 위협뿐만 아니라 실제 전쟁에서 행사하기 위해 미국 군사력의 탁월함을 강조하는 것처럼 보인다. 즉, "보수적 외교정책 전략수립을 특징지었던 '현실정치(realpolitik)' 대신, 미국은 '힘의 정치(machtpolitik)' 또는 막강한 군사력의 행사로 회귀했다"(Barry, 2002). 부시 행정부의 「미국의 국가안보 전략」은 미국 정부 내에 이러한 새로운 전쟁주의의 등장을 정당화하는 것으로 이해될 수 있다. 게다가 미국 행정부가 우월성을 위해 세계적 헤게모니와 집단적 안보를 능가하기를 원함에 따라, 새로운 전쟁주의는 외교관이 아니라 무기 상인과 상담을 하게 되었다.

④ 미국의 우월성은 군사력뿐만 아니라 도덕적 절대주의에 의해 지지되고 있다. '테러리즘과의 전쟁'과 더불어 '실패한 국가' 또는 '불량국가'에 대한 간섭은 자유, 민주, 평화, 심지어 자유시장과 발전이라는 자의적인 국제적 규범에 의해 정당화되고 있다. 미국의 새로운 안보전략은 단지 이러한 개입주의의 일방적이고 군사화된 견해일 뿐이다. 클린턴 행정부의 신자유주의자들 역시 국내뿐만 아니라 국외 상황, 특히 경제위기에 직면한 국가들에 개입했다. 그러나 이들의 개입주의는 신자유주의적 세계 자본주의에 부적절한 잔여 요인으로 비난받았다. 이러한 자유주의적·정치적 가치 대신 미국 해외정치를 추동하는 최고 지상주의자들은 강건한 도덕적 제약에 보다 잘 적응하면서, 그의 사명을 선과 악 사이 종말론적 갈등과 연계시키고 있다(Barry, 2002). 선/악, 문명/야만이라는 이분법을 둘러싸고 구축된 이러한 사명적 이데올로기는 물론 향유하고 있는 풍요의 조건들 또는 풍요의 이미지들 속에서 특정한 감수성을 개발한 서구 대중들의 취향을 만족시키는 것처럼 보인다.

2) 전략의 수행을 위한 신제국주의 전쟁

이제 아프가니스탄과 이라크에서의 전쟁이 신제국주의의 목적을 실현시키기 위해 신보수주의적 부시 행정부에 의해 수립된 「새로운 안보전략」의 이행으로 이해되어야 함이 명백해졌다. 미국이 왜 이러한 전쟁을 수행했는가를 이해하기 위해서 여러 가지 이유들이 제시되었다. 가정된 이유들 가운데 하나는 '미국 시민사회의 내적 변증법'이라고 불리는 것이다. 아프가니스탄 전쟁 이후 2002년 독일의 법무장관은 "부시 행정부의 해외 모험주의는 국내에서의 어려움으로부터 관심을 전환하기 위해 고안되었다"라고 주장했다. 이와 관련해 하비가 주장한 바와 같이, "국내적으로 문제에 처한 정부들이 내부 결속력을 공고히 하기 위해 해외 모험이나 또는 해외 위협을 조작함으로써 그들의 문제를 해결하고자 한 오랜 역사를 찾아볼 수 있다"(Harvey, 2003). 사실 당시 부시 행정부는 실업 증가, 부패 스캔들, 회계 조작, 규제의 실패, 연기금의 손실 등 국내적 위기 상황에 처해 있었다. 그러나 이 점이 이유가 된다면 단지 한 가지 이유에 불과할 뿐이다.

두 번째로 가정된 이유는 '어찌됐든 석유'라는 점이다. 즉, 이라크와의 전쟁을 반대한 사람들은 흔히 이 갈등을 무엇보다도 석유 때문이라고 묘사하고 있다. 그러나 미국 정부는 이러한 주장을 앞뒤가 뒤바뀐 잘못된 것으로 기각하거나 또는 이러한 주장을 완전히 무시하고 있다. 석유가 중요하다는 점에는 의문의 여지가 없다. 그러나 어떠한 의미와 어떤 이유에서 그러한지를 결정하기란 쉽지 않다. 협의적인 음모론은 워싱턴 D.C.의 미국 행정부가 공적 영역을 찬탈한 석유 마피아에 불과하다는 생각에 의존하고 있다. 이 생각은 체니 부통령의 오랜 친구인 핼리버턴(Halliburton)이 전쟁 직후 석유공급 계약에서 거의 십억 달러를 획득하게 된다는 보고서와 관련해, 부시와 체니가 석유재벌의 이해관계와 긴밀하게 연결되어 있다는 점에 따른 것이다. 그러나 이러한 이유 역시 이유가 된다면 단지 일부분 또는 부차적 이유에 불과할 것이다.

세 번째 이유는 두 번째 이유와 밀접하게 관련되어 있다. 아메리카 제국의 현재적 팽창에 대한 수많은 비평가들은 부시 행정부하에서 미국이 신보수주의적 결사단에 의해 장악되었다고 주장한다. 이 결사단은 국방부차관 울포위츠(Paul Wolfowitz), 부통령 비서실장 리비(Lewis Libby), 국방정책위원장의 펄(Richard Perle) 등으로 구성되며, 이들은 국방부 장관 럼스펠드와 부통령 체니, 그리고 이들을 통해 궁극적으로 부시 대통령의 강력한 지원을 받고 있는 것으로 알려져 있다. 이 결사단은 전쟁을 계획하고 유발했다. 이러한 부류의 결사단론 역시 유지되기 어렵다. 이 점과 관련해 우리는 "제국주의란 단순히 어떤 '정책'이 아니라 자본주의적 발달 과정의 속성에서 초래되는 '체계적 현실'"이라는 점을 인식할 필요가 있다. '일극 세계'라고 불리는 것의 등장과 관련된 제국주의의 역사적 변화는 현재 상황을 소수 권력자 개인들의 잘못된 야망으로 환원시키는 것으로 설명될 수 없다. 따라서 미국 제국주의의 새로운 시대에 관한 역사적 토대들을 논의할 필요가 있다(Foster, 2003b).

왜 전쟁이 발발했는가를 설명하기 위해 가정된 이유들은 전쟁들에 관한 전체 이야기를 이해하는 데 충분하지 않은 것처럼 보인다. 하비가 기술한 바와 같이, 전쟁들은 보다 긴 이야기를 가지고 있다.

처음부터 이라크의 힘 그리고 잠재적으로 파괴적인 범아랍운동에 대한 두려움은 연이은 미국 행정부들 내에 오랫동안 잠복해 있었다. 파월(Colin Powell)은 첫 걸프전에 앞서 이라크를 다루기 위한 군사적 임시계획을 제시했다. 부시 행정부의 국방차관이 된 울포위츠는 1992년에 이미 이라크의 정권 교체에 관해 명시적으로 주장했으며, 1990년대 동안 계속해서 그렇게 공공연히 주장했다. 정권 교체는 클린턴 행정부에서 정책으로 채택되었다. 1998년 '새로운 아메리카의 세기를 위한 프로젝트'라는 이름하에 함께 모인 신보수주의 집단은 이 점을 기본적인 목적으로 주장했으며, 이 목적이 군사적으로 수행되어야 한다는 점을 천명했다(Harvey, 2003).

이에 따라 수행된 두 번의 전쟁을 통해, 부시 행정부에 의해 개발된 미국의 위대한 전략은 테러리즘과의 전쟁을 넘어서 일극적 세계에서 미국의 외교·군사 정책의 급진적 재구성으로 확장되었다. 미국 외교정책에 있어 위대한 전략의 부상은 두 번의 전쟁을 수행하는 과정에서 아주 분명히 드러났다. 미국은 집단적 안보를 보장하기 위해 강대국들 간의 동맹에 더 이상 의존하지 않게 되었을 뿐만 아니라, 어떠한 도전에도 이길 수 있는 군사력을 유지함으로써 어떠한 잠재적인 세계적 라이벌의 등장도 허용하지 않게 되었다. 부시 대통령의 '악의 축'에 관한 도덕적 명료함이나 당신은 '우리와 함께할 것인가 그렇지 않으면 테러주의자들과 함께할 것인가'에 대한 그의 경고는 미국의 군사력의 사용에 대한 확고한 접근을 반영한다. 두 번의 전쟁을 통해, 세계적 개입이라는 신제국주의적 전략의 제안자들은 탈냉전 시대 국제적 관계에서 재론의 여지가 없는 두 가지 명백한 사실들 ─ 즉 막강한 미국의 힘, 그리고 군사력에 의해 뒷받침되는 세계적 지도력의 대안적 출현의 부재 ─ 에 의존하고 있다(Barry, 2002).

미국의 전략에 대해 비판적 관점에 있는 사람들조차 미국의 신보수주의자들의 야망은 이러한 두 번의 전쟁을 통해 실현되었다고 보지는 않는다. 이 점에 대해 하비는 다음과 같이 서술하고 있다.

이러한 두 번의 전쟁들은 그러나 신보수주의자들의 제국적 야망을 한계 짓지는 못했다. 이들은 이미 이란(이라크의 점령 이후 미국의 군사력에 의해 완전히 둘러싸여 분명 위협받게 될)에 관해 이야기하기 시작했으며, 시리아의 죄목에 대해서도 발설하면서 그 결과를 논하고 있다. …… 신보수주의자들은 세계의 완전한 지배를 위한 계획에 완전히 빠져 있는 것처럼 보인다. 팍스 아메리카나(Pax Americana)라는 질서 잡힌 세계에서, 모든 지역들이 자유시장 자본주의의 우산 아래서 번창할 것을 희망하고 있다. 신보수주의자들의 견해에 의하면, 세계의 나머지(또는 최소한 재산을 소유한 계급들 모두)는 어떠한 곳이든 자유시장 자본주의하에서 경제적 발전을 위해 허용된 공간을 위해 감사해야 할 것이며, 그렇게 할 것이다(Harvey, 2003).

다른 한편, 도넬리(Donnelly, 2003) 같은 자가 불평한 것처럼, 심지어 신보수주의 캠프 내에서도 「미국의 새로운 안보전략」을 비판할 수 있을 것이다. 즉 도넬리는 "부시 독트린은 '어떻게' 팍스 아메리카나를 보존할 것인가에 대한 계획이라는 점에서 실제적 전략을 정교히 하지 못했다"라고 주장한다. 그의 견해에 의하면, 부시 행정부의 「새로운 안보전략」은 미국의 군사력 보호, 경제성장, 그리고 전반적인 국력에 관해 말하고 있지만, 전략적 우선성을 명확히 설정하지 않고 있다는 것이다. 심지어 그는 "간단히 말해, 부시 독트린의 실제적 적용은 급진적 이슬람주의를 격퇴하기와 더불어 중화인민공화국을 억제하기, 즉 강대국의 지위로 등장하는 것을 막기라고 할 수 있다"라는 점을 노골적으로 지적하고 있다. 그에 따르면, "결론은 이슬람 세계와 베이징에 있는 테러국가들 또는 테러주의 집단들 간 형식적 또는 사실상의 전략적 협력을 막는 것이다. …… 그러나 중국은 전략적 견해를 가지고 이라크전쟁 이후 세계를 고려함에 있어, 보다 큰 중동에서 반미 세력들과 깊은 연계를 고려할 것이다. 베이징은 오랫동안 이 지역에 관심을 가져왔다. 그리고 실제 중국의 경제적 성장이 보다 많은 에너지 수입을 필요로 함에 따라, 실제 이러한 관심은 증대하고 있다"(Donnelly, 2003).

이러한 부류의 결론에 기초해, 도넬리는 일극성(unipolarity)의 신속한 제도화를 제안하고 있다. 그에 따르면 미국이 일단의 새로운 국제적 제도들을 조성하지 않고 어떻게 '제국적 과잉팽창(imperial overstretch)'의 위험이 없는 세계적인 지도력을 유지할 수 있는지를 상상할 수 없다. 이러한 점에서 "어떠한 부류의 국제적 제도들이 팍스 아메리카나를 유지하는 데 도움이 될 것인가? 이라크 위기는 유엔(UN)과 나토(NATO)가 이러한 목적에 적합하지 않음을 보여주었다"라고 주장한다. 따라서 "개조된 유엔 – 또는 이를 계승한 기구 – 는 안정보다는 자유에 더 많은 가치를 둘 것이며, 억압적 정권을 관대하게 다루기보다는 억압받는 인민들이 그들의 개인적인 정치적 권리를 확보하는 데 기여할 것이다. 새로운 나토는 방어적이고 전쟁 발발 시의 연합이라기보다는 새로운 목적들의 지원 속에서 다양한 새로운 사명들을 위해 힘을 더 잘 제공할 수 있는 동맹으로 규정되어야 할 것이다"(Donnelly, 2003).

이러한 일극성의 제도화는 전략적 파트너를 배제하지는 않는다. 도넬리의 견해에 의하면 팍스 아메리카나를 확대시킴에 있어 막대한 자금을 가진 많은 국가들이 있다는 것이다. 예로, 영국은 미국처럼 자유주의적 국제질서에 철저히 따르고 있으며, 미국 바깥에서 세계적 작전을 수행할 수 있는 유일한 군사력을 맡을 수 있다. 그리고 과거 바르샤바조약 국가들이지만 새롭게 민주화된 동구 국가들이 있고, 1억 2000만 명의 무슬림 인구를 가지고 있으며 중국과는 화해되지 아니한 관계를 가진 인도가 있다. 또한 일본, 남한, 대만 그리고 호주를 포함해 근대적 경제와 민주주의 성숙을 보이고 있는 동아시아가 있다. 중국은 미국의 인정받은 '세계적 대등국'이 될 잠재력을 가지고 있지만, 세계적인 '힘의 상호 관계'는 미국에 매우 우호적인 것처럼 보인다고 주장한다. 이러한 점에서 "일본, 남한, 인도, 호주 그리고 그 외 국가들과 일대일의 관계로 연합훈련을 수행하는 것에 추가해, 미국은 보다 큰 규모의 안보체계 – 나토 같은 것 – 를 다른 지역들에 다른 파트너들과 구축할 필요가 있다"라고 주장한다(Donnelly, 2003). 이러한 주장들은 미국의 신제국주의적 전략이 어떻게 유도되고 있는가를 보여주는 한 예라고 할 수 있다. 얼마나 미국중심적인 발상인가를 구태여 길게 비판하지 않더라도 바로 느낄 수 있을 것이다. 또한 도넬리의 제안처럼, 중국에 대항하도록 동아시아에 이러한 유의 안보체계를 구축할 경우 그 결과는 얼마나 끔찍하겠는가?

4. 신제국주의 시대의 동아시아

사실 동아시아는 미국 정책의 변화에 가장 심대하게 영향을 받는 지역이라고 할 수 있다. 부시 행정부는 이러한 아시아에 대한 미국 정책의 변화를 추진하고 있다. 즉, 북한 및 중국과의 관계에 대한 클린턴 시대의 정책을 역전시키고, 클린턴 행정부에서 약화된 것으로 간주되는 일본 및 남한, 필리핀, 타이완과의 군사적 동맹을 강화시키고자 한다(Gershman, 2002). 9·11 사건의 여파는 군사작전, 훈련, 원조 그리고 연습 프로그램 등을 통해 아시아·태평양 지역에 걸쳐 그 군사적 영향력을 확대시킬 수 있도록 했으며, 이에 따라 이 지역에서 미국의 헤게모니적·군사적 영향을 공고히 하고 군사적 협력을 강화시키도록 했다. 이와 같이 확대된 결속의 순수한 효과는 미국의 힘의 투사를 위한 능력을 확대시키는 것이었다.

부시 행정부가 그 이전 클린턴 행정부의 정책에 비해 가장 분명히 달라진 것은 북한에 관한 정책이다. 클린턴 행정부가 해외정책에서 달성한 중요한 정책들 가운데 하나는 1994년 합의된 틀의 협상으로, 이 협상에 따라 북한이 중유 공급과 두 개의 핵발전소 건설을 조건으로 핵무기 프로그램을 동결시키기로 합의한 것이라고 할 수 있다. 남한의 김대중 대통령이 추구한 '햇볕 정책'과도 잘 맞아떨어졌던 미국의 이러한 전략으로 한반도에서의 긴장은 한국전쟁 이후 가장 낮은 수준으로 떨어졌다. 2000년 6월 15일 역사적인 「남북한 공동선언」으로, 남한과 북한은 '국가의 통일 문제를 독립적이고 이에 대해 책임 있는 한민족의 구체적인 노력을 통해 해결할 것'을 합의했다. 이 공동선언은 민족 통일을 위한 한국인들의 수십 년 동안의 투쟁에 중대하고 새로운 자극을 주었다. 한국의 양 부분들 모두, 수백만 명의 사람들이 모여 민족 통일의 위대한 원칙의 이행을 위해 노력할 것임을 다짐했다.

그러나 클린턴 시대의 외교정책은 부시 행정부의 강경파들에 의해 거부되었다. 부시 행정부의 신보수주의 팀은 기존 정책에 대해 회의적이게 되었으며, 보다 완고한 관계를 선택했으며, 이에 따라 북한은 북미 관계가 개선되기 전에 안보 전선에 실질적인 개선 — 투명성 확보, 무기 확산 중단, 재래 무기 수준의 감축 등 — 을 보이도록 요구받았다(Kristol, 2002). 부시 행정부는 북한과의 대화를 중단하고, 북한을 '악의 축'의 일부로 공격했다. 북한은 미국 제국주의의 공격 리스트에서 이라크 다음일 것이라고 공공연히 언급되었다. 이에 대한 반응으로, 김정일의 평양 정권은 핵확산방지조약을 탈퇴하는 한편, 워싱턴 정부는 중단된 중유 공급을 재개하고, '불가침'조약을 위한 협상을 시작해야 한다고 요구했다. 북한은 무기사찰단을 추방하고 핵무기를 개발할 수 있는 권리를 공개적으로 천명했다. 그러나 1970년대 일본인들의 납치에 대한 인정과 마찬가지로, 핵무기 프로그램에 관한 북한의 인정은 부시 행정부와의 보다 폭넓은 대화를 목적으로 한 것처럼 보였다.

북한의 이러한 입장 표명에 반응해, 부시는 북한을 악의 축의 일부로 지칭했음에도 불구하고, 대화가 가능할 뿐만 아니라 보다 바람직하다는 점을 분명 인정하고 있다. 기자들과의 연말 인터뷰에서 부시(Bush, 2002)는 다음과 같이 말하고 있다.

나는 북한 상황을 외교를 통해 평화적으로 해결될 수 있는 것으로 전망한다. 국제적 공동체 — 특히 북한과 긴밀한 국가들 — 는 복잡한 상황을 이해하고 있다. …… 인접국이자 우리의 우방국들 사이에서뿐만 아니라 IAEA와 같은 국제 기구들에서도 북한은 국제적 규정을 준수해야 한다는 강력한 합의가 있다. 나는 이 점이 외교를 통해 평화적으로 수행될 수 있다고 믿으며, 우리는 이러한 방법으로 일을 계속할 것이다.

이 인터뷰가 이라크 전쟁 직전에 있었다는 점에서, "북한에 대한 '평화적 외교'를 추구하고자 하는 부시 행정부의 진술된 의도는 이라크 전쟁을 위한 구실에 대한 철저한 위선을 드러낸 것"이라고 생각할 수도 있을 것이다. 그러나 부시 행정부의 입장은 북한의 최근 상황에 대해 어떻게 반응할 것인가에 대해 양분되고 있는 것이 분명한 것처럼 보인다(북한 상황에 대하여 어떻게 반응할 것인가에 대한 부시 행정부 내부의 논쟁은 미국 정책 전반에 폭넓은 영향을 미칠 것이다). 심지어 PNAC의 회장인 크리스톨조차 "평양은 비밀스러운 핵무기 프로그램을 보유하고 있음을 북한이 인정했을 때 …… 부시 행정부는 적절하게 북한의 행태는 중단되어야 하며 어떠한 대가도 주지 않아야 함을 단호하고 분명하게 지적했다. 그러나 부시 행정부는 또한 북한은 이라크와 같지 않다는 점으로 우리들에게 안심시킬 필요를 느꼈다"라고 서술하고 있다(Kristol, 2002).

크리스톨이 "상이한 상황들에 적합한 수단들의 차이"라고 이해할 정도로, 북한과 이라크 간에는 어떠한 차이가 있는 것인가? 그에 의하면, 첫째, 북한은 남한의 많은 부분을 파괴하도록 배치된 핵무기와 군대를 보유하고 있지만, 이라크는 이러한 무기를 보유하고 있지 않으며 군대는 과거의 껍데기에 불과하다는 점이다. 즉 "북한의 보복과 이에 따른 한반도에서의 전쟁은 '엄청난 재앙을 유발할 것'이다". 둘째, 군사적 수단으로 사담 후세인을 권력으로부터 축출하는 것은 정당하며, 수행 가능한 것이라는 점에서 의미가 있으며, 또한 순진한 시민들과 미국 군대에게 부담되는 비용은 아마 낮을 것이다. 그러나 김정일을 제거하고 북한을 해방시키기 위한 시도에 대해서는 어떠한 신뢰 수준에서든 동일하다고 말할 수 없다는 점이다. 이러한 두 가지 이유는 인터뷰에서 기자들의 질문에 대한 부시의 대답에 반영되어 있음을 알 수 있다. 즉 "우리는 불안정하고 핵무기를 가진 김정일보다도 핵무기를 가지지 않은 사담 후세인에 대해 더 우려해야만 하는가?"라는 질문에 대해, 부시는 다음과 같이 답했다.

첫째, …… 사담 후세인은 핵무기를 보유했을 것 같다. 그러나 우리는 그가 핵무기를 가졌는지 또는 그렇지 않은지를 잘 알 수 없다. 우리는 그가 대량 살상 무기를 해제하기를 기대한다. …… 둘째, 국제적 공동체는 11년 동안 외교를 통해 이라크의 상황을 해결하기 위해 노력했다. 그러나 사담 후세인은 국제적 공동체를 무시했다.

북한에 대한 이러한 반응은 이라크 전쟁 이후에도 계속되는 것처럼 보인다. 북핵 위기에 관한 해법은 북한에게 이 고립된 국가가 요구하는 이른바 불가침조약 대신에 평화협정을 제시하는 것이다(*The Korea Herald*, July 28, 2003). 이 평화협정은 물론 평양 측의 원칙적 목적, 즉 정권 유지를 충족시켜야 할 것이다. 이러한 목적을 위해 북한은 1974년 이래 평화협정에의 서명을 요구해왔다. 북한은 양자 협상을 요구하지만, 북한의 핵문제에 관해 논란이 되었던 다자 대화의 형태는 남한과 북한, 미국, 중국, 일본 그리고 러시아를 포함하는 6자 회담으로 추진되었으며, 북한도 이에 동의하고 있다. 그러나 이러한 6자 회담에서 북한은 무엇을 요구할 것인지, 미국은 이에 대해 어떠한 입장을 취할 것인지, 그리고 그 외의 국가들은 각각 어떠한 노력을 할 것인가에 대해서는 예측하기 어려운 상황이다. 그러나 분명한 점은 이 회담에 참여하는 각 국가들은 자신들의 실질적 이해관계를 우선 고려할 것이며, 이로 인해 6자 회담의 결과는 쉽게 어떤 결론을 내리기 어려울 것이고, 특히 미국의 대통령 선거 전까지는 뚜렷한 진척이 없을 것이라는 점이다.

북한, 특히 북한의 핵무기 문제와 관련된 미국의 반응을 보면, 미국의 신보수주의자들의 성향은 북한과 이라크를 구분하지 못할 정도로 무조건적이거나 일방적이지 아니하며, 때로는 경직된 일방주의 및 일극주의가 아니라 다자협상을 용인할 정도로 외교적인 유연성을 보이고 있다. 그러나 한반도에 앞으로 어떤 일이 발생할 것인가에 대해 예상하기란 쉽지 않다. 한국전의 정전 50주년 기념식장에서, 한반도 상황에 아주 정통할 뿐만 아니라 진보적인 입장에서 매우 우호적인 커밍스(Bruce Cummings)는 만약 부시가 내년에 재선을 한다면 한국에 전쟁이 발발할 것이라는 그의 견해를 표명했다. 그러나 그는 이전에 이라크 전쟁 이후 한국에서의 전쟁이 부시의 재선에 도움이 될 것이라고 말하기도 했다. 이러한 점에서 부시 행정부의 신제국주의 전략적 판단과 이의 실행을 예측하기란 결코 쉽지 않은 것 같다.

이러한 불확실한 상황과 관련하여 신제국주의에 관한 밤예의 주장, 즉 오늘날의 신제국주의는 "특정한 방향으로 영향력을 행사할 목적으로 헤게모니를 동원하기보다는, 헤게모니의 원칙과는 단지 비합리적으로 결부되어 있다"라는 주장을 인정하는 것은 아니다. 부시 행정부는 그들의 이해관계를 추구함에 있어 매우 합리적인 것처럼 보인다. "신제국주의의 논리는 이러한 계산적 이점을 가지고 있지 않다"(Bamyeh, 2000)라고 주장하는 대신, 북한과 미국(그리고 여타 인접국들)은 앞으로 자신들의 이해관계를 위해 무엇이 보다 적절한가를 계산하는 데 여념이 없는 것처럼 보인다. 이 점은 일본과 중국에서 어떤 일들이 진행되고 있는가를 살펴본다면 더 잘 이해될 수 있을 것이다.

일본에 대한 부시 행정부의 접근은 클린턴 행정부의 공무원인 나이(Joseph Nye)와 국무부 차관인 아미티지(Richard Armitage)가 주도하는 연구 그룹의 산물인 이른바 「아미티지 보고서(Armitage Report)」에서 확인할 수 있다. 이 보고서는 미일 관계의 중심에 안보를 두고 있으며, 미일 안보동맹을 태평양 및 인도양에서 미국의 세력 프로젝트를 위한 우선적인 정착점으로 생각하고 있다(Gershman, 2002). 그러나 부시 행정부는 보다 본질적인 군사 파트너십을 원하고 있다. 부시 행정부의 초기 일본의 반응은 이러한 관계를 원하지 않는 것처럼 보였다. 예로, 부시 행정부와는 대조적으로 일본의 해외정책은 다자주의를 훨씬 더 강조했다. 그러나 부시 행정부는 일본을 집단적 안보 쪽으로 더욱 추동했으며, 이는 사실 1990년대 후반 미일 안보 가이드라인의 개정을 일본이 승인하고, 전역미사일방어(theater missile defense: TMD)에 협력하기로 합의한 점에서 징후가 드러난 것이기도 하다.

사실 일본은 아프가니스탄에서의 '자유를 영속시키기 위한 작전(Operation Enduring Freedom)'의 일환으로 다국적 해군 파견대에 참여할 다섯 대의 군함을 파견했다. 이는 제2차 세계대전 이래 처음으로 군사작전을 위한 해군 함정의 전시 파견으로 기록되었다. 게다가 일본 수상 고이즈미(小泉純一郎)는 전쟁 수행을 금지하는 일본 '헌법' 제9조의 개정 또는 최소한 재해석을 요구했다. 재해석은 일본으로 하여금 '집단적 안보' 작전의 일부로서 군사력을 사용할 수 있도록 허용하는 것이다. 그러나 최근까지 일본은 이에 대한 인접국들의 비판을 우려했다. 즉, "이 지역에서 일본의 보다 공식적인 군사적 역할을 포함하는 어떠한 일도 일본 내에서뿐만 아니라 한국과 같은 워싱턴 D.C.의 우방국들을 포함한 아시아의 많은 인접국들에서 논란을 유발할 것이다. 이 지역의 대부분 국가들은 군사적으로 보다 강력한 일본이 탈안정화와 위험을 초래할 것으로 이해한다"(Gershman, 2002).

그러나 2003년 7월 26일 군대 파견을 합법화하는 법안이 고이즈미의 3개 우파 정당 연합 — 이 연합은 국회의 상원과 하원 양자 모두에서 다수를 점하고 있다 — 에 의해 지지되는 상원을 통과했다. 이 법안은 일단의 격노하여 난폭해진 야당 의원들이 위원회 의장을 둘러싸고 여당 의원들은 그를 보호하기 위해 밀치고 있는 상황에서 위원회를 통과했다. 고이즈미 수상은 이라크에 미국 주도의 군사력을 비전투적으로 지원하기 위한 일본 지상군의 파병을 정당화하는 평화유지 법안을 위해 적극 호소해왔다. 군사계획가들은 1000명에 달하는 공병과 수송 및 건설 임무를 담당하는 부대들로 구성된 파견대를 보낼 것을 고려 중인 것으로 보고되었다. 야당들은 이러한 사명이 일본의 평화헌법을 위반하고, 자국 군대를 포화 속에서 보내는 것이라고 비난하고 있다.

부시 행정부의 신보수주의자들에 의해 미국의 '대등한 경쟁자'로서 가장 가능성 있는 후보국으로 꼽히는 중국의 상황은 일본과는 완전히 다르다. 폴 울프위츠와 루이스 리비에 의해 작성된 「1992년 방어정책 가이드라인」의 초안에는, 미국의 우월성에 새로운 라이벌이 어디에서 등장할 수 있을 것인지에 대해 불확실했다. 그때만 해도 중국과 더불어 유럽과 일본은 후보국가군에 속했다. 그러나 부시 행정부가 임무를 시작할 즈음, 이러한 우월성 독트린의 예측가들은 예측 가능한 미래에 등장할 수 있는 대등한 경쟁국으로 유일하게 중국을 지목했다. 사실 지난 10여 년간 중국은 상대적으로 매우 안정된 정치 상황 속에서 급속한 경제성장을 추진해왔다. 그리고 이러한 추세가 앞으로 10년 정도 더 진행된다면, 중국은 분명 세계에서 유일하게 미국과 맞설 수 있는 국가로 성장할 것임이 분명해지고 있다.

이러한 중국에 대한 접근에서, 부시 행정부는 집권 초기부터 양분되는 경향을 보였다. 강경 신보수주의자들은 의회의 임원, 우파 싱크탱크, 그리고 매체 해설가들로 구성된 '블루팀(Blue Team)'이라고 알려진 중국 때리기(China-bashers)의 난폭한 비공식적 네트워크에 의해 후원되었다. 다른 한편, 보다 온화한 현실정치 캠프에는 중국에 대한 정책에서 균형적인 역할을 담당하는 매파들이 있다. 부시 행정부의 초기에는 매파가 우세한 것처럼 보였으며, 그들의 수사(rhetoric)는 클린턴 행정부의 수사보다도 상당히 날카로워졌다. 그러나 부시는 중국과의 '전략적 파트너십'을 조성하고자 했던 클린턴의 노력에 반대하고, 대신 중국을 '전략적 경쟁자'로 취급하게 되었다. 그러나 PC-3 스파이 비행기의 폭파를 포함한 2001년 4월의 분규의 해법에서처럼, 클린턴 시대와 같은 외교 유형이 핵심 부분들에 드러나고 있다. 중국과의 직접적 관계를 어떻게 설정해야 할 것인가에 대한 행정부 내부의 논쟁에 대해서는 명시적으로 일단 제쳐두고, 미 국방부는 이 지역에서 타이완과 여타 동맹국들과의 관계 개선에 초점을 두고 있다. 특히 이 전략에는 대만의 독립 지지를 담고 있지만, 부시 행정부는 이러한 지지를 공식적으로는 천명하지 않고 있다.

다른 한편 중국에 대한 이러한 부시 행정부의 해외정책, 나아가 미국의 신보수주의적 제국주의에 대한 중국의 반응은 무엇인지에 대해서는 현재 정확히 알기 어렵다. 현재 중국의 입장으로서는 미국의 직접적인 정치적 개입에 대해서는 단호한 태도를 보이지만, 급속한 경제성장을 지속하기 위해서는 미국의 일정한 협력이 불가피하다. 이러한 상황에서, "이라크 전쟁은 중국

공산당 지도자들에게 미국과의 대립이 어떤 형태로든 예상한 것보다도 일찍 찾아올 것이라는 확신을 주고 있다. 또한 베이징은 미국의 '신제국주의'의 인지된 위협에 대응하기 위한 국내 및 안보정책들을 세부 조정하기 시작했다". 이러한 대응 전략으로 6자 회담에서 북한의 참가를 독려하는 한편, 자국의 군사력·기술력을 과시하기 위한 유인 인공위성을 발사해 성공을 거두기도 했다. 그러나 중국의 입장에서 보면, 동아시아 주변 국가들로부터 일정한 지지를 받기 위한 외교적 노력은 아직 매우 미흡한 편이라고 할 수 있다.

5. 신제국주의의 한계와 반제 운동

신제국주의에 대항하고자 하는 사람들은 그 본질적 속성이 무엇이며, 어떤 모순적 문제를 안고 있는가에 대해 알아야 한다. 이에 대항하는 운동을 조직하기 위해서는 신제국주의의 한계를 이해하고, 약한 고리를 끊고 나아가야 한다. 부시 행정부가 신제국주의 자체의 성격을 분명히 하기 전까지 서구의 신자유주의적 경제 전략은 고전적 맑스주의자들이 19세기 후반에 자본주의 경제의 새로운 국면과 연계시키고자 했던 형식적 제국과는 관계가 없는 것처럼 보였다. 마찬가지로 국제무역기구(WTO), 국제통화기금(IMF), 세계은행(World Bank) 등에 의해 지원되는 초국적자본의 세계화는 간접적인 정치적 지배에 의해서만 지지되는 것처럼 보인다. 그러나 이제 세계화는 신제국주의 없이는 작동되지 않음이 극히 분명해졌다. 그럼에도 불구하고, 어떤 이데올로기적 담론으로 인해 신제국주의의 성격이 은폐되어서는 안 되며, 그 모순적 문제가 모호해져서도 안 된다. 우리는 이제 전환점과 그 계기를 찾아낼 수 있게 되었다.

1) 신제국주의의 이데올로기

「역사의 종말(The End of History)」(1989)이라는 후쿠야먀의 논제는 세계화의 이데올로기에 관해 가장 유의한 진술이 되고 있다. 그는 문명의 일정한 '세계적' 단계에 도달한 국가 또는 사회(즉 자유자본주의와 의회민주주의가 성숙된 국가 또는 사회)와 여전히 비문명적 단계에 남아 있는 '역사의 진흙탕 속'의 국가 또는 사회(자유시장도 민주주의도 없는 국가나 사회) 간 상이성을 강조했다. 이 담론은 레이건과 대처에 의해 추동된 대립적 자유의 다음 단계로서 아버지 부시에 의한 '새로운 세계질서'의 천명을 위한 이데올로기적 배경을 구성했으며, 아들 부시에 의해 '악의 축'에 대한 확인의 바탕이 되었다.

신제국주의를 위한 이데올로기적 담론의 또 다른 대가는 「문명의 충돌(Clash of Civilizations)」(1993)로 부상한 헌팅턴(Samuel Huntington)이다. 그러나 오리엔탈리즘에 관해 가장 신랄한 비평가인 사이드(Edward Said)에 의하면, 헌팅턴은 '대부분의 근대적 문화에서 주요 논쟁은 각 문화의 정의와 해석에 관한 것'이라는 사실을 고찰할 정도로 사려 있지 못했다. 그는 세계의 복잡한 문화적 관계를 몇 개 또는 양대 문명 간의 충돌로 단순화시켰다. 헌팅턴의 충돌은 기본적으로 이데올로기적인 냉전의 종말에 의해 만들어진 공백을 채우기 위해 매우 간편한 이데올로기라는 점 때문에, 미국의 외국 정책을 위한 로드맵이 되었다(Escabar, 2001).

「역사의 종말」의 후쿠야마와 「문명의 충돌」의 헌팅턴의 주장 둘 다 냉전의 종말과 더불어 독재에 대항하는 자유를 방어하기 위한 전쟁 준비가 세계에서 아직도 통합되지 않은 채 남은 여백을 흡수하기 위한 정책으로서 정당성을 가지도록 한다. 다른 한편, 『제국(Empire)』(2002)이라는 책에서 하트와 네그리(Hardt and Negri, 2002)는 세계화 과정이 보편적이고 억압적인 신제국주의를 창출했다고 주장하면서, 전쟁과 제국주의에 대해 진정한 인간주의적 대안이 가능하다는 주장을 하고 있다(Escabar, 2001). 특히 그들은 제국과 제국주의를 구분하면서, 제국은 무력 자체에 기반해서가 아니라 무력을 권리와 평화에 기여하도록 하는 능력 또는 세계적 갈등을 해결할 수 있는 자신의 능력에 기반해 성립되고 구성된다고 주장한다. 그러나 인간주의적 제국이 가능한가에 대한 논쟁은 과잉팽창한 미국이 주도하는 자본주의적 제국주의의 경험적 현실을 반영하지 못한 공론에 불과한 것이라고 할 수 있다.

물론 역사의 또 다른 독해는 언제나 가능하다. 만약 14세기 무슬림의 역사학자이며 지리학자였던 이븐 할둔이 오늘날 살아 있다면, 그는 우리들에게 미국의 문명이 거의 무한정하게 권력으로 확장되었으며 절대적 권력에 달했을 때 유일한 길은 내려가는 것뿐이라고 주장할 것이다. 탁월한 무슬림 학자의 이러한 결론에의 도달뿐만 아니라, 오늘날 서구의 많은 학자들도 이러한 주장을 하고 있으며, 그 가운데 한 사람이 위대한 권력의 과잉팽창이라는 개념을 고찰한 케네디(Kennedy, 1987)이다. 그에 의하면, 역사에서 모든 제국들, 예로 근대 이후 16세기 합스부르크를 포함한 포르투갈·네덜란드·스페인·영국 등은 지나친 군사비 부담으로 상징되는 '제국적 과잉팽창'으로 인해 몰락했다. 할둔과 케네디는 오늘날 미국이 분명 과잉팽창했으며, 과잉팽창한 문명은 쇠퇴·몰락할 것이라는 점에 아마 합의할 것이다.

2) 역사적 전환점을 위하여

역사란 순환 또는 추의 흔들림이라고 할 수 있다. 신보수주의적·신제국주의적 집단에 의해 장악 또는 지지되고 있는 부시 행정부의 최근 우경화 이행은 다음 행정부 또는 의회에서 반대 방향으로 되돌아갈 것이다. 매파 및 강경파가 일방주의를 위해 그들의 신제국적 안보전략을 추구함에 따라, 그들은 현실정치 ― 동맹의 필요성, 다자적 협상의 중요성, 대안적 의제를 실행하기 위한 다른 권력들과의 성공적인 외교적 전략 등 ― 의 긴박함으로 인해 난국을 맞고 있다. 이 점은 미국과 새로운 협상 게임을 벌이고 있는 북한의 경우에 있어 명백하다. 부시 행정부에 의해 추구되고 있는 신제국적 우월성 – 국제적 협력의 기각, '힘에 의한 평화'라는 신조, 악과의 무한 전쟁 – 은 단지 스쳐 지나가는 하나의 정치적 계기 또는 21세기 초의 국제관계를 위한 이데올로기적 및 전략적 틀이라고 할 수 있다.

21세기는 미국의 신보수주의자들에 의해 새로운 미국의 세기로 계획되었다. 그들은 미국이 보다 강력해야 하거나 가장 강력해야 할 뿐만 아니라 절대적으로 영구히 강력해야 함을 추구한다. 그러나 미국의 신보수주의적 제국주의에 의해 압도되고 있는 21세기의 새로운 시대는 그 자신의 모순을 노정시킬 것이다. 이들 가운데 하나는 다른 주요 권력이 유사한 호전적 수단들과 동원해 그 영향력을 획득하고자 하는 한편, 보다 약한 국가들과 비국가적 행동인들이 '비대칭적' 형태의 전쟁에 참여하기 위해 모든 유형의 전략을 강구하는 것이다. 오늘날 아주 광범위하게 만연해 있는 현대식 무기의 전례 없는 파괴성으로 인한 세계 인구에 대한 결과는 이때까지 경험한 것을 훨씬 넘어서는 통렬함일 것이다. 미국은 새로운 '팍스 아메리카나'의 창출이 아니라 새로운 세계적 홀로코스트(holocausts)에 이르는 길을 만들고 있다고 할 수 있다(Foster, 2003b).

부시 행정부에 의해 계획된 새로운 안보전략에 관한 문건들을 세밀히 연구한 후 암스트롱(David Armstrong)은 다음과 같이 결론을 내리고 있다.

이 계획은 미국이 세계를 지배하기 위한 계획이다. 명백한 주제는 일극주의이지만, 이는 결국 지배를 위한 이야기일 뿐이다. 이 계획은 미국으로 하여금 막강한 군사적 우월성을 유지하고, 세계무대에서 미국에 도전할 수 있는 새로운 라이벌의 등장을 막을 것을 요청하고 있다. 이는 우방과 적을 모두 지배할 것을 요구한다(Harvey, 2003: 80에서 재인용).

이러한 상황 모두에서 역설적인 점은 소련을 와해시키는 데 기여했던 미국이 이제는 자신이 '악의 제국'이라고 비난하고 반대하기 위해 구사했던 바로 그 정책을 추구하고 있다는 것이다. 여기에는 하비가 지적한 바와 같이, 또 다른 역설이 있을 수 있다. 즉, 소련 제국이 무기 경쟁에서 경제에 대한 과다한 긴축에 의해 실제로 와해되었다면, 미국은 군사적 우월성의 맹목적 추구로 그 자신의 권력에 있어 경제적 기반을 와해시키고 있는 것은 아닌가?

3) 전환점을 위한 모멘트

이와 같이 신제국주의가 그 자체의 모순이나 문제성으로 인해 역사적 전환점을 맞게 될 수 있는 모멘트들은 다음과 같은 점들 포함한다. 첫째, 전쟁과 군사 유지를 위한 비용이 천문학적으로 증대하고 있다. 믿을 만한 추정에 의하면, 이라크 전쟁의 비용은 2000억 달러보다 적지 않을 것이며, 아마 이보다 더 많을 것이다.

> 분명 전쟁 지원을 위한 상당한 잉여자본이 있겠지만, 이는 방어 및 재건 계약 및/또는 정부부채에 해당하는 이자의 지불 등 대가를 요구할 것이다. 폭탄 투하는 생산적 투자가 아니며, 우리가 예를 들어 이라크에서 군사적 행동에 대한 대가의 일부로 석유 가격을 배럴당 20달러로 하락시키지 않고서는 유통 및 축적 과정에서 어떠한 가치도 돌려줄 수 없을 것이다(Harvey, 2003).

그리고 미국은 자신의 군대를 유지하기 위해 이미 전 세계의 다른 국가들의 군사비와 맞먹는 지출을 하고 있다. 특히 연방 예산의 적자가 재정적 상황에서 점점 더 커지고 있으며, 주와 지방정부들은 공적 서비스 제공의 수준에서 이미 참담한 상황이기 때문에, 과잉팽창의 위험은 심각하다.

둘째, 미국의 신보수주의자들 내의 갈등이 점차 드러나고 있다. 특히 군사주의와 전쟁주의로 이루어진 신제국주의적 안보전략을 둘러싸고, 부시 행정부의 신보수주의자들 또는 미국의 엘리트 계층들 내에 갈등과 분화의 가능성이 있다. 이러한 점에서 하비는 "통치의 신보주의적 형태가 국내외적으로 점점 더 많은 문제성을 가짐에 따라, 권력의 영토적 원리가 취하고자 하는 방향에 대해 엘리트 계층들 내에서 분화와 대립이 점점 더 생길 수 있다. 신자유주의적 모형 내의 현재적 난국들, 그리고 이것이 현재 미국 자체에게 제기하는 위협은 영토적 권력에 관한 대안적 논리가 구축되어야 함을 고취할 것이다"(Harvey, 2003).

셋째, 미국에 대항하는 연합들과의 세계적 갈등이 드러나고 있다. 「새로운 안보전략」에 비록 다음과 같은 문장, 즉 "우리는 어떠한 국가도 혼자서는 보다 안전하고 좋은 세계를 건설할 수 없다는 확신을 따르고자 한다. 연합과 다자간 제도들은 자유를 사랑하는 국가들의 힘을 배가시킬 수 있다"라고 서술하고 있지만, PNAC에 강한 확신으로 제안하고 있는 것처럼 신보수주의자들은 세계에 어떠한 경쟁적 강대국들을 원하지 않는다. 그러나 이 점은 "신보수주의적 제국주의 프로젝트가 입힐 잠재적 피해의 또 다른 측면이다. 미국 제국주의 권력의 일극주의적 단언은 자본의 유통과 순환에 관한 자본주의적 조직 내에서 현재 존재하는 고도의 영토 간 통합을 전적으로 인식하지 못하고 있다"(Harvey, 2003).

넷째, 무엇보다도 중요한 점으로, 아래로부터의 반제국주의 운동이 확산되고 있다. 신제국주의로부터의 전환점을 위해 마지막으로, 그러나 가장 중요한 모멘트로서 아래로부터의 반제국주의 운동을 들 수 있다. 신제국주의에 의해 초래된 이러한 긴박한 상황에서 가장 큰 희망은 미국 내의 그리고 전 지구적인 아래로부터의 항쟁의 높은 물결이다. 1999년 11월 시애틀에서 있었던 시위들에 이어 지난 2~3년 동안 세계화에 대한 반세계화 운동의 성장이 이어졌으며, 2003년 2월에는 제국주의 전쟁 반대 시위가 인류 역사에서 가장 크고 전 지구적인 규모로 발생했다. 신제국주의 전쟁을 종식시키기 위해 그렇게 신속하고 그렇게 거대한 수의 세계 인구가 분노한 적이 없었다.

"새로운 제국주의 시대는 또한 새로운 항쟁의 시대이다"(Foster, 2003b).

4) 반제국주의 운동

1990년대 국제적 운동이 등장하기 시작해 신자유주의에 반대하며 폭넓은 연합으로 뭉쳐졌고, 전 세계적으로 투쟁하는 사람들을 연계시켰다. 그렇지만 이러한 폭넓은 운동은 세계적 자본주의의 부당함을 천명하고자 하는 요구를 넘어서는 공동의 목적을 가지지 못했다. 이 운동의 큰 부분은 아나키즘 또는 사파티스타(Zapatista)나 급진적 환경주의처럼 아나키즘과 조직적으로 유사한 사고들에 영향을 받았다. 이들은 흔히 그들 자신을 레닌주의의 전략이나 사회민주주의를 추구하는 정당에는 반대하는 것으로 천명하기도 했다. 그러나 이제 이 운동의 목적은 보다 분명해졌다. 이들은 신보수주의적 전쟁주의에 대한 반대, 신제국주의에 대한 반대를 목적으로 한다. 이미 전 지구적으로 수천만 명의 사람들이 아프가니스탄과 이라크에서 미국이 일으킨 전쟁에 대해 반대하는 시위를 벌였다.

제국주의가 통제를 벗어났고 그 약점이 세계 모든 곳에 있는 인간 존재에 침투해감에 따라, 이에 반대하는 저항 역시 사회정치적 조직의 모든 부분들로부터 등장해 쉽게 파악할 수 없는 많은 다양한 형태를 취하고 있다. 시위와 저항의 형태들이 다중적임에 따라 적합한 정치적 전략을 선택하는 문제에 대해서도 많은 논란이 생기게 되었다. 전 지구적으로 모여 저항할 것인가? 또는 작은 억압이 있다면 어디에서나 싸울 것인가(Bagchi, 2003)?

반제국주의 투쟁의 노선은 두 가지 유형으로 구분해볼 수 있다. 한편에는 세계적 초국적자본에 반대하고 이를 용인하는 제국주의 정책을 뒤집기 위한 싸움이 필수적이라고 생각하는 사람들이 있다. 다른 한편에는 사람들의 일상적 삶에 타격을 주는 독재에 반대하는 싸움이 이곳저곳에서 수행되어야만 한다고 확신하는 사람들이 있다. 그러나 우리는 이러한 이분법을 오늘날 제국주의적 자본주의에 대한 저항의 정당한 표현으로 받아들이기 어렵다. 제국주의에 반대하는 싸움은 초국적자본, 신자유주의 이데올로기, 세계적 국가, 그리고 이른바 시민사회를 포함한 생활의 모든 측면들을 포괄해야 할 것이다(Bagchi, 2003).

예로, 남한에 주둔하는 3만 7000명의 미군에 반대하는 대중 집회는 신제국주의에 반대하는 최근 운동의 어떤 중요한 특성을 예시하고 있다. 이 시위는 미군 장갑차 운전병이 2002년 여름 훈련 도중에 두 명의 여중생을 치어 죽인 사건으로 인해 발발했으며, 이 군인들에 대해 미군 군사법정이 무죄 판결을 내림에 따라 가속화되었다. 지난 2002년 12월에는 전국적으로 수십만 명이 촛불을 들고 서울과 여타 대도시들뿐 아니라 지방 곳곳에서 모여 희생자를 애도하면서 한국 역사상 가장 큰 반미시위를 벌였다. 이 시위의 물결은 같은 달에 있었던 대통령 선거에 지대한 영향을 미쳤다. 그리고 이 시위는 미국에 의한 이라크 전쟁에 대한 반대로 이어졌다. 이러한 점에서 주한 미군이 동북아시아 지역에 미치는 거시적 영향에 관한 지정학적 연구뿐만 아니라 이들이 주둔하는 지역사회에서 유발하는 사건들과 그 영향에 대한 미시 지정학적 연구도 중요한 의미를 가진다(Choi, 2003).

물론 이러한 국지적 저항이 보다 활발하게 일어나야 할 시위 현장은 미국 내이다. 이와 관련해 9·11 테러 이후 부시 행정부는 점점 더 노골적으로 시민적 자유를 심각하게 축소시키고, 또한 해외의 제국주의는 국내의 전제(tyranny)를 대가로 한다는 오랜 인식이 정치적 저항을 위한 주요한 기반을 제공한다는 점에서 가냘픈 희망의 근거를 찾아볼 수 있다. 문제의 답은 미국인들이 9·11 테러로 인해 가슴 깊게 새겨진 희생에 대한 감정을 그 이후 어떻게 극복할 것인가에 달려 있다. 미국 내에서 이러한 반제국주의 운동이 일어날 것인가의 여부는 미국 내 정치적 힘의 균형에 의해 결정적으로 좌우된다. 그러나 우리는 한 가지 확실한 사항을 말할 수 있다. 세계의 여타 지역들에서의 광범위한 반미국주의 투쟁은 미국 내 반제국주의 운동에 어떤 도움을 주지 않을 것이며, 도움을 줄 수도 없을 것이다. 세계의 여타 국가들은 지켜보고, 기다리며, 희망을 가질 것이다. 그러나 국내 정책과 더불어 외국 정책에서 대안을 구축하기 위한 미국 내 투쟁은 얻을 수 있는 모든 공감과 지원을 필요로 한다. 내부/외부 변증법이 신보수주의적 제국주의의 구축에 결정적인 역할을 한 것처럼, 이 변증법의 역도 반제국주의 정치에 결정적인 역할을 담당한다. 미국인들은 자본주의 전쟁 프로그램에 반대하여 스스로 준비하고 스스로 조직해야 한다.

6. 신제국주의의 종언을 위하여

테러주의와의 세계적 전쟁이 시작된 이후, 부시 행정부의 외교정책에서 제국적 성격은 점차 분명해지고 있다. 부시 행정부의 신제국주의와 이들이 추구하는 신세계 질서는 전적으로 탈냉전시대의 산물이라고 할 수는 없음이 분명하다. 뿐만 아니라 이는 단순히 뉴욕과 워싱턴에서 발생했던 9·11 테러라는 만행으로 인해 유발된 결과라고 할 수도 없다. 미국의 신제국주의는 부시 행정부의 신보수주의자들에 의해 계획되고 실행되고 있다고 할지라도, 자본주의의 세계화와 서로 긴밀한 연계 속에서 전개되고 있다. 이러한 점에서 제국주의는 정치적(영토적) 논리와 경제적(자본주의적) 논리의 변증법적 관계로 이해되어야 한다. 이러한 제국주의에 대한 이해에 기초해, 역사적으로 현재 전개되고 있는 이른바 '신제국주의'는 어떠한 특성을 가지고 있는가에 대해 논의할 필요가 있다.

자본주의의 세계화 과정과 미국의 일극 체제를 중심으로 한 신제국주의의 등장에 대해 보다 체계적으로 연구되어야 하겠지만, 이 글에서는 우선 미국에서 신자유주의적인 클린턴 행정부의 뒤를 이은 신보수주의적인 부시 정부의 신제국주의적 특성을 반다자주의, 군사주의, 전쟁주의 그리고 도덕적 절대주의로 규정하고자 했다. 이러한 요인들 모두를 지지하고 방어해주는 것이 바로 반테러리즘이라는 언어로, 미국의 외교 군사정책에서 냉전시대의 핵심적 조직 통합 원리였던 반공산주의를 대신한 것이라고 할 수 있다. 아프가니스탄과 이라크에서의 전쟁은 바로 이러한 미국의 신제국주의를 실현시키기 위한 과정의 일부로 이해될 수 있다. 뿐만 아니라 이 과정에서 한반도를 포함한 동아시아 지역에 주요한 전략 지역으로 부각되고 있다. 9·11 테러 공격 및 부시 행정부에 의한 테러리즘과의 전쟁 이후, 정치적·군사적·안보적 이슈들은 특히 동아시아 지역에서 미국 정책의 우선적인 관심이었던 경제적 이슈를 대체하고 있다. 이러한 상황에서 북한과 남한, 그리고 미국뿐만 아니라 한반도를 둘러싸고 있는 일본과 중국, 러시아 등의 이해관계를 일정하게 반영하는 6자 회담이 진행되고 있지만, 동아시아의 미래는 매우 불투명하다.

분명한 점은, 현재 단계에서 미국 제국주의의 전쟁 프로그램은 자본주의의 모순들을 강화시킬 것이라는 점이다. 미국에서 자본주의적 제국주의 체제는 전쟁과 군사주의에 근거해 구축되었으며, 국제 테러리즘에 대한 미국의 신제국주의 전쟁은 세계 전역에 있는 국가들과 사람들에 대한 전쟁의 청사진으로 확대될 것으로 우려된다. 제국주의는 세계의 어떤 지역에도 평화를 가져다주지 않으며, 억압된 사람들에게는 결코 진정한 자유를 보장하지 않는다. 왜냐하면 바로 그 속성상 제국주의는 세계에서 가장 강력한 국가들의 경제적·정치적 이해관계에 의해 추동되기 때문이다. 민주주의와 자유를 위하는 입장을 천명하면서도, 미국은 수십 년 동안 값싼 석유에 대한 지속적인 접근성을 보호하기 위해 중동에 걸쳐 산재한 비민주적이며 억압적인 정권들을 지원했다. 우리는 미국의 군사적 개입과 침공을 중단하고, 해외에 주둔하고 있는 미군을 철수시키고, 경제적 및 사회적 생활의 모든 측면들에 대한 군사화를 저지시킬 수 있는 진정한 민주적 정책을 요구해야 할 것이다.

후기

21세기 벽두인 2001년 9월 11일, 세계는 전대미문의 경악스러운 사건을 목격했다. 그 이전에는 단 한 번도 본토 침략을 받지 않았던 미국이 그 심장부인 뉴욕과 워싱턴 D.C.에서 알 수 없는 비행체들에 의해 동시다발적인 테러를 당한 것이다. 이 사건으로 세계무역센터의 110층짜리 쌍둥이 빌딩이 TV를 보는 전 세계인들의 눈앞에서 무너져 내렸고, 국방부 건물인 펜타곤도 일부 파괴되었다. 이로 인해 3000명에 가까운 사망자와 6000명 이상의 부상자가 발생했다. 당시 미국 부시(George W. Bush) 정부는 이에 대응해 '테러와의 전쟁'을 선포하고, 아프가니스탄과 이라크를 침공했다. 이처럼 가공할 9·11 테러 사건과 그 후 미국의 보복전쟁은 전통적인 전쟁과는 다르다는 점에서 '제4세대 전쟁', '비대칭전쟁', '포스트모던 전쟁' 등으로 불렸지만 지금까지 왜 이 사건이 발생했는지에 대한 의문은 전혀 풀리지 않고 있다. 그러나 이 일련의 과정에서 미국이 보여준 태도가 '신제국주의'의 속성을 드러낸 것이라는 점은 분명하다고 하겠다.

또한 이 사태와 관련해 부시 대통령이 동원한 지정학적 수사들(예로, '악의 축', '불량국가' 등)을 이해하고 그 발생 배경과 전개 과정을 설명하기 위해서는 지정학적 분석이 필수적이라고 하겠다. 나는 이 주제에 관해 「세계화와 초테러리즘의 지정학」이라는 글을 쓴 후 이 장의 글을 집필했다. 앞의 글이 사건의 전개 과정에서 나타나는 지정학적 특성들을 설명하고자 했다면, 이 장의 글에서 나는 이 사건의 배경으로서 미국의 신제국주의 역사와 신보수주의적 안보전략 그리고 이러한 안보전략이 한반도와 동아시아에 미칠 영향 등을 고찰하고자 했다. 이 글들은 당시의 시대적 상황에 대한 관심에서 집필되었지만, 또한 하비의 저서 『신제국주의』(2003)와 어떤 관계를 가진다. 앞의 글은 2001년 말 ≪당대비평≫의 청탁으로 작성해 2002년 봄호에 게재한 것으로, 2003년 원서가 출간되었던 하비의 책과는 전혀 무관하게 집필한 것이 분명하다. 그러나 2004년 ≪마르크스주의 연구≫ 창간호에 게재된 이 글의 전반부는 하비의『신제국주의』에 나오는 미국의 신제국주의 역사를 요약한 것이다. 나는 뒤의 글을 쓸 즈음 하비의 책을 번역했고, 2005년 이를 출간했다.

이처럼 나의 연구 주제들은 하비의 저술들과 묘하게 얽혀 있다. 물론 나의 연구 전반에 하비는 지대한 영향을 미쳤고, 주요 연구 주제들도 알게 모르게 그 영향하에서 선정되었을 것이다. 사실 나는 이른바 '1980년의 봄' 이후 수배 생활 속에서『사회정의와 도시』(1973)를 번역했고, 수배 해제 후 대학원 석사과정을 끝내고 하비 교수와는 정반대 성향인 수학과 출신 월슨 교수의 지도학생이 되었다. 유학 기간 동안 나는 그를 의식하지 않으려 애썼지만, 나의 학위논문은 그의 영향을 벗어나지 못했다. 귀국 후 나는『자본의 한계』(1995)를 번역하고 연구년을 거치면서 다시 그의 직접적인 영향하에 들어갔다. 그 후 그의 저서 여러 권을 번역·출간했고, 번역한 책들과 관련된 논문들을 발표했다. 이 장 외에도 제7장은『희망의 공간』(2000)에서, 제10장은『신자유주의』(2003)에서 영향을 받고 집필한 글들이다. 또한 제14장은『세계시민주의: 자유와 해방의 지리학』(2009)에서 영향을 받았다. 그러나 9·11 테러의 지정학, 신자유주의 정책과 발전주의와의 관계, 다문화공간 등은 그의 관련 저서들을 읽기 전에 이미 관심을 가졌던 주제들이다.

어쨌든 하비 교수와 같이 학술적 생애 전반에 걸쳐 존경하고 따를 만한 스승을 가질 수 있었다는 점은 나에게 주어진 큰 복이라고 하겠다. 물론 이 장의 후반부에 서술된 미국의 신보수주의 안보전략에 관한 구체적인 확인과 이것이 한반도와 동아시아에 미치는 영향에 관한 분석처럼, 그의 이론이나 주장들을 우리의 현실 연구에 어떻게 적용하고, 우리의 문제를 어떻게 해결해나갈 것인가에 관한 과제는 전적으로 우리 자신이 담당해야 할 몫이라고 하겠다.

참고문헌

Amin, S. 2001. "Imperialism and globalization." *Monthly Review*, 53(2).

Arrighi, G. 1994. *The Long Twentieth Century: Money, Power, and the Origins of Our Times*. London: Verso.

Bagchi, A. K. 2003. "The parameters of resistance." *Monthly Review*, 53(4), pp. 136~158.

Bamyeh, M. A. 2000. "The new imperialism: six theses." *Social Text*, 62, 18(1), pp. 1~29.

Barry, T. 2002. *The U.S. power complex: what's new*. http://www.fpif.org/papers/ 02power/index_body.html.

Bienefeld, M. 1994. "The New world order: echoes of a new imperialism," *Third World Quarterly*, 15(1), pp. 31~48.

Bush, G. W. December 31, 2002. "President Discusses Iraq and North Korea with Reporters." http://www.whitehouse.gov/news/releases/2002/12/20021231-1.html.

Choi, B-D, 2003. "Micro-geopolitics against the U. S. forces in S. Korea Local problems caused by the U. S. military bases and strategies for their resolution." paper presented at a workshop of the 3rd EARCAG meeting held in Tokyo and Osaka, 5~9 August, 2003.

Donnelly, T. 2003. *What's next?: preserving American primacy, institutionalizing unipolarity*. http://www.aei.org/pbulications/pubID.16999,filter/pub_detail.asp.

Escabar, P. November 6, 2001. "Commentary: The New Imperialism." *Online Asia Times*, http://www.atimes.com/c-asia/CK06Ago1.html

Foster, J. B. 2003a. "Imperial American and war." *Monthly Review*, 55(1), pp. 1~10.

_____. 2003b. "The new age of imperialism." *Monthly Review*, 55(3), pp. 1~14.

Fukuyama, F. 1989. "The End of History." *The National Interest*, 16, pp. 3~18.

Gasper, P. 2001. "Dividing the globe in the name of democracy and freedom: Washington's new imperialism." *Socialist Worker online*, http://socialistworker.org/2001/387/387_ 08_imperialism.shml.

Gershman, J. 2002. "Remaking policy in Asia?" http://www.fpif.org/papers/asia/index_ body.html.

Harvey, D. 2003. *The New Imperialism*, Oxford: Oxford Univ. Press.

Huntington, S. 1993. "Clash of Civilizations." *Foreign Affairs*, 72(3), pp. 22~49.

Kennedy, P. 1987. *The Rise and Fall of the Great Powers: Economic change and Military Conflict from 1500 to 2000*. New York: Random House.

Kristol, W and Gary S. October 28. 2002. "Lessons of a nuclear North Korea." *The Weekly Standard* (October 28).

Hardt, M and A. Negri. 2002. *Empire*, Harvard University Press.

Shaw, M. 2002. "Exploring imperia: Western-global power amidst the wars of quasi-imperial states." *First Press*, http://www.theglobalsite.ac.kr/press/212shaw.htm.

The Project for the New American Century. 2000. "Rebuilding America's Defenses: Strategy, Forces and Resources for a New Century." http://www.newamericancentury.org/RebuildingAmericasDefenses.pdf

The White House. 2002. *The National security Strategy of the United States of America*, http://www.whitehouse.gov

van der Pijl, K. 2002. "The aesthetics of empire and the defeat of the left." *First Press* (online journal), http://www.theglobalsite.ac.kr/press/212vanderpijl.htm.

Wallerstein, I. 2003. "U.S. weakness and the struggle for hegemony." *Monthly Review*, 55(3), pp. 23~50.

제10장 발전주의적 신자유주의와 도시정책의 혼종성

1. 발전주의에서 신자유주의로

한국을 포함한 동아시아 국가들의 급속한 경제성장과 사회공간적 변화를 설명하는 이론들 가운데 대표적인 이론이 발전주의(developmentalism) 또는 '발전국가론'이다. 1960년대 이후 박정희 정권에 의해 강력하게 추동된 한국의 발전국가는 1980년대 후반 민주주의와 세계화의 진전으로 인해 내적·외적 환경과의 부정합성을 드러내었고, 1997년 외환위기를 맞으면서 실효성을 상실한 것처럼 보였다. 그러나 최근 정부의 다양한 정책들은 여전히 발전을 국정의 최고 목표로 설정하고 시장지향적 경제를 강조하면서도 이를 위한 국가 개입을 오히려 확대하고 있다. 다른 한편 1970년대에 선진 경제의 위기와 신보수주의 정권의 집권을 배경으로 등장한 신자유주의(neoliberalism)는 국가별로 다소 상이한 양상을 보였지만, 오늘날 전 세계 국가들의 경제 및 정치를 지배하는 이념과 실행 방식으로 자리 잡게 되었다.

우리나라에서도 1980년대 초의 초권위주의적 국가통치 전략이나 정책들에서도 내면적으로는 일부 신자유주의적 성향을 찾아볼 수 있지만, 신자유주의적 정책들이 명시적으로 시행되기 시작한 것은 1980년대 말에서 1990년대 초라고 할 수 있고, 특히 1997년 발생한 외환위기의 극복 과정에서 국제통화기금(IMF)의 노골적인 요구에 따라 신자유주의적 프로그램들이 강력하게 시행되었다. 그러나 자유시장을 지향하는 신자유주의적 정책들이라고 할지라도 기본적으로 정부에 의해 추진되고 있다는 점에서, 여전히 시장경제에 대한 국가 개입은 중요한 기능을 하고 있다는 모순을 안고 있다. 이러한 점에서 최근 우리나라의 경제·정치 활동의 기본 성향은 비록 발전주의에서 신자유주의로 이행하고 있다고 할지라도, 이는 단절적이라기보다는 중첩적이고 혼종적이며 모순적으로 이루어지고 있는 것으로 이해할 수 있다.

이와 같이 국가의 성격이 발전주의에서 신자유주의로 중첩적으로 이행하는 과정, 즉 '발전주의적 신자유주의(developmental neoliberalism)'로 지칭될 수 있는 과정 속에서 공간정책이 어떻게 변화하고 있는가를 분석해보는 것은 중요한 의미를 가진다.[1] 왜냐하면 사회정책과 더불어 공간정책은 해당 정부가 추구하는 목표나 이념, 나아가 국가의 성격을 반영하고 있기 때문이다. 사실 1960년대에서 1980년대에 이르는 군부의 권위주의적 발전국가하에서 우리나라의 국토 및 도시 공간 정책은 기본적으로 '개발독재'라고 일컬어질 정도로 억압적으로 추진되었다. 1990년대에 들어오면서 관련 지역 주민들의 저항이 커지고 전반적으로 시민사회가 성숙됨에 따라 시민들의 참여를 전제로 한 시장지향적, 즉 신자유주의적 성향의 정책들(예로 민영화, 민관 합동 또는 제3섹터 방식의 개발 등)이 등장하게 되었다.

그러나 1997년 경제위기 이후 경제 회복에 대한 요구가 높아지면서, 국가가 이를 추진해야 한다는 기본 인식이 광범위하게 확산되었다(물론 어떠한 방식으로 추진하는가에 대해서는 다양한 의견이 존재하며, 정책에 따라서 이런저런 이유로 상당한 반발도 있다). 특히 정부가 추진하고 있는 행정복합도시, 공공기관의 지방 이전, 지역혁신체계(RIS)의 구축, 기업도시 및 경제자유특구 등 다

---

[1] 신자유주의의 전개 과정과 공간정책에 관한 지리학적 연구에 관한 소개로 Peck(2004) 참조. 또한 북미와 서유럽에서 전개된 신자유주의와 공간정책에 관한 연구로 Brenner and Theodore(2002), 남미의 경우는 Chase(2004) 참조.

양한 공간정책들은 절차적으로 다소 민주화되었다고 할지라도 실제적으로는 여전히 발전주의와 신자유주의가 혼합된 혼종성(hybridity)을 띠고 있다고 할 수 있다. 이러한 국가의 사회공간적 정책에 내재된 발전주의와 신자유주의의 혼종성을 어떻게 재개념화 또는 유형화하는가의 문제는 앞으로 사회공간 정책의 미래를 가늠할 수 있도록 할 것이다.

이러한 문제의식을 배경으로 이 글은 우리나라에서 국가의 성격이 발전주의에서 신자유주의로 중첩적으로 이행하는 과정에서 국토 및 도시 공간 정책이 어떻게 변화하고 있는가를 고찰하고자 한다. 이를 위해서 이 연구는 첫째로는 시장 메커니즘과 국가 개입의 역사에 대한 인식과 발전주의 및 신자유주의의 개념을 우선 살펴보고, 둘째로는 발전주의에서 신자유주의로의 중첩적 이행이라는 관점에서 1960년대에서 1980년대 중반까지의 발전국가의 특성과 당시의 공간정책을 개관한 후, 셋째로는 1980년대 후반 국내외 상황을 고찰하여 1단계 신자유주의의 도래 배경과 공간정책의 주요 특성을, 그리고 넷째로는 1997년 경제위기의 발생과 이로 인한 2단계 신자유주의의 강제적 추동 배경과 공간정책의 주요 특성들을 고찰하며, 다섯째로는 앞으로 국가나 지역별로 다양하게 전개될 '발전주의적 신자유주의'의 유형들을 구분하고, 이에 따른 국가발전 및 공간정책의 전망을 논의하고자 한다.

2. 발전주의, 신자유주의, 발전주의적 신자유주의

오늘날 세계적 양상을 보면, 전후 국가주도적 발전(주의)의 시대에서 시장지향적 신자유주의의 시대로의 전환이 매우 극적으로 이루어지고 있으며, 결국 전 세계적 신자유주의화에서 자유시장의 논리가 승리한 것처럼 보인다. 그러나 이에 대해 여전히 어떤 의문을 제기할 수 있다. 한편으로 전후 국가주도적 발전주의의 패망과, 다른 한편으로 자유시장을 지향하는 신자유주의의 전성기를 불가피한 것으로 받아들여야만 하는가? 자유시장을 지향하는 신자유주의는 국가의 개입이나 규제 없이도 시장 메커니즘을 만들어낼 수 있는가? 그리고 인간의 운명을 자본주의 시장 메커니즘에 맡겨야만 하는가? 즉 신자유주의 정책을 처음 시행한 대처가 주장한 바와 같이, '다른 대안은 없다'는 점을 인정해야만 하는가? 신자유주의자들에 의하면, "시장 메커니즘은 인간의 운명을 좌우하도록 허용되어야만 한다. 경제는 사회에 대한 그 통치를 지시해야만 하며, 그 외의 다른 방법은 없다"(George, 1999; Harvey, 2000).

그러나 이 점은 현실과 부합되지 않는다. 우리가 일단 이데올로기이며 실행의 결합체로서 신자유주의의 전개와 그 성공을 부분적으로 인정한다고 할지라도, 현실에서 신자유주의와 국가 개입 간 어떤 선택의 문제로 인식될 수는 없다. 왜냐하면 동아시아 발전국가의 정책을 분석하면서 영(Yeung, 2000: 139)이 주장한 바와 같이, "시장은 국가에 의해 제약되고, 국가에 의해 규제되며, 따라서 [순수한] 신자유주의적 환경 속에서는 작동할 수 없기" 때문이다. 이 점은 이미 '신자유주의화된' 국가들에서도 마찬가지라고 할 수 있다. 예로, 펙과 티켈(Peck and Tickell, 2002: 35, 37)은 북미와 서유럽의 도시 재구조화에 초점을 둔 연구를 통해 "제도적이며 규제적인 재구조화에 관한 보다 최근의 유형은 신자유주의화된 경제 관리와 권위주의적 국가 형태의 급진적이고 긴박한 결합"으로 특징지어질 수 있음을 밝혔다. 즉, "'실제 존재하는' 신자유주의들은 항상 (어떤 방식으로든) 혼종적 또는 혼합적 구조들"이다. 바로 이러한 발전주의와 내적으로 결합한 신자유주의의 개념화에 기초해, 우리는 한국 사회에서 '발전주의적 신자유주의'와 공간 정책의 '혼종성'에 관해 논의를 할 수 있다. 그러나 그 전에 발전주의와 신자유주의의 개념을 좀 더 자세히 살펴볼 필요가 있다.

발전주의라는 용어는 매우 광범위하게 사용될 수 있지만, 대체로는 두 가지 유형, 즉 이데올로기적 코드 또는 특정 국가군(특히 동아시아 국가들)의 특성을 지칭하기 위해서 사용되어왔다. 우선 '발전주의'라는 용어는 "북부(the

North)(북부의 국가들)에 의해 '발전되기'에 반대해 남부(the South)의 국가들이 그들 스스로를 '발전시킬' 수 있다는 믿음과 관련된다(Wallerstein, 2005). 즉 발전주의는 '발전' ─ 특히 높은 경제성장률과 급속한 산업화를 의미하는 것으로 해석되는 발전 ─ 을 자신에게 주어진 중대한(또는 유일한) 사명으로 인식하는 사람들의 이데올로기적 기반이다. 발전주의의 이러한 이데올로기적 성분은 그 구조적 또는 제도적 행위자, 즉 그 정당성을 확보하기 위한 원칙으로서 발전을 촉진할 수 있는 능력을 갖추고자 하는 '발전국가'를 요청한다. 따라서 문헌적으로 보면 발전주의는 두 가지 성분, 즉 이데올로기적 성분과 구조적 성분을 가지며, 이러한 이데올로기-구조의 결합체는 발전국가를 다른 형태들의 국가와 구분 짓는다.

그러나 보다 특정한 의미에서 동아시아의 발전주의 및 발전국가에 관한 이론은 일본의 급속하고 매우 성공적인 전후(戰後) 재건 및 산업화 과정에 관한 존슨(Johnson, 1982)의 독창적 분석과 밀접하게 관련되어 있다(박은홍, 1999; Evans, 1995 등 참조). 그의 핵심 주장은 일본의 괄목할 발전은 '계획합리적' 국가의 노력의 결과로 이해될 수 있으며, 이러한 국가는 사회주의 국가도 아니고 자유시장 국가도 아닌 어떤 다른, 즉 계획 합리적 자본주의적 발전국가로서 개입주의적 국가의 베버적 이념형을 보여준다는 것이다. 발전국가에 관한 이러한 개념화는 세계의 어느 곳이든 국가 개입주의와 급속한 경제성장을 연계시키고자 하는 인과적 주장으로 이해된다. 즉 발전국가는 흔히 이러한 경제성장을 통해 국민들의 생활 수준을 전반적으로 향상시키고, 나아가 국가의 국제경쟁력을 강화시키는 것을 목적으로 한다고 주장한다. 그러나 발전국가가 제시한 이러한 주장의 이면에는 도구주의적 또는 경제적 합리성에 기초한 원활한 자본 축적을 전제로 한다.

이런 의미에서 발전주의 또는 발전국가는 제3세계 국가들에만 한정되는 것은 아니라고 할 수 있다. 장하준(Chang, 1999)은 경제 발전의 성공을 경험한 나라들에서 국가가 담당했던 역할을 연구하면서, 국가주도적 발전이라기보다는 시장기반적 발전의 전형이라고 할 수 있는 영국과 미국도 산업화의 초기 단계에는 유의한 국가 지원을 향유했다는 점을 지적하고 있다. 이러한 서구 선진국들은 1970년대 경제침체와 냉전의 종식 이후 후기 단계에서는 신자유주의를 심화시키게 된다. 동아시아 국가들의 전후 발전국가들도 최근 에는 사회공간적 정책에서 신자유주의화로 이행하고 있으며, 국제적 및 국 내적 경제 기류는 최근 신자유주의에 의해 지배되고 있다고 할 수 있다. 그 러나 세계의 어떤 나라에서든 경제 발전은 순수하게 시장에 의해서만 추동 될 수 없으며, 어떠한 형태로든 국가의 지원을 요청해왔고, 또한 현재에도 그렇게 진행되고 있다. 이러한 점에서 우리는 신자유주의와 발전국가의 여 러 형태들의 결합을 지칭하기 위해 '발전주의적 신자유주의'라는 용어를 사 용할 수 있을 것이다.[2]

신자유주의는 그 기원적 의미에서 하이에크(Friedrich Hayek)에 의해 이데 올로기적으로 주창되었고, 프리드먼(Milton Friedman)의 경제적 정당화 그리 고 대처와 레이건의 정치적 실행에서 찾아볼 수 있는 일단의 시장지향적 이 념이라고 할 수 있다(Harvey, 2005). 이데올로기적으로 신자유주의는 경제 적·정치적·사회적 관계들은 시장이라는 제도적 틀 속에서 그들 자신의 이해 관계를 개선하고자 하는 합리적 행위자들의 형식적 자유 선택을 통해 조직 된다고 주장하고, 여기서 시장은 합리적 행위자의 효율성을 극대화시키는 것으로 간주된다. 경제적으로 신자유주의는 시장경제의 범위 확장, 즉 모든 생산요소들(노동을 포함해)의 상품 형태로의 전환과 형식적으로 자유롭고 화 폐화된 교환의 가능한 많은 사회공간적 활동으로의 확산을 요청한다. 정치 적 실행에서 신자유주의는 1970년대 후반 영국과 미국에서 이루어진 케인스

---

2 이러한 점에서 기존의 발전주의 또는 발전국가와 구분하기 위해 탈(또는 후기)발전주의 (post-developmentalism)라는 용어가 사용된다(Blaikie, 2000; Pieters, 2000; 조명래, 2003 등 참조). 그러나 이 글에서는 보다 선도적인 이념과 실행이라는 점에서, 탈(후기)발전주의 라는 용어보다는 신자유주의 성격을 보다 강조하기 위해 발전주의적 신자유주의라는 용어 를 사용하고자 한다. 뒤에서 다시 신발전주의에 대해 논의할 것이다.

주의적 복지국가에서 신자유주의적 국가형태(또는 조절양식)로의 체제 전환과 관련된다.

이와 같이 신자유주의는 다소 순수한 유토피아적 지적 운동에서 시작해 1980년대 들어와서는 레이건과 대처에 의해 공격적이고 다양한 경제적·정치적 전략들을 통해 정치화되었으며, 그 이후 1990년대에는 자기양식화된 '워싱턴 콘센서스(Washington Consensus)'에서 보다 관료적인 형태를 획득하게 되었다. 그리고 2000년대에 들어오면서 (특히 9·11 테러 이후) 신자유주의는 미국의 신보수주의자들이 주도하는 신제국주의적 세계화와 현대 국가 '개혁'을 위한 지배적 이데올로기적 합리화를 추동하게 되었다(Peck and Tickell, 2002: 33. 또한 Harvey, 2005 참조). 물론 신자유주의는 그 논리와 체계에 있어 고정되고 정태적인 상태로 존재하는 것이 아니라, 그 초기 단계에서부터 역동적 변화를 추동하면서 다른 유형이나 논리의 경제적·정치적 체계들과 상호 결합되어 있다. 따라서 신자유주의는 그 이데올로기적 논리나 경제적·정치적 전략의 역동적 과정 속에서 개념화되어야 할 것이다.

첫째, 신자유주의는 전형적으로 자유시장의 이상을 지향하는 논리이지만, 국가의 기능이 없다면 존립할 수 없다. 즉 신자유주의는 경제적·정치적 정책이나 사회 및 공간의 조직 유형과 그 담론에서 발전주의 또는 발전국가 전략의 일부 요소들과 어떠한 형태로든 공존한다. 이는 원칙적으로 "경제는 국가에 뿌리를 두고 있으며, 그 역도 성립하기" 때문이다. 즉 국가는 생산, 교환, 소비를 포함한 경제활동의 모든 영역들을 촉진하는 불가분의 역할을 한다. 따라서 영(Yeung, 2000: 155)이 주장하는 바와 같이, 이러한 '착근된 국가(embedded state)'의 관점에서 보면 "우리는 국가-경제 관계를 상호의존성과 상호연계성의 변증법적 과정으로 개념화해야 한다". 변증법적으로 결합된 논리와 체계의 행렬 내에서 이들 간의 비례 몫과 임시적 균형은 제도화된 (그러나 가변적인) 타협 내에서 힘의 균형 변화에 좌우된다(Jessop, 2002 참조).

둘째, 신자유주의는 시장지향적 이념이나 자유시장의 논리만으로 이해할 수 없으며, 민감한 경제적·정치적·사회적, 그리고 공간적 체계들의 전환이 이루어지는 맥락으로서 신자유주의화 과정과 관련지어 설명되어야 한다. 이 과정에 관한 분석은 따라서 단순히 과거 국가와 그를 이은 최근 국가들 간의 이원론적 또는 정태적 비교가 아니라 경제적·공간적 재구조화의 지배적 유형의 변화에 초점을 두고 논리와 체계들의 중첩적인 이행 과정을 연구해야 한다. 이러한 관점에서 특히 펙과 티켈(Peck and Tickell, 2002)은 1980년대 동안 포드주의적-케인스주의적 조절 양식의 탈피와 탈규제화를 강조하는 '퇴행적(roll back) 신자유주의', 그리고 새로운 제도와 국가 및 사회 규제의 적극적인 창출을 강조하는 '공격적(roll-out) 신자유주의' 간을 구분한다. 이 글은 우리나라에서도 이와 유사한 배경에서 신자유주의가 단계별로 전환해 가고 있다고 주장하고자 한다.

셋째, 신자유주의화 과정은 상이하고 때로 얽혀 있는 맥락들에서 추구되는 '경로의존적' 과정으로 이해되어야 한다. 즉 신자유주의적 프로젝트는 신자유주의 논리가 제국주의, 수출주도형 산업화, 수입 대체 성장 등의 유산으로부터 물려받은 매우 상이한 조절 양식에 반영되며, 또한 지구상에서 상이한 지역이나 국가들에서 사회공간적 발전의 상이한 궤적들을 구축하는 특정 방법에 따라 수행되고 발전한다. 즉 "신자유주의는 여러 가지 모습으로 다가오며, 다중적 공간 규모들에서 접합되고, 다양한 역사적 궤적에 따라 움직인다. …… 신자유주의는 여러 규모들로 파편화된 지배계급들의 실행과 이데올로기를 통해 존재하며, 지배계급들은 신자유주의에 따라 그들의 특정한 프로젝트들을 자신들의 영향력이 미치는 영토나 영역들에서 수행하고자 한다"(Brenner and Theodore, 2002). 따라서 내면화된 제도적 틀, 정책 레짐, 규제 관행, 그리고 정치적 투쟁 등의 잔재들에서 찾아볼 수 있는 신자유주의화의 '맥락적 착근성(contextual embeddedness)'을 이해해야 한다.

끝으로, 신자유주의는 긴장과 모순을 증대시키는 경향이 있는 자본주의적 전환의 맥락에서 해석되어야 한다. 즉 핵심 자본주의 국가들인 영국과 미국에서 시작해 점차 주변부로 확산된 신자유주의는 근본적으로 케인스적 타협에 반대해 그 자신의 축적을 촉진하고자 하는 자본, 그리고 자신의 물질적 및 이념적 이해관계를 회복하고자 하는 지배계급들의 상층부에 의해 (반)혁명적으로 수립된 새로운 경제적·사회적 질서라고 할 수 있다(Dumenil and Levy, 2005; Harvey, 2005). 이러한 관점에서 우리는 '워싱턴 콘센서스'에서 제시된 주장, 즉 국제통화기금과 세계무역기구(WTO)를 통한 지구적 신자유주의와 핵심 금융자본에 의한 주변부, 나아가 전 세계 경제의 통제가 기아와 재난에 대한 유일한 현실적 대안이라는 주장이 양극화가 점점 심화되고 있는 전 지구적 상황에서 얼마나 이데올로기적인가를 이해할 수 있어야 한다(Tabb, 2003). 이러한 주장과는 달리 신자유주의적 (반)혁명은 한편으로 정당성을 확보해야 하지만, 다른 한편으로는 자본 축적을 위한 조건들을 보장해야 할 국가의 모순적 필요들 간 긴장을 증대시킨다고 할 수 있다.

3. 권위적 발전국가에 의한 경제성장과 공간정책

우리나라는 1960년대 이후부터 1997년 경제위기를 겪기 전까지 30여 년 동안 국내총생산(GDP)이 연평균 9~10% 정도 증가하는 급속한 경제성장을 향유했다. 이러한 경제성장률의 달성은 세계적으로 다른 선진국이나 개도국들에서는 찾아볼 수 없을 정도로 놀라운 것이었다. 이러한 성장이 국가주도적이고 수출지향적인 경제 구조의 전환을 통해 이루어졌다는 점은 잘 알려져 있다. 산출과 고용에서 제조업이 차지하는 비중이 1962년에는 10%에 불과했지만, 1990년대에는 25~30%를 차지하게 되었고, 상품 수출은 이 기간 동안 연평균 25% 이상 증가했다. 이러한 경제성장은 물론 거대한 공간적 재편을 동반했다. 도시 인구의 비중은 1960년 28%에서 1990년 75%, 그리고 2000년에는 80%를 훨씬 상회하게 되었다.

이러한 한국의 경제성장 과정에서 이 글의 연구 주제와 관련해 두 번의 큰 계기적 전환을 지적해볼 수 있다. 〈그림 10-1〉의 (가)에서 (a)로 표시된 시기는 GDP 성장률이 점차적으로 하락세로 돌아서고 있지만 1인당 소득은 급속히 증가했으며, 산업구조에서 2차 산업이 차지하는 비중이 정점을 이룬 시기이기도 하다. 또한 이 시기는 한국에서 처음으로 수출이 수입을 능가해 무역수지의 흑자를 보인 시기이다. 뒤에서 논의할 바와 같이 이 시기는 한국에서 포드주의적 축적체제가 성숙한 시기로, 이에 이어서 신자유주의의 첫 단계가 시작되었다고 할 수 있다. 〈그림 10-1〉 (가)에서 (b)는 GDP 성장률이 마이너스 이하로 크게 떨어짐에 따라 1인당 국민소득도 절대적으로 감소한 시기이며, 수출과 수입도 절대적으로 감소했고, (그림에서 확인하기는 어렵지만) 자영 서비스업이 증대한 시기이다. 이 시기는 1997년 금융위기와 그 직후 1~2년을 의미하며, 뒤에서 논의할 바와 같이 한국에서 신자유주의 2단계 국면이 전개되는 계기가 되었다.

한국 경제 발전의 이러한 성공을 분석함에 있어서 세계은행이나 일부 신자유주의적 학자들은 이를 '시장의 기적'이라고 지칭했다. 그러나 한국 경제의 성공에 대한 이러한 신자유주의적 견해는 급속한 경제성장과 압축적 산업 전환을 위한 경제산업 정책의 중심성을 강조하는 국가주의적 학자들에 의해 도전을 받게 되었다. '발전국가'에 관한 존슨(Chalmers Johnson)의 사고 또는 아시아 경제의 기적에 관한 '국가주의적' 해석에 따라서 한국 경제는 여타 동아시아 국가들과 더불어 1990년대 초반까지는 국가 개입의 합리성으로 인해 달성된 기적으로 찬사를 받을 수 있었다. 사실 많은 학자들과 세계은행(World Bank)을 포함한 여러 연구기관들은 아시아 경제 발전 과정에서 국가의 개입을 '좋은 거버넌스(good governance)' 또는 시장 친화적 개입으로 인정했다.

그러나 동아시아 발전국가들의 시장 개입 성공은 단순히 시장 친화적이었기 때문이라기보다는 매우 권위주의적 성향과 결합되어 있었기 때문이라고

그림 10-1 **한국의 사회경제적 변화 추이**

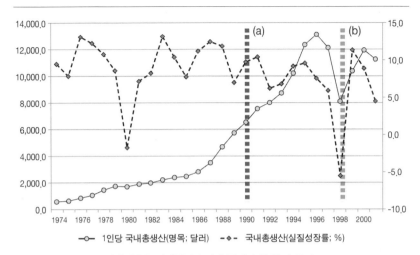

(가) GDP 성장률과 1인당 국민 소득 증가 추이

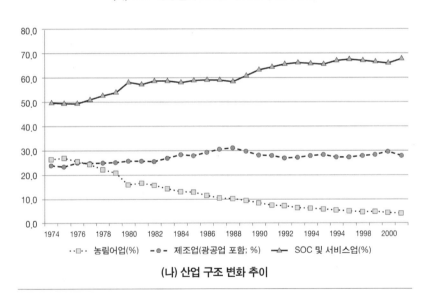

(나) 산업 구조 변화 추이

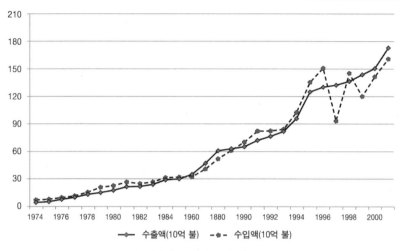

(다) 수출입 증가 추이

수출액(10억 불) — 수입액(10억 불)

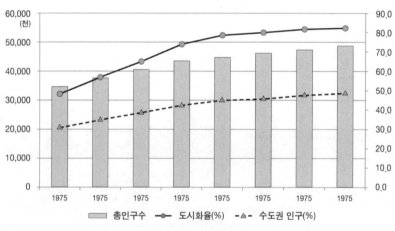

(라) 총인구 및 도시 인구 증가 추이

총인구수 — 도시화율(%) — 수도권 인구(%)

할 수 있다. 이러한 '권위적(authoritarian)' 발전주의는 국민들의 합의나 동의에 기초하지 아니한 공권력의 동원을 전제로 했다는 점에서 '민주적(democratic)' 발전주의와 구분될 수 있다. 사실 1961년 군사 쿠데타를 통해 권력을 장악했던 박정희 정권(1963~1979)은 식민지 해방 및 6·25 전쟁으로 인해 피폐했던 1950년대 원조경제하에서의 빈곤을 극복하기 위해 경제성장을 가장 중요한 국가적 의제로 설정했다. 이에 따라 1960년대 이후 본격적인 자본주의적 성장 과정이 추동되었다고 할지라도, 반공과 더불어 경제 발전을 위한 '조국 근대화' 구호는 쿠데타로 정권을 장악했던 군사정부의 정당성을 충족하기 위한 이데올로기로 동원되었다(Kim, 1999). 특히 1970년대 들어오면서 박정희 대통령은 정권을 연장하기 위해 3선 개헌과 유신을 추진하면서 보다 노골적인 군사독재정권의 권위주의에 의존했다.

1960~1970년대 이러한 군사독재정권의 경제성장 전략은 기본적으로 해외에서 자본과 원료를 도입해 국내의 값싼 노동력과 결합하여 상품을 생산하고 이를 다시 해외에 수출함으로써 국가경제를 발전시키는 전략, 즉 '자본·원료 수입 → 저임금 공업생산 증대 → 수출 확대 → 고도 경제성장의 실현'이라는 수출주도형 전략이었다. 생산요소 투입의 양적 증대를 통해 이루어진 상품 생산의 확대는 1960년대 경공업(그리고 수입 대체 산업) 중심에서 1970년대 중반 이후 중화학공업 중심으로 전환하면서 더욱 가속화되었다. 값싼 노동력과 함께 저렴한 차관을 통해 도입된 자금은 철강, 석유화학, 전자·기계·통신장비 등에 투입되었고, 특히 정부가 선호하는 기업들에 대해 엄청난 보조금이 주어졌다. 이러한 점에서 한국의 수출지향적 성장의 성공은 수출업자들에게 자율적인 대출 할당 체계를 수립하고자 했던 박정희 정권 후기의 노력에 크게 의존했다고 할 수 있다(Hong, 1998: 146). 이에 따라 수출기업체들은 급속한 팽창을 하게 되었고, 특히 1975년을 전후해 종합상사들은 1970년대 말~1990년대 초반 동안 한국 수출의 견인차 역할을 해왔다. 이러한 과정에서 한국 경제를 지배하고 나아가 세계적으로도 거대 규모

의 기업군들에 속하는 재벌이 창출되었다.

이와 같이 박정희 정권이 수출주도형 경제 발전을 촉진할 수 있었던 기반은 군사 엘리트들에 의해 수립·시행된 국가경제 발전 계획이었다고 할 수 있다. 존슨이 일본의 경제계획 관료주의 모형을 개입주의적 국가의 베버적 이념형으로 강조한 바와 같이, 박정희 정권은 1962년부터 시작한 경제개발5개년계획과 1971년부터 시작한 국토종합개발계획(10년)을 추진했다. 이러한 계획의 입안과 시행은 대부분 미국에서 교육을 받은 관료들에 의해 추진되었으며, '조국 근대화'를 경제 발전과 동일시한 군부 지도자 출신의 정치가들에 의해 감독되었다. 더글러스(Douglass, 2000: 9)가 서술한 바와 같이, "국영은행과 고도로 훈련된 관료들의 결합은 박정희 정권으로 하여금 국가의 부를 도시 인프라와 산업 조직 구조의 창출에 투입되도록 함으로써, 그다음 40년간의 경제성장을 위한 기반이 될 수 있도록 했다"라고 주장되기도 한다. 이 과정을 통해 한국 경제는 급속히 성장하면서 점차 신흥공업국으로 변모해갔지만, 동시에 과열된 성장 정책은 산업 간 불균형과 외채문제, 만성적인 인플레이션 등의 부작용을 초래하기 시작했고, 특히 1970년대 후반의 과도한 중화학공업화는 재정 인플레이션과 과잉 시설에 따른 불황, 내수용 소비재 생산 위축이라는 부작용을 가져오기도 했다.

뿐만 아니라 1960~1970년대 박정희 정권하에서 군부 엘리트들의 역할이 한국의 경제 및 국토 발전에 어느 정도 기여했는가는 매우 의문스럽지만, 분명한 사실은 국내의 값싼 노동력뿐만 아니라 토지라는 생산요소로서 국토공간이 경제성장에 대규모로 동원되었다는 점이다. 박정희 정권은 1960년대 경공업과 수입 대체 산업의 육성을 위해 기존의 대도시에 산재한 값싼 노동력을 우선 동원하고자 했으며, 1960년대 후반 이후 국토공간의 활용을 위한 계획의 필요성을 느끼게 되었고, 이에 따라 국토종합개발계획을 입안·시행하게 되었다. 특히 1970년대 중반 이후 정부는 중화학공업을 육성하기 위해 외국에서 수입한 원료들을 가공할 수 있는 임해 지역들에 대규모 공단들을

표 10-1 한국의 국가 성격과 공간 정책의 변천 과정

연대	1960년대	1970년대	1980년대 전두환 (1980.9~1988.2)	1980년대 노태우 (1988.2~1993.2)	1990년대 김영삼 (1993.2~1998.2)	1990년대 김대중 (1998.2~2003.2)	2000년대 노무현 (2003.2~2008.2)	2000년대 이명박 (2008.2~)
대통령	박정희 (1963.12~1979.10)		전두환 (1980.9~1988.2)	노태우 (1988.2~1993.2)	김영삼 (1993.2~1998.2)	김대중 (1998.2~2003.2)	노무현 (2003.2~2008.2)	이명박 (2008.2~)
레짐 특성	군부 권위주의	군부 권위주의 재강화(유신)	신군부 경성적 권위주의		문민정부 민간 연성적 권위주의	국민의 정부	참여정부	민간 경성적 권위주의
국가 성격	권위적(또는 경성적) 발전주의			연성적 발전주의 + 차별적 신자유주의		연성적 발전주의 + 강제된 신자유주의		보수적 신자유주의
정책 기조	빈곤 극복, 국토 복구	성장 추구, 국토 개발	성장분배(형평성), 지역균형발전		세계화, 지역 특성화	경제위기 극복, 복지 증대	동북아 중심국가, 균형·혁신	신성장, 경쟁력 강화
경제 개발	1, 2차 경제개발계획	3, 4차 경제개발계획	5, 6차 경제개발계획					
국토 개발		1차 국토개발계획 (1972~1981)	2차 국토개발계획 (1982~1991)	수정계획	3차 국토개발계획 (1992~2001)		4차 국토개발계획 (2001~2020) (5년마다 정비 수정)	
개발 전략	산업 입지 조성, SOC 확충	대규모 공단, 성장거점 개발	생활권 개발	광역개발	광역권 개발 (명목적)		국가균형 개발	5+2 광역권 (4+α초 광역권) 개발
산업 입지	산업구조 근대화 (도시 내 공업단지)	중화학공업 기반 확충 (국가공단, 수출자유지역)	공업단지들 간 연계 정비와 확충 (지방공단, 농공단지)		서해안 개발 촉진, 농지 개발	첨단기술 산업단지 (경제특구)	지역 혁신, 공공기관 지방 이전, 경제특구	신성장 거점, 동력(녹색)산업 개발
수도권 정책	집중 억제 (명목상 문제 인식)	인구 분산 재배치 (정책 형성)	수도권정비계획(권역별 규제)		규제 강화(총량 규제) 및 완화	규제 완화 (토지공개념, 그린벨트)	행정수도 이전, 규제 해제	규제 완화, 국가(경제) 발전 선도
도시 개발	지방 행정도시	서울 강남, 지방 공업도시 (그린벨트)	서울 주변 신도시 (목동, 과천)	수도권 신도시 (토지공개념)	도시 광역화 (도·농 통합형 도시)	도시재개발 (민영화)	행복도시, 기업도시, 혁신도시	뉴타운 개발, 녹색도시

집중적으로 개발하고, 조세 특혜와 금융 보조 등으로 산업 입지를 촉진하고자 했다. 이에 따라 발전한 포항, 울산, 부산, 창원, 광양으로 이어지는 동남권 임해 지역은 최소한 1980년대 말까지는 서울을 중심으로 한 수도권 지역에 비견될 정도로 한국의 경제성장을 추동하는 한 축이 되었다. 그러나 중화학공업화를 위한 이러한 대규모 공단 건설과 도시 개발은 과잉투자로 인한 재정 문제와 더불어 공단 가동의 지연 및 공단들 간 연계성의 부족 등으로 심각한 문제점을 드러내게 되었다(최병두, 1991).

박정희 정권의 붕괴 이후 이를 이은 전두환 정권 역시 군사 엘리트들에 의해 권위주의적 성격을 더욱 강화시켰으며, 기본적으로 발전주의적 입장에서 경제 발전을 지속적으로 추진했다. 1970년대 말 도래한 경제 침체를 극복하는 과정에서는 일부 독점 재벌의 해체와 더불어 국내 자본시장의 확충 방안으로 시중 은행의 민영화와 제2금융권(단자회사 및 상호신용금고 등)의 설비 자유화를 추진했다. 또한 전두환 정권은 명목상 민주, 정의, 복지 등을 강조했으며, 정주권 개발계획에 따라 국토균형발전을 목표로 한 제2차 국토종합개발계획을 입안·시행하고자 했다. 이러한 점에서 우리나라에서 신자유주의의 도래를 1980년대 초로 설정할 수 있는 단서들도 있지만, 시장 메커니즘이나 자유경쟁을 통한 일부 독점 재벌의 해체 또는 자율적인 금융자본의 성장은 철저히 정부 통제하에서 이루어졌다는 점에서 신자유주의적 이념에 따라 추진되었다고 보기는 어렵다. 특히 정치적 측면에서 비록 정의와 복지, 국토 개발에서 균형발전 등을 강조했다고 할지라도, 전두환 정권의 등장과 이 과정에서 보여준 폭력성은 그 이전의 박정희 정권보다 더욱 강화된 권위주의적 정권이라고 할 수 있다. 전두환 정권에서의 도시 지역정책은 중국의 개방정책과 맞물린 서해안 지역의 새로운 대규모 공단 건설을 제외하고는 신규 국가공단의 건설보다 기존의 공단들의 내부 정비와 연계성 강화, 그리고 중소 하청 공장들이 입지할 수 있는 중소 규모의 지방공단 및 농공단지들의 건설에 초점을 두었다.

요컨대 1980년대 중반까지 한국 국가의 성격과 이에 의해 추동된 산업경제 및 국토공간의 발전 과정은 '발전주의'라는 용어로 잘 특징지을 수 있다. 뿐만 아니라 "경제 발전은 정당성의 결여로 고통을 받았던 한국의 권위주의 정권들을 합리화하는 것이었다. 이 용어는 1960년대 초에 재빠르게 지배 군부 엘리트를 위한 국가 이데올로기가 되었으며, 이에 따라 상대적으로 자율적인 국가는 1980년대 중반까지 급속한 경제성장을 촉진했다"(Kim, 1999: 10). 물론 이러한 주장은 발전국가가 한국의 경제 발전을 추동하고, 그 성공을 달성한 유일한 행위자임을 의미하는 것은 아니다. 즉 발전국가는 비록 경제성장을 자신의 정당성을 확보하기 위한 이데올로기적 성격을 강하게 가지고 있었다고 할지라도, 1960년대 이전에는 원활하지 못했던 자본주의적 산업화 과정을 추동하면서 시장 메커니즘을 작동시키는 주요한 계기를 마련했다고 할 수 있다. 그러나 국가 개입에 의한 시장 메커니즘의 합리화 과정은 여러 가지 부작용을 초래했는데, 예를 들어 관치금융에 따른 금융시장의 부실과 같은 정경유착으로 인한 시장의 왜곡 또는 비합리성이 오히려 심화되는 측면도 있었다.

또한 한국의 권위주의적 발전국가는 이러한 경제성장을 위한 물적 토대로서 도시 발전을 촉진시켰다. 도시는 수출을 위한 생산기지로서 확대되거나 새롭게 건설되었으며, 과잉 상태의 농촌 인구를 유입하게 해 저렴한 노동력 풀을 만들어냈다. 특히 정부의 투자가 집중되었던 수도권과 동남 임해 지역은 경제 발전을 견인하는 두 축이 되었으며, 국토 공간의 재편이 이루어지면서 지역 불균등 발전이 점차 심화되었다. 1980년대 중반까지 경제 발전에 동반된 지역 불균등 발전은 기본적으로 농촌/도시 간의 불균등 발전을 전제로 한 것으로, 농촌 지역 인구 유출에 따른 생산성의 저하와 더불어 사회서비스 기능의 제공 미비가 초래되었고, 도시 지역은 비록 급속한 생산성 증대를 보였다고 할지라도 누적된 도시 인구의 생활 수준을 향상시킬 수 있는 여건들은 제대로 조성되지 않았다. 국가는 외국 차관을 도입해 경제 발전을 위한 사회 간접 시설들의 건설을 촉진했고, 이로 인해 1960년대 말과 1970년대 말에 부동산 가격이 급등했으며, 또한 도시로 집중한 인구를 위한 주거를 제공하기 위한 아파트 건설이 점차 활성화되었다. 그러나 도시의 일상생활을 위한 주택 및 여타 사회적 인프라(교육, 의료보건 등)는 1980년대 중반 이전까지는 아직 그렇게 활성화되지 않았다.

4. 신자유주의의 도래와 그 첫 번째 국면의 공간정책

한국의 신자유주의의 도래를 이해하기 위해서는 한국의 정치 및 경제의 특성에 관한 이해가 우선되어야 할 것이다. 일부 한국 학자들(손호철, 1999; 이광일, 2003)은 전두환 정권에 의해 통치되었던 1980년대 초 한국에 신자유주의적 증후가 있었다고 주장한다. 이 시기는 영국의 대처 정부와 미국의 레이건 정부가 신보수주의적 정책을 통해 케인스적 복지주의에서 벗어나서 시장경제를 위한 탈규제 정책들을 추구하기 시작한 때였다. 전두환 정권은 전형적으로 군사적 권위주의로 무장한 경성 발전국가로 이해되지만, 이 정권은 앞서 언급한 바와 같이 경제 재구조화를 위한 강력한 국내 정책과 자본 및 무역 거래의 자유화를 위한 외적 정책들을 활발하게 추진했다. 이에 따라 전두환 정권은 재벌들의 과잉 경쟁과 이에 따른 과잉투자로 초래된 1970년대 말 자본의 확대재생산 위기를 극복하고, 1980년대 중반 이후 급속한 경제성장을 촉진할 수 있도록 했다. 이러한 상황에도 불구하고 신자유주의가 시발되었다고 보기에 어려운 여러 이유들이 있다.

한 가지 이유는 일반적이고 잘 알려진 것으로, 전두환 정권은 군사정권에 강력하게 반대하는 대중들의 지속적 저항에 봉착했으며, 따라서 전두환 정권은 자유시장 메커니즘과 사회적·정치적 안정화와 같이 국제적 자본의 신자유주의적 요구에 부응할 수 있는 상황에 있지 않았다고 하겠다. 정부 관료들은 독점적 권력을 가지고 있었고, 정치적 영역에서뿐만 아니라 경제적 및 사회적 영역에서 이루어지는 의사 결정 과정에 심대한 영향력을 행사(심지어 재벌들의 기업 관리에 직접 개입해 해체시킬 정도로)했다. 그 결과 권위주의적 독재정권은 민주주의를 요구하는 한국 국민들의 오랜 열망과 이의 표출에 따라, 1987년 일련의 민주화운동을 통해 권력이 약화되었다. 즉 1987년 한국 사회의 민주화운동은 한국의 정치적·사회적 발전을 위한 명확한 선을 긋게 되었고, 군사독재적이고 권위적인 발전국가에서 보다 민주화된 발전주의와 새롭게 도입되기 시작한 신자유주의가 결합된 국가로 전환되는 계기를 제공했다.

그러나 권위주의적 발전국가의 붕괴만이 한국에서 신자유주의의 도래를 설명할 수 있는 유일한 요인은 아니다. 물론 자본주의 선진국들에서 시발된 신자유주의가 세계적으로 확산되면서, 국내에도 자발적으로 도입되었다고 할 수도 있을 것이다. 그러나 우리는 특히 신자유주의가 우리나라에 도입되었던 계기 또는 배경으로서 내적 및 외적으로 몇 가지 주요 사항들을 보다 체계적으로 고려해볼 필요가 있다. 여기서 세계적 차원에서 자본주의 경제의 세계화 과정, 구소련의 붕괴와 관련된 냉전체제의 해체, 그리고 국가적 차원에서 위에서 언급한 권위주의 정권의 붕괴와 더불어 포드주의적 경제체제의 성숙(즉 포드주의적 경제체제에서 주변부적 특성의 탈각)을 들 수 있다. 자본주의의 세계화와 국제적 냉전체제의 붕괴가 지구상의 대부분 국가들에 영향을 미치는 일반적 상황이라고 할지라도, 그리고 권위주의 정권의 붕괴와 포드주의적 축적체제의 성숙이 한편으로 이러한 외적 조건들과 연계되어 있다고 할지라도 이는 한국 사회에 특정한 상황이라고 할 수 있다. 이들은 상호 연계해 1980년대 말 한국에 신자유주의가 도래해 지배적인 이데올로기 및 실행 과정이 되도록 하는 배경을 이루었다(〈그림 10-2〉 참조).

1980년대 후반 이래 지구적 차원에서 세계화 과정의 도전을 받지 않은 국가나 지역은 없다고 할 수 있다. 물론 세계화를 어떻게 정의할 것인가는 여

그림 10-2 **1980년대 말 신자유주의의 첫 번째 국면의 도입 배경**

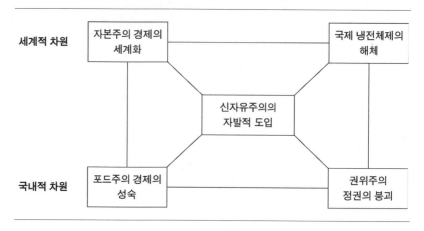

전히 문제로 남아 있지만, 지리학적 측면에서 세계화는 기본적으로 세계를 둘러싸고 있는 경제공간의 통합성 증대와 관련된다. 이는 또한 국가적 및 국지적 정부가 세계화 과정의 도전에 상응해 자신의 영토 내에서 어떻게 발전을 촉진할 것인가의 문제, 즉 지방화 과정을 동반한다. 이러한 지구지방화(glocalization) 과정에서, 한국 정부는 자신의 대외 지향적인 경제가 세계 경제에서 경쟁력을 가질 수 있도록 하기 위해 아래에서 논의하는 바와 같이 (노골적 또는 암묵적으로) 신자유주의적인 경제 및 공간 정책들을 적극적으로 수행하고자 했다. 사실 신자유주의는 자본주의 세계화 과정에 내재되어 있다는 점에서 신자유주의/세계주의(globalism)는 병행하는 쌍생적인 외부의 힘으로 간주될 수 있다.

세계화 과정은 1980년대 말 냉전적 국제정치체계의 해체와 동시에 이루어졌다. 특히 냉전체제의 해체는 한국에서 발전국가에서 신자유주의로의 이행을 초래한 또 다른 결정적인 외부의 힘이었다. 한국의 발전국가에 의한 기간산업의 보호 등 산업구조 및 경제활동에의 개입은 단순히 수출주도형 산업화의 성공만을 위한 것이 아니라 냉전체제하의 남북 대치 상황에서 경제적 우위를 점하기 위한 전략으로 이해된다. 사실 한국을 비롯해 일본, 타이완과 같은 국가들의 발전주의적 정책들은 경제적 민족주의를 내재하고 있으며, 이는 동북아시아에 구축되어 있었던 과거 구소련 및 중국, 북한 등 공산권과의 정치적·군사적·이데올로기적 전선의 대치 상황에서 경제적 우위를 확보해야 한다는 점에서 지지되었다(양재진, 2005; Cumings, 1987). 즉 이러한 대치 상황은 방어적 보호주의를 통해 국가적 이해관계를 극대화시킨다는 지정학적 이점을 이데올로기적으로 활용할 수 있도록 했다. 한국에서 경제 발전의 이데올로기는 이러한 점에서 반공 이데올로기와 내면적으로 상호 연계되어 있었다. 그러나 구소련의 해체와 동구 사회주의 국가들의 민주화 이후 탈냉전체제에서 이러한 유형의 지정학적 이점은 사라지게 되었고, 한때 이 전선의 최첨단에 위치해 있었던 국가들도 서구 선진국들로부터 정치적으로뿐만 아니라 경제적으로도 더 이상 보호받을 명분을 잃게 되었으며, 보다 적극적으로 자본주의 세계화 과정에 적합한 세계적 표준의 적용을 요구받게 되었다.

다른 한편, 신자유주의적 입장에서 한국의 상황을 검토해보면, 근대사에서 부르주아적 혁명의 경험 없이 권위주의적 정부에 의해 추동된 자본주의적 산업화는 기본적으로 합리화된 시장경제의 발달을 필수적으로 요청하는 것으로 가정된다. 한국은 1980년대 말까지는 이러한 신자유주의의 요청에 부응할 수 없었다. 즉, 수출주도형 경제체제는 한국의 총량적 경제성장을 가능하게 했다고 할지라도, 내수시장의 성장과 이를 규제하는 메커니즘의 발전을 지연시켰다. 사실 한국 경제는 1970년대 중반 이후 중화학공업을 중심으로 한 포드주의적 축적체제를 발전시켰다고 할지라도, 이는 기본적으로 해외로부터 도입된 자본과 원료 및 기술에 의한 대량 생산과 이를 통해 생산된 제품들의 해외 수출을 전제로 한 것이었다. 이에 따라 해외 수출을 전제로 한 제품들의 생산뿐만 아니라 해외 자본과 기술의 도입에 따른 이자나 로열티의 해외 송금으로 인해 한국은 국내 시장이 형성될 수 있는 여건을 갖추지 못했다. 1980년대 말에 이러한 상황이 극복되면서 한국 경제는 국내시장의 확충을 통해 대량생산-대량소비가 조응하는 포드주의적 축적체제를 성숙시키며 주변부 포드주의의 성격을 벗어나게 되었다.

사실 1980년대 말은 한국 사회의 경제적·정치적·사회적 발전의 중요한 계기라고 할 수 있다. 한국은 1980년대 후반 3저 호황에 따른 수출의 확대로 생산성을 급속히 증대시키게 되었지만 이에 뒤이은 선진국의 관세장벽 등으로 인해 수출이 둔화되면서 엄청난 유휴자본이 형성되었고, 이러한 자본들은 한편으로 부동산시장에 투입되어 부동산 가격을 폭등시키기도 했다. 그러나 다른 한편 이 시기에 동반된 민주화운동은 권위주의적 정부의 붕괴와 민주화를 위한 전망을 가져왔을 뿐만 아니라 광범위한 노동운동을 통한 실질임금의 상승도 가져왔다. 이러한 임금 상승은 소비자들의 구매력을 증대시켜 국내 시장의 확충에 따른 대량생산-대량소비의 조응을 가능하게 함으로써 포드주의적 축적체계를 성숙시켰다. 이러한 과정에서 팽창한 내수시장은 시장지향적 신자유주의의 도래를 위한 결정적인 여건을 만들어냈다고 할 수 있다. 그러나 1980년대 후반 내수시장의 확충은 양적 팽창이었고, 이에 따라 시장 메커니즘이 질적으로 성숙했는가는 또 다른 문제라고 할 수 있다.[3] 사실 한편으로 권위주의적 독재정권의 후퇴와 다른 한편으로 시민사회의 미성숙은 시장이 국가의 통제로부터 벗어나 무정부적인 상태로 방치되거나 또는 영향력을 급속하게 확대한 독점자본들에 의해 지배되는 상황으로 몰고 갔다.

이상에서 제시된 주장, 즉 한국 사회에서 포드주의적 축적체제의 성숙에 따라 신자유주의가 도입될 수 있는 계기가 되었다는 주장은 서구 선진국들

---

[3] 뿐만 아니라 이러한 포드주의적 축적체제의 발전 과정은 기본적으로 본사와 분공장 기능의 공간적 분리를 가능하게 했는데, 본사는 금융, 권력, 정보에 접근이 용이한 핵심도시(서울)로 집중하는 한편, 분공장들은 상대적으로 저렴한 노동력과 토지 및 수자원을 확보할 수 있는 지방 공업도시들에 입지하도록 함으로써 지역 불균등 발전을 심화시켰다.

의 상황과는 상반되는 것처럼 보인다. 서구 선진 자본주의 경제는 기본적으로 1970년대 포드주의 축적체제의 경직성에 따른 경제 침체를 극복하기 위한 전략으로 신자유주의로 전환하게 되었다고 할 수 있다. 즉 신자유주의는 대처 정권 시절의 경험에 의해 형성된 위기 극복 전략의 정치적 요체로서 제시된 것이다. 그러나 한국에서 신자유주의의 도래를 위한 결정적 조건은 국내 시장의 팽창과 합리화 과정을 동반한 포드주의적 경제 발전에 의해 형성되었다고 할 수 있다. 이러한 두 주장은 조절이론의 입장에서 설명되는 경제 발전의 서로 다른 단계에서 신자유주의의 도래를 강조하고 있지만, 실제 각 주장이 강조하고자 하는 상황은 국가 개입의 상대적 축소와 시장 규제의 완화라는 공통점을 가지며, 따라서 실제로는 상반된 주장이라고 할 수 없다.[4]

그러나 서구 선진 자본주의 국가들에서 탈포드주의적 축적체제로의 전환 과정 중 등장한 신자유주의와 한국의 포드주의적 축적체제의 성숙에 따른 신자유주의 여건의 성숙이 최소한 명목상 국가 개입의 축소와 시장지향적 탈규제 정책이라는 점에서 공통점을 가진다고 할지라도, 시민사회의 미성숙과 복지제도의 미흡에서는 큰 차이점들을 가지고 있었다. 이에 따라 서구 선진국들에서는 신자유주의의 등장과 더불어 케인스적 복지국가의 성격을 제거 또는 축소하고자 했지만, 1980년대 후반과 1990년대 전반에 집권한 노태우, 김영삼 대통령과 그 행정부는 명목상으로라도 사회 민주화와 복지에 대해 최소한의 관심을 기울였다. 이러한 점은 노태우 대통령의 취임사에서 "새 정부는 바로 국민이 주인이 된 국민의 정부임을 선언"하고, "그동안 이룩한 고도성장의 열매가 골고루 미치는 정직하고 정의로운 분배를 실현"할 것을 약속했다는 사실에서도 알 수 있다. 이러한 점에서 "이 당시 권력을 잡게 된 노태우 정부는 재벌과의 협력 관계를 유지하면서, 공적 지지를 호소하기 위

---

4   이 점에서 신자유주의는 매우 상이한 경제 발전 상황에서도 도입될 수 있다. Harvey(2005)에 의하면 1970년대 말은 영국이나 미국뿐만 아니라 중국에서도 덩샤오핑의 주도하에 '중국식' 신자유주의가 시발되었다고 주장한다.

해 다양한 복지 지향적 정책들을 시도했다"고 할 수 있다(Kim, 1999).

신군부세력의 연장선상에 있었던 노태우 정부가 민주화와 복지 향상에 기여했는가에 대해서는 매우 부정적이지만, 분명한 점은 정권의 권위가 현저히 축소되었고, 국가의 기능이 약화되었다는 것이다. 노태우 정권의 허약성은 출범부터 내재된 것이었지만, 이로 인한 국민들의 냉소주의와 탈정치화는 국가 기능에 대한 기대를 상실하도록 했다. 이로 인해 근대 정치사에서 처음으로 여소야대의 구도가 형성되었으나, 3당 합당으로 인해 김영삼 대통령을 중심으로 한 보수주의 정권이 재창출되었다. 김영삼 정부는 출범 초기에 '작은 정부'를 내세우고, 국가 기능의 축소를 위한 행정 개혁을 추진했으며, 본격적인 지방자치선거를 도입해 지방분권을 제도화하고자 했다. 그러나 이러한 행정 개혁은 1995년 지방자치제도의 실시와 더불어 오히려 행정 기능이 확대되고(예를 들어 지방공무원 수는 크게 늘어 총 공무원 수가 이전 정부보다 4.7만 명 증가했다) 중앙 정치권력의 지방정치 지배 구조를 공고히 하는 결과를 초래했다.

한국에서 신자유주의는 김영삼 대통령의 문민정부에 들어와서 명시적으로 추진되었다. 김영삼 정부의 신자유주의는 기본적으로 세계화 전략, 즉 '세계시장으로 나아가자'는 경제적 민족주의에 기초한 것으로, 탈국가, 탈민족, 탈영토의 추세와는 대조적으로 국제시장에 더 많이 수출하기 위한 국가경쟁력 강화를 목표로 했다. 즉 김영삼 정부의 전략은 과거 1960~1970년대 정부 정책들과 같은 맥락에서 공격적 수출을 통한 경제성장을 추동하는 것이었다. 이러한 세계화 전략은 그러나 점차 신자유주의의 성격을 띠게 되었다. 자본의 국제경쟁력 강화 논리는 국내 노동에 대한 통제와 더불어 탈규제 및 민영화 정책으로 이어졌다. 경제성장을 위한 노동의 고통 분담이 강조되면서, 임금 가이드라인 제시라는 임금 억제정책을 '사회적 합의'라는 명분으로 치장해 강행하고자 했다. 또한 작은 정부의 실현과 경제적 효율성 제고를 명분으로 정부투자기관, 정부출자기관 및 그 자회사들을 포함한 61개 공기업들에 대한 민영화 계획을 수립·추진했다. 뒤이어 WTO체제의 출범과 OECD 가입 신청으로 김영삼 정부의 신자유주의적 지향은 가속화되었다.

이러한 점에서 "김영삼 정부의 세계화 선언은 바로 서구의 신자유주의적 흐름에 대한 '세계적 동참'을 의미한다. 김영삼 정부는 그 세계적 동참을 안정적으로 수행하기 위해서 자본 우위의 계급 관계를 '확실히' 정착시키는 집권 후반기의 '문민정부 개혁'을 추진"했다. 뿐만 아니라 이러한 김영삼 정부의 자발적인 신자유주의화를 위한 탈규제 정책들은 시장(기업 또는 자본)에 대한 통제 불능과 더불어 국내 시장(상품시장뿐만 아니라 외환시장까지)을 다국적 자본, 특히 국제적 투기자본들의 공격에 무방비 상태로 노출시키는 결과를 초래해, 임기 말기에는 결국 외환위기를 초래하게 되었다. 이러한 점에서 1980년대 후반 한국 사회에 도래해 1997년 외환위기가 발생하게 된 시점까지, 신자유주의의 첫 번째 국면은 선진 강대국들의 직접적인 강제 없이 경제발전을 목표로 한 탈규제, 민영화, 시장 개방 확대 등의 전략에 따라 자발적으로 추진되었다고 할 수 있다. 물론 기존의 발전국가의 성격은 완전히 포기된 것은 아니라고 할지라도 축소 지향적이었으며 국내 정치의 민주화(즉 탈권위주의화) 과정과 맞물려 있었다고 할 수 있다. 즉 우리나라에서 신자유주의화의 첫 번째 국면은 탈권위주의적 발전주의와 자발적 신자유주의화의 결합 형태로 이루어져 있었다고 할 수 있다.

이러한 국가 성격의 변화가 현실 정책들, 특히 공간정책들에 어느 정도 반영되었는가는 보다 면밀하게 검토해보아야 할 문제이다. 우선 노태우 정부의 경우 주요 공간정책으로는, 대통령의 선거공약으로 주택 200만 호 건설 계획을 제시했고, 수도권 5대 신도시 건설을 추진했으며, 다른 한편으로 부동산 투기 대책으로 '토지공개념'을 반영한 토지정책을 시행했다는 점을 들 수 있다. 이러한 주택·토지정책은 기본적으로 도시인들을 위한 주택 공급과 이로 인해 발생하는 지가 폭등 및 투기 문제를 잡기 위한 것이었다고 하겠지만, 이러한 정책은 경제 메커니즘과 밀접한 내재적 관계를 가지고 있었다.

즉 수도권 5대 신도시를 포함한 주택 200만 호 건설계획의 추진은 한편으로 건설자본의 투자 및 이윤 확보 기회를 제공하기 위해서 주택시장에 개입해 활성화시키는 것이라고 할 수 있다. 그리고 토지정책에 공개념을 도입한 것은 과열된 토지시장을 안정화시키고, 특히 개인이나 기업의 투기를 억제함으로써 유휴자본을 생산 부문으로 전환하기 위해 정부의 의도를 반영한 것이라고 할 수 있다. 이러한 점에서 이 시기 주택·토지정책은 주택 및 토지의 수급과 가격 결정을 단순히 이들의 시장에 의존하는 신자유주의적 정책이 아니라 국가가 개별 자본들의 단기적 이해관계를 능가하여 시장의 활성화 및 합리화를 위해 시장에 개입하는 발전주의적 특성을 보여준 것이라고 할 수 있다.

그러나 전반적으로 이 시기 정부의 공간정책은 그렇게 활성화되지 못했다. 노태우 정부는 제2차 국토종합개발계획 수정을 통해 전두환 정권에서 설정한 개발 전략 및 정책을 수정하여, 기존의 지역 생활권에 기초한 국토 다핵구조 형성에서 국토균형발전을 위한 광역권 개발계획으로 전환하게 되었다. 또한 1992년 제3차 국토종합개발계획을 수립해 '지방 분산형 국토 골격의 형성', '자원 절약적 국토체계 확립', '국민 복지 향상과 환경보전', '남북 통일에 대비한 국토 기반 형성' 등을 기본 목표로 설정했다. 그러나 이 시기 제2차 수정계획과 제3차 국토종합개발계획은 실효성 있게 시행되지 않았고, 대체로 백지계획에 불과했다. 물론 이 시기 국토종합개발계획 외에도 노태우 정부는 서해안 개발 및 '제주도 개발 특별법'에 의한 개발 촉진 프로젝트들을 수행하고자 했다. 그리고 김영삼 정부는 수도권 개발 억제를 위해 공장총량제 및 과밀부담금제의 도입 등 강력한 규제정책을 추진하는 한편, 개발촉진지구 도입 및 준농림지 개발 허용 등 규제 완화로 선회함으로써 수도권 내 공장 및 주택 건설의 가속화를 초래했다. 이러한 점들로 보면, 이 시기의 공간정책은 과거 발전주의적 개발정책의 권위적 추진에서, 개발을 위한 직접적 개입보다는 탈규제를 통한 개발의 유도라는 신자유주의적 공간정책으로 점차 전환하게 되었다고 할 수 있다.

5. 신자유주의의 두 번째 국면으로의 이행과 공간정책

1997년 한국에서 경제위기가 왜 발생했는가의 문제는 여전히 논란거리이지만, 분명한 점은 김영삼 정부의 지나친 세계화 전략과 방만한 탈규제 정책의 시도에 뒤따라 발생했다는 사실이다. 신자유주의화의 가장 심각한 결과들 가운데 하나는 국내외 은행으로부터 자본의 과잉 도입과 이에 따라 생산영역에 경쟁적 중복 투자가 이루어졌다는 점이다. 이 점은 국제적 투기자본들에게 불안정한 외환시장을 공격할 수 있는 기회를 제공했다. 한국 원화의 환율은 1987년 10월 1달러당 918원이었으나 1998년 1월에는 1709원으로 두 달 사이에 배 이상 치솟았다. 기업들은 자산 대비 부채 비율이 400~700%에 달할 정도로 불안정하고 과열된 경기를 수반하는 거품경제를 초래했다는 점이 밝혀졌다. 이러한 사실은 한국의 기업들이 부실한 경영으로 외부에서 감당하기 어려운 부채(특히 단기 부채)를 끌어들여서 방만하게 과잉투자를 했으며, 정부는 신자유주의적 탈규제 정책으로 이를 부추기거나 방치했기 때문에 경제위기가 초래되었음을 인식하도록 했다. 이러한 위기 상황에서 대기업뿐만 아니라 중소기업들도 조직 규모 축소 또는 재구조화를 통해 자본의 유동성을 확보하고자 함에 따라 고용 감축, 임금 인하가 뒤따랐다. 실업률은 급증해 실업자 수가 1998년 155.7만 명에 달하게 되었고, 임금 하락으로 소비가 위축되면서 금융위기는 경제 전반으로 확산되었다.

물론 당시의 경제위기는 한국에만 국한된 것이 아니라 태국과 인도네시아등 동아시아 국가들 대부분에서 발생했다는 점에서 동아시아 지역경제의 문제 그리고 세계적 자본주의 경제 발전 과정에서의 문제 등이 작용했다고 할 수 있다(〈그림 10-3〉 참조; 최병두, 1999). 특히 자본시장의 신자유주의적 개방

그림 10-3 **1997년 경제위기와 강제된 신자유주의화**

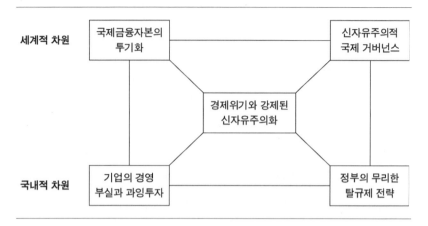

과 관련해서 미국에 근거를 둔 펀드형 금융자본의 투기화가 촉진되었다. 이
들은 대체로 단기채권 형태로 동아시아 국가들에 유입되었고, 위기 조짐이
일자 급속히 빠져나가면서 공략했던 국가의 외환 및 금융시장을 교란시켰
다. 이 상황에서 미국의 통제하에 신자유주의적 국제 거버넌스를 구축하고
있던 국제통화기금이 위기에 봉착한 국가에게 최소한의 구제 금융을 지원하
면서, 국가의 거시경제정책에 개입해 탈규제와 민영화, 시장 개방 등의 신자
유주의적 정책의 확대를 요구했다. 이러한 과정이 전개되는 사이 투기적 국
제금융자본은 엄청난 환차익을 얻었을 뿐만 아니라 거품의 붕괴로 폭락한
주식시장을 공략하거나 부실 경영과 유동성 부족으로 위기에 처한 기업들을
대상으로 적대적 합병을 함으로써 엄청난 자산 이득을 거두어갔다.

　이러한 위기로 인해 동아시아 경제는 '얼어붙은 기적' 또는 '기적의 붕괴'라
고 비난받았다. 이러한 용어들로 동아시아 위기를 서술한 학자나 국제기관
들은 동아시아 국가들이 시장 메커니즘에 의한 효율성-추동 성장이 아니라
발전국가에 의한 투입-추동적 성장임을 지적하면서, 이로 인해 부실한 경제
구조, 과잉 해외부채, 외환시장의 관리 미흡, 그리고 금융제도의 미발달 등

이 위기를 초래했다고 주장한다. 대부분의 기업들, 특히 재벌기업들은 국가의 특혜적 보호하에서 급속히 성장했으며, 이 과정에서 정경유착이 심화되었다고 지적하고, 따라서 더 이상의 국가 개입 없이 경제가 자기 관리 체계를 갖추도록 할 필요가 있다고 제안했다. 이러한 제안들은 궁극적으로 경제회복을 위해 신자유주의 프로그램의 도입을 노골적 또는 암묵적으로 강제하는 것이었다.

경제위기 상황에서 한국은 신자유주의적 개혁 프로그램을 요구하는 IMF의 구제금융을 회피할 수 없었다. 이러한 프로그램은 국가 장치의 축소, 긴축재정, 공공서비스의 축소와 정치행정적 개혁, 그리고 대규모 독점기업들의 해체, 경제 재구조화, 그리고 기업의 투명하고 합리적인 경영 등 경제적 개혁을 요구했다. IMF가 제시한 이러한 신자유주의적 처방은 결국 경제 보호를 위한 국가 개입을 제거하고, 단기자본의 유출에 따라 파산 직전에 처한 경제를 세계적 자본의 유치를 자유화하도록 강제하는 것이었다. 이러한 신자유주의적 처방과 정책은 경제위기를 흡수할 수 있는 가능성이 있는 것처럼 보였다. 심지어 국가의 산업정책과 시장 개입을 옹호했던 국가주의적 입장의 진보적인 학자들조차 처음에는 재벌 해체와 투명 경영 등과 같은 경제 합리화 정책을 환영하기도 했지만, 기본적으로 이 시기의 신자유주의화는 '종속적 신자유주의의 모험'으로 성격을 지을 수 있다(이병천, 1999).

그러나 이러한 전반적인 반국가주의적 처방은 한국에서 발전국가의 역할을 완전히 대체한 것처럼 보이지는 않는다. 세계 자본주의 체제가 서구 선진국들에서 1990년대 경제 침체 이후 신자유주의적 경향을 강화시킨 것처럼, 한국의 자본주의 경제도 1997년 경제위기 이후 강하게 신자유주의화된 것은 사실이다. 즉 "신자유주의는 매우 강건하기 때문에 1990년대 초 영미의 경제 침체 또는 1990년대 후반 아시아의 위기에 의해 해체되지 않았다. 이러한 경제위기는 신자유주의의 발전적 전환에 중요한 계기가 되었음을 입증했다". 달리 말해, 신자유주의는 경제위기 과정에서 '자기 발전적 전환' ─ 즉 퇴

행적(roll-back) 신자유주의에서 공격적(roll-out) 신자유주의로의 전환 — 을 통해
더욱 강건해졌다고 할 수 있다. 그러나 이 점에서 동아시아의 발전국가들이
국내경제의 통제를 포기한 것으로 결론 내릴 수는 없다. 즉 "본연적으로 경
쟁력이 국가의 후퇴에 의해 자발적으로 '자유화된' 시기라고 볼 수 없다. 오
히려 신자유주의의 주도권은 시장의 정치적 구축과 연계해, 여태까지 비교
적 사회화된 영역들까지도 경쟁의 논리와 민영화 관리의 확장과 결합되어
있다"라고 주장된다(Peck and Tickell, 2002: 48. 또한 Yeung, 2000 참조).

　사실 김대중 대통령의 국민의 정부와 노무현 대통령의 참여정부의 경우,
경제위기 또는 경제 침체를 극복하기 위해 적극적으로 시장에 개입하고자
했다는 점은 여러 정책 사례들에서 찾아볼 수 있다. 김대중 대통령의 당선과
국민의 정부 출범(1998~2003)은 부분적으로 한국 사회의 전통적 지역주의로
설명될 수 있지만, 또한 당면한 경제위기를 극복할 능력에 대한 국민적 신뢰
에도 일부 기인한다고 할 수 있다. 그러나 김대중 정부는 처음부터 신자유주
의적 국제기관들로부터 시장지향적 정책들을 강하게 요구받았다. 이로 인해
국민의 정부 아래서 대부분의 정책들은 시장경제의 합리화 및 경제활동에
대한 여러 제도적 규제의 완화 또는 제거를 동반하는 신자유주의적 성격을
가지고 있었다. 위기에 빠진 경제를 구하기 위한 주요 정책들은 국내 기업에
대해 조직 규모와 부채 비율의 축소 등과 투명하고 공개적인 경영을 요구하
는 한편, 외국 기업들에 대해서는 경제활동을 최대한 보장할 수 있는 다양한
조건들(국제 투자자 유도 시 건설 및 부동산 취득 허용 등)을 제공했다. 결과적으
로 일부 거시적 지표에서 한국 경제는 1998년 후반 최악의 수준을 겪은 후
점차 회복하게 되었다.

　그 이후 한국 경제는 위기 국면으로부터 완전히 회복되었는가에 대한 질
문은 일단 제쳐놓고, 또 다른 중요한 의문이 제기된다. 즉 한국 사회는 심각
한 경제위기와 이를 회복하기 위한 국제통화기금 등의 신자유주의적 처방
등을 계기로 발전주의를 완전히 포기하게 되었는가? 1987년 민주화운동이

전반적으로 확산되는 1990년대를 거치면서 한국 사회가 과거의 권위주의적 정권을 탈피하게 되었다는 점에는 대체로 합의할 수 있을 것이다. 국가의 의사 결정 과정은 점차 탈중심화되었고, 한편으로 시민사회의 참여가 확대되는가 하면 다른 한편으로는 1990년대 초반 지방자치제가 본격적으로 시행되면서 지방의 목소리도 점차 커지게 되었다.[5] 그러나 경제위기를 극복하기 위한 주요 정책들은 기업들이 자발적으로 추동하거나 시민사회의 요구에 의해 이루어진 것이 아니라, 국가와 관료들에 의해 시행된 것이다. 즉 국제적 신자유주의 기관들은 시장의 이데올로기를 강조하고 시장지향적 정책들을 강력히 요구했지만, 한국의 경제는 시장 메커니즘에 대한 국가의 개입 없이는 위기를 극복할 수 없었을 것이다. 즉 "자유시장의 이론적 및 실행적 논리로서 신자유주의는 그 자체로서 비논리적임을 드러내게 되었다. 신자유주의는 그 자신의 존재 조건을 창출하기 위해 정치적 담론을 통해 신비화되고 침투를 했다"(Yeung, 2000).

신자유주의 정책의 전략적 시행은 노무현 대통령의 참여정부(2003~2008)에서도 계속되고 있다. 노무현 대통령은 기존의 어떠한 보수적 헤게모니 집단과의 연대 없이 선출되었지만, 그는 진정한 민주적 개혁을 추구하기 위한 정치적 리더십을 발휘하지는 못했다. 그의 진보적 지지자들의 기대와는 달리, 노무현 정부의 행정 관료들은 여전히 민간기업의 구조조정과 공기업의 민영화 그리고 비정규직 노동에 대한 통제 등에 있어 신자유주의적 정책들을 시행하거나 심지어 강화하는 경향을 보이고 있다. 신자유주의적 세계화를 배경으로 이루어지는 산업구조 조정과 노동 통제는 상대적으로 높은 실업의 지속과 비정규 노동의 일반화를 초래하면서 새로운 도시빈곤으로서 근

---

5 그러나 실제 자유주의에서 신자유주의로의 전환으로 '민주주의'는 오히려 축소되고, '국가 물신(성)'은 오히려 심화되었다고 주장되기도 한다(이광일, 2003 참조). 지역정치의 차원에서도, 실제 지방자치제는 지방의 정치를 중앙 권력에 예속되도록 했고, 정치화된 지역감정으로 왜곡되게 했다고도 할 수 있다.

로 빈곤층을 만들어냈다. 물론 이러한 상황에서 다소 진보적이고 민주적 성향을 가진 김대중 정부와 노무현 정부는 공통적으로 복지에 대해 많은 관심을 가지고 사회안전망 확충을 위한 국민기초생활 보장제도와 다양한 자활사업 지원제도, 그리고 근로장려제 및 우리사주제 등 새로운 복지제도들을 도입하고자 했다. 그러나 이러한 복지제도들은 확대되는 양극화 현상에 필적하기에는 매우 미흡했을 뿐만 아니라, 이른바 '생산적 복지'라는 명분으로 복지를 노동력의 재생산과 관련지음으로써 복지를 생산의 하위 범주로 간주하는 경향을 보이게 되었다.

이 시기의 국토 및 도시 공간정책들은 그 이전 시기(즉 신자유주의 첫단계)보다 더 적극적으로 추진되고 있다고 할 수 있다. 김대중 정부는 김영삼 정부에 이어 국토종합계획(제3차)에 큰 관심을 가지지 않았지만, 국토균형발전정책 및 지역산업 육성정책들을 입안해 시행의 초기 단계까지 감으로써, 그 다음을 이은 노무현 정부에서 보다 적극적으로 국가균형발전 정책과 지역혁신체제 육성정책 등을 시행하도록 했다. 김대중 정부에서 추진된 공간정책은 기본적으로 '신자유주의'를 반영한 것이었다. 즉 "국민의 정부 …… 하에서 채택된 공간환경 정책은 그 이념 면에서 신자유주의를 표방하고 있다. 이는 우선 정권 출범 당시 채택했던 '민주주의와 시장'의 이념을 반영하는 것이지만, 보다 중요하게는 (김대중) 정부하의 구조조정이 신자유주의의 지구화에 종속적으로 편입되는 과정에서 강제되었던 '종속적 신자유주의'가 공간환경 정책 부문에 투영된 결과라 할 수 있다"(조명래, 2002: 4).

사실 김대중 정부는 그 초기에 경제위기를 극복하기 위한 정책의 일환으로 토지 거래 규제를 철폐했을 뿐만 아니라, 노태우 정부에서 명목상 도입된 토지공개념 관련 3개 법(택지소유상한제, 개발부담금제, 토지초과이득세)을 폐지하거나 유보했다. 또한 토지 관련 세제를 조정하면서 양도소득세 과표 현실화 및 실거래가 등기 등 거래의 투명성을 확보하기 위한 조치를 취하긴 했으나, 기업의 비업무용 토지에 대한 중과세를 유예했고, 수도권 지역의 민영

아파트 분양가 자율화, 아파트 전매 제한 폐지 등을 시행함으로써 참여정부에서 아파트 가격이 폭등할 수 있는 빌미를 제공하기도 했다. 그 이후에도 김대중 정부는 고밀도 고층 아파트 재개발을 위한 건축 규제 완화, 신규 개발 사업을 위한 도시 주변 준농림지 개발 허용 등 도시환경에 심대한 영향을 미칠 수 있는 탈규제 정책들을 시행했다. 이러한 탈규제 정책들 가운데 가장 전형적인 것이 개발제한구역의 해제 또는 완화 결정으로, 이러한 결정은 시장주의자들의 주장이 강하게 반영된 것이었다.[6] 또한 김대중 정부는 거대한 공기업이나 국가 자산의 민영화를 지속적으로 추진하면서, 대형 개발 사업들도 대부분 민간 자본 또는 민-관 파트너십으로 추진되었다.

노무현 대통령의 참여정부는 보다 명시적으로 국토 및 도시 공간정책을 수행하고 있다는 점에서 발전주의를 되살려놓은 것처럼 보일 정도이다. 그러나 과거의 발전주의가 기본적으로 권위주의적 의사 결정을 통해 입안·시행되었다면, 참여정부에서의 공간정책은 도시 시민이나 지역 주민들의 의견과 이해관계를 어느 정도 반영하고자 했다는 점에서 '신'발전주의라고 칭해지기도 한다. 참여정부의 공간정책은 기본적으로 수도권의 과잉 집중과 가용 토지 부족이라는 두 가지 전제에서 출발하며, 이들은 각각 국가 균형발전의 논리와 토지이용의 탈규제 논리로 이어진다(변창흠, 2005). 국가 균형발전의 논리(또는 패러다임)는 수도권의 과밀로 인한 불이익을 해소하고 지방의 균형발전을 추진함을 명분으로 하지만, 내용상으로는 지리적 자원 이용의 극대화와 수도권 과밀에 따른 기존의 규제를 완화할 수 있는 조건의 창출 등

---

6 시장주의자들의 입장에서 보면 개발제한구역의 설정으로 인한 토지 거래 및 이용 제한은 토지의 사적 소유와 이용을 규제하는 것일 뿐만 아니라, 도시 전체로 보면 토지공급시장에 제약을 가함으로써 토지 가격의 폭등을 초래하는 원인으로 간주된다. 뿐만 아니라 시장론자들에 의하면 "시장에 맡기면 그린벨트는 토지 상품의 가치에 따라 보존되어야 할 땅은 보전적 가치로 거래되어서 보존이 보다 용이하게 될 것이며, 개발될 가치를 갖고 있는 땅은 이용 가치를 높이는 방식으로 이용하게 할 때 보전과 이용의 극한 대립장이 되는 그린벨트가 적절하게 관리될 수 있다고 한다"(조명래, 2002: 7).

을 함의하고 있다. 특히 후자의 논리는 전형적으로 토지의 절대적·상대적 부족을 명분으로 토지 규제를 완화하고자 하는 신자유주의적 논리로 이어질 수 있다.

이러한 국가 균형발전을 명분으로 참여정부에서 추진하고 있는 국토 및 도시 공간 정책들은 실제 상당히 신자유주의적 성향을 내포하고 있다. 수도 기능의 일부를 옮겨가지 위한 행정중심복합도시의 건설과 수도권에 입지한 공공기관들의 지방 이전을 위한 혁신도시 건설계획은 신자유주의적 정책이라기보다는 국토균형발전 자체를 우선한 정책이라고 할 수 있다. 그리고 정부기관과 민간 자본 및 대학과 연구소들 간 네트워크 강화를 통한 지역 혁신 체계의 구축을 전제로 하는 지역 혁신 개발 전략이 신자유주의적인가의 여부를 판단하기에는 아직 이르다. 그러나 참여정부의 또 다른 공간정책들, 예로 기업도시 건설계획 및 경제자유지구 개발계획은 매우 신자유주의적 성향을 내포하고 있다. 기업도시 건설계획이 낙후 지역의 개발을 촉진해 국가 균형발전에 기여하도록 한다는 점에서 의의를 가진다고 할지라도, 기업도시 건설계획은 기본적으로 조세 감면과 탈규제 행정 지원(예로 환경규제 완화) 등을 통해 '기업하기 좋은 도시'를 건설하고자 한다. 이러한 기업도시의 건설은 과거 신도시 개발에서 보여준 정부 주도적 프로그램에 의한 것이 아니라 완전히 민간기업의 주도하에서 건설될 예정이다. 자유경제지구(FEZs) 건설계획은 해외 자본의 직접투자를 유치해 동북아의 금융·물류·경영의 허브 구축을 목적으로 하고 있으며, 이곳에 입지한 외국 기업들과 노동자들은 조세 감면, 노동의 유연성, 외국어 서비스, 외국계 대학 및 의료 서비스 등을 받을 것으로 계획되고 있다. 이러한 자유경제지구 건설계획은 신자유주의적 세계화에 부응하기 위한 전형적인 프로젝트라고 할 수 있다.[7]

---

7 경제자유구역 건설계획과 관련해, 재정경제부 경제자유구역기획단장의 발언은 매우 시사적이다. "홍콩과 싱가포르 같은 도시국가와는 달리, 한국은 큰 영토와 경제를 가진 국가로, 전국적(신자유주의적) 개혁이 항상 쉽지 않다. 따라서 경제자유구역은 전국의 부분적 개혁을

표 10-2 **노무현(참여)정부의 국가균형발전의 패러다임**

	기존 패러다임	새로운 패러다임
발전 목표	총량적 성장	균형 성장
추진 주체	중앙정부 주도	지방정부 주도
추진 전략	수도권 규제 강화 (zero-sum strategy)	수도권-지방의 상생발전 (win-win strategy)
주요 정책	SOC 등 물리적 인프라 확충	지역혁신체계 구축을 통한 지방의 자생력 강화
추진 방식	단편적·분산적 추진 (법, 제도적 기반 미비)	종합적이고 일관된 추진 (특별법, 특별회계 신설)

자료: 국가균형발전위원회, 강현수(2005)에서 재인용.

노무현 정부하에서 추진된 이러한 정책들의 입안과 시행 과정은 상당히 탈권위적이고 시민사회가 자발적으로 참여하는 거버넌스 체제의 구축을 통해 추진될 수 있는 새로운 단초를 제공했다고 할 수 있다(〈표 10-2〉 참조). 그러나 이러한 거버넌스 체제의 구축과 이를 통한 사업의 시행이 실질적으로 민주화의 진전으로 이루어진 것인가 또는 신자유주의에 함의되어 있는 국가 개입의 축소와 명목적 분권화에 기인한 것인가에 대해서는 아직 판단하기가 쉽지 않다. 그러나 분명한 점은 노무현 정부에 의해 추진되었던 다양한 유형의 국토 및 도시 공간개발 정책들은 국토 전체에 걸쳐 국가주도적으로 새로운 개발 붐을 유발하면서 '신개발주의' 또는 '토건주의'라는 명칭을 얻게 되었다는 점이다. 위에서 논의한 직접적 개발정책들 외에도, 노무현 정부의 부동산정책은 많은 비판의 대상이 되었다. 즉 2000년대 중반 서울을 중심으로 수도권 지역에서 도시 재개발·재건축 사업과 뉴타운 개발 사업과 이를 법적으로 뒷받침했던 '도시 저소득 주민의 주거환경 개선을 위한 임시조치법'의 일부 내용과 더불어 부동산자본의 금융화를 촉진하는 정책 등은 의사결정 과정 및 이해관계의 배분에서 세입자 등 원주민들의 참여를 배제했을 뿐만 아

위한 한국적 대책이다. 우선 경제자유구역에서 뿌리를 내리고, 전국의 여타 지역으로 …….""

니라 전반적으로 주택 및 토지 가격의 폭등을 초래했다는 점이 지적된다.

이명박 정부에 들어와서 정권의 성격은 완전히 변하게 되었다. 김대중-노무현 정부의 연성적(상대적으로 민주적인) 통치 레짐과는 달리, 이명박 정부는 군부정권에 버금갈 정도로 경성적인 권위주의에 바탕을 두고 강력한 보수적 신자유주의화를 추진하였다. 이에 따라 국토 및 도시 개발 계획도 이데올로기적으로 뿐만 아니라 실질적으로 상당한 변화를 보였다. '균형'이나 '혁신'이라는 개념은 최소한 외형적으로 사라지고, 대신 '신성장', '동력 또는 선도산업', '녹색성장' 등과 같이 성장 중심의 경쟁력 강화에 관심의 초점이 모아졌다. 구체적인 전략으로 '5+2 광역경제권' 개발 계획이 입안되었고, 신성장 거점 및 교통물류 인프라 확충, 권역별 선도산업 지원, 국가산업단지 신규 지정 및 토지이용 규제 합리화 등이 계획되었다. 특히 신성장산업의 일환으로 '녹색성장'산업이 강조되면서 4대강 사업과 더불어 '녹색도시' 조성사업이 부각되고 있다. 그러나 이러한 이명박 정부의 국토 및 도시 정책은 기본적으로 신자유주의적 성장산업을 중심으로 국가 및 지역 경쟁력의 강화를 목적으로 하고 있으며, 이의 시행 과정에 있어서도 국가(중앙정부)가 직접 개입하여 지자체들 간 경쟁을 전제로 사업을 할당하고자 한다.

이명박 정부에 의해 추진되고 있는 국토 및 도시 정책은 노무현 정부와 비교하여 상당한 차이를 보이면서(표 〈10-3〉 참조), 이러한 차이는 기본적으로 각 정부를 주도하는 세력의 정책기조 또는 정치적 성향에 근거한다. 즉 이명박 정부는 한편으로 명시적 또는 노골적으로 시장의 논리에 근거한 경쟁과 성장을 강조하는 신자유주의적 정책기조를 강조하면서, 다른 한편으로 중앙정부의 강력한 개입과 경쟁에 기초한 지자체들 간 사업 및 재정 할당을 통해 국토 및 도시 정책을 주도하고자 한다. 이명박 정부의 이러한 정책에 대해 평가는 상당히 긍정적인 평가(예로, 이양수, 2009)에서부터 매우 부정적인 평가에 이르기까지 다양하게 이루어질 수 있지만, 분명한 사실은 4대강 사업이나 녹색성장사업 등 일부 핵심적 사업을 제외하고 계획한 사업들이 제대로

표 10-3 **노무현 정부와 이명박 정부의 국토 및 도시 정책 비교**

	노무현 정부	이명박 정부
발전 목표	지역균형발전	신성장 경쟁력 강화
추진 주체	지자체 중심	중앙정부 주도
추진 전략	수도권 규제 강화를 통한 국토균형발전과 지방분권	수도권 규제 완화를 통한 광역경제권 활성화와 국가 경쟁력 강화
주요 정책	국가균형발전을 위한 전략도시개발 (행정복합도시, 혁신도시, 기업도시)	광역경제권별 선도사업 추진 (국가산업단지, 지역전략산업, SOC 확충)
추진 방식	시도별 독자추진, 거버넌스체제 구축	중앙정부에 의한 경쟁적 할당

자료: http://goodvalley.blog.me/54731401 참조.

시행되지 않고 있다는 점이다. 특히 예로 서울과 수도권의 뉴타운사업 등 신자유주의적 도시재생 사업들의 상당 부분은 중단되거나 또는 중단될 위기에 처해 있으며, 이러한 상황은 신자유주의적 개발정책의 한계로 인해 상당히 구조적으로 초래된 것이라고 할 수 있다.

6. 한국의 국가 성격 전망과 대안적 공간정책

1997년 경제위기는 한국 사회에서 발전국가의 개념과 정책에 종말을 고한 것처럼 보였다. 고도성장기를 추동했던 권위주의 국가가 1980년대 중반 이후 퇴행하면서 자본에 대한 통제력을 점차 상실하게 된 반면, 1980년대 후반 이후 포드주의적 축적체제의 성숙으로 기업과 시장(자본)은 더욱 비대해지게 되었다. 1980년대 후반 이후 민주화운동으로 한국의 정치체제는 시민사회의 합의에 근거할 것으로 기대되었으나, 실제 김영삼 정부는 이러한 기대에 부응하기보다는 이른바 세계화 전략을 통해 신자유주의화의 경로를 과도하게 선택하면서 시장에 대한 통제력을 더욱 약화시켰고, 급기야 1997년 금융위기를 초래하게 되었다. 즉 데이비드 강(Kang, 2002)이 지적하듯이, 국가와 자본의 힘의 균형이 경제 발전의 성공으로 인해 재벌 우위로 바뀌면서 재벌이 시장 자율화를 추구하고, 민간 주도 경제라는 외피 속에서는 재벌 규제가 풀렸기 때문이다. 이러한 과정을 통해 후발 산업화를 이끌었던 동아시아 발전국가는 '성공의 위기'로 인해 해체되었다고 할 정도로 그 원형적 모습을 상실하게 되었다. 그러나 발전국가의 해체 단계에 진입한 이후에도 국가의 (기업가적) 역할은 계속되고, 심지어 더욱 강화되고 있는 것처럼 보인다. 이러한 점에서, 우-커밍스(Woo-Cumings, 2001: 244~345)는 외환위기 이후 "한국에서 개혁은 국가의 퇴각을 의미하지 않는다. 국가는 투명성과 시장 규율을 증대시키는 데 깊이 관여했고, 이를 위해서 위기 이전보다 더 깊숙이 시장에 개입해야 했다. 위기는 발전(주의적) 관료제(developmental bureaucracy)를 되살려내었다"라고 진단한다.

이러한 점에서 과거의 발전주의의 새로운 변형으로서 신발전주의를 주장하는 학자들도 있다. 이들에 의하면, 한국을 포함한 동아시아의 발전국가들은 오늘날 선진 산업국의 대열에 올라섰지만, 경제 발전을 위한 국가의 주도적 역할은 여전히 중요한 의미를 가진다. 따라서 발전국가는 해체되어야 할 구시대의 유물이 아니라, 재구성되어서 새로운 발전국가로 발전해야 한다고 주장한다(Shin and Chang, 2003). 이러한 주장은 심지어 미국과 같은 신자유주의 국가에서도 주요 산업의 발전 초기 단계에는 국가가 매우 폐쇄적인 규제와 보호무역 정책을 시행했다는 점에서 옹호된다. 또한 영국에서처럼 시장 메커니즘의 원활한 작동과 질서 유지를 위해 어느 정도의 국가 규제는 불가피하다고 할 수 있다(이연호, 2002). 나아가 세계화 시대에 적극적으로 대응하기 위해서는 규제국가가 상정하듯[8] 단순한 규칙 제정자의 역할에 머물

---

[8] 규제국가(the regulatory state)의 개념은 동아시아의 발전국가 및 서구의 복지국가와는 대조되는 것으로 등장했다. 이론적으로 넓게 보면 자유주의에 기원을 두고 있지만 보다 직접적으로는 질서자유주의(order-liberalsim)를 바탕으로 한다. 질서자유주의는 자유시장이론

러서는 안 되며, 사회적 조합주의에서처럼 노사 간의 협력과 조율을 이끌어 내는 수준으로 국가의 역할이 확대되어야 한다고 주장하거나, 그 이상의 국가 역할의 필요성을 강조하는 학자 또는 실제 사례들이 있다(양재진, 2005 등 참조).

이러한 상황에서 국가와 시장(또는 자본)과의 관계는 어떻게 설정될 것인가의 문제에 대한 논의는 앞으로 한국의 국가 성격의 방향을 짓고, 공간정책을 전망하는 데 도움을 줄 것이다. 현대 사회는 기본적으로 시장 메커니즘에 의해 추동되는 자본주의 사회라고 할지라도 국가의 장치와 기능 없이는 작동될 수 없다는 점은 명백하다. 특히 장하준(Chang, 1999)에 의하면, 국가가 발전의 문제에 있어 중심 역할을 할 수밖에 없는 이유로 다음과 같은 점들을 들 수 있다. 첫째, 수많은 경제주체들이 상호 연계되어 얽혀 있는 경제적 현실에서, 발전을 위한 경제 및 공간 구조의 재편은 조정을 필요로 하며, 이를 수행할 수 있는 공적 권위를 가진 주체는 국가뿐이다. 둘째, 경제 발전에 필요한 장기 전망은 자원과 재정의 할당(또한 사회적 부의 재분배) 문제를 동반하기 때문에, 이는 시장에서 자율적으로 이루어질 수 없고, 국가의 다양한 정책들(조세제도를 포함하여)을 요구한다. 셋째, 한 사회의 발전 전망이 결실을 맺기 위해서는 이를 실행할 수 있는 조직이 있어야 하며, 정부 조직이 이를 담당하게 된다. 넷째, 산업 고도화(그리고 이의 공간적 재배치)는 결국 낙오자(그리고 낙후 지역)를 낳게 되며, 불가피하게 사회(공간)적 갈등을 수반하게 된다. 낙오된 계층과 지역에 대한 보상과 관리를 통해 산업구조 조정으로 인간 갈등을 해소해야만 하며, 이는 국가의 역할이라고 할 수 있다.

결국 문제는 국가와 시장 간 관계를 어떻게 설정할 것인가의 문제라고 할

이 최소국가(minimal state)를 지향한다는 점에서 신자유주의와 일맥상통하나, 시장의 경쟁질서는 자생적으로 형성된다고 믿는 시장근본주의적 입장을 취하지는 않는다는 점에서 구분된다. 이러한 관점에서 규제국가는 탈규제(deregulation)의 산물이면서 동시에 재규제(re-regulation)의 결과라고 볼 수 있다(이연호, 2002).

그림 10-4 **국가와 시장 관계에 따른 국가 유형**

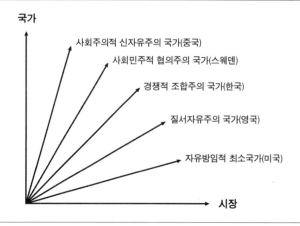

수 있으며, 이는 개별 국가가 처해 있는 역사 발전의 단계 또는 발전의 경로에 좌우된다고 할 수 있다. 이러한 점에서 우리는 여러 가지 유형의 시장과 국가 간 관계를 전제로 국가 발전의 경로들을 살펴볼 수 있다(양재진, 2005; Jessop, 2002 등 참조). 첫 번째 유형은 가장 이념형적인 시장주의적 입장에 있는 경우로, 신자유주의적 최소국가를 설정해볼 수 있다. 이 국가는 자본주의 초기 단계의 자유방임국가와 유사하게, 시장에 대한 개입은 일절 하지 아니하고 단지 개인이나 기업의 기본 권리를 보장하고 사회질서를 유지하기 위한 최소한의 역할만을 담당한다. 그러나 과거의 자유방임국가와는 달리 국가 조세 및 재정이 담당하는 비중이 엄청나게 커졌을 뿐만 아니라, 국내 산업의 고도화와 더불어 세계 경제에서 경쟁력 제고에 대한 인식은 국가가 최소한 경제적 기능을 담당하도록 한다. 예로 자유주의적 최소국가(minimal state)의 이상에 가장 가까운 미국의 경우만 하더라도 산업화 단계에 있어서는 가장 폐쇄적인 보호무역 정책을 폈고, 현재도 농무부와 국방부의 막대한 연구개발(R&D) 투자는 생명공학, 항공, 우주, IT산업 등 선도 산업을 창출하고 세계를 이끌어나가는 데 버팀목이 되고 있다(Stiglitz, 2001: 518).

두 번째 유형은 질서자유주의(order-liberalism)와 규제국가(regulatory state)로, 영국에서 대표적으로 볼 수 있다. 질서자유주의는 시장질서가 제대로 형성되도록 인위적으로 형성하는 질서, 즉 제정된 질서를 강조한다(이연호, 2002). 이런 배경에서 등장한 규제국가는 발전국가와는 달리 산업 육성을 위한 경제정책을 실시하지 않고, 개인의 이익보다 공동체적 이익을 우선하지 않으며, 또한 확산적 복지정책을 강조하지도 않는다. 그러나 국가가 불간섭으로 일관하여 시장이 완전한 자유방임 상태로 있도록 하지도 않는다. 국가는 시장의 투명하고 공정한 경쟁을 유도하기 위해 매우 정교하게 발전된 규제 장치를 고안·시행한다. 이러한 질서자유주의를 추구하는 국가는 규제국가로 개념화되고 있다. 규제국가도 재규제를 강조하는 만큼, 발전국가와 마찬가지로 시장에 대한 간섭을 인정한다. 그러나 발전국가가 전략산업의 보호와 육성을 위해 시장에 간섭하고 관세, 환율, 금리를 왜곡해 시장 형성을 직접적으로 유도한 것과는 달리, 규제국가는 엄정한 '규칙 제정자' 혹은 '심판자'로서 간접적이고 제한적인 간섭을 상정한다.

세 번째 유형으로 경쟁적 조합주의(competitive corporatism) 또는 유연적 발전국가를 들 수 있다. 노사정이 협력해 국가경쟁력을 확보하면서도 사회 안전성을 해치지 않는 발전 모형으로, 네덜란드, 스페인, 그리고 아일랜드가 대표적인 사례로 꼽힌다(Rhodes, 2001). 특히 노동이 노동시장의 유연화에 동의하는 대신, 국가와 자본은 파트타임 노동자 등 유연적 노동자의 복지와 사회보장을 강화하여 유연-안전성(flexicurity)을 확보해주는 대타협을 전제로 하고 있다. 최근 '유연적 발전국가'로 불리는 아일랜드의 경우도 이 유형과 유사하다고 할 수 있다(O'Rianin, 2000; 홍성걸, 2003). 1980년대 새롭게 부상한 유럽의 경쟁적 조합주의 유형은 한국에서 과거 발전주의를 대체하는 모델로서 한때 관심을 많이 끌었다. 유럽의 경쟁적 조합주의의 수준에는 아직 못 미치지만, 한국도 민주화 이후 유럽식으로 노사정 간 사회 협약을 제도화하기 위해 노력해왔다는 점이 인정된다. 그러나 최근 참여정부에 들어오면서 이러한 조합주의적 성격은 많이 약화되는 반면, 비정규직에 대한 노동 통제 등은 거의 일방적으로 이루어지고 있다.

네 번째 유형으로, 유럽의 작은 국가들이지만 선진적인 사회경제체제를 갖춘 국가들에서 나타나는 사회협의주의(social concertation) 국가를 들 수 있다. 이 유형의 국가에서 자본과 국가 그리고 노동은 함께 동등한 위치에서 사회적 합의를 추구한다는 점에서, 노동을 배제하는 기존의 동아시아 발전주의와는 상응하지 않는 것으로 간주된다. 그러나 이러한 사회협의주의가 제도화된 유럽의 개방경제(오스트리아, 핀란드, 스웨덴 등)는 동아시아의 발전국가와 몇 가지 측면들, 예로 관료제와 국가주도 경제계획의 전통, 국가와 사회의 높은 착근성, 국가의 시장 개입을 용인하는 분위기, 그리고 외적 안보 위협 등에서 공통점을 가진다. 이와 같이 지역적 및 문화적으로 유사성을 찾기 어려운 유럽의 작은 국가들과 동아시아의 후발 산업국들이 이러한 공통점을 가지는 이유는 기본적으로 양 집단의 국가들이 공통적으로 수출 지향의 개방경제이기 때문이라고 할 수 있다. 즉 조절 양식이 민주적인가 권위적인가에는 차이가 있지만, 세계시장과 기술 변화에 적응해 변화해야만 생존할 수 있다는 절박함은 공통된다.

다섯 번째 유형으로는 중국식 신자유주의를 들 수 있다. 1978년 개혁·개방의 물결 이후 중국은 "권위주의적 중앙집권 통제와 단단히 결합된 상태에서 신자유주의적 요소들을 점점 더 많이 편입시키는 특정 유형의 시장경제의 구축"을 추동해나가고 있다(Harvey, 2005). 이러한 중국의 신자유주의화 과정은 과거 중국의 발전 경로에서 크게 벗어난 것이며, 세계사에서도 매우 개연적인 사건이라고 할 수 있지만, 분명한 점은 중국의 이러한 발전 과정은 영국과 미국에서의 신자유주의적 전환과 우연히 일치할 뿐만 아니라 이러한 전환이 없었다면 아마 불가능했을 것으로 이해된다. 이러한 중국의 신자유주의화 과정은 이미 중국의 경제 발전에 돌이킬 수 있는 경로를 만들어내었고 세계 경제에도 엄청난 영향을 미치고 있다. 앞으로 중국이 계속 사회주의적 권위주의에 바탕을 두고 시장경제를 통제해나갈 수 있을 것인가, 또는 이 과정에서 급속히 형성되고 있는 기업의 자본력이나 상위 계급들의 영향력이 국가의 권위주의를 벗어나게 될 것인가에 대해서는 아직 예측하기 어려운 상황이다.

이상에서 제시된 국가와 시장 간 결합의 유형들과 관련해 살펴보면, 개별 국가들의 전망은 각기 상이한 발전 경로뿐만 아니라 내적 역동성의 동원 체계에 좌우된다고 할 수 있다. 따라서 국가와 시장이 어떻게 결합될 것인가의 문제와 더불어, 이러한 발전이 무엇을 지향하는가에 대해 더 많은 관심을 가질 필요가 있다. 신자유주의의 이념이 얼마나 광범위하게 보급된다고 할지라도, 그리고 신자유주의화 과정의 어떠한 발전 경로를 밟게 된다고 할지라도 시장에 대한 국가의 개입이나 규제는 어떠한 형태에서든 필수적이라고 할 수 있다. 이러한 상황에서 문제는 국가와 시장의 결합에서 어떤 이행이 있다고 할지라도 이것이 무엇을 위한 것인가라는 점이다. 즉 시장 중심의 발전인가 국가 중심의 발전인가에 관한 논란보다는 복지(인간) 지향적인가 산업(자본) 지향적인가에 대해 더 많은 관심을 기울일 필요가 있다. 시장 중심적인 신자유주의가 아무리 산업 발전에 기여한다고 할지라도 이것이 단순히 상위 계급의 권력 회복이나 형성을 위한 것이라면(Harvey, 2005), 이는 비판받아야 할 것이다. 동아시아 국가에서 기존의 발전국가가 비록 고도의 경제 성장을 이룩했다고 할지라도, 이것이 진정하게 인간 복지의 향상을 위한 것이 아니었다는 점에서 비판받았음을 상기할 필요가 있다.

이와 같이 신자유주의화 과정은 어떠한 형태로든 국가의 개입이나 규제를 필요로 한다는 점에서, 한국의 국토 및 도시 공간의 재편도 시장의 논리에 의해 완전히 결정된 것은 아니라고 하겠다. 신자유주의 프로그램들이 시장 메커니즘을 통해 전 세계적으로 도시와 도시-지역들의 발전에 심대한 효과를 가지는 것처럼, 국가가 추진하는 공간정책들도 도시 내부 발전과 도시 간 경쟁 구조 재편이나 그 역동성에 누적적인 영향을 미치고 있다. 뿐만 아니라 신자유주의화 과정에서 국토 및 도시 공간은 보다 적극적인 역할을 할 것으로 예측된다. 사실 브레너와 시오도어(Brenner and Theodore, 2002)가 주장한 바와 같이, "신자유주의는 도시공간을 그 특권적 도구로 사용하는 …… 정치경제적 재구조화 전략을 나타낸다"고 할 수 있다. 즉 신자유주의는 도시의 재구조화 과정에 지대한 영향을 미치지만, 또한 이러한 도시 재구조화 과정은 신자유주의화를 촉진하거나 또는 위기에 처하도록 하는 주요한 제도적 무대가 된다.

앞으로 국토 및 도시 공간 정책의 중요성이 더욱 확대될 것이라는 예측은 시장지향적 신자유주의화 과정에서 국가 개입의 증대라는 시장과 국가 간 역설적 관계를 전제로 한다. 이러한 역설적 관계를 전제로 한 '발전주의적 신자유주의'는 시장메커니즘을 발전의 엔진으로 간주하며, 또한 국가 개입을 이러한 엔진의 운전 및 관리자로 이해한다. 사실 한국 사회에서 1960년대 자본주의 발전이 본격화된 이래, 발전주의는 '시장경제의 발전'에 기여함으로써 1980년대 중반까지 한국 경제의 발전 과정과 이의 성공을 특징지었다. 한국에서 신자유주의는 1980년대 후반 외적으로 자본주의 경제의 세계화와 냉전체제의 해체, 그리고 내적으로 권위주의 정권의 붕괴와 포드주의 경제의 성숙을 배경으로 도래하게 되었다. 1997년 위기 이후 탈규제의 논리는 신자유주의화된 국가의 재등장(roll-out)과 체계적으로 결합되어 있었고, 국토 및 도시 공간 정책들에 지대한 규정력을 행사했다.

이러한 점은 노무현 정부의 국토균형발전 전략 및 이를 위한 다양한 도시 정책들에서 찾아볼 수 있지만, 특히 이명박 정부에 의해 추진된 4대강 사업 및 녹색성장 전략에서 극에 달한 것처럼 보인다. 즉 이명박 정부의 전략은 신자유주의적 공간환경 정책이 실질적인 사회공간적 발전과는 무관하게 얼마나 왜곡될 수 있는가를 보여준 전형적 사례라고 할 수 있다. 신자유주의화 과정은 이와 같이 왜곡된 공간환경 정책으로 치닫고 있지만, 국가의 경제성장률은 오히려 저하되면서 사회공간적 양극화는 더욱 확대되고 있다. 한국

그림 10-5 **신자유주의로의 전환**

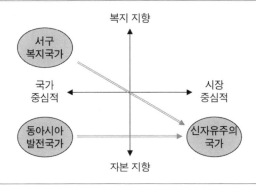

경제에서 외국 자본과 재벌의 영향력은 점점 더 지배적이게 되었고, 수출의 존성과 노동 착취는 한층 더 심화되었다. 국토 및 도시 공간 정책에서 탈규제의 논리는 중상류층 시민들로 하여금 토지와 주택에서 지대 추구 활동에 몰두하도록 했다. 신자유주의화는 사회·환경적 규제의 기준을 낮추고, 보다 진보적 대안이 구축될 수 있는 제도와 관행들을 잠식해가고 있다. 시장 자유화나 탈규제, 민영화 등은 발전을 위한 대안적 방안들의 모색을 점점 더 불가능하게 만들고 있다.

이와 같은 상황에서 대안적 공간정책을 위해 필요로 하는 것은 재벌이나 정부의 대응 능력이 아니라 시민들과 공동체에 기초한 의사결정과 실천이다 (Landsberg and Burkett, 2001). 우리는 권위적 독재권력뿐만 아니라 무정부적 시장력을 시민사회의 공동체적 의사결정 메커니즘으로 대체함으로써 시민/공동체 중심적 위기 극복 및 복지 지향적 발전 프로그램을 만들어나갈 필요가 있다고 하겠다. 사실 〈그림 10-4〉에서 제시된 바와 같이, 1970년대 이전의 서구 복지국가가 신자유주의화 과정을 거치면서 복지 지향 정책에서 시장 중심적 자본 지향 정책으로 전환했다면, 우리나라를 포함하여 동아시아 발전국가들은 국가 중심적 정책에서 시장 중심적 정책으로 전환했을 뿐

자본 지향적 정책을 존속시키고 있다. 따라서 대안적 정책의 모색에서 중요한 점은 국가 중심적인가 또는 시장 중심적인가가 아니라 자본 지향적인가 또는 복지 지향적인가라는 점이다. 이러한 복지 지향적 대안의 모색은 국가나 시장에 의존하는 것이 아니라 시민들과 도시 또는 지역사회의 공동체적의사결정과 실천에 의해 추동되어야 할 것이다.

7. 발전주의적 신자유주의를 넘어

이 글은 한국 발전주의에서 신자유주의로의 중첩적 이행, 도시정책의 혼종적 특성과 관련된 주요한 이슈들을 고찰하고자 했다. 1960년대 이후 한국에서 본격화된 자본주의적 경제 발전 과정은 흔히 이해되는 바와 같이 국가주도적·수출지향적 발전 과정이었고, 이러한 과정을 권위주의적으로 주도한 국가는 이른바 발전국가로 명명된다. 그러나 실제 자본주의 경제 발전은 기본적으로 국가의 역할을 일정하게 전제로 하고 있다는 점에서 순수한 (신)자유주의 국가란 존재할 수 없으며 어떠한 형태로든 발전주의적 성격을 내재하고 있다고 하겠다. 특히 한국에서 신자유주의화는 국가의 '발전주의적 신자유주의'라고 칭해질 정도로 국가의 규제와 개입을 여전히 전제로 한 것이었다. 한국에서 신자유주의의 도래는 기본적으로 1980년대 중반 이후 자본주의 경제의 세계화와 국제 냉전체제의 해체와 같은 외적 요인의 변화와 더불어 권위주의적 정권의 붕괴와 포드주의적 축적체제의 성숙이라는 내적 요인을 배경으로 했다고 할 수 있다. 그러나 1990년대 초반 당시 정권들의 미숙한 신자유주의화 과정은 시장의 탈규제로 인한 혼란을 초래하면서 1997년 경제위기를 유발했다. 물론 1997년 경제위기는 단지 당시의 국내 상황의 문제, 즉 정부의 무리한 탈규제(세계화) 전략과 기업의 경영 부실 및 과잉투자의 문제뿐만 아니라 금융자본국제의 투기화와 신자유주의적 국제 거버넌

표 10-4 **신자유주의 발전 단계 구분**

구분	신자유주의 1단계 (shallow 또는 roll-back neoliberalism)	신자유주의 2단계 (deep 또는 roll-out neoliberalism)
시기	1980년대 후반~1997년 경제위기	1997년 경제위기 이후~현재
도입 배경	포드주의 축적체제 성숙	금융위기와 IMF 구제금융의 요구
시행 과정	자발적·명시적 신자유주의화	강제적·묵시적 신자유주의화
국가 기능	시장을 위한 시장 개입 축소	시장을 위한 시장 개입 확대
목적 지향	외향적 목적(수출 증대, 경제성장 등)	내향적 목적(기업경영 및 시장 합리화)
주요 공간 정책	토지공개념, 수도권 과밀 규제 등(부분적으로 규제를 강화하는 효과를 가짐)	그린벨트 완화, 국가 균형발전 정책(기본적으로 규제 완화 효과를 가짐)

스(IMF와 세계은행을 중심으로)를 배경으로 하고 있었다. 이러한 내적·외적 상황 속에서 발생한 경제위기는 한국 사회로 하여금 신자유주의화 과정을 보다 노골적으로 추진하도록 강제했다.

한국에서 전개된 신자유주의화 과정은 이러한 점에서 두 국면(또는 시기)으로 구분될 수 있다(〈표 10-4〉). 즉 1980년대 후반부터 1997년 경제위기 전까지 신자유주의 첫 단계에서, 신자유주의 정책들은 이 시기 정권들(특히 김영삼 행정부에서)에 의해 자발적이고 능동적으로 추진되었다. 이 단계의 신자유주의화는 펙과 티켈(Peck and Tickell, 2002: 35)이 명명한 바에 의하면 '얕은(shallow)' 신자유주의 단계로, 서구 선진국들에서는 대처/레이건 시기에 해당된다.[9] 한국에서 경제위기 이후 신자유주의화의 후기 과정은 외적으로 한국 정부에 불가피한 선택으로 주어진 것으로, 보다 최근 세계적으로 '표준

---

9 그러나 Peck and Tickell(2002: 35)은 서구 선진국들에서 신자유주의화 과정을 세 가지 국면을 통해 전환해나가는 것으로 분석하고 있다. 즉 1980년대 초 실험적인 원형적(proto) 신자유주의에서 1990년대 동안 정치경제적 프로젝트로서의 신자유주의 구성, 그리고 최근의 '심층적(deep)' 신자유주의로 발전해가는 과정을 고찰했다.

제10장 발전주의적 신자유주의와 도시정책의 혼종성 427

화된(normalized)' 신자유주의의 경험을 겪은 조절 양식 또는 조절적 프로젝트로서 '심층적(deep)' 신자유주의에 비견될 수 있다. 이러한 심층적 신자유주의는 시장 메커니즘의 활성화를 위한 국가의 재개입을 요청한다. 특히 한국에서 최근 다양한 사회공간적 정책들은 시장지향적이라는 점에서 신자유주의적이라고 할 수 있지만, 이들이 국가에 의해 적극적으로 추동되었다는 점에서 여전히 발전주의적 성격을 강하게 내포하고 있다고 할 수 있다.

물론 발전주의적 신자유주의에서 국토 및 도시 공간 정책들은 과거의 발전국가에서의 공간정책과는 구분된다. 발전국가에서 공간계획은 경제 발전의 목적에 기여하고 정부나 민간 자본가들을 포함한 개발업자들을 위한 명분을 제공했다. 권위주의 정부에 의해 하향식으로 전개된 이러한 공간계획과 발전정책은 공급자 시장의 활성화를 위한 것이었고, 그 과정에서 시민이나 지역 주민들의 참여를 배제했을 뿐만 아니라 그 결과에서 이들의 필요나 삶의 질 향상과는 무관하게 추진되었다. 이러한 공간계획은 신자유주의적 정부에서는 외형상 다소 변화하게 되었다. 의사 결정 과정에서 시민이나 지역 주민들의 참여가 늘어나고, 국민들의 삶의 질에 대한 관심도 증대하게 되었다. 그러나 대부분의 공간계획들은 탈규제, 민영화, 민간 파트너십 등의 방식으로 기업가적 정부에 의해 추진된다. 신자유주의 2단계에서 공간정책들은 보다 활성화되지만, 국가 균형발전과 지역 혁신체계의 구축 등을 명분으로 정책적 '문제'의 제기, 정책 프로그램의 개발, 그리고 개혁적 운동의 동원과 전략의 선택 및 시행 등에 있어서 매우 특이하다. 그러나 균형발전과 지역 혁신과 같은 언어의 사용에도 불구하고 사회공간적 양극화는 오히려 심화되고, 도시의 신빈곤 계층들은 늘어나고 있다.

앞으로 한국의 신자유주의화가 어떻게 전개될 것인가에 대한 전망과 관련해, 신자유주의가 아무리 발전한다고 할지라도 국가의 개입이나 규제 없이는 불가능하다는 주장이 제기될 수 있다. 물론 국가와 시장 간 관계가 어떻게 설정될 것인가는 개별 국가들의 발전 경로와 내외적 발전 조건들의 차이에 따라 다양하게 유형화될 수 있다. 그러나 중요한 점은 국가와 시장이 어떻게 결합할 것인가의 문제보다는 이러한 결합이 무엇을 지향할 것인가, 즉 국민 복지를 지향할 것인가 또는 산업(자본) 발전을 지향할 것인가의 문제라고 할 수 있다. 이러한 점에서 정부의 경제적 및 공간적 정책들은 효율성이나 개혁의 문제라기보다는 시민들의 복지와 삶의 질 개선에 어느 정도 기여할 것인가를 기준으로 입안·시행·평가되어야 할 것이다.

후기

이 글은 2005년 당시 싱가포르대학교 지리학과에 재직하고 있었던 박배균 교수가 구성한 국제학술세미나(Asian Horizons: Cities, States, and Societies, August 1~3, 2005)에 발표하기 위해 집필한 것이다. 이 글은 당시 참여했던 연구자들을 중심으로 2007년에 다시 싱가포르대학교에서 개최된 워크숍을 통해 수정·보완된 후 책으로 편집·출판되었다. 또한 나는 이 글에 바탕을 두고 집필한 논문("Beyond developmentalism and neoliberalism: Development process and alternative visions for Korean geography")을 일본 오카야마대학교 김두철 교수의 초청으로 교토 '일본학 국제연구센터'에서 있었던 국제학술심포지엄(The Transformation of Traditional Notions of Geography in East Asia and Its Environs Caused by the Introduction of the Modern Discipline of Geography, March 11, 2007)에 발표하기도 했다.

나는 또 다른 논문 한 편("Political economy and environmental problems in Northeast Asia")을 일본 유엔대학교에서 있었던 콘퍼런스(The Asia-Pacific and Global Geopolitical Change)에서 발표한 후 수정·보완해 책의 한 장으로 출판한 경험이 있다. 해외 학술대회에서 영문으로 발표한 경험은 20여 번 정도가 되는 것 같은데, 책의 장으로 편집·출간한 이 두 편의 논문을 제외하고 외국 학술지에 독자적으로 논문을 게재한 적이 없다. 외국 학술지에 꼭 게재를 해야만 할 필요를 느끼지 못했기 때문이기도 하겠지만, 국내 학술지 논문을 쓰는 것만으로도 벅찼고, 또한 외국 학술지에 투고할 영어 논문을 작성하는 것 자체가 나에게는 무척 부담스러웠기 때문이기도 하다. 이 점은 지금도 나에게 상당히 아쉬운 부분으로 남는다.

물론 한 학자가 (국내외에서) 논문이나 저서를 많이 발표하는 것만으로 학문적 영향력을 가지거나 학문 발전에 기여하는 것은 아니라고 하겠다. 보다 중요한 점은 이론적 배경을 가지고 현실 설명력이나 실천력을 내재한 어떤 핵심적 개념어를 찾아내는 일이다. 예로, 하비가 지리학이나 사회이론 전반에서 큰 영향력을 가지는 것은 자신의 논문이나 저서들을 많이 출간했기 때문만이 아니라, 자신의 주장이나 이론을 압축적으로 드러내는 유의한 개념들을 제시했기 때문이라고 하겠다. 예로, 그의 저서 『사회정의와 도시』(1973)는 그 당시까지 지리학에서는 거의 논의된 적이 없던 '사회정의'의 개념을 부각시켰고, 『자본의 한계』(1982)에서 '자본의 순환 도식'과 더불어 '공간적 조정(spatial fix)' 개념을, 그리고 『신제국주의』(2003)와 『신자유주의』(2005)에서는 '탈취에 의한 축적' 개념을 찾아내어 연구자들의 관심을 사로잡았다. 또한 그는 『반란의 도시』(2012)에서 르페브르의 '도시에 대한 권리'의 개념을 부활시켜 널리 회자되도록 했다.

이 글에서 제시된 '발전주의적 신자유주의'도 어떤 의미에서는 이러한 개념어라고 할 수 있다. 그러나 이 개념은 한국을 포함한 동아시아 국가들이 발전주의에서 신자유주의로 이행한 과정을 제대로 설명하기에는 상당히 모호하고, 결국 실패한 개념이라고 하겠다. 나는 또 다른 개념어로 '생산적 정의'(제5장 참조), '다문화공간'(제11장 참조), (자본에 의한 노동이나 자연의) '금융적(의제적) 포섭'과 같은 용어를 제안했는데, 이 가운데 '다문화공간' 개념은 학문적 용어이면서 또한 일상적 용어로 일반화된 것 같다. 이 개념은 서술적으로 외국인 이주자들과 더불어 살아가는 공간을 지칭할 뿐 아니라 이론적으로 '인정투쟁의 공간', '환대의 공간' 등과 연계된다. 사회이론에서 새로운 개념을 찾아내거나 고안하는 것은 자연과학에서 새로운 사물이나 현상을 발견하고 이의 설명 논리를 만들어내는 것만큼 중요하다고 하겠다.

참고문헌

강현수. 2005. 「참여정부 균형발전 추진체제에 대한 평가와 과제」. ≪공간과 사회≫, 23, 46~82쪽.

박은홍. 1999. 「발전국가론 재검토: 이론의 기원, 구조, 그리고 한계」. ≪국제정치논총≫, 39(3), 117~134쪽.

변창흠. 2005. 「참여정부 균형발전 추진 체제의 성격과 과제」. 『참여정부의 지방분권, 균형발 전정책 2년간 평가와 대안』, 한국공간환경학회 춘계 심포지움 자료집(2005.6.3).

손호철. 1999. 『신자유주의 시대의 한국 정치』. 서울: 푸른숲.

양재진. 2005. 「발전이후 발전주의론: 한국 발전국가의 성장, 위기, 그리고 미래」. ≪한국행정 학보≫, 39(1), 1~18쪽.

이광일. 2003. 「자유주의에서 신자유주의로의 전화: '민주주의'의 축소와 '국가 물신'의 심화」. ≪정치비평≫, 75~105쪽.

이병천. 1999. 「한국의 경제위기와 IMF 체제: 종속적 신자유주의의 모험」. ≪사회경제평론≫, 13, 131~146쪽.

이양수. 2009. 「참여정부와 신정부의 지역개발정책 평가와 전망」. ≪한국지방자치연구≫, 10(4), 25~46쪽.

이연호. 2002. 「한국에서의 금융구조개혁과 규제국가의 등장에 관한 논쟁」. ≪한국사회학≫, 36(4), 59~88쪽.

조명래. 2002. 「김대중 정부의 신자유주의와 공간환경 정책」. 한국공간환경학회 외 엮음. 『김 대중 정부의 국토, 도시, 환경정책 및 차기 정부의 과제』. 서울: 대윤.

_____. 2003. 「후기발전주의 도시화, 환경변화, 거버넌스: 서울시를 사례로」. ≪지역사회발전 연구≫, 28(2), 181~201쪽.

최병두. 1991. 「자본 축적의 위기와 지역불균등 발전」. 『한국의 공간과 환경』, 서울: 한길사.

_____. 1999. 「동아시아의 위기와 대안적 지리학」. ≪공간과 사회≫, 12, 66~107쪽.

홍성걸. 2003. 「정보화시대에서의 국가역할과 경제 발전: 아일랜드와 한국 발전국가의 비교」. ≪한국정치학회보≫, 37(3), 357~379쪽.

Blaikie, P. 2000. "Development, post-, anti-, and populist: a critical review." *Environment and Planning A*, 32(6), pp. 1033~1050.

Brenner, N. and N. Theodore(eds.). 2002. *Spaces of Neoliberalism: Urban Restructuring in North America and Western Europe*. Oxford: Blackwell.

Chang, H.-J. 1999. "The economic theory of the developmental state, in Meredith Woo-Cumings." *The Developmental State*, Ithaca: Cornell University Press.

Chase, J. 2004. "Introduction: the spaces of neoliberalism in Latin America." in J. Chase(ed.). *The Spaces of Neoliberalism: Land, Place and Family in Latin America*,

Bloomfield, CT: Kumarian Press.

Cumings, B. 1987. "The origins and development of the Northeast Asian political economy: industrial sectors, product cycles, and political consequences." in F. C. Deyo(ed.). *The Political Economy of New Asian Industrialism*, Ithaca, NY: Cornell University Press, pp. 44~83.

Douglass, M. 2000. "Turning points in the Korean space-economy: From the Developmental state to intercity competition." Asia-Pacific Research Center, Standford Institute for International Studies, Working Paper, http://aparc.stanford.edu/publications/10042/

Dumenil, G. and D. Levy. 2005. "The nature and contradictions of neoliberalism." http://wwww.jourdan,ens.fr/levy/

Evans, P. 1995. *Embedded Autonomy: States and Industrial Transformation*. Princeton: Princeton University Press.

George, S. 1999. "A short history of neoliberalism." Conference on Economic Sovereignty in a Globalising World,(March 24~26, 1999), http://www.globalpolicy.org/globaliz/econ/histneol.htm.

Harvey, D. 2000. *Spaces of Hope*. Edinburgh: Edinburgh Univ.

_____. 2005. *A Brief History of Neoliberalism*. New York: Oxford Univ. Press.

Hong, W. -T. 1998. "Financing export-oriented catching-up in Korea: credit rationing, sustained high growth and financial chaos." *International Economic Journal*, 12(1).

Jessop, B. 2002. "Liberalism, neoliberalism, and urban governance: a state-theoretical perspective." in N. Brenner and N. Theodore(eds.). *Spaces of Neoliberalism: Urban Restructuring in North America and Western Europe*, Oxford: Blackwell, pp. 105~126.

Johnson, C. 1982. *MITI and the Japanese Miracle: the Growth of Industrial Policy*. Standord, CA: Stanford Univ. Press.

Kim, W. -B. 1999. "Developmentalism and beyond: reflections on Korean cities." *Korea Journal*, 39(3), pp. 5~34.

Landsberg, M. and P. Burkett. 2001. "Economic crisis and restructuring in South Korea: Beyond the free market-statist debate." *Critical Studies*, 33(3), pp. 403~430.

O'Rianin, S. 2000. "The flexible developmental state: globalization, information technology and the 'Celtic Tiger'." *Politics and Society*, 28(2), pp. 157~193.

Peck, J. and A. Tickell. 2002. "Neoliberalizing space." in N. Brenner and N. Theodore(eds.). *Spaces of Neoliberalism: Urban Restructuring in North America and Western Europe*, Oxford: Blackwell, pp. 33~57.

Peck, J. 2004. "Geography and public policy: constructions of neoliberalism." *Progress in Human Geography*, 28(3), pp. 392~405.

Pieters, J. N. 2000. "After post-development." *Third World Quarterly*, 21(2), pp. 175~191.

Rhodes, M. 1998. "Globalization, labor markets, and welfare states: A Future of 'competitive corporatism'?" in M. Rhodes and Y. Meny(eds), *The Future of European Welfare: A New Social Contract?*, Basingstoke: Macmillan, pp. 178~203.

Stiglitz, J. E. 2001. "From miracle to crisis to recovery: lessions from four decades of East Asian experience." in J. E. Stiglitz and S. Yusuf(eds.). *Rethinking the East Asian Miracle*, New York: Oxford Univ. Press.

Tabb, W. 2003. "After neoliberalism?", *Monthly Review*, 55(2).

Wallerstein, I. 2005. "After developmentalism and globalization, what?" *Social Forces*, 83(3), pp. 1263~1278.

Yeung, H. W.-C. 2000. "State intervention and neoliberalism in the globalizing world economy: lessons from Singapore's regionalization programme." *The Pacific Review*, 13(1), pp. 133~162.

Shin, J.-S. and Chang, H.-J. 2003. *Restructuring Korea Inc.* Routledge, London.

Kang, D. 2002. *Crony Capitalism: Corruption and Development in South Korea and the Philippines.* Cambridge: Cambridge Univ. Press.

Woo-Cumings, M. 2001. "Miracle as prologue: the state and the reform of the corporate sector in Korea." in J. E. Stiglitz and S. Yusuf(eds.). *Rethinking the East Asian Miracle*, New York: Oxford Univ. press.

제11장 다문화공간과 지구지방적 윤리

1. 다문화공간의 형성

1990년대 이후 외국인 이주자들의 국내 유입이 급증하고 있다. 외국인 이주자에는 단순 이주노동자들뿐만 아니라 결혼이주자, 전문직 종사자, 외국인 유학생, 그리고 이들의 가족들도 포함된다. 외국인 이주자의 유입 증대는 비단 우리나라에 국한된 양상이 아니라 동아시아의 일부 국가들, 나아가 세계적으로 선진국들에서 나타나는 공통된 양상이다. 이와 같이 상대적으로 선진국을 향한 제3세계 국가 국민들의 초국가적 지리적 이동과 이들의 지역사회 적응 과정에서 인종적 및 문화적 혼합에 따라 형성된 사회공간은 학문적 및 정책적으로 새로운 이슈로 부각되면서 주요한 주제가 되고 있다.

이러한 외국인의 국제이주와 지역사회의 적응 과정에 관한 연구는 흔히 '다문화사회' 또는 '다문화주의'라는 개념이나 이념을 바탕으로 전개되고 있다.[1] 이 글에서는 우선 다문화주의 및 이와 관련된 현상과 개념들 그리고 이

---

[1] 최근에 이루어지고 있는 국제 이주와 지역사회의 적응 과정(관련 정책을 포함)에 관한 연구와 개념화는 다문화사회(multicultural society) 또는 '다문화주의(multiculturalism)'라는 용어 이외에도 세계시민주의(cosmopolitanism), 초국가주의(transnationalism), 탈식민주의(post-colonialism) 등 여러 용어들이 직간접적으로 관련된다(Roudonetof, 2005 등 참조).

를 유발하는 배경으로서 지구지방화(glocalization) 과정은 기본적으로 경제적·정치적·사회문화적일 뿐만 아니라 공간적이라는 점에서, 다문화공간(multicultural space)이라는 용어를 제안하고 이를 개념화하고자 한다. 특히 다문화공간의 형성 과정, 나아가 최근 사회이론 및 철학에서 강조되고 있는 '공간적 전환(spatial turn)'의 의의와 이에 함의된 주요한 인식론 또는 방법론으로서 다규모적 접근(multi-scalar approach)의 유의성을 강조할 수 있을 것이다.

그러나 다문화공간의 형성에서 중요한 점은 이러한 공간이 그 자체로서 구조화된 어떤 메커니즘에 의해 형성된다기보다는 이른바 후기자본주의의 자본 축적 과정에서 요구되는 지구지방화, 특히 지구적 차원의 지역 불균등 발전을 배경으로 형성된다는 점이다. 즉 이윤 추구 기회를 확대시키기 위한 지구적 차원의 경제 재구조화로서 지구화 과정과 이를 지원하는 교통통신의 급속한 발달은 불균등하게 발전한 지구공간에서 자본의 이동과 더불어 노동의 이동을 촉진하게 되었다. 특히 자본의 이동이 '공간적 조정(spatial fix)'의 한계에 봉착하게 되면서 노동의 초국가적 이주가 급증하게 되었고, 이에 따라서 다양한 인종들과 이들에 체현된 상이한 문화들이 혼합된 다문화공간이 형성되고, 앞으로 더욱 확산될 것으로 추정된다. 이러한 점에서 다문화공간이 후기(또는 초국적)자본주의의 문화공간으로서 가지는 특성들을 파악하고 그 문제점을 고찰하는 것이 중요한 과제가 되었다.

그러나 다른 한편, 이러한 후기자본주의의 문화공간으로서 다문화공간이 불가피하게 형성된 상황에서 이를 위한 다문화공간의 대안적 윤리에 관한 연구도 중요성을 가진다. 사실 다문화공간 또는 이에 전제된 다문화주의는 기본적으로 다양성에 대한 인정을 전제로 한다는 점에서 본연적으로 어떤 규범성을 함의한다. 물론 현실에서 외국인 이주자들의 정착지에서의 적응 과정은 두 가지 측면, 즉 소득 재분배 및 노동의 재생산과 관련된 경제적 측면(또는 계급적 측면), 그리고 정당한 대우를 위한 권리 및 문화적 정체성에 대한 인정과 관련된 문화적 측면(또는 인종적 측면)을 가진다. 이 두 가지 측면은 분리된 것이라기보다 서로 연계되어 일정한 연속성상에 있는 것으로 이해될 수 있다. 그러나 물질적 측면에서의 재분배도 중요하지만 이주자의 인권이나 정체성이 인정되지 않으면 물질적 재분배도 이루어지기 어렵다는 점에서, 인정의 정의(justice for recognition) 또는 인정투쟁(struggle for recognition)이 우선적으로 강조될 수 있다. 따라서 지구화 과정 속에서 형성된 다문화공간은 계급적 측면을 본연적으로 내재하지만, 또한 동시에 그 공간적 윤리로서 인정의 공간을 지향한다고 할 수 있다.

이러한 점들에서 이 글은 지구화 과정의 성숙에 따라 형성되고 있는 다문화공간의 개념화와 더불어 그 정치경제적 배경 및 사회문화적 의미를 고찰하고자 한다. 보다 구체적으로 이 장은 우선 최근 급속히 증가하고 있는 외국인 이주자들의 유입과 이에 따라 형성되는 다문화사회의 개념을 공간적으로 재구성하면서 다규모적 접근의 중요성을 강조한 후, 이러한 외국인 이주자들의 지구적 이주 배경을 경제적·정치적으로 분석하고 이른바 다문화주의의 이데올로기적 속성을 비판하는 한편, 이들에 의해 국지적으로 형성된 다문화공간을 위해 필요한 새로운 윤리로서 '인정의 공간'을 위한 투쟁을 강조하고자 한다.

2. 다규모적 접근에 기초한 다문화공간의 개념화

1) 공간적 전환과 다규모적 접근

최근 철학 및 사회과학에서 공간에 관한 관심이 증대하고 있다. 이러한 관심의 증대는 공간을 자신의 핵심 연구 주제로 다루는 하비(David Harvey) 같은 지리학자들뿐 아니라 르페브르(Henri Lefebvre)나 푸코(Michel Foucault),

기든스(Anthony Giddens), 카스텔(Manuel Castells)과 같은 철학자나 사회이론가들의 영향에 따른 것이라고 할 수 있다. 그러나 이러한 공간적 관심의 증대는 단순히 이들의 학문적 영향력만이 아니라 기존의 사회이론들로는 제대로 이해할 수 없는 현상들이 발생하고 있기 때문이라고 할 수 있다. 즉 최근 사회이론에서 공간에 관한 관심 증대는 첫째로는 새로운 공간적 현상들의 발생(즉 새로운 공간적 주제의 등장), 둘째로는 현상들을 설명(또는 비판)함에 있어 기존 이론들의 한계에 기인한다고 할 수 있다.

예를 들면 르페브르, 푸코, 기든스 등은 공통적으로 근대성(modernity)에 대해 관심을 가지고 있었고, 이에 관한 연구에서 공간의 중요성을 강조한다. 근대성과 일상생활에 관한 비판적 연구에서 르페브르(Lefebvre, 1990)는 서구의 근대성에 내재된 이원론(주체/객체, 정신/물질, 이성/신체 등)을 지적하고 이러한 이원론에 의한 공간의 개념화, 특히 선험적(또는 절대적·추상적) 공간으로의 개념화는 공간이 사물들 간의 관계로 규정되며, 사회적 생산의 산물이라는 사실을 은폐했다고 주장한다. 르페브르는 이러한 근대적 공간성에 대한 대안으로 공간의 사회적 생산을 강조한다. 푸코는 이러한 근대성에 내재된 지식/권력이 항상 공간을 매개로 이루어진다는 점을 지적하고, 인간의 역사가 공간의 역사로 다시 서술되어야 한다고 주장한다. 기든스 역시 서구 근대성을 시간과 공간의 분리 그리고 장소 귀속성의 상실, 시공간적 거리화 등의 개념으로 설명하고자 한다.

공간이 강조되는 또 다른 거시적 주제는 자본주의의 발달과 관련된다. 이에 관한 논의에서 르페브르는 자본주의가 오늘날까지 발달할 수 있었던 것은 공간을 점유하고 생산할 수 있었기 때문이라고 주장한다. 사실 자본의 축적 과정은 단순히 이윤 추구를 위한 경제활동 또는 노동 착취를 위한 사회적 통제에 국한되는 것이 아니다. 자본 축적을 위한 이러한 활동 자체도 공간적으로 발생하며 이러한 활동들을 위한 공간들이 새롭게 확장되고 있다. 뿐만 아니라 새로운 공간들이 자본주의 시장에 편입되고, 공간환경 자체가 상품화되면서 자본 축적 과정의 주요 요소로 편입되고 있다. 이러한 점에서 하비(Harvey, 1996)는 맑스주의를 포함한 서구 이론들이 이성(맑스주의의 경우 계급)의 승리를 전제로 한 시간적 목적론에 빠져 있음을 지적하고, 이와 같은 사회 발전 과정에서 파편적으로 드러나는 공간적 현상들은 무시되어왔다고 주장하면서, 이러한 공간에 대한 시간의 특권화에 대한 반작용으로 '공간적 전환'을 제시한다. 크랭과 스리프트(Crang and Thrift, 2000: i)에 의하면, 최근 철학 및 사회이론에서 부각되고 있는 이러한 '공간적 전환'은 "현재의 복잡하고 분화된 세계에 관해 사유하기 위해 지리적 개념과 은유를 사용하기"로 정의된다.

최근 이러한 공간적 전환을 불가피하게 만드는 주요한 주제는 지구화/지방화 및 이와 관련된 제반 현상들이다. 즉 지구화는 "공간적 전환, 보다 정확히 말해 시간적인 것에 대한 공간적인 것의 주도성"을 가능케 한다고 주장된다(Dirlik, 2001: 6; Jessop, 2002에서 재인용). 이러한 인식은 제숍(Bob Jessop)에 의해 "지구화는 사회과학에서의 '공간적 전환'을 유도하는 힘들 가운데 하나"라는 주장으로 이어진다. 즉 "지구화가 근본적으로 공간적 현상이라는 점에서, 이는 공간, 장소, 규모의 이슈들에 민감한 접근법을 불가피하게 요구하게 된다. 게다가 우리가 지구화를 이러한 용어들로 접근하게 되면, 이는 다른 이슈들이 이해될 수 있는 방법을 변화시키게 된다. 공간적 전환은 따라서 주제적(thematic)이거나, 방법론적이거나, 양자 모두이다"(Jessop, 2002: 97). 이러한 지구화의 공간적 개념화는 이와 관련되는 여러 개념이나 사고들, 예로 다문화주의 또는 다문화사회 등에도 적용될 수 있을 것이다.

이러한 점에서 공간적 개념화는 기존의 사회이론들이 간과하거나 은폐하고 있었던 몇 가지 주요한 사항들을 드러내어 준다. 첫째, 공간적 개념화는 사물들의 위치성 또는 사물들 간의 공간적 관련성에 기초해 사물의 본질을 존재론적으로 이해할 수 있도록 한다. 공간은 모든 사물들을 위치 지으며, 그들 간 관계를 규정한다. 물론 공간은 이러한 사물들 이전에 존재하는 것이 아니라 사물들의 위치와 그들 간 관계로 형성되고, 변화하고, 소멸된다. 사물들의 위치성과 그들 간 관계로 형성되는 공간은 차이를 만들어내며, 이러한 차이는 사물들의 속성을 규정한다. 이 점은 사람들 간에도 적용된다. 공간은 사람들 간 관계로 형성되며, 이러한 점에서 공간은 간공간(in-between space)으로 형성·소멸된다. 일상생활 속에서 이루어지는 상호행위는 사회적으로 공간을 구성하는 과정이며, 이 과정을 통해 우리는 공간을 생산할 뿐만 아니라 우리 자신도 재생산하게 된다.

둘째, 공간적 개념화는 사회적 상호행위가 사회적 제도의 '장기-지속'을 통해 사회공간적으로 구조화되며, 이러한 구조가 다시 상호행위를 조건 짓는 것을 방법론적으로 이해할 수 있도록 한다. 일상생활의 생활공간에서 발생하는 사회적 상호행위는 지역적·국가적·세계적 차원의 사회적 제도화를 통해 사회공간적으로 구조화된다. 이렇게 해서 구조화된 사회공간적 체계는 가변적이고 역동적으로 기능할 뿐만 아니라 분절적이며, 장소 특정적으로 작동한다. 따라서 일상생활의 행동들은 분절적·장소특정적 다지방화 과정 속에서 다양한 소재와 의미를 생산하게 되며, 또한 이렇게 형성된 물질적·담론적 구조에 의해 조건 지어진다. 이러한 점에서 지구화는 '다지방화 과정'이라는 주장이 이해될 수 있다. 즉 제숍(Jessop, 2002: 98)의 주장에 의하면, 지구화는 "많은 규모들에서의 행동들 – 이러한 행동들은 체계화된 계층에 포섭된 것이 아니라 서로 얽히고 융합된 방식으로 상호 공존적이고 침투적인 것으로 이해될 수 있다 – 에 의해 이루어지며, 이는 노동의 공간적 분업과 더불어 규모적(scalar) 힘을 발전·강화"시킨다.

셋째, 공간적 개념화는 현상들에 관한 메타포로서 동원되며, 때로 공간에서 이루어지는 힘의 관계를 반영 또는 은폐하고, 심지어 헤게모니적 개념화로 이용되기도 한다. 세계체계에서 흔히 사용되는 중심/주변, 남/북, 제1세계/제3세계 간의 관계는 발전한 자본주의 국가들과 저발전한 후진국들 간 관계를 표현하는 공간적 메타포이다. 이러한 공간적 메타포는 실제 이들 간에 존재하는 관련성, 즉 지구적 공간에서 전개되고 있는 지역 불균등 발전을 은폐하고 있다. 이러한 공간에 관한 근대적·헤게모니적 개념화는 '타자'의 공간성을 주변화시키고, 정치적 힘을 억압 또는 제한한다. 이러한 정치적 힘 관계란 공간을 점유하고 상호 관계를 맺으며, 이를 통해 자아/타자의 정체성을 구성하는 방식, 그리고 이러한 상호 관계의 공간성에 관해 말하는 방식을 둘러싼 투쟁이라고 할 수 있다.

넷째, 공간적 개념화는 대안적인 사회공간적 윤리를 발전시킬 수 있도록 한다. 사람들 간의 관계를 통해 형성되는 공간은 자신이 누구인가를 이해할 수 있도록, 즉 자신의 정체성을 가지도록 한다. 다시 말해 공간은 사람들 간 차이를 만들어내고, 이 차이에 의해 공간적 질서가 형성된다. 사물들의 내재적 관련성(예로, 책과 책상 간의 관계)을 통해 형성된 공간적 질서는 안정적이며, 사람들에게 존재론적 안전감을 가져다준다. 이러한 사물들 간에 내재된 공간적 질서는 외적으로(예로, 자본에 의해 구성된 현대 도시공간의 질서) 또는 인위적으로(예로, 권력의 장악과 유지를 위해 구성된 원형감옥의 공간 질서) 부여된 관계가 아니라, 사물의 본질적 관계(예로, 사람들 간 관계에 내재된 인간성, 나아가 사람과 자연 간에 내재된 생태성을 반영한 공간질서)에 기초한다. 이러한 본연적인 사회공간적 관계는 존재론적으로 상호인정(mutual recognition)을 전제로 한다.

이러한 공간적 개념화의 유의성에 바탕을 두고 다문화공간의 개념 정립 및 분석과 관련된 방법론으로 다규모적 접근에 대한 관심과 재검토가 필요하다. 다규모적 접근은 앞서 언급한 공간적 개념화의 기본 특성들을 함의할 뿐만 아니라 전통적으로 경계된 영토를 초월하는 공간적 과정을 설명하기 위해 유용한 방법론이다. 즉 다규모적 접근은 개인의 행동이 다중적 규모들에서 이루어지며, 지역적·국가적·지구적 제도들은 개인들의 물리적 행동이나 정체성 형성에 영향을 미치며, 이에 의해 재구성된다는 사실에 초점을 둔다. 물론 여기서 국지적·지역적, 또는 심지어 국가적이거나 지구적이라고 할 때에도, 그 규모는 주어진 것이 아니라 정치적 및 사회적으로 구성된다.

규모의 구성 또는 생산에서 개인(특히 예로 외국인 이주자)은 다중적 규모들 내에 위치가 지어지고, 이에 따라 개인의 행동의 의미나 정체성은 다중적으로 구성될 수 있다. 또한 개인의 행동은 이러한 규모들 간을 이동하면서 자신의 목적과 능력을 고양/약화시킬 수 있다. 즉 규모들 간 관련성 속에서 정치적·사회적 경쟁은 규모들 간 이동을 만들어내고, 다른 규모들(특히 보다 높은 규모)에 대한 개인의 관심과 '규모를 뛰어넘을 수 있는(jumping scales)' 개인의 능력이 강조될 수 있다(Smith, 1992). 예로, 초국가적 자본가들은 이러한 '규모 뛰어넘기'에서 탁월한 능력을 가지며, 상대적으로 낮은 규모 내에 위치 지어져 있거나 이동성이 낮은 노동계급들을 지배하게 된다. 다른 예로, 님비 현상에서처럼 개인적·국지적 차원에서는 부정되지만 지역적·국가적 차원에서는 강제되는 활동들은 다규모적 갈등으로 설명될 수 있다(Cidell, 2006). 또 다른 예로, 외국인 이주자들이 새롭게 정착한 지역사회에서 적응하지 못할 때 이는 규모적 부조응으로 이해될 수 있다.

규모의 구성 과정은 제도적인 차원에서 정치권력의 영역과 긴밀하게 관련된다. 지구화 과정은 국민국가의 권력을 약화시킨 것으로 흔히 이해되지만, 실제로는 국민국가의 권력은 약화된 것이 아니라 기능적으로 규모를 가로질러 위로 그리고 아래로 '재규모화'를 추진해온 것으로 설명된다. 스윈거도우(Swyngedouw, 1997)에 의하면, 지구적 차원에서의 경제 재구조화와 이에 따라 국지적 장소에 미치는 영향은 영토적 권력의 재규모화로 간주되며, 이러한 경제적·영토적 재구조화와 관련된 국민국가의 재규모화는 '지구지방화(glocalization)'라고 개념화된다. 또한 규모의 생산은 현상들이 이해 가능한 것으로 간주되는 해법의 수준을 창출하는 것이다. 브레너(Brenner, 1998)에 의하면, 자본주의의 '규모적 조정(scalar fix)'은 자본의 이동성과 고정성 간 모순을 매개하는 방식으로 이해된다.

이러한 (다)규모적 접근은 공간적 개념화에 주요한 방법론으로 강조될 수 있지만, 이를 적용하고자 할 때 몇 가지 유의할 사항들이 있다. 첫째, 공간의 개념이 그러한 것처럼, 규모라는 개념도 어떤 실체를 가지는가에 대한 의문이 제기될 수 있다. 예로, 규모에 관한 스미스(Smith, 1992)의 유형 분류에 의하면, 규모의 중층성은 신체 공간에서 시작해 지구공간으로까지 확대된다. 신체는 개인적 정체성의 우선된 물리적 장소이며, 이 규모에서 젠더의 중요성이 강조된다. 이러한 규모의 개념화는 규모 그 자체가 어떤 실체를 가지는 것처럼 인식되도록 한다. 물론 예로 성의 상품화나 에이즈와 같은 경우 신체 공간은 개인의 규모를 넘어서는 중층적 규모들에서 신체를 정치화하기 위한 투쟁을 유발한다. 따라서 중요한 점은 특정 실체들이 특정 규모의 공간에서 가지는 관련적 의미를 고찰하는 것이 중요하다.

둘째, 위의 문제와 관련해 이러한 다규모적 방법론은 규모 또는 행위(실천) 가운데 어디에 연구의 초점을 우선 두어야 하는가라는 의문이 제기될 수 있다. 펙(Peck, 2002)은 개인들이 다른 규모들에서 어떻게 행동하는가의 문제가 아니라 가정, 지역사회, 지역, 국가, 지구 차원의 규모들에서 행위들이 어떻게 개인들에게 영향을 미치는가를 고찰하고자 한다. 그러나 이와 다소 다르게, 맨스필드(Mansfield, 2005: 469)는 상이한 규모들에서 발생하는 행위들이 아니라 어떤 한 행위의 규모적 차원들에 관한 고찰이 중요함을 강조한다. 이와 같이 상반된 주장들은 구조와 행위 간 관계에서 어디에 우선된 관심을 두어야 하는가의 문제와 관련된다고 할 수 있다. 예로 이주자 가정에서 발생하는 갈등적 행위는 우선적으로 그 가정공간의 규모에서 조건이 지워지겠지만, 이러한 행위는 이주자의 이주 전 경험한 규모들에서의 문화와 접합된 결과라고 할 수 있다. 이러한 점에서 연구의 초점은 규모 그 자체가 아니라 행위들의 다규모적 함의라고 할 수 있다.

셋째, 규모의 생산이나 규모의 정치 등 규모에 관한 주장들은 한 규모 내에서 동질성을 전제하는 것처럼 보인다. 심지어 규모의 다중성을 강조하면서 높은 차원의 규모는 낮은 차원의 규모들을 포섭하고 있는 것처럼 이해한다. 브레너(Brenner, 1998)나 스윈거도우(Swyngedouw, 1997)는 규모의 갈등이나 정치를 논의할 때, 특정 규모에서 작동하는 힘 또는 정치는 그 규모 내에서 동질적으로 영향을 미치는 것처럼 가정한다. 뿐만 아니라 실제 지리적으로 큰 규모들이 작은 규모들에 비해 더 큰 힘(규정력)을 가지는 것처럼 간주하는 경향이 있다. 그러나 실제 외국인 이주자의 경험은 높은 차원의 규모에서 작동하는 힘(예로, 지구공간 차원의 불균등 발전)에 대해서는 매우 둔감한 반면, 자신의 개인적 삶의 질이나 물질적 만족 등에 더 민감한 것처럼 보인다. 따라서 규모는 비계층적이며, 유동적이고, 관련적이라는 주장을 재강조할 필요가 있다.

2) 다문화공간의 개념과 의의

최근 들어 지구적 차원에서 상품과 자본, 기술이나 정보 등의 세계적인 교역 증대와 더불어 사람들의 직접적인 이주가 증대하고 이로 인하여 문화적 교류와 혼합이 급증하면서, 이른바 다문화적 현상들에 대한 관심이 증대하게 되었다. 이에 따라 국제적 이주에 직접적 관심을 가지는 지리학이나 사회학, 인류학 등 관련 학문 분야들에서의 연구뿐만 아니라 이러한 현상들의 정책적 과제들에 관한 연구 결과도 쏟아져 나오고 있다. 또한 이러한 새로운 문화적 현상이나 그에 함의된 규범적 문제들을 다루기 위한 철학적·문학적 논의들도 활발하게 진행되고 있다. 이러한 사회이론적·철학적 논의나 정책적 연구에서 가장 흔히 사용되는 용어는 다문화주의 또는 다문화사회이다.

다문화주의 또는 다문화사회라는 용어는 다양한 의미로 사용되며, 때로 상호 갈등적/비판적 함의들을 가지는 것으로 주장되거나 고려되고 있지만, 기본적으로 문화적 교류 및 혼합과 관련된 현상과 정책 그리고 규범을 다루기 위한 것이라고 할 수 있다. 즉 다문화주의는 ① 다양한 인종이나 민족의 혼재에 따라 발생한 문화적으로 다원화된 사회인구학적 현상, ② 인종, 민족,

국적에 따른 차별과 배제 없이 사회문화적 다양성을 보호하고 개인의 인권과 기회의 형평성을 보장하고자 하는 정부의 정책(이러한 정책은 기본적으로 배제주의 및 동화주의 정책과는 대조된다), ③ 사회문화적 다양성에 함의된 규범적 측면(인정의 정의, 민주주의 등)을 인식하고 그 가치를 정형화하고자 하는 철학 등으로 이해될 수 있다(Troper, 1999; 윤인진, 2008a에서 재인용).

이러한 다문화주의 또는 다문화사회라는 개념은 물론 공간적 함의를 가지며, 이미 공간적 용어들로 해석되고 있다. 즉 오늘날 문화적 교류는 과거에는 볼 수 없었던 지구적 차원에서 이루어지고 있으며, 또한 개별 국지적 지역사회에서도 이러한 문화적 교류의 증대에 따른 문화적 혼합이 촉진되고 있기 때문이다. 이러한 문화적 교류와 혼합은 지구지방적으로 새로운 다문화공간(multicultural space)을 형성하게 되었다. 다문화공간의 개념은 기본적으로 다문화주의 또는 다문화사회에서 논의되어온 현상들을 공간적 차원에서 고찰할 수 있도록 함으로써 그동안 간과된 주제들을 새롭게 드러내고, 또한 기존의 논의들을 재서술함으로써 보다 적실하게 이해할 수 있게 한다. 사실 오늘날 급증하는 문화적 교류와 혼합의 현상, 정책, 그리고 규범 등을 논의하기 위해 다문화공간이라는 개념이 명시적 또는 암묵적으로 사용되고, 또한 다양한 의미를 가질 수 있다(Rogers, 1998).

예로, 다문화공간은 서로 다른 문화적 배경 속에서 성장한 사람들 간의 만남과 상호행위 과정에서 형성될 수 있다. 서로 다른 문화를 가진 사람들 간의 일상적 상호행위는 새로운 다문화공간을 사회적으로 구성(또는 생산)하게 되고, 그 속에서 자신들이 누구인가에 대한 인식, 즉 자신의 정체성을 재형성하도록 한다. 또한 다문화공간은 외국인 이주자가 본국의 가족이나 친척들과의 의사소통을 하는 과정에서도 형성될 수 있다. 일상적 생활공간을 뛰어넘는 초국지적 또는 초국가적 공간은 물리적 공간에서의 상호 부재 속에서 네트워크의 연계로 형성된 일시적 공간이지만, 생활공간 속에 간헐적으로 개입하면서 관련된 사람들의 생활과 의식에 지대한 영향을 미치게 된다.

이러한 외국인 이주자에 의해 형성된 다문화공간은 또한 떠나온 과거의 공간도 아니고 새롭게 정착한 지역에서의 공간도 아닌 이른바 경계적 간공간 또는 '제3의 공간'이라는 메타포를 만들어낸다. 이러한 다문화공간은 기존의 권력관계를 유지/변화시키기 위한 새로운 힘의 장이 되면서, 동시에 기존의 문화공간에 대한 비판적 의식과 더불어 새로운 윤리를 위한 정치를 요구하게 된다.

이와 같이 다문화공간이라는 용어는 다양한 연구 배경에 따라 다양한 의미를 가지는 것으로 이해될 수 있으며, 따라서 다문화공간의 개념화를 위한 과제는 앞으로 본격적으로 연구되어야 할 것이다. 그러나 일단 예비적 단계에서, 다문화공간은 기본적으로 다음과 같이 정의되고 사용될 수 있을 것이다. 첫째, 다문화공간은 지구지방적 차원에서 가속적으로 전개되고 있는 문화적 교류 및 혼재와 관련된 사회공간적 현상들을 담지한다. 즉 다원화된 사회인구학적 현상으로서 다문화주의를 반영한 다문화공간의 개념은 지구적 공간에서 상품과 자본의 이동성 증대와 더불어 다양한 매체들을 통한 지식이나 정보의 교류 증대, 그리고 기업 활동이나 관광, 유학 등을 위한 사람들의 국제적 이동, 특히 보다 장기적인 정착을 목적으로 하는 외국인 이주자의 급증으로 인한 활발한 문화 교류의 발생과 그 배경을 고찰할 수 있도록 하며, 또한 이러한 과정의 결과로서 개별 지역사회 내에서 문화적 다양성이 증대하며 이에 따라 기존의 문화가 새로운 문화와 접합하면서 변화해나가는 현상들의 특성들을 이해하고자 한다. 예로, 다문화공간은 아침 식탁에 올라온 다양한 외국산 식품들의 생산-유통-소비 과정과 관련된 공간적 관계를 설명하거나, 지구적 규모로 작동하는 텔레비전이나 인터넷 등의 대중매체를 통한 정보나 지식의 실시간대 이동과 이에 따라 형성되는 초공간적 사이버 공간의 다문화성도 이해할 수 있도록 한다.

물론 다문화공간은 가장 직접적으로 외국인 이주자들의 국제적 이주와 새로운 지역사회에의 정착과 관련된 문화적 교류 및 혼합과 관련된다. 즉 오늘날 대규모 사람과 문화의 역사적 이동으로 형성된 다문화주의는 그 규모에서 지구적/지방적이며, 특히 지구적 도시화(glurbanization) 과정에 의해 복잡하게 연계되어 있다는 점에서 21세기 도시들은 다문화주의의 도전으로 점차 특징지어지게 되었다. 이러한 점에서 키스(Keith, 2005)는 "문화 교류의 극장, 혼종적 정체성의 수행을 위한 무대로서 세계시민주의적(cosmopolitan) 도시는 회의 공간, 사회적·문화적·경제적 재생의 공간으로 안정되었다"라고 주장하고, '다문화적 모자이크'에서 '세계시민적 용광로'로 이행해가는 도시들에 관한 이해가 요청된다고 강조한다. 다문화공간이라는 용어를 보다 명시적으로 사용한 우자르(Uzar, 2008)는 베를린에 있는 터키 출신 이주자들에 의한 상이한 공간 이용 방법들과 이에 의해 유도되어 실제 '혼종적 (공간) 편성[hybrid (spatial) configuration]'을 이루게 되는 '다문화공간의 생산(production of multicultural space)'을 고찰하고자 했다.[2]

둘째, 다문화공간은 지구지방적으로 전개되고 있는 문화적 교류와 혼합에 관한 정책이나 계획과 관련된다. 다문화주의 정책을 반영한 다문화공간은 문화적 교류 및 혼합에 따라 이 과정에서 발생할 수 있는 갈등과 마찰 또는 일방적인 통합(즉 동화)이 아니라 문화적 다양성과 차이를 인정하고 이를 정책적으로 제도화하고 실행하고자 하는 정책을 지지한다. 이러한 측면에서 연구는 흔히 다문화도시에 대한 경험적 연구나 다문화 공동체에 관한 계획과 관련된다. 예로 "일상생활은 다규모적 실천과 경험의 형태 속에서 '다문화적 도시'의 초국적 관계들, 즉 상이한 문화와 상이한 상상력 간의 만남에 의해 점차 더 많은 영향을 받게"된 서구 도시들에 관한 연구가 강조된다(Simonsens, 2008). 이러한 상황에서 최근 도시계획에 관한 연구는 '다문화적

---

2 베를린의 근린사회, 베딩(Wedding)과 이곳의 거리인 바트슈트라세(Badstrasse)에 관한 사례연구를 통해, Uzar(2008)는 터키 이민자들이 당국에 의해 '고안된 공간(conceived space)'을 그들의 '생활된 공간(lived space)'으로 전환하기 위하여 일상생활의 전략들 가운데 하나로 다문화주의를 채택하며, 그 결과 터키 이민자들의 연령별, 성별 집단들에 의한 공간 전유를 통해 새로운 공간적 배치들이 발생하고 있다고 제시했다.

도시'를 주요 주제들 가운데 하나로 부각시키고, "세계의 여러 사회들이 점차 다문화화 되어감에 따라 계획가들은 다양성에 보다 민감해질 필요"가 있으며, 통합과 분화, 포용과 배제, 조화와 갈등이 다문화적 도시에서 어떻게 발생하고 있는가를 고찰하고, 이와 관련된 문제들을 해결하기 위한 다양한 문화들이 인정되고 균형 잡힌 다문화 공동체(multicultural communities) 계획이 요구되고 있다(Uyesugi and Shipley, 2005).

그러나 다른 한편 다문화공간의 경험적 현상이나 정책들에 관한 비판적 연구도 중요한 의미를 가지게 된다. 예로, 다문화공간의 관점에서 "많은 사람들은 이미 상이한 문화들의 상호작용에 관한 연구의 필요성을 공동으로 인지"하고 있지만, 특히 "정치적 결과를 야기하는 공간적 실천들, 예로 게토화, 이주, 통합, 분화 등에 관심을 가지고" 비판적 다문화주의에 기초한 연구가 필요하다는 점이 제안되었다(Allen, 1997: 5). 또한 다문화공간과 관련된 지구적인 인적·문화적 교류가 여전히 국민국가의 통제하에서 어떻게 이루어지고 있는가에 대한 연구도 포함된다. 예로, 지구화 과정에 내재된 신자유주의적 정책들, 특히 자유무역과 자유시장의 개념에 함의된 자본과 인구의 자유로운 이동에 대한 강조에도 불구하고, 최근 선진국들에서 이민 자격의 조건을 강화한 이민정책 또는 개별 이주자들에 대한 통제를 강화한 비자 관리 정책들은 지구적/국가적 규모에서 다문화공간의 형성을 특징짓는다. 뿐만 아니라 이러한 다문화주의와 정치권력 간의 관계는 규모의 다원성 또는 규모 뛰어넘기와 관련된 권력 유지의 담론에 적용될 수 있다. 예로, 필리핀 이주자들에 관한 타이너(Tyner, 2000)의 연구는 필리핀 정부가 그 권력을 유지하기 위해 지구화의 담론과 신체의 담론 사이를 용의주도하게 이행하고 있다고 주장한다.

셋째, 다문화공간은 문화적 다양성에 관한 인정을 전제로 한 규범적 윤리와 민주적 정치의 이상을 함의한다. 다문화주의 윤리를 반영한 다문화공간은 타자성 또는 문화적 차이에 대한 상호 존중을 전제로 한다. 포스트모더니즘과 일정한 관계를 가지고 등장한 다문화주의는 일반적인 타자성과 차이에 대한 인정을 강조하지만, 특히 주변적 위치에 있는 소수자 문화들에게 동등한 권리를 부여하고자 한다. 이러한 점에서 다문화주의는 사회문화적 차이에 대한 동등한 대우뿐만 아니라 경제적(자원 이용도 포함하여)·정치적 차이의 극복과도 관련될 수 있으며, 따라서 다문화공간은 지역 간 및 지역 내 사회문화적·경제정치적 불균등을 극복하고 조화로운 지역사회를 지향한다고 할 수 있다. 즉 문화적 측면에서 다문화공간은 이를 구성하는 사람들의 문화적 다원성을 긍정적으로 승인하는 '인정적 정의'의 공간을 지향하며, 정치적 측면에서 다문화공간은 구성원들에 대한 이러한 상호인정(권리와 자율성)을 전제로 민주주의 발전을 촉진시킬 수 있다.

이러한 점에서 다문화공간은 다문화로 인한 갈등을 극복하고 정의롭고 민주적인 사회공간의 형성을 지향한다고 할 수 있다. 그러나 이러한 다문화공간의 이상이 현실에 그대로 투영되고 실현되는 것은 아니다. 다문화주의 또는 이를 반영한 다문화공간에 관한 규범적 개념화는 현실의 경제적·정치적 불균등과 그 발생 배경을 모호하게 하거나 사회문화적 차이에 대한 인정을 통해 오히려 갈등을 은폐할 수도 있다. 그럼에도 불구하고, "다문화주의는 갈등을 유발할 수 있지만, 이는 또한 인간조건을 특징짓는 갈등과 차이를 …… 유예시키는 집단의 '보금자리(home)', 안전한 장소, 연대의 근원이 될 수 있다"(Entrikin, 2004: 20). 즉 다양한 문화와 정체성을 가진 개인이나 집단들을 위해 정의롭고 민주적인 다문화공간은 제도적으로 주어진 공간이 아니라, 이러한 지구지방적으로 다규모적인 장소 만들기를 위한 실천을 통해 생산되고 유지되는 공간이라고 할 수 있다.

3. 다문화공간의 형성 배경과 이데올로기로서의 다문화주의

1) 자본 이동 대 노동 이동과 다문화공간의 형성 배경

지구화는 시장관계의 지구적 팽창과 신자유주의 이데올로기의 지구적 관철을 의미한다(Dreher, 2007). 이 과정에서 근본 요소는 시장 메커니즘의 전제로서 상품화, 특히 자연과 인간 노동력의 상품화를 포함한다. 이에 따라 세계 인구의 점점 더 많은 부분들은 자본주의 노동시장에 직접 통합되고, 지역적·국가적 노동시장은 지구적 노동시장으로 확장된다. 노동시장의 지구적 통합은 노동력의 국제이주를 촉진시키고 있다. 이렇게 국제적으로 이주하는 노동력에는 직접적인 노동력과 재생산을 위한 노동력, 즉 직접 상품 생산에 참여하는 단순 및 전문직 노동력, 결혼을 통한 가정의 형성과 가족의 재생산을 위한 결혼이주자들, 그리고 노동력의 잠재적 능력을 강화시키기 위해 국제적으로 이주하는 외국인 유학생도 포함된다. 이러한 노동력의 국제적 이주는 이주자 개인의 의지, 특히 자신의 삶의 질 향상과 능력 배양을 위한 것이라고 할 수 있다. 그러나 이들의 이주와 관련된 지구적 배경과 이에 관한 통제 메커니즘의 측면에서 보면, 노동력의 국제적 이주는 구조적으로 둔감하게 강제된 것이라고 할 수 있다.

노동력의 지구적 이주는 기본적으로 지구적 규모의 지역 불균등 발전을 배경으로 한다. 즉 자본 축적의 지리적 불균등은 특정 국가나 지역으로 부의 집중과 사회경제적 발전을 촉진하는 한편, 여타 국가나 지역의 부의 유출과 사회경제적 침체를 전제로 한다. 이러한 지리적 불균등 발전은 단순히 부의 유출/유입뿐만 아니라 상품화된 노동력의 유출/유입을 자극한다. 또한 일반 재화나 자본과 정보의 세계적 이동뿐만 아니라 노동력의 지구적 이동을 통한 지구적 규모의 경제적 통합을 위한 과정에서 생산요소들의 국가적 및 국제적 통제는 불평등하게 전개된다. 예로, 재화의 자유 이동은 세계무역기구

(WTO)에 의해, 자본의 자유 이동은 국제통화기금(IMF)에 의해 보장되고 촉진되지만, 노동의 국제이동은 대부분 정부들과 국제기구들에 의해 엄격하게 통제된다. 즉 "지구화 프로젝트는 자유주의적 이상으로서" 삶의 질 향상을 위해 이주하고자 하는 "인간의 자유가 아니라 축적 잠재력을 최대화시키고자 하는 자본의 자유와 관련된다". 이는 물론 노동의 이동이 축적을 위한 자본의 자유에 조응하는 경우에 한해 촉진된다(Overbeek, 2002: 75).

자본주의 경제체제에서 원료와 상품의 이동은 그 초기 단계에서부터 촉진되었지만, 자본의 국제적 이동은 대체로 최근 현상이다. 특히 1970년대 중반 이후 서구 선진국들에서 포드주의적 축적체제의 위기를 해소하기 위한 해외 직접투자의 급증은 이른바 노동의 신국제분업을 촉진했다. 그러나 이러한 신국제분업은 노동의 국제적 이주에 의한 것이 아니라 생산설비의 해외 이전에 따른 결과로 이루어졌다. 그 이후 1980년대 들어 급속히 팽창한 금융자본은 이윤 추구를 위한 기회를 확보하기 위해 지구적으로 이동하게 되었다. 새로운 정보통신기술의 발달은 자본의 자유 이동을 뒷받침했고, 자본의 지구적 이동은 세계적 차원에서 지역 불균등 발전을 촉진함으로써 생산요소들의 추가적 이동을 촉발했다. 그러나 자본의 지구적 이동, 특히 생산설비 자본의 이동은 하비(Harvey, 1982)가 제시한 '공간적 조정'의 개념을 적용할 경우 일정한 한계를 가진다. 즉 해외 생산설비 투자는 일시적으로 이윤 추구의 기회를 확대시키지만, 추가적인 지리적 이동을 어렵게 한다. 또한 이러한 생산설비의 해외 유출은 국내 생산의 공동화를 유발함으로써 해당 국가의 경제적 침체와 일자리의 감소를 초래하게 된다. 뿐만 아니라 순수한 금융자본의 지구적 이동은 때로 (특히 투기적) 자기 증식을 통한 이윤 추구를 가능하게 하지만, 생산자본에 의해 뒷받침되지 않은 상태 또는 미래의 생산자본과 관련된 수입을 전제로 한 자본 이득은 경기 변동에 극히 취약하고 불확실하고 불안정한 상황에 봉착하게 된다.

생산설비자본 및 순수한 금융자본의 지구적 이동이 가지는 한계에 봉착하여 자본 일반은 노동력의 지구적 이동을 촉진하고, 특히 경제성장을 명분으로 자본의 입장을 반영한 국가는 한때 엄격히 통제하던 노동력의 유입을 제한적이긴 하지만 점차 완화 또는 해제하게 되었다. 즉 경제 침체뿐만 아니라 경제 호황 상황에서도 노동력(단순 노동력뿐만 아니라 전문직 숙련 노동력을 포함)의 유입은 자본이 요구하는 문제를 해결하기 위한 중요한 수단이 된다. 물론 이러한 점에 대한 지적은 노동력의 지구적 이동이 생산설비나 금융자본의 지구적 이동을 상쇄시켜 이들을 절대적으로 감소시켰음을 뜻하지 않는다. 오히려 역으로, 노동력의 지구적 이동은 재화, 생산설비 및 자본의 지구적 이동을 상호 보완하면서 전체적으로 생산요소들의 지구적 이동을 촉진시키고 있다.

노동력의 국제 이동은 어떤 형태로든 오랜 역사 속에서 존재했으며, 자본주의의 초기 단계에도 노예 노동의 강제 이주나 농업 노동력의 자발적 이주가 있었다. 또한 서구 선진 자본주의 국가들에서 포드주의 단계에도 경제의 안정적 성장을 위한 노동력의 국내 유입이 촉진되었다. 그러나 최근 노동력의 국제이주는 양적으로 급증했을 뿐만 아니라 자본의 공간적 이동에 있어서 한계에 기인한다는 점에서 질적으로 상이하다.[3] 이러한 상황은 선진 자본주의 경제 내의 노동시장의 근본적 변화와도 관련된다. 탈규제와 자유화, 유연화의 신자유주의적 공세는 조직된 노동의 협상력을 저해하고 임금 인상 요구를 억압하면서, 다양한 비/반숙련노동을 위한 수요를 창출했고, 이에 따라 예로 의류산업 등에서 외국인 노동자의 대규모 유입을 전제로 한 과잉 착취 공장(sweatshop)이 재등장하도록 한다(Louie, 2001). 이러한 상황은 우리나라에서도 영세 중소기업을 중심으로 단순 노동력의 부족과 이를 충족시키

---

3 그 외에도 "IMF와 세계은행의 구조조정 프로그램과 함께 초강대국들에 의한 군사적 및 경제적 원조의 철회는 제3세계 국가들이 재분배를 위해 마련할 수 있었던 재원의 외적 근원을 상당히 축소시키는 결과를 초래"했으며, 이는 1970년대 중반 이후 국경을 넘어 지구적 차원으로 소득 기회의 확보와 생존(또는 삶의 질 향상)을 위한 사람들의 강제 이동의 단초를 제공했다는 지적도 있다(Overbeek, 2002: 77).

기 위해 이주노동자의 고용이 확대되고 있다는 점에서도 확인된다(최병두, 2009a).

물론 노동력의 지구적 이동은 단순 노동력뿐만 아니라 전문 기술직, 외국인 유학생, 그리고 결혼이주자들의 이동을 포함한다. 즉, 보다 포괄적 의미에서 노동력의 지구적 이동은 국가적 및 지역적으로 제한된 노동시장을 여러 형태의 국제 이주에 의해 지구적 규모로 통합시키고 있다. 우선 포드주의적 생산체계의 발달과 본사/분공장의 공간적 분화, 이에 따른 다국적기업의 확산은 중간층 관리자 및 임원들의 국제 이주를 증가시키고 있다. 또한 포스트포드주의 이후 첨단기술산업의 발달과 서비스(특히 생산자서비스업)의 국제화는 기술 및 전문 서비스직 종사자들의 국제적 이주를 증대시킨다. 둘째, 선진국들에서 비숙련 노동력의 수요 증대는 제3세계 국가들로부터 단순 노동자들의 대규모 이주를 야기하고 있다. 이러한 상황은 포드주의의 발달 이후 해외직접투자의 증가로 생산설비의 해외 이전에 따른 일부 국내 노동자의 해외 이주와 관련되지만, 또한 동시에 해외직접투자의 증대가 봉착하게 된 상대적 한계로 인해 노동자들의 국내 유입이 촉진되고 있기 때문이기도 하다. 뿐만 아니라 경제의 세계화와 더불어 문화의 세계화에 따른 유흥 및 오락 분야 종사자들의 국제이주를 목격할 수 있다. 셋째 선진국들에서 출산력의 감소에 따른 노동력의 재생산을 위한 잠재력의 저하는 새로운 삶의 기회를 바라는 국제결혼 이주를 촉진하고 있다. 결혼이주자들은 대체로 가정의 구성과 가족의 재생산을 위한 가사노동에 종사하지만, 저소득층 가정에 편입된 일부 결혼이주자들은 직접 생산 현장에 투입되기도 한다. 넷째, 한편으로 지식과 기술 습득을 위한 학습능력이 떨어진 제3세계 국가들의 상황, 다른 한편으로 상대적으로 선진국에서 교육 재정의 확충을 위한 학생의 확보가 긴요한 상황이 조응하면서, 외국인 유학생이 급증하고 있다.

이와 같이 다양한 유형, 형태, 규모로 진행되고 있는 노동력의 지구적 이동은 사실 지구지방화 과정 일반을 배경으로 하고 있다. 지구지방화 과정 일반이 드러내는 다양성과 다규모성은 자본이 그 내적 모순을 지연시키거나 대체시킬 수 있는 역량을 강화시킨다. 제숍(Jessop, 2002: 99)에 의하면, 지구지방화 과정을 통한 자본의 역량 강화는 "지구적 규모에서 그 작동의 범위를 증대시킴으로써, 국지적인 물질적·사회적·시공간적 제약들로부터 그 작동을 자유롭게 하기 위한 능력을 고양시킴으로써, 공간적 및 규모적 노동 분업을 심화시킬 수 있도록 함으로써, 규모들을 상향적 및 하향적으로 이동할 수 있는 기회들을 창출함으로써, 과거와 현재의 물질적 문제들을 미래로 지연시킴으로써, 장기적 기술예측을 촉진시킴으로써, 학습과 신뢰를 구축함으로써, 상이한 시대적 지평을 재접합함으로써" 이루어진다. 여기서 제숍은 자본의 이동이 영토적으로 차별화되고 파편화된 다른 유형의 통제들을 벗어나지 못할 때 노동의 이동을 촉진시킬 수 있다는 점을 크게 강조하지는 않았지만, 이에 따른 노동력의 지구적 이동과 지방적 적응 과정 역시 이러한 자본 역량의 강화에 기여하는 것으로 이해될 수 있다.

이러한 노동력의 국제이주는 지구지방화 과정을 배경으로 한 자본의 축적 전략과 결합되며, 그 효과를 증대시키기 위해 국가가 흔히 개입하게 된다. 이를 통해 자본과 국가가 얻게 되는 효과는 다음과 같은 점들을 포함한다 (Rosewarne, 2001 등 참조). 첫째, 노동력의 유입은 자본과 국가로 하여금 노동력의 사회적 재생산 비용을 절감하고 이에 대한 책임성을 단기적으로 줄여준다. 이를 위해 대부분의 국가들은 노동력(특히 단순 노동력)의 체류 기간을 2~3년 정도로 제한한다. 둘째, 노동력의 유입은 자본으로 하여금 해외 유출 없이 특정한 노동 수요를 위해 지구적 노동의 풀에 접근할 수 있도록 한다. 국가는 특정 노동에 대한 자본의 요구를 충족시키기 위해 자본의 유출 없이(즉 노동력의 유입을 통해) 지구적 노동시장에 접근할 수 있도록 한다. 셋째, 노동력의 유입은 노동력의 가치를 결정하는 국가적 규범을 변화시키고, 궁극적으로 노동 일반의 평가절하를 초래한다. 즉 자본은 예를 들어 임노동의 협상 지위를 약화시키기 위한 지렛대로써 이주노동을 이용할 수 있다. 넷째, 노동력의 유입은 자본으로 하여금 지구적으로 재입지하기 위해 필요한 비용을 줄일 수 있도록 하며, 재입지 여부에 관한 의사 결정에 도움을 준다. 노동력의 유입은 자본에게 재입지하고자 하는 국가의 통제 없이, 지구적 임금 격차를 이용해 이윤을 극대화할 수 있도록 한다.[4]

이와 같이, 노동력의 국제이주와 노동시장의 지구적 통합은 자본의 지구적 이동성에서 도출될 수 있는 것보다도 훨씬 더 큰 잠재적 이점을 자본에 제공할 수 있다. 이러한 노동시장의 재구조화와 노동력의 평가절하 가능성 속에서, 자본 축적은 지구적 차원에서 불균등하게 지속된다. 그러나 자본이 노동시장의 지구화를 통해 얻을 수 있는 이점은 노동이 완전히 상품화되거나 또는 상품 자체로 간주될 수 있을 때만 그렇다. 하지만 노동시장의 지구화는 일방적 과정이 아니며, 이주노동은 단순히 상품이 아니다. 이주를 위한 기회의 제공은 노동으로 하여금 국가의 제약과 자본의 규율로부터 벗어날 수 있는 기회를 제공한다. 반면 노동시장의 지구화가 국가의 규제 권위에 종속되어 있다는 점에서, 노동의 자유에 대한 제한은 지구적 이동을 추구하는 자본에 대한 제약이 되기도 한다.

이러한 논의에 함의된 바와 같이, 노동력의 국제이주에 따른 문화의 국제적 흐름과 이에 따라 형성된 다문화공간은 초국적 자본주의의 자본 축적 과정에서 요구되는 규정력에 의해 조건이 지어진 것이라고 할 수 있다. 그러나 이주노동력의 이용은 첫째, 공적 서비스(교육, 훈련, 사회복지 등)에 대한 국가의 투자를 면해주지만, 이주자들에 대한 노동력의 재생산 및 인간 자신의 재생산에 필요한 사회적 비용 지출을 장기적으로 유보하는 것에 불과하다. 둘째, 이주노동자의 고용은 단기적으로 부족한 국내 노동력을 보완하는 효과를 가지지만, 장기적으로 노동력 부족을 극복할 수 있는 대안적 방법들, 예

---

4 특히 국가 간 환율이 개별 국가들 간 물가지수의 차이를 정확히 반영하지 못하고 상대적으로 저발전국가들의 통화가 평가절하됨에 따라, 선진국에서 지불하는 임금이 자국의 통화로 환전할 때 훨씬 더 큰 가치를 가지게 된다.

로 생산설비의 자동화나 신규 사업으로의 업종 전환을 지연시키는 결과를 가져올 수 있다. 셋째, 이주노동력에 의해 촉진된 생산의 활성화는 고용된 노동력(단순 및 전문직 직접 노동자들뿐만 아니라 일부 결혼이주자의 경우에도)에 대한 임금의 일정 부분이 이들의 국가들로 송금된다는 점에서, 국내 소비시장의 형성과 확대에는 거의 기여하지 못한다. 넷째, 지역사회에서 형성된 다문화공간은 규범적 함의와는 달리 다양한 인종적·민족적 마찰과 갈등을 유발함으로써 정부의 물질적·이데올로기적 통제 정책이 없을 경우 심각한 사회공간적 위기를 초래할 수 있다.

이와 같이 노동의 지구적 이주는 제도적으로 특정한 경제적·정치적·사회문화적 공간을 형성하고, 이에 의해 초래되는 다양한 문제들을 만들어낸다. 노동의 지구적 이동은 어떤 의미에서 자본의 지구화 과정과 이로 인해 초래된 지구적 불균등 발전에 대한 노동의 자발적 반응이라고 볼 수 있지만, 또한 동시에 지구의 모든 부분들에서 유용한 재화나 정보의 교류뿐만 아니라 유휴화되고 있는 자본과 노동의 지구적 이동을 극대화시키고자 하는 자본의 거시적 전략에 따른 결과라고 할 수도 있다. 그러나 지구적 규모에서 작동하는 이러한 요구와는 달리 국가적·지역적 차원에서 노동의 유입은 여러 가지 문제들을 유발할 수 있다는 점에서 "자본주의 경제에는 한편으로 무역과 자본 흐름의 자유화 증대, 다른 한편으로 이주에 대한 엄격한 통제의 유지 간 모순이 존재"하며, 이러한 규제적 결함은 다규모적으로 논의될 수 있다고 주장된다(Willams, Balaz and Wallace, 2004).

2) 초국적 자본주의의 문화공간을 통제하기 위한 다문화주의

초국적 자본주의의 자본 축적을 위한 새로운 전략으로 노동력의 국제이주와 이로 인해 형성된 다문화공간은 자본과 국가에 의한 일정한 통제를 전제로 한다. 다문화주의는 이와 같은 초국가적 공간에서 이루어지는 노동력의 국제적 이주와 이에 따라 형성된 다문화공간을 통제하기 위한 이데올로기로 등장하게 되었다. 물론 다문화주의는 인종적 평등을 주장하는 한편 다양한 문화적 배경에서 유래하는 개인들의 근본적 차이를 존중한다는 점에서 매우 규범적이다. 그러나 다문화주의는 다문화 사회공간의 형성으로 인해 초래된 문제들을 통제하기 위한 이데올로기적 담론의 교리 또는 다인종들 간 발생할 수 있는 사회공간적 갈등의 통제 전략으로서 사회적으로 동원되고 있다 (Mitchell, 1993 등 참조). 지구적 규모의 이주가 일반화된 상황에서 다문화주의의 교리 또는 전략은 상이한 생활양식과 문화 그리고 이해관계를 가지는 구성원들 간의 공동체적 또는 다원적 사회공간의 형성을 위한 유일한 해법처럼 보인다는 점에서, 국가는 이러한 (신)자유주의적 교리를 동원해 다문화 사회공간에서 발생하는 문제들을 통제함으로써 사회공간적 결속력을 강화하고 자본의 축적 역량을 함양시키고자 한다.

다문화주의에 대한 이러한 비판적 고찰은 이미 1990년대 초반부터 제기되었다. 예로, 당시 캐나다 밴쿠버의 경우, 지구적 연계의 증대와 급속한 도시개발은 부유한 '아시아' 이민자들의 유입과 홍콩 투자가들에 의한 여러 가지 대규모 개발 프로젝트들을 동반했다. 이로 인해 유입되는 자본과 이민들이 밴쿠버 도시사회에서 원만하게 접합될 수 있도록 도시정부는 다문화주의 정책들을 추진하고자 했다. 이러한 정책을 비판적 관점에서 보면, "다문화주의는 밴쿠버에서 인종적 마찰을 원만하게 하고 도시환경과 일상생활의 경험에서 나타나는 최근의 변화에 대한 저항을 줄이기 위한 정책을 합리화시키기 위한 이데올로기로 작동한다. 이러한 의미에서 다문화주의를 형성하고자 하는 시도는 지구적 자본주의의 국제적 네트워크로 밴쿠버를 통합시키기 위해 인종과 민족의 개념에 대한 헤게모니적 통제를 획득하기 위한 시도로 이해될 수 있다"(Mitchell, 1993). 요컨대, 미첼에 의하면, 다문화주의란 '자본주의의 연합된 색채들'로 규정된다.

이러한 비판적 고찰은 다문화주의를 '초국적 자본주의의 문화적 논리'로 간주하는 지젝(Žižek, 1997)의 비판으로 이어진다. 그는 오늘날 지구적 자본주의가 일종의 '부정의 부정', 즉 국가적 자본주의와 그 국제적/식민적 단계 이후의 단계에 처해 있다고 주장한다. 즉 시작 단계에서 자본주의는 국민국가의 규정 내에 있었고, 국제적 무역을 통해 자본을 축적했다. 그다음 서구 선진 자본주의는 식민지 국가들을 지배하고 착취하는 식민화를 통해 자본을 축적했다. 그러나 이러한 과정의 최종 단계로 지구화 과정은 식민지들만 존재하고 식민모국은 존재하지 않는 식민화의 역설적 단계에 진입하고 있다.

이러한 지구적 자본주의의 이데올로기의 이상적 형태가 바로 다문화주의이다. 다문화주의란 텅 빈 지구적 위치(empty global position)에서 마치 식민자가 식민화된 사람들을 다루는 것처럼 ― 원주민들의 관습은 주의 깊게 고찰되고 '존경받아야 한다'라고 일컬어지는 것처럼 ― 각 국지적 문화를 다루는 태도이다(Žižek, 1997: 43~44).

이와 같은 상황을 배경으로 다문화주의는 법 앞에 시민들의 평등을 주장하는 한편, 다양한 문화적·인종적 배경에서 유래하는 개인들의 근본적 차이를 존중해야 한다는 교의를 확산시킴으로써 지구적 자본주의의 공간적 통합과 접합을 갈등 없이 원만하게 이루어질 수 있도록 한다. 다문화주의는 유럽 중심주의와 거리를 두는 척하지만 "다문화주의는 부정된, 역전된, 자기준거적 형태의 인종주의, 즉 어떤 거리를 둔 인종주의(racism with a distance)이다. …… 다문화주의는 모든 적극적 내용을 가지는 자신의 위상을 비운 인종주의이다(다문화주의자는 직접적 인종주의자가 아니며, 그는 타자를 그 자신의 문화의 특정 가치와 대립시키지 않는다). 그럼에도 불구하고 이는 다른 특정 문화들을 적절하게 전유(그리고 평가절하)할 수 있는 특권화된 보편성의 텅 빈 위치를 가진다. 타자의 특이성을 위한 다문화주의적 존중은 그 자신의 우월성을 단정하는 것이다"(Žižek, 1997: 44).

다문화주의가 '자본주의의 연합된 색채들' 또는 '초국적 자본주의의 문화적 논리'라는 이러한 비판은 단순히 인종적·문화적 측면만이 아니라 나아가 지구지방화 시대의 새로운 계급 질서의 재편과 관련된다. 한편으로 초국적기업과 금융기관들에 체현된 지구적 규모의 생산수단 소유자들로서 세계적 부르주아들이 등장해 초국적자본가계급을 형성하고 있다. 이들은 "초국적기업의 확산, 해외직접투자의 급증, 국경을 가로지르는 기업인수합병의 증대, 지구적 금융체계의 발달, 지구적 협력 구조 내 위상들의 상호연계 등"을 통해 자본가들의 초국가적 통합을 촉진하고, 자본 축적의 국가적 순환이라기보다 지구적 순환을 관리한다. 이들은 "국지적 영토성과 정치를 능가해 지구적 체계에서 공간적·정치적으로 형성된 객관적 계급의 존재와 계급의식을 창출하고 있다"(Robinson and Harris, 2000). 반면 지구적 규모로 이동하는 노동자들은 자신의 개인적 이해관계를 전제로 하지만 실제 아무런 생산수단을 가지지 못한 채 지구적으로 이동하면서 자신의 삶을 영위하기 위해 분투하고 있다. 이들은 끊임없이 유동하면서 자신들의 계급적 기반과 계급의식을 구축하기 어렵지만, 생산수단의 고정성에 대한 노동력의 유동성 간 모순을 창출함으로써, 경제체제의 지구지방적 작동 메커니즘을 매우 불안정하게 한다.

다문화주의에 대한 이러한 비판적 고찰은 현실 자본의 축적 전략에 대한 이해에 중요한 의미를 가진다. 왜냐하면, 다문화주의란 국제적 이주자들의 유입으로 인해 발생하는 인종적·문화적 다양성을 고취시키고 사회공간적 결속력을 강화시킴으로써 규범적 이상을 촉진하기 위한 것으로 이해될 수 있지만, 다른 한편으로 자본주의 경제사회체제하에서 초국적자본의 역량 강화를 위한 이데올로기적 교리 또는 전략으로 작동할 수 있기 때문이다. 후자의 입장에서 다문화주의에 대한 비판은 다문화주의 그 자체를 완전히 버리고자 하는 것은 물론 아니다. 즉 "다문화주의와 관련해 누가 무엇을 왜 말하고자 하는가를 고찰함으로써 각각의 배경에서 발생하는 전유(appropriation)의 상이한 유형들을 확인할 수 있다. 이러한 전유들에 책임이 있는 개인과 기관들을 밝히는 것은 의미를 경쟁적으로 재주창함에 있어 첫 단계이다. 의제들을 풀어내고 물질적 이득을 밝히기 어려움에도 불구하고, 이러한 과정을 통해서만이 다문화주의와 같이 희망적이고 빛나는 개념들의 보다 긍정적인 해석이 승리를 얻게 될 것이다"(Michell, 1993: 288).[5]

다문화주의는 그 개념 속에 함의된 희망적이고 빛나는 윤리를 고양시키기 위해서뿐만 아니라 현실 사회에서 다문화주의 정책조차 거부되고 있는 상황에 대한 극복을 위해서도 부활될 필요가 있다고 주장된다. 즉 서구 선진국들을 중심으로 1970년대에 시작되어 1990년대 초까지 지속되었던 국가 지원 다문화 프로그램과 정책들은 그 후 점차 쇠퇴하게 되었고, 대신 동화 촉진을 위한 전략들이 광범위하게 드러나고 있다. 1970년대만 하더라도 차이에 대한 교리는 예로 미국 교육계에서 차별철폐행동 프로그램(affirmative action programs)을 통해 소수자들에게 주어진 특정한 권리에 대한 인식에 응용되었으며, 프랑스에서는 1980년대 초 짧은 기간 동안이나마 번성했던 '차이에 대한 권리(right to difference)'라는 다문화주의적 담론이 시민사회에서 폭넓은 이해와 호응을 얻었다. 그러나 1970년대 (신)자유주의적 사고를 배경으로 도입되었던 다문화주의 교리와 전략들은 1990년대 초 신보수주의적 정책들이 강화되면서 점차 퇴조하기 시작했다.

최근 국제 이주가 20~30년 전에 비해 오히려 더 증대된 상황에서 다문화주의에 대한 담론과 정책의 쇠퇴, 그리고 이로 인한 국가 지원 다문화 프로그램의 축소는 외국인 이주자들의 국가적·지역적 통합에 심각한 문제를 유발하고 있다. 미국, 호주, 여러 유럽 국가들을 포함한 대부분의 선진국들에서 인종적·문화적 다양성의 적극적인 성취를 위한 정책적 노력이 포기되고,

---

5 이러한 점에서 Žižek(1997)도 유사한 주장, 즉 "민족주의(국가주의)라는 오물을 버리고자 할 때, '건전한' 민족적 정체성이라는 아이를 잃지 않도록 조심해야 한다"라고 주장한다. 즉 다문화주의에 대한 비판은 '과잉' 민족 정체성과는 분리되는 필수적인 최소한의 민족적 정체성을 보장할 수 있도록 해야 한다는 규범을 전제로 한다.

동화 촉진을 위한 전략들이 광범위하게 드러나고 있다. 예로, 미국 이민자 통합은 1996년 '복지개혁법'의해 크게 충격을 받았으며, 이 법에 의해 시민과 합법적 이주자 또는 '외국인 거주자'는 분리되었고, 후자 집단들은 연방 복지 혜택과 프로그램으로부터 배제되었다. 이와 같이 "국가가 지원하는 다문화 주의는 점차 퇴조하고 있다. 동시에 동화가 그 녹슨 이미지를 벗어나서 주요 개념적 및 정치적 도구로 그 지위를 다시 얻고 있다. ……. 우리는 이러한 경향들을 어떻게 이해할 수 있으며, 인문지리학자들은 다문화주의에 반대되는 현대적 반격을 더 잘 파악하는 데 어떻게 기여할 수 있는가?"(Mitchell, 2004: 641).

4. 인정공간으로서 다문화공간과 재분배와 인정의 정치

1) 인정의 공간으로서의 다문화공간

다문화공간이 구조적으로 자본 축적을 위한 초국적 자본주의의 문화공간 으로 형성되었다고 할지라도, 그 속에는 공간적 규범과 윤리가 함의되어 있 다. 즉 다문화공간을 구성하는 인종적·문화적 차이에 대한 인정과 타자성에 대한 상호 존중은 비록 자본과 권력의 통제를 위한 이데올로기라고 할지라 도, 그 속에 함의된 차별 철폐에 대한 요구와 다양한 정체성과 차이에 대한 인정을 위한 투쟁은 현대 정치의 공통된 양상이라고 할 수 있다. 다문화주의 는 비록 법 앞에서의 평등과 개인적 자유라는 자유주의적 입장과 문화적 다 양성과 차이에 관한 포스트모던 입장을 전제로 하고 있지만, 이는 또한 인종 이나 여타 이유로 차별화된 소수집단들의 보편적 권리와 정체성에 대한 인 정을 전제로 한다.

이러한 점에서 다문화주의를 예로 국가에 의해 주도되면서 자본에 의해 암묵적으로 승인된 다문화주의와, 시민사회와 외국인 이주자들이 함께 추진해가는 다문화주의와 같이 두 가지 유형으로 구분해볼 수 있다. 이러한 시도로, 윤인진(2008b)에 의해 제시된 국가주도 다문화주의와 시민주도 다문화주의의 구분 사례를 살펴볼 수 있다. 이 구분에 의하면, 국가주도 다문화주의는 복수의 문화집단들 간의 공존을 통해서 국가 통합을 이루고자 하는 이념 또는 정책을 의미하며, 캐나다나 호주와 같이 국가 건국 과정에서 연방주의적이며 이중문화적인 정책을 국가 차원에 시행한 경우에 해당된다. 반면, 시민주도 다문화주의는 "원주민 및 이주민과 같은 소수집단과 이들을 지원하는 시민단체 및 학자들이 추구하는 다문화주의"(윤인진, 2008b: 87)로서, "국가에 의해 일방적으로 추진되는 다문화 정책으로 인해 주변화되고 불이익을 당하게 되는 소수집단의 고유한 문화와 정체성을 보호하고, 사회의 기회구조에 평등하게 참여할 수 있도록 노력"하는 다문화주의를 의미한다. 이러한 구분은 다문화정책을 시행 주체를 기준으로 구분하고 그 성격을 규정한다는 점에서 유의성을 가진다. 그러나 문제는 이러한 구분이 필요한 배경을 제대로 설명하지 않고 있다는 점이다.

이 글에서는 이러한 구분의 연장선상에서 다문화주의를 '피동적'(또는 국가주도적, 정책적, 순응적) 다문화주의와 '능동적'(또는 시민주도적, 실천적, 비판적) 다문화주의로 구분하고자 한다(〈표 11-1〉 참조). 피동적 다문화주의란 자본과 권력에 의해 주어진 이데올로기적 다문화주의로, 노동의 지구적 이동을 거시적으로 정당화하면서 지역사회에서 다양한 인종과 문화의 혼합으로 인해 발생할 수 있는 사회공간적 갈등을 무마하기 위한 교리로서 작동한다. 이러한 피동적 다문화주의는 물론 이주 외국인들에 대한 지역사회의 포용(inclusion)과 차이의 승인을 포함한다는 점에서, 동화(assimilation)주의, 즉 다양성을 거부하며 차이를 무시하고 분리시켜 사적 영역으로 추방함으로써 공적/사적 괴리를 은폐하면서 실제 이를 더욱 확대시키고자 하는 동화주의 전략이나 담론과는 대조된다. 후자의 입장, 즉 동화주의에 따르면 문화적 차

표 11-1 피동적 다문화주의와 능동적 다문화주의

	피동적(정책적) 다문화주의	능동적(실천적) 다문화주의
목표	인종적·문화적 다양성의 승인과 공적 영역에서 참여 권리를 부여받음	인종적·문화적 차이의 인정에서 나아가 이를 부정하는 자본과 권력에 대한 저항
행위 주체	중앙정부나 지자체 또는 일부 시민·종교단체가 시혜적으로 시행하며, 외국인 이주자는 피동적임	주류집단의 지배에 저항하는 시민·종교단체들과 외국인 이주자들의 능동적으로 공동 참여함
정책 사례	• 자본의 시혜를 전제로 한 외국인 근로자의 노동자 지위 인정 • 지자체가 시행하는 교육 프로그램이나 외국인 참여 축제 등	• 자본과 대등하게 협상할 수 있는 외국인 이주자의 노동 3권 보장(쟁취) • 원주민과 이주자가 공동으로 주최하는 문화 프로그램이나 축제 등

이는 단지 사적 생활의 공간에서만 승인되며, 공적 영역에의 참여는 기존 규범과 가치에의 동화를 통한 시민적 필요 능력의 확보를 전제로 한다. 피동적 다문화주의는 공적 영역에서 차이를 승인하고 참여의 권리를 부여하지만, 이들은 명시적 또는 암묵적으로 자본이나 권력에 의해 시혜적이고 일시적으로 주어진다.

능동적·실천적 다문화주의는 단순히 특정한 소수집단이 가지는 인종적 또는 문화적 정체성에 대한 전략적·정책적 보호에서 나아가, 이를 능동적으로 확보하기 위한 주체적·실천적 노력을 전제로 한다. 즉 능동적 다문화주의는 단순한 포용이나 차이의 승인을 뜻하는 것이 아니라 적극적으로 다양성을 달성하는 것, 한 지역사회나 국가에 주어진 보편적 가정이나 가치 또는 주류집단들의 체현된 문화적 질에 대해 도전해 이 집단들이 체험하거나 상상하는 생활 경험의 범위를 확장시키는 것을 의미한다. 주류집단들의 생활 경험이나 상상의 확장을 통해 소수집단의 질적 특성과 차이가 비난되거나 무시되어 사적·개인적 영역으로 추방되지 아니하고, 세계 속의 다양한 존재양식으로 그 정당성이 인정되면서, 공적 영역 내에서 시민적 역량을 강화시켜나가게 된다. 이러한 노력은 인종이나 문화적 차이에 따른 소수집단의 구성원들뿐만 아니라 주류집단들에 속해 있다고 할지라도 소수집단의 인종적·문화적 다양성을 인정하고 공동체적 삶을 추구하는 사람들에 의해 공동으로 실천된다. 이들 양 부류의 사람들은 자본과 권력에 의해 억압 또는 지배되고 있다는 점에서 공통점을 가지며, 따라서 이들은 단지 인종적·문화적 차이의 인정에서 나아가 이를 부정하는(비록 가시적으로는 승인한다고 할지라도) 자본과 권력의 힘에 저항하고자 한다.

이러한 구분을 통해 능동적 다문화주의는 '인정의 정의' 및 '인정의 정치'라는 개념으로 나아갈 수 있게 된다. 다문화주의는 기본적으로 주류집단들의 정체성을 우선하고 이해관계를 실현하기 위해 인종적 및 문화적으로 차이가 있는 소수집단들의 정체성을 억압하고 이해관계를 무시하는 것에 대한 반대에서 출발한다. 이러한 점에서 다문화주의는 사회문화적 부정의를 비판적으로 성찰하고, 나아가 인종적·문화적 다양성과 차이에 대한 상호인정을 전제로 한 인정의 정의를 추구하며, 이를 실현시키기 위한 인정의 정치를 실천하고자 한다. 정체성의 주장과 차이에 대한 인정의 요구는 단지 다문화주의뿐만 아니라 현대 사상과 정치의 공통된 이슈라고 할 수 있다. 그러나 다문화주의에 기초한 인정의 정의 또는 인정의 정치는 단순한 개인적 정체성의 인정 이상을 함의한다. 즉 다문화공간에서 정체성의 표현과 차이의 인정은 차별 철폐에서 나아가 개인적인 가치와 경험, 성격의 자유로운 표현과 더불어 사회적 차원에서 민주주의와 시민권의 질과 이를 위한 참여 권리에 대한 주장들을 내포한다.

다문화주의에 함의되어 있는 이러한 인정의 정의 또는 인정의 정치는 테일러(Taylor, 1992)에 의해 우선적으로 주창되었으며, 차이에 관한 일단의 포스트모던 사회이론가들과 철학자들의 주장들을 포함한다.[6] 테일러에 의하면, 개인이나 집단의 정체성은 독자적으로 형성되는 것이 아니라 타인과의

---

6 예를 들어 M. Young, N. Fraser, Benhabib, Honig, S. Mouffe 등을 포함하며, 이들의 논문을 중심으로 편집한 단행본으로 Fraser and Honneth(2003) 참조.

상호주관적 관계에 의존하며, 따라서 타인과의 상호인정을 전제로 한다. 이와 같이 테일러는 정체성의 사회적 인정을 중요한 도덕적 요청으로 내세우면서, 상호인정을 토대로 모든 문화에 내재한 고유한 가치를 인정하도록 함으로써 다문화주의의 철학적 근거를 마련하고자 한다. 나아가 그는 각 개인이나 집단의 고유한 가치를 추구하는 '인정의 정치'를 강조한다. 그에 의하면, 인정의 정치란 각자의 정체성과 관련해 서로 간의 차이가 무엇이든지 간에, 이런 차이들을 모두 다 인정하면서 각자가 자기의 정체성을 계발할 수 있는 균등한 기회를 요구하는 것으로 이해된다. 이러한 테일러의 인정의 정치 개념은 인정의 개념에 근거한 영의 사회정의론과 유사하다. 즉 차이의 인정을 핵심으로 하고 있는 영(Young, 1990)의 사회정의론에 의하면, 사회는 다양한 정체성을 가지는 이질적인 사람들로 구성되고, 이러한 '이질적 공중'이 자율성을 가지고 공적 영역에 참여할 수 있어야 한다는 점이 강조되며, 이러한 정의를 실현시키기 위한 대안운동의 형태로 '차이의 정치' 또는 '인정의 정치'가 추구된다.

하버마스(Jürgen Habermas)와 호네트(Axel Honneth)에 의하면, 이러한 인정의 개념과 '인정의 정치'에 대한 강조는 단순히 테일러의 다문화주의나 포스트모던 정의론에서 나아가 맑스와 헤겔에까지 소급된다. 즉 인정이란 타자와의 대상적 관계 속에서 자신의 정체성을 획득하는 상호 보완적인 과정이며, 자기의식은 타자와의 상호 보완적 행위의 구조, 즉 헤겔이 명명한 '인정을 위한 투쟁(struggle for recognition)'의 결과로 이해된다(Habermas, 1974: 147). 만약 이러한 투쟁에서 상호인정이 아니라 타자의 삶을 억누르고 거부하게 되면, 자아는 자기 삶의 불충분성, 즉 자신으로부터의 소외를 경험하게 된다. 이러한 사고는 맑스의 노동 개념에 암묵적으로 내재되어 있었다. 즉 노동은 노동의 대상이 자연뿐만 아니라 노동에 참여하는 사람들 간의 상호 행위를 전제로 한 공동주체들 간의 관계로 이해된다(Honneth, 1995: 147). 그러나 오늘날 물신화된 자본의 지배하에서 소외된 노동은 이러한 상호인정을 상실했으며, 따라서 자본의 지배로부터 벗어나기 위해 자연과의 관계에서뿐만 아니라 타자들과의 관계에서 상호인정의 회복이 필요하다는 점이 강조되고 있다.[7]

이러한 점에서 다문화주의에 함의된 인정의 정의 또는 인정의 정치는 단순히 인종적·문화적 차이의 승인에서 나아가 이러한 차이를 사회구조적으로 강제하는 자본에 대한 반대운동도 포함한다. 이러한 다문화주의에 근거해 형성된 다문화공간은 인정의 정치를 전제로 한다는 점에서 '인정의 공간(spaces of recognition)'이라고 할 수 있다. 즉 인정의 공간으로서 다문화공간은 이 공간에서 서로 다른 인종, 성, 또는 다른 여러 특성들을 가지는 개인이나 집단들의 활동과 이들의 사회공간적 정체성이 그 자체로서 의미 있는 것으로 인정됨을 의미한다. 이러한 인정의 공간은 서구 자본주의 발달과 근대성의 전개 과정에서 중요한 역할을 담당한 공적 영역(public sphere)과 관련된다(Ghosh, 2000). 즉 다문화공간에서 표출되는 국가적 및 영토적 정체성과 시민적 권리들은 근대적 공적 영역의 형성에서 중요한 요소들로 간주된다. 즉 인정의 공간 개념은 근대 정치의 발달 과정에서 누가 공적 영역에 들어갈 수 있는가, 공적 영역에 적합한 활동이나 행위는 어떤 것인가, 공적 영역에서의 주체는 누구인가 등의 의문과 이의 제도화와 관련된다.

인정의 공간은 나아가 이러한 공적 영역의 개념을 능가하여 탈근대성과 국민국가의 제약을 벗어나는 인정의 정치를 위한 공간적 특성을 규명할 수 있도록 한다(Staeheli, 2008). 첫째, 인정의 정치는 공적 및 사적 영역들 간의 역(閾)공간(liminal space)에서 등장하는 것으로 이해된다. 부분적으로 이는 인정을 위한 많은 투쟁들이 이 두 가지 영역들 사이의 경계에 초점을 두고 있기 때문이다. 둘째, 인정의 정치 운동은 국가와 제도 권력의 중심에서 떨어진 주변적 공간들에서 등장한다. 이 공간들은 국가와 자본주의적 힘이 느

---

7 인정의 일반적 개념이나 이론적 주장들과 더불어 특히 자연과의 관계와 환경정의의 관점에서 이에 관한 논의를 위해 최병두(2009b) 참조.

슨하게 조직된 곳으로, 빈민 지역이나 인종적 공동체에서 흔히 제기된다. 셋째, 인정의 정치는 지구화된 세계에서 인종, 계급, 성의 차이에 기초한 사회적 배제를 해소하고 사회적 평등과 정의를 실현할 수 있는 윤리를 제공한다(Morrison, 2003; Fraser, 2005).

2) 다문화공간을 위한 재분배와 인정의 정치

인정공간으로서 다문화공간은 단순히 다문화적 이주자들이나 행위 주체들이 혼재되어 있다고 구축되는 것은 아니다. 즉 다문화공간은 공적 공간에 주체적으로 참여해 문화적 차이에 따른 사회적 차별의 철폐를 주장하고 나아가 상호주관적 관계를 통한 개인적 및 집단적 정체성의 상호인정을 요구하는 실천을 통해서만 형성되고, 유지될 수 있다. 달리 말해 다문화공간이 아무리 규범성을 함의하고 있다고 할지라도 사회공간적 기능으로 주어지는 것이 아니라 끊임없는 실천적 투쟁을 통해 생성되고, 유지되는 공간이다. 그렇지 않을 경우, 다문화공간과 이에 함의된 다문화주의는 초국적자본과 제국적 권력이 자신들의 이해관계를 실현시키기 위한 공간으로 전락하게 된다.

뿐만 아니라 다문화공간은 단지 인종적 차이에 대한 인정과 다양한 정체성의 존중만을 요구하는 것이 아니라, 물질적 재분배에 대한 요구도 포함한다. 재분배와 인정은 다문화공간의 구축, 나아가 사회적 정의의 실현에서 두 가지 기본축으로 작용한다. 위에서 논의한 바와 같이, 인정의 정치는 문화적 차이와 정체성의 차별에 근거한 사회공간적 부정에 초점을 두고, 사회적 억압과 지배를 벗어나서 '자신의 능력을 개발하고 발휘하며' 또한 '자신의 행위 외 행위의 조건을 결정하는 데 참여하고'자 한다(Young, 1990: 37). 이러한 의미에서 사회(공간)적 정의는 물질적 가치의 분배만으로는 해결될 수 없다. 그러나 이러한 영의 주장에 대한 반대로, 프레이저(Fraser, 1995)는 무형의 가치들만을 강조하는 인정의 정치만으로 사회적 정의는 실현될 수 없다고 주

그림 11-1 **재분배와 인정의 정치 간 관련성**

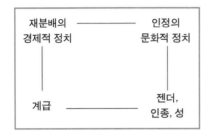

(가) 재분배와 인정의 정치에 대한
잘못된 이해

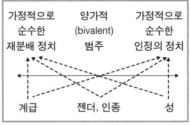

(나) 재분배와 인정의 정치의 연속성

자료: Sayer(2001: 694)[그림 (나)는 일부 수정].

장하고, 물질적 재분배의 중요성을 강조한다. 즉 재분배의 정치는 사회의 정
치경제구조에 뿌리를 둔 부정의에 초점을 맞추고 물질적 착취와 박탈, 빈곤
과 주변화 등을 극복하고 경제적 평등을 달성하기 위해 소득의 재분배, 노동
분업의 재편 등을 추구한다.

프레이저는 재분배와 인정의 정치가 분석적으로 다른 차원에 속하는 것으
로 이해하고, 서로 환원될 수 없는 정의의 차원임을 강조한다.[8] 즉 세이어
(Sayer, 2001)가 지적한 바와 같이, 문화와 경제 또는 이들과 각각 관련된 인
정의 정치와 재분배의 정치는 흔히 이분법적으로 모형화된다[〈그림 11-1〉
(가) 참조]. 이러한 이분법적 모형화는 영의 인정정의론에 대한 프레이저의
비판적 고찰에서 지적된 것으로, 프레이저는 재분배의 정치와 인정의 정치
는 가정적으로 설정된 양 극단들 사이에서 서로 연속적으로 전개된다고 주

---

8 Fraser(2005: 1)에 의하면, 이러한 재분배 및 인정의 정의를 지구(지방)적 차원에 적용함에
   있어서 고려해야 할 점이 있다. 즉 "재분배든 인정이든, 계급적 차별이든 신분의 계층에 관
   한 문제이든 간에 정의가 적용되었던 단위는 근대 영토국가"였다는 점이다. 이러한 점에서
   지구지방적 세계에 재분배 및 인정의 정의를 적용함에 있어서 다규모적 접근이 유의하다고
   할 수 있다.

장한다[〈그림 11-1〉 (나) 참조]. 예로, 계급, 젠더, 인종 그리고 성(섹슈얼리티)에 따른 사회적 차별의 네 가지 유형 가운데, 계급은 재분배의 정치를 보다 중요하게 필요로 하는 반면, 성은 인정의 정치를 보다 긴밀하게 요구하며, 젠더와 인종은 재분배와 인정의 차원 모두에 유사한 정도로 관련된다. 즉 인종과 젠더 등은 양가성을 가지는 사회적 차이, 즉 문화와 정치경제의 어느 한 쪽에만 관련되는 것이 아니라 양자 모두에 뿌리를 둔 혼종적 범주로 이해된다. 인종이나 민족 등에 기초한 다른 정치들도 한 극단에 좀 더 가깝긴 하겠지만, 그 사이에 위치 지어질 수 있다.[9]

이러한 세이어의 제안과 관련하여, 우리는 재분배의 정치와 인정의 정치가 이와 같이 여러 가지 유형의 사회적 이슈들에서 서로 다른 중요성을 가지고 있는 것은 분명하다고 할지라도, 이들을 완전히 분리된 두 가지 차원으로 유형화하는 것은 현실의 분석에 부적절한 것으로 주장하고자 한다. 왜냐하면, 앞서 '능동적' 다문화주의의 개념화에서 강조한 바와 같이, 단순히 인종적·문화적 다양성이나 차이의 인정만이 문제가 아니라 이러한 인정을 부정하는 자본과 권력의 사회적 작동 메커니즘이 더 큰 문제이기 때문이다. 즉 정체성이나 타자성에 대한 무시를 초래하는 사회적 억압과 지배는 단순히 무형적 가치와 관련된 것이 아니라 물질적 이해관계를 대변하는 자본과 권력에 의해 주도된 것이기 때문이다. 물론 그렇다고 인정의 정의 없이 재분배의 정의만 강조될 수는 없다. 왜냐하면, 다문화적 가치와 이를 위한 공적 공간에의 참여가 인정되지 않는다면 재분배에 대한 요구 자체가 불가능해지기 때문이다. 이러한 점에서 재분배의 정의는 인정의 정의를 전제로 하며, 또한 그 역도 성립한다. 즉 다문화공간에서 실천은 인정의 정치와 재분배의 정치를 동시에 추진할 수 있어야 할 것이다.

---

9 그러나 Sayer(2001)는, 구체적인 정치적 투쟁들은 어느 정도 항상 양가적이겠지만, 이러한 개념화는 다양한 정치적 투쟁들과 이들의 문제들의 상이한 기원을 모호하게 한다는 점에서 비판하고, 하버마스의 체계와 생활세계에 근거해 대안적 틀을 제시하고자 했다.

이러한 인정의 정치는 어떤 의미에서 재분배의 정치가 어느 정도 제도화된 선진국들을 중심으로 강조될 수 있는 것으로 추정되지만, 최근 우리나라에서도 다문화주의 또는 다문화정책과 관련해 '인정의 정치'를 강조하는 논의들이 제기되고 있다. 예로, 심보선(2007: 41~342)에 의하면, 우리나라의 다문화주의는 이주노동자 운동의 조직화 과정에서 표방되고 있지만, 실제 이주노동자 정책에서는 인정의 정치가 배제된 온정주의적 정책으로 귀결되고 있는 것으로 고찰하고 있다. 비슷한 맥락에서 김영옥(2007: 129)은 이주노동자와 결혼이주자의 유입으로 다문화사회로 급격하게 변화하고 있는 한국 사회 역시 "전 지구적 맥락 안에서 차이의 인식과 인정, 그리고 재분배를 둘러싼 힘겨운 투쟁을 하고 있다"라고 서술하고, "한국 정부가 주도하고 있는 이주정책으로서 다문화주의는 …… 다문화주의의 요소를 가미한 동화주의의 면모를 띤다"라고 주장한다. 정미라(2008)는 여성주의와 다문화주의를 비교 검토하면서, 이들의 "공통적 지반인 '차이'의 인정에 대한 규범적 요구가 지닌 억압과 해방이라는 이중성을 밝혀"낼 필요가 있음을 강조한다.

다문화주의에 관한 이러한 논의들은 정부 주도적으로 진행되고 있는 다문화정책의 한계를 지적하면서, 인정의 정치를 강조하고 있다는 점에서 의의를 가진다. 그러나 이들 모두 인정의 정치와 재분배의 정치가 동시에 추진되어야 하며, 특히 인정의 정의를 위해 재분배의 정의가 필요하며, 또한 역으로 재분배의 정의를 위해 인정의 정의가 필요함을 적절히 주장하지 못하고 있다. 다른 한편, 인정의 정치에 대한 중요성은 심지어 1987년 '노동자 대투쟁'에도 적용되기도 한다(문성훈, 2005). 그러나 노동운동이 비록 인정의 정치를 함의하고 있다고 할지라도, 재분배를 요구하는 계급운동임을 무시해서는 안 될 것이다. 그럼에도 불구하고 문화적 정체성과 타자성에 대한 인정투쟁운동뿐만 아니라 생산 영역에서 임금 인상이나 자주경영에 대한 요구 또는 생활 영역에서 소득 및 공공서비스의 재분배를 요구하는 운동 등 모든 운동들은 인정투쟁을 통한 인정의 쟁취 없이는 해당 영역에서의 요구를 관철시킬 수 없을 것이다. 즉 인정투쟁은 모든 유형의 운동에 계기적으로 전제된다고 할 수 있다.

5. 다문화공간의 규범성을 위하여

탈지구화 시대는 자본주의의 지양과 서구화의 극복을 위해 세계 경제체제의 전환과 더불어 새로운 문화공간의 편성을 요구한다. 지구지방화 과정과 이로 인해 초래된 문화적 영향은 공간적 언어들에 의해 보다 적절하고 새롭게 이해될 수 있다. 이러한 점에서 다문화공간은 중요한 용어로 주창될 수 있으며, 이에 대한 개념적 이해와 경험적 분석이 추구되어야 할 것이다. 다문화공간의 개념화는 다규모적 방법론에 의해 보다 체계화될 뿐만 아니라 탈식민주의, 세계시민주의, 초국가주의 등에서 제시된 공간적 개념들을 재검토, 수용함으로써 보다 포괄적이고 종합적인 체계를 갖추게 될 것이다.

그러나 문제는 이러한 다문화공간의 개념이 한편으로 윤리적·규범적 함의를 내재하고 있다고 할지라도, 그동안 지구화 과정에서 형성된 다문화공간과 이에 전제된 국제이주는 초국적 자본주의의 추동력에 의해 촉진되고, 전유되고 있다는 점에서 다문화공간의 형성 메커니즘과 자본 축적 간의 관계를 보다 면밀하게 검토할 필요가 있다. 그러나 자본 축적 과정에 대한 비판은 다문화공간에 대한 이데올로기적 함의와 이의 정치적 전용에 국한되며, 그 규범적 측면까지 포기하는 것은 아니라고 할 수 있다.

이러한 점에서, 오늘날 다문화공간의 형성이 자본주의적 지구화 과정에 불가피하게 조건 지어진 것이라고 할지라도, 탈지구화 시대의 새로운 다문화공간과 그 윤리로서 '인정의 정의'를 재조명하고, 이를 실현시키기 위해 실천할 필요가 있다. 물론 지구지방적 윤리로서 다문화공간의 규범성은 기능적으로 주어지는 것이 아니라, 실천을 통해 지켜질 수 있다. 다문화공간의 윤리를 지속적으로 유지하기 위해 문화적 측면에서 인정투쟁만이 아니라 사회경제적 측면에서 재분배를 위한 투쟁도 요구되지만, 인정투쟁은 모든 정치사회 운동에서 전제되는 우선적 계기라고 할 수 있다.

후기

1990년대 이후 급증한 외국인 이주자들의 유입으로 우리 사회는 빠르게 '다문화사회'로 전환하고 있다. 이에 따른 인종적·문화적 혼종성과 사회적 변화를 서술하기 위해 '다문화사회'라는 용어가 흔히 사용된다. 그러나 실제 국경을 가로지르는 초국적 이주와 이주한 지역에 정착해나가는 과정을 설명하기 위해서는 '다문화공간'이라는 용어가 더 적합하다고 하겠다. 이들의 이주·정착 과정 자체가 지리적·지역적·규모적(즉 지구지방적)일 뿐 아니라 이들이 가지는 정체성의 특성을 서술하거나 이와 관련된 윤리와 실천을 강조하기 위해 사용되는 용어들, 예를 들어 '경계인', '사이공간', '환대', '인정투쟁' 등은 이에 함의된 공간적 함의를 간과하고서는 제대로 이해할 수 없다. 이러한 점에서 이 글에서 제시되었던 '다문화공간'은 그 이후 학술적 개념으로서 뿐 아니라 일상적 서술 용어로도 많이 쓰이게 되었다.

나는 다소 우연한 기회에 다문화사회(공간)에 관심을 가지게 되었다. 2000년대 중반 나는 대통령 자문 빈부격차차별시정위원회 위원으로 활동하게 되었는데, 이 위원회는 우리 사회에 나타나는 여러 유형(여성, 장애인, 학벌, 비정규, 외국인, 연령 등)의 차별들과 이로 인해 유발되는 빈부격차를 완화하기 위한 정부의 정책 입안과 법 제정 등을 자문하기 위해 구성된 위원회였다. 나는 이 위원회 활동을 통해 소득(임금)이나 소유 자산 외에도 다양한 요인으로 인해 사회공간적 차별과 빈부격차가 유발된다는 점을 인식하고, 특히 외국인 이주자들이 겪게 되는 차별과 빈곤에 대해 보다 적극적인 관심을 가지게 되었다. 그리고 이러한 사유에 의해 유발되는 차별과 격차가 기본적으로 자본 축적 과정에 내재된 자본/노동 간 갈등과 어떤 상이성 및 연관성을 가지는가에 대해 연구해볼 필요가 있음을 깨닫게 되었다.

이 위원회 활동은 나에게 현장의 실천운동을 지원하기 위한 연구와 더불어 사회적 이슈가 되는 주요 정책 분야의 자문을 위한 연구도 중요하다는 점을 깨닫도록 해주었다. 그러나 문제는 이 과정에서 학술적 연구와 정책적 연구를 결합시키거나 상호 반영하는 데는 상당한 한계가 있다는 점이다. 나는 이 시기에 이 위원회 외에도 정책기획위원회 위원, 국가균형발전위원회 자문위원, 고령화및미래사회위원회 전문위원, 양극화민생대책위원회 위원 등으로 당시 참여정부의 여러 위원회에 참여해 정책 자문 활동을 했다. 돌이켜 보면 당시 빈부격차차별시정위원회는 우리나라의 다문화 및 외국인 관련 정책을 체계화하기 위한 기본법('재한외국인 처우 기본법')의 제정 등 상당한 성과를 거두었지만, 그 외 여러 위원회에서 이루어졌던 개인적 활동은 대부분 구체적이지 못했고 명목상 활동으로 끝나는 경향이 있었다.

이러한 정책 참여 활동은 연구 방법에 있어 학술적 접근과 정책적 접근의 괴리에 대해 고민하도록 했지만, 새로운 연구 주제에 관심을 가지고 좀 더 이론적인 연구로 나아가도록 자극했다. 이에 따라 나는 '지구지방화와 다문화공간의 형성'에 관한 연구 과제를 학술진흥재단(현 한국연구재단으로 통합됨)에 신청해 연구 지원을 받게 되었다. 이 글은 이 연구 과제의 일환으로 집필된 것으로, 동아시아지역대안지리학대회(EARCAG) 제5차 학술대회(서울, 2008.12.13)에서 기조논문으로 발표되기도 했다. 이 글은 '다문화공간'이라는 신조어를 제시했다는 점뿐 아니라 초국적 이주가 자본주의 경제체제하에서 어떻게 규정되고 있는가를 설명하는 한편, 인정투쟁의 공간을 구축할 것을 강조했다는 점에서 정책적 측면보다 학술적 측면에서 더 큰 의의를 가진다고 하겠다. 나는 이 연구 과제의 결과물로 임석회 교수, 안영진 교수, 박배균 교수와 함께 저술한 공동저서 『지구지방화와 다문화공간』(2011)과 '일본의 다문화사회로의 전환과 지역사회의 역할'을 논의한 단독저서 『다문화공생』(2011)을 출간했다. 특히 후자의 연구에 필요한 일본 답사에 헌신적으로 참여해준 조현미 교수께 감사드린다.

참고문헌

김영옥. 2007. 「새로운 ‘시민들’의 등장과 다문화주의 논의」. ≪아시아여성연구≫, 46(2), 129~159쪽.

문성훈. 2005. 「노동운동의 이념적 자기반성을 위하여: 1987년 노동자 대투쟁은 ‘인정투쟁’이다」. ≪시대와 철학≫, 16(3), 181~212쪽.

심보선. 2007. 「온정주의 이주노동자 정책의 형성과 변화: 한국의 다문화 정책을 위한 시론적 분석」. ≪담론 201≫, 10(2), 41~76쪽.

윤인진. 2008a. 「코리안 디아스포라와 초국가주의」. ≪문화역사지리≫, 20(1), 1~18쪽.

_____. 2008b. 「한국적 다문화주의의 전개와 특성: 국가와 시민사회의 관계를 중심으로」. ≪한국사회학≫, 42(2), 72~103쪽.

정미라. 2008. 「여성주의와 다문화주의」. ≪대한철학회논문집≫, 107, 51~68쪽.

최병두. 2009a. 「이주노동자의 유입이 지역경제에 미치는 영향」. ≪한국지역지리학회지≫, 15(3), 369~392쪽.

_____. 2009b. 『비판적 생태학과 환경정의』. 파주: 한울.

Allen, R. 1997. "What space makes of us: thirdspace, identity politics, and multiculturalism." Paper presented at the Annual Meeting of the American Educational Research Association(Chicago, IL, March 24~28, 1997).

Brenner, N. 1998. "Between fixity and motion: accumulation, territorial organization and the historical geography of spatial scales." *Environment and Planning, D*, 16, pp. 459~481.

Cidell, J. 2006. "The place of individuals in the politics of scale." *Area*, 38(2), pp. 196~203.

Crang, M. and N. Thrift(eds.). 2000. *Thinking Space*. London and New York: Routledge.

Dirlik, A. 2001. "Globalization as the end and the beginning of history: The contradictory implications of a new paradigm." *Rethinking Marxism* 12 (4), pp. 4~22.

Dreher, S. 2007. *Neoliberalism and Migration: An Inquiry into the Politics of Globalization*. Hamburg: Lit Verlag.

Entrikin, J. N. 2004. "Democratic place-making and multiculturalism." *Geograpfisak Annaler, Series B. Human Geography*, 84(1), pp. 19~25.

Fraser, N. 1995. "From redistribution to recognition?" *New Left Review*, 212, pp. 68~93.

_____. 2005. "Reframing justice in a globalizing world." *New Left Review*, 36, pp. 1~19.

Fraser, N. and A. Honneth. 2003. *Redistribution or Recognition? A Poltical-Philosophical Exchange*. London and New York: Verso.

Ghosh, A. 2000. "Spaces of recognition: Puja and Power in Contemporary Calcutta."

Journal of Southern African Studies, 26(2), pp. 289~299.

Habermas, J. 1974. *Theory and Practice*(translated by John Viertel), London: Heinemann.

Harvey, D. 1982. *The Limits to Capital*. Oxford: Blackwell.

_____. 1996. *Justice, Nature, and the Geography of Difference*. Oxford: Blackwell.

Honneth, A. 1995. *The Struggle for Recognition: The Moral Grammar of Social Conflicts*. Cambridge, MA: The MIT press.

Jessop, B. 2002. "Time and space in the globalization of capital and their implications for state power." *Rethinking Marxism*, 14(1), pp. 97~117.

Keith, M. 2005. *After the Cosmopolitan? Multicultural Cities and the Future of Racism*, London: Routledge.

Lefebvre, H. 1990. *The Production of Space*, Oxford: Blackwell.

Louie, M. C. Y. 2001. *Sweatshop Warriors: Immigrant Women Workers Take on the Global Factory*. Cambridge, MA: South End Press.

Mansfield, B. 2005. "Beyond rescaling: reintegrating the 'national' as a dimension of scalar relations." *Progress in Human Geography*, 29, pp. 458~473

Mitchell, K. 1993. "Multiculturalism, or the united colors of capitalism?" *Antipode*, 25(4), pp. 263~294.

_____. 2004. "Geographies of identity: multiculturalism unplugged." *Progress in Human Geography*, 28(5), pp. 641~651.

Morrison, Z. 2003. "Recognizing 'recognition': social justice and the place of the cultural in social exclusion policy and practices." *Environment and Planning A*. 35, pp. 1629~1649.

Overbeek, H. 2002. "Neoliberalism and the regulation of global labor mobility." *The Annals of The American Academy*, 581, pp. 74~90.

Peck, J. 2002. "Political economies of scale: fast policy, interscalar relations, and neoliberal workfare." *Economic Geography*, 78, pp. 331~360.

Robinson, W. I. and J. Harris. 2000. "Towards a global ruling class? globalization and the transnational capitalist class." *Science and Society*, 64(1), pp. 11~54.

Rogers, A. 1998. "The spaces of multiculturalism and citizenship." *International Social Science Journal*, 156, pp. 201~213.

Rosewarne, S. 2001. "Globalization, migration, and labor market formation: labor's challenge?" *Captialism, Nature, Socialism*, 12(3), pp. 71~84.

Roudonetof, V. 2005. "Transnationalism, cosmopolitanism and glocalization." *Current Sociology*, 53(1), pp. 113~135.

Sayer, A. 2001. "For a critical cultural political economy." *Antipode*, 33(4), pp. 687~708.

Simonsen, K. 2008. "Practice, narrative and the 'multicultural city': a Copenhagen case." *European Urban and Regional Studies*, 15(2), pp. 145~158.

Smith, N. 1992. "Geography, difference and the politics of scale." in J. Doherty, E. Graham and M. Makeld(eds.). *Postmodernism and the Social Sciences*, New York: St Martin's Press, pp. 57~79.

Staeheli, L. A. 2008. "Political geography: difference, recognition, and the contested terrains of political claims-making." *Progress in Human Geography*, 32(4), pp. 561~570.

Swyngedouw, E. 1997. "Neither global nor local: 'glocalization' and the poltics of sclae." in K. Cox, *Spaces of Globalization: Reasserting the Power of the Local*. New York: Guilford, pp. 137~166.

Taylor, C. 1992. *Multiculturalism and 'The Politics of Recognition'*. Princeton: Princeton Univ. Press.

Troper, H. 1999. "Multiculturalism." in P. R. Magocsci(ed.). *Encyclopedia of Canada's Peoples*, Toronto: Univ. of Toronto Press.

Tyner, J. A. 2000. "Migrant labour and the politics of scale: gendering the Philippine state." *Asia Pacific Viewpoint*, 41(2), pp. 131~154.

Uyesugi, J. L. and R. Shipley. 2005. "Visioning diversity: planning Vancouver's multicultural communities." *International Planning Studies*, 10(3-4), pp. 305~322.

Uzar, F. 2008. *Production of Multicultural Space by Turkish Immigrants*. Saarbrücken: VDM Verlag Dr. Müller.

Willams, A., V. Balaz and C. Wallace. 2004. "International labour mobility and uneven regional development in Europe." *European Urban and Regional Studies*, 1(1), pp. 27~46.

Young, I. M. 1990. *Justice and the Politics of Difference*. Princeton, New Jersey: Princeton Univ. Press.

Žižek, S. 1997. "Multiculturalism, or, the cultural logic of multinational capitalism." *New Left Review*, 225, pp. 28~51.

제12장 이방인의 권리와 환대의 윤리: 칸트와 데리다

1. 환대란 무엇인가

최근 우리 사회에서 급증하고 있는 초국적 이주자들에 대한 사회적·정책적 관심이 증대하고 있다. 초국적 이주자들에 대한 관심의 증대는 궁극적으로 이들을 우리의 사회공간에 어떻게 받아들일 것인가의 문제, 즉 '환대'의 문제를 전제로 한다. 그러나 그동안 초국적 이주 및 다문화사회(공간)에 관한 많은 연구들이 있었음에도 불구하고, 이들을 어떻게 환대할 것인가에 대한 윤리적 (정책) 준거에 대한 제시, 그리고 이들이 실제 어떻게 환대를 받고 있는가에 대한 경험적 (담론) 분석이 제대로 이루어지지 못했다.

환대(hospitality)란 '나의 거주지(생활공간)에 찾아온 타자(이방인)를 어떻게 받아들일 것인가'의 문제와 관련된다. 즉 환대는 "타인의 호소에 응답해 자신의 [거주지] 문을 열고 타인을 나의 손님으로 대접하고 선행을 베푸는 것"을 의미한다(문성훈, 2011). 근대 계약론적 윤리에 의하면, 이방인의 환대는 상호성에 근거해 원주민의 공동체를 위협하지 않는 범위 내에서 허용되는 권리와 관련된다. 반면 좁은 (또는 절대적) 의미로 환대란 나를 찾아온 타자의 자격을 따지지 않고 무조건 받아들이고 호의를 베푸는 의식과 행위를 말한다(데리다, 2004b). 이러한 의미에서 환대의 윤리는 타자를 '그 자체로서 충만

한 완전한 인격체'로 받아들이는 타자지향적 윤리이다.

환대라는 개념은 고대 그리스의 스토아학파에까지 소급되지만(Nussbaum, 1997), 근대에 들어와서 환대의 개념을 처음 재론한 인물은 철학자이며 인류학자, 지리학자였던 칸트이다. 칸트는 18세기 말 제국주의 침탈 전쟁의 소용돌이 속에서 세계시민주의에 근거한 '영구평화론'을 제시하면서, 타국을 방문한 이방인이 가지는 환대의 권리에 관해 논의했다. 칸트의 '환대의 권리' 개념은 국가주권과 보편적 인권 사이에 현실적으로뿐만 아니라 도덕적으로 의미 있는 권리의 개념을 만들어냄으로써, 오늘날 초국적 이주가 만연한 상황에서야 비로소 주목하게 된 어떤 영역을 이미 만들어 둔 것으로 평가된다(벤하비브, 2008). 뿐만 아니라 이러한 점은 칸트가 왜 철학과 더불어 인류학과 지리학을 가르치고자 했는가를 이해할 수 있도록 한다(특히 지리학 분야에서 매우 한정된 지식을 가졌음에도 불구하고; Harvey, 2009).

최근 자본주의 경제의 지구지방화 과정 속에서 사람과 문화의 교류가 급증하고 있으며, 이로 인해 우리 생활 주변에서 낯선 이방인들을 흔히 마주치게 된다. 상이한 인종과 상이한 문화와의 접촉은 한편으로 혼종성을 전제로 한 상호 배려나 인정, 호혜성을 가져다주는 것처럼 이해되며, 이를 흔히 다문화주의 등으로 개념화하기도 한다. 그러나 다른 한편 이러한 이질적 인종과 문화의 만남은 두려움과 상호 갈등, 나아가 심각한 충돌을 만들어낸다. 특히 신자유주의적 지구화 과정과 더불어 전개된 미국 중심의 신제국주의적 팽창 전략은 결국 9·11 사태와 같은 전대미문의 끔찍한 사건을 만들어 내었고, 이에 이어 이른바 '테러와의 전쟁' 과정에서 악의 축으로 불리는 아프가니스탄과 이라크에 대한 무력 침공이 자행되었다. 이러한 지구적 문화 충돌에 대한 대책으로 데리다는 '무조건적 환대'를 제시한 것이다.

이 글은 이러한 시대적 상황을 배경으로 제시된 칸트의 세계시민주의와 이방인의 권리, 그리고 데리다의 '무조건적 환대의 윤리'에 대해 지리학적 관점에서 논의하기 위한 것이다. 제2절에서는 칸트가 제시한 세계시민주의와 이방인의 권리 문제를 다루면서 이에 내재된 최소한 세 가지 측면의 공간적 또는 지리적 논제들, 즉 보편적 인권과 (공간적으로 한정된 공동체의) 성원적 권리, 지표공간의 절대적 한정과 영토성, 그리고 공화국의 민주적 주권과 세계연방제를 논의하고자 한다. 제3절에서는 데리다의 무조건적 환대의 개념을 다루면서 이에 내재된 공간적 또는 지리적 논제들을 마찬가지로 세 가지 측면에서, 즉 무조건적 환대의 근거로서 자기-집의 구축/해체, 무조건적 환대와 조건적 환대 간 긴장, 무조건적 환대를 지향하는 새로운 유럽에 대한 데리다의 묘사 등을 다루고자 한다.[1] 이 글은 이러한 논의를 통해 현대 사회가 처해 있는 인류적·지리적 문제로서 초국적 이주와 지역사회의 문화적 혼종화에 대해 어떻게 대처해야 할 것인가에 대한 정치적 및 윤리적 대안의 모색에 이바지하기를 기대한다.

2. 칸트의 세계시민적 환대의 권리

1) 칸트의 세계시민주의와 환대의 권리

칸트는 1795년 혁명의 소용돌이 속에 있던 프랑스와 프러시아 간에 바젤 조약(Treaty of Basel)이 체결되는 것을 보면서 『영구평화론』을 저술했다. 이 저술에서 그는 세계시민주의에 근거한 세계연방제를 제시함으로써 세계가 어떻게 영구평화를 이룰 수 있는가를 보여주고자 했다.[2] 특히 칸트는 여기서

---

1 이 글은 벤하비브(2008), 하비(2009), 데리다(2004b), 김애령(2008), 김진(2011)에 크게 의존하고 있다.
2 세계시민주의 전통은 고대 그리스의 스토아학파에까지 소급된다. 이 학파는 모든 인간을 순수하게 세계의 시민으로 고려했지만, 칸트는 이를 수정해 국가들 간 체계의 연방적 구조를 가지는 '세계연방'을 제시하면서 국민, 국가, 주권, 시민권 등과 관련시켜 논의하고자 했다 (Nussbaum, 1997).

공동체의 경계를 넘나드는 개인들에 적용되는 도덕적·법적 관계에 주목하면서 세계시민적 권리에 관해 논의했다. 칸트의 세계시민권은 모든 사람들이 자유의지를 가진 인격체이며 또한 동시에 한정된 지표면을 공유하는 공통적 인류임을 전제로 타자의 영토를 방문했을 때 그들로부터 환대받을 수 있는 권리이며, 그런 한에서 어떤 한 문화나 종교 그리고 인종적 장벽이라는 제약을 넘어 여행하고 임시로 체류할 수 있는 자유를 포함한다.

칸트가 세계시민권에 관한 그의 성찰을 저술했던 시기, 즉 18세기 말은 유럽 열강의 제국주의적 영토 팽창이 치열하게 전개되었던 시기이다. 이미 16~17세기부터 네덜란드와 포르투갈, 스페인, 그리고 영국의 제국 함대들은 인도양과 동남아시아 지역에 진출해 영토의 쟁탈과 지배를 둘러싸고 각축을 벌여왔고, 아메리카와 아프리카 대륙을 분할해 식민지 통치를 추구하는 경쟁이 불꽃을 튀기고 있었던 때였다. 이러한 시기에 칸트는 서구 열강의 제국주의적 팽창 야욕에 반대해 세계시민적 환대의 권리를 주장하고 '영구평화'를 위한 세계연방의 사고를 제시했다. 세계시민권에 관한 칸트의 논의는 비록 결함이 없는 것은 아니지만, 환대의 윤리에 관한 새로운 영역을 개척한 통찰력은 탁월한 것으로 인정되고 있다. 뿐만 아니라 칸트가 살았던 시기처럼 오늘날 제국 열강들이 신제국주의적 정치경제적 전략으로 자본주의의 세계화를 추동하고 있는 상황에서, 칸트의 세계시민주의는 새로운 지구지방적 윤리를 찾고자 하는 많은 학자들의 주목을 받고 있다.

칸트는 국가들 간 영구평화에 관한 명문 조항 세 가지를 제안했다. 첫째, 모든 국가의 시민 헌법은 공화주의적이어야 한다. 둘째, 국민국가의 법은 자유국가들의 연방 위에 기초해야 한다. 셋째, 세계시민권의 법은 보편적 환대의 조건에 한정되어야 한다. 특히 칸트는『영구평화론』3장에서 세계시민적 권리를 명시적으로 다루면서, 이러한 권리가 환대의 조건에 한정된다고 주장한다. 즉 칸트에 의하면, '환대'란 "인류애(philanthropy)의 문제가 아니라 권리의 문제"라고 부연 설명했다(Kant, 1923: 443; 벤하비브, 2008: 51에서 재인용). 달리 말해, 환대란 단순히 내국인이 그 나라를 찾아온 이방인이나 자연적·역사적 상황으로 말미암아 내국인의 친절한 행동에 의지하게 된 사람들에게 표할 수 있는 친절과 자비(generosity)와 같은 사교적 덕목으로 이해되어서는 안 된다는 것이다. 세계공화국의 잠재적 참여자라는 관점에서 환대는 모든 인류가 가져야 할 권리인 것이다.

칸트에 의하면 환대는 다른 나라의 땅에 도착한 이방인이 적으로 간주되지 않을 권리를 뜻한다. 이방인이 방문하고자 하는 국가는 해당 이방인이 몰락에 빠지지 않는 한 그를 받아들이지 않을 수도 있다. 그러나 이 이방인이 평화적으로 장소에 머물러 있는 한, 굳이 그를 적대적으로 대할 필요가 없고, 따라서 그렇게 대해서는 안 된다는 것이다. 칸트는 이러한 환대의 권리를 임시체류자에게 한정한다. 즉 환대의 권리는 모든 사람들이 가져야 하는 임시체류의 권리 또는 친교의 권리라고 할 수 있다. 만약 이방인이 영구적 방문자가 되고자 한다면, 그리고 이에 상응하는 어떤 권리를 가지고자 한다면, 새로운 계약이 필요한 것으로 간주된다. 즉 이방인이 본국인들과 동일한 권리를 일정 기간 동안 또는 영구히 가지고자 한다면 이를 위해 선의에 기초한 특별한 계약이 필요하다는 것이다. 칸트에 의하면, 이방인이 이러한 환대의 권리를 가지는 것은 모든 인간에게 보장된 '친교의 권리'를 가지기 때문이며, 또한 이 지구의 표면이 절대적으로 한정되어 있기 때문이다. 즉 "사람들은 지표면 위에 무한정하게 산재해 있을 수 없으며 따라서 결국 다른 사람의 출현을 받아들이지 않을 수 없기 때문에, 모든 사람들은 지표면의 공동 점유의 덕분으로 이러한 환대의 권리를 가진다"(Kant, 1923; 벤하비브, 2008: 52 번역 수정 재인용).

벤하비브(Seyla Benhabib)의 해석에 의하면, 세계시민적 권리에 관한 칸트의 주장에서 두 가지 핵심적 주제는 보편적 인권과 성원적 권리 간의 문제, 그리고 지표 공간의 절대적 한정과 영토성의 문제이다(벤하비브, 2008: 제1장). 첫 번째 주제와 관련해, 칸트는 세계시민적 권리로서 임시체류권에 관심을 가졌지만, 영주권에 대해서는 공화국의 주권(즉 성원권)과 관련되는 것으로 이해했다. 즉 세계시민적 권리는 이방인이 가지는 권리이며 따라서 이들에게 임시체류권을 인정하는 것은 공화국의 주권에 내재된 의무로 간주된다. 반면 영주권은 성원권에 기초한 특권으로, 이의 허용 여부는 '선의에 기초한 계약'에 의존한다는 점이다. 그러나 문제는 칸트가 세계시민적 권리를 완전히 보편적 인권으로 이해하지 않았다는 점이며, 이 점을 어떻게 해석할 것인가가 핵심적 과제라고 할 수 있다.[3]

두 번째 주제는 하비(David Harvey)가 벤하비브의 저서를 인용하면서 주장한 바와 같이, 세계시민적 권리에 관한 칸트의 개념화가 특정한 지리적 개념 구조를 배경으로 이루어져 있다는 점이다. 즉 칸트에 의하면, 환대의 권리는 "모든 인간이 가지는 일시적 체류의 권리이며 친교를 위한 권리이다. 인간은 지구의 표면을 공유하는 덕택으로 이러한 권리를 가지며, 하나의 구체로서 지표면에서 인간은 무한대로 분산할 수 없고, 따라서 결국 서로의 압박을 참아야만 한다"(벤하비브, 2008; Harvey, 2009: 18에서 재인용). 달리 말해 환대의 권리는 두 가지 사항, 즉 모든 인간이 보편적으로 가지는 친교의 권리로서, 또한 동시에 지표면의 제한적 특성에 의해 정당화된다. 즉 "지구의 제한적 특성은 인간이 지구 표면을 공동 소유한다는 점에서 서로 적응하도록 (때로 폭력적으로) 강제하는 한계를 규정한다. 인간은 스스로 원한다면 지구 표면을 가로질러 이동하고, 서로 (예로, 무역과 거래를 통해) 교류할 수 있는 천부적 권리를 가진다"(Harvey, 2009: 17). 환대의 권리를 정당화하기 위해 칸트가 제안한 두 가지 사항 모두 상당히 명시적으로 지리적 맥락을 전제로

---

3 벤하비브(2008: 53)는 칸트의 주장에서 불확실한 부분들이 있다고 지적한다. 즉 "사람들과 국민들 사이에 발생하는 이러한 관계들이 도덕적 의무의 요청을 넘어서는 적선 행위까지를 포함하는 것인지, 또는 이들 관계들이 '타자의 인격에 기초한 인간의 권리'에 대한 인정이라는 특정한 종류의 도덕적 요청을 수반하는 것인지 등이 불명확하다." 벤하비브는 칸트의 세계시민적 권리가 특정 정치적 공동체의 성원권과 보편적 인권에 따른 도덕적 명령 사이에 위치한다고 해석한다.

하고 있다.

칸트의 세계시민권 논의에서 확인되는 이러한 두 가지 핵심적 주제에 추가해, 세계연방제에 관한 칸트의 논의도 지리적 내용을 함의하고 있다는 점을 지적할 수 있다. 세계시민적 윤리는 단순히 개인들이 정해진 공화국의 국경을 넘을 때(특히 무역을 목적으로) 환대받을 권리를 가진다는 점을 강조하기 위한 것만이 아니다. 즉 칸트는 이러한 세계적 윤리에 근거해 공화국들 간의 관계를 설정하고, 나아가 세계의 영구평화론을 주창하기 위해 공화국들이 하나로 통일된 세계정부가 아니라 개별 공화국들의 주권과 영토성을 인정하면서도 서로 통합적 관계를 가지는 세계연방제를 주장했다. 이에 내재된 지리적 함의는 개별 국가의 영토성은 절대적 경계에 근거한다고 할지라도 개방적이고 상호 관련적인 공간으로 이해되어야 한다는 점이다. 다음의 논의에서 우선 칸트의 세계시민주의와 환대의 윤리에서 확인될 수 있는 이러한 세 가지 주제들을 좀 더 자세하게 살펴보고자 한다.

2) 환대의 권리의 지리적 속성과 칸트의 지리학

칸트가 제시한 세계시민권으로서 '환대의 권리'는 몇 가지 중요한 의문을 자아낸다. 첫 번째 의문은 환대의 권리를 정당화시키는 준거, 특히 지표면의 한정과 공동 소유 문제와 관련된 것이다. 앞서 언급한 바와 같이 환대의 윤리에 관한 칸트의 정당화는 첫째로 모든 인류가 가지는 친교 능력에 기초하며, 둘째로 '지구 표면에 대한 공동 소유'에 준거한다. 특히 두 번째 준거에서 칸트는 이방인이 방문하고자 하는 국가에서 "국민의 생명과 복지를 해치지 않는 가운데 평화롭게 땅과 그 자원을 향유할 수 있는 권리를 부정하는 것은 정당하지 못하다"라고 말한다(Kant, 1923: 443; 벤하비브, 2008: 54).

벤하비브에 의하면, 지구 표면의 공동 소유의 법적 근거는 양날의 칼로 활용된다. 즉 칸트는 한편으로 이것이 서구 식민주의적 팽창을 정당화시키는 데 이용되지 않도록 하며, 다른 한편으로 칸트는 우리가 지표면이 한정되어 있기 때문에 다른 사람들과 자원을 공동으로 향유해야 함을 배워야 한다는 주장에 바탕을 두고 사회적 친교를 맺기 원하는 인간의 권리를 정당화하고 자 했다. 그러나 이러한 '지구에 대한 공동 소유' 주장은 실망스럽게도 세계 시민적 권리의 기반을 밝히는 데 별로 도움이 되지 못한다고 벤하비브는 주 장한다(벤하비브, 2008: 31). 그녀에 의하면, 지구 표면의 한정과 공동 소유는 환대의 윤리를 직접적으로 정당화하는 한 준거라기보다는 이를 통해 사회적 친교를 맺을 수밖에 없기 때문에 환대의 윤리가 정당화될 수 있다는 입장을 제시한다.

이러한 자신의 주장을 뒷받침하기 위해서, 벤하비브는 플릭슈(Flikschuh, 2000)의 해석에 대해 비판적으로 검토한다. 『칸트와 근대 정치철학』(2000) 에서 플릭슈는 벤하비브의 주장과는 달리 세계시민권에 대한 칸트의 정당화 에서 지구에 대한 원초적 공동 소유와 특히 지구의 유한한 구면적 특성이 매 우 중요한 역할을 한다고 주장한다. 플릭슈는 칸트의 『영구평화론』이 아니 라 『도덕 형이상학』의 전반부를 차지하는 법 이론에 근거를 두고 이러한 주 장을 했다. 특히 플릭슈가 칸트의 『도덕 형이상학』(1785)에서 주목한 문단 은, 첫째, "지구의 구면적 표면은 그 표면 위의 모든 장소들을 통합시킨다. 만약 그 표면이 무한한 평면이라면, 사람들은 지표상에 흩어져 살 수 있기 때문에 서로가 합쳐 공동체를 이룰 필요가 없을 것이며, 따라서 공동체가 지 구상에 존립하기 위한 필연적 결과가 아니었을 것이다"(Flikschuh, 2000: 133; 벤하비브, 2008: 57에서 재인용, 번역 수정). 둘째, "지구의 표면이 무한한 것이 아니라 닫혀 있기 때문에, 국가의 권리와 국민의 권리라는 개념들은 필연적 으로 모든 국민들의 권리 또는 세계시민적 권리라는 사고에 이르게 된 다"(Flikschuh, 2000: 179; 벤하비브, 2008: 57).

이러한 플릭슈의 주장에 대해 벤하비브는 다시 의문을 제기한다. 『영구평 화론』과 『도덕 형이상학 기초』에서 칸트는 과연 지구 표면의 구면성이라는 사실로부터 세계시민권을 도출하거나 또는 연역하고자 했던가? 이 질문에 답하면서, 그녀는 만약 참으로 칸트가 지구의 구면성을 정당화의 전제로 삼았다면, 칸트는 자연주의적 오류를 범했다고 주장한다. 즉 "내가 언제 어디서라도 누군가와 접할 수밖에 없기 때문에 그들을 영원히 피할 수는 없다는 사실이 그와 같은 접촉에서 내가 항상 그들을 모든 인류를 대하듯 존경과 존엄성을 가지고 대해야 함을 뜻하지는 않는다"(벤하비브, 2008: 58).[4] 벤하비브는 칸트가 이러한 자연주의적 오류를 범하지 않았을 것이기 때문에, 플릭슈가 사실 지표면의 구면성이 정당화의 전제라고 실제 간주하지 않은 것으로 해석한다. 즉 지구의 구면적 표면은 정의의 조건(circumstance of justice)이라고 할 수 있지만, 세계시민권을 기초 짓는 도덕적 정당화의 전제로 기능하지는 않는다는 것이다.

이러한 해석과 관련해 벤하비브가 플릭슈로부터 인용한 문장은 다음과 같다. "지구 표면은 모든 가능적 행위에 대해 주어져 있는 경험적 공간이며, 그 속에서만 인류는 선택과 행위의 자유에 관한 자신들의 권리 주장을 담을 수 있다. …… 반대로 구면적인 경계는 경험적 실재라고 하는 객관적으로 주어진 불가피한 조건을 이루며, 그 한계 내에서 인간행위자는 가능한 권리 관계를 구성할 수 있다"(Flikschuh, 2000: 133; 벤하비브, 2008: 58). 이 문장에서 우리는 두 가지 사항을 지적할 수 있다. 첫째, "지구 표면은 모든 가능한 행위에 대해 주어져 있는 경험적 공간이며 따라서 가능한 권리 주장을 담을 수 있다"는 점이며, 여기서 지표면은 조건이라기보다 권리 주장의 가능한 장소라는 점이 부각될 수 있다.

다른 한편 위의 인용문에서 '반대로' 다음의 문장은 지구의 구면적 표면이 인간이 가능한 권리 관계를 구성할 수 있는 불가피한 조건이라는 점을 강조하고 있다. 벤하비브는 여기서 단지 두 번째 사항에 초점을 두고, '정의의 조

---

4 레비나스(Emmanuel Levinas)의 현상학적 '마주침'에 관한 논의를 원용하면, 칸트가 참으로 그렇게 했다고 해서 그것이 '자연주의적 오류'를 범했다고 할 수 없다.

건'은 플럭슈의 주장대로 사실 '우리의 가능 행위 조건'을 규정한다고 인정하고 다음과 같이 주장한다.

우리 모두가 죽음을 향한 존재이며, 외형적으로 볼 때 같은 종의 구성원이고, 생존을 위해 비슷한 기본적 욕구를 가지고 있다는 것이 정의에 관한 추론의 제약 조건을 이룬다는 것이 사실이듯이, 지구 표면의 구면성은 칸트에게서 '외적 자유'의 제약 조건을 이룬다(벤하비브, 2008: 58).[5]

하비(Harvey, 2009)는 바로 이러한 '가능성의 조건'으로서 지표면의 절대적 한정 또는 구면적 특성에 관심을 가지고, "내가 찾아볼 수 있는 유일한 실질적인 논의는 세계시민적 권리에 대한 칸트의 정당화를 위해 한정된 지구의 공동 소유가 담당하는 역할에 관한 것뿐"이라고 서술한다. 그리고 벤하비브의 논의를 지적하면서 "지구의 둥근 표면은 정의(正義)를 위한 상황을 구성하지만, 세계시민적 권리를 근거 지을 도덕적 정당화의 전제로서는 기능하지는 못한다"라는 벤하비브의 주장에 대체로 합의가 된 것처럼 보인다고 인정하고, 하비 자신도 이러한 결론을 한편으로 수긍할 만하다고 지적한다. 왜냐하면 "달리 결론짓는 것은 자연주의적 오류를 범하거나 또는 더욱 나쁘게 조야한 환경결정론(지구의 구형이라는 공간적 구조가 직접적인 인과력이라는 사고)에 빠질 수도 있을 것"이기 때문이다(Harvey, 2009: 18~19).

그러나 하비의 입장에 의하면, "지리적 상황을 단지 '정의의 상황'의 지위

---

5 그러나 아렌트(Hannah Arendt)의 『인간의 조건』(1958)은 두 번째 사항을 우선적으로 고려하면서 첫 번째 사항에 대해 명시적으로 논의하고 있는 것으로 해석된다. 즉 아렌트는 『인간의 조건』에서 "이 분석의 목적은 근대의 세계소외, 즉 지구로부터 우주에로의 탈출과 세계로부터 자아 속으로의 도피라는 이중적 의미의 세계소외를 추적"(아렌트, 1996: 54)하고자 한다. 여기서 "지구는 가장 핵심적인 인간조건"으로, "우주에서 유일한 인간의 거주지"(아렌트, 1996: 50)를 의미한다. '세계'라는 용어로 아렌트가 정확히 무엇을 의미하려고 했는지는 불명확하지만, 상호행위의 세계(또는 공간)를 지칭하는 것처럼 보인다.

488 인문지리학의 새로운 지평

로 격하시키는 것은 논제의 결말이 아니다. 이는 지리적 공간의 본질이 그것에 적용되는 원칙들과 아무런 관련이 없다고 하는 것과 같다. 비록 물질적 (역사적이고 지리적인) 상황들이 개연적이라고 할지라도, 이는 인류학 및 지리학 지식에서 이러한 상황들에 관한 특성화가 세계시민적 윤리의 정식화와 무관하다는 것을 의미하지는 않는다"(Harvey, 2009: 19). 즉 칸트가 비록 세계시민적 윤리가 자연(지표면의 절대적 한정)과 인간 본성에서 도출될 수 있다는 견해를 가졌다고 할지라도 이러한 윤리는 순수한 추론이나 보편적 도덕이 아닌 어떤 다른 것에 기초한다고 생각했을 것이다. 왜냐하면, 그는 지리학 및 인류학을 경험과학으로 간주했고, 특히 지표면을 가능한 권리 주장을 담을 수 있는 경험적 공간으로 이해했기 때문이다.

하비에 의하면, 칸트는 세계시민적 윤리 또는 환대의 윤리가 기초할 수 있는 다른 근거를 그의 『인류학』(1798)과 『지리학』에서 찾고자 했을 것이다. 사실 하비가 인용한 바와 같이, 칸트는 그의 『인류학』 마지막 지면에서, 다음과 같이 서술한다.

> [인간은] 평화로운 공존 없이는 존재할 수 없고, 그럼에도 그들은 다른 이들과의 계속적인 불화를 피할 수가 없다. 결론적으로, 인간은 상호 강제와 그들에 의해 제정된 법률을 통해 세계시민적 사회, 즉 끊임없이 불화의 위협을 받지만 일반적으로 연방체로 나아가는 사회로 발전하도록 운명 지어진 것처럼 느끼게 된다. …… 우리는 인류 종이 사악한 존재가 아닌 이성적 존재의 종으로서 끊임없이 악에서 선으로 발전하기 위해 장애물들과 싸우는 존재라고 말하곤 한다. 이러한 점에서 일반적으로 우리의 의도는 선하지만 목적을 달성하는 것은 어렵다. 왜냐하면, 우리는 개개인의 자유로운 승낙에 의해서는 [이러한 목적이] 달성될 것이라고 기대할 수는 없고, 세계시민적 유대에 의해 연합된 체계로서의 종 내에서 그리고 이러한 종을 향한 지구 시민들의 진보적 조직을 통해서만 달성할 수 있기 때문이다(Kant, 1974: 249~251; Harvey, 2009: 23 재인용).

여기서 칸트는 결국 인류 종이 설령 이성적 존재로 선하다고 할지라도, 그 자체로서 목적을 달성하기는 어렵고 세계시민적 유대에 의한 세계연방을 통해서만 달성할 수 있을 것이라고 생각했다. 그러나 칸트의『인류학』에서 찾아볼 수 있는 이러한 세계시민주의와 세계연방제에 관한 함의는 그의『지리학』에서는 나타나지 않는다. 반면, 칸트는『지리학』에서 인류 종이 모두 이성적으로 선한 존재라고 보지 않는 것처럼 서술하고 있다.

더운 나라들에서 사람들은 모든 방면에서 더 빨리 성숙하지만, 이들은 온화한 지대의 완전성을 얻지 못한다. 인간성은 이의 가장 위대한 완전성을 백인종에서 달성할 수 있다. 황색의 인디언들은 어느 정도 능력을 덜 가지고 있다. 흑인들은 훨씬 더 열등하며, 아메리카의 일부 사람들은 이들보다도 더 아래에 있다. 더운 지방의 모든 주민들은 대단히 게으르며, 이들은 또한 소심하다. 북쪽의 끝에 살고 있는 민족들 역시 이 같은 두 가지 특성을 가지고 있다. 소심함은 미신을 불러일으키며 왕들에 의해 지배되는 지방들에는 노예제가 나타난다. 오스티야크족, 사모예드족, 랩족, 그린란드인 등은 더운 나라들의 사람들의 소심함, 게으름, 미신적 관습, 그리고 강한 술에 대한 욕망에 있어서 닮았지만, 그들의 기후는 그들의 정열을 강하게 자극하지는 않기 때문에 더운 나라 사람들을 특징짓는 질투는 없다(Kant, 1999: 223; May, 1970: 66; Harvey 2009: 26~27에서 재인용).

칸트의『인류학』에서『자연지리학』으로 눈길을 돌려보면,[6] 그는 사실 벤

---

6 칸트(1727~1804)는 쾨니히스베르크(Königsberg)대학교에서 72개 종류의 과목을 가르쳤는데, 여기에는 지리학(48번), 인류학(24번), 논리학(54번), 형이상학(49번), 도덕철학(28번), 그리고 이론물리학(20번) 등이 포함된다. 이러한 과목들 가운데 칸트는 1756년부터 지리학을 가르치기 시작했으며, 인류학을 강의하기 시작한 것은 1772년이다. 그렇지만, 칸트는 인류학에 대해 사실 더 많은 관심을 가지고 저서 출판 준비를 했다. 그의『인류학』은 1798년 출판된 반면, 지리학 강의록은 1802년『자연지리학』이라는 제목으로 출간되었다. 하비에

하비브나 하비가 주장한 바와 같이 자연주의적 오류 또는 환경결정론적 사고에 빠져 있었던 것처럼 보인다. 사실 칸트의『지리학』은 세계 각 지역들에서 볼 수 있는 유별난 사실들을 나열하고 있으며, 그러한 자연지리 속에서 '인간'에 대한 설명은 매우 편향적으로 이루어져 있다. 하비가 지적한 바와 같이, 칸트는 그가 수집한 지리적 정보들에 대한 비판적 검토 없이 다른 국민들의 관습이나 습성들에 대한 편견적 설명을 되풀이하고 있다. 이러한 점에서 칸트의 환대의 권리를 정당화시킬 수 있는 준거가 심각한 혼란에 빠지게 된다. "칸트의 세계시민주의와 그의 윤리학의 보편성, 그리고 그의 인류학과 지리학의 서툴고 거북한 특수성들 간의 이러한 대조는 결정적인 중요성을 가진다. 만약 후자에 대한 지식이 (칸트 스스로 주장하듯이) 세계에 관한 실천적 지식의 모든 다른 형태들의 '가능성의 조건들'을 규정한다면, 그의 인류학적 및 지리학적 근거들이 그렇게도 의심스러움에도 대체 무슨 근거로 우리는 칸트의 세계시민주의를 믿을 수 있겠는가?"(Harvey, 2009: 35).『세계시민주의와 자유의 지리학』(2009)에서 이러한 의문을 풀기 위한 하비의 노력에 대한 검토는 일단 제쳐놓고, 환대의 윤리적 보편성에 관한 논의를 확장하기 위하여 '가능성의 조건'으로서 지표면에 대한 의식에서 개별 영토로의 분할을 전제로 하는 공동체에 대한 논의로 관심을 옮겨볼 수 있다.

의하면, 이와 같이 칸트가 인류학에 더 많은 관심을 둔 것은 인류학이 그가 궁극적으로 나아가고자 했던 그의 철학적 프로젝트와 더 많이 관련을 가진다는 점을 깨달았기 때문인 것으로 설명된다. 이 점은 또한 칸트의『인류학』을 프랑스어로 번역한 푸코에 의해서도 (그러나 다소 다른 의미에서) 지적되고 있다. "그 결과, 미리 그리고 정당하게 지리학과 인류학을 조직하고 자연에 대한 지식과 인간에 대한 지식 양자 모두의 유일한 준거로 이바지하는 우주론적 관점에 관한 사고는, 세계란 미리 주어진 우주라기보다는 앞으로 건설될 공화국으로 더 잘 이해된다는 프로그램적 가치를 가진 세계시민적 관점을 위해 자리를 비켜주어야 할 것이다"라고 푸코(Foucault, 2008: 33; Harvey, 2009: 21)는 열정적으로 주장한다.

3) 환대의 보편적 윤리와 공동체의 특정 권리

벤하비브가 지적한 바와 같이 '환대의 권리'란 다소 이상한 개념이다. 왜냐하면 권리란 한 국가가 가지는 권리 또는 한 국가 내 국민들이 가지는 권리(즉 국가적 시민권)를 의미하는 것으로 이해되지만, '환대의 권리'는 특정한 정치 공동체의 구성원들 간 관계를 규정하는 것이 아니기 때문이다.[7] 환대의 권리란 오히려 각각 다른 정체(polity)에 속하면서 경계 지어진 공동체의 변경에서 마주치는 개인들 간의 상호행위를 규정하는 권리로 간주된다. 즉 "환대의 권리는 정치체제의 경계에서 나타난다. 이는 구성원과 이방인 사이 관계를 규정함으로써 시민적 공간을 한정한다. 그러므로 환대의 권리는 인간 권리와 시민 권리 사이, 인격에 기초한 인간의 권리와 우리가 특정한 공화국의 구성원이라는 점에서 가지는 권리 사이에 있는 공간에서 제기된다"라고 벤하비브는 서술한다(벤하비브, 2008: 51, 번역 수정).

이처럼 벤하비브가 서술한 바와 같이, 환대의 권리는 완전한 하나의 인격체로서 인간의 보편적 권리와 한 공동체의 성원으로서 시민의 특정한 권리 사이에서 제기되는 권리라고 할 수 있다. 하비는 일단 이러한 벤하비브의 서술을 긍정적으로 이해한다. 그러나 하비는 벤하비브가 이러한 환대의 윤리적 보편성과 특정 공동체의 성원성 간의 긴장 관계를 부각시키기 위해, 칸트가 범했던 오류 또는 칸트가 가지고 있었던 인류학적·지리학적 편견을 무시했다고 주장한다. 즉 "칸트의 세계시민적 법의 제약이 결과적으로 이주의 자유와 관련됨에 따라 이러한 제약을 완화하기 위해 힘겹게 싸우는 벤하비브

---

7 칸트는 서로 관련되어 있으면서도 동시에 구분될 수 있는 권리 관계의 세 가지 차원에 주목했다(Flikschuh, 2000, 184; 벤하비브, 2008, 49). 첫째는 국가의 권리(right of a state)로, 국가 내의 사람들 간 권리 관계를 구체화한 것이고, 둘째는 국민들의 권리(right of nations)로, 국민들 간의 권리 관계이며, 셋째는 모든 국민들의 권리(right for all nations) 또는 세계시민적 권리로, 사람들과 외국 국가들 간의 권리 관계이다. 정치적 성원권의 규범적 딜레마는 세 번째 영역인 세계시민적 권리 내에 위치한다.

와 같은 학자들은 세계시민적 법에 대한 칸트의 정식화에 부여된 이러한 지리학적 선입관들의 숨겨진 흔적을 없애버려야만 했다"라고 하비는 주장한다(Harvey, 2009: 27). 그러나 사실 칸트가 가지고 있었던 이러한 편견은 오늘날 오히려 더 확대되고 있다. 즉 타자나 이방인에 대한 편견과 고정관념은 여전히 존재하며, 이들이 미성숙하고 우리와 다르기 때문에 이들에게 입국을 거부하거나 시민성의 권리를 제공할 것을 거절하는 것은 아주 익숙한 관행이 되고 있다. 이러한 인종적·문화적 편견을 어떻게 해소할 것인가의 문제는 초국적 이주자들의 환대의 윤리를 개념화함에 있어 매우 중요한 과제라고 할 수 있다.

다시 벤하비브로 돌아와서, 보편적 윤리로서 환대의 권리를 가지는 이방인(초국적 이주자)들을 개별 정치적 공동체의 주권으로 이를 거부하거나 제한할 수 있는가의 문제에 주목해볼 필요가 있다. 왜냐하면 이방인들에 대한 인종적·문화적 편견이 없다고 할지라도 이들은 일정한 정치적 공동체의 구성원이 아니라는 사실에서 구성원이 누릴 수 있는 권리를 가질 수 없다고 볼 수 있기 때문이다.[8] 또한 바로 이러한 점에서, 해당 공동체는 그 이방인의 입국이나 체류를 거부할 수 있을 것이다. 사실 칸트가 환대의 권리를 제시하면서, 상호 관련된 두 가지 유보적 조건들을 부가한 것은 단순히 이방인이 미성숙했기 때문(만)이 아니라 정치적 공동체의 주권을 인정했기 때문이라고 할 수 있다. 환대의 권리를 인정하기 위한 조건으로 칸트는 영구적 거주가

---

8 그러나 하비는 계속해서 칸트가 이러한 유보 조항을 부여한 점들이 이방인의 미성숙에 기인하며, 따라서 이방인이 성숙함을 보여주면 영구적으로 머물 수 있는 권리를 가질 것으로 이해하고 있다. 즉 "정확히 이러한 지리학적 '상황들' 속에서야 우리는 칸트가 왜 그의 세계시민적 윤리와 정의에 관한 그의 개념에 입국을 거부할 권리(이것이 다른 나라의 파멸을 초래하지 않는다면), 환대받을 권리의 일시적 특성(입국한 사람이 아무런 문제를 일으키지 않는다면), 그리고 영구 거주가 문제를 일으킬 사람들에 대해 시민권을 거부할 권리를 어떠한 경우라도 항상 가지는 주권 국가의 입장에서 전적으로 수혜적인 행동에 의존한다는 조건 등을 포함시켰는가를 더 잘 이해할 수 있다. 추측하건대, 성숙함을 보여주는 자들만이 영구적으로 머물 수 있는 권리가 부여될 것이다"(Harvey, 2009: 27).

아니라 임시적 체류의 경우 그리고 환대의 권리가 부여되지 않음으로 인해 이방인이 몰락할 경우에 한정한다.

이러한 두 가지 조건은 서로 관련되어 있지만, 일단 첫 번째 사항부터 먼저 검토해볼 수 있다. 칸트는 이방인이 영구적 방문자가 되고자 하는 권리(Gastrecht)와 임시적 체류(또는 거주)를 위해 가지고자 하는 권리(Besuchsrecht)를 구분한다. 영구적 방문자가 되고자 하는 권리, 즉 영주권은 도덕적으로나 법적으로 타자에게 마땅히 부여되어야 할 것을 넘어서는 자유롭게 선택된 특별한 동의에 의해 주어진다. 칸트가 '선의에 기초한 계약'이라고 부르는 이러한 특권은 일정한 공동체의 성원성을 전제로 한다. 물론 칸트는 이러한 공동체의 특성으로 구성원들의 민주적 입법권이 보장되는 공화국을 전제로 하며, 이에 바탕을 둔 공화국의 주권은 특정한 외국인들, 즉 공화국의 영토에 거주하면서 일정한 역할과 기능을 수행할 수 있는 외국인들에게는 특전으로서 영주권을 부여할 수 있다고 생각한다. 그러나 여기서 문제가 되는 것은 임시체류자가 가지는 환대의 권리는 내국인이 누릴 수 있는 권리와는 구분되어야 하는가라는 점이다. 달리 의문을 제기하면, 임시체류자는 어떤 정치 공동체의 성원으로서 성원권을 가질 수 없는가?

칸트가 환대의 권리에 부여한 두 번째 조건은 이러한 권리가 거부된다면 이방인의 몰락이 초래될 경우에만 거부당하지 않을 임시체류권을 가진다는 점이다. 즉 세계시민적 환대의 권리는 평화적인 입국과 체류를 전제로 임시체류권을 부여하지만, 이는 어디까지나 그렇지 않을 경우 몰락할 위기에 처한 이방인에게 한정되며, 이런 임시체류권을 구하는 자 가운데 해당 국가에 해를 끼칠 사람까지 포함하지는 않는다. 여기서 일단 문제는 이방인의 몰락을 어떤 수준에서 판단해야 하는가라는 점이다. 예로, '타자의 몰락'의 범주에는 타자가 설정하는 생활 수준이나 경제적 복지까지 포함할 수 있겠지만, 이에 대한 판단의 주체는 이방인 자신이 아니라 방문하고자 하는 국가가 될 수 있을 것이다. 이 문제와 관련해, 오늘날 자신의 삶의 질을 높이기 위해 상대적으로 저개발된 국가에서 선진국으로 이주하고자 하는 초국적 이주자들에 대해서도 임시체류권을 보장할 수 있도록 임시 입국의 허용 범위를 넓혀야 한다는 주장도 제기될 수 있을 것이다(Kleingeld, 1998: 79~85).[9]

칸트가 이러한 두 가지 조건을 부여한 것은 환대의 권리에 내재된 어떤 긴장이나 모순을 감지했기 때문이라고 할 수 있다. 즉 환대의 권리는 한편으로 모든 이방인들이 최소한 임시적으로 다른 공동체의 땅에 입국해 평화롭게 거주할 수 있는 권리를 가진다는 보편적 윤리라고 할 수 있다. 그러나 다른 한편 칸트가 제시한 환대의 권리는 절대적 권리라기보다 특정 정치적 공동체의 주권에 의해 제한될 수 있는 권리이기도 하다. 칸트는 이러한 두 가지 권리, 즉 보편적 윤리로서 환대의 권리와 특정 공동체의 주권에 의해 제한될 수 있는 권리 간의 긴장을 알고 있었지만, 이들이 어떻게 해서든 타협되어 조화를 이룰 수 있는 것으로 이해했다. 그러나 우리는 어떻게 이론적으로 그리고 실천적으로 이러한 보편적 윤리와 특정적 권리가 서로 타협해 조화를 이룰 수 있도록 할 것인가? 많은 학자들은 이들 간 타협과 조화가 불가능하다고 인식하고, 보편적 윤리를 지나치게 강조하거나 또는 특정 공동체의 시민권을 우선적으로 강조하기도 한다.[10]

벤하비브는 이러한 보편적 윤리와 특정 공동체의 시민권 간 긴장이 환대의 윤리에 관한 칸트의 개념화에 내재되어 있음을 지적하고, 이의 해결 방안으로 "임시 거류민이 구성원이 될 수 있는 권리를 보편적 도덕 원리에 따라 정당화될 수 있는 인권으로서 간주할 수 있음을 주장"한다. 물론 "장기적인 성원이 될 수 있는 기간과 조건은 공화적 주권의 권한에 속한다. 그러나 여기서도 또한 인권, 곧 차별 금지나 정당한 절차를 밟을 수 있는 이민자의 권

---

9 그러나 실질적이고 보다 세부적으로 살펴보면, '타자의 몰락'이란 삶의 질 향상과 같은 욕구(흔히 초국적 이주자들이 제기하는 문제)의 문제라기보다 생명이나 생존을 위한 기본적 필요의 충족이나 보장(즉 난민, 망명자 등에 요구하는 문제)의 문제라고 할 수 있다.

10 데리다는 전자의 입장에 있으며, 왈저(2004)는 후자의 입장에 있다고 하겠다.

리 등은 존중되어야 한다"라는 점이 강조될 수 있다(벤하비브, 2008: 67~68). 나아가 벤하비브는 특정한 정체(정치적 공동체)에의 가입 조건에 대해서도 물을 수 있어야 한다고 주장한다. 그는 가입 조건을 정함에 있어 국가의 권한을 부정할 수는 없지만, "이런 가입 조건의 관행들 가운데 어떤 것은 도덕적 관점에서 볼 때 허용할 수 없는 것이며, 또한 어떤 관행은 도덕적으로 무차별적, 즉 도덕적인 관점에서 중립적인가를 물어야" 한다고 주장한다(벤하비브, 2008: 68).

그러나 벤하비브의 이러한 주장에도 불구하고, 특정 정치적 공동체의 구성원이 될 수 있는 권리가 보편적 도덕 원리에 따라 정당화될 수 있는 인권인가, 그렇지 않으면 특정 공동체의 주권에 의해 통제될 수 있는 권리인가의 여부에 대한 의문은 여전히 남는다.[11] 왜냐하면, 정치적 공동체는 자연적으로 주어지는 것이 아니라 사회적으로 구성되기 때문이며, 이에 따라 성원권의 문제는 보편주의적 도덕 명령에 의해 결정되는 것이 아니라 사회적 구성원들 간 합의를 우선적으로 전제하기 때문이다. 달리 말해, 특정 정치적 공동체의 구성원이 되기 위해서는 결국 다음과 같은 의문이 해소되어야 할 것이다. 즉 방문·체류하고자 하는 공동체의 구성원이 되기 위한 조건은 무엇인가(미성숙 이방인은 제외되는가)? 누가 성원권을 인정할 것인가(이방인 스스로, 원주민들 개인이나 집단에 의해, 공동체의 주권을 행사하는 권위체가, 그렇지 않을 경우 또 다른 제3자가 인정할 것인가)? 성원권을 어느 정도 인정할 것인가(이방인이 몰락하지 않을 정도로? 타자의 몰락이란 어느 정도인가, 생명과 생존을 위한 기본 필요의 충족, 또는 삶의 질의 향상이 이루어지지 않을 경우인가)? 그리고 어느 정도의 기간 동안 인정할 것인가(임시적으로, 또는 영구적으로)?

---

11 일정한 공동체의 성원권을 가지지 못하는 집단에는 공동체 외부에서 유입되는 이주자 집단 뿐만 아니라 공동체의 구성원이지만 구성원의 지위를 완전히 가지지 못한 집단들(역사적 사례로, 여성, 흑인 등)이 존재할 수 있다.

4) 공화국의 민주적 주권과 세계연방제

환대의 권리가 성원권으로 이해된다고 하더라도, 이러한 성원권의 인정은 전반적으로 일정한 경계를 가지는 공동체의 주권에 따를 것인가 또는 인간의 보편적 인격성에 근거할 것인가의 문제는 여전히 남게 된다. 칸트는 이 문제를 해결하기 위해 한편으로 근대 국민국가의 주권을 인정하면서도 이들 간의 연합으로 이루어진 세계연방을 제안한다. 이러한 제안은 사실 칸트가 환대의 권리를 정당화시키기 위해 제시했던 전제, 즉 '지구에 대한 공동 소유'라는 전제와 관련된다. 칸트는 공동 소유의 지구 표면이 개별 공화국들의 영토로 분할된다는 점을 분명 인식하고 있었다. 위에서 언급한 바와 같이 칸트는 특정한 정치적 공동체가 이방인들이 몰락에 처하지 않는 한 이들의 입국을 거부할 수 있으며, 또한 칸트는 임시체류권과 영구 주거권을 구분해, 한 공동체에 영주할 수 있는 권리는 특정 공화국의 특권임을 인정한다. 따라서 칸트에게 있어 경계가 지어진 영토는 권리의 인정에 있어 주요한 전제조건이 된다.

그러나 칸트는 지표면이 특정한 주권을 가진 개별 정치 공동체의 영토로 분할·점유(또는 소유)되는 것을 어떻게 정당화할 것인가에 대한 의문을 해결해야 했다. 이를 위해 칸트는 로크 등의 자유주의자들이 제시하는 '시원적 점유 행위(originary acts of occupation)'의 정당성에 기초하기보다는 루소 등의 사회계약론자들이 제시한 공동체의 민주적 구성 원칙을 받아들인다. 로크에 의하면, 지구는 모든 인류에게 '공통적으로' 주어졌기 때문에 기존의 원주민을 해치지 않는다면 근면과 절약을 통해 정당하게 전유할 수 있으며 사실 이것이 모두에게 덕이 될 수 있다고 주장된다(로크, 1996). 이러한 주장을 통해 로크는 지구를 원초적 자연으로 간주하고 노동을 통해 획득된 것에 대해 사적 소유권을 정당화하고자 한다. 즉 "자연이 놓아두었던 공동의 상태에서 벗어나서 노동에 의해 무엇인가가 덧붙여지면, 다른 사람의 공동의 권리는 배제된다"(로크, 1996: §26).[12] 이러한 로크의 주장에 따르면, 지표면의 일부분이 어떤 개인이나 집단(공동체)에 의해 한번 전유되고 나면 타인은 더 이상 그에 대한 소유를 주장할 수 없다. 즉 공동의 권리는 배제된다. 왜냐하면 기존의 소유관계는 존중되어야 하기 때문이다. 이 경우 모든 공동체는 자신의 영토에 접근하고자 하는 타자에 대해 자신을 방어할 수 있는 권리를 가진다. 환대를 구하는 사람들을 되돌려 보내는 것이 '그들의 몰락'을 초래하지 않는다면, 타자의 환대권이 해당 공동체의 주권을 능가할 충분한 이유가 될 수 없다는 것이다.

칸트는 이러한 주장에 호소하지 않으면서, 지표면이 개별적으로 분할되는 것을 정당화시킬 수 있는 방법을 모색하고자 했다. 그는 루소가 제기했던 원초적 계약론을 받아들여서, 인간의 보편적 권리에 바탕을 두고 시민의 권리를 인정하는 공화주의론을 제시했다. 즉 칸트는 『영구평화론』 제3장에서 세계시민권에 관한 주장을 전개하기 전에 제1장에서 '모든 국가의 시민 헌법은 공화주의적이어야 한다'는 점을 천명한다. 즉 모든 국가의 구성원들은 민주적으로 법률을 정하고 이에 따라 자율적으로 통치할 수 있는 권리를 가진다. 어떤 정치적 또는 주권적 공동체에 속하는 모든 구성원들은 인권의 담지자로서 상호인정하며 존중하고, 따라서 구성원들은 서로 자유롭게 모여서 합의를 통해 공동체 구성과 운영의 규칙을 정하고 이를 통해 공동체를 관리·운영하는 민주적 자기지배체제를 수립한다. 이러한 공동체 구성과 운영의 민주적 원리는 "시민의 권리는 '인간의 권리'에 기초한다. 인간이자 시민으로서의 권리라는 말은 서로 모순적이지 않으며, 오히려 상호 함축적"임을 함의한다(벤하비브, 2008: 68~69).

그러나 역사적으로 보면 인간의 보편적 권리와 시민의 특정 공동체적 권

---

[12] 이러한 로크의 자연관 및 노동관은 노동을 인간과 자연 상태의 관계를 매개하는 것으로 강조했다는 점에서는 의의를 가지지만, 이러한 입장은 노동 그 자체로서의 의미가 아니라 소유의 수단으로서 노동을 이해했다는 점에서 문제를 가진다(최병두, 2010: 74).

리는 어떤 긴장 관계를 가지며, 이러한 긴장은 이론적 주장들 간 대립으로 반영되어왔다. 예로 근대 국민국가의 주권과 영토성의 틀을 지었던 베스트 팔렌 조약에 의하면, 개별 국가들은 하나의 주권체제로서 자유롭고 평등한 정치 공동체로 인정된다. 즉 국가들은 일정한 영토 내 모든 국민들과 사물·사건들에 대해 절대적인 권위를 행사할 수 있다. 반면, 국가들 간의 관계는 자발적이고 우연적이며, 따라서 "국경을 넘는 절차는 바로 그 직접 당사자에 관한 '개별적 사안'으로 간주"된다(Held, 2002: 4). 다른 한편, 「UN국제인권선언」 등에 반영된 바와 같이, 자유주의적 국제주권 사상은 국가의 형식적인 평등성이 점차 공통의 가치와 원칙에 대한 준수, 즉 인권 보호나 법에 의한 통치, 그리고 민주적 자기 결정에 대한 존중 등과 같은 원칙의 준수에 의존한다고 생각한다. 따라서 한 국가가 가지는 주권은 더 이상 절대적이고 자의적인 권위로 인정될 수 없게 된다.[13] 칸트의 공화주의론은 이러한 베스트팔렌 주권 모델과 자유주의적 국제주권 모델 사이의 중간, 또는 이들을 절충한 것으로 해석된다.

사실 근대 국민국가의 성원권을 가지는 주체로서 민족은 일정한 시공간 속에 한정된 특정한 문화와 역사, 그리고 유산을 공유하는 특정한 공동체의 구성원을 의미한다. 그러나 근대 역사에서 이러한 민족은 국가주권의 보편적 주체로 이해되고 있다. 즉 민족의 자율성 또는 자율적 통치의 이념은 단지 해당 정치 공동체에만 한정되는 것이 아니라 모든 국가들에 의해 합의된 보편적 이념으로 작동함으로써, 근대 국가의 민주주의를 확립하는 데 기여하게 되었다. 즉 특정한 역사적·사회공동체적 맥락에서 형성된 문화적 정체성으로서 민족과 보편적 인권의 주체로서 민족의 개념 간에 내재한 긴장은

---

[13] 또한, 만약 어떤 국가가 그 시민을 대상으로 권위를 행사하는 과정에서 일정한 규범을 어길 경우, 즉 국경을 막거나, 자유시장을 금하거나, 언론과 결사의 자유를 제한하는 경우 일정한 국제사회나 동맹에 속하지 않는 것으로 간주한다. 달리 말해 국내 제도의 원칙을 정함에 있어서도 다른 국제 성원들과 중요한 기본 가치를 공유해야 하는 것이다.

근대 민주주의의 정당성을 지지하는 요소가 되었다고 할 수 있다. 즉 근대 민주주의는 보편적 원리로 이해되고 있지만, 이 보편적 원리는 사실 특정한 시민 공동체의 민주적 구성과 운영을 전제로 하고 있다. 하버마스는 이를 근대적 국민국가가 갖는 '야누스적 얼굴'이라고 표현한다(Habermas, 1998: 115; 벤하비브, 2008: 69).

뿐만 아니라 스스로 공동체의 구성과 운영의 규칙을 정하는 민주적 입법 활동은 공동체의 자립적 통제를 위해 자신을 규정하는 구성원과 영토성의 범위를 한정 짓는 경계 설정도 포함한다. 이러한 점에서, 민주적 주권의 의지가 그 사법권이 미치는 영토를 한정 짓는다는 점이 강조된다. 즉 "민주적 주권의 의지는 그의 사법권 아래 있는 영토 내에서만 미치며, 따라서 민주주의가 경계를 요청하는 것이다. 제국은 전선(frontiers)을 갖지만, 민주주의는 경계를 가진다. 제국주의적 영토와는 달리 민주적 지배는 특정한 유권자들의 이름으로 행사되고 또한 그 유권자들만을 구속한다. 그러므로 주권이 그 자신을 영토적으로 규정하는 바로 그 순간 또한 그 자신을 시민적 용어로 규정한다"(벤하비브, 2008: 71).

칸트는 이러한 공화국 주권의 민주적 구성과 운영 원칙이 세계적으로 확장되기를 원한 것처럼 보인다. 즉 인간의 활동이 일정한 경계를 가지는 특정 공화국에서 벗어나서 다른 나라의 영토들로 확장됨에 따라, 다른 공동체들에 속하는 사람들이 서로 합법적으로 공존할 수 있는 방안이 필요하게 되었다. 이에 따라, 칸트는 "인류의 모든 구성원들이 [한 공동체의] 시민적 질서의 참여자가 되면서 또한 [동시에] 서로 합법적인 친교를 맺을 수 있는 세계적 조건을 기획하고자 했다"고 할 수 있다(벤하비브, 2008: 63~64). 이에 따라 칸트가 제시한 것이 '세계연방(world federation)'이다. 칸트의 세계연방 개념은 '세계정부(world government)'와는 구분된다. 지표면을 전체를 통일한 하나의 정치적 공동체로서 구축되는 세계정부는 보편적 절대 왕국으로 귀결되어 무자비한 독재로 전락할 우려가 있는 반면, 연방적 통합은 제한된 공동체들 내에서 여전히 시민권의 행사를 허용할 것을 전제로 한다. 즉 칸트가 주장한 세계시민적 시민은 시민이 되기 위해 여전히 그들의 개별적 공화국을 필요로 한다. 그러나 세계적 차원에서 합법적 공존을 위한 시민적 조건이 바로 공화적 정체의 구성원의 자격과 일치하는 것은 아니다.

칸트가 세계정부가 아니라 세계연방을 제안했다는 점은 일부 학자들로 하여금 국민국가가 국경을 통제할 권리를 가짐을 정당화하도록 한다. 즉 이들은 칸트가 세계정부를 부정하고 국가주권이 성원권을 허용할 특권을 가진다고 주장한 점을 강조한다(Martens, 1996: 337~339). 그러나 이러한 강조는 기본적으로 국민국가의 영토성이 국경으로 둘러싸인 물리적 공간(또는 절대적 공간)에 바탕을 두고 있으며, 이러한 물리적으로 닫힌 공간에의 출입과 거주는 그 국가의 주권에 속하는 것으로 이해하기 때문이라고 할 수 있다. 사실 칸트도 국가의 영토성을 절대적 공간관에 근거해 이해했다고 할 수 있다.

그러나 여기서 우리는 다시 벤하비브의 주장, 즉 "환대의 권리는 인간의 권리와 시민의 권리 사이, 우리 개인에 내재된 인간성의 권리와 특정 국가의 구성원이라는 점에서 우리에게 부여된 권리 사이의 공간에 존재한다"라는 주장을 강조할 필요가 있다. 즉 벤하비브에 의하면, 환대의 권리는 지구적 또는 보편적인 것과 국가적 또는 성원적인 것을 매개하는 사이공간 또는 관련적 공간에 존재한다고 할 수 있다. 하비(Harvey, 2009: 18)는 이러한 주장에 공감하면서, 특정한 정치 공동체로서 한 국가의 "시민권을 위해, 국가의 영토성은 절대적 공간(즉 고정되고 불변이며, 분명한 경계를 가지는)으로 간주된다. 그러나 환대에 대한 보편적[또는 탈착근된(deracinated)] 권리는 매우 특이한 조건하에서 다른 사람들에게 모든 국가들의 절대적 공간을 개방하도록 한다"라고 주장한다. 요컨대 국가의 영토성을 절대적 공간으로 인식하고 상호 배타적인 것으로 간주할 경우, 이방인이 가지는 환대의 권리에 관한 주장은 정당화되기 어렵다. 따라서 하비가 주장하는 바와 같이, 국가 영토의 상호 배타성으로 인해 초래되는 긴장을 해소하기 위해 우리는 환대의 권리에

내재된 공간 개념을 개방적이며 관련적인 것으로 재구성할 필요가 있다.[14]

3. 데리다의 정치신학적 환대의 윤리

1) 데리다의 무조건적 환대 개념

포스트모던 철학자로 잘 알려진 데리다(Jacques Derrida)는 2001년 미국의
뉴욕과 워싱턴 D.C.에서 동시에 발생했던 9·11 테러 사건에 관한 논의의 장
에 하버마스와 함께 초대되었다. 데리다는 9·11 테러를 하나의 사건인 동시
에 오늘날 지구화 과정을 촉진시키고 있는 세계의 '자가면역' 증상으로 간주
한다.[15] 즉 데리다에 의하면, 9·11 테러는 그 자체로 '고유하면서도 탈고유
한' 하나의 사건이며, 과거 모순의 총체적 발로이고, 미래에 더 큰 불행을 초
래할 수 있는 단초로 이해된다. 데리다는 9·11 테러와 같은 지구적 테러리즘
을 완전히 해체할 수 있는 '가능성의 조건'으로 무조건적 환대의 윤리에 근거

---

14 칸트의 세계시민주의를 재해석한 Nussbaum(1996: 11~12)은 다음과 같이 주장한다. 즉 "우
  리나라는 세계의 다른 나라들 대부분에 대해 형편없이 무시하고 있다"라고 불만을 토로한
  다. 이러한 무시는 왜 "미국이 타자의 렌즈를 통해 그 자신을 볼 수 없으며, 그 결과 그 자신
  을 마찬가지로 무시하게 되는가"를 이해하는 데 근본적 요인이 된다. 특히 누스바움은 계속
  해서 "이런 유의 지구적 대화를 수행하기 위해, 우리는 다른 나라들의 지리학과 생태학 ― 이
  미 우리의 교과 과정에서 많은 개정을 필요로 하는 과목들 ― 뿐만 아니라 그 나라 사람들에
  관해 많은 지식을 필요로 하며, 그렇게 함으로써 우리는 그들과의 대화를 통해 그들의 전통
  과 실행을 존중할 수 있게 될 것이다. 세계시민적 교육은 이러한 유의 심의를 위해 필요한 기
  반을 제공할 것이다." 그러나 하비의 주장에 의하면, 누스바움 역시 절대적 공간관을 벗어나
  지 못하고, 세계시민적 교육을 위해 필요한 관련적 공간관을 제대로 이해하지 못했다고 주장
  한다.
15 자가면역이란 자신과 자신의 영토(자기-집)를 보호하고자 하는 욕망을 의미한다. 데리다에
  의하면, "나를 타자로부터 보호해주는 면역을 제거할 경우, 이는 죽음을 무릅쓰는 위험이 될
  수 있"는 것이라고 할 수 있다(보라도리, 2004: 234).

한 '정치신학적' 구상을 제시한다(김진, 2011). 데리다는 세계적으로 가공할 테러리즘의 위험으로부터 벗어나기 위해서는 기대되지도 초대되지도 않은 모든 자, 즉 절대적으로 낯선 이방인에게 자기 자신을 개방하는 순수하고 '무조건적 환대'의 개념이 필요하다고 주장한다. 데리다는 용서할 수 없는 것을 용서할 수 있고, 낯선 이방인을 무조건적으로 환대할 수 있는 열린 종교를 설파하고 있다.

데리다는 자신의 무조건적 환대 개념이 칸트의 세계시민주의에서 시작되었지만, 이를 완전히 벗어나고자 한다고 주장한다(Derrida, 2001; Still, 2011). 즉, 데리다의 철학은 칸트에 의해 제기되었던 계몽주의의 유산의 산물이지만 또한 동시에 그 자체를 해체하고자 한다. 그의 주장에 따르면, 계몽주의 이성이 지향하는 자유와 정의는 실제 타자성과 차이에 대한 강제와 폭력을 동반한다. 따라서 이를 극복하기 위한 방안으로 칸트가 제시한 환대의 개념이 해결책으로 제시된다. 그러나 칸트가 제시한 세계시민적 전통에서 환대의 권리란 자신의 신분과 이름을 밝힐 수 있는 이방인에게만 한정된다. 이러한 조건적 환대는 "타자가 우리의 규칙을, 삶에 대한 규범을, 나아가 우리 언어, 우리 문화, 우리 정치체계 등등을 준수한다는 조건을 내걸고 환대를 제의"하는 것이다(보라도리, 2004: 234). 이러한 조건부 환대는 내 영토에서의 순응을 조건으로 이방인을 나의 공간으로 '초대'하는 것이다.

데리다는 이러한 조건적 환대 또는 초대의 환대 대신 무조건적 환대 또는 방문의 환대를 제시한다. 무조건적 환대는 이방인의 언어, 전통, 기억이나 그가 속한 영토의 법률과 규범들에 순응하는 조건에서 이루어지는 것이 아니고, "기대되지도 초대되지도 않은 모든 자에게, 절대적으로 낯선 방문자로서 도착한 모든 자에게, 신원을 확인할 수 없고 예견할 수 없는 새로운 도착자에게" 아무 조건 없이 개방적으로 이루어지는 것으로 이해된다(보라도리, 2004: 47, 234). 데리다는 이러한 무조건적 환대에 기초한 새로운 세계시민적 공동체의 이념을 지구화의 자가면역 증상인 지구적 테러리즘의 완전한 해체

를 위해 필연적으로 요구되는 가능성의 조건으로 제시한다.[16]

데리다와 하버마스를 9·11 테러로 상징되는 '테러 시대'의 원인과 문제 해결을 위한 논의의 장에 초대했던 보라도리(Giovanna Borradori)가 말한 바와 같이, 데리다의 무조건적 환대의 개념은 한편으로 칸트의 '환대' 개념을 '정교하게 재가공한 것'이라고 할 수 있지만(김진, 2011), 다른 한편으로 데리다는 칸트의 조건적 환대 개념과 이에 함의된 계몽주의의 전통을 해체하고 '종교'의 차원으로까지 승화될 수 있는 순수한 무조건적 환대의 개념과 이에 기초한 새로운 세계시민주의를 주창하고자 한다. 그러나 이러한 데리다의 무조건적 환대의 개념이 오늘날 세계가 직면한 지구적 테러리즘을 해결하기 위한 타당한 해결책이 될 수 있는가에 대한 의문과 더불어 데리다의 환대의 철학이 칸트의 세계시민주의와 대조해 어떤 의미와 한계를 가지는가를 살펴볼 필요가 있다.

---

16 하버마스 역시 데리다와 마찬가지로 9·11 테러 등 오늘날 세계를 뒤흔드는 테러리즘이 20세기 식민주의, 전체주의, 집단학살의 결과에서 비롯된 현상이라고 규정하고, 이를 극복하기 위해 국민국가를 전제로 하는 고전적 국제법으로부터 새로운 세계시민주의적 질서로 나아가야 한다고 역설했다. 하버마스는 보다 긍정적으로 칸트의 계몽주의의 연장선상에서 자신의 주장을 전개했다. 칸트에 의하면 계몽은 인간 자신이 초래한 미성숙으로부터 벗어나는 것이다. 계몽주의 이상은 인간이 가지는 이성의 보편적 지위에 바탕을 두고 이러한 미성숙의 상태로부터 벗어나 개인의 자립성과 사회의 발전을 추구하는 것이다. 그러나 이는 성취된 목표가 아니고, 인간의 무한한 노력을 통해 성취되어야 할 이상이다. 현 상태에서 인간의 이성은 항상 미성숙하고 따라서 그 한계를 노정시킨다. 테러리즘은 이러한 한계의 극단적인 표현이다. 따라서 계몽주의는 '미완의 근대성 기획'으로 불린다(보라도리, 2004: 45). 칸트와 하버마스에서 강조되는 이러한 기획은 보편타당한 원리들에 대한 믿음을 요구하지만, 이러한 보편타당한 원리는 항상 역사적·문화적 특수성과 긴장 관계에 놓여 있다. 그리고 하버마스는 보편적 원리와 문화적 특수성 간 긴장을 해소하기 위해 의사소통적 민주화를 강조한다. 즉 하버마스는 테러리즘이 계몽주의적 근대화의 외적 위기가 병적으로 드러난 것이지만, 의사소통적 이성을 통해 치유될 수 있다고 낙관한다(보라도리, 2004; 김진, 2011 참조).

2) 무조건적 환대의 근거로서 자기-집의 구축과 해체

첫 번째 문제는 데리다의 무조건적 환대 개념이 어디에 뿌리를 두고 있는가라는 점이다.[17] 데리다는 『환대에 대하여』(1997)에서 논의하면서 우선 소포클레스의 『콜로노스의 오이디푸스』에 나오는 어떤 장면, 즉 눈먼 방랑자 오이디푸스와 그를 이끌고 방금 콜로노스 숲에 당도한 그의 딸 안티고네 사이의 대화를 인용한다. 그들은 자신들이 도착한 곳이 어디인지, 환대를 기대할 수 있는 곳인지를 확인하기 위해 그들에게 다가오는 콜로노스인을 '이방인이여!'라고 불러 세운다. 이렇게 해서 서로에게 이방인으로 마주한 양측은 대화를 시작한다. 이들 간 대화에서 오이디푸스는 우선 그 고장 사람들의 '당신은 누구인가? 당신은 누구의 아들인가?'라는 물음에 답할 수 있어야만 한다. "사람들은 익명의 도래자에게, 또는 이름도, 성도, 가족도, 사회적 위상도 없어서 이방인(외국인)으로 취급되지 못하고 야만적 타자로 취급되어버리는 사람에게는 환대를 베풀 수 없기 때문이다"(데리다, 2004b: 70).

여기서 우선 주목할 점은 오이디푸스가 그 지역 주민을 '이방인'이라는 칭한 점이다. 이는 이방인이란 어떤 존재 규정이 아니라 사회공간적 위치에 따라 상대적으로 주어지는 호칭임을 알 수 있도록 한다. 즉 오이디푸스는 콜로노스 땅에 이제 막 도착한 낯선 방랑자요, 이방인이지만, 오이디푸스의 입장에서 보면 그 고장 사람이 오히려 낯선 이방인인 것이다. 달리 말해 누가 주체의 위치를 점유하는가에 따라 '누가 이방인인가', 즉 이방인의 지위는 상대적으로 주어진다. 그러나 어떠한 주체도 자신이 주체임을 포기하고 이방인의 위치에 있기를 원하지 않을 것이기 때문에, 서로에게 낯선 두 이방인의

---

17 어떤 의미에서 이러한 의문은 데리다의 해체주의가 가지는 함의를 벗어난 것이라고 할 수 있다. 왜냐하면 해체주의적 시도는 기존의 거대 서사들(모든 거대한 개념이나 이론들)이 가지는 근거(즉 뿌리)를 부정하기 위한 것이며, 따라서 이러한 시도는 스스로 어떤 뿌리를 가지는 것을 거부하기 때문이다.

만남은 곧 두 주체들 간의 만남이기도 하다. 이방인과 마주하는 주체는 주체로서 자신의 지위와 위치를 주장하기 위해 거점을 필요로 한다. 그 거점이 주체의 입장을 보장해주기 때문에, 주체는 그 위에서 타자를 이방인으로 맞이할 수 있다(김애령, 2008: 178).

데리다가 과연 이러한 설명, 즉 서로 마주하는 두 사람을 모두 주체라고 설정했는가, 그리고 그렇게 설정하기 위해 자신의 거점을 가지고 있어야 한다고 생각했는가의 여부는 불확실하다. 그러나 데리다의 『환대에 대하여』 서문을 서술한 뒤푸르망텔(2004: 17~19)에 의하면,[18] 데리다의 무조건적 환대의 개념은 어떤 장소적 거점을 가지고 있는 것처럼 보인다. 그러나 이 '장소적 거점'은 우리가 흔히 의식적으로 의미를 부여하는 장소가 아니라 '낯선 장소' 또는 레비나스(Levinas, 1969; 레비나스, 2001: 138)가 제시한 '요소적' 환경, 또는 '밤의 공간'이다. 낯선 장소는 우리가 처음 들어갈 때 거의 언제나 형언하기 어려운 불안감을 느끼도록 한다. 그러다가 서서히 미지를 길들이는 작업이 시작되면, 이러한 불안감은 점차 엷어진다. 여기가 '어디인가'라는 물음은 이러한 낯선 장소를 보다 친숙한 장소로 바꾸어나가는 중요한 계기가 된다. 즉 '어디?'라는 물음은 "장소에 대한, 거처에 대한, 무장소에 대한 관계를 본질적인 것으로 제기"하는 것이다(데리다, 2004b: 26). 이렇게 해서 길들여진 공간, 친숙한 공간은 거처 또는 '자기-집'이라고 지칭된다. 이러한 거주공간 또는 자기-집은 이방인을 맞아들일 수 있는 환대의 공간이 되며, 나아가 모든 인식, 모든 활동의 근거가 된다.

그러나 이 점과 관련해 다시 어떤 의문을 제기할 수 있다. 즉 환대를 베풀기 위해서 우리는 거처의 확고한 존재에서 출발해야 하는가, 또는 진정한 환

---

18 뒤푸르망텔은 데리다의 철학, 특히 환경의 윤리에서 "장소의 문제가 우리 문화의 역사에 내재한 근본적인 문제, 기초적이고, 사유된 적이 없는 문제"로 제기되는 것으로 이해한다. "데리다가 묘소, 이름, 기억, 언어에 주재하는 광기, 망명, 문지방(閾)에 대해 하는 성찰은 장소에 대한 이 문제에 보낸 손짓이다"(뒤푸르망텔, 2004: 14).

대는 자기-집 부재의 해체로부터 시작해야 하는가?(데리다, 2004b: 27). 이방인에게 자기-집을 개방하는 것, 또는 자기-집을 거점으로 환대의 활동을 하는 것은 사실 '자아와 타자', 또는 '주체와 객체' 같은 이원론의 함정에 다시 빠지는 것은 아닌가? 데리다는 레비나스에 따라 절대적 환대가 주체가 아닌 타자로부터 출발하는 것이지만, 환대가 가능하기 위해서는 주체의 확고함 역시 포기될 수 없는 매우 중요한 것으로 생각하는 것처럼 보인다. 즉 환대는 근원적으로 주인(접대자)에게도 손님(내방인)에게도 속하지 않는 장소에서 이루어지지만, 환대는 '자기-집'이 있을 경우에만, "단지 여기서 지금, 어디선가에서만 제공될 수 있다"(데리다, 2004b: 28). 달리 말해 데리다의 환대의 개념에는 "무조건적이고 절대적인 환대를 제공하기 위해서 주인은 자신의 공간과 주체적 의지를 포기해야 하지만, 주체의 의지와 공간이 없이는 환대를 제공할 수 있는 주인도 없다"는 점이 전제되어 있다고 하겠다(김애령, 2008: 193).

이러한 점에서 데리다는 한편으로 주체의 거주공간, 즉 '자기-집'의 끊임없는 구축을, 그러나 다른 한편으로 '자기-집'의 끊임없는 해체를 요구하는 것으로 해석된다. 바로 이러한 점에서, 데리다의 무조건적 환대의 개념은 개인들의 상호 권리를 전제로 한 칸트의 환대 개념과는 달리, 타자에 대한 아무런 물음 없이 순수하게 맞아들임과 동시에 자신의 주체의 장소, '자기-집'의 경계를 허물고 열어놓음을 요구한다. 이러한 무조건적 환대는 자신의 자리를 끊임없이 넘어서는 무한한 열림으로서의 유토피아, 즉 '자리 없음(u-topos)'을 뜻한다.

기다림의 지평 없이 기다리는 것, 사람들이 아직 기다리지 않거나 더 이상 기다리지 않는 것을 기다리는 것, 유보 없이 환대하는 것, '도착한 이(l'arrivant)'가 깜짝 놀라게끔 앞서서 환영 인사를 하는 것, 그러면서도 어떤 대가를 요구하거나 맞아들이는 쪽의 어떤 권세(가족, 국가, 민족, 영토, 지연이나 혈연, 언어, 일반적 문화, 인간성 자체)에 따라 그 내부의 계약에 참여하도록 요구하지 않는 것, 모든 소유권과 권리 일반을 포기하는 '정의로운' 열림, 도래하는 것에 대한 메시아적 열림, 즉 '어떤 것'으로서 기다릴 수 없고 그래서 미리 알 수도 없는 사건에 대한, 낯선 것 자체로서의 사건에 대한 메시아적 열림, 언제나 희망의 기억으로 빈자리를 남겨두어야 하는 그 누구에 대한 메시아적 열림 …… (데리다, 1996, 120; 문성원, 1999에서 재인용).

데리다에 의하면, 무조건적 환대란 이러한 정의로운 열림이다. 열림이란 자기 거주지나 영토, 즉 자기-집의 경계를 해체하는 것이다(서용순, 2009). 달리 말해, 환대란 어떤 공동체적 권리나 의무를 전제한 것이 아니라 아무런 조건 없이 공동체의 경계를 풀어놓는 것이며, 나와 동일한 권리를 가지는 어떤 이방인 즉 소속과 신분을 알 수 있는 사람들에 대해서뿐만 아니라 내가 전혀 모르는 '완전한 타자'에게도 열려 있는 환대이다. 이러한 무조건적 환대는 일정한 장소, 즉 '자기-집'에 준거를 두지만, 그 준거를 끊임없이 포기하도록 요구하는 준거이다. 즉 데리다의 환대는 환대를 위한 장소를 전제로 하지만, 무장소를 지향한다.

3) 무조건적 환대와 조건적 환대 간 긴장

두 번째 문제는 데리다가 칸트의 세계시민주의에 함의된 환대의 보편적 윤리와 공동체의 특정 권리 간 긴장을 어떻게 설명하고자 하는가이다. 위에서 논의한 바와 같이, 데리다의 절대적 환대 개념은 자기-집을 개방하고, 소속과 신분을 가진 이방인뿐만 아니라 이름도 신분도 모르는 절대적 타자에게도 장소를 내어주고 그 가운데 일부를 가질 수 있도록 하며, 그러면서도 아무런 물음도, 아무런 계약 맺기(상호성)도 요구하지 말 것을 전제로 한다 (데리다, 2004b: 71). 즉 절대적 환대의 법은 어떤 의미에서 보편적 윤리라는 점에서, 특정 공동체의 권리에 바탕을 둔 조건적 환대의 법(즉 권리로서의 환대, 권리로서의 법 또는 정의)과 구분된다.[19] 조건적 환대 또는 데리다가 '초대(invitation)의 환대'라고 칭한 것은 "타자가 우리의 규칙을, 삶에 대한 규범을, 나아가 우리 언어, 우리 문화, 우리 정치체계 등등을 준수한다는 조건을 내걸고 환대를 제의"하는 것이다. 데리다에 의하면, 이러한 환대는 "민족적·국제적, 나아가 — 칸트가 어느 유명한 글에서 말한 것처럼 — '세계시민적' 성격을 갖는 관습, 법률, 규약을 발생시키는 것도 바로 이런 환대"이다(보라도리, 2004: 234). 이러한 조건부 환대는 내 영토에서의 순응을 조건으로 이방인을 나의 공간으로 '초대'하는 것이다.

데리다에 따르면, 이러한 조건적 환대는 결국 스스로를 배반하게 되는 환대이다. 왜냐하면, 첫째, 조건적 환대의 경우 환대의 주인은 '나의 영역'에 대한 강한 집착을 버리지 못하기 때문에, 자기-집을 보호하기 위해 명시적 또는 잠재적으로 이방인을 거부하거나 심지어 이방인 혐오자가 될 수 있다.[20] 둘째, 조건적 환대는 내가 누구라고 말할 수 없는, 즉 상대방의 물음에 답할 언어나 표현 방식을 알지 못하는 이방인이나 보이지 않는 타자, 즉 공동체를 위한 계약적 권리의 주체가 될 수 없는 타자를 배제할 것을 전제로 하고 있다. 셋째, 조건부 환대는 공동체 내에 들어온 이방인에게 결국 주인의 관습과 법률과 규약을 강요하면서, 자신의 문화와 정체성과 언어를 포기하도록 요구하게 된다(김애령, 2008: 188). 이러한 조건적 환대는 공동체 내 또는 공동체 간 권력의 불평등을 전제로 한 '관용'에 불과하다. 데리다에 의하면 관

---

19 이러한 점에서, 데리다는 권리상의 관계인 환대의 법칙들은 'les lois'라고 소문자로 표시하는 반면, 무조건적인 환대의 법칙은 'La Loi'라고 대문자로 표시한다.
20 즉 "나는 나의 집에서 주인이고 싶고, 나의 집에 내가 원하는 사람을 맞이할 수 있기를 원한다. 나는 나의 '내-집'을, 나의 자기성을, 나의 환대 권한을, 주인이라는 나의 지상권을 침해하는 이는 누구나 달갑지 않은 이방인으로, 그리고 잠재적으로 원수처럼 간주하는 것으로 시작한다. 이 타자는 적의에 찬 주체가 되고 나는 그의 인질이 될 염려가 있는 탓이다"(데리다, 2004b: 89).

용은 권력자의 양보와 자비, 은혜 베풀기에 기댈 수밖에 없으며, 이러한 관용은 이방인의 권리를 마련해줄 수는 있지만, 그 자체가 이방인과의 평화로운 공존의 원리가 될 수는 없다(보라도리, 2004: 232). 왜냐하면 관용의 정도, 즉 '관용의 한계선' 설정이 권력을 가진 자의 '자의성'에 의존할 수밖에 없고, 관용에 기대는 소수자 또는 이방인 집단은 불평등한 수혜적 관계를 감수해야 하기 때문이다.[21]

이러한 점에서 데리다는 무조건적 환대, 즉 '방문(visitation)의 환대'를 주장한 것이다. 즉 데리다는 이방인에 대한 진정한 환대를 위해서는 관용만으로는 불충분하고, 이를 뒷받침해 줄 더 근본적인 윤리적 이념이 필요하다고 생각한다. 이러한 보다 근본적인 윤리적 이념이 바로 무조건적 환대로 설정된다. 그러나 이러한 무조건적 환대가 논리적으로 실천적으로 실현 가능한가에 대해서는 많은 의문이 제기될 수 있다. 보편적 윤리로서 무조건적 환대가 특정 공동체의 법으로 제도화 또는 법제화될 수 없다면 아무런 실효성이 없지 않은가? 무조건적 환대를 통해 나의 공동체 공간으로 들어온 이방인이 나를 위협하거나 나에게 피해를 준다면 이를 어떻게 통제할 수 있는가?

데리다 자신도 이러한 문제점을 인식하고 있다. 즉 데리다에 의하면, 보편적 윤리로서 무조건적 환대는 법제화될 수 없다. 즉 어떤 이방인이 방문할 것인지, 무엇이 다가오는지를 예견할 수 없기 때문에 항상 일정하게 적용될

---

21 하버마스는 관용에 내재하는 이러한 권력 불평등을 '가부장적인 것'이라고 비판한다(보라도리, 2004: 86). 하버마스는 관용이 지난 수세기 동안 가부장적 정신 속에서 실행되어왔으며, 관용의 행위는 자비나 은혜 베풀기와 같은 요소를 지니고 있다고 지적한다. 이러한 사실은 관용이 지배자 또는 다수자의 권위주의적 허용의 한계 내에 존재하는 것임을 드러낸다. 그러나 이러한 비판에도 불구하고, 하버마스는 관용 개념이 해체되는 것은 위험하다고 주장한다. 하버마스는 민주적 공동체의 맥락에서 관용이 여전히 옹호될 수 있다고 보는데, 그것은 그 안에서 '관용의 한계선'이 다수자의 권위에 의해 일방적으로 결정되지 못하도록 견제하는 것이 가능하다고 보기 때문이다(보라도리, 2004: 87). 민주적 공동체 내에서의 평등한 권리와 상호 존중의 토대가 지지될 때, 관용에 내재된 권력의 불평등을 비판적으로 극복할 수 있다고 보는 것이다.

수 있는 제도적 규칙을 미리 마련할 수 없다. 뿐만 아니라 어떤 형태로든 간에 공동체 내에 환대를 법제화하게 되면, 이러한 환대의 법은 결국 이에 해당되지 않는 사람들을 배제하거나 억압하기 위해 사용될 것이기 때문이다. 또한 무조건적 환대는 이러한 위험을 감수해야 한다. "나를 타자로부터 보호해주는 면역을 제거할 경우, 이는 죽음을 무릅쓰는 위협이 될 수 있다"(보라도리, 2004: 234). 그러나 그렇다고 해서 환대를 법제화하는 것은 일정한 주체 보호의 조건을 확보한 조건부 환대인 관용에 불과하다. 즉 데리다에 의하면, 무조건의 환대가 죽음의 위협을 감수해야 할 만큼 극단적인 것이라고 할지라도, 이 이념은 보존되어야 한다는 것이다.

데리다는 따라서 이러한 무조건적 환대가 제도화될 수 없는 것, 또는 경험될 수 없는 것, 즉 '불가능성의 경험', '경험할 수 없는 것의 경험'으로 유지되는 것, 오직 '시적'으로만 가능한 것으로 이해한다(이은정, 2009). 이러한 점은 '법'과 '정의'의 관계와 같은 것으로 이해된다. 즉 데리다에 의하면, 법과 달리 정의는 보편적 윤리에 속하지만, 매 순간 다르게, 매 순간 특수성에 의거해 개별적인 타자들의 상황에 따라 정당하게 변화하고 변형되어야 한다. 절대적 환대 역시 정의와 마찬가지로 그것이 경험 불가능하다고 할지라도 현실의 경험을 성찰하는 준거로 유지되어야 한다는 것이다. 이러한 점에서 무조건적 환대는 '정의의 환대'라고도 불린다(데리다, 2004a). 정의의 환대는 권리의 환대와는 불가분의 관계에 있지만, 완전히 이질적인 것으로 간주된다.

물론, 데리다에 의하면 이러한 절대적 환대에의 윤리적 요청은 실제 조건적 환대의 제도화나 관용의 의무와 권리를 부정하는 것이 아니라, 이러한 제도화를 '가능하게 하는 조건'이 된다. 즉 데리다는 어떤 국가도 이와 같은 무조건적 환대를 법률로 반영할 수는 없겠지만, "순수하고 무조건적인 환대를 환대 그 자체를 최소한 사유해보지 않는다면, 우리는 환대 일반의 개념을 갖지 못할 것이며 (자신의 의례와 법규, 규범, 국내적 관계나 국제적 관례로 이루어지는) 조건부 환대의 규준조차 정할 수 없을 것"이라고 말한다. 따라서 "무조건적인 환대는 법적이지도 정치적이지도 않지만, 그럼에도 불구하고 정치적인 것과 법적인 것의 조건"이 되어야 한다(보라도리, 2004: 235).

4) 무조건적 환대를 지향하는 새로운 유럽

세 번째 문제는 이러한 데리다의 무조건적 환대가 현실에서 어떻게 실행될 수 있는가라는 의문과 관련된다. 칸트의 고전적 세계시민주의는 주권을 가진 공화국들로 이루어진 세계연방제를 제시하지만, 이는 조건적 환대 또는 환대의 권리를 법제화한 개별 공화국을 전제로 한다는 점에서 한계를 가진다. 그렇다면, 데리다는 이러한 칸트의 구상을 넘어설 수 있는 어떤 현실적 대안을 가지고 있는가? 국가(특히 민주적 시민권이 보장된 국가)는 지구적 테러리스트의 폭력과 무장 확산, 시장 및 자본의 세계적 뻗침을 포함하는 '특정한 종류의 국제적 폭력'에 대항해 보편적 인권을 지키기 위한 어떤 적극적인 역할을 할 수 있지만, 다른 한편으로 국가는 국경을 통제하고 폭력을 독점해 부정적 결과를 초래하는 역할을 하기도 한다. 즉 국가는 결국 '자기 보호적인 동시에 자기 파괴적'인 자가 면역의 논리에 빠져 있다.

이러한 오늘날의 국가(특히 민족국가)의 문제를 해결하기 위해 데리다는 민주주의의 이상을 세계시민주의와 세계시민권의 너머, 즉 경제, 정치, 사법적 주권의 경계 너머에 위치를 짓고자 한다. 이를 위해 데리다는 우선 환대를 위한 무조건적 개방과 더불어 무조건적 '용서'를 제시한다. 데리다가 제시한 무조건적 용서는 그리스도교에서 흔히 제시하는 죄 지은 자에 대한 용서와는 구분된다. 데리다는 그리스도교의 용서란 힘 있는 자에 의한 자비 또는 관용에 불과하며, 이러한 관용의 종교적 덕목은 기독교를 넘어서 유대교, 이슬람교에서까지 가르쳐왔다고 주장한다. 그는 이러한 그리스도교적 덕목을 국민국가의 '주권의 대리 보충적 흔적'이자 '최강자의 이성'에 해당하는 관용으로 이해한다(김진, 2011). 즉 그리스도교와 관용의 개념은 국민국가에서

'주권의 선한 얼굴'로 그 모습을 드러낸다.

반면 데리다의 새로운 세계시민주의에서 '용서'는 "용서할 수 없는 것을 용서하는 불가능한 임무"로 규정된다(보라도리, 2004: 253). 데리다에 의하면 이러한 용서는 무조건적 환대를 가능하게 하며, 또한 현재 세계가 당면한 전쟁 범죄, 대학살, 테러리즘을 해소할 수 있는 방안이 된다. 무조건적 환대는 우리를 위협하고 피해를 줄 것이라고 간주되는 이방인의 악에 대한 우리의 태도, 즉 용서와 관련된다. 악에 대응한 용서의 개념은 환대의 개념처럼 '조건부 용서'와 '무조건적 용서'로 구분될 수 있다(Derrida, 2001). 조건적 용서는 악의 개선이나 완화, 참회나 반성을 전제로 한 용서이다. 그러나 무조건적 용서는 아무런 조건 없이 악을 용서하는 것, 즉 용서할 수 없는 것을 용서하는 것이다. 이러한 용서는 계산할 수 없고 측정할 수 없으며, 불가능한 것의 영역에 속하므로, 원칙적으로 불가능하다. 그러나 데리다는 이러한 무조건적 용서가 가능해야 하며 또한 앞으로 도래할 것임을 주장한다. "예기치 않던 무언가가 '일상적인 역사의 흐름, 정치, 법'을 뒤엎으면서 기습과 놀라움으로서 도래한다는 의미에서 무조건적 용서의 경험이 없다면 용서는 결코 존재하지 않을 것이다"(보라도리, 2004: 260; 김진, 2011: 81).

데리다는 이와 같은 새로운 세계시민주의, 즉 용서할 수 없는 것을 용서하고 낯선 이방인을 무조건적으로 환대할 수 있는 새로운 세계로 '도래할 민주정'을 제안한다. '도래할 민주정'이란 독특한 생명체들이 더불어 살아갈 수 있는 가능성의 조건에 대한 답으로 이해된다. 즉 이는 해방의 이상과 자유, 정의 등을 토대로 한 순수한 주체의 자율과 무조건적 환대, 무조건적 용서에서 요구되는 '타율'을 조화시켜나가는 과정으로 이해된다(보라도리, 2004: 239). 이러한 '도래할 민주정'은 국민국가의 주권 너머로, 시민권 너머로 향해가는 보편적 전망이지만, 보라도리의 해석에 의하면 이는 '새로운 유럽'과 '다른 곳'의 개념으로 변형되어 현실화될 수 있는 것으로 이해된다.

9·11 테러는 기독교 정신에 입각해 정치적 담론을 구사하는 미국과 스스

로의 정체성을 이슬람으로 규정하는 세력 간 갈등으로 드러난 것으로 간주되지만, 데리다는 이 두 정치신학의 전선은 동양 대 서양이 아니고 미국과 유럽 사이에 있다고 보았다(보라도리, 2004: 303). 그는 유럽(여기서 유럽이란 유럽공동체라기보다는 '새로운 형태의 유럽' 또는 '도래할 유럽'을 의미한다)을 "세계무대에서 유일하게 비종교적인 연기자"로 간주한다. 그리고 '도래할 유럽'은 우리 스스로가 지켜야 할 약속의 땅으로 간주된다.

우리 스스로가 유럽의 이념, 유럽의 차이를 지켜내는 수호자가 되어야 한다. 그러나 이때의 유럽이란 자신의 정체성 혹은 자기 동일성 안으로 스스로를 폐쇄하지 않는 유럽 또한 자신이 아닌 바를 향해 다른 곳/방향 혹은 타자의 곳/방향을 향해 나아가는 데 본보기가 되는 유럽이어야 한다(데리다, 1997: 28~29; 보라도리, 2004: 305).

그러나 여기서 데리다의 유럽에 대한 지리적 유비는 특이하다. 전통적으로, 유럽은 지리적으로 융기(Vorreiter), 곶(Kap), 갑(Vorhut)으로 인식되어왔다(보라도리, 2004: 305). 그리고 유럽은 유라시아 대륙의 신체적인 한 부속체인 동시에 지리상의 발견과 식민지 개척의 출발점이다. 일찍이 발레리(Paul Valéry)가 유럽은 "아시아 대륙의 작은 곶"으로 남을 것인가 아니면 "지구의 보배, 한 거대한 육체의 수뇌"가 될 것인가를 물었던 것처럼, 데리다가 생각하는 '새로운 유럽'은 유럽의 과거 책임을 감당할 수 있을 뿐만 아니라 통일된 유럽에 대한 정치적 약속에 대한 기대감의 표현으로써 '다른 곳'으로서의 개념으로 이해된다. 데리다는 도래할 새로운 유럽이 '다른 곳'으로서의 역할, 즉 이방인들이 환대의 권리를 향유할 수 있는 메시아주의 없는 메시아적인 것의 실현 요청을 진지하게 실현해나갈 것을 갈망한다.

데리다의 이러한 지리적 유비는 어떤 의미에서 매우 중요한 의미를 가지는 것처럼 보인다. 즉 유라시아 대륙의 끝이며 새로운 시작의 장소로서 '곶'

의 개념은 유럽이 나아가야 할 바를 유비적으로 암시한다고 할 수 있다. 그러나 데리다가 왜 이러한 형태론적 유비를 통해 새로운 유럽을 전망했는가에 대해서는 궁금한 점이 없지 않다. 특히 그가 주장하는 무조건적 용서 또는 환대가 이러한 지리적 유비를 통해 어떻게 의미 지어질 수 있는가에 대해서는 이해하기 매우 어렵다.[22] 칸트의 공간 개념이 가지는 한계와 마찬가지로, 데리다의 지리적 유비 또는 공간적 개념화는 절대적 공간 개념이나 단순한 상대적 공간 개념이 아니라 관련적 개념, 즉 유럽은 다른 대륙과의 관계 속에서만 유럽, 특히 새로운 유럽이 될 수 있다는 점을 보여주는 것이 바람직한 것처럼 보인다.

4. 환대의 공간적 실천

최근 자본주의 지구지방화 과정과 교통·통신기술의 발달 그리고 이에 따른 상품, 자본, 기술뿐만 아니라 노동력의 초공간적 이동, 그리고 이에 동반된 국민국가의 시민성에 대한 문제는 칸트의 세계시민주의에 대한 새로운 관심을 자아내고 있다. 또한 이러한 지구화를 배경으로 전개되는 지구적 차원의 문화적 충돌에 대한 대안의 모색에서 데리다는 칸트의 입장을 극복하

---

22 데리다는 이러한 지리적 유비를 위해 발레리 외에 후설의 '유럽의 정신적 지리학(geogra-phie spirituelle)'에 관해서도 언급하면서, "유럽은 늘 자기 자신을 하나의 곶으로서 인식해 왔다. 탐험가 발명과 식민지 건설의 출발점을 이루는 서쪽과 남쪽으로 돌출된 한 대륙의 극단 …… 으로서든, 곶 모양을 지닌 이 반도의 중심 그 자체, 즉 곶의 중심 한가운데에서 그리스-게르만 축을 따라 좁아지고 압축되어 있는 중앙의 유럽으로서든, 어쨌든 하나의 곶으로 인식되어왔다"라고 서술하고 있다(데리다, 1997: 21). 이러한 서술은 유럽의 역사지리에서 '곶'으로서 유럽의 역할을 강조한 것이지만, 데리다는 다른 대륙과의 관계 속에서 새로운 유럽이 구체적으로 어떠한 역할을 할 것인가에 대한 설명을 하지 않고 있다. 즉 데리다의 새로운 유럽은 '유럽중심주의의 자기 비판적·반성적 극복'을 위한 것인가에 대한 의문은 여전히 남아 있는 것처럼 보인다(홍윤기, 2003)

기 위해 '무조건적 환대의 윤리'를 주장하고 있다. 이 글은 위대한 두 사상가들의 철학적 주장들을 어떠한 근거에서든 평가하기 위한 것이 아니라, 이들의 주장 속에 내포된 지리적 함의들을 드러내기 위한 것이다.

물론 이러한 논의를 하는 과정에서 우리는 칸트나 데리다의 주장을 통해 이방인이 어떠한 권리를 가질 수 있으며, 또한 우리는 이방인을 어떻게 환대해야 할 것인가라는 의문에 대한 해결 방안을 학문적·실천적으로 모색하게 된다. 학문적 측면에서 우리는 환대의 윤리를 정립하기 위해 관련된 개념들을 둘러싼 다양한 논의들을 살펴볼 수 있다. 즉 환대는 고통받는 타자에 대한 관용, 공존을 모색하는 타자에 대한 책임, 공동체적 성원으로서 타자에게 보장되는 권리, 간주관성에 근거한 상호인정, 그리고 타자에 대한 무조건적 환대로의 보편적 정의의 개념을 포괄하는 것으로 이해될 수 있다. 물론 환대와 관련된 이러한 개념들은 이들을 주장 또는 제시한 여러 사회이론가나 철학자의 논의를 배경으로 하고 있다(문성훈, 2011).

일상적 실천의 측면에서, 환대의 개념은 나의 생활공간에 찾아온 타자에 대해 상호 호혜적 또는 긍정적인 태도 및 행동과 관련된다. 이러한 환대의 개념은 오늘날 타자 일반을 대하는 상호행위뿐만 아니라, 특히 소수자 또는 이방인으로 지칭될 수 있는 초국적 이주자와의 상호 관계에도 적용될 수 있다. 사실 초국적 이주자들을 어떻게 받아들여야 할 것인가에 관한 윤리적 준거의 설정과 더불어서 이들이 실제 어떻게 환대받고 있는가에 대한 실천적 의문은 다문화사회(공간)로의 전환에 있어 매우 중요한 과제라고 할 수 있다. 이러한 실천의 관점에서 데리다의 주장, 즉 "순수한 환대는 우리가 수행해야 할 모든 투쟁의 공간에서 불가능한 것을 가능하게 하는 '가능성의 조건'"이라는 주장을 되새겨볼 필요가 있다.

후기

나는 대학교 학부 때는 지리학을 아주 싫어했다. 몇 가지 이유가 있었지만, 나름 가장 그럴듯한 이유는 지리학에는 철학과 사상이 없는 것처럼 보였다는 점이다. 그러나 나는 지리학을 연구하면서 이를 위해 무한한 사상적 배경을 찾아낼 수 있음을 알게 되었다. 나는 학위논문 연구 과정에서 지리학 자체의 사상적 전통뿐만 아니라 고전 및 현대의 위대한 학자들의 사상에 함의된 공간적 주장이나 이론들을 마음껏 공부할 수 있었다. 지금 생각해보면 매우 황당한 짓이었지만, 나는 겁도 없이 열정적으로 이에 도전하고자 했다. 그 후 나는 생태학과 환경정의론을 연구하면서 이에 관한 이론들이 위대한 학자들의 사상이나 이론과 맞닿아 있음을 깨닫게 되었다. 이에 따라서 나는 『비판적 생태학과 환경정의』(2010)의 각 장들에서 롤스, 맑스, 스피노자, 니체, 들뢰즈 등의 사상에서 제시된 생태학적 주장과 정의이론들을 다루게 되었다.

다문화 윤리를 연구하면서, 나는 또다시 이러한 사상가들을 만나게 되었다. 여기에는 '다문화주의'에 관한 학자들(예로, 롤스, 테일러, 킴리카 등)뿐만 아니라 다문화사회의 윤리에 응용되는 관용이나 인정의 개념과 관련된 사상가들(예로, 왈저, 호네트 등), 그리고 이 글에서 다룬 세계시민주의와 환대의 개념과 관련된 칸트와 데리다, 레비나스 등이 포함된다. 물론 공간문제와 직접 관련된 하비, 르페브르, 카스텔 등은 내가 더 많은 관심을 가지고 연구하는 학자들이다. 때로 이들에 관한 연구는 아무리 열정적으로 하더라도 끝이 없으며, 또한 이들의 사상이나 이론이 과연 한국적·아시아적 학문 발전에 어느 정도 기여할 수 있는가에 대한 의문이 들기도 한다. 그러나 어떤 주제이든 깊이 들어가면 고전적 사상들과 만나게 되며, 특히 이러한 사상에 관한 연구가 지리학 및 공간환경 문제를 이해하거나 대안을 모색하는 데 중요한 통찰력과 이론적 준거를 가질 수 있도록 한다는 점은 분명하다.

이 글은 대구대학교 다문화사회정책연구소 활동 과정에서 구상된 것이다. 나는 이 연구소에서 발간하는 학술지 ≪현대사회와 다문화≫의 편집위원장을 맡았고, 월례 발표회와 관련 교양 강좌를 함께 하기도 했다. 2010년대 들어와서 대구대학교에 대한 정체성이 점차 약화되는 상황에서, 이 연구소는 다른 교수들과 함께 연구하면서 환담을 즐길 수 있는 자리를 마련해주었다. 특히 지방대학의 작은 연구소에서 별도의 지원 없이 학술지를 발간하기란 정말 어려운 일임에도, 다년간의 노력 끝에 '등재후보지'로 만든 편집위원들께 감사한다. 나는 또한 이 연구소 소원들인 김연희 교수, 이희영 교수, 이미경 교수와 한국연구재단에서 지원하는 공동 연구 과제를 수행했다. 이 연구의 결과물로『번역과 동맹: 초국적 이주의 행위자-네트워크와 사회공간적 전환』(2017)이 연구소 '총서 1'로 편집·출간되었다. 이 책은 나의 단독저서이지만 '총서 2'로 출간된『초국적 이주와 환대의 지리학』(2018)과 함께 학술원의 우수학술도서로 선정되기도 했다.

나는 이 과제 외에도 한국학술진흥재단(한국연구재단의 전신) 등에서 지원하는 연구 과제들을 몇 차례 수행하면서 대학원생들과 함께 연구하며 논문들을 발표하기도 했다. 학부가 사범대학 지리교육과이기 때문에 대부분의 학생들은 교사가 꿈이었고, 대학원 진학은 별로 고려하지 않는다. 그럼에도 해에 따라 차이가 있지만 최근까지 대학원 진학생들의 수는 명맥을 유지해왔다. 이들 가운데 박사학위까지 받은 학생들도 있지만, 일부는 임용고시에 합격해 교사로 나가거나 또는 이를 위해 중도 포기하기도 하고, 또 일부는 석사만 끝내거나 박사과정 수료 후 연구기관으로 진출하기도 한다. 그러나 이들은 학교나 연구소 생활의 바쁜 일상과 고단함으로 결국 학위 취득을 거의 포기하게 된다. 이러한 딱한 사정은 그들을 더 힘들게 하지만, 이를 지켜볼 수밖에 없는 나를 매우 곤혹스럽게 한다.

참고문헌

김애령. 2008. 「이방인과 환대의 윤리」. ≪철학과 현상학 연구≫, 39, 175~205쪽.

김진. 2011. 「데리다의 환대의 철학과 정치신학」. ≪철학연구≫, 95, 59~93쪽.

데리다, 자크(Jacques Derrida). 1996. 『마르크스의 유령들』. 양윤덕 옮김. 서울: 한뜻.

_____. 1997. 『다른 곶』. 김다은·이혜지 옮김. 서울: 동문선

_____. 2004a. 『법의 힘』. 진태원 옮김. 서울: 문학과지성사

_____. 2004b. 『환대에 대하여』. 남수인 옮김. 서울: 동문선

뒤푸르망텔, 안(Anne Dufourmantelle). 2004. 「서론: 초대」. 자크 데리다 지음. 『환대에 대하여』. 남수인 옮김. 서울: 동문선, 7~54쪽.

로크, 존(John Locke). 1996. 『통치론: 시민정부의 참된 기원, 범위, 그 목적에 관한 시론』. 강정인·문지영 옮김. 서울: 까치

문성원. 1999. 「닫힌 유토피아, 열린 유토피아: 자유주의의 유토피아를 넘어서」. ≪철학연구≫, 47, 323~340쪽.

문성훈. 2011. 「타자에 대한 책임, 관용, 환대 그리고 인정: 레비나스, 왈쩌, 데리다, 호네트를 중심으로」. ≪사회와 철학≫, 21, 391~418쪽.

레비나스, 에마뉘엘(Emmanuel Levinas). 2003. 『존재에서 존재자로』. 서동욱 옮김. 서울: 민음사.

서용순. 2009. 「탈경계의 주체성과 이방인의 문제: 레비나스, 데리다, 바디우를 중심으로」. 영남대학교 인문과학연구소. ≪인문연구≫, 57, 97~126쪽.

보라도리, 지오반나(Giovanna Borradori). 2004. 『테러시대의 철학: 하버마스, 데리다와의 대화』. 손철성 외 옮김. 서울: 문학과지성사.

왈저, 마이클(Michael Walzer). 2004. 『관용에 대하여』. 송재우 옮김. 서울: 미토.

벤하비브, 세일라(Sayla Benhabib). 2008. 『타자의 권리: 외국인, 거류민 그리고 시민』. 이상훈 옮김. 서울: 철학과현실사.

이은정. 2009. 「데리다의 시적 환대: 환대의 생성적 아포리아」. ≪인문과학≫, 44, 91~121쪽.

아렌트, 한나(Hannah Arendt). 1996. 『인간의 조건』. 이진우·태정호 옮김. 서울: 한길사.

최병두. 2010. 『비판적 생태학과 환경정의』. 파주: 한울.

홍윤기. 2003. 「테러시대에 철학하기」. ≪시민과 세계≫, 4, 436~446쪽.

Derrida, J. 2001(1997). *On Cosmopolitanism and Forgiveness*. London and New York: Routledge.

Flikschuh, K. 2000. *Kant and Modern Political Philosophy*. New York: Cmabridge Univ. Press.

Foucault, M. 2008. *Introduction to Kant's Anthropology*. in R. Nigro(ed.). Los Angeles: Semiotext(e).

Habermas, J. 1998. "The European nation-state: on the past and future of soveignty and citizenship." in C. Cronin and P. De Greiff(eds.). *The Inclusion of the Other: Studies in Political Theory*. Cambridge, MA: MIT Press.

Harvey, D. 2009. *Cosmopolitanism and Geographies of Freedom*. New York: Columbia Univ. Press.

Held, D. 2002. "Law of states, law of peoples." *Legal Theory*, 8(2), pp. 1~44.

Levinas, E. 1969. *Totality and Infinity*. Pittsburgh: Euquesne Univ. Press.

Kant, I. 1923(1795). "Zum Ewigen Frieden: Ein philosophischer Entwurf." in A. Buchenau, E. Cassirer and B. Kellermann. *Immanuel Kants Werke*. Berlin: Verlag Bruno Cassirer, pp. 425~474.

_____. 1974. "An Answer to the question: 'What is Enlightenment'" in Kant. *Political Writings; Kant, Anthropology from a Pragmatic Point of View*. The Hague: Martinus Nijhoff, pp. 249~251.

_____. 1999. *Geographie(Physische Geographie)*. Paris: Bibliothèque Philosophique.

Kleingeld, P. 1998. "Kant's cosmopolitan law: world citizenship for a global legal order." *Kantian Review*, 2, pp. 72~90.

Martens, T. 1996. "Cosmopolitanism and citizenship: Kant against Habermas." *European Journal of Philosophy*, 4(3), pp. 328~347.

May, J. 1970. *Kant's Concept of Geography and Its Relation to Recent Geographical Thought*. Toronto: University of Toronto Press.

Nussbaum, M. 1997. "Kant and cosmopolitanism." in J. Bohman and M. Lutz-Bachmann (eds.). *Perpetual Peace: Essays on Kant's Cosmopolitan Ideal*. Cambridge, MAs: MIT Press.

Nussbaum, M. et al. 1996. *For Love of Country: Debating the Limits of Patriotism*. Boston: Beacon Press.

Still, J. 2011. *Derrida and Hospitality: Theory and Practice*. Edinburgh: Edinburgh Univ. Press.

1. 경제위기? 도시의 위기!

대도시의 일상생활 공간에서 위기를 감지할 수 있는 사건들이 연이어 발생하고 있다. 예로 서울 강남역 인근 건물 화장실에서 한 남성이 전혀 알지 못하는 20대 여성을 살인한 사건이 있었고, 또 서울 지하철 구의역에서 스크린 도어를 정비하던 19세 젊은이가 사망하는 사건이 있었다. 이러한 사례들은 현대 도시가 단순히 각종 재난 사고들이 발생하는 장소라는 의미를 넘어서 억압과 소외에 의한 적개심이나 비정규직 하청 노동에 의해 내몰리는 위험에 의해 언제든지 '죽음의 현장'이 될 수 있음을 확인시켜준다. 도시사회에서 배제된 자들은 다시 낯선 타자(특히 젠더화된 사회에서 약자인 여성)를 무작위로 혐오하며, 이로 인해 일상적으로 사용하는 공적 공간은 공포감으로 가득 차게 되었다.

뿐만 아니라 오늘날 도시공간은 계층적으로 분화되어 대물림되고 있는 노동시장에서 어렵게 일자리를 구한 노동자가 생명을 건 위험한 노동 현장에서 언제 죽음을 맞게 될지 모르는 두려움의 공간이 되고 있다. 이와 같은 파국적 위기 현상들은 단순히 개인적 문제나 책임이 아니라 도시의 수많은 사람들에게 공포와 울분을 자아내고 있다는 점에서, 위기를 유발하는 경제적·

정치적 배경에 관한 분석과 이를 극복하려는 노력이 절실히 필요하다는 점을 알려준다. 달리 말해, 오늘날 도시에서 발생하는 사회공간적 위기는 이들이 어떻게 자본주의 경제의 구조적 위기와 관련되며, 또한 이들에 대해 제대로 대응하지 못하는 정부 정책의 한계에 기인하는가를 밝히고, 나아가 삶의 희망을 열어나갈 새로운 도시공간을 모색하도록 요구한다.

물론 한국 경제가 극한적 위기 상황에 처해 있다는 점은 재벌 기업인이나 경제·경영 전문 지식인들도 느끼고 있다. 예로 한 언론사(≪한국일보≫, 2016.1.1)의 발표에 의하면 재벌그룹을 포함한 주요 대기업 CEO 45명과 경제·경영학자 20명을 대상으로 설문조사를 실시한 결과, "한국 경제가 처한 운명의 시간을 '밤 11시 이후'로 답한 응답자가 64.4%"에 달했고, "'밤 11시 50분 이후', 즉 한국 경제가 극한의 위기를 맞을 수 있는 시간이 채 10분도 남지 않은 상황이라고 본 응답자도 26.7%"나 되었다. 그러나 이들이 이렇게 위기 상황을 인식한다고 할지라도, 단지 자신들의 입장에서 인식하고 그 대응 전략을 모색할 뿐이다. 이들은 당면한 위기의 핵심 요인으로 세계 경제의 침체와 국내 가계부채의 급증을 꼽고 있지만, 신자유주의적 세계 경제가 왜 위기에 처하게 되었는가, 그리고 이러한 경제위기가 어떻게 도시위기를 유발하고 있는가를 체계적으로 이해하지 못한다.

기업가들뿐 아니라 관련 학자들조차 그동안 한국의 경제성장(즉 자본 축적) 과정에서 지대한 역할을 담당했으며 또한 위기를 유발한 (가장) 중요한 요인이 도시화 과정, 즉 도시 내 및 도시 간 건조환경(엄청난 규모로 확장된 도시의 사무·주거·공공 건축물들과 공단, 도로, 철도, 항만 등 물리적 인프라 또는 고정자본)을 통한 자본순환이었다는 점을 알지 못한다. 도시 건조환경을 통한 자본순환과 이로 인한 위기의 발생은 한국 경제에 한정된 것이 아니며, 세계의 거의 모든 국가들에서 자본 축적을 추동하는 핵심적 과정으로 작동하고 있다(최병두, 2012). 하지만 2008년 미국의 서브프라임 모기지 사태에서 촉발된 세계적 금융위기에서 드러난 바와 같이, 도시 건조환경을 통한 자본 축적 과정은 세계적 금융위기를 유발했으며, 이러한 점에서 하비(Harvey, 2009)는 오늘날 경제위기란 '도시위기'라고 주장한다.[1]

국가의 임무들 가운데 하나는 이러한 사회적·경제적 및 도시적 위기에 대처하기 위한 대응책을 제시하는 것이다. 하지만 그동안 정부의 대응책은 위기에 대한 전면적이고 합리적인 정책이라기보다 특정 정치권력의 이해관계에 바탕을 둔 선택적이고 전략적인 정책들에 불과했고, 이로 인해 위기는 해소되기보다 오히려 심화되거나 새로운 양상들을 만들어내고 있다. 예로, 기업인들이 경제위기를 유발하는 국내 요인으로 지적한 '가계부채'는 사실 한국 정부가 지난 2년여 동안 추진했던 부동산 경기부양책에 기인한 것이라고 볼 수 있다. 또한 고용의 유연성 제고와 산업구조 조정을 위한 정부의 '노동시장 개혁' 방안은 오히려 비정규직을 확대시킬 것으로 우려되며, 관련법 제정을 위해 국회를 압박했던 정부의 통치 양식은 점점 더 비소통적 권위주의 경향으로 치닫고 있음을 보여주었다. 그동안 부동산시장 활성화를 위해 정부가 추진했던 규제 완화 정책, 특히 주택담보인정비율(LTV)과 총부채상환비율(DTI) 등 부동산 금융대출 규제 완화는 한편으로 도시 건조환경에의 투자가 자본 축적 과정에 매우 중요한 역할을 담당하고 있으며, 부동산 정책과 금융정책이 서로 밀접하게 관련되어 있음을 보여준다. 그러나 그 결과 전세 및 월세 폭등으로 서민들의 주거위기와 더불어 부채위기를 초래함으로써 소비 위축에 따른 경제침체와 생활 압박에 따른 극심한 소외감과 위화감으로 일상생활(공간)의 위기를 심화시키고 있다.

이와 같은 도시위기의 심화와 기업 및 국가 전략의 한계는 이로 인한 피해와 희생을 강요당하는 도시인들에게 위기에 대한 각성과 대안적 실천을 요

---

[1] 즉, 하비는 "1970년대 이후 세계적으로 397건의 금융위기가 있었으며, 이러한 금융위기들 가운데 많은 것들이 도시화에 기반을 두고 있었다. 미국에서 이 위기의 기원은 서브프라임 모기지 위기에 의해 초래되었다. 그러나 이는 서브프라임 모기지의 위기가 아니라 도시위기이다"라고 주장한다.

구한다. 하지만 오늘날 자본 축적과 권력 유지를 위한 정치경제적 힘이 지배하는 도시공간에서, 도시인들은 자신이 처한 사회공간적 상황이 어떻게 위기에 처하게 되었는가를 체계적으로 인식하지 못한 채, 점점 더 심각하게 다가오는 위험을 막연하게 느끼고 있을 뿐이다. 도시의 건조환경은 자본 축적과정에 편입·통합되고, 도시의 생활공간은 자본과 권력에 의해 점점 더 위험한 공간으로 변하고 있다. 도시인들은 자본주의적 경제·정치 논리에 의해 체계적으로 소외된 채, 이러한 도시위기를 제대로 인식하지 못하면서 살아간다. 현재 우리는 이러한 위기의 도시 속에서 소외와 절망으로 살아갈 것인가, 그렇지 않으면 소진되어가는 주체성을 끌어 모아 자본과 권력이 지배하는 도시공간의 틈새에서 새로운 희망을 찾아나갈 것인가의 중대한 기로에서 있다. 그 답은 분명하다. 위기의 도시에서 희망의 도시로 바꾸어나가기 위한 전제로서 도시공간이 자본주의 경제성장 과정에서 어떤 역할을 담당했으며, 특히 경제적 위기 국면에서 어떻게 재편되고 있는가, 그리고 도시의 위기에 대처하는 국가와 기업의 한계는 무엇이며, 이에 대처하기 위한 진정한 방안은 무엇인가에 관한 논의가 절실히 필요하다.

2. 도시의 발달과 자본 축적 과정

1) 도시 발달과 자본 축적의 메커니즘

인간이 처음 이 지구상에 출현했을 때는 자연 속을 헤매면서 수렵과 채취로 생존했지만, 자연환경에 대한 인지능력 및 도구의 발달과 더불어 정착생활을 하게 되었다. 이에 따라 소규모 집단생활이 이루어지면서 상대적으로 좁은 공간에 많은 사람들이 모여드는 도시가 형성되었고, 이에 터전을 두고 문명을 발전시켜왔다. 이러한 점에서 인간의 문명은 도시와 함께 시작되었고, 도시는 인간 문명의 저장고라고 일컬어진다. 물론 이러한 도시의 기원에 관한 설명은 문명과 자연을 이분법적으로 구분하기 위한 것이 아니라, 문명과 자연 간의 변증법적 관계성을 전제로 한다. 이러한 점에서 고대 그리스의 유랑시인 호메로스의 서사시 『오디세이아』는 고향 도시로 귀환하는 오디세우스가 어떻게 미지의 자연을 과학적 지식과 더불어 신화적(또는 시적) 상상력으로 헤쳐나가는가를 서술하고 있다.[2] 여기서 도시는 인간이 필사적으로 귀환하고자 하는 생존의 공간, 과학적 지식 및 시적 상상력에 바탕을 두고 무지의 자연과 사악한 인간과의 투쟁을 통해 만들어내는 해방의 공간으로 묘사된다. 카우퍼(J. M. Cowper)의 말을 빌려 이러한 도시의 의미를 표현하면, '신은 인간을 만들었고, 인간은 도시를 만들었다'.

물론 도시의 기원은 다양하게 설명될 수 있겠지만, 도시의 형성과 발달은 정착생활과 더불어 누적된 잉여물이 집합·저장되는 장소, 그리고 이러한 잉여물을 전유하고 관리하는 정치적·경제적 지배계급, 즉 비생산계급의 거주지로서의 기능과 관련된다는 점은 분명하다. 이러한 점에서 도시는 주변 농촌 지역이나 다른 도시들로부터 수탈한 잉여물을 이용한 화려한 건축물들이 누적되고 지배계급의 사치스러운 생활양식이 영위되는 공간이었다. 인류 역사의 초기 사적 소유권이 확립되지 않았던 사회에서 구성원들은 이러한 잉여물을 공동으로 소유·이용하면서 도시(공간)를 '공유재' 또는 '공통재'로 인식했을 것이다.

또한 아렌트(Arendt, 1958)가 『인간의 조건』(1958)에서 제시한 바와 같이, 고대 그리스의 폴리스(polis)처럼 도시공간은 물질적 해방을 전제로 자유로운 시민들이 민주적 정치를 논하는 공론의 장일 수 있었을 것이다. 그러나

---

2 Adorno(1992)는 이러한 점에서 인간의 역사를 신화와 계몽(과학적 이성)의 '부정' 변증법으로 이해한다. 즉 고대 신화 속에서 계몽적 요소는 자연으로부터 인간을 해방시켰지만, 근대 이후 도구적 이성에 기초한 현대 문명은 인간 해방을 돕기는커녕 오히려 인간을 새로운 종류의 야만으로 전락시키고 있다고 주장한다.

잉여물은 누구에 의해, 어디서 어떻게 생산되든지 간에 소수의 지배집단에 의해 전유되고 관리된다는 점에서, 도시는 잉여물의 생산계급과 이를 전유하는 비생산계급 간의 갈등이 끊임없이 전개되는 계급투쟁의 장이기도 했다. 즉 도시는 잉여생산물의 사회적·공간적 집적지였고, 도시화 과정은 언제나 계급적 힘 관계 또는 계급투쟁의 소용돌이 속에서 전개되어왔다.

잉여물의 집적지이며 저장소로서 도시, 그리고 인간 생존의 조건이며 또한 동시에 계급투쟁의 장으로서 도시의 역할은 고대사회와 봉건제 사회를 거쳐 자본주의하에서도 지속되고 있지만, 자본주의 도시가 이러한 역할을 담당하는 기능은 과거 사회와는 비교할 수 없을 정도로 역동적이고 강력하다. 왜냐하면 자본주의는 잉여가치의 지속적 생산을 필수적으로 전제하며, 도시공간은 이러한 잉여가치 생산의 단순한 장일 뿐 아니라 도시공간의 생산을 통해 잉여가치가 생산되고 재투자되기 때문이다. 이러한 점에서, 르페브르(Lefebvre, 1973)는 도시공간이 자본주의 역동성의 가장 중요한 원천이며, 그 역동성이 전개되는 장일 뿐 아니라 자본주의가 그 자신을 지속적으로 존립시키기 위해 필수적으로 생산하고 재생산해야 할 수단이라고 주장한다. 하비(2014: 28)는 이러한 주장을 반영하고 더욱 나아가 자본주의 발전과 도시화 간의 불가분 관계를 다음과 같이 서술한다.

자본주의의 토대는 잉여가치(이윤)의 영속적 추구이다. 하지만 잉여가치를 만들어내려면 자본가는 잉여생산물을 생산하지 않으면 안 된다. 이 사실은 자본주의가 도시공간의 형성에 필요한 잉여생산물을 끊임없이 생산해야 한다는 것을 뜻한다. 그 역도 성립한다. 자본주의는 끊임없이 생산한 잉여생산물을 흡수하려면 도시공간의 형성을 필요로 할 수밖에 없다.

이와 같이 오늘날 도시공간은 단순히 자본주의의 일부로 존재하는 것이 아니라 그 사회의 생성, 유지, 발전을 위한 필수적 존립 수단이 되었다. 전자본주의 사회는 도시를 시골로부터 분리시키고 이들 간 모순을 심화시켰다면, 자본주의는 시골을 포함해 사회(국가 나아가 세계) 전체를 도시화하는 과정, 즉 자본의 도시화 과정을 통해 발전하며 모순을 심화시키는 체제로 이해된다. 봉건주의에서 자본주의로의 전환은 중세 도시의 해체와 새로운 근대 자본주의 도시의 발달을 동반했다. 자본주의 도시는 장거리 무역과 약탈을 통해 부를 누적시키는 한편, 봉건영주로부터 해방된 농노들이 모여들어 자유 임금노동자가 되는 장소였다. 토지 '인클로저'(울타리치기)는 도시 임금노동자를 형성하는 동시에 봉건적 토지 소유 관계를 근대적 사적 소유(그리고 이로 인한 공유지의 소멸)로 바꾸는 중요한 계기가 되었다. 이와 같은 토지의 사적 소유와 토지로부터 농노의 분리 및 이에 따른 도시 임금노동자의 증대는 자본 축적을 위한 초기 자본 형성의 중요한 수단이었다는 점에서, 이른바 '시원적 축적'의 발판이 되었다. 이러한 공간의 인클로저와 시원적 축적 과정은 자본주의 초기 단계에 한정된 것이 아니라 오늘날에도 자본 축적을 위한 주요 수단이 되고 있으며(Sevilla-Buitrago, 2015; 김용창, 2015), 하비(2007)는 이를 '탈취에 의한 축적(accumulation by dispossession)'이라고 지칭한다.

물론 자본주의 경제 발전, 즉 자본 축적의 확대재생산에서 핵심적 과정은 임금노동자에 의한 가치와 잉여가치의 생산과 실현이다. 자본주의 경제에서 잉여가치의 창출은 그 특유한 생산 방식, 즉 노동자들이 임금으로 받는 것 이상으로 판매할 수 있는 생산물을 생산하기 때문에 가능하다. 노동자에 의해 생산된 이러한 가치와 잉여가치는 상품 그 자체에 내재된 것처럼 간주되고, 이는 시장에서 상품의 판매를 통해 얻게 되는 화폐 수입을 통해 실현된다. 이렇게 실현된 잉여가치는 노동자들에 의해 생산되었음에도 불구하고, 노동자들은 이에 대해 아무런 통제권을 가지지 못한 채 소외되고, 자본가들은 생산물의 가치와 생산 과정에서 지출된 임금 및 자본재의 가치 간 차이, 즉 잉여가치를 전유한다. 자본가에 의해 전유된 잉여가치는 이윤과 이자, 지대 등으로 배분되어 일부는 사치재로 소비되지만, 자본 축적의 확대재생산을 위해 자본순환 과정에 재투입된다. 즉 자본주의 경제가 지속적으로 성장하기 위해서는 가치와 잉여가치가 생산되어야 할 뿐만 아니라, 생산된 가치와 잉여가치가 재투자될 수 있어야 한다.

하비(1995)의 자본순환이론에 의하면, 창출된 잉여가치를 흡수할 수 있는 자본의 순환 경로는 세 가지 유형, 즉 직접적인 생산-소비 과정과 이를 통한 재투자 과정, 건조환경(고정자본과 내구성 소비재)에의 투자, 기술·과학 및 사회적 지출(교육, 보건, 복지, 이데올로기, 치안, 국방 등) 부문에의 투입으로 이루어진다. 하비는 이러한 자본의 순환 경로들을 각각 1차, 2차, 3차 순환이라고 지칭했으며, 특히 그의 자본순환론은 자본 축적의 위기(또는 공황)이론과 결합되어 있다는 점에서 매우 유의한 것으로 평가된다. 즉 자본순환의 경로는 한 영역에서 발생한 위기를 해소하기 위하여 다른 영역으로 자본의 흐름을 유도하지만, 새로운 영역에서도 결국 위기를 초래하는 것으로 이해된다. 또한 그의 자본순환론은 자본주의 도시공간이 단순히 자본순환의 장이 아니라 건조환경을 통한 자본 축적의 핵심적인 부분이 된다는 점을 강조한다. 그러나 하비의 자본순환론은 각 영역으로의 자본 흐름이 동시에 이루어지기보다는 순차적으로 진행되는 것처럼 보이도록 한다. 또한 과잉축적으로 유휴화된 자본이 제3차 순환 영역, 즉 기술과학 및 사회문화적 지출(즉 비물질적 생산)부문으로 흘러들어갈 수 있음을 보여주고 있으며, 실제 탈산업경제 이후의 과학기술 및 사회문화 부문에 대한 투자가 강조됨에도 불구하고, 하비는 이 영역으로의 자본 흐름의 배경과 결과에 대해서는 거의 논의하지 않고 있다.

2) 한국의 도시 발달과 자본 축적 과정

이러한 도시의 발달과 자본 축적에 관한 이론적 논의를 배경으로 우선 한국의 자본 축적과 도시화 과정을 살펴볼 수 있다. 한반도의 오랜 역사는 농촌 잉여물의 생산과 수탈, 도시 비생산(양반)계급에 의한 전유, 그리고 이에 따른 도시공간의 형성 과정으로 이해될 수 있다. 우리나라에서 자본 축적의 맹아는 조선 후기 또는 일제강점기에서 찾아볼 수 있다는 논의도 있다. 즉 조선시대 후기 자본 축적의 맹아적 단초와 새로운 중인계급이 주도한 도시 경제가 발달했다는 주장이 있으며, 또한 일제강점기에 일본에 의해 이식된 자본주의 체제가 곡물과 자원의 수탈(즉 탈취에 의한 축적)에 바탕을 두고 발달하기 시작했다는 주장도 있다. 그러나 한국의 자본주의 경제성장과 자본의 축적 과정은 분명 1960년대 이후 본격적으로 전개되었다. 잘 알려진 바와 같이, 한국 경제의 초기 단계 성장은 외국의 자본과 기술을 유치하고 자원을 수입해 저임금 노동력과 결합하여 생산된 상품을 해외로 수출하는 과정을 통해 이루어졌다. 당시 군사 쿠데타를 통해 권력을 장악했던 정부와 군부 엘리트에 의해 충원된 기술 관료들은 국가 '경제성장'을 최고의 통치 목표로 설정하고 이를 기획·추동하고자 했다는 점에서 이른바 '발전주의' 국가에 의한 자본 축적 과정으로 설명되기도 한다.

동서양을 막론하고 자본주의 경제 발전이 기본적으로 자유시장경제의 형성과 확대에 바탕을 두고 있었다고 할지라도, 한국의 경제 발전 과정이 일본이나 대만 등과 함께 국가주도적으로 추동되었으며, 이는 서구의 자유주의 경제 발전과는 구분된다는 점에서 발전주의(또는 발전) 국가라고 개념화되었다. 특히 강조되어야 할 점은 국가가 외국 차관뿐만 아니라 한일협정 청구금, 월남전 수입 등 다양한 방법으로 외자를 유치했으며, 이렇게 유치된 외자의 대부분은 국가 총고정자본 형성에서 공단, 도로, 항만 등의 건설 부문에 집중 투자되었다는 점이다. 예를 들어, 1968년 착공해 1970년 완공되었던 경부고속도로를 건설하기 위해 총 공사비로 당시 약 430억 원이 공식 투입되었고, 이에 필요한 재원으로 각종 세금의 확대뿐만 아니라 도로국채 발행, 통행료 수입 등과 더불어 양곡차관과 비공식적으로 베트남전쟁 특수에 따른 국가수입과 대일 청구자금의 상당 부분이 투입되었다. 또한 고속도로 건설을 위해 군사장비가 동원되었고, 부지 확보를 위한 토지의 탈취가 이루어지기도 했다(최병두, 2009).[3]

〈그림 13-1〉은 1970년대 이후 우리나라 고정자본의 형성을 설비투자, 건설투자, 지식재생산투자로 구분해 나타낸 것으로, 이 세 가지 유형의 투자는 하비의 자본순환론에서 세 가지 경로에 해당된다고 하겠다. 이 자료에 의하면, 1970년 총고정자본 형성에서 도로, 항만 등의 인프라 부문의 건설투자는 13.2조 원, 공장과 기계 등 설비투자는 2.3조 원, 지식재생산물 투자는 0.2조 원으로, 건설투자가 다른 영역의 투자보다 월등히 높았음을 알 수 있다. 이러한 경향은 1980년대 이후 다소 줄어들었지만, 그 이후 1990년대 중반에 이르기까지 지속되어 총고정자본 형성에서 70% 이상을 유지했다[〈그림 13-1〉(가)]. 이 점은 건설 부문 투자가 한국의 경제성장(자본의 확대재생산)을 견인하는 지대한 요인이었음을 보여준다. 특히 1980년대 중반 이후 1997년 IMF 위기 이전까지 건설 부문 투자는 비중이 다소 감소했지만 절대액이 크게 증가해, 설비투자의 급속한 증가와 더불어 내수시장의 확충을 주도했음을 알 수 있다[〈그림 13-1〉(나)]. 2000년대 이후 설비투자와 지식재생산물 부문에 대한 투자가 크게 증가한 반면 건설 부문투자는 절대금액이 거의 늘지 않았고 그 비중도 지속적으로 감소하고 있지만, 이에 대한 논의는 좀 더 세밀한 분석을 요한다[〈그림 13-1〉(다)].

이와 같은 건설 부문의 투자는 결국 도시 내 주거, 사무, 공업용 건축물의 건설(즉 건축 부문)이나 도시 간을 연결하는 도로와 항만, 공항 등의 인프라 구축과 확충(즉 토목 부문)을 위해 투입된 것이라고 할 수 있다. 〈그림 13-2〉는 이러한 건설 부문 투자 증감률이 경제성장률과 어떤 관계를 가지며, 또한 이들이 어떤 주기를 가지고 진행되었는가를 보여준다. 여기서 추정할 수 있

---

3 즉 당시 "군수와 읍면장이 땅 주인에게 '국가발전을 위해 땅을 국가에 헌납하거나 헌납은 하지 않더라도 싼 값으로 매각해 줄 것'을 요청했다"는 점에서(손정목, 2003: 111), 건설투자를 통한 고정자본 형성에서 국가에 의해 이른바 '탈취에 의한 축적'이 이루어졌다고 할 수 있다.

그림 13-1 한국의 부문별 고정자본 형성 추이

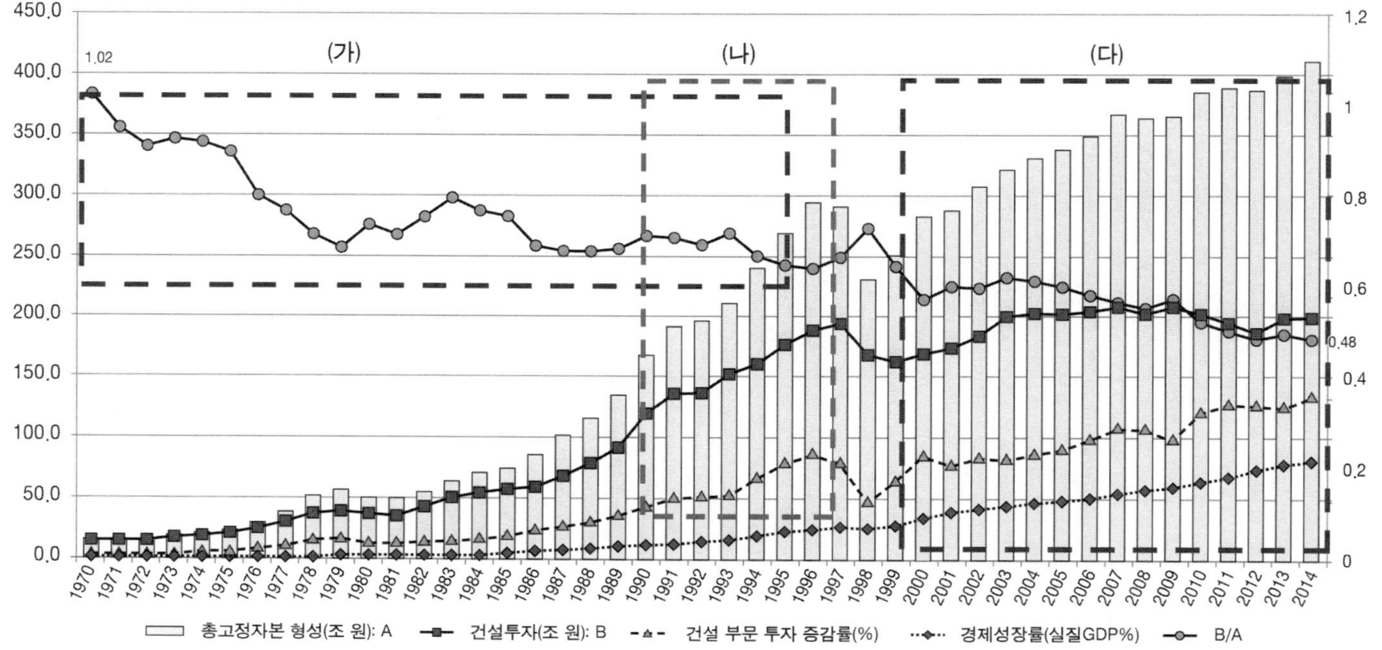

자료: 한국은행(2016b), 통계청(2015); 《연합뉴스》(2016.2.9).

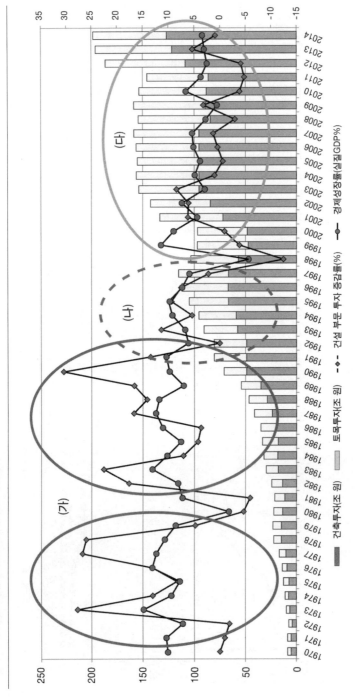

그림 13-2 건설 부문 투자 증가율과 경제성장률 변화 추이

자료: 통계청, 국가통계포털(KOSIS).

는 것처럼, 건설 부문 투자 증감률은 경제성장률과 밀접한 상관관계를 가지며, 또한 1970년대 이후 1990년대까지 대체로 10년 주기로 호황과 침체를 겪었음을 알 수 있다[〈그림 13-2〉(가)]. 특히 건설 부문 투자 증감률에서는 4~5년 정도의 소주기를 확인할 수 있는데, 이는 실물경제와 부동산경제가 어떤 관계를 가지고 있는가를 추정할 수 있도록 한다. 즉 경제 침체기 이후 경기 활성화를 위한 국가의 부동산 완화 정책은 건설 부문 투자를 촉진했고, 이에 따라 경제가 어느 정도 활성화되면 다시 규제를 강화함으로써 건설 부문 투자가 위축되었다. 하지만 실물경제의 급성장 이후 맞게 되는 과잉축적의 위기로 인해 유휴화된 자본이 부동산시장으로 투입되면서 다시 건설 부문 투자가 급증하지만, 결국 경제침체와 더불어 부동산 거품의 붕괴로 건설 투자도 위축되는 양상을 보였다. 1990년대는 1997년 IMF 위기로 인해 과잉 축적의 위기에 따라 발생했던 부동산시장의 폭등은 없었다[〈그림 13-2〉(나)]. 그러나 IMF 위기가 끝나자마자 건축투자는 다시 큰 폭으로 증가했고, 2000년대 중반까지 지속되었다. 건조환경 부문에의 투자는 2008년 세계금융위기에도 불구하고 이명박 정부의 대규모 토목사업으로 계속 유지되었고 이 사업이 끝난 후에는 다소 감소했지만 2012년 이후 다시 증가하고 있다[〈그림 13-2〉(다)]. 이와 같이 과잉축적으로 인해 나타나는 경기 침체 또는 세계적 금융위기로 인해 초래된 위기 국면은 국가와 기업의 부동산 관련 전략에 따라 번번이 조정되어왔다. 이러한 위기의 조정 전략에서 가장 우선적이며 빈번하게 동원된 부동산 정책을 배경으로, 도시 건조환경의 확충과 도시공간의 재편은 다양한 이름으로 지속되어왔다.

이와 같이 건설 부문의 막대한 (재)투자를 중심으로 한 총고정자본의 형성은 기본적으로 한국의 경제성장 또는 자본 축적이 도시 내 및 도시 간 건축과 토목 투자, 즉 도시화 과정의 물적 토대(건조환경) 구축을 통해 촉진되었으며, 또한 자본 축적 과정에서 형성된 사회적 부(즉 유휴자본)의 상당 부분이 도시의 건조환경에 재투입되어 도시공간에 체현되었음을 의미한다. 또한 도시의 건조환경은 경제성장의 동력으로서 그 자체가 자본순환의 기본 대상이 며 경제적 위기를 해소하기 위한 주요 수단으로 작동하지만, 동시에 자본주의 경제위기를 공간적으로 표현할 뿐만 아니라 이를 심화시키는 결정적 매체라고 할 수 있다. 근대적 도시화 과정과 도시공간의 편성이 자본주의적 산업화와 동시에 진행되었다면, 오늘날 탈산업화 과정에서 첨단기술경제, 지식기반경제, 창조경제 등 비물질적 생산 부문과 이에 따른 도시화 과정이 강조될 수 있다. 하지만 현실의 자본 축적 과정은 아직 도시공간의 물리적 재편 과정에 상당히 의존하고 있다. 도시재생과 이에 따른 젠트리피케이션 (gentrification) 과정을 동반한 새로운 도시화 과정은 서구 선진국들뿐만 아니라 제3세계 국가들에서도 붐을 일으키면서 전 지구적 규모로 진행되고 있다는 점에서 '행성적 도시화' 또는 '행성적 젠트리피케이션'이라고 불리기도 한다(Merrifield, 2013; Lees, Shin and Lopez-Morales, 2016). 이러한 도시화 과정은 그동안 자본 축적 과정에서 사회적 부를 누적시키면서 기업의 이윤을 보장하는 주요한 근원이 되었지만, 결국 과잉투자·과잉공급으로 인한 부동산시장의 위기를 유발하고, 나아가 전세 및 월세 급등으로 인한 주거위기와 난개발에 따른 환경위기 등을 초래하면서 직간접적 피해를 고스란히 도시 서민들에게 전가시키고 있다.

3. 경제위기에서 도시위기로

1) 경제위기와 잉여의 누적

자본주의 경제의 위기는 단순히 공급과 수요의 불일치 또는 경기 순환 과정에서 반복되는 불황이나 침체 국면이 아니라 자본 축적 과정에 내재된 구조적 모순의 표출로 설명되어야 한다. 이러한 경제위기는 우선 직접 생산 영역에서 과잉축적의 위기로 나타나지만 이를 해소하기 위한 자본과 국가의 전략으로 일시적으로 해소될 수 있다. 즉 실물생산에서 과잉축적의 위기는 신용체계의 발달과 더불어 과잉축적된 자본의 흐름을 다른 부문으로 전환시킴으로써 어느 정도 완화되지만, 또 다른 위기들, 특히 금융위기, 부동산위기를 유발하게 된다. 실물생산 영역에서 과잉생산과 이로 인한 시장의 포화가 발생하게 되면, 과잉축적의 위기, 또는 하비(1995)가 위기의 제1차 국면이라고 불리는 상황이 발생한다. 과잉축적의 위기는 상품 재고의 누적, 생산설비의 불완전한 가동, 과잉 화폐자본, 노동력의 유휴화 등으로 나타나고, 실질이윤율 저하를 초래한다.

그러면 생산된 잉여가치가 실현되지 않음으로써 발생하는 이러한 1차적 위기를 해소하기 위해, 즉 소비를 촉진해 (잉여)가치를 실현하기 위해 신용체계가 발달하게 된다. 신용체계는 미래에 발생할 수입을 앞당겨 지출하기 위한 수단으로 '의제적 자본(fictitious capital)'을 작동시키는 과정이다. 이러한 신용체계의 구축과 발달은 노동시간, 상품의 생산 및 유통 기간, 자본의 회전 기간 등을 결정하며, 자본 축적에 필수적인 계기가 된다. 신용체계에 기반을 둔 금융자본의 발달은 실물생산 부문에서 자본 축적을 지원하고 과잉축적의 위기 상황에서 완충 역할을 담당한다. 금융자본은 생산자본의 기능을 활성화시키는 주요한 역할을 할 수 있지만, 필연적으로 의제적 성격을 띤 자본(신용카드, 국가와 기업의 채권, 주택담보대출 등)이며 일정한 투자 기회를 확보하지 못한, 순전히 과잉 또는 유휴화된 자본의 성격을 가진다. 특히 금융자본의 자기 증식 과정은 결국 생산자본과 괴리되어 부동산·금융시장에서 투기적 성향을 보이게 되며, 특히 미래의 생산이 불확실한 상황(즉 경제침체 또는 저성장)에서 외부 충격에 매우 취약해져서 결국 금융시장 및 부동산시장이 붕괴하는 금융·부동산위기를 맞게 된다.

이와 같이 과잉축적으로 유휴화된 자본은 신용체계의 발달에 의존해 부분적으로 일반상품의 생산을 위한 자본순환 과정에 재투입되지만, 또한 다른 영역으로 흐름의 경로를 바꾸기도 한다. 유휴자본이 흘러가는 2차 순환 경로는 도시의 건조환경 영역, 즉 물질적 고정자본과 내구성 소비재 영역이다. 도시 건조환경 부문에의 투자는 물론 경제성장 과정 전반에서 진행되지만, 특히 실물경제의 위기와 밀접한 관계를 가진다. 또한 고정자본(공단과 공장, 기계 등과 같은 설비투자와 물리적 인프라 등 건설투자)과 내구성 소비재(주택, 자동차, 여타 가전제품 등)에의 투자는 장기적으로 생산 및 소비에 바탕이 되지만, 자본의 투자 규모가 크고 회전 기간이 길기 때문에 금융자본과 국가 정책의 지원에 의해 뒷받침되어야 한다. 금융자본은 도시의 건조환경(건축물과 대규모 인프라와 같은 고정자본과 주택과 같은 내구성 소비재)을 통한 자본순환 과정에 결정적으로 중요한 역할을 한다. 도시의 부동산 자본은 미래의 지대에서 파생되는 의제적 자본으로, 이를 뒷받침하는 신용체계의 발달과 금융자본의 기능을 통해 팽창한다. 또한 금융자본은 내적으로 부동산증권화(부동산펀드, 리츠, 프로젝트 파이낸싱 등)를 통해 미래에 발생할 수입(개발)을 전제로 투기적 자본과 모험적 건설자본 간 연결고리를 만들어낸다. 그러나 부동산시장에서 실질적인 개발과 수요가 뒷받침되지 못하면, 결국 부동산자본과 금융자본은 더 큰 위기에 처하게 된다. 즉 실물경제에서 과잉축적의 위기는 신용체계의 발달과 도시 건조환경 부문으로의 자본 흐름 이행으로 일시적으로 완화되지만, 결국 도시 부동산·금융의 위기로 확대된다.

물론 오늘날 자본주의 경제의 지구화 과정에서 한 국가의 경제적 위기는 단지 국가 내적으로 진행되는 자본 축적 과정과 이에 내재된 모순의 발현에 한정되지 않는다. 특히 한국은 동아시아의 다른 여러 국가들과 더불어 1997년 국제금융자본의 투기적 작동으로 이른바 IMF(외환) 위기를 맞았으며, 이로 인해 실물경제 시장이 붕괴되었을 뿐만 아니라 경제의 확대재생산을 위한 고정자본에의 투자가 크게 둔화되었다. 이러한 점에서 한국은 IMF 위기를 극복하기 위해 신용체계의 구축과 통화량의 증대 및 여타 금융자본의 확충을 통해 유동성을 강화시키는 한편, 경기 활성화를 위해 다양한 부동산 정책을 시행하고 또한 정보통신기술 부문에 대한 투자를 촉진해, 자본의 순환 경로를 전반적으로 활성화시키고자 했다. 자본의 유동성 증가를 위한 신용 체계의 활성화는 건설 부문의 투자 증대와 더불어 부동산 가격의 상승을 좌우했다.

〈그림 13-3〉에서 확인할 수 있는 바와 같이, IMF 위기에 따라 1998년 경제지표들이 급락한 후, 1999년 다시 전반적인 반등 양상을 보였으며, 특히 통화량(M1 기준)이 대폭 확대되고,[4] 건축허가면적도 급증하면서 서로 비슷한 변동성을 보였다[〈그림 13-3〉(가)]. 그 후에도 통화량의 증감은 건축허가면적 증감률을 1~2년 정도 시차를 두고 선도하는 것을 볼 수 있다[〈그림 13-3〉(나)]. 2008년 세계금융위기의 충격 이후에도 비슷한 양상을 보였지만, 이 시기에는 특히 이명박 정부의 4대강 토목사업 등으로 건축허가면적은 증대하지만 실제 주택 매매 가격의 큰 상승은 없었고, 오히려 2013~2014년 통화량의 증가와 더불어 건축허가면적이 다시 증가하는 양상을 보이게 되었다[〈그림 13-3〉(다)]. 신용체계의 정비, 특히 금융자본의 발달이 부동산시장 및 가격에 미치는 영향에 대해서는 물론 좀 더 정밀한 분석이 필요하지만, 부동산시장에 투입되는 금융자본으로 부동산펀드와 리츠(부동산투자회사)자산의 급증 추세에서 그 일면을 확인해볼 수 있다. 즉 우리나라의 리츠 총자산은 2004년 1.4조 원에서 2014년에는 15조 원으로, 부동산 펀드는 0.9조 원에서 29.7조 원으로 각각 15배에서 30배 정도 급증했다는 사실(〈그림 13-4〉)은 이 시기 부동산 관련 금융과 투자가 급속히 제도화, 체계화, 그리고 민영화되었음을 말해준다.

도시의 주택·토지시장은 흔히 수요의 변동성과 공급의 비탄력성으로 인해 상대적으로 불안정하고 불균형한 상태에 있는 것으로 이해된다. 이러한

---

4 여기서 통화량은 '협의의 통화량'(M1, 즉 현금통화량과 요구불예금 및 수시입출식 저축성 예금을 합한 것에서 이 금융상품의 예금 취급 기관 간 상호거래분을 제외한 통화량)을 자료로 사용한 것이며, '광의의 통화량'(M2) 자료를 사용할 경우 그래프는 다소 다른 양상을 보인다.

그림 13-3 **IMF위기 후 통화량과 건축 관련 지표 변화**

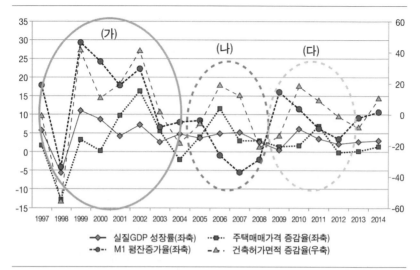

자료: 통계청, 국가통계포털(KOSIS).

그림 13-4 **부동산펀드, 리츠 추이**

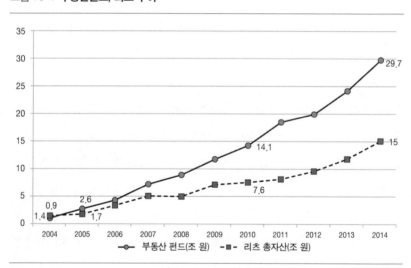

자료: 부동산 펀드는 김하수(2015.8.19)에서 재인용, 리츠 총자산은 한국리츠협회.

상황에서 정부는 여러 수단을 동원해 부동산 수요를 자극하고 공급을 확대시키기 위해 부동산시장에 개입한다. 특히 부동산시장은 수요자인 가계와 공급자인 (건설)기업 양자에 대한 금융대출과 여타 방식으로 투입된 금융자본에 의해 수요와 공급이 동시에 통제(또는 조작)된다. 그러나 이러한 과정을 통해 부동산시장이 활성화되고 가격이 상승한다고 할지라도, 실제 부동산개발과 실수요의 한계로 부동산시장 및 이와 연계된 금융시장은 붕괴를 맞을 수 있다.

이런 상황에서 국가와 자본은 부동산·금융시장의 붕괴 또는 국제금융자본의 공격 등으로 초래되는 금융위기에 대처하기 위해, 한편으로 잉여를 재투자하지 않고 내부에 누적시키면서(외환보유고, 잉여금 사내 보유 등), 다른 한편으로 부채(즉 의제적 자본)를 동원해 자본순환을 촉진시키는 전략을 강구할 수 있다. 그러나 이로 인해 국가 및 기업의 부채는 점점 더 누적되고, 실물경제를 촉진하기 위해 가계 대출 규제의 완화로 가계부채도 급속히 증가하게 되어, 결국 모든 경제주체들이 부채의 덫에 빠지는 위기를 맞게 된다. 이와 같이 한편으로 사회적(국가 및 기업) 잉여의 누적, 다른 한편으로 부채의 누적적 증대 간 모순은 자본 축적의 한계와 이로 인한 다양한 위기, 특히 오늘날 도시위기를 유발하는 핵심적 요인이 된다.

한국 경제의 경우, 2000년대 이후 노동생산성과 실질임금의 증가율은 심각하게 둔화되었고, 이에 따라 실물경제의 성장은 크게 위축되었다. 2002년에서 2013년 사이, 경제성장률은 7.4%에서 3.0%로 떨어졌으며, 노동생산성은 6.2%에서 1.4%로, 실질임금 증가율은 9.2%에서 2.5%로 감소했다. 반면 이러한 상황에서도 수출을 주도했던 재벌 대기업들을 중심으로 기업의 총이익잉여금은 2001년 48.4조 원에서 2010년 674조 원으로 약 14배 증가했다. 이 가운데 기업 내 유보율은 2001년 4.6%에서 2007년 26.7%로 급증했으며, 2008년 금융위기로 다소 줄었지만 다시 증가하는 추세를 보이고 있다(〈그림 13-5〉). 기업들이 막대한 이익잉여금을 올리면서 사내에 누적시키는 것은 한

그림 13-5 **기업의 이익잉여금과 사내 유보율**

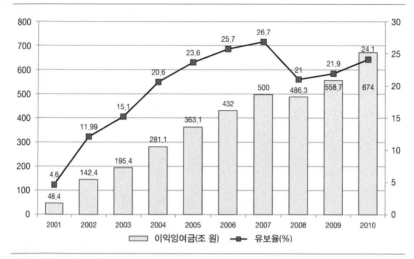

자료: 한국은행, 기업경영분석; 국회예산정책처(2011.9)에서 재인용.

그림 13-6 **국가의 외환보유액 증감 추이**

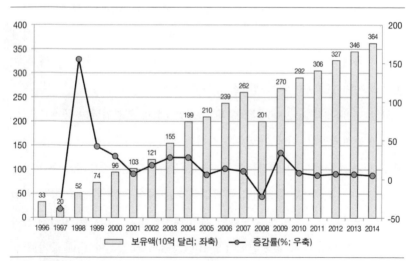

자료: 통계청, KOSIS.

편으로 일정한 이윤율을 확보할 수 있는 투자 영역을 찾지 못했고, 다른 한편으로 앞으로 언제든지 찾아올 금융위기(특히 유동성의 위기)에 대처하기 위한 것이라고 할지라도, 사실 임금 인상을 통해 노동자에게 돌아가야 할 몫을 사내에 유보함으로써 가계소득 증가를 어렵게 할 뿐만 아니라, 투자를 기피함으로써 실물경제에서 자본순환을 더욱 위축되게 한다.[5] 더구나 대기업뿐만 아니라 국가도 사회적 잉여를 내적으로 누적시켜왔다. 예로, IMF 경제위기 이후 국제수지의 흑자 등에 힘입어 국가의 외환보유액은 1997년 89억 달러에 불과했으나 2007년 2622억 달러로 증가했고, 2008년 2012억 달러로 줄었으나 그 이후 계속 증가해 2014년 3636억 달러에 이르렀다(〈그림 13-6〉). 이러한 국가의 외환보유액은 국제금융시장이나 실물경제의 위기에 의한 충격을 완화시켜주는 역할을 한다고 할지라도, 결국 사회적 잉여가 배분되지 않고 국가에 의해 보유된 대표적 유휴자본이라고 할 수 있다.

2) 부채 경제와 도시위기

이와 같이 기업과 국가는 2000년대 이후 막대한 잉여금을 내부에 누적시켜왔음에도 불구하고, 노동자들의 임금 인상을 억제하거나 심지어 해고 또는 비정규직으로의 전환 등을 자행함으로써 실질임금 및 노동생산성의 저하를 초래했을 뿐만 아니라, 확대재생산을 위한 투자를 제대로 하지 않음에 따라 자본순환의 전반적 정체를 유발하게 되었다. 이러한 상황에서 각 경제주체들은 부채를 통해 자신들의 경제활동을 촉진시키려는 성향을 보이게 되었

---

5 이러한 점에서 2014년 당시 부총리 겸 기재부장관은 "대기업의 사내유보금이 과도하게 늘어남에 따라 상대적으로 가계부문의 소득 증가세가 둔화되고 있다"고 지적하고 근로소득 및 배당 촉진 등을 유도할 정책을 강구하고자 했다. 이러한 정부 입장은 대기업들의 강력한 반발에 부딪혀 무산되었지만, 사내유보금에 대한 과세 논의는 그 이전에도 있었고(예로, 국회예산정책처, 2011; 한국경제연구원, 2014), 실제 2001년 이전에는 이에 대한 과세제도가 있었으나 그 후 이 제도가 폐지됨에 따라 보유율이 급증하게 되었다.

다. 즉 자본 축적의 규정력에 따라, 가계는 소비를, 기업은 생산을, 정부는 재정 지출을 원활하게 하기 위해 부채에 의존했다. 2003년에서 2013년 10년 사이 정부(중앙정부, 지방정부, 공기업) 부채는 276조 원에서 908조 원(3.3배)으로, 민간기업부채는 860조 원에서 1652조 원(1.9배)으로, 가계부채는 559조 원에서 1223조 원(2.2배)으로 급증했다(〈그림 13-7〉). 이에 따라 국가의 총부채는 1696조 원에서 3783조 원으로 엄청나게 증가했고, 해당 연도 GDP 대비 비율도 209%에서 265%로 늘어났다.[6] 특히 2013년 주체별 부채를 GDP 대비로 보면, 정부는 63.6%, 가계는 85.6%, 기업은 115.7%로, OECD 국가들과 비교하면 정부부채를 제외하고 가계 및 기업부채는 이미 임계치를 능가한 것으로 평가된다.[7] 이처럼 부채 수준이 임계치를 초과한 것도 문제지만, 더욱 심각한 점은 그 증가 속도가 매우 빠르고, 회복되기 어려운 여건을 안고 있다는 점이다.

이러한 각 경제주체들의 부채 증가는 도시위기를 가중시킨다. 정부의 부채는 공무원연금 및 군인연금의 증가가 주요 원인인 것으로 추정되지만, 또한 경기 활성화를 위한 국채 발행, 특히 대규모 공공사업(수도권 뉴타운, 고속철도 건설, 4대강 사업 등) 추진을 위한 국채 발행 및 공기업 부채 그리고 국민주택기금도 포함한다. 기업의 부채는 은행대출금, 장단기 기업채 등으로 구성되며 이미 2000년대 초에 임계치를 초과했지만, 특히 건설업체들의 자산 대비 부채 비율은 가장 높고 빠르게 증가해 2007년 14.7%에서 2012년 205%에 달했다. 가계부채의 경우 예금은행 대출은 2005년 305.5조 원에서

---

6 부채의 규모는 자료 출처에 따라 다소 다르게 추산되고 있다. 통계청 자료에 의하면, 국가채무는 중앙정부 및 지방정부의 순채무만으로 계산되어 2013년에는 489.8조 원이다. 다른 한편 한국경제연구원의 보도자료(2015.6.22)에 의하면, 2013년 기준 국가 총부채는 4835.3조 원으로 GDP 대비 338.3%에 이른다. 부문별로 정부 관련(공기업 포함) 부채 1958.9조 원, 가계부채 962.9조 원, 기업부채 1913.5조 원으로 조사되었다.

7 Cechett et al.(2011)가 OECD 18개국에 대해 1980~2010년 자료를 이용해 분석한 결과, GDP 대비 부채 수준이 가계 85%, 기업 90%, 정부 85%를 초과하면 GDP 성장에 부정적 영향을 미치기 시작하는 것으로 추정된다.

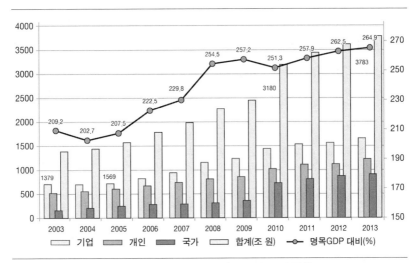

자료: 한국은행, 기획재정부; ≪서울신문≫(2010.4.19); ≪조선일보≫(2014.4.3) 등 참조.

그림 13-8 **가계부채와 주택담보대출 증감 추이**

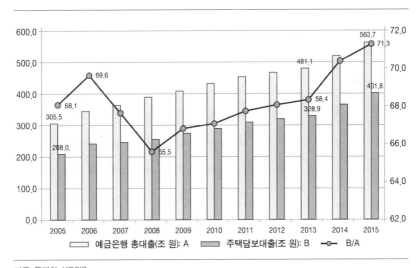

자료: 통계청, KOSIS.

2015년 563.7조 원으로 10년 사이 84.5% 증가했는데, 이 가운데 주택담보대출은 2005년 68.1%를 차지했고, 2008년 다소 줄었지만 2013년 이후 다시 크게 증가해 2015년에는 71.3%를 차지하게 되었다(〈그림 13-8〉). 이러한 가계대출의 증가, 특히 주택담보대출의 급증은 도시의 서민들에게 주택 구입을 유도함으로써 건설업체들이 자금 대출을 받아 건설·공급한 주택들의 수요를 확보하기 위한 것이었다.[8]

한국 경제에서 이미 임계치를 능가한 부채위기, 나아가 경제적·도시적 위기를 초래하고 있는 기업 및 가계부채를 좀 더 구체적으로 살펴보면, 우선 기업의 총부채(은행대출+비은행대출+회사채+기타 채무)는 2015년 1분기 말 기준으로 2347조 원으로, 전년 동기에 비해 103조 원 증가했다. 이러한 한국 기업부채의 GDP 대비 비율은 약 150% 수준이며 신흥국가들(중국, 인도, 브라질 등) 중 가장 높은 것으로 추정된다(국회예산정책처, 2016). 특히 부채 비율이 200%를 상회하는 한계기업의 비중(2015년 6월 말 기준)은 12.9%이며, 대기업이 15.5%로 중소기업의 비율 9.7%에 비해 훨씬 높다(한국은행, 2015a). 부채에 의존하는 대기업의 부실 경영은 협력 업체와 하청 업체 등 산업계에 파급될 뿐만 아니라 금융기관의 부실을 초래할 수 있다. 업종별로 보면, 조선·해운업의 기업부채 비율이 가장 심각해 구조조정이 시급하고(2016년 6월 말, 조선 246.0%, 해운 266.6%), 그다음 건설업의 기업부채 비율이 200%에 달하고 있다. 조선 및 해운업은 현재 심각한 구조조정 중에 있지만, 건설업의 경우 아직 구조조정에 관한 논의가 제대로 이뤄지지 않고 있다. 특히 건설업의 경우 국가가 의도적으로 규제 완화를 통해 이들을 지원하고 있지만, 저성장 기조에서 금리 인상이 현실화될 경우, 건설업 분야의 한계기업

---

8 물론 주택담보대출이라고 할지라도 주택 구입 용도가 아닌 생활자금 목적으로 지출될 수도 있다. 2013년 금융규제 완화 이후 이 비중이 증가했는데, 2013년 9월 전환대출의 19.7%, 추가대출의 17.8%에서 2014년 9월에는 각각 25.3%, 26.3%에 달했다(≪한국일보≫, 2014. 12.1). 이는 도시 서민들이 실질임금의 위축으로 인해 주택담보대출로 생활자금을 마련해야 할 정도로 생계가 어려워졌음을 보여준다.

표 13-1 **한계가구의 금융부채 변동 추이**

		2012	2013	2014	2015
한계가구	가구 수(만 가구)	136(12.7)	152(13.8)	150(13.8)	158(14.7)
	보유 금융부채 (조 원)	247(37.7)	270(37.3)	252(33.3)	279(34.7)
평균 금융부채	전체 가구(만 원)	3,669	3,996	4,118	4,321
	한계가구(만 원)	18,164	17,773	16,826	17,706
	비한계가구(만 원)	2,474	2,735	2,991	3,085
처분가능소득 대비 금융부채	전체 가구(%)	106.2	110.3	107.8	110.1
	한계가구(%)	686.4	614.8	518.8	507.8
	비한계가구(%)	70.3	74.1	77.3	77.8

주: 해당 연도 3월 기준, 괄호 안은 금융부채 보유 가구 대비 한계가구 비중(%).
자료: 한국은행, 통계청(2015); ≪연합뉴스≫, 2016.2.9.

표 13-2 **계층별 한계가구의 변화(단위: 만 가구, %)**

	전체	가구소득 수준별					가구 순자산 규모별				
		1분위	2분위	3분위	4분위	5분위	1분위	2분위	3분위	4분위	5분위
2012	136 (12.7)	18.7 (19.4)	32.1 (15.9)	29.0 (11.5)	27.3 (10.4)	25.3 (9.7)	23.9 (13.5)	28.8 (13.3)	25.0 (11.0)	25.4 (10.8)	29.4 (13.5)
2015	158 (14.7)	23.6 (22.9)	36.9 (18.5)	36.8 (15.1)	33.4 (12.8)	27.6 (10.5)	31.4 (17.9)	33.3 (15.9)	36.6 (15.1)	28.8 (12.1)	28.2 (13.7)

주: 괄호 안은 금융부채가구 대비 한계가구의 비중.
자료: 현대경제연구원(2016.4).

들이 줄도산하면서 도시의 각종 개발이 불가능해지는 위기를 맞을 수도 있을 것이다.

다른 한편 가계부채는 급속히 증가할 뿐만 아니라 한계가구[(즉 금융자산에서 금융부채를 뺀 금융순자산이 마이너스이고, 처분가능소득 대비 원리금 상환 비율

(DSR)이 40%를 넘는 가구가 계속 증가 추세를 보인다는 점에서 문제의 심각성이 있다. 한국의 전체 가구 중 부채를 안고 있는 가구는 2010년(3월 기준) 59.8%에서 2014년 65.9%로 증가했고 2015년에는 약간 떨어져 64.3%를 기록했으며, 부채 보유 가구의 평균값은 2015년 4321만 원으로 2014년에 비해 203만 원 증가했다(통계청, 2015). 이 가운데 한계가구는 158만 가구로 금융부채가 있는 전체 1072만 가구의 14.7%에 해당하며, 이들이 보유하고 있는 금융부채는 총 279조 원으로 가구당 1억 7700만 원에 달하는 것으로 추산되었다. 한계가구의 금융부채 현황은 부동산 관련 대출 규제가 크게 완화되었던 2014년에 비해 8만 가구, 27조 원이 증가한 것으로, 한계가구는 이자율의 인하로 가구의 처분가능소득에 비해 금융부채의 비율이 다소 개선되고 있다고 할지라도 여전히 처분가능소득 대비 다섯 배가 넘는다는 점에서 극히 심각한 우려를 자아낸다(〈표 13-1〉).

물론 한계가구 수의 증가 자체가 가계부채의 악화로 바로 이어지는 것은 아니며, 한계가구가 도시의 빈곤가구를 의미하는 것도 아니다. 원리금 분할 상환이 증가할 경우 한계가구의 규모도 늘어날 수 있으며, 또한 한계가구는 소득 수준이나 자산 보유 규모로 보면 모든 분위에 걸쳐서 나타난다. 즉 〈표 13-2〉에서 알 수 있는 바와 같이, 실제 순자산 규모의 분위에 따른 한계가구를 보면, 각 분위에서 한계가구의 절대수 및 금융부채가구 대비 한계가구의 비중도 다소 비슷하게 나타난다. 또한 고소득·고자산 가구 계층은 저소득·저자산 가구 계층에 비해 가구당 부채 보유액이 절대적으로 많고, 이에 따라 점유율도 상대적으로 훨씬 높다.[9] 그러나 비록 고소득·고자산 가구 계층에

---

9 〈부표 13-1〉 참조. 가계부채에는 금융부채뿐만 아니라 임대보증금도 포함되며, 2015년 총 가계부채에서 이들은 각각 69.9%, 30.1%를 차지했다. 계층별 가구당 부채 보유액에서 임대 보증금 부채가 차지하는 비율을 분위별로 보면 가구 순자산 규모별로 보면 1분위에서 5분위로 갈수록 구성비는 증가하지만, 가구소득 수준별로 보면 1분위에서 가장 높고 다른 분위에서도 큰 차이를 보이지 않는다(〈부표 13-1〉 참조). 특히 금융부채도 상대적으로 많은 소득 수준 1분위 가구가 임대보증금 부채 구성비도 높다는 점은 저소득층의 임대보증금 상환이

속한다고 할지라도 한계가구는 경기 둔화와 소득 감소, 부동산 가격 하락이나 금리 인상 등으로 경제 상황이 악화되면 자신의 처분가능소득이나 실물자산 처분을 통해 금융부채를 갚기 어렵게 된다는 점에서 잠재적 위험군이라고 할 수 있다. 특히 전형적인 위험군으로 이른바 '하우스푸어'를 들 수 있다. 이들은 집을 소유하고 있지만 무리한 대출에 따른 이자 및 원리금 상환 압박으로 빈곤하게 사는 가구로, 2015년 자가 소유 가구 중에서 한계가구의 비중(16.4%, 111만 가구)이 월세가구(12.8%, 18만 7000가구)나 전세 거주(11.1%, 23만 4000가구)보다 높게 나타난다는 점은 이러한 '하우스푸어'의 심각성을 보여준다.

하지만 이러한 한계가구의 증가 추세에서 가장 심각한 문제는 저소득·저자산 계층의 가계부채이다. 왜냐하면 이들은 저소득(저자산)으로 인해 부채 상환 능력이 낮을 뿐만 아니라 오히려 부채 상환을 위해 더 많은 부채에 의존하게 되기 때문이다. 사실 2012년에서 2015년 사이에 1분위 계층의 한계가구 수와 비중은 다른 계층들보다 상대적으로 더 크게 증가했다고 할 수 있다. 이와 같이 저소득계층의 한계가구는 소득이 낮은 상태에서 과도하게 빚을 내 생계비용으로 사용하거나 부동산을 마련했지만, 사실 이러한 가계부

어려울 것임을 추정할 수 있도록 한다.

부표 13-1 **2015년 계층별 가구당 부채 보유액 및 점유율**(단위: 만 원, %)

		전체	가구소득 수준별					가구 순자산 규모별				
			1분위	2분위	3분위	4분위	5분위	1분위	2분위	3분위	4분위	5분위
부채	보유액	6,181	1,278	3,413	4,642	7,287	14,283	2,212	2,918	4,621	6,727	14,427
	점유율	100.0	4.1	11.0	15.0	23.6	46.2	7.2	9.4	15.0	21.8	46.7
금융 부채	총액	4,321	797	2,341	3,373	5,241	9,850	2,016	2,633	3,866	4,895	8,193
	담보대출	3,540	596	1,846	2,690	4,303	8,264	1,126	2,048	3,241	4,129	7,157
임대 보증	보유액	1,860	481	1,072	1,269	2,046	4,433	196	285	754	1,832	6,234
	구성비	30.1	37.6	31.4	27.3	28.1	31.0	8.9	9.8	16.3	27.2	43.2

자료: 통계청(2015).

채를 갚을 수 있는 능력은 점점 더 악화되고 있다. 즉 이들은 처분가능소득 대비 원리금 상환액의 비율(DSR)이 소득수준 1분위 가구에서 월등히 높게 나타난다. 한계가구 전체는 연평균 처분가능소득이 3973만 원인 반면, 원리금 상환금이 4160만 원에 달해 DSR이 104.7%에 달한다. 이는 소득만으로 부채를 갚을 수 없는 상태로 부채를 상환하기 위해 또 다른 부채를 대출하거나 자산 처분을 통해 원리금을 상환해야 함을 의미한다. 특히 소득수준별로 보면, 소득 1분위 저소득층 가구의 DSR은 125.2%(연처분가능소득 879만 원, 원리금 1101만 원)로 다른 분위의 소득계층 가구에 비해 상당히 더 높게 나타난다(소득 2~5분위의 경우는 각각 78.9%, 88.5%, 109.8%, 109.0%).

저소득층의 부채 상환 능력이 한계에 달했다는 점은 설문조사에서도 나타난다. 한국은행이 통계청과 함께 조사·발표한 바에 의하면(통계청, 2015), 한계가구의 44.1%는 대출 기한 내 상환이 불가능(31.6%)하거나 아예 상환 자체가 불가능(11.5%)하다고 응답한 점에서, 연체율이 상승할 위험은 항상 존재한다.[10] 이러한 상황에서도 우리나라의 금융대출은 대부분 주택담보대출이기 때문에, 한계가구의 채무불이행이 금융기관의 부실로 확대되지는 않을 것으로 추정하고 있다. 하지만 금리 인상과 주택가격 하락이 동시에 진행될 경우 부동산시장의 위기뿐만 아니라 금융위기가 초래될 가능성은 높다고 하겠다. 뿐만 아니라 이자 및 원리금 상환 부담에 따른 소비 축소는 경제성장(또는 자본 축적) 과정에 전반적으로 부정적 영향을 미칠 것이 확실하다. 이렇게 급증하는 가계부채와 이에 따른 부정적 영향은 한계가구 또는 도시 저소득층 가구의 개별적 문제라기보다 결국 자본 축적 과정에서 부채의 악순환이라는 구조적 덫에 빠졌기 때문이라고 할 수 있다.

요컨대 최근 가계, 기업, 국가 등 각 경제주체들의 부채 위기는 도시의 건

---

10 이러한 점에서 한국은행 총재는 이미 2014년 11월 한 강연에서 "내년에 금리가 오르면 한계가구 중 일부는 디폴트(채무불이행 상태)를 맞을 수 있다"고 밝힌 바 있다(≪세계일보≫, 2014.11.24).

그림 13-9 **부동산시장을 둘러싼 전략과 위기**

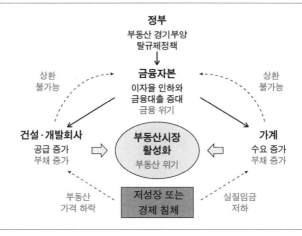

조환경과 공간 재편을 통한 자본 축적 과정에 내재된 모순의 발로라고 할 수 있다. 즉 도시공간은 유휴자본의 흡수에서 결정적인 역할을 담당하면서, 자본 축적을 지속시키는 데 주요한 수단이 된다. 이러한 과정은 그동안 도시공간을 재구조화하기 위한 다양한 정책들, 즉 1970~1980년대의 도시 재개발이나 도시 정비 사업에서부터 2000년대 이후 도시재생, 뉴타운과 도시르네상스, 경제자유구역 건설이나 특구 개발에 이르기까지 다양한 이름으로 추진되어왔다. 이에 따라 거대한 아파트 단지들의 재개발뿐만 아니라 고속도로와 고속철도의 확충 및 신설, 새로운 통신망의 구축, 초국적기업의 연구개발센터, 유통자본의 쇼핑몰, 재벌기업의 오피스 빌딩, 그리고 거대한 경기장이나 전시관 등이 조성되었다. 그러나 이러한 대규모 건조환경 조성을 통한 도시화 과정은 외형적으로 부동산시장의 활성화를 일으키는 것처럼 보이지만, 실제 이에 대한 수요가 뒷받침되지 않거나, 특히 건설·개발회사 및 가계에 대한 금융대출에 의존한 부동산 공급 및 수요 증가 전략은 저성장 또는 경제침체 상황에서 결국 부채 상환의 불가능과 이로 인한 부동산·금융위기를 초래할 수 있다(〈그림 13-9〉 참조).

다른 한편 이러한 새로운 도시화 과정은 공익사업을 명분으로 공유 토지의 민영화 또는 개인 토지의 강제 매수를 통한 토지소유 관계의 변화 그리고 도시 서민들의 주거지와 생계형 가게들의 철거 등을 동반했다. 즉 도시공간의 재편 과정은 항상 사회적 약자의 배제와 공적 공간의 탈취를 전제로 했다. 이러한 도시 재개발은 도시공간이 자본의 지속적 축적과 자본주의의 재생산을 위해 필수적이며, 특히 과잉축적으로 인한 경제적 위기를 해결하는 핵심적 수단임을 알 수 있도록 한다. 그러나 이러한 도시 재개발을 통한 자본 흡수의 또 다른 측면은 이른바 '창조적 파괴', 도시 젠트리피케이션, 도시 인클로저 등을 동반하면서, 한편으로 도시공간의 독점적 사유화 증대와 이를 통한 자산 이득의 배타적 전유, 다른 한편으로 공동체적 도시 장소의 해체와 도시 서민들의 사회공간적 배제를 초래하는 경향이 있다. 이와 같이 자본 축적 과정에서 발생한 경제적 위기는 도시공간에서 집중적으로 드러날 뿐만 아니라 도시 건조환경을 통한 자본 축적의 위기, 그리고 이 과정에서 발생하는 부채 위기와 이로 인해 피해와 희생을 강요받는 도시 서민들의 사회적 위기, 즉 도시의 위기라고 할 수 있다.

4. 위기의 도시 극복을 위한 대안 모색

1) 도시위기의 대응 전략과 한계

오늘날 도시의 위기는 기본적으로 도시의 건조환경이 자본의 축적 과정에 형식적으로뿐만 아니라 실질적으로 포섭되고 이에 따라 도시공간이 재편됨에 따라 발생한 것이다. 특히 도시공간은 실물생산자본의 집중뿐만 아니라 새롭게 부각된 부동산자본과 금융자본이 작동하는 무대이며 수단이 되었다. 이에 따라 도시공간은 자본 축적 과정에서 잉여가치를 생산하고 또 이를 재흡수해야 할 주요한 기능을 담당하고 있다. 오늘날 도시공간의 생산은 자본에 의해 점점 더 장악되었고, 국가는 공익사업을 명분으로 다양한 정책들을 통해 이를 뒷받침하고 있다. 도시공간은 다양한 전략에 의해 실제 개발되기도 하지만, 대부분 부동산 가격 폭등에 따른 이익(즉 미래의 개발을 전제로 한 지대 수취)을 노리는 투기의 장이 되었다. 이 과정에서 새로운 투자를 위해 기존의 건조환경과 공적 경관은 새로운 건설과 공간 조성을 위한 창조적 파괴로 사라졌고, 새로운 도시 경관들은 자본과 국가 권력의 상징적 이미지들을 재현하는 스펙터클로 변모하고 있다. 이와 같이 도시 건조환경은 잉여가치 창출의 주요 수단이고, 유휴화된 자본과 노동이 재투입될 수 있는 기회를 제공하며, 지배 권력의 스펙터클로 전환하게 되었다. 오늘날 이러한 과정은 가속적으로 촉진되고, 놀라울 정도로 규모를 확대시켰으며, 선진국들뿐 아니라 제3세계 국가들에서도 웅장한 건조환경을 자랑하는 메가시티들이 속속 등장하도록 했다.

이러한 도시 건조환경을 통한 자본 축적과 도시공간의 재편 과정은 처음에는 실물경제에서 발생한 과잉자본을 흡수해 위기를 해소하는 데 기여할 수 있었다. 그러나 과잉자본을 흡수하기 위하여 다양한 방식의 도시 재개발을 통해 추진된 도시공간의 재편과 더불어 이러한 도시 건조환경의 재구축을 위해 촉진된 규제 완화 전략은 결국 도시 부동산시장의 만성적 위기를 초래하게 된다. 도시 재개발로 경관은 외형적으로 확대되고 정비된 것처럼 보이지만, 도시 내부 공간의 고밀화·고층화와 도시 주변의 난개발이 촉진되었고, 여타 도시 지역이나 주변 지역은 노후화·황폐화되면서 개발로부터 소외되었다. 도시 인프라를 확충하기 위한 사업들은 국가의 재정 부족과 운영의 비효율성 등을 명분으로 민영화되면서, 공적 공간에 대한 민간자본의 사적 통제와 운영이 당연시되고 있다. 또한 이러한 도시 재개발을 촉진하기 위한 국가와 기업의 금융 운영과 가계에 대한 부동산대출의 확대는 모든 경제주체들을 부채위기에 빠지도록 했다. 도시 서민들은 실물생산 영역에서 실업이나 비정규직으로 저임금과 사회경제적 주변화를 경험하게 될 뿐만 아니라 부동산시장의 관리 및 개발과 운영으로부터 배제됨에 따라 사회에 대한 소외감과 적대감을 점점 더 증폭시키게 되었다. 그리고 이로 인해 매우 다양한 방법들(즉 개인의 통제되지 않은 일탈적 방법에서부터 노동조합, 시민단체들의 연대적이고 공감적인 방법에 이르기까지)로 사회에 대한 저항적 행동을 하게 되었다. 이에 따라 도시는 잉여가치의 창출과 재투자의 장이지만, 또한 동시에 이를 둘러싼 저항의 장소가 되고 있다.

물론 이와 같이 경제위기가 도시위기로 전환 또는 중첩되면서 심화되고 있다고 할지라도 자본 축적 과정 자체가 바로 중단되는 것은 아니다. 국가와 기업은 경제의 저성장(즉 이윤율의 하락) 경향과 도시의 공간적·사회적 위기 노정에 대응하고 조정하기 위해, 우선 현재 정부가 추진하고자 하는 것처럼 '노동 개혁'과 '산업구조 조정'을 명분으로 해고와 실업을 더욱 유연화하고, 이를 통해 임금 압박과 비정규직 확대 등을 강화시킬 수 있을 것이다. 그러나 이러한 방법은 실물생산 부문에서 과잉축적과 이로 인한 이윤율 하락에 직면한 기업들이 임금과 고용의 유연화를 통해 일시적으로 위기를 해소할 수 있도록 하겠지만, 이는 결국 구매력 감소를 촉진하고 가계의 부채를 증폭시키는 결과를 초래할 것이다.

또한 정부와 기업은 그동안 위기 국면에 직면했을 때 흔히 그렇게 해온 것처럼, 도시 건조환경의 추가 개발을 지속·확대시키고, 이를 뒷받침하기 위한 부동산자본의 금융화·민영화 전략을 강화하고, 또한 부동산시장을 관리·조작하기 위한 다양한 정책들을 계속 시행할 수도 있을 것이다. 오늘날 금융자본과 이를 뒷받침하는 복잡한 제도들(금융기관, 금융적 관행, 금융 메커니즘 등)은 자본 축적을 지속하기 위해 경제적 지배력을 증대시키고 있으며, 이는 특히 자본주의 경제 발전과 도시화 과정의 핵심적 논제가 되고 있다(French, Leyshon and Wainwright, 2011; 강내희, 2013). 그러나 이 방법(즉 도시공간의 금융화)은 앞서 논의한 바와 같이 도시 건조환경의 실질적 수요에 대한 한계에 봉착해 부동산 거품의 붕괴(또는 의제적 자본의 가치 실현 불능)로 인한 부동산·금융위기를 심화시키게 된다.

또 다른 방법으로, 정부와 기업은 과잉자본을 과학기술 및 사회문화 영역으로 투입해, 비물질적 생산 부문을 확대하고 상품화를 촉진할 수 있다. 이른바 탈산업사회로의 전환 이후, 기업들은 기술, 지식, 정보, 디자인, 문화(방송과 영상 이미지에서부터 지역 축제에 이르기까지 다양한 방식으로) 등 비물질적 생산을 통해 새로운 자본 축적의 계기들을 마련하게 되었고, 국가는 지식경제, 문화경제, 창조경제 등의 이름으로 이를 촉진하고자 했다. 사실 오늘날 대도시들에서 생산의 기초가 되는 것은 자연으로부터 얻은 토지나 다양한 천연자원 등 물질적 요소라기보다는 인공적으로 만들어진 언어, 이미지, 지식, 코드, 습관, 관행 등 비물질적인 것들이다. 이에 따라 대도시들은 이러한 비물질적 요소들의 생산과 소비를 위해 화려한 스펙터클을 만들어내면서 도시의 건조환경에 새로운 상징적 의미와 가치를 부여하고 있다(Negri and Hardt, 2009; 조정환, 2011). 그러나 이러한 비물질적 생산 영역을 통한 자본 축적 역시 실수요를 전제로 하지만 실물생산이 위축된 상황에서는 생산된 잉여가치가 실현되기 어렵고, 또한 그 자체적으로도 인간의 창의성, 언어와 기호, 지식과 문화까지 상품화시킴으로써 인간 사회의 실존적·문화적 황폐화를 초래하게 된다.

이러한 세 가지 대응 방법들은 사실 자본순환의 세 가지 경로와 관련된다. 만약 정부와 기업이 진실로 경제위기와 도시위기를 해소하고 지속 가능한 경제와 사회를 유지·발전시켜 나가고자 한다면, 이 방법들을 재검토해 실질적인 효과를 가질 수 있도록 시행할 수도 있을 것이다. 즉 첫째로는 정부와 기업은 실질임금의 인상을 통해 생산성을 증대시키는 한편 구매력을 향상시켜서 국내 내수시장을 활성화시키고, 비록 세계 경제가 침체 국면에 봉착했다고 할지라도 실물경제의 성장을 촉진할 수 있을 것이다. 또한 둘째로는 과잉축적된 자본의 일부를 도시 건조환경의 개발에 투입해 미래의 생산(인프라)과 도시인들의 생활(주택)에 필요한 물적 토대를 구축할 수 있을 것이다. 물론 이 경우에는 실질적 수요에 조응할 수 있도록 개발을 통제해야 할 것이며, 도시 건조환경으로 유입되는 투기적 자본을 차단하고, 부동산자본의 과다한 금융화를 억제함으로써 부동산·금융위기가 초래되지 않도록 철저히 관리해야 한다. 그리고 셋째로는 과학기술 및 사회문화 영역으로 과잉자본을 투입함으로써 비물질적 생산과 소비를 촉진할 수 있지만, 이 부문의 생산방식의 특성(지적재산권에 근거한 정보재의 초과이윤 또는 독점지대)을 고려하여 사용료 인하 또는 무료 개방 등을 통해 접근성을 증대시켜나가야 한다.

이와 같이 당면한 경제위기 및 도시위기를 해소하기 위한 개선된 방안으로써 세 가지 정책, 즉 실질임금 인상과 이를 통한 내수시장의 실물경제 활성화, 실수요에 조응하는 도시 건조환경의 개발과 공적 운영, 그리고 비물질적 재화와 서비스의 탈상품화와 접근성 증대 정책 등이 제안될 수 있을 것이다. 이러한 방안은 자본 축적의 메커니즘에 역행하는 것처럼 보이지만, 실제로는 경제적 위기와 도시의 사회공간적 위기를 해소하면서 자본 축적으로 지속시킬 수 있는 방안이 될 수도 있다. 하지만 바로 이러한 점, 즉 이 방안들이 자본 축적의 메커니즘에 단기적으로 역행하는 것처럼 보일 뿐만 아니라 실제로도 그러하다는 점에서 정부와 기업에 의해 기피된다. 또한 보다 근본적인 관점에서 보면 이러한 방안들은 자본 축적의 기본 논리, 즉 '축적을 위한 축적'을 무시한 채 자본주의 경제의 지속성에 기여하게 되는 개량주의적 대안이라고 비판될 수도 있을 것이다.

2) 공유재로서 도시 잉여의 관리

보다 근본적인 대안은 보다 근본적인 의문을 필요로 한다. 도시 건조환경을 통한 잉여가치의 창출과 이의 재투자 과정은 결국 도시 부동산시장의 만성적 위기를 초래하게 되었고, 도시 서민들의 사회적 위기를 고조시키고 있다. 이러한 경제위기, 나아가 도시위기가 도시공간의 형성과 재편을 통해 잉여가치를 생산하고 재투자하기 위한 자본의 순환 과정에 내재된 모순에서 발생한 것이라면, 달리 말해 도시가 자본주의 경제에서 잉여가치를 생산하고 재흡수하기 위한 가장 핵심적 수단이라면, 대체 이 잉여가치는 누가 통제하고 관리해야 하는가? 즉 누구의 것인가? 흔히 자본주의 사회에서 사회적 잉여의 처분권은 국가나 기업이 가지는 것으로 간주된다. 특히 시장경제의 복귀를 강조하는 신자유주의는 잉여의 관리를 민영화하는 경향이 있으며, 이로 인해 오늘날 도시공간은 민간자본의 이윤 추구, 나아가 자본의 확대재생산(잉여가치의 생산과 재투자)의 지속을 위해 재편되고 있다. 이 과정에서 기존의 도시공간에 산재해 있던 공적 공간은 파괴되고 공유재들은 사유화되며, 이와 더불어 도시 서민들이 소유하던 소규모 주택들과 영세 가게들은 철거되고 그 토지는 민간자본에 의해 탈취된다. 그리고 이러한 과정을 통해 재창출된 도시의 잉여는 자본과 도시 상위계급에게 편향적으로 배분되고 관리되며, 이로 인해 소득과 자산의 양극화는 점점 더 심화된다.

고대 사회에서뿐만 아니라 현대 사회에서도 사회적 잉여의 존재, 도시공간에 잉여물이 누적됨 그 자체는 부정되기보다 오히려 생활의 질 향상과 도시 발전에 필수적인 것으로 간주될 수 있다. 그러나 도시의 잉여물은 누가 생산한 것이며, 누가 관리해야 하는 것인가? 오늘날 잉여가치는 자본 축적 과정에서, 특히 자본주의적 도시화 과정에서 발생·누적된 것이며 또한 경제적·도시적 위기를 심화시키고 있지만 이는 분명 도시 서민, 정확히 말해 도시 노동자들에 의해 생산된 것이고, 따라서 이들에 의해 관리되어야 한다. 달리 말해 도시의 건조환경에 물질적으로 체현될 뿐만 아니라 그 경관에 부여된 문화적 상징자본을 포함한 도시의 잉여가치는 사회적으로 생산된 것이고, 따라서 도시의 잉여가치는 공유재로 인식되고 관리되어야 한다. 그동안 도시공간을 통한 잉여가치의 생산과 재투자가 지속적으로 확대되어왔으며, 따라서 도시의 잉여물이 누적되어왔음에도 불구하고, 도시의 공유재는 확대되기보다는 오히려 축소되고 있다. 왜냐하면, 오랜 역사를 통해 누적적으로 증가한 도시의 공유재가 오늘날 자본주의적(신자유주의적) 도시화 과정에서 파괴·소멸되면서 사적으로 전유되고 있기 때문이다.

이러한 점에서 도시위기를 극복하기 위해 도시 공유재에 대한 대안적 관리가 필요하다는 주장이 강조되고 있다. 예로, 지난 30여 년간 기승을 부린 신자유주의적 프로젝트는 잉여 관리를 민영화하는 방향으로 촉진했으며, 국가 이익과 기업 이익을 통합하는 새로운 거버넌스 시스템을 창출해 이를 정당화시켰다. 이들은 화폐권력(금융자본)과 국가기구를 동원해, 도시화 과정에서 창출된 잉여가치의 관리권을 점차 사적 또는 준사적 이익집단에 의해 장악되도록 했다. 그러나 하비에 따르면, 도시의 잉여는 도시인들이 생산한 공유재이기 때문에 도시의 "공유재를 사용할 권리는 공유재를 생산한 모든 사람들에게 주어져야 한다"(하비, 2014:146)라고 주장된다. 유사한 맥락에서 네그리와 하트(Negri and Hardt, 2009)는 과거 공장에서 이루어졌던 잉여가치의 생산이 오늘날에는 도시 전체로 확장되었다고 주장하며, 특히 기술과 정보, 지식의 생산에서부터 도시경관의 스펙터클과 이미지의 생산에 이르는 다양한 유형의 비물질적 생산과 소비는 오늘날 메트로폴리스가 거대한 공통재의 생산과 소비의 공간이 되도록 했다고 서술한다. 그리고 이들은 이러한 도시의 문화 공유재는 "노동의 산물임과 동시에 미래를 생산하는 수단"이며, 이러한 "공유재는 오랜 시간을 거치면서 구축된 것으로, 원칙적으로 누구에게나 개방되어야 한다"라고 주장한다(Negri and Hardt, 2009: 137~139).

이러한 주장들과 관련하여 이른바 '공유지의 비극'에 관한 해결 방안, 나아가 공유재의 관리를 둘러싼 광범위한 논의가 이루어지고 있다. 하딘(Garrett Hardin)이 1968년 제안했던 '공유지의 비극'에 관한 논의는 한정된 규모의 공동목장에 가축을 과잉 방목함으로써 결국 공동목장 전체가 황폐화될 것임을 전제로 해결 방안을 모색하고자 했다. 자본주의(신자유주의)적 방안은 공유지를 사유화해 독점적으로 통제하는 것으로, 도시 공유재의 소멸을 전제로 한다. 반면 자유주의(제도주의)적 방안은 공유지를 사용 규칙에 따라 분권적 자치를 통해 관리하는 것으로, 공유지 사용자들 간 사용 규칙 제정과 합의 준수를 전제로 한다. 근본주의(사회주의)적 방법은 가축(생산물 또는 잉여가치)을 공유화하고 공유지(생산수단)를 공동으로 관리하는 것으로, 사적 소유제의 부정을 전제로 한다. 좀 더 체계적이고 학술적인 논의에서, 2009년 노벨 경제학상을 수상한 오스트롬(Ostrom, 1990)은 공유재의 관리를 위한 일반원칙으로 분권적 제도와 다중심적 거버넌스를 제안하며, 사회생태주의자 북친(Bookchin, 1992)은 직접 민주주의 방식으로 운영되는 자치제의 연합네트워크를 제시한다. 하비(2014)는 오스트롬의 제안을 일부 인정하고(공유재 관리를 위한 다양한 수단들의 조합과 국가 인정 부분), 또한 북친의 도시 네트워크를 통한 사회운동을 인정하면서, 도시 공유재의 비상품적 재생산과 질의 확대를 위한 전유와 이용 보완이 필요하다고 주장한다.

최근 진보적 학계 및 사회운동 전반에서 새롭게 부각되고 있는 '도시에 대한 권리'의 개념은 바로 이러한 도시 공유재(또는 잉여)의 생산과 이용의 민주적 관리를 위한 실천적 방안으로 제시된 것이다(Mitchell, 2005; 강현수, 2010). 하비(2014: 148)에 의하면, 도시화는 "도시 공유재 …… 를 끊임없이 생산하는 과정이며, 동시에 사적 이익집단이 도시 공유재를 끊임없이 전유하고 파괴하는 과정"이지만, 이로 인해 발생한 도시위기를 극복하기 위해 "도시를 생산한 집단적 노동자가 도시권을 요구할 근거"를 가진다. 하비가 강조하는 도시권의 개념은 사실 1968년 르페브르(Lefebvre, 1996)가 처음 제시한 것으로, 당시 프랑스를 휩쓸었던 사회·학생운동에 지대한 영향을 미쳤다. 물론 도시권 개념은 아직 체계적 의미를 갖추지 못했으며, 또한 자본과 상위계급이 일반 도시 서민들보다 더 강하게 도시권을 요구할 수도 있다. 그러나 도시권 개념을 채우기 위해 반드시 르페브르나 하비에게 의존할 필요는 없다. 왜냐하면, 하비 자신이 주장한 바와 같이, "도시권 사상은 거리에서, 지역사회에서 형성된 것"이며, 억압과 소외로 "절망하는 사람들의 도와달라는 절규"에서 나온 것이기 때문이다(하비, 2014: 12). 이러한 의미에서 도시권에 바탕을 둔 도시운동은 도시의 공적 공간이 더 이상 사적으로 전유되지 않도록 실천적으로 점거하고자 하며, 바로 이러한 개념에 근거해 2008년 금융위기 이후 미국의 '월스트리트 점령' 운동과 그 후 서구 도시들로 도시 공적 공간 점유운동이 전개되었다.

도시권의 개념과 이에 기반을 둔 도시운동은 도시 서민들이 도시의 잉여를 생산하는 조건(즉 노동조건)과 더불어 생산된 잉여의 이용과 재투자에 대한 민주적 관리를 주장한다. 도시 서민들은 도시 공유재에 대한 권리를 요구함으로써 자신이 생산한 잉여의 생산과 분배를 사회화하고 누구나 이용 가능한 공동의 부를 확립할 수 있게 된다. 이러한 점에서, 시민들은 도시의 잉여가 자신들의 노동의 결과물이며, 따라서 이에 대한 정당한 분배를 요구할 수 있을 뿐만 아니라 이를 도시공간에 재투입하는 과정에 대한 민주적 참여, 즉 자신의 희망에 따라 도시를 재창조할 권리를 가지고 있음을 깨닫는 것이 중요하다. 이러한 점에서 도시권은 도시에 산재한 공적 자원에 대한 접근 권리 또는 단순한 도시 자원의 '분배적 정의'에 대한 요구와 실현을 넘어선다. 즉 도시권은 자신이 창출한 도시로부터 소외된 시민들이 자신의 희망에 따라 도시를 재창출하려는 '생산적 정의'의 실현을 함의한다.

5. 위기의 도시에서 희망의 도시로

도시는 인간 생존의 장소이며, 잉여의 저장고이다. 인간의 역사는 이러한 도시공간을 중심으로 문명을 발전시켜왔다. 현대 도시도 여전히 이러한 역할을 담당한다. 그러나 자본주의 도시에서 잉여가치가 생산되고 재투자되는 과정은 과거와는 전혀 다른 특성을 가진다. 자본주의 도시공간은 단지 잉여물이 유통되거나 집중·저장되는 장소라기보다 잉여가치의 생산과 실현을 위한 핵심적 수단이 된다. 이로 인해 자본 축적에 내재된 경제위기는 도시위기로 전환된다. 경제적 위기는 도시 건조환경에의 투자를 통해 일시적·부분적으로 조정되지만, 부동산·금융자본의 작동의 한계로 도시위기를 초래한다. 국가와 기업들은 이런 도시위기 속에서도 추가적인 도시화가 필연적인 것처럼 받아들이고, 신자유주의적 전략들(상품화, 민영화, 금융화 등)을 계속 추진하고자 한다. 이러한 전략들은 자본 축적에 내재된 모순들이 얼마나 강하게 작동하고 있는가를 느낄 수 있도록 한다.

도시위기는 도시인들의 생활 속에서 사회공간적 위기를 초래한다. 도시인들이 직면한 사회공간적 위기 양상들은 소득 감소와 부채 증가, 고용 불안, 불평등과 양극화의 심화, 육아·교육·보건의료 부문과 고령사회화에 대비하는 복지의 부족 등과 같이 물질적 결핍뿐만 아니라 소외와 배제, 정체성과 노동 동기의 상실, 억압감과 적대감 등과 이로 인한 정신분열적 증상(예로, 분노조절장애와 왜곡된 여성혐오) 등 정신적 병리 현상들이 도시공간에 만연해 있다. 이러한 도시인들의 정신적 위기는 물질적 위기와 마찬가지로 정부의 이데올로기 전략에 의해 조정·은폐되어왔다. 도시인들은 이러한 위기에 항상적으로 노출되어 있지만, 자본 축적의 둔감한 규정력으로 인해 일상생활 속에서 쉽게 잊고 살아간다. 이러한 점에서 박영균(2009: 154)은 "현대 도시의 위기는 일상생활에서 끊임없이 망각되며 조정된다는 점에서 진정한 위험이자 공포라고 할 수 있다"라고 주장한다.

하지만 최근 도시공간에서 목격하는 여러 위기적 증후군들과 이에 대한 시민들의 대응을 보면, 도시의 위기에 대한 인내는 이제 거의 한계에 달한 것처럼 보인다. 오늘날 도시는 자본 축적의 메커니즘에 의해 완전히 포섭되고 신자유주의적 국가 전략이 철저히 관철되는 공간이 되었지만, 또한 동시에 이러한 과정에 저항하고 새로운 도시를 만들어가고자 하는 연대와 실천의 희망이 발아할 수 있는 공간이기도 하다. 절망과 희망이 교차하는 현실 속에서 당면한 도시위기를 극복하기 위해 한편으로 이를 유발하는 자본 축적 과정과 이를 뒷받침했던 국가 정책의 한계에 관한 정치경제학적 연구가 필요하며, 다른 한편으로 도시위기를 극복하고 새로운 대안적 도시공간, 즉 '희망의 도시'를 만들어나가기 위한 인문학적 성찰이 요구된다. 이 글에서는 자본 축적 과정에 내재된 모순들로 인해 발생하는 경제적 위기가 어떻게 도시적 위기로 전이·확대되는가를 분석하고자 했지만, 이러한 분석적 연구는 도시인들이 자신의 생존과 생활을 영위하기 위해 당면한 위기를 어떻게 극복하고, 나아가 자신의 희망을 실현하기 위해 어떻게 도시를 만들어나갈 것인가에 대한 인문학적 논의를 필수적으로 요청한다. 물론, 그 역도 성립한다. 즉 희망의 도시에 관한 연구는 비판적이면서 동시에 생성적이며, 과학적이면서 동시에 성찰적이고, 이론적이면서 동시에 실천적이어야 한다.

희망의 도시에 대한 연구와 담론은 다양한 주제들로 다양하게 관점에서 구성될 수 있지만, 이들은 공통적으로 위기의 도시를 넘어서 대안적 도시에 대한 의지와 잠재력을 표현할 것이다. 인간은 장구한 역사 속에서 희망을 잃지 않고 인간의 삶과 그 삶이 영위되는 도시를 바꾸어왔다. 물론 인간의 역사는 단지 희망의 역사가 아니라 생산양식들 속에 함의된 모순의 역사이기도 하다. 그동안 많은 연구들이 심지어 자본주의하에서도 유토피아적 도시를 꿈꾸고 이를 실현하고자 했지만, 자본 축적의 모순은 더욱 심화되어왔다고 할 수 있다. 그러나 독일 극작가 브레히트가 말하고 하비가 공감한 것처럼, "희망은 모순 속에 숨어 있"다(하비, 2014: 384). 희망의 도시에 관한 연구는 위기의 도시 속에서도 새로운 도시공간이 가능하다는 의지를 가지고, 이를 실현시켜나가기 위한 설계도를 만드는 작업이라고 할 수 있다. 우리는 이러한 연구를 통해 인간의 본성 속에 위기의 도시를 새로운 희망의 도시로 바꾸어나갈 수 있는 의지와 잠재력이 있음을 확인하고 이를 실현할 역량이 아직 남아 있기를 희망한다.

후기

이 글은 서울연구원이 지원한 연구 과제의 준비 단계에서 집필·발표된 것이다. 당시 서울연구원의 김수현 원장은 하비의 자본순환이론에 관심을 가지고 최근 유발되는 다양한 유형의 도시위기를 설명하고, 나아가 새로운 도시, 즉 '희망의 도시'를 위한 정책적 대안을 모색하는 연구 과제를 지원하고자 했다. 나는 공간환경학회의 관련 연구자들뿐만 아니라 강내희 교수, 장세룡 교수, 곽노완 교수, 조정환 박사, 그리고 국외의 돈 미첼 교수 등 여러 진보적 학자들로 연구팀을 구성해 과제를 수행했고, 그 결과물을 학술 심포지엄에 발표한 후 단행본으로 편집·출간했다. 김수현 원장은 연구자들에게 주제 및 관점에 대한 아무런 제한 없이 자유롭게 연구할 수 있도록 지원해주었다. 출간된 단행본의 제목은 『희망의 도시』이지만, 이 연구 과제의 처음 명칭은 '위기의 도시에서 희망의 도시로'였고, 심포지엄의 전체 주제 역시 그러했다.

이 글을 다시 읽으면서, 어떤 의문이 들었다. '위기'란 대체 무엇인가? 1991년 출판했던 나의 첫 저서 『한국의 공간과 환경』은 본래 제목이 『한국 공간환경의 위기』였다. 편집 과정에서 출판사의 요청으로 '위기'를 빼기는 했지만, 이 책의 서장 제목은 '한국 공간환경의 위기'이고, 그 외 여러 장들에 위기라는 단어가 들어가 있다. 우리는 위기(crisis)를 흔히 '위험한 시기'로 이해하지만, 한자어 위기(危機)는 위험과 기회가 합성된 단어이다. 서양인들이 한자를 배울 때 '위기'라는 단어에 매우 흥미를 느낀다고 한다. 서구 언어에는 이에 대응하는 적합한 용어가 없기 때문이다. 그럼에도 불구하고 20년 훨씬 넘게 '위기'라는 단어를 계속 사용하는 것을 보면, 이 단어의 뜻에는 '기회'보다 '위험'의 의미가 더 많이 담겨 있는 것 같다. 만약 기회를 더 잘 활용해 위험을 극복했다면, 이 단어는 사용되지 않게 되었을지 모른다.

물론 위기에 관한 연구는 단지 이러한 한자 뜻풀이 정도로 끝날 것은 아니다. 자본주의는 언제나 '위기담지적'이며, 언제 현실의 위기로 폭발할지 모르는 모순들을 안고 있다. 이로 인해 경제뿐만 아니라 사회문화 전반과 생태환경에도 위기는 언제든지 노정될 수 있다. 이러한 점에서 다양한 양태로 드러나는 사회공간의 위기들은 이들을 유발하는 자본주의 체제의 모순들에 관한 연구를 요구한다. 뿐만 아니라 한자어 '위기'에 함의된 바와 같이, 위험을 극복할 수 있는 기회도 찾아오지만, 결코 수동적으로 주어지지는 않는다. 뿐만 아니라 도시의 노동자나 도시의 일반 서민들만 위기에 봉착하는 것이 아니라 기업이나 자본가, 정치가나 행정관료에게도 위기가 닥친다. 위기에 함의된 기회는 이들에게도 자신의 이해관계에서 위험을 극복하는 데 사용될 수 있다. 따라서 위기에 관한 연구는 다양한 사회공간적 집단이나 계급들 간 갈등과 투쟁에 관한 고찰도 요구한다.

이 연구 과제의 결과를 발표하는 심포지엄에 국내 공동연구자들이 전원 참석해 자신의 주장들을 제기했고, 또한 하비 교수도 참석해 박원순 서울시장과 대담을 나누었다. 많은 청중들이 참석해 성황을 이루었고, 두 분의 대담도 매우 진지하고 원만하게 진행되었다. 하비 교수는 이 심포지엄에 참석하기 위해 초청된 것은 아니었으며, 창비 출판사의 창립 60주년을 기념하는 대중강연을 위해 한국을 방문했는데, 이 심포지엄에도 참석하게 된 것이다. 하비 교수가 심포지엄에 참석할 수 있도록 시간 배려를 해주었을 뿐 아니라, 그즈음 출판된 그의 저서인 *The Ways of the World*를 번역해 『데이비드 하비의 세계를 보는 눈』(2017)이라는 제목으로 출간할 기회를 준 창비 출판사에 감사한다. 하비의 저서와 이 책 『인문지리학의 새로운 지평』은 저자의 초기 연구에서부터 최근까지 집필한 주요 글들을 엄선해 출판했다는 점에서 동일한 편집 의도와 체계를 갖추고 있다고 하겠다.

참고문헌

강내희. 2014. 『신자유주의 금융화와 문화정치경제』. 서울: 문화과학사.

강현수. 2010. 『도시에 대한 권리』. 서울: 책세상.

국회예산정책처, 2011. 「법인의 사내유보금에 대한 과세방안 연구」.

_____. 「2016년 한국경제 리스크요인 점검」.

김용창. 2015.8.19. 「신자유주의 도시화와 도시 인클로저(1): 이론적 검토」. ≪대한지리학회지≫, 50(4), 431~449쪽.

김하수. 2015. "리츠·부동산펀드, 저금리시대 '황금어장'". ≪이코노믹리뷰≫.

박영균. 2009. 「욕망의 정치경제학과 현대 도시의 위기」. ≪마르크스주의 연구≫, 6(2), 152~186쪽.

손정목. 2003. 「경부고속도로 건설과 도시 체계」. ≪도시문제≫, 411, 106~117쪽.

조정환. 2011. 『인지자본주의』. 서울: 갈무리.

최병두. 2009. 「경부고속도로: 이동성과 구획화의 정치경제지리」. ≪한국경제지리학회지≫, 13(3), 312~334쪽.

_____. 2012. 『자본의 도시: 신자유주의적 도시화와 도시정책』. 파주: 한울.

통계청. 2015. 「2015년 가계금융·복지조사 결과」(보도자료).

하비, 데이비드(David Harvey). 1995. 『자본의 한계』. 최병두 옮김. 서울: 한울.

_____. 2007. 『신자유주의: 간략한 역사』. 최병두 옮김. 파주: 한울.

_____. 2014. 『반란의 도시: 도시에 대한 권리에서 점령운동까지』. 한상연 옮김. 서울: 에이도스.

한국경제연구원. 2014. 「사내유보금 과세, 쟁점과 평가」. 대외세미나 자료집.

_____. 2015.6.22. "국가총부채 4,835.3조 원 GDP 대비 338.3%… 관리 요망". 보도자료.

한국은행. 2015a. "2014년 기업경영분석". 보도자료.

_____. 2015b. 「금융안정보고서」

현대경제연구원. 2016. 「가계부채 한계가구의 특징과 시사점」. ≪경제주평≫, 16-11(통권 684).

Adorno, T. 1992. *Negative Dialectics.* translated by E. B. Aston, New York: Continuum.

Arendt, H. 1958. *Human Condition.* Chicago: Univ. of Chicago Press.

Bookchin, M. 1992. *Urbanization without Cities: The Rise and Decline of Citizenship.* Montreal: Black Rose.

Cecchetti et al. 2011. "The Real Effect of Debt." BIS Working Paper.

French, S., A. Leyshon and T. Wainwright. 2011. "Financializing space, spacing financialization." *Progress in Human Geography*, 35(6), pp. 798~819.

Negri, A. and M. Hardt. 2009. *Commonwealth.* Cambridge, MA: Harvard Univ. Press.

Harvey, D. 2009. "The right to the city and alternatives to neoliberalism." http://wsf2009.

wordpress.com/2009/01/30/the-right-to-the-city-and-alternatives-to-neoliberalism/

Lees, L., H-B. Shin and E. Lopez-Morales. 2016. *Planetary Gentrification*. London: Polity.

Lefebvre, H. 1973. *The Survival of Capitalism: Reproduction of the Relations of Production*. New York: St Martin's press.

_____. 1996. "The right to the city." in H. Lefebvre(ed.). *Writings on Cities*. Oxford: Blackwell, pp. 63~184.

Merrifield, A. 2013. "The urban question under planetary urbanization." *International Journal of Urban and Regional Research*, 37(3), pp. 909~922.

Mitchell, D. 2005. *The Right to the City: Social Justice and the Fight for Public Space*. New York: Guilford Press.

Ostrom, E. 1990. *Governing the Commons: The Evolution of Institutions for Collective Action*. Cambridge: CUP.

Sevilla-Buitrago, A. 2015. "Capitalist formations of enclosure: space and the extinction of the commons." *Antipode*, 47(4), pp. 999~1020.

제14장 **관계적 공간과 포용의 지리학**

1. 포용의 지리학, 새로운 패러다임?

'포용'을 수식어로 한 용어들이 많은 관심을 끌고 있다. 포용도시, 포용성장, 포용적 지역 발전, 포용적 국토, 포용국가 등이 그 예이다. 이러한 용례에서 포용은 기존의 도시·지역·국토의 개념이나 이와 관련된 정책을 새로운 관점이나 패러다임으로 이해하고 접근할 수 있도록 하는 용어가 된 것처럼 보인다. 이러한 점에서, 예로 박인권(2015)은 포용도시를 "현대 사회의 도시에서 발생하는 다차원적이고 복합적인 사회적 배제를 극복할 도시 비전"이며, 또한 "이와 관련된 한국의 도시정책들을 평가·재해석"하기 위한 개념으로 정의한다. 즉 포용도시는 도시 차원에서 다양한 형태의 사회(공간)적 배제를 극복하고 새로운 미래 도시를 전망하는 개념으로 간주된다. 포용에 관심을 가진 연구자들에 의하면 포용도시, 포용성장의 개념은 현대 도시와 현대 사회에서 만연한 사회공간적 배제 현상들을 파악하기 위한 분석틀이며, 또한 동시에 이들을 해소하고 나아갈 미래 도시의 규범적 모형으로서 의미를 가진다.

포용도시, 포용성장의 개념은 우리 도시와 우리 사회에서 점점 심화되는 배제의 문제가 기존의 도시 및 성장(발전) 패러다임으로는 더 이상 해결되기 어렵게 됨에 따라, 이 문제를 사회경제적 및 공간적 측면에서 분석하고 해결하기 위해 도전하는 새로운 패러다임으로 간주될 수 있을 것이다. 사회경제적 측면에서, 우리 사회는 경제적 양극화의 심화와 사회적 취약집단들(저소득층, 고령층뿐만 아니라 심지어 청년층까지 포함)의 생활문제 악화로 위기를 맞고 있으며, 따라서 경제적 불평등을 완화하고 주변화된 계층들을 포용하기 위한 새로운 성장 패러다임으로서 '포용성장'을 필요로 한다. 또한 공간적 측면에서 오늘날 도시는 토지 및 주택에 대한 차별적 접근과 서민 주거의 불안정, 거주지 분리 및 젠트리피케이션, 무분별한 지역개발, 나아가 국토공간의 불균등 심화 등의 문제에 직면해 있으며, 이에 따라 도시의 소외된 집단들의 포용과 도시 공간환경의 지속가능성을 추구하는 '포용도시'로 거듭나야 할 것이다.

이러한 의미의 포용/배제의 개념은 학술적이라기보다 사회적·정책적 관심에서 출발했다. 이 용어는 1960년대에서 1970년대 중반 프랑스에서 편부모 가정, 장애인, 노인, 약물 중독자 등 사회 안전망의 보호를 받지 못하는 소외계층의 문제를 논의하기 위해 제시되었고, 1980~1990년대에는 사회적 결속을 저해하는 다양한 유형의 사회적 균열들을 다루기 위해 광범위하게 사용되었다. 예로, 1980년대 후반 유럽연합(EU)은 사회적 배제/포용을 유럽통합을 위한 사회정책의 핵심 의제로 채택했으며, 1990년대 영국 노동당 정부는 이를 사회경제적 정책과 각종 연구의 핵심 과제로 설정했다(Aalbers, 2009; 박인권, 2015). 이러한 사회적 배제를 극복하고 포용성을 지향하는 포용성장과 이를 도시 차원에 원용한 포용도시의 개념은 2000년대 들어와서는 세계적 차원으로 확산되었다. 특히 포용성장은 2008년 세계적 금융위기 이후 세계은행(World Bank, 2015), 유엔 해비타트(UN-HABITAT, 2015) 등이 주도하는 국제사회에서 새로운 화두로 부각되었고, 포용도시는 그 정책적 시사점을 보다 적극적으로 해석해 도시 차원에 반영한 규범적 개념으로 강조했다(문정호, 2017).

이와 같이 새로운 패러다임으로서 포용도시, 포용성장의 개념에 대한 관심은 사실 지난 30여 년간 전개되었던 신자유주의적 자본주의 경제체제에 대한 비판적 또는 회의적 성찰에 근거한다는 점에서 매우 중요한 의미를 가진다. 지난 1980년대에서 2010년대 중반까지 시장경쟁 논리에 바탕을 둔 신자유주의적 경제체제가 지구적 규모로 확산됨에 따라, 한편으로 자본의 초과이윤 전유와 초국적 금융자본의 투기적 흐름 등과 같이 하비(2007)가 지칭한 이른바 '탈취에 의한 축적'이 만연하는 반면, 노동계급의 비정규직화와 실업, 사회적 복지서비스의 축소 등으로 경제적 양극화와 사회적 배제가 심화되었다. 이러한 점에서 사회적 배제/포용에 대한 관심은 서구 선진국들에서 초래된 복지국가의 위기에 대한 반성의 결과라고 할 수 있다. 즉 포용성장의 개념은 사회적 배제의 심화를 초래한 1990년대 워싱턴합의에 대한 비판과 대안적 성장모형으로 제시되었고, 2000년대에 들어와서 세계은행, 유엔 해비타트 등 주요 국제기구들의 정책 어젠다로 명시되었다. 이에 따라 사회적 포용/배제의 개념은 서구 선진국들뿐 아니라 개발도상국들로 확산되어, 한편으로 경제성장을 촉진하면서 다른 한편으로 빈곤집단이나 사회적 소외집단들의 주변화를 억제하기 위한 성장 전략으로 인식되고 있다.

그러나 다른 한편, 이러한 포용성장, 포용도시의 개념이 과연 우리 사회와 도시가 직면한 사회공간적 배제의 위기를 해소하고 포용적 미래를 전망하는 새로운 패러다임이 될 수 있는가에 대한 의문을 가져볼 필요가 있다. 어떤 의미에서 보면, '포용'이라는 단어는 일상적 규범으로 사용되는 진부한 용어를 마치 새로운 수식어인 것처럼 포장한 것에 불과하다고 할 수도 있다. 뿐만 아니라 비록 포용/배제의 개념이 새로운 의미를 가진다고 할지라도, 이에 대한 접근이나 분석 방법이 진부하다면 이 또한 새로운 패러다임이라고 보기 어렵다. 사실 포용도시, 포용성장의 개념에 바탕을 둔 최근 연구들이나 정책보고서들은 포용이라는 용어를 적당히 규범적으로 정의하고, 우리 사회나 도시가 당면한 배제의 문제들을 파악하기 위한 평가지표들을 개발해, 이에 따라 도시를 등급화하거나 도시문제들에 접근하려는 시도들을 보여주고 있다. 그러나 이러한 접근 방법은 기존에 다양한 수식어들을 사용해 우리 사회나 도시가 처해 있던 사회공간적 문제들을 파악하고 해소하고자 했던 학술적 또는 정책적 시도들과 별반 다를 바 없다고 할 수 있다.

우리나라에서도 지난 10여 년간 역대 정부들의 정책과 이를 정당화하거나 비판하고자 했던 연구들을 살펴보면 이러한 경향을 여실히 알 수 있다. 예로 노무현 정부에서는 국가 균형발전을 목표로 수도의 기능을 (일부) 이전하는 행정중심복합도시의 건설과 더불어 혁신도시, 기업도시, 마을 만들기 등이 핵심적 정책과제로 추진되었다. 이명박 정부로 넘어와서는 저탄소녹색성장과 녹색도시가 정책기조로 설정되면서, 기후변화 대응, 에너지·자원문제의 해결, 새로운 성장 동력 확충, 국토의 효율적 활용과 쾌적한 환경 조성 등을 부각시킴으로써 그 정당성을 뒷받침하고자 했다. 또한 박근혜 정부에 들어와서는 창조경제와 창조도시가 새로운 화두로 부상하면서, 기업이나 산업보다 인간의 창조성 또는 창조적 인재의 육성에 우선적인 관심을 가지고 투자를 해야 한다는 점이 강조되었다. 문재인 정부에 와서는 아직 국가발전정책 또는 도시정책이나 계획의 성격을 규정하는 특정한 용어나 개념 또는 정책기조가 명시적으로 제시되지는 않았지만, 현 정부가 정책적 관심을 집중하고 있는 비정규직의 정규직화, 새로운 일자리 창출 등은 분명 포용성장의 기조에 바탕을 둔 것이라고 할 수 있다.

이와 같이 그동안 정권이 교체될 때마다 새로운 정책기조들이 제시되었고, 정부 연구기관뿐만 아니라 대학의 연구자들도 이러한 정책기조를 정당화(또는 비판)하는 개념이나 이론들에 관심을 가졌다. 그러나 이러한 관심에 근거한 대부분의 연구들은 정책기조를 이루는 핵심 개념들을 규범적으로 뒷받침하면서, 이와 관련된 현실 문제들을 접근하기 위한 주요 방안으로 관련 변수들과 세부 지표들을 설정해 분석하는 방법을 채택했다. 그러나 실제 이러한 정책기조들에 바탕을 둔 정책들의 시행은 대부분 심각한 문제들(예로 이명박 정부의 4대강 사업과 해외 자원개발 정책의 실패)을 자초하거나 매우 편향된 방향(예로 박근혜 정부에서 경제민주화를 무시한 창조경제 정책)으로 나아갔다. 물론 문재인 정부는 아직 새로운 국가·도시발전 정책의 기조를 명시하지는 않았지만, 기술적·규범적 측면에서 4차 산업혁명에 대한 우선적인 관심과 일자리 창출을 통한 소득 주도 (포용)성장 정책이 앞으로 어떤 방향으로 나아갈 것인가, 그리고 어떤 성과를 이룰 것인가에 대해서는 지켜봐야 할 것이다.

이러한 점들에서, 사회공간적 포용의 개념은 학술적·정책적으로 새로운 패러다임이 되기에 충분하지만, 그렇게 되기 위해서는 몇 가지 주요 논제들이 보다 심도 있게 논의되어야 한다. 첫째, 포용의 개념, 특히 지리학의 입장에서 포용의 지리학이 새로운 패러다임이 되기 위해서는 포용의 개념에 내재한 공간적 측면을 보다 철학적으로 성찰할 필요가 있다. 둘째, 포용과 배제의 개념은 상호 대립적으로 분리된 현상이라기보다는 문제가 유발되는 현실적 배경 속에서 경제적·정치적 메커니즘들이 작동하는 두 개의 모멘텀(momentum)으로 이해되어야 한다. 셋째, 포용도시나 포용성장의 개념 등은 정책적으로 중요한 의미를 가지지만 또한 동시에 이데올로기적 담론으로 전락할 가능성이 있으며, 따라서 포용에 대한 윤리적 성찰이 요구된다. 넷째, 포용도시, 포용성장의 실현을 위한 학술적 연구와 정책적 시행을 위해 기존의 관행적인 접근 방법(예로 지표개발 중심 연구와 이를 반영한 정책 추진)에서 나아가 실제 포용을 위한 새로운 거버넌스의 구축과 배제된 집단들의 주체적 참여 방안을 모색할 필요가 있다.

이 글은 포용의 지리학이 포용의 개념을 진정하게 포용하는 새로운 패러다임이 될 수 있도록, 이러한 네 가지 핵심 논제들을 논의하고자 한다. 제2절에서는 포용의 개념에 내재된 공간적 측면을 이해하기 위해 관계적 공간의 개념을 성찰하고자 한다. 제3절에서는 포용과 배제의 개념을 현실적 배경 속에서 규정하기 위해 포용과 배제의 동시성을 강조하면서, 그 구조적 메커니즘을 고찰할 것이다. 제4절에서는 사회공간적 포용의 개념을 규범적으로 재정립하기 위해 이와 관련된 여러 윤리적 개념들을 검토할 것이다. 그리고 제5절에서는 포용성장이나 포용도시에 관한 지표개발의 의의와 한계를 살펴보고, 포용의 거버넌스 구축과 배제된 집단들의 역량 강화 방안을 논의하고자 한다.

이와 같이 포용의 개념을 지리학적으로 재구성하고 이를 정책과 사회 실천에 반영함으로써, 포용의 지리학은 지리학의 학문적 발전뿐 아니라 현실문제를 극복하기 위한 정책에 기여할 수 있을 것이다. 물론 이러한 논의에도 불구하고, 포용의 지리학은 두 가지 측면, 즉 포용과 배제는 분리된 것이 아니라 두 개의 모멘텀으로 동시에 작동한다는 점(즉 포용과 배제의 변증법)과 포용의 윤리성은 항상 그 이데올로기적 성향을 벗어날 수 없다는 점(윤리와 이데올로기의 양면성)에서 불가피한 한계를 가진다.

2. 관계적 공간과 사물의 사회공간적 질서

포용의 개념을 지리학적으로 고찰하기 위해서는 이 개념에 함의된 두 가지 측면에 주목할 필요가 있다. 첫째, 포용/배제는 사회(공간)적 관계에서 발생하는 개념이다. 포용과 배제는 흔히 한 개인이나 집단이 어떤 자원을 가지고 있거나 또는 그렇지 못한 상태와 관련된 것처럼 보인다. 경제적 자원(예로, 화폐)의 사용과 관련해, 포용은 이러한 자원을 충분히 이용할 수 있는 상태를 말하며, 배제는 이의 이용이 불가능하거나 불충분한 상태를 말한다고 할 수 있다. 그러나 포용/배제의 개념은 단지 한 개인이나 집단이 어떤 자원을 가지고 있거나 그렇지 않은 상태를 나타내는 것이 아니라, 그러한 상태를 발생시키는 과정과 사회적 관계에 관심을 갖는다. 이러한 점에서 사회적 배제는 어떤 구체적 사회적 요소의 결핍 상태(예로 빈곤)라기보다는 다소 포괄적이고 모호하지만 "그러한 상태를 발생하는 과정과 사회적 관계에 관심을 갖는다는 점에서 동태적이고 관계적인 개념"이라고 할 수 있다(박인권, 2015: 110). 이러한 점에서 사회적 배제는 기존에 흔히 사용되는 '빈곤'의 개념과는 구분된다. 즉 빈곤의 사고는 개인이나 가계의 처분에서 자원의 부족을 문제 시한다면, 사회적 배제는 불공정한 사회적 참여, 제한된 사회적 통합, 권력의 불균형 또는 결여 등 관계적 이슈에 먼저 관심을 둔다는 점이 강조된다(Room, 1995; 박인권, 2015).

둘째, 다른 한 측면은 포용의 개념에 함의된 공간적 측면이다. 포용/배제의 개념에 함의된 공간적 측면은 포용도시의 개념 정의에서 우선 확인된다. 예로, 박인권(2015: 114)에 의하면 "현대 사회의 도시는 물리적 조건에 의해 정의되는 지리적 실체라기보다는 정치적 의사 결정의 기본 단위이며, 노동시장과 주택시장의 범위와 중첩된 관계적 실체"라는 점이 강조되며, 이와 같이 "관계적으로 정의된 도시는 사회 통합을 저해하는 많은 모순적인 사회 문제들이 물질화되는 특별한 장소"로 규정된다. 이러한 점에서 포용도시는 역동적이며, 관계적이며, 또한 공간적인 실체라고 할 수 있다. 이 점은 포용도시의 변수 또는 지표의 설정에서 사회적 의존성 및 참여와 더불어 공간적 접근성이 3대 핵심 요소로 포함된다는 점에서 확인된다(박인권, 2015).

포용도시에 관한 유엔 해비타트 3차 회의의 정책 의제도 같은 맥락에서 도시계획 수립 및 시행 시 참여 확대와 사회적 혁신, 모든 사람이 양질의 기초 서비스에 접근할 수 있는 권리의 증진, 포용성 제고를 위한 도시계획 등을 주요 내용으로 담고 있다(UN-HABITAT, 2015). 또한 세계은행도 포용성장의 개념에 관한 논의를 보다 구체화해 포용도시의 개념을 제시하면서(World Bank, 2009, 2015), 포용의 차원을 공간적·사회적·경제적 측면으로 구분하고 있다(〈표 14-1〉 참조). 이와 같이 포용의 개념은 공간적 측면에서 생활 인프라와 공공서비스에의 균등한 접근성 향상이나 도시 빈민에 대한 기본 서비스의 제공 및 공적 공간의 복원 등을 핵심 의제로 포함한다.

표 14-1 **포용도시에 대한 다차원적 접근**

차원	핵심 과제	주요 세부 내용	
공간적 포용	접근: 모든 사람을 위한 적정한 토지, 주거 및 서비스에의 접근성 향상	• 적정한 토지·주거 • 도시 빈민에 대한 기본 서비스 • 도시계획과 관리 • 공적 공간의 복원	• 슬럼 개조 및 방지 • 임대 보증 • 토지 및 토지사용 조정 • 토지사용 규제 • 토지기반 금융
사회적 포용	권리와 참여: 개인과 집단들이 사회에 참여할 수 있는 조건 향상	• 범죄 및 폭력 방지 • 권리 기반적 접근 • 도시 빈민 조직 지원	• 공동체 주도적 발전 • 참여 계획 및 거버넌스
경제적 포용	기회: 모든 사람이 번영의 증대에 기여하고 공유할 수 있는 기회 보장	• 일자리에 대한 공간적 접근 향상 • 제도적 접근 향상	• 기능 함양, 교육 접근 • 친빈곤 경제 발전 • 금융에의 접근

자료: World Bank(2015: 13).

이와 같이 포용의 개념에 내포된 공간적 의미들은 흔히 특정한 규모의 공동체(예로 이웃 사회, 도시, 국가 등)에 바탕을 둔 것으로 이해될 수 있다. 예로 캐머런(Cameron, 2005)은 포용의 지리학을 개념화하면서, 흔히 사회적 배제는 주로 공동체나 이웃 사회와 같이 '국지적인' 것으로 이해되는 반면, 사회적 포용은 특정한 공간적 차원이나 입지와 관련되지 않는 것처럼 간주되는 경향이 있지만, 사회적 배제와 포용은 모두 특정한 지리적 또는 공간적 규모에서 나타난다는 점을 강조한다. 포용도시의 개념은 분명 그 도시의 거주자들에게 소속감과 공통의 정체성을 부여하는 지리적 범위의 존재를 전제로 한다. 또한 단어의 의미로 보면, 배제/포용은 특정 사회공간적 집단이나 공동체의 영역으로부터 배척당하거나 또는 참여한다(내포된다)는 점에서 분명 규모적 또는 (엄격히 말해) 영역적 의미를 가진다. 그러나 영역적 측면에서 개념화된 배제/포용의 공간성은 이에 내재된 관계성과 결합된 것으로 이해해야 한다. 배제는 특정한 사회공간적 영역으로부터 거부뿐만 아니라 사회적 관계로 구성된 네트워크로부터 제외를 의미한다. 즉 배제와 포용의 개념은 개인이나 집단들 간의 사회공간적 관계에서 발생하며, 따라서 이들은 공간적 측면에서 영역성과 관계성을 동시에 가진다고 할 수 있다.

사실 최근 관계적 공간(또는 지역)의 개념에 관한 관심이 증가하면서, 관계적 측면을 부각시키고자 하는 학자들과 영역적 측면을 다시 강조하려는 학자들 간에 상당한 논쟁이 있었다(Varró and Lagendijk, 2013 등 참조). 관계적 공간의 개념은 지구적 이동성과 상호 연계성의 증대 등 현실의 변화에 기반을 두고 있다. 지구화 과정에서 네트워크의 망 또는 관계적 연계를 통해 새롭게 등장한 공간적 편성들은 더 이상 장소에 고정되거나 영역적이지 아니하며, 다양한 순환적·관계적 실체들로 구성되는 것으로 인식되었다. 이러한 점에서 영역적 관점에서 관계적 관점으로의 전환이 주목을 받게 되었다(MacLeod and Jones, 2007: 1179). 하지만 관계적 관점에서 공간이나 지역을 지나치게 강조할 경우, 현실에서 여전히 드러나는 지역적 차이나 특이성을 어떻게 분석할 것인가, 그리고 이러한 특성들이 왜 발생하거나 지속되고 있는가에 대한 의문에 답하기 어렵게 된다(Jones, 2009). 자본주의 경제의 지구화 과정 속에서도 개별 국가들은 상호의존성이나 관계성을 증대시키고 다규모화되고 있다고 할지라도, 여전히 영역에 기반을 둔 정치를 추구하고 있다. 이러한 점에서 '관계적 전환'은 아직 완전한 합의를 보지 못한 논쟁적 개념이라고 할 수 있다.

이 논쟁과 관련해 매캔과 와드(McCann and Ward, 2010)는 지역정책은 관계적이며 또한 동시에 영역적 관점에서 수립되어야 한다고 주장한다. 결국 문제는 관계적 접근과 영역적 접근 간 균형을 어떻게 설정할 것인가의 의문으로 귀결되거나, 그렇지 않을 경우 이러한 접근들 간의 구분과 논쟁은 비판적 관점에서 보면 쓸모없는 것이라고 지적되기도 한다(Jonas, 2012). 이러한 점에서 사회공간적 관계성에 관한 대안적 논의들이 제시되기도 했다. 즉 네트워크 또는 관계성만 지나치게 강조할 경우 사회공간적 관계들의 다른 형태들, 예로 영역, 장소, 스케일 등을 무시하고 공간을 한 차원으로만 이해할 위험에 빠지게 된다는 것이다. 이러한 점에서 제숍 외(Jessop, Brenner and Jones, 2008)는 네 가지 형태의 사회공간적 관계들(즉 영역, 장소, 스케일, 네트워크)을 동시에 고려할 것을 주장한다. 이들이 제시한 네 가지 형태의 사회공간적 관계들은 공간에 대한 영역적 사고와 관계적 사고를 결합시킴으로써 자본주의 경제와 정치를 수직적 스케일 차원(국지적-지역적-국가적-지구적 스케일)뿐만 아니라 수평적 네트워크 차원(지구적 연계를 포함하는 지역 또는 장소들 간 관계 및 차이)에서 작동하는 것으로 이해할 수 있도록 한다는 점에서 유의성을 가진다고 하겠다(박배균, 2012).

그러나 공간에 관한 영역적/관계적 관점에 관한 이러한 결합은 공간의 외형적(형태적) 접근을 크게 벗어나지 못한 것처럼 보인다. 즉 이와 같은 결합은 관계적 공간(또는 영역적 공간)의 속성에 접근하기 위한 철학적 사유의 결과로 보기 어렵다. 사실 오래전에 애그뉴(Agnew, 1999: 93)는 신지역지리학의 등장과 관련된 장소나 공간, 지역에 관한 많은 논의들에서 철학적 혼돈만 무성하다고 주장한 바 있다. 그러나 그동안 지리학에서 공간에 관해 정말 깊이 있는 철학적 논의는 거의 없었다고 할 수 있다. 왜냐하면 관계적 공간의 개념화에서 외형적인 혼돈이 심층적인 사유를 어렵게 했기 때문이다. 하지만 공간에 관한 논의 모두가 이러한 혼돈에 빠져 있었던 것만은 아니다. 예로 매시(Massey, 1979)는 신지역지리학의 등장 초기에 공간(장소와 지역)은 국지화된 사회적 관계 및 물질적 조건들과 거시적인 자본주의적 재구조화 과정 간 상호작용의 조합 또는 개연적 결과로 이론화할 수 있다고 주장했다. 그 후 공간에 관한 매시의 주장은 보다 철학적인 사유를 반영하고 있다. 예로, 그녀는 "공간은 공존의 영역으로 궤적의 다중성을 포괄하며, 이전에는 관련되지 않았던 주체와 객체, 사람과 사물들을 포함하며, 이들이 서로 접촉하도록 한다"라고 주장한다(Massey, 2005). 포용의 지리학을 위한 공간적 철학은 바로 이러한 공간의 개념을 정립하는 것, 즉 공존의 공간, 접촉과 관계의 공간을 개념화하는 것이라고 할 수 있다.

어떤 의미에서 보면 이러한 포용/배제의 지리학은 인간의 역사와 함께 전개되어왔다고 할 수 있다. 물론 최초의 지리학적 물음은 포용과 배제가 미분화된 상태였을 것이다. 인간이 이 지구상에 등장해 수렵과 채취를 위해 떠돌이 생활을 하면서 낯선 주변을 둘러보고 끊임없이 자신에게 했던 물음은 '여기는 어딘가?'였을 것이다. 그러나 인간은 정착생활을 하면서 '여기'에 대해서는 더 이상 묻지 않게 되었다. 사람들은 '여기'에서 살아온 삶의 체험을 통해 '여기가 어딘지'를 알고 있다고 생각했기 때문이다. 대신 사람들은 자신이 가보지 않았던 곳, '저기'에 대해 관심을 가지게 되었다. 자신이 살아보지 않은 '저기'는 새로운 지리학적 물음에 답하기 위한 대상, 즉 물음의 주체와는 분리된 객관적 지식의 대상으로서 공간(즉 절대적 공간)으로 인식되었다. 그리스-로마 시대의 지리학에서부터 근대의 지리학에 이르기까지 지리학은 '여기'가 아니라 '저기'의 지리학으로 발달해왔고, 실증주의적 지리학은 이러한 발달의 정점에 달한 것처럼 보인다. 그러나 실증주의적 지리학에 대한 비판과 더불어 절대적 공간관을 극복하기 위한 대안들이 모색되었고, 이러한 점에서 신지역지리학은 '여기'와 '저기'를 관계적으로 이해하려는 시도를 통해 등장했다고 할 수 있다.

이러한 지리학적 물음의 변화는 공간의 역사와 궤적을 같이한다. 일정한 영토를 가진 고대 국가의 등장은 국경을 가로지르는 침략과 식민지배에 바탕을 두었다. 공간은 더 이상 그곳에서 살아가는 사람들이 생산한 것이 아니라, 전쟁에서 승리한 집단이 정복하고 지배하는 것이 되었다. 국가 영토의 범위를 규정하는 경계는 특정 영역에의 소속을 좌우하는 포용/배제의 구획선이 되었다. 근대 국민국가의 영토는 국가주권의 지배력하에서 완전히 폐쇄된 공간이 되었고, 형식적인 포용(소속)과 배제는 국경을 가로지르는 이동을 완전히 통제하게 되었다. 뿐만 아니라 자본주의적 공간에서 원료나 상품의 지리적 이동은 점차 지구적 규모로 확장되었지만, 공간 자체의 생산은 자본에 의해 지배되면서 점점 더 상품화·물신화되고 일상생활로부터 소원하게 되었다. 오늘날 지구지방화 과정은 국경의 제도적 이완과 더불어 상품과 자본뿐만 아니라 노동력의 자유 이동을 촉진하며, 공간의 다규모화를 만들어내고 있다. 이러한 점에서 개별 국민국가와 그 영토성에 근거를 둔 기존 방법론들의 오류가 지적되고 있으며, '장소의 공간'에서 '흐름의 공간'으로의 전환, 즉 관계적 전환과 더불어 네트워크, 스케일 등의 새로운 공간 개념이 등장하게 된 것이다.

실증주의적 지리학과 절대적 공간관에 대해 가장 앞서 비판을 제기하고 그 대안을 모색한 지리학자는 잘 알려진 바와 같이 하비이다. 그는 공간을 절대적 공간, 상대적 공간, 관계적 공간으로 구분한다(Harvey, 1973; Harvey, 2009). 절대적 공간은 사물과 분리된 공간 그 자체, 상대적 공간은 사물의 개체들이 위치해 있는 공간, 그리고 관계적 공간은 사물들이 단순한 개체가 아니라 이들 간 관계에 의해 형성되는 공간을 의미한다. 물론 현실 세계에서 공간은 이렇게 유형화되어 분리된 실체로 존재하는 것이 아니라 이들의 총체로서 존재하며, 공간을 어떤 관점에서 개념화할 것인가의 문제는 이에 관한 인간의 실천에 좌우된다(Harvey, 1973: 13). 하비는 다양한 인간 실천 유형들을 규명하기 위해 이러한 세 가지 공간 개념과 르페브르(Henri Lefebvre)가 제시한 공간의 3차원적 유형화, 즉 물질적 공간(경험적 공간), 공간의 재현(개념화된 공간), 재현의 공간(체험의 공간)과 행렬적으로 연계시키고자 한다. 하비의 이러한 공간 유형화는 절대적 공간에서 벗어나 다른 관점의 공간관으로 사람들의 공간적 활동이나 사물들의 공간적 질서를 이해할 수 있도록 한다는 점에서 의의를 가진다. 그러나 이러한 유형화는 공간을 사람과 사물의 사회공간적 활동을 이해하는 '인식의 틀'(또는 관점)로 이해할 따름이고, 관계적 공간 개념에 내재하는 심원한 철학적 함의를 드러낸 것이라고 보기 어렵다.[1]

---

[1] Harvey(2009)는 이러한 공간의 유형화와 관련해 "절대적·상대적 또는 관계적 준거들의 선택을 위한 정당성을 간단히 서술"할 필요가 있다고 주장하면서, 이 "세 가지 개념들이 상호

관계적 공간 개념을 이와 같은 공간의 유형화에 따른 관점 또는 준거틀로 이해하는 데에서 나아가 이 개념 자체 내에 함의된 보다 철학적인 의미를 성찰해볼 필요가 있다. 최근 지리학뿐 아니라 사회이론 및 인문학에서 두 가지 전환, 즉 관계적 전환과 공간적 전환이 동시에 진행되고 있다. 이들이 동시에 진행되는 것은 분명 이들 간에 어떤 내적 관련성이 있기 때문이라고 하겠다. 이러한 점에서 크랭과 스리프트(2013)는 '공간적 전환'의 관점에서 다양한 사회이론가와 철학자들을 논의하면서, 이들이 주목한 공간의 개념은 단순히 절대적·물리적·유클리드적 공간 개념이 아니라 관계적·사회적·위상학적 공간 개념이라고 주장한다. 예로, 들뢰즈의 철학은 다양한 측면에서 논의될 수 있지만, 특히 지리학적 철학이라는 점에서 '지철학(geophilosophy)'이라고 칭해진다. 왜냐하면, 그에 의하면 "'공간화' 없이 사유할 수 없으며, '사유하기' 없이 공간화할 수 없기 때문이다"(도엘, 2013). 이러한 지철학적 사유는 예로 들뢰즈와 가타리의 저서 『천 개의 고원』(1980)에서 빈번하게 출현한다. 예로 이들이 제시한 관계적 공간 메타포는 땅속줄기를 지칭하는 '리좀'의 개념에서 찾아볼 수 있다. 이들에 의하면, "리좀의 어떤 지점이건 다른 어떤 지점과도 연결 접속될 수 있고 또 연결 접속되어야만 한다. 그것은 하나의 점, 하나의 질서를 고정시키는 나무나 뿌리와는 전혀 다르다"(들뢰즈·가타리, 2004: 12). 또한 이들이 제시한 탈영토화와 재영토화의 개념은 영역성의 개념과 관계성의 개념을 결합한 것으로 이해될 수 있다.

최근 관계적 전환과 공간적 전환을 함께 부각시킨 사회이론으로 행위자 네트워크 이론(actor-network theory)을 들 수 있다(최병두, 2015b). 이 이론의 주창자인 라투르(Bruno Latour)에 의하면, 사람뿐만 아니라 비인간 사물들은 그 자체로서 하나의 실체로 존재하는 것이 아니라 이들 간의 상호 관계를 맺어주는 네트워크에 의해 규정된다고 주장한다. 특히 그는 "우리가 모든 관계

변증법적 긴장을 유지하고 있으며, 이들 간 상호작용에 바탕을 두고 항상 사고하는 것"이 중요하다고 강조했다.

를 네트워크로 정의할 때 겪는 어려움은 지리학의 보급 탓"이라고 비판한다. 즉 유클리드적 공간관에 기초한 "지리학적 개념은 단지 거리와 규모를 정의하는 격자에 대한 또 다른 연결일 뿐이다". 그러나 위상학적 관계적 공간관에 근거한 "네트워크 개념은 우리가 공간을 정의하는 데서 지리학자들의 횡포를 걷어내는 것을 돕고, 우리에게 사회적이거나 '실제'의 공간이라는 관념이 아닌 관계라는 관념을 제공한다"(라투르, 2010: 102~103). 이러한 점에서 머독(Murdoch, 1998)은 행위자 네트워크 이론을 '유클리드주의에 대한 전쟁 기계'라고 지칭하면서, 이 이론이 가지는 핵심적 유의성을 두 가지로 요약한다. 첫째, 이 이론은 지리학적 연구에 흔히 나타나는 자연/사회, 행위/구조, 국지적/지구적인 것과 같은 이원론을 극복하기 위한 관계적 사고를 제공한다. 둘째, 이 이론은 공간을 절대적인 것으로 간주하는 유클리드적 공간관을 극복하고 새로운 네트워크 공간 개념을 제시한다.

이와 같은 관계적 공간에 관한 철학적 사유나 이론적 개념화는 서구 사회에서 역사적으로 공간의식을 지배해온 절대적·비공간적(특히 시간적) 사고에서 벗어나서 관계적이고 공간적인 사고로의 전환을 추구하기 위한 것이라고 할 수 있다. 이 점은 또한 사물의 존재와 공간에 관한 서구적 의식과 동양적 사고를 비교해볼 수 있도록 한다. 신영복(2004: 24)의 동양 철학적 강독에 의하면, 서구 사회의 사회론이 원자론적 존재론에 따른 세계 인식을 전제하고 개별 존재들 간의 충돌을 최소화하는 질서를 만들어내고자 했다면, 동양적 사고는 "세계의 모든 존재는 관계망으로서 존재한다"라는 점을 전제로 했다. 동양의 이러한 관계론적 구성 원리는 "배타적 독립성이나 개별적 정체성에 주목하는 것이 아니라 최대한의 관계성을 존재의 본질로 규정하는 것"이라고 지적된다. 이러한 점에서 관계적 존재론과 이에 내재한 관계적 공간론이 제시될 수 있을 것이다. 즉 세계의 모든 사물들은 그 자체로서 실체적 존재가 아니라 다른 사물들과의 상호 관계 속에서 그 실체성을 형성하게 된다. 그리고 공간은 사물들이 그 실체성을 형성하게 되는 관계를 통해 형성·변화한다.

관계적 공간에 관한 이러한 철학적 사유는 사물의 질서에 관한 논의를 가능하게 한다. 서구 사회에서 관계적 공간에 기반한 사물의 질서에 관한 논의는 라이프니츠에서 화이트헤드로 이어진다. 라이프니츠에 의하면, 공간은 사물과 시간과의 상호작용이나 또는 사물들 간의 상호작용 없이는 인지될 수 없으며, 사물들의 질서가 바로 공간이라고 생각했다(임진아, 2014: 185). 그러나 세계의 실체를 정신의 원자인 '모나드(monad)'로 파악하는 그의 모나드 개념은 이러한 관계적 공간 개념과는 모순적이라는 점이 지적된다. 화이트헤드에게 있어서도 공간은 사물들의 관계성을 설명하는 '의미관련'적 개념이다. 임진아(2014: 179)의 해석에 의하면 "화이트헤드가 말하는 의미관련은 물질과 (시)공간이 상호 독립적이고 무목적적인 주체-객체라는 이원화할 수 있는 존재들이 아니라, 물질과 (시)공간이 상호 관계가 있다는 것을 말한다". 이와 관련된 하비(Harvey, 2009)의 설명에 의하면, 화이트헤드는 "사고의 근본적 질서는 우선 관계를 가진 사물들의 세계이며, 그다음으로 공간인데, 공간은 이 관계를 통해 그 근본적 실체가 규정되며 이 관계의 본질로부터 그 속성이 유도된다"라고 주장한다.

이와 같이 관계적 공간 개념에 내재된 사물의 사회공간적 질서에 관한 사유는 철학적으로 보다 명확하게 서술되어야 하겠지만, 이에 관한 예시를 통해 구체적으로 이해할 수 있을 것이다. 사물들의 관계로서 질서 또는 혼란은 절대적(영역적) 공간뿐 아니라 관계적(위상적) 공간에서 표출된다는 점은 분명하다. 예로, 방에 있는 책장에 꽂히지 않은 채 흩어져 있는 책들이나 도시에서 보행도로를 가로막고 있는 자동차나 장애물들은 그 방이나 도시가 무질서한 공간으로 이루어져 있음을 말해준다. 이러한 점에서 책들을 책장에 꽂는 것, 보행도로를 보행자들에 내어주는 것과 같이 사물들 간 관계성을 복원하는 것은 그 방이나 도시의 사회공간적 질서를 회복하는 것이다. 즉 사물들의 사회공간적 질서란 사물들이 자신의 자리로 돌아가는 것을 의미한다.

이러한 점에서 '시인과 촌장'이라는 이름을 가진 가수들의 노래, 「풍경」 (1986)은 이 의미를 다음과 같이 간결하게 표현한다.

세상 풍경 중에서 제일 아름다운 풍경
모든 것들이 제자리로 돌아가는(돌아오는) 풍경

사물들 간의 관계성과 이에 따른 '제자리'는 사물들 자체에 고유하게 내재되어 있거나 선험적으로 또는 객관적으로 주어진 것이 아니라 사물들이 서로 관계를 형성하는 과정에서 구성되는 것이다. 포용은 이러한 사회공간적 관계의 존재론에 바탕을 두고 철학적으로 개념화될 수 있을 것이다. 물론 사물들 간 관계성과 이에 따른 '제자리'는 특정 지배집단이나 사회구조적 조건(예로 자본주의)에 의해 임의적으로 규정될 수 있겠지만, 이렇게 규정된 관계성이나 '제자리'는 진정성(또는 아름다움)을 가질 수 없다. 진정한 포용이란 단순히 타자에 대한 외형적 배려(또는 관용)가 아니라 상호인정을 통해 존재론적 안정감을 구축하고, 나아가 사물들의 아름다운 질서를 회복하는 것이다. 즉 포용의 지리학에서 포용은 사물(사람 포함)들 간 진정한 관계를 구축하는 과정이며, 포용의 공간은 임의적인 사회적 통합의 공간이라기보다 상호인정(투쟁)을 통한 조화와 공존의 공간으로 사물들의 '제자리 풍경'이라는 메타포로 표현된다. 포용의 지리학은 사물의 공간적 질서 회복과 존재적 관계성의 복원을 지향해야 한다.

3. 현대 사회공간에서 배제와 포용의 역동성

현대 사회공간에서 배제와 포용은 다양한 양상으로 나타난다. 예로 사회적 배제로 경제적 측면에서 실업과 비정규직의 확대, 소득 및 자산의 양극화,

부채와 빈곤에 의한 사회경제적 한계화 등이 흔히 거론되며, 정치적·정책적인 측면에서 지배집단의 정치권력으로부터의 배제, 정책적 의사 결정 과정 참여 거부 또는 기회 박탈, 사회적 측면에서 사회안전망의 부재, 교육 및 보건의료 서비스에의 접근성 제한, 사회적 소속이나 교류로부터 배제, 문화적 측면에서 특정한 문화적 생활양식(예로 종교, 언어 등) 제한, 정체성에 대한 억압, 소외와 박탈감 등이 포함된다. 또한 보다 공간적 측면에서 이동성 제약, 거주지 분리, 젠트리피케이션(이른바 '둥지 내몰림') 등도 배제의 주요 양상들 가운데 일부라고 할 수 있다. 사회공간적 포용은 이러한 배제의 양상들에 대립되는 것들로 파악될 수 있다. 물론 이와 같은 배제와 포용의 다양한 양상들을 체계적으로 분석하기 위해서 주요 지표들을 설정하고, 그 세부 내용들을 파악해볼 수 있을 것이다. 예로 제로메타 등(Gerometta, Haussermann and Longo, 2005)은 사회적 배제와 포용의 두 가지 핵심적 차원으로 상호의존성과 참여를 제안했으며, 박인권(2015)은 여기에 공간적 포용을 더해 세 가지 구성 요소를 설정하고 있다.

이와 같이 사회공간적 배제와 포용의 양상들을 파악하고 개념화함에 있어서 기존의 연구들은 대부분 포용을 이와 반대되는 배제에 대한 대립적 양상으로 파악하거나 규정하고 있다. 즉 캐머런(Cameron, 2006)이 지적한 바와 같이, "사회적 포용은 단지 부정적으로만, 즉 사회적으로 배제되지 않은 것으로 규정된다. 이러한 이유에서 사회적 포용에 관한 논의의 대부분은 개념적으로 배제에 의해 지배된다. 사회적 배제는 사회적 포용이 경험적으로 측정되고 개념적으로 규정되는 대척점"으로 간주되는 경향이 있다. 이러한 점에서 사회적 포용은 사회적 배제에 대한 대립적 개념으로 논의되고, 사회적 배제에 관한 연구에서 배제의 다양한 양상들로 인해 발생하는 문제들을 해소하기 위한 대안으로서만 주로 고려된다. 캐머런(Cameron, 2005, 2006)에 의하면, 이러한 단점은 사회적 포용에 관한 실질적이고 담론적인 지리학에 관한 비판적 이해가 전반적으로 부족했기 때문에 유발된 것이다.

물론 포용과 배제의 개념을 역으로 정의할 수도 있을 것이다. 예로, 제로메타 등(Gerometta, Haussermann and Longo, 2005: 2010)은 사회적 배제의 개념을 "사회적 관계와 노동관계에서 탈소속 또는 비통합" 및 "다양한 차원의 사회생활에서 참여의 부재"로 정의한다. 이 점을 역으로 이해하면, 사회적 포용은 사회적 관계와 노동관계에서 소속 또는 통합 그리고 다양한 차원의 사회생활에서 참여로 정의될 수 있고, 반대로 사회적 배제는 이러한 관계에서 탈소속 또는 비통합 및 참여의 부재와 같이 '부정적으로' 정의될 수도 있다. 또한 이들은 사회적 포용을 두 가지 측면, 즉 사회적 관계에의 포용과 참여로서의 포용을 제시하면서 포용을 우선적으로 정의하고 이에 대립되는 개념으로 배제를 정의하고 있다. 즉 이들에 의하면, 사회적 관계에의 포용은 공식적인 노동 분업 내 상호의존성과 공식적 협력으로, 그리고 사적 관계에서 호혜적 의무, 수용, 인정과 연대 등으로 특징지어진다. 반면 사회적 관계에서 배제는 이러한 관계들의 폐기 또는 와해를 의미한다. 이와 같이 포용을 배제에 앞서 개념적으로 규정하고, 그다음에 배제를 대립적으로 정의할 수 있을 것이다. 또한 뒤에서 논의할 바와 같이, 포용을 배제의 개념과 (외형적으로) 무관하게 그 자체로서 실질적이고 윤리적인 개념으로 정립할 수도 있을 것이다.

하지만 포용을 배제와 대립적 개념으로 이해하는 데는 두 가지 이유가 있는 것처럼 보인다. 첫 번째 이유는 포용에 관한 담론이 현실 사회에서 배제로 인한 사회공간적 문제들에 대한 논의와 이들을 해소하기 위한 방안의 모색에서 출발했고, 이로 인해 포용의 개념이 배제에 대한 대안적 의미를 가지기 때문이라고 할 수 있다. 물론 이 점과 관련해 사회적 배제의 개념이 기존에 사회적 문제들을 서술하던 다른 용어들에 비해 더 유의한가라는 의문에 관심을 가질 수 있다. 예로, 사회적 배제/포용에 관한 논의들은 흔히 사회적 배제라는 용어가 기존에 사용되던 '빈곤'의 개념에 비해 보다 유용하다는 점을 강조한다. 즉 사회적 배제는 어떤 구체적 사회적 요소의 결핍 상태(예로 빈곤)라기보다는 "사회의 여러 영역들에서 나타나는 균열과 사회적 관계로부터의 단절을 포괄하는 개념"이라고 할 수 있다(박인권, 2015: 110). 사실 서구 선진국들을 포함해 일정한 경제성장을 이룩한 사회에서 빈곤의 개념은 사회적으로 불리한 집단들의 특성을 완전히 묘사하기 어렵고, 따라서 배제/포용의 개념이 이러한 용어를 대체하는 것이 더 적절한 것처럼 보인다.

사회적 배제/포용의 개념은 빈곤이라는 용어와는 달리 사람들의 삶에서 특정 (경제적) 측면에서 확인되는 결핍 상태보다도 더 다양한 측면들을 함의한다는 점에서 유럽의 정책 담론에서 우월성을 획득한 것처럼 보인다. 즉 사회(공간)적 배제는 단지 저소득과 이로 인한 자원이나 구매력의 부족뿐만 아니라 정치적 의사 결정 과정에서의 배제나 부분적 참여, 주거 불안정이나 교육적 불이익, 주류문화와 다른 독특한 생활양식이나 정체성에 대한 억압 등 다양한 측면들을 포괄한다. 즉 사회적 배제는 다면적이고 복합적으로 발생한다. 그러나 이러한 사회적 배제에 대한 관심은 예로 빈곤의 개념 못지않게 모호하며, 사회공간적 문제를 적실하게 드러내지 못한다는 점이 지적될 수 있다. 이러한 점에서 사회적 배제의 개념은 빈곤하고 주변화된 개인이나 집단들의 체험된 경험에 주로 초점을 두는 한편, 탈복지주의적(postwelfarist) 세계에서 빈곤을 병리화하기 위한 용어로 설정하려 한다고 비난을 받는다(Cameron, 2005). 뿐만 아니라 사회적 배제에 관한 연구는 빈곤을 포함해 사회적 배제의 다양한 양상들을 유발하는 사회경제적·정치적 메커니즘(즉 신자유주의적 경제체제와 기업주의적 도시정책)에 대해서는 직접 논의하지 않고 간과하기도 한다.

사회(공간)적 포용이 배제와 대립적으로 개념화되는 또 다른 이유는, 실제로는 이들이 동시에 발생하기 때문이라고 할 수 있다. 즉 사회적 포용이 그 자체적으로 개념화되기 어려운 것은 포용과 배제가 동전의 양면처럼 분리가 불가능하기 때문이다. 이러한 점에서 잭슨(Jackson, 1999)은 많은 문헌들에서 사회적 포용을 사회적 배제의 관점에서 규정하지만, 배제와 포용은 동시적으로 존재할 수 있다고 주장하고, 몇 가지 사례들을 제시한다. 예로, 오늘날 사회는 다양한 영역들로 구성되며, 개인이나 집단은 어떤 한 영역에서는 배제되지만 또 다른 영역에서는 포용될 수 있다. 또한 어떤 한 개인이나 집단이 가지는 사회적 한계성은 배제 또는 제약의 근원이지만, 또한 동시에 포용이나 창의성의 원천이 될 수 있다. 뿐만 아니라 잭슨은 포용이 배제를 만들어낼 수 있다고 지적한다. 즉 배제된 집단들이 그들 자신보다도 더 약한 집단들을 배제시킴으로써 포용을 상대적으로 달성할 수 있다는 것이다. 프라단(Pradhan, 2006)도 이러한 점에서 특정 개인이나 집단이 배제된 타자를 만들어냄으로써 자신의 포용을 확인할 수 있다고 주장한다. 예로 전통사회에서 남성에 비해 여성은 사회적으로 배제되지만, 상위 여성은 하위 여성을 배제함으로써 자신이 상위집단에 소속되거나 참여할 수 있다는 점, 즉 사회적 포용을 획득할 수 있다는 점을 확인하게 된다.

배제와 포용이 동시적으로 발생하는 또 다른 여러 사례들을 찾아볼 수 있다. 예로, 동일한 사건이나 사업에서 배제와 포용의 대상이 다를 수 있다. 도시재생 과정에서 흔히 발생하는 젠트리피케이션은 상가나 주택의 임대자의 입장에서 보면 명백한 배제를 유발하지만, 건물이나 토지의 소유자 또는 이 지역으로의 새로운 이주자들의 입장에서 보면 수혜적이다. 또한 배제와 포용은 다규모적이라는 점에서 동시에 발생한다고 할 수 있다. 예로 도시의 개발은 포괄적으로 보면 도시인들 전체에 혜택을 줄 수 있지만, 실제 개발이익은 이와 직접 관련된 집단들에게 배분되고, 그 외 도시 주민들은 이의 배분에서 배제된다. 또 다른 사례로, 댐이나 원전의 건설 및 운영이 추진되는 지역의 주민들은 이로 인해 상당한 손실(즉 배제)을 입게 되지만, 정부가 이들에게 개인이나 지역사회 차원에서 많은 보상을 해준다면 이는 또 다른 의미에서 포용하는 것이라고 할 수 있다. 이러한 점에서 정부의 정책사업에 대한 비용-편익 분석은 결국 비용의 전가에 따른 배제와 편익의 제공에 따른 포용을 동시적으로 고려해 그 차이를 비교하는 것이라고 할 수 있다. 그러나 배제와 포용의 양면성은 훨씬 더 구조적이라고 할 수 있다. 예로 자본주의 경제에서 사람들이 기업가에게 고용되는 것은 어떤 의미에서 경제적 활동과 이에 따른 임금 획득을 보장받는 것이라는 점에서 사회적 포용이라고 할 수 있지만, 이 노동자는 일정한 화폐소득을 대가로 자신의 노동력을 상품화하고 노동시간을 기업가의 통제하에 맡기게 된다는 점에서 자신의 노동에 대한 관리로부터 배제된다.[2]

이와 같이 포용과 배제가 대립적이면서도 양면적으로 개념화되는 궁극적 이유는 이들이 어떤 사회구조적 메커니즘에 의해 추동되는 두 가지 모멘텀으로 작동하기 때문이라고 할 수 있다. 따라서 포용과 배제는 사회구조적 메커니즘에 의해 역동적으로 발생하는 변증법적 관계로 이해되어야 할 것이다. 이러한 점에서 자본주의 사회에서 발생하는 배제와 포용의 메커니즘을 설명하기 위해 우선 불균등 발전에 주목할 수 있다. 근대화 또는 경제성장 과정은 기본적으로 배제와 포용의 모멘텀을 동시에 작동시킨다. 즉 한 국가나 도시의 경제성장은 전체 구성원들에게 성장의 혜택을 부여하지만, 실제 창출된 부의 분배 과정은 불공정한 포용/배제를 초래한다. 정부가 한정된 예산으로 이른바 '성장거점'도시를 선별해 집중 투자를 한다면, 그 도시는 근대적 경제 발전 과정에 포용되는 반면, 그 외 지역들은 배제된다. 특히 이러한 성장거점도시에 대한 선별적 집중은 경제성장의 효과가 주변 지역으로 파급되어 그 지역 주민들을 포용할 것으로 기대를 받지만, 지속적인 역류효과는 해당 지역 주민들을 경제성장의 혜택으로부터 계속 배제하게 된다. 물론 선별적 집중투자의 결과는 파급효과와 역류효과의 중첩으로 나타난다. 이 과

---

2 그 외에도 또 다른 유형의 포용과 배제의 양면성은 아감벤(Giorgio Agamben)이 제시한 '예외상태' 또는 '예외공간'의 개념 및 전략에서도 찾아볼 수 있다(Cameron, 2006). 예외공간이란 법에 의해 법의 시행이 유보된 공간(예로 감옥, 수용소 등)을 의미한다. 이러한 예외공간의 개념을 일반화하면 산업특구나 경제자유구역 등에도 적용될 수 있다. 경제자유구역은 역외자본을 포용하기 위해 일정 구역을 국가의 나머지 영토로부터 배제(법적 규제로부터 면제)한 공간이라고 할 수 있다.

정에서 어떤 통합적 결과가 초래될 것인가는 결국 동시적으로 작동하는 포용과 배제의 모멘텀의 벡터값에 의해 정해질 것이다.

포용/배제의 모멘텀은 이와 같은 선별적 투자와 이에 따른 경제성장의 결과를 파급/역류효과와 이로 인해 유발되는 지역 격차에서 찾아볼 수 있지만, 더 나아가 구조적 측면에서 불균등 발전을 설명하는 모순적 메커니즘에서도 확인해볼 수 있다. 특히 지역격차론에서 불균등발전론으로의 관심 전환은 단위지역들 간의 비교에서 지역들 간 구조적 관계성에 주목하도록 한다. 예로 닐 스미스(2017)에 의하면, 불균등 발전은 자본주의 공간 생산에 내재된 차별화와 균등화의 대립적 또는 변증법적 과정으로 이해된다. 여기서 차별화 경향은 자연적 차이에서 시작된 노동의 분업이 점차 사회화되면서 건조환경의 불균등한 집중과 집적으로 나타나며, 균등화 경향은 생산물시장의 지구적 확장뿐만 아니라 노동의 조건이나 생산력 발전 수준의 평준화도 포함한다. 불균등 발전은 이러한 차별화와 균등화 경향의 시소 운동으로 전개된다. 이와 같은 불균등 발전의 메커니즘에서 차별화(노동 분업, 생산설비와 건조환경, 자본의 집중 등) 경향은 배제의 모멘텀으로, 그리고 균등화(상품시장 및 노동 조건, 생산력의 발전 등) 경향은 포용의 모멘텀으로 이해될 수 있을 것이다. 자본주의 경제 발전(또는 자본 축적) 과정에 내재된 불균등 발전은 이와 같이 차별화와 균등화의 시소 운동 또는 포용과 배제의 모멘텀의 동학으로 설명될 수 있다.

자본 축적 과정 자체에 내재되어 있는 이러한 포용과 배제의 역동성은 신자유주의적 지구화와 '공간적 조정' 과정 속에서 더욱 심화된다. 자본주의 경제에서 계기적으로 발생하는 과잉축적의 위기는 해당 지역의 경제적 및 공간적 재구조화를 촉진하고, 이로 인한 자본의 지리적 이동은 하비(2007)가 제시한 '공간적 조정'에 내재된 모순에 봉착하게 된다. 즉 자본은 한 지역에서 과잉축적의 위기를 벗어나기 위해 다른 지역으로 이전하지만, 이전한 새로운 지역에서 또다시 과잉축적을 유발하게 된다. 이 과정에서 자본 축적에 대한 공간적 장애와 지역적 차이는 파괴되어야 하지만, 이 목적을 달성하기 위한 공간적 조정은 극복되어야 할 새로운 공간적 장애와 지역적 차이를 만들어낸다. 이러한 공간적 조정은 새로운 공간 편성을 창출하기 위해 기존 건조환경의 감가(또는 파괴)를 전제로 한다는 점에서 '창조적 파괴'라고 지칭된다. 이와 같이 하비가 제시한 지역 불균등 발전에 관한 설명, 즉 자본 축적에 내재된 역동적 과정으로서 공간적 조정과 창조적 파괴가 결국 감가의 피해를 지역적으로 차별화할 뿐 아니라 건조환경 구축의 파괴적/창조적 계기를 만들어낸다는 주장은 포용과 배제의 모멘텀이 어떻게 작동하는가를 이해할 수 있도록 한다.

그 외에도 신자유주의적 자본주의의 전개 과정은 다양한 세부 메커니즘들을 통해 포용과 배제의 모멘텀들을 만들어낸다. 예로 신용체제의 구축과 금융자본의 발달은 금융대출 및 금융시장(주식시장, 선물시장, 환시장 등도 포함)에 대한 접근의 차별성을 심화시킨다. 또한 정보통신기술을 포함한 과학기술의 고도화는 이를 활용할 수 있는 능력에 따른 차별성(예로, 디지털 격차)를 확대시킨다. 무엇보다도 도시 재개발(또는 도시재생) 과정에서 촉진되는 공적 공간의 사유화(즉 인클로저)는 토지의 소유와 이용에 있어 배제와 포용을 공간적으로 재편하게 된다. 김용창(2015)이 주장하는 바와 같이, 이러한 "도시 인클로저는 생산 및 생존 수단으로부터 노동자의 분리·소외를 더욱 심화시키는 물상화, 자유로운 장소 향유의 제지, 세습가산제 형태로의 도시경제 전환을 동반하면서 인클로저의 일상화를 촉진하고 있고, 사적 이익으로 뒤얽힌 사회적 규범들이 공적 공간과 공간의 공공성을 지배하도록 만든다." 이러한 사적 이익에 포섭된 도시공간이 공적 공간에 대한 시민들의 포용을 배제한다는 점은 도시공간뿐만 아니라 공유자원으로서 자연의 상품화 과정에도 분명하게 나타난다.

현대 사회공간에서 포용과 배제의 역동성은 자본 축적의 불균등 발전을 핵심 메커니즘으로 작동하는 경제적 측면뿐 아니라 정치적·사회문화적 측면에서 보다 용이하게 확인될 수 있다. 자본주의 국가는 기본적으로 총량적 경제성장을 촉진하면서, 자본의 입장을 우선적으로 포용하는 경향이 있다. 특히 1970년대 포드주의적 경제위기 이후 등장한 신자유주의적 정부는 기존의 복지국가에서 수행해온 복지재정과 전달체계를 축소시키고 그 책임을 국가에서 시장으로 전환시킴으로써 복지서비스를 체계적으로 감축하고, 노동자와 도시 서민들을 배제해왔다. 이러한 신자유주의 정부는 관련된 정책들을 수행하는 과정에서 새로운 공적 관리 전략으로 민영화, 공사파트너십, 지방 서비스의 경쟁적 선별성 등을 채택했다(Brenner, Peck and Theodore, 2010; 최병두, 2015a).

이러한 정책 시행 방식은 흔히 '정부에서 거버넌스로의 전환'이라는 점에서 강조되며, 특히 이러한 거버넌스에 이해 당사자들뿐 아니라 다양한 관련 주체들의 참여를 개방·촉진하는 포용전략으로 간주된다. 그러나 실제 신자유주의 정부에서 장려된 거버넌스는 국가가 책임지고 해결해야 할 사회공간적 문제들(특히 공공재화와 서비스의 제공)을 시민사회에 전가하기 위한 방안으로 간주되고, 이러한 거버넌스에의 참여는 결국 신자유주의 정부의 정책을 정당화시켜주는 역할을 한 것으로 비판되기도 한다. 즉 신자유주의적 거버넌스는 의사 결정 과정에의 참여(포용)를 통해 공공재화와 서비스의 축소(즉 배제)를 유도하는 패러독스를 안고 있다고 하겠다.

이러한 포용과 배제의 역동적이고 역설적인 작동은 탈산업사회(도시)에서의 과시적 소비문화와 의식의 파편화 등에서도 찾아볼 수 있다. 예로, 탈산업사회에서 다양한 매체들을 통한 광고에 의해 촉진되는 소비는 개인의 물질적 필요 충족에서 나아가 서로 차별화하거나 또는 다른 사람들과의 비교를 통해 자신을 드러내기 위한 과시적 소비의 경향을 띠게 되었다. 이러한 소비자들은 과시적 (명품)소비를 통해 상류사회로의 포용(심리)을 달성하겠지만, 그렇지 못한 사람들은 배제된다. 그러나 이러한 과시적 소비는 소비상품에 대한 경쟁을 통해 개인주의를 부추기고 의식의 파편화를 촉진하는 한편, 사회적 연대와 결속력을 해체시킨다. 결국 포용되기를 욕망하는 개별 소비자들의 과시적 소비는 사회적 배제를 전반적으로 확대시킨다. 다른 한편 자본(기업)의 전략 역시 배제와 포용의 양면성을 드러낸다. 드보르(Guy Debord)는 이를 다음과 같이 묘사한다. "업무 시간이 끝나면, 노동자는 갑자기 생산의 조직과 감시의 모든 측면에서 그토록 노골적으로 가해지던 총체적 멸시[배제]로부터 벗어나 소비라는 이름으로 지극히 공손하게 어른 취급[포용]을 받게 된다"(최병두, 2016a: 587에서 재인용). 배제와 포용의 모멘텀은 동일한 주체들(예로, 노동자-소비자) 간에도 시차를 두고 연이어 발생한다.

다른 한편, 포용과 배제를 구분하는 새로운 영역 또는 균열의 선들이 생성되고 있다. 최근 급속히 증가하고 있는 외국인 이주자들은 한편으로 개인적 측면에서 이들의 자발적 선택에 따른 것이라고 할지라도 한국 사회의 경제적·사회적 필요에 따라 유입되었다고 할 수 있다. 이들은 우선 이주 과정에서 차별적 포용과 배제를 겪게 되며, 이주 후 정착 과정에서도 다양한 형태의 포용과 배제를 동시에 경험하게 된다. 이주노동자라고 할지라도 단순 노동자와 전문직 노동자들에 대한 비자의 지위나 체류 조건, 국적 취득 조건 등이 다르다. 동일한 외국인 이주자라고 할지라도 인종이나 국적 등에 따른 문화적 편견은 이들에 대한 포용/배제의 정도에 차이를 드러낸다. 이와 같이 외국인 이주자들의 증가와 이에 따른 인종적·문화적 혼종화는 배제/포용에 따른 새로운 사회공간적 갈등/통합의 문제를 심화시키고 있다. 이와 같은 인종적 차이뿐만 아니라 소득과 연령의 차이 그리고 젠더, 성, 장애 등에 따른 차이는 정체성의 억압과 차별화를 유발한다는 점에서 사회적 배제/포용의 주요한 논제라고 할 수 있다.

4. 사회공간적 관계의 윤리로서 포용

사회공간적 포용은 앞서 논의한 바와 같이 이에 반대되는 배제의 개념에 대립해 개념화되는 경향이 있다. 이는 포용의 개념과 정책이 배제로 인한 사회공간적 문제의 해소 방안의 모색에서 출발했으며, 또한 포용과 배제는 동전의 양면과 같이 동시적으로 전개되는 두 가지 모멘텀으로 작동하기 때문이라고 할 수 있다. 그러나 이러한 이유로 인해 사회공간적 포용이 그 자체로 개념화될 수 없는 것은 아니다. 사실 대부분의 개념(이론)이나 정책들은 한편으로 현실 문제의 분석과 대책으로서 경험적 내용을 가지며, 다른 한편 미래 (이상) 사회의 전망을 위한 규범적 내용을 가진다. 포용의 개념 역시 이러한 경험적 기반과 규범적 전망을 동시에 내포한다. 사회공간적 포용을 경험적 현상들로 설명한다면, 명시적으로 이에 반대되는 배제의 개념과 함께 고려되어야 할 것이다. 그러나 사회공간적 포용을 윤리적 기반에서 규정할 경우, 포용의 개념화는 배제의 개념을 명시적으로 반영할 수도 있겠지만, 또한 단지 암묵적으로만 전제할 수도 있을 것이다.

물론 포용의 윤리가 필요한 이유는 우선 그동안 우리 사회가 자본주의적, 특히 신자유주의적 발전 과정에서 구조적 메커니즘에 의해 다양한 유형의 사회공간적 배제의 양상들을 누적·확대시켜 왔고, 이로 인한 갈등과 긴장, 아노미와 병리현상의 심화 등으로 위기를 고조시키게 되었기 때문이다. 이러한 상황에서 포용의 윤리는 사물의 사회공간적 관계성과 조화로운 질서를 회복하고, 나아가 인간을 포함한 모든 사물들이 제자리에서 존재론적 안전감을 가질 수 있도록 할 것이다. 이러한 점에서 포용의 개념은 그 자체로서 윤리적 또는 규범적 성향을 내재하고 있다고 할 수 있다. 예로, 변미리(2017: 26)에 의하면 "포용은 사회나 집단에 속한 사람들이 타인을 너그럽게 감싸주거나 받아들인다는 의미"를 가진다. 이러한 의미에서 포용은 외래어 톨레랑스(tolerance)와 같은 의미가 되지만, "포용도시에서 사용하는 포용성(inclusiveness)은 톨레랑스의 의미보다는 포괄성의 개념"에 더 가깝다고 한다. 이러한 점에서 포용은 톨레랑스를 한글로 번역한 '관용'의 개념과 같은 맥락에서 이해되거나 더 포괄적인 개념으로 간주될 수 있을 것이다.

뿐만 아니라, 문정호(2017)에 의하면 포용도시의 개념에 내재된 규범적 의미는 두 가지 철학적 이슈를 함의한다. 첫 번째 이슈는 사회정의로, "포용적 성장 개념 혹은 포용 개념은 사회철학으로서 자유주의(또는 자유주의적 평등주의)에서 제시하는 사회정의의 철학적 입장을 함의한다." 사회정의에 관한 이러한 자유주의의 관점은 "기회의 균등화를 포용의 핵심 개념 중 하나로 견인"하며, "기회의 균등화를 위해 사회 안에서의 소득불평등을 줄이고, 그와 같은 사회정책이 지속 가능한 경제성장의 선순환을 실현"하도록 한다고 주장된다. 이러한 주장은 "롤스로 대표되는 자유주의적 평등주의의 연장선상에서 '공동선'을 강조한 샌델(Michael Sandel)의 자유주의적 정의관과 일맥상통"한 것으로 이해된다.

포용이 함의하는 두 번째 철학적 이슈는 '공간적 권리' 또는 르페브르가 제시한 '도시에 대한 권리(right to the city)'의 개념이다. '도시에 대한 권리'는 "도시 거주자 누구나 도시가 제공하는 편의를 누릴 권리, 도시정치와 행정에 참여할 권리, 자신들이 원하는 도시를 스스로 만들 권리" 등을 포함한다. 오늘날 이 개념은 "2016년 유엔 해비타트 제3차 회의(UN Habitat III)의 의제로 검토될 만큼 넓은 의미로 계승·확산되고" 있으며, "포용도시에 대해 보다 주체적이고 진보적인 철학적 함의를 제공"한다고 주장된다. 박인권(2016) 역시 포용도시의 규범적 함의로 '정의로운 도시'와 '도시에 대한 권리'를 제시한다.

이처럼 포용도시(그리고 포용성장)의 개념은 그 자체로 규범적·윤리적 의미를 내포하는 것으로 이해할 수 있다. 그러나 포용을 사회공간적 관계의 윤리적 개념으로 규정할 경우에도 두 가지 측면은 항상 고려되어야 한다. 첫째, 포용의 윤리적 함의가 그 자체로 개념화될 수 있다고 할지라도, 배제의 발생 배경에 대한 관심을 놓치면 안 될 것이다. 왜냐하면 배제/포용은 사회공간적 관계의 속성으로 파악되지만, 이를 조건 짓는 것은 구조적 메커니즘 이기 때문이다. 달리 말해 배제를 유발하는 사회공간적 메커니즘을 전환시 키거나 제어하지 않고서는 포용은 실현될 수 없으며, 또한 불가능하기 때문 이다. 이러한 점에서 포용의 윤리는 그 자체로서 개념화될 수 있다고 할지라 도, 이를 실현하기 위해서는 배제를 유발하는 사회구조적 메커니즘의 분석 과 이를 극복할 수 있는 방안의 모색, 즉 대안적 포용사회로의 전환을 위한 사회공간적 이론의 구축을 요구한다.

포용의 윤리학 정립에서 또 다른 고려 사항은 아무리 윤리적으로 정교한 개념이나 논리라고 할지라도, 정치적 이데올로기로 동원될 수 있다는 점이 다. 즉 사회공간적 배제를 극복하고 새로운 포용도시를 구축하기 위한 작업 은 분명 이러한 개념의 정책적·정치적 동원을 전제로 하며, 따라서 이데올로 기적 담론화가 불가피하다고 할 수 있다. 그러나 이 과정에서 포용의 개념이 진정하게 윤리적 개념으로 실현되기 위해서 첫째로는 포용의 윤리에 관한 개념적 진정성과, 둘째로는 이러한 윤리를 실현하기 위한 정책적·실천적 진 정성이 뒷받침되어야 할 것이다. 이러한 점에서 이 절에서는 포용의 윤리에 관한 개념적 진정성을 검토하고, 다음 절에서 이에 관한 정책적·실천적 진정 성을 논의하고자 한다.

그동안 신자유주의적 세계 경제를 주도했던 세계은행(World Bank, 2009; World Bank, 2015)과 세계통화기금(IMF, 2015) 등도 소득불평등 등을 우려하 면서 포용성장을 강조하고 있다는 점은 포용의 (윤리적) 담론에 관한 개념적 진정성에 대해 의구심을 자아낸다.[3] 문정호(2017)가 서술한 바와 같이, 이들 이 2008년 세계금융위기를 겪으면서 포용성장의 개념을 특히 부각하게 된 것은 지난 30년간 지구적 차원에서 전개되었던 신자유주의적 경제·정치체 제가 소득불평등뿐만 아니라 교육기회의 차별화, 공공서비스 제공 부족 등

---

3 또한 OECD(2012, 2015)도 포용성장에 대해 많은 관심을 기울이고 그 정책적 함의를 검토 하고 있다.

으로 심각한 사회문제들을 유발했고, 이러한 사회문제들이 다시 장기적인 경제침체와 실업률 상승으로 이어질 것을 우려했기 때문이라고 할 수 있다. 그러나 이러한 우려는 그와 같은 다양한 배제의 양상들로 고통받는 소외계층들에 대한 진정한 배려가 아니라 이로 인한 경제체제의 붕괴나 위기를 더 염려했기 때문인 것처럼 보인다. 이러한 우려는 다음과 같은 세계은행의 서술에 근거한다.

> 급속하고 지속적인 빈곤 감소를 위하여, 사람들이 경제성장에 기여하며 또한 이로부터 혜택을 받을 수 있도록 하는 포용적 성장이 요청된다. 급속한 성장 추세는 실질적인 빈곤 감소를 위해 의심할 바 없이 필수적이지만, 이러한 성장이 장기적으로 유지되기 위해서는 부문들에 걸쳐 폭넓은 기반이 구축되어야 하며, 국가의 노동력의 대부분이 포용되어야 한다(World Bank, 2009: 1).

이 인용문에서 세계은행은 이른바 '포용성장'의 개념을 빌려 빈곤 감소를 위해 "급속한 성장 추세"가 필수적으로 지속되어야 하며, 이를 위해 "광범위한 기반 구축과 국가 노동력의 포용"이 요구된다고 주장하고 있다. 뿐만 아니라 세계은행은 이 인용문에 각주를 달면서, "폭넓게 기반한 포용적 성장을 장려하는 것은 정부가 지원하는 산업정책으로의 회귀를 의미하는 것이 아니라 성장에 대한 제약을 제거하고 투자를 위한 장으로 작동하는 표준을 창출하는 정책을 강조하기" 위함이라고 주장하면서, 규제 완화와 글로벌 표준을 명시적으로 부각시키고자 한다.

이와 같이 포용(성장)의 개념을 노골적으로 신자유주의적 지구경제체제를 유지하기 위한 이데올로기로 동원하지 않는다고 할지라도, 이 개념을 사회공간적 통합이나 결속으로 이끌고자 하는 경향에서도 이 개념의 이데올로기적 한계를 확인할 수 있다. 포용성장, 포용도시에 관한 논의에서, 사회통합이란 "구성원들이 서로 '다름'을 인정하면서도 동시에 사회의 일원으로 동등하게 '함께' 살아가는 상태"를 의미한다(박인권, 2015: 114). 물론 이러한 의미의 사회통합 그 자체가 이데올로기적인 것은 아니지만, 한편으로 서로 '다름'을 인정하고 다른 한편으로 이를 전제로 동등하게 '함께' 살아가는 것은 상호모순적이지는 않다고 할지라도 분명 긴장 관계를 나타낸다. "이러한 긴장은 오직 동태적이고 복잡한 사회적 관계 속에서만 변증법적으로 해소될 수 있기 때문에" 사회공간적 문제들에 대한 구체적 접근 방법과 실천적 함의와 더불어 사회공간적 관계에 대한 규범적·윤리적 개념들에 대한 세심한 고려가 없다면, 포용과 이에 근거한 '사회통합'의 담론은 쉽게 이데올로기화될 수 있을 것이다.

이와 같이 포용의 개념 그 자체와 이를 반영한 포용도시, 포용성장의 개념은 규범적·윤리적 함의를 가진다. 사회적 규범 또는 윤리는 흔히 인간의 이성을 전제로 하는 것으로 이해된다. 이러한 점에서 윤리는 이성을 가지지 못한 동물들의 사회에서는 찾아볼 수 없다. 그러나 이성을 가진 인간 사회에서의 윤리에 관한 오랜 관심에도 불구하고, 사회적 조화나 공생보다는 갈등과 긴장이 지속되는 것은 무엇 때문인가라는 의문이 제기된다. 이러한 점에서 서구 철학 및 사회이론에서는 근대성, 즉 계몽주의적 이성의 유의성과 한계를 둘러싼 논쟁들이 지속되어왔다. 이 논쟁에서 우선 문제가 되는 것은 데카르트 이후 칸트를 거쳐 롤스에 이르기까지 인간의 이성이 보편적 또는 원자적(개인주의적) 이성으로 간주되었기 때문이라고 할 수 있다. 반면 후설의 간주관성이나 하버마스의 의사소통적 이성은 '관계적 이성'이라고 할 수 있지만, 다른 한편 이에 반대하는 포스트모던 이론가들은 인간의 이성 자체를 부정적으로 이해한다. 이러한 논쟁들에서 보면, 일단 포용의 윤리학은 기본적으로 인간 이성이 보편적·선험적으로 주어지기보다 사회적 관계를 통해 형성된다는 점을 전제로 한다.

물론 사회적 관계에 관한 윤리적 개념들도 매우 다양하게 논의되어왔다(최병두, 2017). 앞서 소개한 바와 같이 포용성장이나 포용도시의 규범적 함의와 관련해, 우선 롤스의 자유주의적 정의론이 논의되고 있다. 롤스의 정의론은 매우 복잡한 논리적 준거들에 근거하지만, 기본적으로 '원초적 입장'에 있는 계약당사자들이 사회적 기본 가치로서 정의에 관한 두 가지 원칙에 합의한다는 것이다. 즉 '무지의 베일' 뒤에서 자신의 재능이나 지위, 정체성을 알지 못하는 원초적 입장에서 각 개인들은 평등한 기본적 자유와 권리를 가지지만(제1원칙, 평등한 자유의 원칙), 최소수혜자에게 최대의 이익이 될 경우 불평등이 허용된다는 점(제2원칙, 차등의 원칙)에 합의하게 된다. 이러한 롤스의 정의론을 포용의 개념화에 원용하면, 사회적 소수자들(소득이나 자산뿐 아니라 인종이나 장애, 젠더와 성 등에 의해 차별화된 취약집단들)에 대한 자의적인 차별이나 불이익은 불공정하며, 따라서 다양한 방법들(예로, 적합한 보상이나 수혜)을 통해 포용해야 하며, 이들을 포용함으로써 사회 전체의 발전과 정의가 실현될 수 있다.

롤스의 정의론은 오늘날 사회적 부의 정의로운 재분배를 위한 가장 대표적인 이론으로 알려져 있다. 그러나 롤스의 정의론은 현실의 사회적 관계가 아니라 개인의 보편적 자유와 평등을 강조하는 자유주의에 근거한다. 이로 인해 그의 이론에서 '무지의 베일' 이면에 있는 원초적 개인들은 현실의 상황을 전혀 반영하지 못하는 '무연고적 자아'이고, 또한 사회공간적 권력관계를 무시한 '우연적 공간'에서 살고 있는 것처럼 인식된다는 점에서 비판된다. 이러한 점에서 자유주의적 정의론자들은 현실의 불평등한 권력관계를 반영하면서 이를 극복할 수 있는 윤리적 개념으로 '관용'을 제시한다. 관용이란 넓은 의미로 타자에 대한 배려를 의미하며, 자신의 가치관이나 정체성과 다르더라도 타자의 권리를 용인하거나 존중하는 태도로 표현된다. 이러한 관용은 약자에 대한 관대함에 그치는 것이 아니라, 자기중심주의를 포기하고, 싫어하거나 미워하는 타자라고 할지라도 그의 보편적 권리를 인정하는 것이다. 변미리(2017)가 지적한 것처럼, 포용은 '타인을 너그럽게 감싸주거나 받아들이는' 태도라는 점에서 관용의 철학적 논의에 근거하여 개념화될 수 있다. 하지만 이러한 관용의 개념이라고 할지라도, 그 전제가 되는 사회적 권력의 불균형을 벗어날 수 없다. 뿐만 아니라 자신이 옳다고 확신하는 가치관이나 신념에서 판단하면 윤리적으로 옳지 않은 것까지도 관용(포용)하는 것은 결국 타자에 대한 무관심으로 이어지거나 자신의 정체성을 포기 또는 약화시킨다는 논리적 모순을 안고 있다.

이러한 자유주의와 논쟁적 관계에 있는 공동체주의는 자유주의가 전제하는 개인의 자율성과 국가의 불간섭 원칙으로는 소수집단의 권리 보장과, 나아가 진정한 사회통합을 달성할 수 없다고 주장하고, 공동체의 전통이나 문화, 구성원으로서 가치와 덕목, 사회적 권리와 책무 등을 적극 고려해야 한다고 주장한다. 특히 테일러(Charles Taylor)나 호네트(Axel Honneth)에 의해 제시된 공동체주의의 관점에서 보면, 자유주의적 관용 담론은 개인의 보편적 정체성을 전제로 하기 때문에 사회구성원들 간 상호 관심과 이에 바탕을 둔 포용이나 사회통합에 관한 논의에 부적절하고, 대신 개인의 정체성이 타자로부터 동등하고 가치 있는 존재로 인정받는 과정, 즉 상호인정(recognition) 과정이 필요하다고 주장한다. 특히 이러한 주장은 상호인정이 사회적 관계 속에서 그냥 주어지는 것이 아니라 주체와 객체 간에 실천적으로 진행되는 인정투쟁 과정에 의해 획득된다는 점에서 '인정의 정치'를 중시한다(최병두, 2017). 이를 통해 형성되는 인정의 공간은 상생과 공존의 공간으로서 매시가 제시한 '관계적 공간'과 같은 함의를 가진다. 또한 이러한 상호인정은 포용적 거버넌스에서 강조하는 '공적 숙의(deliberation)'의 전제가 된다. 이러한 점에서 페인스틴(Fainstein, 2014)의 '정의로운 도시'의 개념과 이를 위한 세 가지 원칙(숙의민주주의, 다양성, 형평성)이 포용도시의 규범으로 인용되기도 한다(Murie and Musterd, 2011; 박인권, 2015; 변미리, 2017). 그러나 이러한 상호인정의 개념은 흔히 억압된 문화나 정체성에 대한 포용을 강조하지만, 물질적 부의 재분배에서 배제의 문제를 다루기에는 부적절하다는 점이 지적되고 있다.

사회공간적 관계에서 포용의 윤리를 위해 고려될 수 있는 또 다른 윤리적 개념으로 '환대(hospitality)'를 고려해볼 수 있다. 환대의 개념은 그리스-로마 시대에 이미 논의가 시작되어, 칸트의 '영구평화론'을 거쳐 오늘날 많은 관심을 끌고 있는 '세계시민주의'의 근거를 이룬다. 세계시민주의는 한 지방이나 국가에 대한 한정적 소속감이나 인종적 편견을 초월하여 모든 인류를 하나의 시민으로 포괄하는 세계적 공동체를 추구하는 이념이라고 할 수 있다. 환대란 다른 집단이나 지역에 속하는 이방인 또는 타자라고 할지라도 (이들이 피해를 주지 않는 한) 자신이 원하는 다른 집단이나 지역에 참여 또는 방문할 권리를 가진다는 점을 의미한다. 이러한 환대의 권리를 허용함에 있어, 칸트는 이방인이 자신의 정체성을 밝히고 피해를 주지 않는다는 조건을 전제로 하지만, 데리다는 아무런 조건 없이 무조건 환대해야 한다는 주장을 펼친다(최병두, 2012; 최병두, 2017). 환대의 공간은 인정의 공간과는 또 다른 맥락에서 자아와 타자, 주체와 객체가 함께 하는 공간으로서, 사회공간적 포용의 윤리를 위한 주요한 시사점을 제공할 수 있다. 그러나 이 개념은 이러한 환대의 공간을 누가 만들 것인가, 무조건 환대의 실현이 가능한가 등의 의문을 남긴다. 또한 이러한 세계시민주의는 흔히 오늘날 세계도시에서 사회공간적 갈등을 완화(또는 은폐)시키기 위한 이데올로기라고 주장되기도 한다.

자유주의적 정의론이나 공동체주의적 정의론 또는 세계시민주의에 근거한 환대이론 등은 사회공간적 관계의 윤리로서 주요한 통찰력을 제공하지만, 이들을 철학적 사유에서 다시 사회(공간)적 이론으로 전환해서 보다 현실적 의미를 가지도록 하기 위하여 '시민성(citizenship)'에 주목할 수 있다. 시민성이란 좁은 의미로 특정 공동체의 구성원을 규정하는 일단의 권리와 의무(책임)와 관련되지만, 최근에는 정치적 측면을 넘어서 사회문화적 영역으로 확장되고 있다(조철기, 2016). 이러한 점에서 시민성의 개념은 한 사회의 구성원이 부의 재분배 과정이나 정치적 의사 결정 과정에 참여할 뿐만 아니라, 나아가 자신의 고유한 정체성이나 문화를 영위할 권리와 의무를 가진다는 점을 함의한다. 따라서 포용의 윤리에서 시민성은 어떤 개인이나 집단이 왜 또는 어떻게 경제적·정치적·사회문화적으로 배제되지 아니하고 참여할 권리(그리고 의무)를 가지는가에 관한 논의를 위한 준거를 제공한다. 특히 최근 논의들은 현대 사회의 사회공간적 변화와 지구지방화 과정을 반영하여 시민성이 약화되기보다는 오히려 확장되어, 지구지방적으로 다규모화되고 있다고 주장한다. 즉 오늘날 시민성은 보편적 자유와 평등을 향유할 권리로서 지구적(보편적) 시민성, 일정 장소에 생활하는 주민으로서 가지는 사회(복지)적 권리로서 지방적(장소특정적) 시민성, 그리고 이러한 지구적·지방적 시민성을 제도화한 국가적(제도적) 시민성들이 다규모적으로 작동하고 있다고 주장된다. 이러한 점과 관련해 박인권(2015)이 사회통합을 위한 포용이 스케일(국가/광역, 도시/지역, 근린단위)에 따라 다양하게 다루어져야 한다고 주장한 점을 이해할 수 있다.

시민성에 기반한 포용의 윤리는 사회공간적으로 배제된 개인이나 집단들이 포용을 요구할 수 있는 권리가 있음을 정당화시켜 주지만, 실제 왜 그러한 권리를 가지는가를 명시적으로 밝히지는 못한다. 또한 이러한 시민성의 개념은 필수적으로 공간적 측면을 함의한다는 점을 간과한다. 이러한 점에서 시민성에 관한 새로운 개념화, 특히 공간적 권리로서 포용에 대한 권리를 논의할 필요가 있다(Purcell, 2003). '도시에 대한 권리' 개념은 바로 이러한 점에서 공간적 권리로서 포용에 관한 규범적 측면의 주요 요소가 된다. 르페브르에 의해 처음 제시된 이 개념은 최근 하비와 그 외 많은 연구자들에 의해 논의되고 있다. 이 개념은 도시인들이 도시가 제공하는 편의를 누릴 권리, 도시정치에 참여할 권리, 자신들이 원하는 도시를 스스로 만들 권리 등을 내포한다(강현수, 2010; 문정호, 2017). 하비(2014: 54)는 이 개념이 "내재적이고 초월적이지 않은 여러 가능성으로 채워져야 하는 텅 빈 기표"라고 지적하지만, 이러한 도시적 권리가 정당화되는 것은 도시인들이 도시(도시의 잉여나 건조환경)를 공동으로 생산했으며, 따라서 이에 대한 배분과 재투자를 통한 도시공간의 재편을 위한 의사 결정 과정에 당연히 참여할 권리를 가진다고 주장한다. 이러한 점에서 국가 중심적 시민권의 개념에서 탈피해 이를 재규모화(또는 재영역화)한 도시에 관한 권리의 개념을 보다 적극적으로 논의할 필요가 있다. 또한 이 개념은 2016년 유엔 해비타트 제3차 회의(UN Habitat III, 2015)의 의제에 반영되어, "도시에 대한 권리 논의는 포용도시에 대해 보다 주체적이고 진보적인 철학적 함의를 제공"한다고 서술되었다.

5. 포용을 위한 정책과 실천 전략

포용성장, 포용도시의 개념은 그동안 우리 사회를 지배해온 신자유주의적 자본주의 경제와 시장지향적 기업주의 정부(중앙 및 지방) 정책으로 인해 심화된 사회적 배제의 문제들에 관심을 가지고, 적극적인 사회공간적 포용전략을 통해 이러한 문제들을 해소하고 정의로운 사회 또는 도시로 나아가고자 한다는 점에서 매우 중요한 의미를 가진다. 이러한 점에서 포용의 지리학은 새로운 학술적·정책적 패러다임이 될 수 있는 충분한 가능성을 가진다. 그러나 이러한 포용의 개념 또는 패러다임일지라도, 앞선 다른 다양한 규범적 개념들이나 정책기조들(예로 녹색도시, 창조도시 등)처럼 외형적으로는 규범적 담론을 확산시키면서도 실제로 기존의 지배적 사회공간 질서를 유지하기 위한 이데올로기로 동원될 수 있다. 이러한 점에서 이 글은 첫째, 포용성장, 포용도시의 개념에 내재된 '관계적 공간' 개념을 정립하기 위해 단순히 공간의 형태적 유형화에서 나아가, 보다 심층적인 철학적 사유가 필요하다는 점을 강조했다. 둘째, 사회공간적 포용을 배제의 다양한 양상들에 대해서는 대립적인 것들로 개념화하기보다 동전의 양면처럼 불가분의 관계에 있는 사회적 메커니즘의 두 가지 모멘텀으로 설정하고, 포용/배제의 양상들을 유발하는 사회구조적 배경을 분석할 필요가 있다. 셋째, 포용/배제의 개념은 분명 지배집단의 새로운 이데올로기로 동원될 수 있지만, 이를 벗어나기 위해 이에 함의된 윤리적 개념들을 진정하게 성찰해보아야 한다.

이러한 점들의 연장선상에서, 넷째, 포용의 지리학은 정책적으로 원용되고 실천적으로 구현될 수 있는 방안들을 모색해볼 필요가 있다. 특히 어떠한 윤리적 개념이나 이론이라고 할지라도 이데올로기로 동원될 가능성이 항상 도사리고 있음을 전제로, 이에 바탕을 둔 현실적 전략을 모색할 필요가 있다. 이를 위한 손쉬운 방법들 가운데 하나는 포용성장, 포용도시를 평가하기 위한 지표들을 개발하고, 이에 근거해 경험적 자료들을 수집하여 현실 문제들을 평가한 다음, 이들의 해소 방안들을 강구해보는 것이다. 예로, 제로메타 등(Gerometta, Haussermann and Longo, 2005)은 사회적 배제와 포용의 두 가지 핵심적 차원으로 상호의존성과 참여를 제시했다. 상호의존성은 "형식적인 노동 분업 내의 상호의존성과 형식적 협력"뿐만 아니라 "사적 관계에서의 호혜적 의무, 수용, 인정, 그리고 연대" 등을 포함하며, 참여는 정치적 의사 결정 과정뿐만 아니라 물질적 소비, 교육, 사회문화, 그리고 정서 등의 모든 사회 영역에서 부여되는 각종 기회에 개입해 들어갈 수 있는 권능과 실질적 능력을 보장받는 것을 말한다. 특히 참여는 물질적 참여(소비 능력을 갖는 것을 필요), 정치적·제도적 참여(권능의 부여), 문화적 참여(문화적 자본과 교육의 기회 필요), 나아가 모든 과정에서 거부나 소외와 같은 배제적 느낌조차 가져서는 안 된다는 점을 의미한다.

박인권(2015)은 포용도시의 지표 설정에서 이러한 두 차원이 "'사회'라는 일반적 실체를 대상으로 하고 있어서, 도시의 비전을 설정함에 있어서는 공간적 차원의 중요성을 간과하는 한계"를 가진다는 점에서 공간적 포용을 또 다른 핵심 차원으로 설정한다. 그에 의하면 공간적 포용은 "포용도시의 가장 기본적 조건으로서 한 도시에 거주하는 사람들이 모두 '살 만한 주거공간(decent housing)'을 도시 내에서 갖는 것을 의미"하며, 이러한 공간적 포용이 이뤄져야 하는 지리적 범위는 사람들이 주로 활동하는 장소와 일치해야 한다고 주장한다.[4] 앞서 〈표 14-1〉에서 제시된 바와 같이 세계은행(World Bank, 2015)도 최근 포용도시에 대한 다차원적 접근을 위하여 사회적 포용, 경제적 포용에 더해 공간적 포용을 강조하고 있다. 여기서 공간적 포용의 핵심 과제를 "모든 사람을 위한 적정한 토지, 주거 및 서비스에의 접근성 향상"으로 설정하고, 그 주요 세부 내용에는 적정한 토지 및 주거와 이를 위한 토지 및 토지사용 조정과 규제, 토지 기반 금융 등과 더불어 도시 빈민에 대한 기본 서비스와 임대 보증, 슬럼 개조 및 방지, 그리고 도시계획과 관리 및 이를 통한 공적 공간의 복원 등이 제시된다.

이와 같이 포용성장이나 포용도시의 개념을 경험적으로 적용·확인하기 위해 공간적 차원을 포함한 구체적 지표들의 설정과 이를 통한 성장전략이나 도시정책의 모색은 한편으로 중요한 의미를 가진다. 포용도시의 구체적 지표들은 어떤 도시나 사회가 현재 어떤 상태에 처해 있는가를 파악하고, 상대적으로 열악한 지표들을 우선 개선하기 위한 정책들을 모색할 필요가 있음을 알려준다. 그러나 다른 한편 이러한 접근은 중요한 한계를 가진다. 포용/배제는 사회나 도시의 어떤 정태적 상태를 의미하는 것이 아니라, 이러한 "상태를 유발하는 과정과 사회적 관계에 관심"을 가지는 "동태적이고 관계적" 개념이라는 점이 거듭 주장된다(박인권, 2015). 이러한 개념 정의에 따르면, 포용/배제는 어떤 정태적이고 비관계적인 상태를 나타내는 지표들로는 제대로 파악되기 어렵다. 뿐만 아니라 이러한 지표 분석으로는 포용/배제의 상태를 유발하는 과정에 접근하기란 거의 불가능하다. 또한 사실 포용/배제의 개념은 우리 사회의 모든 측면들과 세부 내용들을 포괄하기 때문에, 이들을 어떻게 분류하여 핵심 과제와 세부 내용을 설정할 것인가의 문제는 결국 자의적일 수밖에 없게 된다.

이러한 점들에서 사회공간적 포용을 위한 정책적 전략의 모색은 다른 규

---

4 포용도시에 관한 지표 설정과 이를 통한 구체적인 연구 결과에 관한 논의로, 박인권 외 (2017), 황선아·김종구·손지현(2016) 등 참조.

범적 개념 및 정책기조들, 예로 저탄소 녹색성장과 녹색도시, 창조경제와 창
조도시 등보다도 더 어려운 딜레마를 내포하고 있다고 하겠다. 왜냐하면 후
자의 정책기조들은 탄소저감 또는 창조적 인재 육성이라는 한정되고 보다
명시적인 목표를 설정할 수 있지만, 사회공간적 포용은 매우 포괄적이고 모
호한 개념 또는 구체적 의제가 없는 정책기조이기 때문이다. 물론 저탄소녹
색성장이나 창조경제의 정책기조 역시 규범적이고 포괄이었으며, 이를 구
체화하기 위한 지표들도 상당히 모호하거나 실제 효과를 제대로 분석하지
않은 채 채택되었다고 할 수 있다. 예로 플로리다(2008)가 창조성 지수로 설
정한 세 가지 변수들, 즉 관용, 인재, 기술은 구체적으로 어떤 의미를 가지며,
이들 간에는 어떤 관계가 있는가를 둘러싸고 많은 비판을 받았다. 이들 가운
데 관용은 개방성, 포용성, 다양성으로 이해되지만, 실제로는 이러한 의미를
반영한 변수로 한 도시에서 게이나 외국인의 수가 선정되기도 했다. 물론 이
들에 대한 관용 또는 환영은 중요하지만, 창조적 인재 양성을 위해서는 이러
한 태도에서 나아가 상호인정을 통한 공존의 문화와 호혜적 경제관계의 구
축이 필요하다고 주장될 수 있다(최병두, 2016b).[5]

사회공간적 포용을 위한 실천 전략들은 이와 같은 지표 설정과 이를 개선
하기 위한 정책들도 필요하지만, 보다 중요하게는 이를 위한 거버넌스의 구
축과 배제된 개인이나 집단들이 정치적 의사 결정과 사회적 네트워크에의 참
여를 촉진할 수 있는 역량 강화 방안들을 모색해보아야 한다. 이러한 점에서
사회경제적 양극화와 사회적 배제의 심화를 해소하고, 경제적·정치적·사회
문화적 측면들에서 구조적 전환을 추동하기 위해서 우리 사회나 도시에서 새
로운 거버넌스 방식이 요청되고 있다. 제로메타 등(Gerometta, Haussermann

---

[5] 이러한 점에서 정운찬(2016)은 "창의적 인재는 특정한 장소에 축적된 자산이 아니라 언제라
도 다른 공간으로 빠져나갈 수 있는 유동성이 특징"이기 때문에, "이들을 잡아둘 수 있는 공
간적 능력이 바로 사회적 관용이며, 이것이 도시에서 축적하는 저량(stock) 자산"이라고 주
장한다(정운찬, 2016).

and Longo, 2005)은 거버넌스 관계의 재구축을 강조하면서, 특히 시민사회의 역할에 주목하고자 한다. 이들에 의하면, 시민사회의 역할은 다소 모호하긴 하지만 특정한 조건하에서 좀 더 통합적인 도시와 이를 촉진하는 거버넌스 편제를 향한 가치 있는 기여를 할 것으로 기대된다. 여기서 특정한 조건이란 공적 숙의와 사회경제적 선도성(initiative)을 선호하는 다규모적이고 민주적인 거버넌스 체제의 구축을 의미한다. 이들은 기존에 성공적인 프로젝트처럼 보였던 지구적 신자유주의 레짐이 사회공간적 배제의 심화로 한계에 봉착해 위기로 내몰린 상황에서, 사회적 포용을 향상시키기 위한 사회제도와 정책으로의 전환, 즉 '새로운 복지 레짐'으로의 전환을 위한 새로운 거버넌스의 구축이 필수적이라고 주장한다.

물론 문제는 포용을 위한 새로운 거버넌스가 어떻게 구축되어야 하는가라는 점이다. 사실 협력적 거버넌스의 개념은 이미 신자유주의 체제하에서 제시되었고, 그 규범적 및 실천적 함의에도 불구하고 신자유주의적 이데올로기를 반영한 것으로 비난되기도 했다. 이러한 점에서 신자유주의적 거버넌스 체제에 대해 대응할 수 있는 새로운 체제로 제솝(Jessop, 2002)은 신공동체주의를 제시했다. 그가 제안한 신공동체주의는 사회적 변화를 추동하는 핵심으로 시민사회에 초점을 두는 것으로, 시민사회가 국가와 시장, 시민들 간을 상호 매개할 수 있도록 공동체-지향적 장소를 창출하는 것이다(Gerometta, Haussermann and Longo, 2005). 이러한 제솝의 신공동체주의적 거버넌스가 시민사회의 공동체-지향적 장소 창출을 강조한다는 점에서 기존의 거버넌스 체제와는 다소 다르다고 할지라도,[6] 이를 통해 국가, 시장, 시민들이 어떻게 매개될 수 있는가에 대해서는 여전히 매우 모호하다. 이러한 점에서 로빈

---

6 Cameron(2015)에 의하면 1990년 후반 사회적 배제에 관한 학술 논쟁이 있었으며, 당시 다양한 유형의 공동체주의에 의해 주도되었던 사회적 배제 논쟁의 초기 단계에는 국지적 주민들의 역량을 재강화하려는 새로운 투자 계획이 제안되었고, 사회적 경제를 촉진하고 토지 재분배와 같은 급진적 방안들이 제시되기도 했다고 한다.

(Robin, 2015)은 장소기반적 혁신을 통해 포용도시를 선도할 것을 강조하고, 이를 위해 민주적이고 참여적인 과정에서 국지적 공동체의 포용을 향상시키는 시민주도적인 거버넌스를 제안한다.

이와 같이 사회공간적 포용을 위한 새로운 거버넌스의 구축은 매우 중요한 의미를 가진다. 유엔 해비타트(UN Habitat, 2015)도 이러한 점에서 포용도시의 비전을 달성하기 위해 참여적 계획과 참여적 의사 결정을 핵심적 전략으로 채택하고, 최종 산출보다는 민주적 도시 거버넌스의 구축에 초점을 둘 것을 제안한다. 그러나 어떻게 포용의 거버넌스를 구축할 것인가의 문제는 현실적으로뿐만 아니라 논리적으로도 어떤 딜레마를 안고 있다. 왜냐하면, 논리적으로 보면 배제된 개인이나 집단들은 포용의 대상이지 주체가 될 수 없기 때문이다. 이러한 점에서 배제된 개인이나 집단들이 장소기반적인 시민사회에 바탕을 두고 스스로 자신의 역량을 강화하는 것은 무엇보다 중요하다. 즉 시민사회의 취약한 집단들이 스스로 자신을 포용할 수 있는 능력을 함양하기 위해 우선 서로 인정하고 연대해 헤게모니 거버넌스를 구축하고, 이러한 거버넌스 체제에서 공적 숙의를 통해 자신들의 전망과 실천 전략을 모색해야 한다. 도시에 대한 권리의 개념에 포함되어 있는 바와 같이, 도시의 소외된 집단들이 스스로 자치 역량을 강화하고 자신들이 바라는 바대로 도시를 만들어나가는 것이 바로 포용성장, 포용도시의 기본 원리라고 할 수 있을 것이다.

후기

지리학은 1980년대 실증주의적 지리학의 틀을 깨고 나오면서 큰 변화를 겪게 되었다. 오늘날 지리학자들은 어떠한 사회이론이나 철학일지라도 공간과 관련된 내용이라면 별 거리낌 없이 관심을 가지고, 과거에는 지리학과 직접 관계가 없는 것처럼 보였던 주제들도 얼마든지 다룰 수 있게 되었다. 또한 지리학 이론이나 주장이 다른 학문 분야들에서도 논의·인용되는 것이 일반화되었고, 이들 스스로 공간과 관련된 주제들을 연구하는 것이 당연시되고 있다. 우리나라에서는 특히 인문학자들이 연구재단 등의 대규모 지원에 고무되어 공간에 관한 이론이나 구체적인 주제들(예로, 포컬리티, 도시인문학 등)을 다루고 있다. 이러한 변화는 우리나라뿐 아니라 서구를 포함한 거의 전 세계적인 추세였다. 나는 이러한 지리학 변화의 큰 물결에 온몸을 맡긴 채, 그 변화에 따를 뿐만 아니라 이를 추동하고자 했다. 하지만 이러한 변화에도 불구하고, 지리학은 그 정체성이 더욱 모호해진 반면, 사회적으로 그렇게 큰 인정을 받지 못하는 학문으로 남아 있다.

이 글은 이러한 지리학의 변화 과정을 담아내면서, 또한 우리나라의 정책적 상황을 반영하고 있다. 10여 년 전부터 공간을 관계적으로 개념화하려는 논의가 활발하게 이루어져왔다. 이 논의는 공간의 한 유형으로서 '관계적 공간'에 관한 지리학적 강조에서부터 사람과 비인간 사물을 포함한 모든 것을 관계(네트워크)로 이해하는 '행위자 네트워크 이론'에 이르기까지 다양한 학문적 기반에 근거한다. 30여 년 전 나의 학위논문(제1장)에서 제시했던 간공간과 표출공간의 개념, 나아가 내가 정형화하고자 했던 '의사소통적 표출공간 이론'은 이러한 관계적 공간 개념을 함의한다. 또한 1988년 발표한 인문지리학의 통합적 방법론에 관한 논문(제2장)에서 행위와 구조 간 관계성을 강조한 점 역시 관계적 공간 개념을 전제한 것이라고 하겠다. 이러한 관계성 인식은 동양철학의 존재론적 전통을 이루며, 오늘날 우리의 의식과 문화에도 녹아 있다는 점에서, 앞으로도 지리(철)학의 지평을 열어가는 마스터 키워드가 될 것이다.

다른 한편, '포용'의 개념은 지리학에서도 잘 알려져 있고 논의도 되고 있지만, 정책 관련 학문 분야나 세계기구들에서 더 많이 논의되고 있다. 이 개념은 기존의 신자유주의적 정책의 한계로 인해 발생하고 있는 빈곤과 결핍, 배제의 문제를 해결하기 위한 정책의 근거로 이해된다. 특히 이 개념은 문재인 정부의 정책에서 핵심적 의제를 구성하면서, 이를 수식어로 만들어진 다양한 용어들(예로 포용성장, 포용도시, 포용국가 등)이 사용되고 있다. 이 개념에 근거한 정책들은 빈곤과 고용 차별의 문제에 우선적인 관심을 가지고, 사회적 참여 조건과 기회를 향상시키며, 적정한 토지 및 주거와 공적 공간의 확장 등을 강조한다는 점에서 사회공간적 정의를 지향하는 전략으로 그 의의를 평가받을 수 있을 것이다. 그러나 학문적으로 해석하면 이 개념은 다소 모호하거나 한계를 가진다. 특히 이 개념은 관계성을 간과한 채 포용의 주체와 대상 간 분리를 전제로 하는 것처럼 인식된다는 점에서 정의론의 한 유형인 '관용'의 개념과 크게 다르지 않다고 하겠다. 또한 이 개념과 이에 근거한 정책들은 기존의 신자유주의적 정책들이 왜 심각한 사회공간적 문제들을 유발했는가에 대한 성찰을 간과하고 있다.

지리학은 이 땅에 관한 학문이다. 지리학은 이 땅에서 살아가는 사람과 이들이 만들어가는 모든 사회적 구조와 현상들, 그리고 모든 동물과 식물뿐만 아니라 자연의 모든 무생물들(구름과 비, 산과 평야, 하천과 바다에 이르기까지)을 연구 대상으로 한다. 이들 간의 상호 포용적 관계를 추구하는 학문으로서 지리학은 이들과 관련된 현실 문제들을 보다 철저하게 성찰하면서, 이 땅에서 이들의 생명성과 존재 이유를 고양시키는 학문으로 발전해나가야 할 것이다.

참고문헌

강현수. 2010. 『도시에 대한 권리: 도시의 주인은 누구인가』. 서울: 책세상.

김용창. 2015. 「신자유주의 도시화와 도시 인클로저(1): 이론적 검토」. ≪대한지리학회지≫, 50(4), 431~449쪽.

도엘, 마커스(Marcus Doel). 2013. 「지리학에서 글렁크 없애기: 닥터 수스와 질 들뢰즈 이후의 공간과학」. 크랭 & 스리프트 엮음, 『공간적 사유』. 최병두 옮김. 서울: 에코리브르, 201~232쪽.

들뢰즈(Gilles Deleuze)·가타리(Felix Guattari), 2004. 『천 개의 고원』. 김재인 옮김. 서울: 새물결.

라투르, 브루노(Bruno Latour). 2010. 「행위자네트워크이론에 관하여: 약간의 해명, 그리고 문제를 더 복잡하게 만들기」. 홍성욱 옮김. 『인간·사물·동맹』. 서울: 이음, 95~124쪽.

문정호. 2017. 「포용도시 등장 배경과 의미」. ≪도시문제≫, 582, 22~25쪽.

박배균. 2012. 「한국학 연구에서 사회-공간론적 관점의 필요성에 대한 소고」. ≪대한지리학회지≫, 47(1), 37~59쪽.

박인권. 2015. 「포용도시: 개념과 한국의 경험」. ≪공간과 사회≫, 25(1), 95~139쪽.

_____. 2016. 「도시에 대한 권리와 포용도시: 한국의 '신도시의제' 설정을 위하여」. ≪대한지리학회≫ 2016년 지리학대회 발표논문 요약집.

박인권·이민주·홍철·임인선, 2017. 「한국 도시의 포용성 진단과 유형별 특성 분석」. ≪도시행정학보≫, 30(3), 111~130쪽.

변미리. 2017. 「포용도시 연구동향과 특징」. ≪도시문제≫, 52, 582쪽.

스미스, 닐(Neil Smith). 2017. 『불균등발전』. 최병두 외 옮김. 파주: 한울.

신영복. 2004. 『강의: 나의 동양고전 독법』. 파주: 돌베개.

임진아. 2014. 「화이트헤드의 관계적 공간 개념에 대한 비판적 분석」. ≪화이트헤드연구≫, 28, 155~193쪽.

정운찬. 2016. 「인간의 도시, 같이 크는 사회: 혁신과 포용의 길」. ≪부산발전포럼≫, 161, 64~75쪽.

조철기. 2016. 「새로운 시민성의 공간 등장: 국가 시민성에서 문화적 시민성으로」. ≪한국지역지리학회지≫, 22(3), 714~729쪽.

최병두. 2012. 「이방인의 권리와 환대의 윤리: 칸트와 데리다 사상의 지리학적 함의」. ≪문화역사지리≫, 24(3), 16~36쪽.

_____. 2015a. 「협력적 거버넌스와 영남권 지역발전」. ≪한국지역지리학회지≫, 21(3), 427~449쪽.

_____. 2015b. 「행위자-네트워크이론과 위상학적 공간 개념」. ≪공간과 사회≫, 53, 126~173쪽.

_____. 2016a. 「도시적 소외와 정의로운 도시」. ≪한국지역지리학회지≫, 22(3), 576~598쪽.

_____. 2016b. 『창조경제와 창조도시: 이론과 정책, 비판과 대안』. 경산: 열린길(대구대학교

출판부).

_____. 2017. 「다문화사회의 윤리적 개념들과 공간」. ≪한국지역지리학회지≫, 23(3). 694~715쪽.

크랭(Mike Crang)·스리프트(Nigel Thrift) 엮음. 2013. 『공간적 사유』. 최병두 옮김. 서울: 에코리브르.

플로리다, 리처드(Richard Florida). 2008. 『도시와 창조계급』. 이원호·이종호·서민철 옮김. 서울: 푸른길.

하비, 데이비드(David Harvey). 2007. 『신자유주의』. 최병두 옮김. 파주: 한울.

_____. 2014. 『반란의 도시』. 한상연 옮김. 서울: 에이도스.

황선아·김종구·손지현, 2016. 「포용도시를 위한 사회적, 물리적 지표의 구축과 활용방안에 관한 연구」. ≪대한토목학회논문집≫, 36(4), 735~745쪽.

Aalbers. M. B. 2009. "Social exclusion." in R. Hutchison(ed.). _Encyclopedia of Urban Studies_, Thousand Oaks, CA: Sage, pp. 731~735.

Agnew, J, 1999. "Regions on the mind does not equal regions of the mind." _Progress in Human Geography_, 23, pp. 91~96.

Brenner, N., J. Peck and N. Theodore. 2010. "After neolibealization?" _Glbalizations_, 7(3), pp. 327~345.

Cameron, A. 2005. "Geographies of welfare and exclusion: initial report." _Progress in Human Geography_, 29, pp. 194~203.

_____. 2006. "Geographies of welfare and exclusion: social inclusion and exception." _Progress in Human Geography_, 30(3), pp. 396~404.

Fainstein, 2014. "The just city." _International Journal of Urban Sciences_, 18(1), pp. 1~18.

Gerometta, J. H. Haussermann and G. Longo. 2005. "Social innovation and civil society in urban governance strategies for inclusive city." _Urban Studies_, 42(11), pp. 2007~2021.

Harvey, D. 1973. _Social Justice and the City_. London: Edward Arnold.

_____. 2009. _Cosmopolitanism and the Geographies of Freedom_. New York: Columbia Univ.

IMF. 2015. _Causes and Consequences of Income Inequality: A Global Perspective_. Washington, D.C.: IMF

Jackson, C. 1999. "Social exclusion and gender: Does one size fit all?" _The European Journal of Development Research_, 11(1), pp. 125~146.

Jessop, B. 2002. "Liberalism, neoliberalism and urban governance: a state-theoretical perspective." _Antipode_, 34(2), pp. 452~472.

Jessop, B., N. Brenner and M. Jones. 2008. "Theorizing sociospatial relations." _Environment and Planning D: Society and Space_, 26, pp. 389~401.

Jonas, A. 2012. "Region and place: regionalism in question." *Progress in Human Geography*, 36, pp. 263~272.

Jones, M. 2009. "Phase space: geography, relational thinking and beyond." *Progress in Human Geography*, 33, pp. 487~506.

MacLeod, G. and M. Jones. 2007. "Territorial, scalar, networked, connected: In what sense a 'regional world'?" *Regional Studies*, 41(9), pp. 1177~1192.

Massey, D. 1979. "In What sense a regional problem?" *Regional Studies*, 12(2), pp. 233~243.

_____. 2005. *For Space*. London: Sage.

McCann, E. and K. Ward. 2010. "Relationality/territoriality: toward a conceptualization of cities in the world." *Geoforum*, 41, pp. 175~184.

Murdoch, J. 1998. "The spaces of actor-network theory." *Geoforum*, 29(4), pp. 357~374.

Murie A. and S. Musterd. 2004. "Social exclusion and opportunity structures in European cities and neighbourhoods." *Urban studies*, 41(8), pp. 1441~1459.

OECD. 2012. *Promoting inclusive growth: Challenges and policies*. Paris: OECD.

_____. 2015. *All on Board: Making Inclusive Growth Happen*. Paris: OECD.

Purcell, M. 2003. "Citizenship and the right to the global city: reimagining the capitalist world order." *International Journal of Urban and Regional Research*. 27(3), pp. 564~591.

Pradhan, R. 2006. "Understanding social exclusion and social inclusion in Nepalese Context: some preliminary remarks." *The Organisation*, 9(3), pp. i~xi.

Robin, H. 2015. *Leading the Inclusive City: Place-Based Innovation for a Bounded Planet*. Bristol, UK: Policy Press.

Room. G. 1995. "Poverty and social exclusion: The new European agenda for policy and research." in G. Room(ed.). *Beyond the Threshold: The Measurement and Analysis of Social Exclusion*. Bristol, UK: Policy Press, pp. 1~9.

UN-Habitat. 2015. *Inclusive Cities*. Habitat III Issue Papers.

Varró, K. and A. Lagendijk. 2013. "Conceptualizing the region: in what sense relational?" *Regional Studies*, 47(1), pp. 18~28.

World Bank. 2009. "What is Inclusive Growth?" Washington D.C.: World Bank.

_____. 2015. *Inclusive Cities Approach*. Paper. GSURR.

찾아보기

인명 찾아보기

용어 찾아보기

최병두

서울대학교 지리학과를 졸업하고, 같은 학교 대학원에서 석사학위를, 영국 리즈대학교 지리학과에서 박사학위를 받았다. 현재 대구대학교`고 연구를 진행하고 있다. 미국 존스홉킨스대학교와 영국 옥스퍼드대학교의 방문교수, 한국공간환경학회 회장 등을 역임했다. 주요 저서로 『비판적 생태학과 환경정의』(2010), 『자본의 도시』(2012), 『초국적 이주와 환대의 지리학』(2018), 『도시재생과 젠트리피케이션』(2018, 공저) 등이 있으며, 역서로 『공간적 사유』(2013), 『데이비드 하비의 세계를 보는 눈』(2017), 『불균등발전』(2017, 공역) 등이 있다.

한울아카데미 2118

인문지리학의 새로운 지평

ⓒ 최병두, 2018

지은이 최병두 │ **펴낸이** 김종수 │ **펴낸곳** 한울엠플러스(주)
편집책임 최규선 │ **편집** 임혜정

초판 1쇄 인쇄 2018년 12월 3일 │ **초판 1쇄 발행** 2018년 12월 10일

주소 10881 경기도 파주시 광인사길 153 한울시소빌딩 3층
전화 031-955-0655 │ **팩스** 031-955-0656 │ **홈페이지** www.hanulmplus.kr
등록번호 제406-2015-000143호

ISBN 978-89-460-7118-6 93330(양장)
       978-89-460-6569-7 93330(반양장)

Printed in Korea.
※ 책값은 겉표지에 표시되어 있습니다.